中级会计学
应用篇

INTERMEDIATE ACCOUNTING 17E

会计学精选教材译丛

厄尔·K.斯蒂斯（Earl K. Stice）
〔美〕詹姆斯·D.斯蒂斯（James D. Stice） 著　杨有红　陈凌云　译
K.弗雷德·斯库森（K. Fred Skousen）

第17版

北京大学出版社
PEKING UNIVERSITY PRESS

著作权合同登记号　图字：01-2010-3921

图书在版编目(CIP)数据

中级会计学：第17版.应用篇/(美)斯蒂斯(Stice, E. K.), (美)斯蒂斯(Stice, J. D.), (美)斯库森(Skousen, K. F.)著；杨有红，陈凌云译. —北京：北京大学出版社, 2014.7
（会计学精选教材译丛）
ISBN 978-7-301-24454-8

Ⅰ.①中⋯　Ⅱ.①斯⋯ ②斯⋯ ③斯⋯ ④杨⋯ ⑤陈⋯　Ⅲ.①会计学-高等学校-教材　Ⅳ.①F230

中国版本图书馆 CIP 数据核字(2014)第 140084 号

Earl K. Stice, James D. Stice, K. Fred Skousen
Intermediate Accounting, seventeenth edition
ISBN 978-0-324-78335-3
Copyright © 2010 by South-Western, a part of Cengage Learning.

Original edition published by Cengage Learning. All Rights Reserved.
本书原版由圣智学习出版公司出版。版权所有，盗印必究。

Peking University Press is authorized by Cengage Learning to publish and distribute exclusively this simplified Chinese edition. This edition is authorized for sale in the People's Republic of China only (excluding Hong Kong, Macao SARs and Taiwan). Unauthorized export of this edition is a violation of the Copyright Act. No part of this publication may be reproduced or distributed by any means, or stored in a database or retrieval system, without the prior written permission of the publisher.

本书中文简体字翻译版由圣智学习出版公司授权北京大学出版社独家出版发行。此版本仅限在中华人民共和国境内(不包括中国香港、澳门特别行政区及中国台湾地区)销售。未经授权的本书出口将被视为违反版权法的行为。未经出版者预先书面许可，不得以任何方式复制或发行本书的任何部分。

本书封面贴有 Cengage Learning 防伪标签，无标签者不得销售。

书　　　名：	中级会计学(第17版)：应用篇
著作责任者：	〔美〕厄尔·K.斯蒂斯(Earl K. Stice)　詹姆斯·D.斯蒂斯(James D. Stice)　K.弗雷德·斯库森(K. Fred Skousen) 著　杨有红　陈凌云 译
责 任 编 辑：	刘誉阳
标 准 书 号：	ISBN 978-7-301-24454-8/F·3982
出 版 发 行：	北京大学出版社
地　　　址：	北京市海淀区成府路 205 号　100871
网　　　址：	http://www.pup.cn
电 子 信 箱：	em@pup.cn　　QQ:552063295
新 浪 微 博：	@北京大学出版社　@北京大学出版社经管图书
电　　　话：	邮购部 62752015　发行部 62750672　编辑部 62752926　出版部 62754962
印　刷　者：	北京富生印刷厂
经　销　者：	新华书店
	787 毫米×1092 毫米　16 开本　34.5 印张　839 千字
	2014 年 7 月第 1 版　2014 年 7 月第 1 次印刷
印　　　数：	0001—4000 册
定　　　价：	78.00 元

未经许可，不得以任何方式复制或抄袭本书之部分或全部内容。
版权所有，侵权必究
举报电话：010-62752024　电子信箱：fd@pup.pku.edu.cn

出版者序

作为一家致力于出版和传承经典、与国际接轨的大学出版社,北京大学出版社历来重视国际经典教材,尤其是经管类经典教材的引进和出版。自2003年起,我们与圣智、培生、麦格劳-希尔、约翰-威利等国际著名教育出版机构合作,精选并引进了一大批经济管理类的国际优秀教材。其中,很多图书已经改版多次,得到了广大读者的认可和好评,成为国内市面上的经典。例如,我们引进的世界上最流行的经济学教科书——曼昆的《经济学原理》,已经成为国内最受欢迎、使用面最广的经济学经典教材。

呈现在您面前的这套"引进版精选教材",是主要面向国内经济管理类各专业本科生、研究生的教材系列。经过多年的沉淀和累积、吐故和纳新,本丛书在各方面正逐步趋于完善:在学科范围上,扩展为"经济学精选教材""金融学精选教材""国际商务精选教材""管理学精选教材""会计学精选教材""营销学精选教材""人力资源管理精选教材"七个子系列;在课程类型上,基本涵盖了经管类各专业的主修课程,并延伸到不少国内缺乏教材的前沿和分支领域;即便针对同一门课程,也有多本教材入选,或难易程度不同,或理论和实践各有侧重,从而为师生提供了更多的选择。同时,我们在出版形式上也进行了一些探索和创新。例如,为了满足国内双语教学的需要,我们改变了影印版图书之前的单纯影印形式,而是在此基础上,由资深授课教师根据该课程的重点,添加重要术语和重要结论的中文注释,使之成为双语注释版。此次,我们更新了丛书的封面和开本,将其以全新的面貌呈现给广大读者。希望这些内容和形式上的改进,能够为教师授课和学生学习提供便利。

在本丛书的出版过程中,我们得到了国际教育出版机构同行们在版权方面的协助和教辅材料方面的支持。国内诸多著名高校的专家学者、一线教师,更是在繁重的教学和科研任务之余,为我们承担了图书的推荐和评审工作;正是每一位评审者的国际化视野、专业眼光和奉献精神,才使得本丛书聚木成林,积沙成滩,汇流成海。此外,来自广大读者的反馈既是对我们莫大的肯定和鼓舞,也总能让我们找到提升的空间。本丛书凝聚了上述各方的心血和智慧,在此,谨对他们的热忱帮助和卓越贡献深表谢意!

"千淘万漉虽辛苦,吹尽狂沙始到金。"在图书市场竞争日趋激烈的今天,北京大学出版社始终秉承"教材优先,学术为本"的宗旨,把精品教材的建设作为一项长期的事业。尽管其中会有探索,有坚持,有舍弃,但我们深信,经典必将长远传承,并历久弥新。我们的事业也需要您的热情参与!在此,诚邀各位专家学者和一线教师为我们推荐优秀的经济管理图书(em@ pup. cn),并期待来自广大读者的批评和建议。您的需要始终是我们为之努力的目标方向,您的支持是激励我们不断前行的动力源泉!让我们共同引进经典,传播智慧,为提升中国经济管理教育的国际化水平做出贡献!

北京大学出版社

经济与管理图书事业部

2013 年 5 月

译 者 序

大学专业教育的目标是多元化的:基本目标是使学生掌握某专业的理论、方法和技能;进一层的目标是培养学生对所学专业的兴趣,从而激发学生自主学习的积极性,树立学生对职业的忠诚感,提升学生的良好职业道德;更高层的目标是有助于学生将专业领域的理论与方法升华为哲学方法论,提升人的综合素养。这些目标的实现过程中,教材是无法回避的重要媒介。

"中级财务会计"是大学会计学专业的一门核心课程。无论是国内还是国外,与该课程相应的教材目前已不在少数。在这种情况下,我们仍十分乐意将厄尔·K.斯蒂斯、詹姆斯·D.斯蒂斯和K.弗雷德·斯库森著的《中级会计学》(第17版)翻译给读者,除了该教材结构严谨、具有内容系统性和理论前瞻性外,还缘于该教材在结构安排方面的显著特色以及对多元化教育目标的支撑。对以下特色的高度认同驱使我们将它翻为中文,以服务于渴望知识的会计学子们。

(1) 将兴趣、道德观(尤其是企业以及高管人员应具有的经营道德观)融入教材。教材的每一章都以讲故事开场,故事不仅通过场景设置让学生进入角色,激发学生往下学的欲望,而且让学生通过故事感悟企业及管理人员的责任观和应具备的道德观,起着一箭双雕的作用。

(2) 将会计循环置于企业经营循环之中。本教材立足于企业经营过程和管理要求,阐述会计确认、计量和列报,既为读者提供认识会计的很好的商业平台,也为读者锻造融会计、企业经营与管理为一体的知识体系提供有利条件。

(3) 务实性、前瞻性与国际视野。作为美国大学使用的教材,本教材毫无疑问以美国FASB的准则为指南、以美国企业市场环境和法律环境为背景系统阐述会计确认、计量、列报和分析的理论与方法。不仅如此,本教材还广泛涉及当今商业环境中的会计热点问题,如公允价值、估值,以及国际财务报告准则等,同时对FASB与IASB的不同之处进行了概要说明与解析,这些做法无疑大大拓展了读者的知识面。

(4) 强调综合思维与动手能力的培养。本教材在系统阐述会计确认、计量和列报的基础上,还从法律约束、对财务状况的影响、风险控制等角度对有关交易或事项的会计方法进行恰当评价,培养读者多角度、综合思考会计工作中遇到的问题。大量的扩展资料、思考题、练习题、案例对提高读者的综合分析能力和动手能力都起着十分重要的作用。

本书由北京工商大学商学院杨有红教授、东华大学管理学院陈凌云副教授主译并负责全书的总纂。协助翻译或参与文字校对的还有张丽丽、王海宾、余德慧三位博士研究生和汪辉、陈海琴、姚顺渝、刘爽、张萌、王晓晓、冯晓、杜世勇、葛尼亚、刘青、杨华十一位硕士研究生。

杨有红、陈凌云
2013 年 1 月

前　言

清晰、关联、完整：会计的宏伟蓝图

从最小型的夫妻零售店到最大型的跨国公司，各种规模的企业正在意识到会计专业人士不再只是简单的"数字计算器"，而是在实现组织根本目标过程中必不可少的合作伙伴。

《中级会计学》（第 17 版）涵盖了与会计职业密切联系的几个方面：

- 一个清晰的组织是以各会计期间与各业务活动的相互联系为基础的。本书章节按照与企业业务链密切相关的传统资产负债表的科目顺序来编排，这样讲述内容对于教师与学生来说更加合理。
- 涵盖并探讨推动会计在当今商业环境中的发展问题，例如公允价值、估值、国际财务报告准则。
- 完整而引人入胜的教学方法可以使学生提高学习经验，并为不断变化的会计环境做好准备。在每章的学习目标中都有像"WHY"及"HOW"的专栏来作为补充。这个特点使学生在被问到信息在决策制定过程中如何发挥作用之前，在脑中对于为什么要这样进行会计核算已有了答案。

本版更新及改进

- 新增"模块 2　公允价值"和第 22 章。"模块 2　公允价值"定义了公允价值并且描述了用于公允价值确定的有关价值概念；演示了各种估值模型并阐述了如何为 *SFAS No. 157* 对公允价值披露的要求做准备。

第 22 章是关于全球市场下会计处理的新章节，解释了一套通用会计准则的潜在影响和重要性，列示了国际会计准则委员会的历史概况，阐述了美国 GAAP 和 IASB 之间的关键区别，并说明了如何用折算法将外币财务报表折算成美元。

- 各章对美国 GAAP 和 IASB 的最新规定进行了讨论，并与原规定进行了比较。
- 各章更新了案例与数据。

教辅资料

- 教学用 PPT
- 试题库
- 习题答案
- 课堂大纲

有需要的教师请填写并反馈书后"教学辅助资料索取证明",即可索取教辅资料。

目 录

第三部分　其他商业活动

第12章　债务融资　3
　　负债相关的分类与计量事项　6
　　短期负债的会计计量　9
　　长期债务现值　13
　　债券融资　14
　　公允价值观　31
　　表外融资　34
　　分析公司的负债状况　39
　　财务报表中的负债披露　40
　　债务重组　42

第13章　股权融资　62
　　实收资本的属性和分类　65
　　股本发行　70
　　股票回购　73
　　认购权、认股权证以及股票期权　77
　　股权激励的会计处理　79
　　将某些权益相关项目列报为负债　86
　　股票转换　91
　　影响留存收益的因素　92
　　分红的会计处理　95
　　其他权益项目　102
　　权益部分相关的披露　106

第14章　债务和权益类证券投资　127
　　一家公司为什么向其他公司投资　129
　　投资证券的分类　132
　　证券购买　136
　　投资证券的收入确认　138

　　证券价值变动的核算　146
　　出售证券　150
　　不同类型证券的转换　154
　　证券投资与现金流量表　158
　　分类和披露　160
　　贷款减值的核算　164

第15章　租赁　182
　　租赁的经济优势　184
　　一个简单的例子　185
　　租赁的性质　186
　　租赁分类标准　189
　　租赁会计——承租人　192
　　租赁会计——出租人　199
　　租赁的信息披露要求　209
　　国际租赁会计　212
　　售后回租交易　213

第16章　所得税　231
　　递延所得税综述　232
　　递延所得税负债和资产的年度
　　　计算　238
　　经营损失的转回和递延　247
　　法定未来税率安排　250
　　财务报表列示和披露　251
　　递延税收和现金流量表　254
　　递延所得税国际会计　256

第17章　雇员福利
　　——工资、养老金及其他福利
　　　　272
　　日常雇员福利事项　273
　　非常规雇员福利　277

养老金会计	279
综合性养老金介绍	289
养老金计划的披露	302
非养老金退休后福利	305

第四部分　财务报表的其他视角

第 18 章　每股收益	**323**
简单资本结构和复杂资本结构	324
基本每股收益	326
稀释每股收益——期权、担保和认股权证	331
稀释每股收益——可转换证券	334
实际执行或转换的效应	336
多种的潜在稀释性证券	338
财务报表说明	341
采用多种潜在稀释性证券的全面说明	343
第 19 章　衍生工具、或有事项、企业分部与中期报告	**356**
衍生工具的简单例子	357
风险类型	359
衍生工具类型	361
套期行为类型	366
衍生工具与套期活动的会计处理	367
小结	374
或有事项核算：很可能的、可能	

的和轻微可能	375
业务分部	381
中期报告	385
第 20 章　会计变更与差错更正	**402**
会计变更	404
会计估计的变更	406
会计原则的变更	409
企业合并后预测表的披露	413
差错更正	414
第 21 章　重温现金流量表	**436**
编制一张完整的现金流量表	439
国际现金流量表	455
现金流量表的扩展说明	458
现金流分析	463
第 22 章　国际会计	**481**
建立世界性财务会计准则的必要性	483
IASB 的发展简史和其准则（IFRS）	486
美国 GAAP 和 IFRS 的差异概要	488
外币财务报表	496
第 23 章　财务报表分析	**503**
财务报表分析框架	504
会计方法选择所产生的影响	519
权益估值的介绍	521

第三部分
其他商业活动

第 12 章　债务融资

第 13 章　股权融资

第 14 章　债务和权益类证券投资

第 15 章　租赁

第 16 章　所得税

第 17 章　雇员福利——工资、养老金及其他福利

第12章 债务融资

学习目标

1. 理解各种与负债相关的分类与计量事项。
2. 解释包括预期再融资在内的短期负债,并解释信用额度的目的。
3. 将现值观念应用于会计中的长期负债,例如抵押贷款。
4. 理解各类债券,计算债券的发行价格并解释债券的发行、利息以及债券回购。
5. 讨论公允价值在金融资产和负债中的使用。
6. 解释各类资产负债表表外融资,并了解采用此种融资方式的原因。
7. 利用各种比率分析企业的债务状况。
8. 回顾财务报表附注并理解与债务融资相关的财务披露。

扩展资料

9. 理解债务重组发生的条件,并对债务重组进行解释。

美国对1880年人口普查所收集的数据分析花费了近10年时间。而对于1890年的人口普查数据,为加快这一进程,美国政府委托霍尔曼·霍利里思提供数据制表机。这种机械化的数据处理系统为人口普查局节约了500万美元,同时使数据分析的时间削减了两年。1924年,霍利里思的公司取名为"国际商业机器公司(IBM)"。1949年,IBM以超过1.8亿美元的销售业绩成为美国最大的办公设备生产商。

1950年,IBM公司内部对于电子计算机这个主意有着巨大的抵触。IBM工程师们是机电设备方面的专家,对于与真空管、二极管、磁性录音带进行相关的工作感到不自在。此外,对于电子计算机的客户需求也存在许多质疑,一位IBM的主管预测,电脑的全球市场总规模不超过5台。但是,伴随着激烈的内部争论,IBM公司依然不断努力生产出了第一台电子计算机IBM701。在20世纪六七十年代,通过积极的租赁项目,重视销售和服务,并继续投资研发项目,IBM在大型计算机市场赢得了绝对的优势(有人称之为"垄断")。

IBM的个人电脑于1981年进入市场,它很快成为了个人电脑的行业标准。到1986年,IBM公司占有了40%的个人电脑市场。面对这一成功,回顾起来,IBM公司所做的是一个关键的错误——总体来说,它选择了将精力集中在生产与销售硬件,而把软件开发让给了别的公司。事实上,IBM没有为其第一台个人电脑开发操作系统,而是选择了从当时仅有32个员工的Microsoft公司获得许可的DOS系统。在20世纪90年代初,当软件开发商比如微软公司的利润迅速增加时,IBM的利润严重下滑。1990年,IBM公布了110亿美元的营业利润,1991 年的营业利润降至 9.42 亿美元,而到了 1992 年经营业绩则出现了 4 500 万美元的亏损,这是 IBM 的第一个经营亏损年度。截至 1992 年 12 月 31 日,IBM 的股票总市值从 1987 年的 1 060 亿美元下降至 290 亿美元,而在 1981 年,IBM 是当时世界上最有价值的公司。

有趣的是,在市场份额减少,利润率较低与创纪录的亏损这些问题中,IBM 发现了它对于创纪录的债券发行的强大需求。1993 年,IBM 公司发行了 12.5 亿美元的 7 年期票据和 5.5 亿美元的 20 年期公司债券。在当时,这是美国历史上最大规模的债券发行。对于票据规定的利率是 6.375%,债的利率是 7.50%。在发行日,这两种债券为投资者提供的收益率只比到期日相同或相似的美国国库券的收益率高出了 0.7%。由于考虑到 IBM 当时的财务困境与风险,许多人认为这两者的差可能会更高。然而,投资者对于公司未来发展的担心也确实增加了他们潜意识中对于贷款给 IBM 公司的风险评价。1993 年 1 月,标准普尔公司宣布调降了 IBM 公司的信用等级,由最初最高评级的 AAA 级降为 AA-级。1993 年 3 月,穆迪投资者服务公司也将 IBM 的信用等级从 A-1 级降至 AA-2 级①。在降级之前,IBM 在市场上的债务融资收益率高于美国国库券收益率约 0.5%②。

1993 年,为了彻底改变 IBM 公司的财务状况,董事会决定在公司外部寻找新的 CEO。最后,他们选择了曾在 RJR Nabisco 公司担任了 4 年 CEO 的路易斯·格斯特纳。1997 年,格斯特纳作为 IBM 的股东,回顾了自 1993 年掌管 IBM 时他所面对的任务。他叙述道,当他从国外归来时,IBM 的董事会正考虑解散公司,他们认为,对 IBM 公司的股东来说,更小、更灵活的业务相对于累赘、效率低下的集团公司更具有价值。格斯特纳改变了公司的发展方向,他决定对集团公司进行整合,依赖 IBM 在产品范围和强大的客户关系方面独一无二的市场地位。

在格斯特纳的领导下,IBM 的业绩逐渐恢复。2002 年,格斯特纳作为董事会的主席带领公司度过了 2002 年。图 12-1 显示的是 IBM 从 1992 年至 2007 年,总负债、总资产以及市场价值的关系。可以注意到 IBM 总负债和总的市场价值与 1992 年几乎相等。虽然在这 16 年间公司的资产与负债保持相对稳定,但是在网络泡沫爆发得到缓解之前,也就是 2001 年 12 月 31 日,公司的市场价值增加到 2 080 亿美元,达到了前所未有的高度。

通过对 IBM 公司 2007 年负债的查阅,发现了如下资料:

单位:百万美元

流动负债:
  应交税费 3 673
  短期负债 12 235
  应付账款 8 054
  薪酬福利 4 645
  递延收益 9 802
  其他应计费用与负债 5 901
长期负债:
  长期债务 23 039

---

① 债券的评级尺度至今已有修改。
② Thomas T. Vogel, Jr., and Leslie Scism, "Investors Snap Up $1.8 Billion of IBM Securities as Corporations Scramble to Best Higher Interest Rates," *The Wall Street Journal*, June 9, 1993, p.C16.

退休金和其他退休后的福利	13 582
递延收益	3 060
其他负债	7 970

IBM最多的负债是长期债务,债务审查表明,债务中已经到期的款项已经达到了20.96亿美元。此外,长期债务中包括票据和以欧元、日元以及瑞士法郎计价的外币债务。

在此章节中,我们将讨论各种负债,而补偿事项有关的负债(比如:薪酬福利、退休金和其他退休后的福利义务)将在第17章展开讨论。

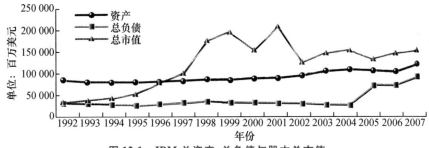

图12-1　IBM总资产、总负债与股本总市值

问题:

1. 债券评级机构降低IBM的债务评级对IBM的收益率有何影响?
2. 为什么公司债券的市场利率总是比同期美国国库券的市场利率高?
3. IBM公司2007年度资产负债表中,长期负债与长期退休偿付义务成了负债的主要两个部分。然而,这两种长期债务款项的财务特征截然不同,究竟在哪些方面不同呢?

问题的答案可在第47页找到。

IBM除了发行常规的票据和公司债券,还发行了由美国金融界创造的一系列颇具创造性的债券融资工具,比如多年来我们拥有的可转换债券、垃圾债券、零息债券、商品担保债券等。这些债务工具的使用在于帮助公司筹集经营所需的资金。在此章节中,将讨论各种可用于公司筹资的不同方式。首先,我们对负债进行简单的回顾:什么是负债以及如何对负债进行计量。接着我们将讨论短期负债以及信用贷款;回顾现值的概念并通过抵押贷款来说明现值在会计长期债务中的应用;同时聚焦于各种不同类型的债券的会计处理,包括在资产负债表中对债券是否按公允价值进行计量的选择。在对债券进行相关讨论后,本章将介绍企业常用的以避免债务在财务报表上披露的方法,这些方法我们统称为资产负债表表外融资。一旦你了解了各种有效的债务融资形式,我们将谈论如何分析企业的债务状况以及与债务相关的披露与附注。

在此章的延伸材料中,我们将谈论债务重组的学习。涉及债务重组的例子很多,比如一家公司陷入财务困境,或者拖欠债务无法偿还,等等。债券发行者与债券(或坏账)持有者之间经常需要会计记账分录来说服债券持有者一方作出妥协。

长期融资相关业务事项的过程如图12-2。首先,长期融资需要选择合适的融资方式。比如,企业必须决定是选择与银行协议私人贷款还是选择通过债券发行进行公共融资。其次,债券发行后,债券利息通常是定期支付,但也有一些债券的利息总额会延迟到债券到期日一次性偿付。发行与管理长期负债的一个重要环节是要分析债务的具体特点。正如本章所讨论的,所发行的债券数量需要经过专门的会计程序以确保利润表上的利息费用和资产负债表中长期债务的金额恰当地予以反映。最后,长期债务通常将到期偿还或者有时提前偿还。

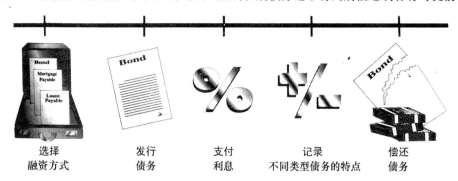

图 12-2　与长期融资相关事项的时间线

负债相关的分类与计量事项

1　理解各种与债务相关的分类与计量事项。

WHY　为了有效衡量公司财务状况的流动性以及债务的偿付能力,所有现时的与未来的义务必须进行确认与计量,而未来到期义务也必须以现值计量。

HOW　理论上来说,所有的负债必须以现值来确认记录,然而,大部分在正常经营活动过程中产生的现时义务不能折现,对于无法确切计量的义务,以近似数进行确认记录。

在我们具体学习负债之前,我们首先简单回顾一下什么是负债以及负债应如何进行分类与计量。

负债的定义

FASB 把负债定义为:"特定实体由于当前义务引起的经济利益未来可能的牺牲,该义务是过去的交易或事项形成的,表现为转移资产或提供劳务。"[①]在讨论个别债务计量之前,有必要将这个定义包含的重要组成部分进行解释。

负债是由"过去的交易或事项形成的",因此,负债必须在发生时才能予以确认。定义的这一部分表明,如果双方的合同义务是以承诺换取承诺的形式存在,且该合同双方义务履行将在未来发生,就不形成负债,这种合同通常被称为待执行合同。判断一个待执行合同是否符合负债定义,并不是一件简单的事情,比如:约定雇主和员工之间的权利与义务的劳动合同,并没有形成现行会计实务中的负债,也不存在商品购买的订单。但是,在一定条件下,即便租赁合同本质上也是一个待执行合同,而它的签订通常被认为是负债事项。

负债必须包含"企业资产或劳务在未来一定时间内将会被转移",虽然负债是由过去的交易或事项形成,但有时一项义务会随着另一个未来事项发生而附带产生。当未来事项很

---

① *Statement of Financial Accounting Concepts No. 6*, "Elements of Financial Statements"(Stamford, CT: Financial Accounting Standards Board, December 1985), par. 35. 如本章和第 13 章所讨论的,FASB 正在考虑修订负债的定义。

可能发生时,这项义务就可以被定义为负债。虽然大部分负债通过现金来偿付,仍存在一些负债要通过转移资产或提供劳务来偿付。比如,预收账款需要通过未来提供商品或劳务来履行义务。经常地,偿付时间是由债务工具来指定,比如,票据通常会指定付息时间和票据到期日。然而,有一些义务,需要经过一段时间来转移资产或者劳务,但是在负债发生时不能确定具体的时间,比如根据担保协议提供部分服务的义务。

负债是一个"特定实体"的义务,这意味着该实体有责任转移资产或提供劳务。只要该支付或者转移很有可能发生,就不一定要确定企业对哪个实体来承担义务。因此,即便不确定哪个客户将会有经济利益流入,对已售商品进行必要的担保仍是该实体的义务。总体来说,责任取决于法定权利与义务。然而,从特定的情况中形成、推断的义务也可以被认为是负债。例如,如果一家公司定期发放假期工资或年终奖金,那么这些应计项目作为负债确认,即使不存在法律协议要求支付这些款项。

虽然FASB的定义很有帮助,但是对于负债何时存在这个问题,回答并没有那么简单。不断存在争论的例子很多,包括与资产负债表表外融资、递延所得税、租赁、年金以及比如包含可赎回优先股在内的权益证券等相关问题,一旦一个项目被认为符合负债的定义,就有必要对它进行合适的分类、计量与报告。

> **补充**
>
> FASB正考虑改变概念框架中负债的定义。这一变化倾向于把负债的定义延伸到转移资产或服务的范围之外,也包含提供给普通股一定价值的义务。

负债,比如银行贷款,有如下特征:(1)是由过去的交易或事项形成的;(2)涉及未来转移资产或劳务的可能性;(3)是一项特定实体的义务。

负债的分类

为了更好地出具财务报告,负债经常被划分为流动负债与非流动负债,这两种负债的区别曾在第3章进行阐述与解释,第3章指出许多人认为营运资金的计算是衡量企业流动性的有效方式。

正如第3章提到的,负债的分类所遵循的原则与资产一样。如果一项负债在企业的正常生产经营过程中产生,且其必须在一年以内或一个经营周期二者中较长的一个时期内偿付,它就是流动负债。另一方面,银行借款、票据、抵押贷款以及诸如此类的偿还义务不是与经营周期相关,而是与企业总体财务状况相关。如果它们是以一年以内的资产进行偿付,那么就可以划分为流动负债。

> **补充**
>
> 流动负债与非流动负债的划分能明显影响一家公司筹集额外资金的能力。大部分信贷机构以及投资者都很重视流动比率——即流动资产除以流动负债——作为衡量一家公司流动性的重要指标。

当非流动负债将在一年内到期,那么这项负债应以流动负债在资产负债表中明确列示,以反映当前资产的预期流出。但是,如果该项负债是由以清偿债务为目的而积累的非流动资产来偿付,那么这项负债应继续以非流动负债列示。

流动负债与非流动负债的区分非常重要,因为这直接影响了公司的流动比率。衡量公司流动性的一个基本计算方法就是将总流动资产除以总流动负债。

> **思考**
>
> 观察表12-1会发现沃尔玛2007会计年度的流动比率是0.81,那该公司在偿付到期的流动负债时,最可能采取怎样的措施?
> a) 通过发行普通股新股
> b) 通过清理长期资产,例如土地或者房屋建筑物
> c) 沃尔玛很有可能没有能力在流动负债到期时进行偿付
> d) 通过正常经营业务产生的现金流进行偿付

流动比率是衡量企业清偿短期负债能力的一种方式。在决定某项目是否应该划分于流动资产和流动负债时必须特别注意。按照历史经验来说,流动比率低于2.0表明流动性可能存在问题。然而,信息技术的发展使得公司能够有效减少所持有的现金、存货以及其他流动资产。因此,如今一些成功公司的流动比率通常小于1.0。表12-1表示的是部分美国公司的流动比率。可以注意到,除了微软(Microsoft)公司,其他所有公司的流动比率在历史上都持续低于2.0,且达美航空公司(Delta Air lines)的流动比率甚至只有0.79。

表12-1　2007会计年度部分美国公司的流动比率

公司名称	流动比率
可口可乐	0.92
达美航空公司	0.79
陶氏化学公司	1.50
IBM	1.20
麦当劳	1.21
微软	2.18
沃尔玛	0.81

合理的流动比率应当是在一家公司在出现不利的经营环境或由于有价证券、应收账款与存货等资产出现损失的情况下依然能够偿还公司到期债务。比如,流动比率1.4就意味着这个公司的流动资产能够偿付1.4倍的流动负债。

负债的计量

流动负债与非流动负债的区别在负债的计量方面也是一个很重要的考虑因素。当然,当负债在财务报表中反映之前,它们必须以货币形式来计量。以公允价值计量的负债具有代表性的是采用以未来现金流出的现值来计量。通常,这是当前支付给他人使之接受这项义务的金额。

如果一笔款项是在未来的某个时点支付,例如非流动负债,不论需要支付利息的是债务还是义务,都应以债款到期时的贴现值列报。如果在企业正常生产经营过程中产生的现

行义务在短期内到期,比如30—60天,在正常情况下不需要贴现。① 因此,应付货款不以现值计量,无论是否有相关的利息合约规定。然而,也有例外情况,比如大部分非经营性业务,比如长期借款、资产的长期支付以及长期租赁均涉及现值的计算。在上述情况下,所需偿还义务是未来资源流出的现值。长期负债中现值的应用稍后将在本章中进行具体阐述。

出于计量的目的,负债可分为三类:

1. 金额确定类负债;
2. 预计负债;
3. 或有负债。

负债的计量总是包含一些不确定性,这是由于负债的定义中便涉及了未来资源的流出。然而,对于上述第一类负债而言,负债的产生与金额都是由合同、贸易协议或者一般商业惯例确定。一个金额确定类负债的例子便是不带息应付票据。

第二类是那些确定未来的有限经济利益流出,但是金额目前无法确定的负债项目。在这种情况下,要对此类负债金额进行估计以便反映企业现行阶段的义务,即便这只是一个近似值。以权责发生制计量的担保负债就是预计负债的一种。

注意

或有负债只有在潜在义务相关事项结果不确定程度显著的情况下产生,回忆负债的定义就会发现,定义中包含了"未来经济利益流出的可能性……",而或有事项是很可能发生的,它满足负债的定义,应该作为负债计量。

总体来说,前两种负债不论其是否流动,都要在资产负债表中进行恰当反映。然而,一些由或有事项而产生的负债只有在未来事项很可能发生的情况下才被记录。由于决定或有事项发生与否的未来事项具有很大不确定性,即便潜在义务的金额已经知晓,负债的产生仍受质疑。未决诉讼就是或有负债的一个例子,只有在诉讼失败或者判决会造成经济利益流出时,才可将其划分为负债。虽然有些负债项目未在会计报告中记录,但都应在财务报告的附注中进行披露,具体说明详见第19章。

短期负债的会计计量

2 解释包括预期再融资在内的短期负债,并解释信用额度的目的。

WHY 企业在一年以内或者一个经营周期内到期的义务被称为流动负债,这一分类使得财务报表使用者能够有效衡量企业的流动性。

HOW 最常见的流动负债包括了应付账款、应付职工薪酬、应付利息、应交税费与其他短期经营中出现的应计项目。如果条件满足,预计长期基础上具有再融资义务的短期负债也应划分为非流动负债。

正如上节中提及,流动负债通常是不用贴现的,这意味着,在财务报告中,它们不以现值而是以票面价值来计量。这类负债的典型例子是应付账款、应付票据以及包括工资薪酬、薪资税、财产、营业税以及所得税在内的其他经营性应付款项。短期负债的预期再融资

---

① *Opinions of the Accounting Principles Board No. 21*, "Interest on Receivables and Payables" (New York: American Institute of Certified Public Accountants, 1971), par. 3.

需要经过特殊的考虑。以下各节将会描述在报告各种类型的负债时可能出现的问题。

短期营运负债

如果企业经营拥有良好的内部流程,通常赊购大部分商品或劳务。应付账款科目通常是指制造型企业、批发商或者零售商由于购买材料而发生的金额,其他义务,比如工资、租金、利息、公共事业费等以单独的负债科目来报告记录来反映义务的性质。当只是签订订货单时,应付账款不作记录,只有当货物的所有权转移给购买者时,才做记录,而对于合法所有权的确认原则曾在《中级会计学:基础篇》第 9 章介绍。如果货物在年底发出,而装运条款表明所有权已经转移,那么应当记录应付账款。这意味着必须注意审查年末商品与劳务的购买,以确保在会计年度截止时对负债和存货的确认是正确的。习惯上,应付账款以预期的金额来记录报告,这是因为付款期限经常很短,不需要确认利息。

短期负债

除了购买原材料或者商品涉及应付账款外,企业经常出于经营的目的选择短期借款。这些义务统称为短期负债。通常情况下,这种债务通过保证票据来证明,这种正式的书面票据承诺在未来的一定时期内支付款项,反映在债务人的账务上就是应付票据。

为购买商品或劳务而对贸易债权人发行的票据被称为应付商业票据。非商业应付票据是银行、政府以及股东对公司的贷款以及购买非流动经营资产而发行的。在资产负债表中通常将流动应付票据划分为商业与非商业是合理的,这些信息将向报表使用者透露负债的来源并延伸至揭示在融资经营活动中依赖不同资源的程度。

在应付票据估值中所遇到的问题,相对于《中级会计学:基础篇》第 7 章讨论的应收票据是很类似的。因此,短期应付票据按现值进行记录报告,通常也就是票据的票面价值。这样做的假设前提是票据有合理的利率。然而,如果票据没有合理的利率或者所规定的利率不合理,则票据的票面价值需要折现至现值,以反映票据隐含的有效利率。它是通过在票据发行时直接扣除折扣以及在票面有效期内从利息费用中扣除折扣来完成,抵扣方式同《中级会计学:基础篇》第 7 章阐述的应收账款折扣说明。

应付票据折扣是应付票据的备抵账户,应在资产负债表中如下反映,90 000 美元便是票据的现值。

流动负债:
  应付票据 $ 100 000
  减去:应付票据折扣   10 000 $ 90 000

短期预计再融资负债

负债的错误分类能给财务报表使用者带来严重的问题,由于流动性的分类是相对于那些满足一年以内流动资产的义务,在长期使用基础上的预计短期再融资义务不应作为流动负债报告。划分为流动负债的再融资只适用于长期负债的流动的到期部分以及除了那些在正常的经营过程中出现的按惯例条款已经到期的其他短期负债,同样的,我们也不能假设一项短期负债将被再融资而因此将其划分为非流动负债,除非再融资计划是非常可靠的。因此,为了避免潜在的操纵,再融资预期必须是真实存在的,而不仅仅是一个存在的可能性。

为了更好地解释最后一点,我们可以举一个例子来说明合理分类的重要性。假设一家公司确实存在一笔巨额借款,预计将在五年后偿还,该公司总裁签署了一张为期6个月的票据,且银行的贷款部官员口头上同意在五年的实际到期日前此票据会自动更新,而票据每一到期日发生的应计利息被看作唯一的流动负债。在这些情况下,除了每期应计的利息,公司把这些负债划分为非流动负债。若再进一步假设原先的贷款部官员离开了该银行,新的官员不允许短期票据再融资,那么该公司的财务状况将会发生明显的变化。由于再融资预期而被认为是长期负债的事项将变成一项流动负债,一项需要在近期用流动资产来偿付的流动负债。

为了帮助解决这个问题,FASB公布了第6号准则,其中包含了如何划分短期预计再融资负债的准则。根据FASB的准则要将短期义务排除在短期负债之外,列入长期负债必须满足如下情形①:

1. 管理意图必须明确是基于长期基础上的融资义务;
2. 管理当局必须有能力进行再融资。

关于第二种情形,再融资的能力可通过以下途径判定:

1. 在资产负债表日及出具报表期间实际发生的再融资义务。
2. 为长期基础上的再融资已经清楚地达成一份正式签订的协议。

再融资协议对各方来说应该是不可撤销的,并在当年度延伸。另外,公司不应在资产负债表日、报表报出日违背该项协议,同时,借款人与投资人应具有再融资需求相应的财务能力。

如果实际的再融资行为在资产负债表报出日之前确实发生,那么从流动负债中剔除的这部分短期负债不能超过取代旧的债务而发行新债务或权益融资所带来的款额。比如,发行40万美元的长期票据由75万美元的短期负债的一部分再融资,只有40万美元的短期负债能从流动负债中剔除。

另外一个问题是再融资的时间问题。若在财务报表报出日之前,实际再融资发生时的资金已提前支付,那么这笔款项应包含在资产负债表中的流动负债项目。② 举例来说,假设卡尔弗里公司(CareFree Inc.)在2010年12月31日的负债中包含了一笔20万美元的应付票据,这笔票据于2011年1月15日到期,该公司管理层打算通过发行10年期的债券对该票据进行再融资。该债券的实际发行日在2011年2月15日即2010年度资产负债表报出日之前,若该债券在票据支付之前发行,那么该票据在2010年度资产负债表中应被划分为非流动负债,如果该票据的支付先于债券的发行,那么该票据应包含在流动负债中。

国际准则对于再融资的短期负债分类略有不同。根据国际会计准则1号,再融资负债必须发生在资产负债表出具之前才能被划为长期负债。换言之,在考虑再融资事项应划分为流动还是非流动资产时,国际会计准则规定,不考虑资产负债表日后事项。FASB正考虑采用这种更加苛刻的规定。

正常情况下,流动负债是以总额的方式在资产负债表中表示的,如果一项短期负债由

---

① *Statement of Financial Accounting Standards No. 6*, "Classification of Short-Term Obligations Expected to Be Refinanced" (Stamford, CT: Financial Accounting Standards Board, 1975), pars. 10 and 11.

② *FASB Interpretation No. 8*, "Classification of a Short-Term Obligation Repaid Prior to Being Replaced by a Long-Term Security" (Stamford, CT: Financial Accounting Standards Board, 1976), par. 3.

于再融资预期从短期负债中剔除,财务报表附注中应对该负债进行披露,且应包括对再融资协议的大致描述。

信用额度

一些公司由于经营上的季节性需要进行临时贷款,玩具反斗城公司(Toys "R" Us)就是该类型公司的一个很好的例子,即使一些非季节性经营的公司也倾向于提前安排资金满足可预知的短期融资需求。解决一些临时融资需求的方式之一便是通过银行进行信用额度。信用额度能在有资金需求时进行自动借贷,且这笔贷款能在资金充足时进行偿付。比如:在2007年,玩具反斗城公司就有一笔20亿信用额度用于筹备季节性存货以及商店建设成本。同样,IBM也与多家银行建立了融资关系以迅速借款筹集资金。信用额度是一种可以在实际借款需求发生之前与出借人在具体的条款中进行协调安排的协议。当一家公司发现其有资金需求时,信用额度允许该公司不通过贷款审批程序迅速得到借款,IBM公司在其2007年的财务报表附注中进行了如下披露:

> 信用额度:
>
> 2007年6月28日,公司与作为行政代理机构的摩根大通银行签订的5年期10亿美元信贷协议延长了一年,同时,作为银行贷款经纪人的花旗银行修改了公司现有的5年期10亿美元信贷协议,原协议于2006年6月28日签订,若不延长一年,则该协议于2011年6月28日到期。2007年,公司所记录的与此业务相关的费用总额为620万美元,2006年为740万美元,2005年为890万美元。修订后的信贷协议允许该公司及其子公司的借款人在一个循环的基础上借款可达到10亿美元。
>
> 公司其他的大部分不需要担保的信用贷款在2006年与2007年的金额合计大约分别是94.29亿美元与99.92亿美元。此外,由于各地的市场情况不同,各国在这些信用贷款下的利率与借款条款不尽相同。
>
> 单位:百万美元
>
> | 12月31日: | 2007年 | 2006年 |
> | --- | --- | --- |
> | 未使用信贷: | | |
> | 　国际信贷担保业务 | $9 792 | $9 875 |
> | 　其他担保业务与未担保业务 | 7 895 | 7 215 |
> | 合计未使用信贷: | $17 687 | $17 090 |

信用额度本身不是一项负债,然而信用额度一旦用于借款,那么便形成了形式上的负债,根据还款协议中偿付时间的长短划分为流动负债或长期负债。以一些美国公司为例,在表12-2中,我们将看到这些公司存在大量未使用的信用额度。尤其引人注意的是信用额度在相对重要的未偿债务项目中占据了较大的金额比例。在美国西尔斯公司(Sears)的案例中,全额使用信贷会增加其100%的未偿债务总额。关于信用额度项目的细节问题,比如,划分已使用与未使用的信贷比例以及选用的利率,都应在财务报表附注中披露。

表 12-2 2007 年未使用信贷　　　　　　　　　　　　　单位：十亿美元

公司名称	未使用信贷	未偿还的长短期负债
IBM	$17.7	$35.3
埃克森美孚	5.7	9.6
通用电气	15.0	15.8
通用电气资本服务	64.8	500.9
美国西尔斯公司	3.0	3.0

信用额度的维护也不是无成本的，银行在承诺为公司提供担保信贷时，通常按照每年 1% 的比例收取费用。例如，麦当劳公司有一笔 2012 年到期的信用额度，金额为 13 亿美元，每年需要支付 0.05% 的费用。当然，如果麦当劳使用了信用额度，那么在支付这笔费用的同时仍需要支付借款金额的利息，这项费用是麦当劳支付用以保证获得该信贷的成本。每年这笔 13 亿信贷额度的维护费用是 65 万美元（13 亿 × 0.0005）。

长期债务现值

3 应用现值概念对长期负债例如抵押借款的计量。

WHY 概念上来说，一项债务应以资产负债表日偿付义务的金额来报告。对于长期债务，这笔金额是未来需要偿付资金的现值。

HOW 当一笔付款额用于支付长期债务，付款额取决于现值的计算，这一应用是为了减少债务金额以及利润表中利息费用的金额。

长期债务的计量与报告比短期债务要复杂得多，这是基于长期债务而支付的未来现金流出之和不是衡量实际经济义务的有效方法，比如，偿还一笔利率为 7%，金额为 $200 000 的 30 年期抵押贷款，在贷款到期时偿还，还款期限 30 年内每月还款的合计金额为 $479 018。然而，全部偿还义务若在今天偿付则只需要支付 $200 000。在报告长期债务时，强调以此项义务真正的现时经济价值来报告，而不是未来需要偿付多少负债总额。

为了说明会计中长期债务的应用，我们可以举一个简单的例子——抵押贷款，这是借款人以一定的资产支持作为抵押品保证取得的贷款。如果借款人不能偿付贷款，贷款人有权宣告获得该项抵押资产，并将此资产出售以收回贷款。抵押贷款一般是分期等额付款，每一笔付款的一部分相当于未付抵押贷款的利息，剩余的付款额可看做是部分贷款本金的偿付。例如，假设 2011 年 1 月 1 日，Crystal Michae 以 250 000 美元的价格购买了一栋房子，首次现金支付了 50 000 美元，剩余 200 000 美元购买价款通过将房屋进行抵押贷款融资。该项抵押贷款可通过 30 年内每月支付 2 057 美元进行偿付，每月复利年利率为 12%，第一笔付款于 2011 年 2 月 1 日发生。每月 12% 的复利年利率相当于 1% 的月利率（详见《中级会计学：基础篇》货币时间价值模块中对现值概念的回顾）。

在抵押贷款偿付过程中，每月支付的 2 057 美元必须区分本金和利息，利息是以月初抵押贷款余额的 1% 来计算的。在 2 月 1 日，利息为 2 000 美元（200 000 美元 × 1%），本金偿付金额为 57 美元（$2 057 - $2 000），3 月份利息为 1 999 美元（$199 943 × 1%），每月以这种形式进行计算。在表 12-3 中，我们可以看到在最初 5 个月本金与利息的分配，这一过程称为贷款（或抵押贷款）摊销。

表 12-3 贷款(或抵押贷款)摊销表

日期	(1)付款额	(2)利息费用	(3)本金减少额	(4)余额
2011年1月1日	—	—	—	$200 000
2011年2月1日	$2 057	$2 000	$57	199 943
2011年3月1日	2 057	1 999	58	199 885
2011年4月1日	2 057	1 999	58	199 827
2011年5月1日	2 057	1 998	59	199 768
2011年6月1日	2 057	1 998	59	199 709

如果 Crystal 想保持一个良好的个人财务记录,那么她将在2月1日做如下分类:

借:利息费用　　　　　　　　　　　　　　　　　　　　　　2 000
　　应付抵押贷款　　　　　　　　　　　　　　　　　　　　　　57
　贷:现金　　　　　　　　　　　　　　　　　　　　　　　　2 057

和其他形式的长期融资一样,抵押贷款在公司的资产负债表中以现值为基础进行报告,金额将大致能够满足当时的现时义务。比如,Crystal 欲于2011年4月1日(即在第三笔款项支付后)准备一份季度资产负债表,那么我们将看到表中显示 199 827 美元的抵押贷款负债(见表 12-3)。由于大部分抵押贷款是以分期付款的方式偿付,下一年度的应付的本金在资产负债表日必须以流动负债显示,这相当于是长期债务中的流动部分,剩余部分则被划分为长期债务。

担保贷款与抵押贷款类似,是指以某种资产作为担保的贷款。如果借款人不能偿付此项贷款,贷款人便可以宣告获得该项资产。在经历财务困难的公司中,最常见的便是担保贷款,它不仅对贷款人来说减少了风险,也减少了借款人的利息费用。

> 比如:在达美航空公司2007年的年报中,关于担保贷款进行了如下披露:公司的高级担保债务及其他担保债务具有优先留置权,但在许多情况拥有的是次级留置权,能将公司绝大部分资产抵押,包括但不局限于如下资产:应收账款、自有飞机、部分闲置发动机、部分闲置部件、场地设备、着陆场地、国际航线、国内子公司的股本权益、知识产权与不动产。

债券融资

4 理解各类债券,计算债券的发行价格并解释债券的发行、利息以及债券回购。

WHY 债券以各种形式与规模存在,但是所有债券都有一个共同的特点——当前的借款在未来以某种形式偿付。由于债券是长期负债,债券计量用到大量的现值计算。

HOW 经常地,债券持有期间仅涉及利息支付,到期时则需要支付债券的票面价值总额。与用现值计算债券发行相同,每期的利息费用也以同样的方法来计算。

公司的长期融资是通过常见的债券或票据等长期债务工具以及额外的股票交易来完成,一般来说,管理层与股东更倾向于发行债券与长期票据而不是额外发行股票,理由如下:

1. 原股东对公司依然拥有控制权;

2. 利息具有抵税效应,而股利不具备;
3. 当前的市场利率相对于股票市场价格处于更有利的地位;
4. 利息支出可能比股东预期的股利支付金额小。

当然,长期债务融资也有许多局限性与缺点,债务融资只有在公司处于比较理想的财务状况时才有可能实现,财务状况良好的公司才能为债权人提供有力的保障。进一步来说,无论公司的盈利与财务状况如何,都必须按期支付利息。如果一家公司经营亏损,不能筹集足够的现金来支付定期利息,担保债务持有者能够通过法律手段来控制公司的资产。

> **补充**
>
> 经常地,处于财务困境的企业依然能获得融资,但是这些企业的债务条款往往很严格且利率非常高。高风险公司发行的债券往往被分类为垃圾债券,此类债券将在本章的后面讨论。

一个比较麻烦的问题是债务性证券与权益性证券之间的区别有时会变得很模糊。通常情况下,债务工具有固定的利率以及明确的本金偿付到期日,而且债务工具的持有者没有投票权。另一方面,传统的权益性证券没有固定的偿还义务及到期日,只有在公司董事会当局正式宣告发放股利时才需要对股东分红。另外,股票持有者通常拥有投票权及其他股东特权。但是问题在于某些可转换债券拥有许多权益证券的特点,而一些优先股也有许多债务的特点。这就使得如何在特定的环境下区分债务证券及权益性证券进行会计处理就变得尤为重要。

债券的会计处理

概念上来说,债券与长期票据是两种很相似的债务工具,但是它们之间有一些严格的差别,例如与债券相关的契约往往比票据合同提供了更详细的资料,包括股利支付或额外债务发生的限制性条款。债券的到期时间一般也比票据长一些,一些债券可能在20年或者20年以后到期,然而大部分票据到期日为1—5年,债券与票据的其他特征是相似的。因此,尽管下文特别讨论的是债券相关的会计原则与报告,但也能应用到长期票据。

债券的会计处理主要考虑以下三个方面:
1. 记录债券的发行与购买;
2. 确定债券持有期间适用的利率;
3. 债券到期日或到期日之前偿付的会计处理。

在讨论上述三点之前,我们需要回顾一下债券的性质以及如何确定债券的市场价格。

债券的性质

公司在公司章程规定以及特别授权的基础上才有权进行债务筹资。在正常情况下,董事会通过债券发行事项之前需要经大部分股东的正式审议通过。

通过债券筹资还涉及债券证书的发行。债券证书,通常简称为债券,虽然在一些情况下债券以各种面额发行,但通常以1 000美元的票面面值发行。

公司与债券持有者之间的合同是债券契约合同。合同中详细规定了双方的权利与义务,指明作为抵押的财产和该借款的保护性措施,并指定代表债权人权益的银行或者信托公司。

公司可直接将债券卖给投资者,也可由投资银行或垄断集团承销债券,承销商可能购买公司发行的全部或部分未出售的债券,或者仅仅声称会尽最大努力在收取佣金的基础上负责债券的销售。

大部分公司试图将债券卖给承销商以避免债券在市场流通中发生的损失。有一个有趣的例子,IBM 首次进入债券市场发行 10 亿美元债券与长期票据。在 IBM 向承销商发行债券之后,由于联邦储备银行突然大幅提高贴现率导致利率大增。IBM 股票的市价下跌,参与承销的经纪公司与投资银行在向投资者销售债券的过程中发生了超过 5 000 万美元的损失。

债券发行者 债券与类似的债务工具可能由私营公司,美国政府,地方州、郡政府,学区,类似美国联邦住宅贷款银行以及联邦抵押贷款协会的政府扶持机构等发行。2008 年 5 月,美国证券业和金融市场协会估计公司债券未偿还金额已达 40 000 亿美元。

美国政府债务不仅包括长期债券,还包括 1 年以内到期的短期国库券,以及 1—7 年到期的中期国库券,根据美国财政部门报告,截至 2008 年 5 月 6 日,美国未偿国债总计已达 94 000 万亿美元。

由州、郡以及各级地方政府与其代理机构发行的债券统称为市政债券。市政债券的一个显著特征在于投资者从此类债券中得到的利息是免征联邦所得税的。由于这种税收优惠的存在,市政债券的利率往往比其他发行者的债券低,使得这些政府机构能以较低的利率进行借款筹资。联邦政府提供的税务豁免实际上是通过给予补贴来鼓励投资者对国家及地方政府进行资本投资。截至 2008 年 5 月,未偿市政债券已达 18 000 亿美元。

债券的分类 根据具体的债券发行特点,债券可以通过不同的方式进行划分。债券的主要区别特征将在下面的章节进行讨论确定。

一次还本付息债券与分期还本付息债券。在一个单一时间到期的债券称为一次还本付息债券,分期到期的债券称为分期还本付息债券。分期还本付息债券比一次还本付息债券在现实中更少见。

担保债券与未担保债券。私营公司发行的债券可以是担保债券也可以是未担保债券。担保债券通过提供一定形式的担保对投资者提供某种程度上的保护,比如通过以房地产进行抵押或通过其他抵押品进行抵押的贷款。第一抵押权债券表示在公司没有能力支付利息以及偿付本金时,该债券对公司财产具有第一求偿权,而第二抵押权债券的求偿权仅在第一抵押权债券以及其他优先发行的债券得到满足之后才能行使。抵押信托债券是指公司通过其拥有的其他公司的股票和债券进行担保的债券,这种债券通常转移给受托人,由受托人代表债券持有人持有债券,在必要的时候将抵押的股票与债券售出以满足债权人的利益要求。

未担保的债券是指没有由任何资产来担保的债券,常称为无担保债券。无担保债券的持有者仅和其他无担保的债权人被列为一般债权人,这种债券的风险随着债务人财务能力的强弱而不断变化,实力雄厚的公司发行的无担保债券可能风险很小,而那些实力较弱的公司,其大部分资产已经用于抵押,那么它所发行的无担保债券则涉及了相当大的风险。穆迪和标准普尔投资服务公司都对债券质量进行评级,比如穆迪债券评级从高质量债券的 Aaa 级到高风险债券的 C 级,标准普尔评级则从 AAA,AA,A,BBB 依次类推到 D 级。

记名债券与不记名债券。记名债券需要在公司债券上登记债券持有者的姓名。债券持有者的转让与股票类似,当债券售出时,公司债券的代理商注销债券出售者的债券证书,颁发新的债券证书给新的购买者并定期将利息对账单邮寄给公司名册上记录的债券持有人核对。不记名债券,或者称附息票债券,不记录持有者的姓名,这些债券的所有权的转让通过交付实现,每一张债券在债券持有期间都有单独固定的利息支付。息票由债券持有人进行交付,并将其交给银行作为存款或抵押。此类债券消除了记录债券持有者变更以及准备并定期邮寄利息对账单的麻烦。但是在债券丢失或被偷窃时,不记名债券无法像记名债券那样给债券持有者提供保护。在某些情况下,获取不记名债券利息原则上需要提供本金的注册表。这样,避免了在利息支付时进行耽误时间的程序,也有利于债券所有权的保护。近期的债券发行多是记名债券,而非不记名债券。

零息债券与浮动利率债券。近些年来,一些公司发行了不需要承担利息的长期债券。然而,这些债券以很大的折扣出售,使得投资者在债券到期时能获得投资总收益。这些债券被称为零息债券或者折扣债券。另一种零息债券是将利息延迟一段时间再支付。

由于利率存在大幅度波动的可能性,一些债券与长期票据以可变(浮动)利率来发行。在债券持有期间,利率随着市场利率的增加与减少而变化。浮动利率债券使得投资者在利率上升时受益,而使发行者在利率下降时受益。

垃圾债券。资本结构中债务占了较大比例或者财务状况较差的公司发行的高风险、高收益债券被称为垃圾债券。这些债券被穆迪评级为"Ba2"或更低,标准普尔评级为"BB"或者更低。垃圾债券通常具有较高的收益率,有一些利息收益率甚至超过了20%。

垃圾债券的发行至少在如下三种情况下进行。第一种情况,公司发行的债券一度具有较高的信用评级,但公司财务状况不幸陷入困境而被降级了。比如,标准普尔投资服务公司对拥有美国密歇根州一家经营酒店与娱乐场所的LTBB公司(Little Traverse Bay Band of Odawa Indians)发行的债务给予了B等级,对此,标准普尔公司提供了如下信息:

> 标准普尔公司对LTBB公司2013年到期的19 500万美元优先票据给予了"B"评级。同时,标准普尔给予了发行方"B"的信用评级,对该公司前景不太看好。
>
> 公司的信用评级反映出公司在项目扩张建设、狭窄的博彩业务等竞争激烈的市场中,面临更多的中期游戏供应、更大规模博彩设施管理的挑战,因此选择了较高的财务杠杆。这些财务杠杆只是部分调和了发行票据中尚未支付的利息,总计3 300万美元,并从现有的博彩设施中形成稳定的现金流。

第二种情况,处于成长期的公司发行垃圾债券,这些公司由于缺乏足够的现金流、良好的信用记录以及业务的多样性因而不能以更高的信用评级(即更低的风险)发行债券,例如1998年亚马逊(Amazon)发行了2.75亿美元的垃圾债券(自从亚马逊首次在报告了2002年度公司正的经营现金流以及2003年度正利润,公司财富便发生了很大的变化)。

第三种情况,正在经历重组的公司发行的垃圾债券,同时还经常与杠杆收购结合。

可转换债券与商品担保债券。可根据债券持有人的需求将其所持债券转换成股票的债券,被称为可转换债券。可转换的特点在于允许债券持有人将所持债券换成普通股,因而持有者可以利用转换权利获得股东权益,如果公司经营良好的话,转换权利就变得很有吸引力;同时,也能维护债权人权益。债券也可以以商品(如石油、重金属)的形式赎回。这种债券被称做商品担保债券。

可赎回债券。在一些债券合同中,通常规定发行公司有权利在债券到期前进行赎回,这类债券被称为可赎回债券。当公司想要减少未偿债务时,会通知债券持有人部分发行债券将会被赎回,将根据赎回条款进行债券偿付,在赎回日期后,不再支付累计利息。

债券市场价格

债券市场价格随着投资风险以及相似金融工具当前市场利率变化而变化。当公司的财务状况和盈利状况确实能够保证债券的利息和本金支付,那么该公司所发行的债券利率相应的也会比较低。当风险上升时,有必要提高收益率来吸引投资者。利息金额依据票面价值的一定比例来支付,这一比例被称为票面利率,或合同利率。然而,发行时的利率可能与同类同期限的其他债券现行利率或市场利率不同。更重要的是市场利率经常变动,这些因素经常导致债券的票面价值与市场上的实际售价不同。

以票面价值购买债券,表明债券规定的票面利率与当前市场利率一致,如果票面利率高于市场利率,债券将以超过其票面价值的金额溢价出售;如果票面利率低于市场利率,那么债券将以低于其票面价值的金额折价出售。债券溢价或者债券折价的金额是对票面利率与债券实际市场利率或实际收益率不同进行的调整,这样进行折价或溢价调整后的市场利率、市场收益率、或者实际利率就能真实反映债券的实际收益率。债券发行后,市场利率的降低导致债券市场价值的增加,市场利率的提高则导致其市场价值的减少。

> **注意**
>
> 当公司债券的票面利率低于同类债券的市场利率时,投资者将愿意以低于票面价值的金额购买该债券,因为他们将要能得到一个较低的利息支付。所付金额低于票面价值称为折价,反之则为溢价。

市场上的债券价格均以票面价值的百分比进行报价。例如,债券报价96.5意味着市场价格为票面价值的96.5%,因此该债券是折价交易;相应的,债券报价104意味着市场价格为票面价值的104%,则该债券是溢价交易。美国政府票据与债券通常是以32进制而不是100进制报价,即政府债券98.16(有时也写成98:16)的销售价格是98 16/32,以百分数表示应该是98.5%。

债券任意时点的市场价格取决于债券到期价值以及每期应支付的剩余利息按当时类似债务的市场利率折现的现值。债券的市场价格可通过"货币时间价值回顾"中解释的现值计算公式来确定。

为了更好地说明债券市场价格的计算,假设在债券发行日出售一张面值为 $10 000,票面利率为8%的10年期债券,进一步假设类似同期债券实际利率为10%,每半年复利计息。

债券的市场价格计算可分为如下两个部分:

第一部分:本金现值(到期值)

  10 年期(或 20 个半年期)后的债券到期值 $100 000

  实际利率=10%/年(或5%/半年)

  终值 = $100 000;期限 = 20 期;利率 = 5% $37 689

第二部分:20 期利息现值

  每半年利息支付, $100 000×4% $4 000

  实际利率 = 10%/年(或5%/半年)

  年金 = $4 000;期限 = 20 期;利率 = 5% $49 849

债券现值(市场价值)总额 $87 538

债券的市场价值通过两部分现值的总和计算得 87 538 美元,由于实际利率高于票面利率,债券在发行日将以扣除 12 462 美元折扣后的价格进行发行。我们还可以看到若实际利率为 8%,而不是 10%,那么这两部分的现值为 $100 000,意味着债券应以其面值出售。同样的,若实际利率小于 8%,债券的市场价值应超过 100 000 美元,因而该债券应溢价发行。

与股票交易类似,公开上市公司的债券能在各种债券交易所进行上市交易,表 12-4 反映的是 2008 年 5 月 7 日的一系列债券清单。

表 12-4 债券列表

	价格	息票率(%)	到期日期	到期收益率(%)	现行收益率(%)	等级
惠普	103.09	5.400	2017 年 3 月 1 日	4.986	5.238	A
惠普	103.85	5.250	2012 年 3 月 1 日	4.292	5.055	A
贝尔南方	111.24	6.875	2031 年 10 月 15 日	5.987	6.180	A
大西洋富田公司	103.76	5.900	2009 年 4 月 15 日	3.447	5.686	AAA

资料来源:finance.yahoo.com/bonds, May 7, 2008. Data provided by Knight BondPoint, Inc.

> **思考**
>
> 在计算债券的市场价格上,唯一使用票面利率计算的是下列哪个项目?
> a) 计算每期所支付的利息
> b) 计算债券到期值
> c) 计算每期利息支付现值
> d) 计算债券到期值的现值

我们可以注意到,惠普公司不止发行一种上市债券,其中清单上的第一种债券于 2017 年到期,第二种债券 2012 年到期。惠普公司第一种债券的现行收益率为 5.238%,这意味着如果以收盘价 103.09 的价格购买该债券,投资者每年能获得 5.238% 的利息收益。溢价是由于该公司以高于市场上类似风险债券的息票率(5.400%)发行了债券。如果债券持有人自购买之日起便一直持有该债券直至到期,那么到期收益率便是投资者在持有期间通过定期支付的利息及本金收回的整体回报率。到期收益率可认为是引起投资者购买债券行为的必要报酬率,同时也可认为是债券发行者承担的风险。

债券的发行

债券可以由发行公司直接出售给投资者,也可以在公开市场上通过证券交易所或投资银行进行销售。无论以何种方式发行,当债券售出后,发行方需要确认现金入账,同时确认长期负债。购买方必须确认现金支出及债券投资。发行公司一般以债券的面值——即债券到期日公司必须支付的本金来确定应付债券的金额。因此,当债券以折价或溢价发行而不是按其面值发行时,用债券溢价或折价科目反映实际收到的现金与债券面值的差额。溢价时,以债券面值加上增加的那部分价值作为债券的当前价值入账,折价时则扣除那部分价值。虽然投资者也可以通过记录债券的票面价值并使用记录溢价或折价账户反映其债券投资成本,但是习惯上,投资者以债券投资净值记录投资成本,也就是,以面值加上其溢价或减去折价的金额反映投资成本。

通过非货币性资产或服务的交换而发行或取得的债券应按公允价值入账,除非所交换的资产或服务的价值能够更清楚地界定。债券的票面价值以及现金所支付的现值或者所

补充

当资本市场并不健全时,银行往往是公司最主要的债务融资来源,随着经济的发展,比如中国,相关的债券融资也相应有所增加。

取得的资产价值之间的差额可称为是债券折价或溢价。在债券和其他证券一起偿付的情况下,证券的成本则需要在各证券之间分配。

正如上文所述,债券的发行可分为平价发行、折价发行与溢价发行。债券的发行日可在利息支付日,也可在付息日之间,这就需要我们确认应计利息。每种情形将引用以下数据来说明:面值为 $10 000,票面利率为 8% 的 10 年期债券,每半年的应付利息为 $4 000($100 000 × 0.08 × 6/12),分别于 1 月 1 日以及 7 月 1 日支付。

债券在付息日平价发行 当债券在付息日平价发行时,在发行日不需要确认折价、溢价以及应计利息。根据上段的数据,假设该债券在 1 月 1 日以票面价值平价发行,那么发行者与购买者第一年应进行如下账务处理:

	发行者		投资者	
1月1日	借:现金	100 000	借:债券投资	100 000
	贷:应付债券	100 000	贷:现金	100 000
7月1日	借:利息费用	4 000	借:现金	4 000
	贷:现金	4 000	贷:利息收入	4 000
12月31日	借:利息费用	4 000	借:应收利息	4 000
	贷:应付利息	4 000	贷:利息收入	4 000

债券在付息日折价发行 现假设债券于 1 月 1 日发行,但实际利率为 10%,需要确认债券折价 12 462 美元($10 000 - $87 538,详见前文第 18 页计算)。1 月 1 日的账务处理如下,7 月 1 日与 12 月 31 日的利息费用处理将在下章讨论折价与溢价摊销时具体说明。

	发行者		投资者	
1月1日	借:现金	87 538	借:债券投资	87 538
	应付债券折价	12 462	贷:现金	87 538
	贷:应付债券	100 000		

债券在付息日溢价发行 再次引用上述数据,假设债券发行时的实际利率为 7%,利用现值计算方法,我们计算出债券将以 $7 106 的溢价进行发行。这样,1 月 1 日的账务处理如下:

	发行者		投资者	
1月1日	借:现金	107 106	借:债券投资	107 106
	贷:应付债券溢价	7 106	贷:现金	107 106
	应付债券	100 000		

债券在两个付息日之间平价发行 当债券于两个付息日之间发行,则需要对上一期付款日至交易日期间的应计利息进行调整。债券购买方除了支付购买价款外,还需要支付应计利息,于是购买方将获得购买日之前的应计利息以及自购买日至下一期付息日的利息。

这种做法避免了债券发行方试图将一期债券利息在购买日分给两个或两个以上债券所有者而带来的一系列问题。为了更好地说明这一点,假设上例中按票面价值平价发行的债券在 3 月 1 日发行,应进行如下账务处理①:

	发行方		投资方	
3月1日	借:现金	101 333	借:债券投资	100 000
	贷:应付债券	100 000	应收利息	1 333
	应付利息	1 333*	贷:现金	101 333
	*($100 000×0.08×2/12)			
7月1日	借:利息费用	2 667*	借:现金	4 000
	应付利息	1 333	贷:应收利息	1 333
	贷:现金	4 000	利息收入	2 667
	*($100 000×0.08×4/12)			

债券发行成本 债券发行成本通常涉及发行人聘请律师的法律咨询费、印花税、税收以及承销费用。一般来说,所发生的费用都需要从债券发行时的溢价中抵销或者增加债券的折价金额,因而得到债券票面价值的净值。在美国财务会计概念公告第 3 号文件(第 161 段),FASB 把这类不满足资产定义的债券发行成本指定为"递延费用"。FASB 最近初步决定不论采取债务融资还是权益融资,在进行会计处理时,所有的发行成本均应费用化入账,但是这一规定尚未成为官方的标准。因此,在 FASB 对此进行正式规定之前,一些公司仍将债券的发行成本进行资本化来进行报告。②

债券利息的会计处理

发行公司发行的不记名有息债券在付息日时需要支付利息,利息的支付可由公司直接支付给债权人,也可以通过银行划款或其他代理机构支付。由于持票人可对该不记名债券进行赎回,因而不需要保留辅助账户记录。然而,在记名债券的情况下,发行公司或其代理商需要邮寄利息对账单进行核对,记名债券账户下需要设置辅助账户,在辅助账户中记录个人所持债券及其持有情况的变化。在利息支付日,所记录的债券持有人均会收到利息对账单。

当债券以溢价或折价发行时,市场会将票面利率调整为市场利率或实际利率。由于初始溢价或折价的存在,发行方在债券发行期间每期所支付的利息不能代表这一期间包含的所有利息,因此有必要对现金支付的利息进行调整来反映债券的实际收益率,这种调整被称为债券溢价或折价摊销,这种周期性的调整使得债券账面价值与票面价值逐步靠拢。

债券的溢价发行意味着票面利率高于实际利率,溢价的摊销减少了债券面值低于实际现金支付金额的利息开支。债券的折价发行意味着票面利率低于市场利率,折价的摊销增加了债券面值高于实际现金支付金额的利息开支。总的来说,债券折价或溢价的摊销是为了完成两件事情:一是将账面价值逐渐调整至到期值;二是调整每期支付的利息费用来反

---

① 相应的,发行初始发行方应贷记应计利息,而投资方应借记应收利息。当第一笔利息支付时,与初始确认相对应的发行方借记应付利息,确认一定金额的利息费用。投资者在确认利息收入时运用类似的账务处理程序。
② *Opinions of the Accounting Principles Board No. 21*, par. 16. 在 *SFAS No. 159* 中,FASB 认为对金融负债的债券发行成本应按照公允价值作为当期费用确认。这里所说的"公允价值观"将在此章后更详细地进行讨论。

映债券的实际利率,不论其利息费用是高于(折价)还是低于(溢价)每期支付的实际利息费用。

溢价与折价的摊销主要有两种方法:一是直线法;二是实际利率法。我们首先解释的是直线法,这是由于它的计算方法比较简单,然而这种方法只能在所得的利息费用与采用实际利率法计算的利息费用相差不大的情况下应用。[①]

直线法 直线法假设每期溢折价的摊销金额相等,每月的摊销金额取决于债券购买或发行时的溢折价金额除以至到期日剩余的所持月数。假设有一张到期值为 200 000 美元,票面利率为 10% 的 10 年期债券在债券发行日以 103 的价格,即以 6 000 美元的溢价出售,那么这笔溢价将在到期前的 120 个月里逐期平均摊销,即每期以 50 美元($6 000/120)的金额进行摊销;如果债券在债券发行日三个月后售出,$6 000 的溢价应在 117 个月里逐期平均摊销,即每期以 51.28 美元($6 000/117)的金额进行摊销。摊销期限通常是初始购买日至到期日的时间。溢价摊销逐期减少发行方的利息费用以及投资方的利息收入,折价摊销的结果则是相反的,二者的科目金额均增加。

为了更清楚地解释直线法下债券利息摊销的会计处理,再次引用前文的例子,假设在 1 月 1 日发行面值为 100 000 美元,票面利率为 8% 的 10 年期债券,当该债券以扣除 12 462 美元折扣金额后的价格出售时,7 月 1 日与 12 月 31 日应对利息做如下的会计分录:

	发行方		投资方	
7月1日	借:利息费用	4 623	借:现金	4 000
	贷:应付债券折价	623*	债券投资	623
	现金	4 000+	贷:利息收入	4 623

* $12 462/120 × 6 个月 = $623(四舍五入)6 个月的折价摊销金额
+ $100 000 × 0.08 × 6/12 = $4 000

12月31日	借:利息费用	4 623	借:应收利息	4 000
	贷:应付债券折价	623	债券投资	623
	应付利息	4 000	贷:利息收入	4 623

> **补充**
>
> 在第 14 章中,我们将解释,在债券投资划分为持有至到期投资的情况下,投资者记录债券溢折价的摊销是非常重要的。对于交易性金融资产与可供出售金融资产,在每期期末会对这两项资产进行重新评估,并以公允价值计量。

我们可以注意到,折价摊销可以将债券的实际利率在持有期间从 8% 的票面利率调整到 10% 的市场利率,以使债券出售后能得到一定的收益。在债券持有期间,12 462 美元的折价金额将确认为发行方的利息费用以及投资方的利息收入入账。

为了解释债券溢价摊销的分录,假设 8% 的债券以 7% 的实际收益率发行,即以 107 106 美元的价格出售。7 106 美元的溢价在直线法基础上应作如下摊销:

---

① *Opinions of the Accounting Principles Board No. 21*, par. 15.

	发行方		投资方	
7月1日	借:利息费用	3 645	借:现金	4 000
	应付债券溢价	355*	贷:债券投资	355
	贷:现金	4 000	利息收入	3 645
12月31日	借:利息费用	3 645	借:应收利息	4 000
	应付债券溢价	355	贷:债券投资	355
	贷:应付利息	4 000	利息收入	3 645

* $7 106/120 × 6 个月 = $355(四舍五入)6 个月的溢价摊销金额

债券的溢价摊销能够使发行方减少利息费用,使投资方减少利息收入,从而使债券在持有期间的收益率达到7%的市场收益率或实际收益率。

实际利率法 实际利率法是根据不变的利率基于不断变化的摊余成本计算每期的溢价与折价摊销。表 12-3 中表示的就是采用实际利率法对抵押贷款所进行的摊销。在采用这种方法时,必须知道债券的实际利率,它是将债券到期值和各期应支付的利息折现为该债券市场价格所使用的利率,这个比率用于确定账面上应记录的收入或费用。

为了说明用实际利率对债券折价进行的摊销,考虑引用上例面值为 100 000 美元,票面利率为8%的10年期债券,以 87 538 美元的价格折价出售,实际利率为10%。实际利率法下前6个月的折价摊销计算如下:

债券账面价值期初摊余成本	$87 538
半年期实际利率	5%
半年期票面利率	4%
基于账面价值与实际利率的利息金额($87 538 × 0.05)	$4 377
基于票面价值与票面利率的利息费用($100 000 × 0.04)	4 000
折价摊销——基于实际利率与票面利率的利息差额	$377

注意

在计算利息费用时,我们经常错用票面利率与实际利率。要注意,票面利率只在计算应付利息与应收利息时使用,市场利率或实际利率则在计算利息费用或利息收入时使用。

应付(应收)利息与复利计息费用(收入)之间的差额是在实际利率法下的第一个半年期折价摊销金额,在第二个半年期债券的账面价值增加了折价摊销金额,那么第二个半年期的折价摊销计算如下:

债券第二期账面价值初期摊余成本($87 538 + $377)	$87 915
基于账面价值与实际利率的利息金额($87 915 × 0.05)	$4 396
基于票面价值与票面利率的利息费用($100 000 × 0.04)	4 000
折价摊销——基于实际利率与票面利率的利息差额	$396

每期确认的利息金额是根据逐渐增加的摊余成本按照不变的利率计算,这就导致在债券持有期间逐渐增加的折价摊销,在图 12-3 中,我们可以看到实际利率法与直线摊销法的比较。

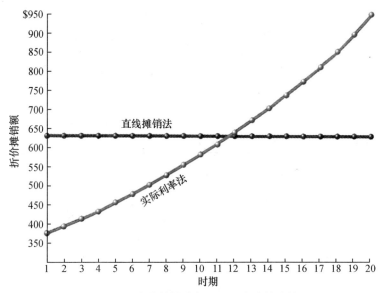

图 12-3　直线摊销法与实际利率法的比较

思考

在计算如下的债券摊销表时，表中的一些数据是已知的、不需要进行详细计算的，下列哪个数据能用简单的计算方法求得？

a) 定期利息费用
b) 定期应付利息
c) 定期溢(折)价摊销
d) 债券账面价值

实际利率法下折价摊销的会计分录与直线摊销法类似，只有金额是不一样的。

溢价摊销的计算与折价摊销的计算方法类似，只是票面利率的利息支付金额要高于实际利率的利息金额。比如，面值为 100 000 美元，票面利率为 8% 的 10 年期债券，以 107 106 美元的溢价价格出售，假设实际利率为 7%。

那么第一个和第二个半年期的溢价摊销计算如下（计算结果四舍五入）：

债券账面价值期初摊余成本	$107 106
半年期实际利率	3.5%
半年期票面利率	4%
基于票面价值与票面利率的利息费用（$100 000 × 0.04）	$4 000
基于账面价值与实际利率的利息金额（$107 106 × 0.035）	3 749
溢价摊销——基于实际利率与票面利率的利息差额	$251
债券第二期账面价值初期摊余成本（$107 106 − $251）	$106 855
基于票面价值与票面利率的利息费用（$100 000 × 0.04）	$4 000
基于账面价值与实际利率的利息金额（$106 855 × 0.035）	3 740
溢价摊销——基于实际利率与票面利率的利息差额	$260

如图所示，当投资额或负债余额由于溢价摊销减少时，按实际利率计算的利息便会相应减少，利息支付与实际利率基础上的利息差额与折价摊销金额一样按期增加。债券摊销表用于调整每期债券的账面价值，即债券现值。如下是部分的债券摊销表：

溢价摊销——面值为 100 000 美元，票面利率为 8% 的 10 年期债券，每半年支付利息，在实际利率为 7%，以 107 106 美元的溢价价格出售

	A 应付利息 （$100 000 × 0.04）	B 利息费用 （0.035 × 账面价值）	C 溢价摊销 （A – B）	D 未摊销溢价 （D – C）	E 债券账面价值 （$100 000 + D）
				$7 106	$107 106
1	$4 000	$3 749（0.035 × $107 106）	$251	6 855	106 855
2	4 000	3 740（0.035 × $106 855）	260	6 595	106 595
3	4 000	3 731（0.035 × $106 595）	269	6 326	106 326
4	4 000	3 721（0.035 × $106 326）	279	6 047	106 047
5	4 000	3 712（0.035 × $106 047）	288	5 759	105 759

由于实际利率法是将票面利率调整至实际利率，理论上来说，这种摊销方法比直线法更准确。我们可以看到，两种方法下溢折价摊销总额是一致的，只是各期的金额不一样。实际利率法是现行比较受推荐的摊销法。但是，正如上文所述，如果直线法下各期的摊销与实际利率法下的摊销金额没有重大差异，一些公司会采用直线法。

债券溢折价摊销对现金流的影响

债券溢价折价的摊销与其他非现金项目一样不涉及现金的流入与流出，但是在编制现金流量表时，也一样要考虑摊销额对现金流量的影响。回顾报告经营活动现金流的间接法，净利润是根据非现金流量项目调整而来的。当债券进行折价摊销时，利润表中记录的利息费用高于所支付的利息，因而在收付实现制基础上的净利润被低估，正确的调整应将折价摊销金额加回至净利润。反过来在债券溢价的情况下也是如此，经营活动现金流是净利润扣除了债券溢价摊销额后的金额。

直接法下，我们需要将权责发生制下的收入和费用科目转化成收付实现制下的金额。因而需要将利息费用转化成现金所支付的利息，利润表中的费用由于折价摊销而减少，由于溢价摊销而增加。

下面举例说明在编制现金流量表时做出的必要调整。假设使用上文中与债券折价相关的例题，公司发行了面值为 100 000 美元，票面利率为 8% 的 10 年期债券，以 87 538 美元的折价价格出售，实际利率为 10%。第一年度债券折价摊销的计算请见第 703 页，第一年的折价摊销金额为 773 美元（$377 + $396），利润表中披露的利息费用为 8 773 美元（$4 377 + $4 396），而实际支付给债券持有者的利息为 8 000 美元（为了简单起见，我们假设第二笔 4 000 美元的利息于 12 月 31 日支付）。为使例题更简单，假设公司本年报告净利润为 90 000 美元，销售收入（全部为现金）为 98 773 美元，这意味着 8 773 美元利息费用是唯一的费用。在下表中我们可以分析出折价摊销对现金流的影响：

利润表		调整金额	经营活动现金流
销售收入	$98 773	——	$98 773 从客户中取得的现金
利息费用	(8 773)	+ $773（债券折价摊销，非现金项目）	(8 000) 现金支付利息
净利润	$90 000	+ $773 净调整额	$90 773 经营活动现金流

在间接法下,净利润需要加回折价摊销金额(773美元)以反映经营活动现金流。在直接法下,要将利息费用转化至收付实现制基础下的费用,需要从利息费用中扣除折价摊销额,即利息费用 $8 773 – 折价摊销额 $773 = $8 000,便得到现金支付的利息金额,在只涉及一种债券发行的情况下,现金支付利息可以通过将票面价值与票面利率相乘求得($100 000 × 0.08)。

债券到期日的赎回

在大部分情况下,债券都有确定的到期日。到期时,发行方必须向投资方支付债券面值(或称到期值)。当债券溢价、折价或发行成本在债券持有期间进行了合理的摊销,债券到期时的收回只需要通过现金交易减少负债或投资,假设发行的是面值为100 000美元的债券,则到期时应做如下处理:

发行者		投资者	
借:应付债券	100 000	借:现金	100 000
贷:现金	100 000	贷:债券投资	100 000

由于债券的账面价值、到期值以及这一时点的市场价值相等,因而在债券收回时不需要确认收益或损失。

任何在到期时未提示支付的债券应从发行方账户的应付债券余额中剔除,作为应付到期债券单独记录。这些债券被划分为流动负债,除非它们是用来支付债券偿还基金的。到期未支付的债券不需要支付累计利息。如果债券偿还基金用于清偿债券的发行,清偿后剩余的现金可返还至现金账户。

补充

1975年,高利率引发了20世纪60年代所发行债券市场价值的大幅下降。许多公司为了能在债券赎回时产生会计利得,都尽早地收回债券。为了预防各个公司将利得纳入日常持续经营活动收入的一部分,FASB规定将这部分利得规定为非常项目。在2002年,FASB撤销了对于提前清偿债务引起利得或损失的特殊会计处理。

债务到期日前的清偿

当债务于到期日前赎回或清偿时,需要将债券账面价值与为债券清偿所支付现金的差额确认为利得或损失。

债券或者其他形式的长期债务到期前清偿会出现一些问题,将在下节进行详细讨论。债券可在以下几种情况下提前清偿:

1. 债券可由发行者通过在公开市场上购买或者通过债券契约中的可赎回条款进行赎回;
2. 债券可被转换,这意味着可将其转换成其他证券;
3. 债券可被再融资,即通过发行新的债券来赎回未偿债券。

公开市场购买方式的债券赎回 很多公司常在市场价格或者其他因素使得债券赎回变得可行的情况下在公开市场上赎回自己的债券。在债券赎回后,债券溢价或折价的摊销与发行成本重新计量。发行方赎回债券需要在赎回日转回债券面值以及相关的溢价、折价以及发行成本。

注意

我们可以看到利得或损失是由比较债券的账面价值与公允价值差额所产生的,如果以低于其账面价值的金额清偿了债券,那么就产生了利得;如果公司以高于账面价值的金额清偿,那么就产生了损失。

下面举例来说明债券到期日前的清偿,假设美国三角(Triad Inc)持有的面值为100 000美元,票面利率为8%的债券未持有至到期,而是在2011年2月1日由发行方以97的报价赎回。此时发行方与投资方的债券账面价值都为97 700美元,债券的利息支付日为1月31日与7月31日,在债券赎回时发行方与投资方账户上的会计处理如下:

发行方		投资方	
2月1日			
借:应付债券	100 000	借:现金	97 000
贷:应付债券折价	2 300	贷:债券出售损失	700
现金	97 000	债券投资——Triad Inc	97 700
债券赎回利得	700*		
计算:			
*2011年2月1日			
债券账面价值	$97 700		
赎回价格	97 000		
债券赎回利得	$700		

如果债券的赎回是在利息支付日之间,则需要编制调整分录确认应计利息并摊销债券折价或溢价。

补充

直到1996年FASB颁布了No.125公告,才规定提前清偿的债务在实质上废除后才算完成偿付。这一过程包括将资产转化为不可撤销信托,即用资产来偿付某些债务的现金流,同时在资产负债表中扣除相关的资产与债务。而当前实质上已废除的资产债务仍需要在资产负债表中呈报。

通过可赎回条款的债券收回

可赎回条款给予了债券发行者提前收回债券的选择权。通常,发行方会在利息支付日进行赎回,这样避免当时计算更多的应计利息。当发行方只是赎回部分债券时,债券赎回可由抽签决定。

将赎回条款列入债券协议是一项有利于发行方的条款。无论公司的财务状况是否允许债券赎回,公司均可终止债券合约并消除未来的利息费用。此外,可赎回条款可以保护公司在市场利率下降时通过以较低的利率发行新的债券来赎回旧的债券。债券合同中通常规定在债券赎回时需要支付溢价,这意味着在投资提前终止时,债券持有人会得到一些特别补偿。

债券赎回时,所支付的赎回金额与账面价值的差额作为利得或损失反映在发行方和投资方的账户中。赎回时支付的利息借记发行方的利息费用,贷记投资方账户的利息收入。会计处理与前文发行方购回债券的处理一致。

可转换债券 可转换债券性质的特殊性会导致一些具体的问题,那就是,这类债券应划分为债务债券还是权益债券? 转换价值以及转换过程中所带来的利得或损失应如何处理?

可转换债券通常有如下特征①：

1. 可转换债券的利率低于发行方发行的非可转换债券的利率；
2. 初始的转换价格高于债券发行时普通股的市场价值；
3. 发行方保留赎回的选择权。

这类债券的流行归因于它对发行者与持有者都具有有利的方面，发行方可以以较低的利率获得融资，这是因为对持有者来说，可转换价值是在未来得以实现。可赎回条款的规定能使发行方在股价上涨时令债券持有者将债务债券转换为权益债券；在股价未涨时，发行方可通过较低的利率进行融资。另外，除非发行方违约，一般来说，债券持有人可确保投资以及固定投资收益的收回，同时，持有者可按自己的意愿将其转化为权益资本，从而使转换对投资方来说变得很有吸引力。

当可转换价值不可分离时，可转换债券的会计处理 对于可转换债券应由发行方全作为债务处理还是将部分债券发行收入确认为权益资本处理，各界持有不同观点。一种观点认为债务和可转换权是不可分割的，因而债券的债务与权益部分不能分开估价。持有者不能卖掉其中一部分权利而保留另一部分。另一种观点认为这类债券存在两个不同的特点，因而应在不同的账户中分别确认：发行价中归属于可转换权利的部分应记入实收资本的贷项；剩余的发行余额应确认为负债。这将减少确认在负债中的溢价，或导致折价。

上述两个观点将在下例中进行比较，假设有500张票面价值为1 000美元的10年期债券以105的价格出售，即总的发行价格为525 000美元(500 × $1 000 × 1.05)。债券中包含了可将1 000美元债券转换为20股票面价值为1美元的股票的权利，债券利率为8%，倘若不存在可转换权利，债券将以96的价格出售。假设可转换价值不确定，那么这两种观点下发行所做的分录如下：

债务与权益不分离		债务与权益相分离	
借：现金	525 000	借：现金	525 000
贷：应付债券	500 000	应付债券折价	20 000 *
应付债券溢价	25 000	贷：应付债券	500 000
		债券转换股本溢价	45 000 †
计算：			
*债券票面价值(500 × $1 000)	$500 000	†债券出售所获现金总计	$525 000
不含可转换价值的债券售价		不含可转换价值的债券售价	
(0.96 × $500 000)	480 000		480 000
不含可转换价值的债券折价	$20 000	可转换价值金额（权益部分）	$45 000

每期支付的利息会根据所采用的方法不同而不同。为说明利息费用的计算，假设采用直线法摊销债券溢价或折价。在第一种情形下，每年的利息费用为37 500美元(40 000美元应付利息减去2 500美元的溢价摊销)，在第二种情形下，每年的利息费用为42 000美元(40 000美元应付利息加上2 000美元的折价摊销)。

APB规定，当可转换债券发行或出售时的价格没有明显超过票面价值时，"可转换价值

---

① *Opinions of the Accounting Principles Board No. 14*, "Accounting for Convertible Debt and Debt Issued with Stock Purchase Warrants" (New York: American Institute of Certified Public Accountants, 1969), par. 3.

收益不考虑任何发行所得"。① 另一方面,从发行方的可转换债务发行账户中,将债务与权益的收益部分进行区分似乎有较强的理论支持。尽管理论上颇具争议,现行的会计实务按照 APB,No.14 意见执行,当债务的可转换价值不可拆分或可转换价值不能从债务工具本身分离出来单独交易时,债务与权益通常是不可分离的。这一意见即使在分离价值确定时也适用。②

当可转换价值可分离时,可转换债券发行的会计处理。有时,债券连带着认股权证进行发行,这一权证允许债券持有者可按一定的价格购买股票。债券与认股权证作为单一证券的两要素进行发行,实际上,债券与认股权证结合的经济价值等于可转换债务的价值。然而两者的实际区别在于投资者能从债券本身单独分离出认股权证进行交易,在这种情况下,债券与认股权证的发行方需要分配这两种金融工具发行时的成本。债券作为债务处理,认股权证作为股本处理(即前文提及的"债务和权益类相分离"情况下的会计分录)③。FASB 表示初步倾向于将所有可转换债务最终获得的收益分别区分为债务部分与权益部分;如果可转换价值不能单独确定,正如前例,FASB 建议采用"带有与不带有"方法来分配债务与权益各自的损益,这种方法已在"债务与权益相分离"的例子中作了说明。另一种区分债券所得可选择的方法是"相对公允价值"法,在债券与可转换价值的公允价值可以可靠计量时,FASB 建议采用这种方法。这种方法将在第 13 章关于认股权证的会计处理部分进行说明,委员会尚未对这一事项进行正式规定。

根据 IAS 32,可转换债券发行的会计处理。IAS 32,"金融工具:披露与列报",未对可转换价值可分离与不可分离的债券进行区分,相反,IAS 32 指出,对于一切可转换债券的发行,发行时的收益都需要在债务与权益中进行分配,相应的,国际准则规定,不论在何种情况下,需要采用前文所述的"债务与权益相分离"的会计分录。

转换时的会计处理。当转换发生时,必须先回答一个具体的估值问题:即证券的市场价值能用于计算交易产生的利得或损失吗?如果将可转换证券视为债务,将其转化为权益证券是一种显著的经济行为,需要确认利得或损失。然而,如果将可转换证券视为权益证券,转换只是将一种权益资本变成另一种权益资本,在历史成本原则下不需要确认利得或损失。实际上,债券发行方与投资方更愿意采用后一种方法,不论是出于记账还是税收目的,都不确认任何利得或损失,债券的账面价值便是所发行股票的账面价值。

如果投资者将此种证券视为一种债务,债券的转换应看成是一种资产到另一种资产的转变。非货币性资产交易的一般原则是按交易资产的市场价值衡量交易的利得或损失。④ 如果该项资产不存在市场价值或者市场价值不确定,那么可采用取得该资产时的市场价值。发生转换时,可转换债券的市场价值应反映转换发生时所发行股票的市价,这两者的市价应大致相同。

---

① *Opinions of the Accounting Principles Board No.14*, par.12.
② 当最初的转换价格低于发行日普通股的市场价值时,需要单独分离可转换价值,这种可转换债券在发行日时被称为"存在利价"债券。会计准则将此称为"有利可图的可转换价值",根据中美会计准则比较(EITF 98-5),发行时市场价值超过可转换价格的金额应确认为资本溢价。
③ *Opinions of the Accounting Principles Board No.14*, par.16.
④ *Opinions of the Accounting Principles Board No.29*, "Accounting for Nonmonetary Transactions"(New York: American Institute of Certified Public Accountants, 1973), par.18 and *Statement of Financial Accounting Standards No.153*, "Exchanges of Nonmonetary Assets: An Amendment of APB Opinion No.29"(Norwalk, CT: Financial Accounting Standards Board, December 2004).

为说明持有可转换债券的投资者在转换时如何确认转换损益,假设 HiTec 公司向债券持有者提供投资机会,即每张票面利率为 8%,面值为 1 000 美元的债券可转换成 40 股面值为 1 美元的 HiTec 公司普通股股票。投资方将 10 000 美元的债券(投资方与发行方的账面价值均是 9 850 美元时)转换至 400 股普通股,该股当时的市价为每股 26 美元,转换交易恰好在利息支付日完成。投资方交易时的账务记录如下:

借:普通股股票投资——HiTec 公司　　　　　　　　　　　　　　　　10 400
　　贷:债券投资——HiTec 公司　　　　　　　　　　　　　　　　　　　　9 850
　　　　可转换债券利得——HiTec 公司　　　　　　　　　　　　　　　　　550

如果投资方选择不确认利得或损失,则应做如下会计处理:

借:普通股股票投资——HiTec 公司　　　　　　　　　　　　　　　　 9 850
　　贷:债券投资——HiTec 公司　　　　　　　　　　　　　　　　　　　　9 850

发行方账户也会发生类似的区别,这取决于假设的观点。如果发行方希望将可转换债务作为一项很重要的最终交易,那么计量可转换时,应用证券的市场价值衡量可转换价值。根据 HiTec 公司这个例子来说明基于以上目的时发行方的会计处理,转换时处理如下:

借:应付债券　　　　　　　　　　　　　　　　　　　　　　　　　　10 000
　　债券转换损失　　　　　　　　　　　　　　　　　　　　　　　　　550*
　　贷:普通股(面值为 1 美元)　　　　　　　　　　　　　　　　　　　　 400
　　　　实收资本——股本溢价　　　　　　　　　　　　　　　　　　　10 000
　　　　应付债券折价　　　　　　　　　　　　　　　　　　　　　　　　 150

计算
*所发行股票的市场价值(400 股 × $26)　　　　　　　　　　　　　　$10 400
　应付债券的票面价值　　　　　　　　　　　　　　　　　　　　　　$10 000
　减去未摊销折价　　　　　　　　　　　　　　　　　　　　 150　　 9 850
　债券转换损失　　　　　　　　　　　　　　　　　　　　　　　　　　$550

如果发行方不认为转换是最终交易,则不需要确认利得或损失。从理论上说,债券的账面价值应转入股本账户,这样,在公司发行债券时便意识到债券收益最终代表的是股票溢价确定的金额。因此,在债券持有者在行使转换权时,伴随义务的转移,债券价值也转移到了证券价值。在这一假设下,转换时应做如下记录:

借:应付债券　　　　　　　　　　　　　　　　　　　　　　　　　　10 000
　　贷:普通股(面值为 1 美元)　　　　　　　　　　　　　　　　　　　　 400
　　　　实收资本——股本溢价　　　　　　　　　　　　　　　　　　　 9 450
　　　　应付债券折价　　　　　　　　　　　　　　　　　　　　　　　 150

此项交易的经济实质看起来似乎需要确认转换时价值的变化。然而,实务中不论是投资方还是发行方,广泛采用的依然是不确认利得或损失。

债券再融资　通过新的发行将原先所发行的债券收回变现,这便是债券再融资,或称再筹资。债券再融资可能在债券到期时发生或者在到期前,利率下降时发生,这时节约的新发行债券的利息金额能够更好地弥补收回原先发行旧债券的成本。为了说明这一点,我们假设,公司存在一笔票面利率为 12%,票面价值为 1 000 000 美元的未偿债务,以 102 的价格赎回,剩下十年到期,而类似十年期的债券市场利率为 10%。在这种情形下,则应发行新的利率仅为 10% 的债券来取代原先发行的债券,这是因为未来利息节约的金额将远远超过为原先所发行债券提前收回所支付的溢价。

实际上,再融资的优势可能不像前例那么明显。在特殊案件中,决定是否需要进行再融资,必须考虑如下因素:两项发行不同的到期日、未来利率变化的可能性、贷款需求变化、不同的契约条款、再融资的所得税影响以及再融资所涉及的律师费、印刷费用和市场费用等。

当再融资在原先所发行债券到期前发生时,便会出现一些问题,比如,如何处理提前赎回溢价、未摊销折价、原先债券的发行成本等。就上述三个方面的处理,我们可以采用如下处理方法:

1. 在债券赎回时将这些费用确认为利得或损失;
2. 将这些费用视为递延费用,并在原发行债券的剩余期限内逐渐摊销;
3. 将这些费用视为递延费用,并在新发行的债券期限内逐渐摊销。

虽然上述三种处理方法任意一种都存在争议,但 APB 认为"任意债务的清偿……根本上是相似的,无论采取何种方法清偿债务,这类交易的会计处理应是一样的"①,APB 倾向于采用第一种方法,即在债务提前清偿时,应立即确认利得或损失。

权益相关项目按负债进行列报

FASB 决定将部分权益相关项目在资产负债表中按负债进行列报,本书第 13 章中对此将进行全面的讨论②。这些项目如下:

1. 强制赎回优先股;
2. 允许公司购回自身股份的金融工具(比如,沽看跌期权);
3. 允许公司发行一定价值的股份的金融工具。

这些项目的共同特征是,尽管它们与权益相结合,但是它们都赋予公司在未来一定期间按照设定的价格购买或出售某种金融资产。这些项目将在第 13 章进行详细讨论。

公允价值观

5 讨论公允价值在金融资产与金融负债的运用。

WHY 使得公司的财务报表可以反映抵销套期保值后的状况,与历史成本计量相比,FASB 更倾向于对公司资产负债表中的金融资产与金融负债采用公允价值计量。

HOW 公允价值的波动产生了未实现的经济损益,当金融资产和金融负债在资产负债表中按公允价值计量,相关的未实现损益将在利润表中报告。

对于很多资产与负债来说,FASB 与 IASB 认为公允价值是最能体现相关性的计量属性。回顾一下,公允价值的定义为"市场参与者在有序的市场中,双方自愿进行资产交换或者债务清偿的金额。"③由于在会计中,历史成本计量长久以来占据主导地位,FASB 与 IASB

---

① *Opinions of the Accounting Principles Board No. 26*, "Early Extinguishment of Debt" (New York: American Institute of Certified Public Accountants, 1972), par. 20.
② *Statement of Financial Accounting Standards No. 150*, "Accounting for Certain Financial Instruments with Characteristics of Both Liabilities and Equities" (Norwalk, CT: Financial Accounting Standards Board, May 2003).
③ *Statement of Financial Accounting Standards No. 157*, "Fair Value Measurements" (Norwalk, CT: Financial Accounting Standards Board, September 2006), par. 5.

正在小心变革,将历史成本计量一项项向公允价值计量转变。

2007年,伴随着 SFAS No.159 的出台,FASB 更进一步允许公司对金融资产与金融负债采用公允价值报告,这对公允价值的使用实现了跨越性的一步。① SFAS No.159 规定,在任意一个资产负债表日,公司可以选择金融资产或金融负债在某个资产负债表日的公允价值进行计量。这是一很有趣的计量规则,因为在这一规定下公司可以对部分金融资产或金融负债采用公允价值,同时还可以对同类型的金融工具采用其他的计量基础,比如历史成本计价。

可能存在一种疑问:为何 FASB 给予公司这么灵活的财务报告计量方式? FASB 对此解释如下:

"这一举措的目标是使得各公司不需要通过采用复杂的套期保值规定进行会计处理,减缓各公司由于相关资产与负债计量方式的不同而引起的盈利波动,以此来提升财务报告质量。"通过以下给出的例子可以很好地理解其合理性。

Lily Kay 公司的资本结构很简单——公司只有一项资产,在 Lusvardi 公司发行债券当天购买债券作为投资,且公司只有一项负债,发行债券以为购买 Lusvardi 债券而融资,这两种债券十分相似,均为面值1 000美元,利率为10%的20年期债券,每期利息于每年年底进行支付。假设给定市场经济的利率水平以及 Lily Kay 与 Lusvardi 公司的风险水平,当发行债券时,相关的市场利率为10%,相应的,这两种债券按面值1 000美元进行发行。那么,Lily Kay 公司通过发行自身债券1 000美元,购买 Lusvardi 债券时的资产负债表如下:

资产		负债及所有者权益	
Lusvardi 债券	$1 000	应付债券	$1 000
		所有者权益	0

如上文所述,债券的相关风险在于其价值随着市场利率的变化而变化。比如,如果 Lusvardi 债券资产相关的市场利率增至12%,那么债券价值将减少149美元至851美元。② 这对 Lily Kay 公司来说,产生了经济损失,然而,债券资产与债券负债的公允价值同时受市场利率的影响。如果 Lily Kay 公司债券相关的市场利率也增至12%,债券的公允价值便跌至851美元。其中减少的149美元代表 Lily Kay 公司的经济利得,因为 Lily Kay 公司可通过仅向第三方支付851美元来取代其资产负债表中1 000美元的债券负债。债券资产的149美元损失恰好抵销了债券中149美元的收益,Lily Kay 公司的资产负债表从而可以改变如下:

资产		负债及所有者权益	
Lusvardi 债券	$851	应付债券	$851
		所有者权益	0

在美国会计准则委员会(FASB)公允价值观下,不论是由公允价值变动产生的149美

---

① *Statement of Financial Accounting Standards No.159*, "The Fair Value Option for Financial Assets and Financial Liabilities—Including an amendment of FASB Statement No.115" (Norwalk, CT: Financial Accounting Standards Board, February 2007).

② $N=20, I=12\%, PMT=\$100, FV=\$1 000 \rightarrow PV=\$851$.

元损失还是利得,均需要在 Lily Kay 公司的利润表中进行列报。收入的净利润变化为 0 美元,从而留存收益(和权益合计——由于该案例中不存在股东的初始投资)依然是其初始金额 0 美元。

在此案例中,债券负债如同对债券资产价值波动进行的套期保值,采用套期保值能够减少相关投资的风险。例如,如果一家航空公司担心未来航空燃料价格的波动,航空公司可以通过采用套期保值的办法,与燃料供应商签订套期保值合同,在未来时期内按照合同中签订的价格购买燃料。在第 19 章中,将详细讨论套期保值的内容。

现假设 Lily Kay 公司需要对 Lusvardi 债券资产按公允价值 851 美元计量报告,而对债券负债按发行时历史成本 1 000 美元计量报告,由此得出的资产负债表如下:

资产		负债及所有者权益	
Lusvardi 债券	$851	应付债券	$1 000
		所有者权益	(149)

其中负权益 149 美元代表确认了由于债券资产公允价值的下降而带来的损失。由于会计处理中要求债券负债的报告计量按历史成本 1 000 美元入账,相应的,则不需要确认经济利得。由于资产负债表的一边按公允价值计量,而另一边则以历史成本计量,再加上相关资产与负债的套期保值效果不在财务报表中反映,这便会导致财务报告中会产生一些错报。

套期保值活动对财务报表影响的会计准则与会计处理将在第 19 章进行全面讨论。在 SFAS No.33 中可以看到相关的会计准则。然而,在 2008 年 3 月 19 日,FASB 就关于如何应用 SFAS No.33,公布了 189 页的实施指南。保守地说,SFAS No.133 意见下的记账要求是极其麻烦的。正如前文所述的简例——Lily Kay 公司,在一些案例中,套期保值的经济效用通过允许各公司对金融资产和金融负债选择以公允价值报告,从而在财务报表中很好且简单地反映。因此,在 SFAS No.159 中,公允价值观的使用意图被简单地划分为对套期保值的会计处理。

请读者注意,套期保值可以减少风险,但不能确保获利。例如,假设上例中 Lusvardi 债券资产以及 Lily Kay 债券负债的市场利率均增加到 12%,那么资产的经济损失便会被负债的经济利得抵销。反之,则为债券资产与债券负债的市场利率均下降的情况。例如,假设 Lusvardi 债券资产以及 Lily Kay 债券负债的市场利率均下降到 8%,资产及负债的公允价值为 1 196 美元①。这种情况下,债券资产 196 美元的经济利得将被债券负债公允价值增加而导致的 196 美元损失所抵销。资产负债表的结果如下:

资产		负债及所有者权益	
Lusvardi 债券	$1 196	应付债券	$1 196
		所有者权益	0

从财务会计报告的角度回顾一下,Lily Kay 可能不愿意对应付债券选择公允价值进行报告计量,那么报表中报告了由于资产增加而带来的 196 美元经济利得,但没有报告应抵销的损失。为了避免一些公司通过使用公允价值观后的结果有选择性地增加报告损益,

① $N=20$, $I=8\%$, $PMT=\$100$, $FV=\$1\,000 \rightarrow PV=\$1\,196$.

SFAS No. 159 要求各公司明确指出是否在金融资产与金融负债发生初始便对其采用公允价值计量。一家公司不能一面忽视经济损失，一面在利率上升时，迫不及待而又欢呼雀跃地确认经济利得。

在这一节中，Lusvardi 与 Lily Kay 债券的损益恰好抵销，这意味着这两种债券的市场利率同时变化。在宏观经济因素同等地影响这两家公司时引起的利率变化恰好如此。然而，如果市场利率由于公司自身因素引起而发生变化，则没有理由认为两者的利率应一起变化。例如，假设由于 Lusvardi 公司的财务状况下滑而导致公司相关债券的市场利率由 10% 增至 12%，同时假设 Lily Kay 公司的财务状况得以改善，而使得该公司债券的市场利率由 10% 滑至 8%，从而资产负债表的结果如下：

资产		负债及所有者权益	
Lusvardi 债券	$851	应付债券	$1 196
		所有者权益	（345）

345 美元的经济损失是由 Lusvardi 公司财务状况下降而产生的 149 美元损失，以及 Lily Kay 公司财务状况增强而使市场利率由 10% 下降至 8%，而产生的 196 美元经济损失共同作用的结果。其中 149 美元的经济损失很好理解，但是 196 美元的损失需要进一步解释，为何一家公司经济状况的改善会造成损失？这里，我们要记住，损益的报告都是站在股东角度进行的。在这一例子中，Lily Kay 公司的股东在未来 20 年对该公司债券需要支付 10% 的利息，然而，事实上公司经济状况的改善只需要支付 8% 的利息。换言之，Lily Kay 公司在未来 20 年多支付了高于市场利率的利息。这意味着，股东的财富通过支付过多的利息转移给了收取利息的债券持有者。从会计角度，这里需要注意的一个重要问题是公允价值的使用会使得所有有趣及相关的经济事实应该在财务报表中得以反映。

表外融资

6 解释不同的表外融资方式，并理解采用这种融资方式的原因。

WHY 表外融资是各公司为避免在资产负债表中将经济义务确认为负债而采用的一系列会计方法。

HOW 通过仔细地设计交易，各公司在遵守会计准则的同时也能避免在资产负债表中确认经济义务。然而，财务报表使用者通过仔细阅读报表附注依旧能评估出表外融资交易对财务报表的潜在影响。

如今，会计界面临的一个重要问题是如何处理那些为使公司财务状况看起来强大而不对债务进行披露的公司，这通常被称为"表外融资"。传统意义上说，租赁是表外融资最常见的一种方式。主要的将债务从资产负债表中剔除的借款方式有：

1. 租赁
2. 非合并子公司
3. 特殊目的实体
4. 合资公司
5. 研发协议
6. 项目融资协议

租赁

租赁不仅仅是卖方赞助使得买方能够融资取得资产使用权的方法。从会计目的角度看,租赁可分为普通租赁(或称经营租赁)以及借款购买资产(称为融资租赁)。公司通过将租赁的资产划分为经营租赁,从而将租赁义务放到资产负债表外。恰当的会计处理取决于租赁合同中是否将租赁资产所有权有效地转移。如果租赁协议中明确规定承租方(租赁资产的使用者)从出租方(租赁资产的所有者)取得了所租资产的所有权,则应采用融资租赁的会计处理方法。经营租赁则按租赁协议中的相关规定进行相关会计处理。

租赁分类的判断依据可分为如下四种:

1. 租赁过程中转移了所有权;
2. 租赁中包含了廉价购买选择权;
3. 租赁期限长达所租资产使用寿命的75%甚至以上;
4. 租赁支付金额的现值高达所租资产价值的90%甚至以上。

如果满足上述四项条件的任意一项,那么承租方可将此项租赁划分为融资租赁;若不符合任意一项,该项租赁应确认为经营租赁。经营租赁仅作为出租进行会计处理,在承租方的资产负债表中既不需要确认租赁资产(对承租人来说很重要),也不需要确认租赁负债。可能有90%以上的租赁按照经营租赁的会计处理来报告,不需要在资产负债中确认未来支付的租赁款。在第15章中,我们将具体讨论租赁的会计处理。

非合并子公司

1987年,FASB颁布了 *No. 94* 公告,要求对所有的控股子公司进行合并[①],在此公告颁布前,与母公司主营业务不相关的子公司不需要合并。例如,IBM信贷有限责任公司(IBM Credit LLC)与通用电气资本服务(GE Capital Services)是其对应母公司的财务子公司。在1987年以前,这些财务子公司存在的大量债务不需要在母公司的资产负债表中进行确认,这是由于子公司的经营模式与母公司不同。然而,随着 *No. 94* 公告的颁布,这些子公司也要进行合并。从而,FASB使这些公司失去了一种常用的表外融资方式。

合并财务报表的目标是要披露母公司及其子公司拥有或控制的净资产。出于计量的目的,当母公司拥有子公司超过50%投资比例时,常假设存在对子公司净资产的控制权。当然,在投资比例不超过50%时,也存在能对子公司进行控制的情况。比如,母公司在拥有子公司40%投资比例的同时,也控制着子公司生产过程中输入或者输出的重要渠道。对"控制"进行界定是非常困难的,FASB与IASB至今时常对此进行再界定。

在现行会计准则下,公司依旧可以通过投资比例少于50%的子公司来避免确认相关债务。正如第14章所述,母公司控股20%—50%股份的非合并子公司应采用权益法核算。在这种控制水平下,假设母公司对子公司有重大影响但不存在控制。权益法下,母公司按照其所占子公司净资产(资产减去负债)的份额进行报告,任何一项子公司的负债都不需要在母公司的资产负债表中列报。有时即便母公司拥有的所有权比例低于50%,依旧能对子

---

① *Statement of Financial Accounting Standards No. 94*, "Consolidation of All Majority-Owned Subsidiaries" (Stamford, CT: Financial Accounting Standards Board, 1987).

公司进行有效控制。例如,可口可乐公司只拥有美国瓶装公司(Major US bottle)35%的股权,但仍能对其经营实行有效控制,由于可口可乐公司拥有少于50%的控制权,母公司不需要在其资产负债表中反映瓶装公司的负债。为说明非合并子公司对母公司报告债务的潜在影响,假设可口可乐公司在2007年12月31日报告的负债金额为215.25亿美元,实际上可口可乐公司和未合并的瓶装公司的负债额之和为588.29亿美元。第14章中将简要介绍"合并"的内容,高级会计课程将对"合并"进行深入的学习。

可变利益实体

一个重要的松散的附属类别就是可变利益实体(VIEs),回想《中级会计学:基础篇》第1章中对于安然的讨论,安然公司的财务危机主要围绕着它对于"特殊目的实体"(SPEs)的使用。安然案后一个修订的会计准则改变了与这些实体相关的实践和术语,它们现在被称为可变利益实体。然而,可变利益实体的基本概念和特殊目的实体的一样。为了说明可变利益实体如何作为一种资产负债表外财务因素,如下例所示。主办公司需要花费10万美元使用一座建筑房屋。不同于借钱购买这座建筑房屋,主办方公司建立了可变利益实体公司。可变利益实体公司是由一个不与主办公司结交的私人投资者以1万美元出资加上9万美元银行贷款投资设立的。可变利益实体现在拥有10万美元现金来购买主办公司所需的10万美元房屋。随后将房屋借给主办公司,租赁条款特意允许将租赁列为经营租赁。在这一系列交易之后,相关房屋和租赁条款在双方资产负债表中列示如下:

主办方		可变利益实体	
资产:		资产:	
	$0	建筑物	$100 000
负债:		负债:	
	0	银行贷款	90 000
		所有者权益	
		实收资本	10 000

如上可知,由于可变利益实体的帮助,主办公司现在能在资产负债表中无负债的情形下使用房屋建筑物。如果可变利益实体被分类为受主办公司控制,那么可变经济实体的账簿将会与主办公司的合并,建筑物和银行贷款都将出现在主办公司的合并资产负债表中。所以,一个独立的可变经济实体的创立是另一种从事资产负债表表外融资的方式。

通过这些简单的例子,你能够发现到如下这些问题在对可变利益实体的会计处理中至关重要:

- 可变利益实体被认为是一个独立实体时,多少表外权益性融资是必要的?在此案例中10%的财务与FASB第46号解释①包含的一般性规则内容相一致。
- 如果主办公司有节制地承担可变利益实体的债务,那么可变利益实体是一个独立的经济实体吗?当主办公司保证承担或者签约承担可变利益实体的负债,那么可变利益实体当然不像一个不属于主办公司的独立经济实体。根据FASB第46号解释(通常被称作

---

① FASB Interpretation 46(R), "Consolidation of Variable Interest Entities (revised December 2003)—An Interpretation of ARB No. 51" (Norwalk, CT: Financial Accounting Standards Board, December 2003).

"FIN 46R")规定,主办方签署的贷款可以证明所有权风险实际上是由主办方承担而不是可变利益实体。如果所有权风险归于主办企业,那么主办企业必须在资产负债表中同时披露可变利益实体的资产及负债项目。

对于特殊目的实体,会计准则允许主办公司精心设计,以使它们作为独立公司进行会计核算。安然公司丑闻爆发后,特殊目的实体作为财务报表操纵的一种工具被不受欢迎地关注。FASB 第 46 号解释不仅改变了术语(从 SPE 到 VIE),也大幅度地收紧了会计规则以防止可变利益实体资产负债表外的利得和损失。

> **补充**
>
> 如《中级会计学:基础篇》第 1 章中所提到的,安然也用特殊目的实体来从事战略性资产收购以避免报告资产价值下降的损失。同时,如第 19 章所述,安然公司运用特殊目的实体作套期保值交易的另一方。FIN 46R 的目的是防止或者至少减少所有这些对准则的滥用。

FIN 46 号准则主要讨论的是特殊实体的预期利润和损失,想要准确预期损失或利润的公司,应该把特殊目的实体的资产和负债披露在资产负债表上,从而独立于技术性的股权控制。

SIC 12(特定目标实体合并准则)于 1998 年 12 月发布,是原则导向的良好示例。FIN 46 本身相比美国的其他准则更倾向原则导向,但是 SIC 12 考虑得更周到。当公司与特殊目的实体的基本关系表明该实体是受公司控制时,则应该包含在合并报表中。根据会计师的判断,如果公司"控制"了特殊目的实体,那么公司需要将该特殊实体纳入合并报表中,也就意味着该实体所有的资产和负债均应包含在合并报表中。这里"控制"不局限于股权控制。例如,如果一个特定目的实体,所有的经营决策都是由已制定的严格的政策所决定,那么成立这个特殊目的实体并确定相关自动运行的经营决策的企业即有效地控制了该特殊目的实体,而不管它的投资比重是多少。"控制"是一个重要的概念,但是,深度的讨论不在本章讨论的范围之内。

合资企业

有时,公司会与其他公司联合来分担与特定项目有关的成本与利润。这些合资企业经常与高风险项目有关,目的是为了分散风险。例如,为了确认人类基因的完整结构,生物公司会成立合资企业。这些合资企业从事的工作是研究与特定疾病相关的特定基因的准确结构,最终的目的是基于这些详细的与特定疾病有关的生物化学知识来设计化学疗法。这种合资企业的初始成本就可以轻松过亿,几个生物医药企业通过联合,可以分担成本、分散风险、共享成果。

由于这些合资企业的利润不确定,公司可能会产生大量的负债,而资产则很少甚至为零。而结果就是(有时是不需要合并报告的子公司),合伙企业会谨慎地组织以确保合资企业的负债不会在资产负债表中反映。

一种普遍的合资企业形式是两个企业 50/50 的比例投资。例如,在 2001 年,德士古公司(Texaco)与雪佛龙(Chevron)公司合并之前(合并后为雪佛龙—德士古公司),德士古有两家 50/50 合资企业:一家的合伙人是雪佛龙公司,另一家的合伙人是沙特炼制公司(Saudi Refining Inc)。与雪佛龙公司合营的企业叫加德士公司(Caltex),从事石油开采提炼,主要市场在非洲、亚洲、中东、澳洲和新西兰;与沙特炼制公司的合资企业叫 Star 公司,在美国东部从事天然气销售。50/50 合资企业的优点是两家公司都可以用权益法核算其投资。因此,合资企业是一种常见的非合并报告的特殊形式。例如,加德士公司和 Star 公司总共的长期负债超过 30 亿美元,但在德士古公司的报表中一点都没有披露。关于合资企业的会计处理会在第 14 章详细讨论。

研究与开发安排

公司获得表外融资的另一种方式是研究与开发协议,它描述的是这样一种情况:其他人部分或者全部出资成立一个研发项目,而公司获得项目研究成果。主要的会计问题是:这个项目实质上是筹资自行研究开发的还是仅仅是为别人研究的合同。① 在选择合适的会计处理时,应该考虑不管研发活动有没有成果,公司是否有义务偿还别人提供的资金。如果有还款义务,公司应该计量、确认负债,并按 SFAS No.2 中的要求在当年记录研发费用。如果与研发相关的财务风险从公司转移到其他人身上,且没有还款义务,那么公司就不需要报告负债。

研发协议可以采取多种形式,包括有限合伙制。例如,我们假设金洁公司成立了一个有限合伙企业,目的是进行研发活动。金洁公司是一般合伙人,并且管理企业的各项活动。有限合伙人仅仅是投资者。问题是:金洁公司是否应该记录研发费用及对投资者的负债。答案取决于对风险承担者的判断及金洁公司是否有义务偿还有限合伙人,不管研发结果如何。如果有限合伙人承担风险,且没有任何担保以及对金洁公司的求偿权,则金洁不需要报告负债及相关费用。

项目融资协议

有时,公司会加入与项目融资协议有关的长期委员会。例如,我们假设大型建筑公司思爵克(Striker)公司决定成立一个独立的公司派威公司,由它来承担一个铁路建设项目。派威公司是一个独立的法人,并特别承诺所获得的所有贷款都会以派威公司自身的现金流独立偿还,并将其资产作为贷款的抵押物。尽管,派威公司会以其现金流偿还债务,但思爵克公司仍有可能承担派威的或有负债。在这种情况下,思爵克公司应该在财务报表附注中披露这种情况。这种协议是表外融资的另一种形式。②

表外融资的原因

公司出于多种原因使用上述一种或者几种或其他表外融资方式,以避免在资产负债表中记录债务。表外融资可以使公司不局限于信贷限制而借到更多的钱。同时,如果一家公司的财务状况看起来很好,就可以以更低的成本借款。

不管原因是什么,表外融资的问题相当严重。很多投资者和债权人不能从财务报表中了解公司的表外融资情况,不能了解到公司真实的债务情况,可能会导致错误的决策。例如,在经济低谷期,拥有隐性借款的企业不能偿还负债,结果是很多企业遭遇债务危机,甚

---

① *Statement of Financial Accounting Standards No. 68*, "Research and Development Arrangements" (Stamford, CT: Financial Accounting Standards Board, 1982).

② *Statement of Financial Accounting Standards No. 47*, "Disclosure of Long-Term Obligations" (Stamford, CT: Financial Accounting Standards Board, 1981).

至是破产。反过来,一些没有疑心的贷款人和投资者可能遭受重大损失。如果他们知道公司真实负债程度的话,这些损失是可以避免的。

分析公司的负债状况

7 利用各种比率分析企业的债务状况。

WHY 评估一家公司的流动性和偿债能力让投资者和债权人可以评估其投资的潜在回报。

HOW 对负债相关比率分析的结果可使使用者比较一家公司一段时间内的负债状况或是同一时间、不同公司的负债状况。

有意投资或借款给一家公司的相关方对于这家公司的债务状况和资本结构尤为关心。术语"杠杆"用来显示一家公司负债和资产的关系或是负债和股东权益的关系。高杠杆的公司是指一家公司的负债比其资产或权益要多。通用的计量公司杠杆的方法是产权比率,计算的方式是将总负债除以股东权益总额。举个例子,下列信息节选自 2007 年 IBM 的年报。

单位:百万美元

	2007 年	2006 年
长期负债	23 039	13 780
总负债	91 962	74 728
股东权益总和	28 470	28 506
税前收入	14 489	13 317
利息支出	611	278

2007 年和 2006 年的 IBM 的产权比率计算如下:

$$2007:91\,962/28\,470 = 3.23$$
$$2006:74\,728/28\,506 = 2.62$$

一家公司的产权比率超过 1.0 表示这家公司的负债多于股东权益。拿 IBM 来说,2006 年到 2007 年的产权比率是递增的。投资者通常倾向投资产权比率高的企业,便可以获得金融杠杆带来的优势;而为了确保所借款项的安全性,债权人往往偏向产权比率比较低的企业。表 12-5 列出了一些美国公司的产权比率。

表 12-5 一些美国公司 2007 年度的产权比率   单位:百万美元

公司(行业)	总负债	总权益	产权比率
美国银行(银行)	1 568 943	146 803	10.7
迪士尼(娱乐)	30 175	30 753	0.98
通用电气(多行业经营及金融)	671 774	115 559	0.98
麦当劳(快餐)	14 112	15 280	0.92
默克(制药)	30 166	18 185	1.66
微软(软件)	32 074	31 097	1.03
雅虎(门户网站)	2 697	9 533	0.28

从上表中可以看出,产权比率的可接受度和一个企业所从事的行业有很大关系。比

如,美国银行所在的金融业,通常会有很高的产权比率,因为拥有这些金融资产的机构都为贷款提供了优质的抵押。再关注一下通用电气,其子公司通用资本服务公司(GE Capital Service)拥有大量金融资产和负债,因而其产权比率具有明显的金融机构色彩。再看另外一种情况,没有太多实物抵押的企业的产权比率通常较低。其中一个极端的例子就是雅虎,其产权比率仅为0.28。

由于对"负债"一词包含的内容缺乏硬性和简便的规则,所以出现了产权比率的替代定义和解释的扩展。举个例子,"负债"常被定义为只包含长期负债。如果这个定义运用到IBM上,那IBM两年的产权比率是:

$$2007:23\,039/28\,470 = 0.81$$
$$2006:13\,780/28\,506 = 0.48$$

请注意,产权比率很大程度上取决于"负债"的定义:如果"负债"定义为包含所有债务,则IBM的产权比率为3.32,但如果定义为只包含长期负债,则比例仅为0.81。由于公司和分析员没有特定的计算产权比率的方式,所以对于产权比率存在很多的计算方式。必须指出,当你尝试解释产出数据的时候,必须确保理解输入数据的含义。每个人对于"负债"的理解都不一样。另外一个比较通用的判断方法是比较总负债和总资产。这种方法常被称作负债比率,在《中级会计学:基础篇》第3章中已做过介绍。

另外一种衡量企业和负债有关表现的方法是利息保障倍数。这种方法比较一家公司的利息费用和其盈余能力。利息保障倍数的计算方法是将公司的税前利润加上利息费用,之后除以这一时期的利息费用。拿IBM来说,2007年和2006年的利息保障倍数如下:

$$2007:(14\,489 + 611)/611 = 24.7$$
$$2006:(13\,317 + 278)/278 = 48.9$$

> **补充**
>
> 一家公司在没有扣除税收和利息费用前的利润总和叫做税息前利润(EBIT)。

利息保障倍数反映了公司偿还利息的能力和债权人所借款项的安全系数。从数据可以看出,2006年IBM提供给债权人的安全系数要远高于2007年。2006年,IBM产出了48.9倍同年企业所需偿还利息;而在2007年,IBM"只"产出了24.7倍(仍在安全范围内)。

财务报表中的负债披露

8 回顾财务报表附注并理解与债务融资相关的财务披露。

WHY 财务报表关于负债融资的披露会提供更多在财务报表中无法获取的额外信息。

HOW 关于长期负债的通常披露以下内容:到期日、利率、转换权利以及负债契约。

在财务报表披露中的关于负债融资的内容包括:负债的性质、到期日、利率、清算方式、转换权利、偿债基金要求、借款限制、抵押资产、股利限制和其他重大相关内容。现时到期的长期负债的比重也需要在财务报表说明中披露。

在资产负债表中,债券负债总是和其他长期负债结合在一起,而细节披露则会在附注中出现。举个例子,表12-6选自2007年IBM年报的相关附注。

表 12-6　IBM——长期负债披露　　　　　　　　　　　　　　　　　单位：百万美元

IBM——长期负债披露

长期负债披露 12月31日	到期日	2007年	2006年
美元长期债券和中期债券			
选取2007年12月31日的平均利率			
4.48%	2008—2011	12 295	7 137
5.34%	2012—2013	3 545	2 047
5.69%	2014—2018	3 026	26
8.375%	2019	750	750
7.00%	2025	600	600
6.22%	2027	469	469
6.50%	2028	313	313
5.875%	2032	600	600
7.00%	2045	150	150
7.125%	2096	850	850
		22 598	12 942
其他货币			
（括号内数据为选取于2007年12月31日的平均利率）			
欧元（3.4%）	2008—2013	2 466	2 234
日元（2.2%）	2010—2014	767	796
瑞士法郎（1.5%）	2008	442	410
其他（2.7%）	2008—2013	89	66
		26 362	16 448
减：净未摊销折扣		65	64
加：SFAS No.13 公允价值调整		432	164
		26 729	16 548
减：现实年期		3 690	2 768
总计		23 209	13 780

请注意，IBM运用多种借贷工具和货币进行长期借贷。IBM有用美元结算的长期债券（无担保债券）和票据（中期债券）。利率为7.125%的债券发行非常有趣，因为其到期日为2096年。IBM使用外币贷款有很多原因。第一，对于像IBM这样的跨国大型企业，一些国家不愿意让这些企业在本国经营，除非采用本地融资。如果IBM尽可能地运用当地的金融机构融资，这会帮助IBM和当地建立良好的关系。另外，IBM的一些分公司基本是自给自足的，也就是说，这些分公司的运营，投资和金融活动绝大部分都是在当地完成的。有些时候，IBM采用外币融资是因为利率低。（可参看瑞士法郎平均1.5%的利率。）最后一点，利用外币融资是IBM对冲的方法，可以避免外汇波动带来的负面影响。举个例子，如果IBM有以泰铢记录的资产，如果泰铢贬值，IBM就会有损失。但如果IBM有同样的金额的以泰铢记录的贷款，那么以泰铢记录的资产贬值就会被抵销，因为随着泰铢贬值，以泰铢记录的贷款也相应贬值。这就叫做对冲，可以帮助IBM不受外汇市场波动的影响。

扩展资料

到现在为止,在这章中,我们已经讨论了几乎所有的和负债相关的常见问题:债券的发行,利息的支付以及偿还。在附加材料中,我们将介绍和讨论一种不常出现且一旦出现便会产生很大影响的问题。这个问题便是债务重组:对于财务状况不好的公司,怎样处理其债务问题。

债务重组

 了解债务重组发生的情况,并且能够对债务重组进行会计处理。

WHY 当一家公司发觉自身存在财务困难,会采取多种方法减少压力,比如较少偿还债务的金额或者修改债务的条款。

HOW 当债务重组完成后,债务的条款有所改变。这些改变可能包括:放弃利息支付,减少负债利率,减少本金金额,或者以上变化的组合。这些重组给公司带来了经济上的好处,而这些好处必须体现在即刻或是未来的公司收入的增长上。

当长期负债的发行者经济状况恶化,很难按照借贷工具条款进行现金支付的时候,一个重大的会计问题便产生了。这些支付包括利息、分期付款的本金、债券偿还基金的周期性支付,甚至是到期债务的偿还。为了避免破产程序或是扣押偿债,投资者可能会同意做出让步或者修改原始条款以使发行者从财务困难中恢复过来。在这样的情况下对原始条款做出的修改就叫债务重组。债务重组有多种形式,比如:暂停支付利息,降低利率,延长还款期限,甚至以固定资产或者债券等偿债。这种情况下,不管是对于债务发行者还是投资者,最主要的会计问题是债务重组带来的是利得还是损失?

SFAS No.15 定义债务重组为:"在债务人发生财务困难的情况下,债权人出于经济或法律因素,按照其与债务人达成的协议或法院的裁定,做出其他情况下不会做出的让步的事项。"①定义中的关键字是让步。如果债权人没有做出让步,那重组会计处理之后便是提前清偿债务。

SFAS No.15 中讨论的最重要的问题便是应不应该把债务重组协议视为一项重大的经济交易。如果是重大经济交易,在债务发行方的账户中应该有所记以反映得失。如果不是重大经济交易,则不需要记录。会计的处理方法取决于重组的性质。FASB 的结论总结列于下表。

对于债务发行方,接下来的部分讨论和描述了每一种重组的类型。对于投资来说,资产互换和股权互换的过程将在本章讨论。从投资者(或债权人)角度对一些条款的修改我们将在第 14 章讨论。第 14 章主要讨论的是贷款减值的会计处理。SFAS No.15,关于债务重组的会计处理对债务发行者和投资者是相似的。1993 年,FASB 发布了第 114 公告,"债权人关于不良贷款的会计处理",极大地改变了投资者对条款修改的会计处理。

---

① *Statement of Financial Accounting Standards No.15*, "Accounting by Debtors and Creditors for Troubled Debt Restructuring" (Stamford, CT: Financial Accounting Standards Board, 1977), par. 2.

类型	认为存在重大经济交易的重组：记录得失	认为不存在重大经济交易的重组：不记录得失
全部以资产转换的方式偿债（资产互换）	×××	
给予股东权益的方式偿清债务（股权互换）	×××	
条款的修改：新体系下应付总额超过负债包含的价值		×××
条款的修改：新体系下应付总额小于负债包含的价值	×××	

全部以资产转换的方式偿债（资产互换）

债务人以资产的方式比如不动产、存货、应收账款，或是投资，转让给债权人偿还全部债务。这种情况通常存在两种利得或损失：(1) 转让资产产生的得失。(2) 在债务重组中因让步而取得的利得。这些得失的计算如下所示：

转让资产的账面价值
转让资产的市值 —— 差值显示转让资产产生的利得或损失
清算债务的账面价值 —— 差值显示重组中的利得

转让资产产生的得失通常被当作普通收入除非其符合被当作不规则或不常见的项目的条件。同样的，重组中的收益通常被看作普通收入的一部分。

投资者在债务重组中常常要确认重组损失，因为通常要做出让步，除非重组已经根据对损失的预计计提了减值准备。损失的计算如下：

清算投资的账面现行价值
转让资产的市值 —— 差值显示重组的损失

损失的分类取决于区分不寻常和非经常项目的标准。然而，通常情况下，当投资市值下降的时候被认作损失。在重组前和重组中，这种损失都被视为普通损失。

> **思考**
>
> 从债务人的角度来看，下列哪个不属于债务重组中资产互换的结果？
> a) 转让资产造成损失，债务重组造成损失
> b) 转让资产获利，债务重组获利
> c) 转让资产造成损失，债务重组获利

为更好地理解这些观点，我们假设 Stanton 工业不能实现其 500 000 美元的未兑现债券的利息支付，有经历破产程序的威胁。Stanton 工业账簿上显示的债券账面现行价值是 545 000 美元（500 000 美元减去 5 000 美元未摊销折扣，加上未支付的 50 000 美元的利息）。为偿还债务，Stanton 工业将其持有的账面现行价值 350 000 美元，市值

400 000 美元的 Worth 的普通股按比例转让给所有投资者。

假设 Realty 公司持有面值 40 000 美元的 Stanton 工业的债券。由于 Stanton 工业的债务重组，Realty 公司之前便承认了 5 000 美元负债价值的下降，在其账簿上记录了 35 000 美元的投资以及 4 000 美元的应收利息。Stanton 工业的账簿上记录的项目如下所示：

Stanton 工业（发行方）		Realty（投资方）	
借：应付利息	50 000	借：长期投资——Worth 普通股	32 000 [+]
应付债券	500 000	债务重组损失	7 000
贷：应付债券折扣	5 000	贷：债券投资——Stanton 工业	35 000
长期投资——Worth 普通股	350 000	应收利息	4 000
转让 Worth 普通股利得	50 000 [*]		
债务重组利得	145 000 [*]		

[*] Worth 普通股的账面现行价值 $350 000 　 转让获利 $50 000
Worth 普通股的市值 $400 000
债务清算的账面现行价值 $545 000 　 重组获利 $145 000

[+] Realty 公司持有债务的比例为：
$40 000 / $500 000 = 8%
收回债务所得长期投资的市值为：
0.08 × $400 000 = $32 000

如果被转让资产不存在活跃市场，价值的估计应根据相似资产转让的价值或对资产未来现金流的分析。

给予股东权益的方式偿还债务（股权互换）

债权人以给予股东权益的方式替代负债偿还债权人的债务，一定获得和股东权益的公允价值和清算负债的账面现行价值的差额相同的利益。债权人（投资方）一定损失等值于股东权益的公允价值和其作为投资的负债的账面现行价值的差额。比如，假设 Stanton 工业转让了 20 000 股普通股来抵其 500 000 美元面值的债券。每股普通股的面值为 1 美元，而债务重组之日的市值是每股 20 美元。假设在上述资产互换中描述的其他条件保持不变。在 Stanton 工业的账簿中，对于给予股东权益的方式偿还债务的记录如下：

Stanton 工业（发行方）		Realty（投资方）	
借：应付利息	50 000	借：长期投资——Worth 普通股	32 000
应付债券	500 000	债务重组损失	7 000
贷：应付债券折扣	5 000	贷：债券投资——Stanton 工业	35 000
普通股	20 000	应收利息	4 000
超过面值的实收资本	380 000		
资产重组利得	145 000 [*]		

普通股市值 $400 000
清算债务的账面现行价值 $545 000 　 债务重组利得 $145 000

Stanton 工业账簿中对于股权互换的记录与资产互换不同，这是因为公司本身股票的交换不带来得失。

债务条款的修改

为了帮助陷入困境的债务人，存在很多种方法可以修改债务条款。修改的可能包括利息或到期值或两者兼有。利息让步可能包括利率降低,豁免未偿还利息,或者是延迟一段时间偿还利息。到期值让步可能包括延长到期日或是减少到期日偿还债务的金额。基本上,FASB认定大多数债务的修改没有导致债务发行方的重大的经济交易,所以并没有给债务重组带来得失。该委员会认为新的条款仅仅是对现有债务的延续,修改过的内容应通过修改过的利息收费在未来一段时间体现,而修改过的利息收费应基于计算后的隐含利率。通用规则的唯一例外是:新体系下的总偿还金额,包括所有的未来利息支付,小于债务重组时的账面现行价值。在这种情况下,未来需要支付的总金额与债务账面现行价值的差额应立即可作为利得计入债务人的账簿中。这些记录总结如下:

重组描述	会计处理
大量修改贷款条款	做会计分录
未来偿还总额(无折扣)没有超过贷款的账面现行价值	新贷款的账面现行价值等于无折扣的未来偿还总额 接下来的时间内没有利息花费
少量修改贷款条款	不需要会计分录
未来偿还总额(无折扣)仍然超过贷款的账面现行价值	但是,要计算新的"隐含"利率,并在接下来的时间用此来计算利息花费

为了进一步解释"大量"重组的会计处理,假设Stanton工业债券的利率从10%降到7%,到期日从重组日的三年后延长至五年后,并且免除之前的50 000美元到期利息费用。重组后的未来偿还总额如下所示:

债券的到期值	$500 000
利息——0.07 × $500 000 × 5 年	175 000
重组后偿还总额	$675 000

由于675 000美元超过了账面现行价值545 000美元[($500 000 − $5 000) + $50 000],在重组时,Stanton工业的账簿中没有显示利得。

然而,如果根据之前的改变,免除200 000美元的到期值,则未来偿还总额则减少为如下所示金额:

债券的到期值($500 000 − $200 000)	$300 000
利息——0.07 × $300 000 × 5 年	105 000
重组后偿还总额	$405 000

现在账面价值超过了未来偿还总额140 000美元,并且这种获利被Stanton如下记录:

借:应付利息	50 000	
应付债券	500 000	
贷:应付债券折扣		5 000
重组后的债务		405 000
债务重组利得		140 000

在这个案例中,未来需偿还现金流总额要小于其欠的金额,意味着隐含利率是负的。为了将利率增加到零,账面价值必须减少到将实现的现金的金额,并且两者的差额要产生利得。所有未来的利息支付直接被债务账户抵销。因为在重组中的重大让步,未来将没有利息费用,那么在到期日的金额便是债务的到期值。

当条款被"少量"的修改,重组过的债务的账面价值没有改变,没有显示利得。债务的剩余时间内确认的利息费用基于的是计算出的隐含利率。隐含利率即使得未来偿还总额的现值等于债务的账面现行价值的利率。每期的利息费用等于该段时间内的债务的账面现行价值乘以隐含利率。隐含利率的计算通常很复杂,需要使用财务计算器。隐含利率(内部收益率)的计算在回顾货币的时间价值单元作了详细介绍。

为了解释隐含利率的计算方法,我们运用上面描述的 Stanton 工业的初始重组。要回答的问题采用怎样的利率才能使未来偿还总额 675 000 美元等同于现行账面价值 545 000 美元?每半年支付利息并复利计息。

财务计算器键入

PV = – $545 000(此为贷款的账面现行价值,键入为负值)

PMT = $17 500($500 000 × 0.07 × 6/12)

FV = $500 000(债务到期日需要一次付清的总额)

N = 10(总贷款期限为 5 年,利率支付以半年为期)

I = ???

计算器得出的结果是 6 个月的利息为 2.47%。

用 Excel 的 rate 函数功能

Excel 标签	您的输入
Nper	10
Pmt	17 500
Pv	– 545 000
Fv	500 000
Type	0

请键入回车键得出结果 2.47%。

基于这个利率,首次 6 个月期的利息费用记录值应该是 13 462 美元,也就是 545 000 美元乘以 2.47%。由于实际现金利息支付金额为 17 500 美元,那么债务账面现行价值将减少 4 038 美元($17 500 – $13 462)。第二个半年期的利息费用将少于第一期,因为债务账面现行价值较少了[($545 000 – $4 038) × 0.0247 = 13 362 利息费用]。这些计算和之前计算摊销的实际利率法应用所要求的一样。继续计算下去,十期后在 Stanton 工业的债务账户中显示到期值为 500 000 美元。Stanton 账簿中对重组和前两次利息支付的记录如下:

借:应付债券	500 000
应付利息	50 000
贷:应付债券折扣	5 000
重组后的债务	545 000
借:利息费用	13 462
重组后的债务	4 038
贷:现金	17 500
借:利息费用	13 362
重组后的债务	4 138
贷:现金	17 500

这些债券重组方法的任何组合都可以采用。复合重组的会计处理一般非常复杂,必须仔细计算。债权人修改条款的会计处理将在第 14 章讨论。

开放式场景问题的答案

1. 债务评级的降低意味着这家公司的风险增加了。相应的，评级的降低增加了 IBM 债务的市场收益率。在降级之前，IBM 债务的利率高于美国国库券的利率 0.5%。降级之后，利差升至 0.7%。

2. 能驱使投资者购买债券的市场收益率和债券发行方的风险性有关。投资者向来将美国国库券视为无风险的。所以，美国国库券的市场收益率常被称为"无风险利率"。因为所有发行债券的公司都存在一定的风险，所以和美国国库券相比，公司债券的市场收益率要高一些。

3. 通过一系列的合约确定的长期负债从金额上看是固定的。IBM 对于合约下的欠款金额几乎不存在不确定性。然而，长期退休偿付款是基于雇佣年限，医疗花费变化等等估计的数目。IBM 对于最终需要支付的长期退休偿付款数目存在很大的不确定性。

思考题答案

1.（第 8 页）正确答案是 d。流动比率只是公司偿还现有负债能力指标中的一个。另一个指标是一家公司产出经营性现金流的能力。实际上，从概念的角度上说，流动负债通常是靠正常持续经营业务产生的现金流进行偿付，而不是通过对公司现有资产的清算。因为沃尔玛有产出稳定经营现金流的能力，所以虽然流动比率只有 0.81，但这家公司仍然具备偿还现有债务的能力。

2.（第 19 页）正确答案是 a。不要混淆市场利率和票面利率。票面利率仅用作计算应计利息的金额。市场利率用作计算须支付本金和利息的现有价值。

3.（第 24 页）正确答案是 b。定期支付的利息费用每期都是相同的，都等于债务到期值乘以票面利率。

4.（第 43 页）正确答案是 a。转让资产利得或损失的计算是通过比较账面价值和市值。市值可能大于面值，也可能小于面值。对于重组，对债务人来说只会获利。记住我们要做的是让债权人免除债务。这就意味着债务人将能以小于账面现行价值的金额偿还债务。债务人做的是一桩划算的买卖——划算便是获利。

本章小结

1. 理解各种与负债相关的分类与计量事项。

负债可为流动负债或非流动负债。流动负债是指一年内或者一个营业周期内需要偿还的债务，以两者中较长的时间为准。理论上来说，所有的债务应根据现有价值记录。然而，大多数在日常经营活动中产生的流动负债并没有折现。有些债务并不能准确计量。这些预计和记录的债务的金额只是约数。

2. 解释包括预期再融资在内的短期负债，并解释信用额度的目的。

经营活动和非经营活动都可能产生短期负债。短期负债的一个最普遍的例子便是应付账款。其他短期经营负债包括应付工资，应付利息，应付税款。应付票据包含了更正式的信贷协议。这些票据一般都注明利率和偿还日期。应付票据可分为交易和非交易票据。从长期来看，预期再融资的短期负债如果符合一定条件，应该归入非流动负债。

协商一致的信贷协议可帮助公司在真正需要资金之前安排融资来源。

3. 将现值观念应用于会计中的长期负债,例如抵押贷款。

长期负债的现值是指现时全部偿还债务所需要的现金。抵押贷款和担保贷款是指有抵押品的贷款。这种类型的贷款风险较低,因为如果贷款没有收回,借款者可拥有抵押物。对抵押贷款偿还进行会计处理时,每次偿付的金额一定要区分利息和本金的部分。

4. 理解各类债券,计算债券的发行价格并解释债券的发行、利息以及债券回购。

债券有多种形式和规模。政府和公司均发行债券,并且形式多样,比如:担保债券和无担保债券,一次性还本付息债券和分期还本付息债券,记名债券和不记名债券。所有的债券有一个共同点:现在借钱,将来以一定的形式偿还。

大多数债券也包括利息的分期支付。债券的市值用现值决定,现值概念包含了市场利率和债券的票面利率。市场利率和票面利率的差异会产生溢价和折扣。溢价和折扣会在一段时间内摊销。

当债券被赎回,现金付出,负债便从债务人的账簿中移除。债券可再融资或在到期日前清偿。由于提前清偿负债获得的利益将在利润表中作为普通项目出现。

5. 讨论公允价值在金融资产和负债中的使用。

根据公允价值选择权,公司有权选择是否在每个结算日报告任何或所有其金融资产和负债在结算日的公允价值。产生的未实现损益在利润表中报告。这一简单的程序使公司可以在财务报表中加入对冲活动的经济影响。

6. 解释各类资产负债表表外融资,并了解采用此种融资方式的原因。

表外融资是公司为了避免在财务报表中披露债务而采用的方法。常用的表外融资的方法包括:经营租赁业务,建立子公司,可变利益实体,合资企业,研发协议,项目融资协议。FASB 已列出大多数与表外融资相关的领域,以及在财务报表附注中常被要求披露的和融资安排相关的信息。

7. 利用各种比率分析企业的债务状况。

对负债相关比率分析的结果可使使用者比较一家公司一段时间内的负债情况或是同一时间,不同公司的负债状况。最常用的测量公司负债情况的方法是产权比率,即用公司的负债总额除以股东权益。一种普遍的做法是将长期负债作为分子。另一种普遍用来衡量公司债务情况的标准是利息保障倍数。利息保障倍数的计算方法是将公司的税息前收入除以这一时期的利息费用。

8. 回顾财务报表附注并理解与债务融资相关的财务披露。

常用的对长期负债相关信息的披露包括:到期日,利率,可转换权以及负债契约。本期到期的长期负债占长期负债的比例也须被披露。

扩展资料

9. 理解债务重组发生的条件,并对债务重组进行解释。

当一家公司发觉自身存在财务困难,会采取多种方法减少压力,比如较少偿还债务的金额或者修改债务的条款。债务可以以低于账面价值的资产即可被赎回,也可以以股权转让方式的方式实现。另一种选择就是修改债务条款。这些修改可包括:免除未偿还利息,降低债务利率,减少本金金额,或上述方法的结合。如果这些修改导致在新的体系下的偿还金额大于债务的账面现行价值,则不确认利得。如果偿还金额小于债务的账面现行价值，则确认利得。

IASB 概述

主题	美国 GAAP	IASB 准则
短期预计再融资债务	*SFAS No.6* 到财务报告公告日止，如果短期债务再融资已经发生或已经签订了再融资协议，则将其归类为长期债务。	*IAS 1* 到资产负债表日止，如果其债务再融资已经发生，则将其归为长期债务。
将可转换债券收益分割成债权和股权收益	*APB 14* 到目前为止，只有来自于附有可拆分转换条款的可转换债券的收益才可以拆分为股权和债券部分。如果其是不可拆分的则没有必要将其收益拆分。	*IAS 32* 在所有情况下，来自于可转换债券的交易的收益都应拆分为债权收益部分和股权收益部分。
可变利益实体和特殊目的实体的合并	*FIN 46R* 预期承担可变利益主体的大部分预期损失或取得其大部分预期收益的公司必须在其资产负债表中披露可变利益主体的资产和负债。在他们做这类决策时可以采用数值指标，比如说拥有10%的所有权时。	*SIC 12* 如果一家公司与特殊目的主体的关系的实质是特殊目的主体被公司所控制，则特殊目的主体应合并入该公司。这实际上是个原则导向型标准。

关键术语

应付账款
可转换债券
长期债务
票面（合同）利率
摊销
可转换债务债券
市场利率/有效利率
直线法
不记名债券
无担保债券
抵押贷款
一次还本付息债券
债券凭证
产权比率
政府证券
利息保障倍数
债券折价
实际利率法

其他应付票据
应付票据
债券契约
票面价值/到期值
应付票据
信托协议
债券发行成本
套期保值
表外融资
未担保债券
债券溢价
合营企业
承兑票据
可变利益实体
债券再融资
垃圾债券
记名债券
零息债券

可赎回债券 担保信托债券
负债 信用贷款
担保债券 担保贷款
商品担保债券
贷款摊销 **扩展资料**
分期还本债券 债务重组

问题

1. 确定 FASB 对负债定义的主要组成部分。
2. （a）"待执行合同"的含义。（b）这些合同符合本章中负债的定义吗？
3. 区分流动负债与非流动负债。
4. 负债一般按什么金额进行列报？
5. 在何种情况下，资产负债表中的短期负债应被划分为长期负债？
6. 国际会计准则与美国 GAAP 对短期负债再融资的分类有什么不同？
7. 何谓信用额度？
8. 在恰当评估长期负债时，为何应该使用现值评估？
9. 当借款发生并每期支付利息时，如何区分所付金额的本金与利息部分？
10. 区分：
    （a）担保债券与未担保债券；
    （b）抵押债券与无抵押债券；
    （c）可转换债券与可赎回债券；
    （d）不记名债券与记名债券；
    （e）政府债券与公司债券；
    （f）分期还本债券与一次还本付息债券。
11. 市场利率、票面（合同）利率与实际利率的含义。在债券发行期间，哪一种利率会发生变化？
12. APB 21 推荐的债券溢价及折价的摊销办法是哪种？为什么？何时可选择其他方法？
13. 列举三种常见的债券提前到期方法。债券的提前清偿应如何反映到利润表上？
14. 发行可赎回债券的目的是什么？
15. 可转换债券的显著特征是什么？这种证券的性质与哪些问题相关？
16. 在 IAS 32 下，对可转换债券的会计处理与美国 GAAP 下会计处理的不同点在哪里？
17. 投资者将可转换债券向普通股的转换，可被视作是不涉及利得与损失的交换或者说是确定市场交易并报告利得与损失的交易。哪种理论分别支持发行方与投资方的上述各个观点？
18. 何谓"债券发行再融资"？何时进行再融资比较合适？
19. 简要解释 SFAS No.159 下允许使用公允价值观。
20. 为什么 FASB 决定允许使用公允价值观？
21. SFAS No.159 的哪项规定不允许各公司通过使用公允价值有选择性地增加报告

收益?

22. 为什么表外融资在许多公司中盛行? 采用这种融资方法可能会产生什么问题?
23. 特殊目的实体如何作为表外融资的工具?
24. 什么是合资公司? 合资公司如何作为表外融资的一种形式?

扩展资料

25. 如何区分陷入财务困境时的债务重组与其他债务重组?
26. 针对债务重组,比较受推荐的会计处理方法是哪个?
   (a) 资产互换   (b) 股权置换   (c) 合同条款的修订

练习

[练习 12-1] 营运资本与流动比率

LO1 使用以下信息,计算营运资本和流动比率。

递延销售收益	$ 900
应付账款	1 100
应收账款	1 750
现金	400
销售收入	10 000
应付职工薪酬	250
销售收益与津贴	700
应付债券(6 个月内偿付)	1 000
应付债券(5 年内偿付)	4 000

[练习 12-2] 短期预计再融资债务

LO2 公司预计在明年 2 月有如下三笔应付账款需要偿付。在本年 12 月 31 日,计算(1) 流动负债;(2) 非流动负债。

(a) 公司打算偿付一笔贷款 A,金额为 10 000 美元,2 月到期,在接下来的 9 月,公司打算在同一家银行贷款 8 000 美元。

(b) 公司打算在金额为 15 000 美元的贷款 B,2 月到期时进行再融资。贷款金额为 18 000 美元的再融资合同将在 5 月签署,即本年度的财务报表公布以后。

(c) 公司打算在金额为 20 000 美元的贷款 C,2 月到期时进行再融资。17 500 美元的实际再融资于 1 月发生,此时,本年度的财务报表仍未公布。

[练习 12-3] 信用限额成本总计

LO2 公司在 1 月 1 日获得 500 000 美元的信用贷款额度,手续费为贷款总限额的 0.05%。另外,公司必须按信用贷款限额内实际所获贷款的 5.9%(年复利利率)支付利息。今年,公司在 5 月 1 日按协议借款 260 000 美元,这笔贷款在年末仍未清偿。计算本年包含利息在内的信贷总成本。

[练习 12-4] 月付款额的计算

LO3 Florence Clark 以 300 000 美元的价格购买了一套住房。按购买款的 10% 支付了现金,并对剩余款额签署了抵押贷款,这笔贷款将在 30 年内按月支付,其中,首付款在第一个月支付,月复利利率为 7.5%,则其每月付款金额为多少?

[练习12-5] 债券的市场价格

LO4 公司预计发行面值为 1 000 美元的 10 年期债券,债券票面利率为 13%,利息每半年支付。在发行日,公司所发行的风险类似债券的市场利率为半年复利 8%。请计算债券发行日的市场价格。

[练习12-6] 债券在付息日之间发行的会计处理

LO4 公司原预计在 1 月 1 日发行面值为 100 000 美元的债券,但由于监管延迟,债券直到 2 月 1 日才发行,债券的票面利率为 9%,与(风险类似公司)发行日 2 月 1 日的市场利率相等。利息每半年支付,第一笔利息付款为 4 500 美元($100 000 × 0.09 × 6/12),按期应在 7 月 1 日支付,发行方账户在 2 月 1 日应做何会计分录记录债券发行?

[练习12-7] 实际利率法下的摊销

LO4 1 月 1 日,公司发行了面值为 200 000 美元的 10 年期债券,票面利率为 10%,利息每半年支付。在发行日,风险类似公司多发行债券的市场利率为半年复利 12%,债券发行成本为 177 060 美元,发行方账户对前两笔 6 月 30 日及 12 月 31 日的利息支付应做何会计处理?使用实际利率法对债券折价进行摊销。

[练习12-8] 市场债券赎回

LO4 公司有一笔总面值为 100 000 美元的未偿应付债券。7 月 1 日,公司在公开市场上按总计 102 700 美元的价格赎回了债券,请在发行方账户对债券的赎回编制恰当的会计分录。假设(1)债券存在 2 000 美元的未摊销折价;(2)债券存在 3 000 美元的未摊销溢价。

[练习12-9] 可转换债券转换的会计处理

LO4 公司有一笔总面值为 100 000 美元的可转换债券,账面价值为 98 500 美元,该债券可转换为 2 000 股面值为 1 美元的普通股。在转换日该股的每股市价为 55 美元,请对债券转换编制恰当的会计分录。假设在收益最高时实行转换以确认相关利得与损失。

[练习12-10] 公允价值观

LO5 公司拥有一项资产——作为投资购买的债券 B(在其发行日购买),一项负债——公司自身发行的债券 X,该债券发行用以融资购买债券 B 进行投资,公司不存在初始股东投资。两种债券均有相同的条款:面值为 1 000 美元的 30 年期债券,票面利率为 8%,每期利息于年底支付。在发行日,两债券的相关市场利率均为 8%,公司决定对债券资产与债券负债均采用公允价值观进行会计处理。

  1. 在投资的债券 B 发行日及自身应付债券 X 发行日,编制该公司的资产负债表。

  2. 就在第二天,债券 B 的相关市场利率上升至 13%,债券 X 的相关市场利率上升至 11%,编制该公司的资产负债表。

扩展资料

[练习12-11] 债务重组:资产互换

LO9 公司拥有一笔总面值为 100 000 美元的应付债券,其账面价值为 103 000 美元。此时,债券应付未付利息达 6 000 美元,出借人同意借款人以价值为 90 000 美元的土地进行债务重组,该土地的历史成本为 64 000 美元。请在借款人账户对这笔应付债券的债务重组编制恰当的会计分录。

[练习12-12] 债务重组:重大变更

LO9 1 月 1 日,公司获得一笔利率为 8% 的 10 000 美元贷款,其中 800 美元的利息应在每年年底支付,贷款本金在五年内偿付。年底,由于公司面临财务困难,第一年度 800 美元的利息尚未被偿付。公司协商对这笔贷款进行重组,全部利息($4 000 = $800 × 5 年)将延迟至贷款到期时支付。此外,贷款本金清偿由 10 000 美元降至 5 000 美元。(1)请在公司账户对这笔债务重组编制恰当的会计分录;(2)计算第二年应确认的利息费用。

习题

[习题 12-13] 抵押贷款摊销表

LO3 2011年7月1日,Ketchikan公司通过借款融资90 000美元以购买机器设备,贷款协议条款规定:每月月底将分期支付贷款,第一笔支付于2011年7月31日支付。其中,贷款期限为7年,月复利利率为12%。

1. 为2011年的后6个月编制贷款摊销表。
2. 2011年此笔贷款应确认的利息费用为多少?
3. 2011年年末,Ketchikan公司资产负债表中应确认的抵押贷款负债为多少?

[习题 12-14] 债券发行市场价值的计算

LO4 下列债券发行的市场价值各为多少?(四舍五入计算约值,精确到美元)

(a) 票面利率为10%,面值为1 000 000美元的10年期债券在债券发行日售出,每半年支付利息,实际利率为12%。

(b) 票面利率为9%,面值为200 000美元的5年期债券在债券发行日售出,每半年支付利息,实际利率为8%。

(c) 票面利率为8%,面值为150 000美元的15年期债券在债券发行日后30个月后售出,每半年支付利息,实际利率为10%。

[习题 12-15] 零息债券

LO4 George's公司将发行债券以融资收购全国范围内该公司产品的连锁分销商,George's公司考虑发行两种不同的债券筹集90 000 000美元的购买价款,第一种是传统的票面利率为14%的10年期债券,利息每半年支付;第二种是10年期的零息债券。

假设市场利率为14%,计算债券发行的面值,并分别根据上述传统债券发行与零息债券发行时的情况编制必要的会计分录。

[习题 12-16] 债券的发行与回购

LO4 2010年1月1日,Housen公司以102的价格发行面值为500 000美元的10年期债券,应付利息于1月1日以及7月1日按10%的利率进行支付。2011年4月1日,Housen公司按照98的报价加上应计利息的价格赎回50张面值为1 000美元的债券。Housen公司的会计期间为一个自然年度,请编制如下会计分录:

(1) 债券发行;(2) 2010年度债务相关的利息支付与调整;(3) 2011年的债券回购与赎回;(4) 2011年度债务相关的利息支付与调整。假设按直线法对债券折价溢价进行摊销。(四舍五入计算约值,精确到美元)

[习题 12-17] 债券利息与摊销溢折价

LO4 假设Denham温泉学区将利率为8%、票面价值为140 000美元的15年期债券在发行日以128 598美元的价格卖出,利息每半年支付一次。此项投资的债券购买价格能获得大约9%的收益率。

1. 获得前两次的利息时,投资者应如何编制会计分录:(a) 假设利息日以直线法对债券溢(折)价进行摊销;(b) 假设利息日以实际利率法对债券溢(折)价进行摊销(四舍五入计算约值,精确到美元)。

2. 在支付前两次的利息时,Denham温泉学区应如何编制会计分录:(a) 假设利息日以直线法对债券溢(折)价进行摊销;(b) 假设利息日以实际利率法对债券溢(折)价进行摊销(四舍五入计算约值,精确到美元)。

[习题 12-18] 债券投资的出售

LO4 2008年7月1日,Jennifer Stack获得利率为9%,面值为50 000美元的Oldtown公司债券,

价格为 92,利息于每年的 3 月 1 日与 9 月 1 日进行支付,债券于 2015 年 9 月 1 日到期,Stack 按一个公历年作为一个会计年度。2011 年 2 月 1 日,Stack 以 97 的债券价格加计应计利息的价格出售债券。假设 2011 年 1 月 1 日未编制结转分录并采用直线法进行摊销,请对 2011 年 2 月 1 日的债券销售编制相应的会计分录(四舍五入计算约值,精确到美元)。

[习题 12-19] 债券赎回

LO4 2010 年 12 月 31 日,Spring 公司的资产负债表中包含了如下项目:

2017 年 12 月 31 日到期且利率为 8% 的应付债券	$200 000
应付债券溢价	8 750

此债券在 2009 年 12 月 31 日以 105 的价格发行,利息于每年的 6 月 1 日与 12 月 31 日支付。溢价采用直线法进行摊销。

2011 年 4 月 1 日,Spring 以 99 的价格加计应计利息的价格赎回了 100 000 美元的债券,请对债券赎回以及最近一笔利息支付后的应计利息与溢价摊销编制相应的会计分录。

[习题 12-20] 债券的赎回与再融资

LO4 Chaim 公司有一笔利率为 12%,面值为 300 000 美元的债券,在剩余 10 年到期的情况下,可以以 102 的价格赎回,利息每半年支付。债券的现行账面价值为 290 000 美元,公司恰完成利息支付并已对溢折价摊销进行了调整。市场上类似债券可按票面价值进行出售,现行市场利率为 10%。

1. 请对原先所发行债券的赎回,以及按利率为 10%、面值为 300 000 美元的新债券按票面价值的发行编制相应的会计分录。

2. 哪一年所节约的利息能够抵销新债券的再融资发行成本?

[习题 12-21] 可转换债券的发行

LO4 Joy Insurance 决定通过发行可转换债券进行融资以扩大其设备。债券的具体事项如下:发行日为 2010 年 5 月 1 日,到期日为 10 年后;持有者的可转换选择权在发行两年之后;每 1 000 美元的债券可转换为 20 股票面价值为 1 美元的股票;利率为 12%,债券的赎回价格为 102;现债券以 101 的价格出售。

1. 请对 2010 年 7 月 1 日出售的 900 000 美元债券以及 2010 年 5 月 1 日以及 11 月 1 日的利息支付,在 Joy 账户上编制相应的会计分录。

2. 假设仍引用(1)的条件,但是与可转换特征相关的债券价格确认方式发生了变化,不含可转换选择权价值的估计售价为 98。

[习题 12-22] 可转换债券

LO4 Clarkston 公司于 2010 年 7 月 1 日发行了利率为 11%、面值为 1 000 000 美元的 10 年期可转换债券。利息于每年 1 月 1 日与 7 月 1 日每半年进行支付,其中发行折价 9 500 美元在每月按直线法进行摊销。每 1 000 美元的债券在一年以后可转换成 5 股面值为 1 美元的普通股。

截至 2011 年 8 月 1 日,已转换了 100 000 美元。每月的应计利息在到期时已进行了支付。转换时的债券应计利息通过现金支付。

请在 Clarkston 账户对可转换债券的转换、摊销以及 2011 年 8 月 1 日与 8 月 31 日的利息编制相应的会计分录(四舍五入计算约值,精确到美元)。

[习题 12-23] 公允价值观

LO5 Ryan Marie 公司拥有一项资产,是通过购买 Miles 公司发行的债券作为债券投资。Ryan Marie 公司也仅拥有一项负债,它所发行的债券之一是为了融资购买 Miles 的债券作为投资,且公司不存在初始股东投资,所有的债券都拥有同样的事项:面值为 1 000 美元,票面利率为 11%,且每年年底进行一次利息支付,债券期限为 10 年。在债券发行日,相关债券的市场利率为 8%。公司对债券资产与债券负债均采用公允价值进行计量。

1. 请为 Ryan Marie 公司在购买 Miles 公司债券进行投资以及发行自身债券的发行日编制资产负债表。

2. 在第二天,Miles 公司的债券市场利率上升至 13%,Ryan Marie 的债券上升至 11%,请编制公司的资产负债表。

3. 引用(2)的条件,但是此次假设 Miles 公司的债券市场利率下降至 6%,Ryan Marie 的债券上升至 14%。

4. 引用(2)的条件,但是此次假设 Miles 公司的债券市场利率上升至 14%,Ryan Marie 公司的债券下降至 6%。

扩展资料

[习题 12-24] 债务项目修正

LO9 Moriarity 公司正面临财务困境,公司收入呈现出一个下降的趋势,且去年报告其历史上的首度损失,该公司不能偿还债务,因此已有两期利息未能支付。为了扭转经营状况,管理层决定与债券持有者协商对债务进行修正,这些修正条款自 2011 年 1 月 1 日起生效。这些利率为 10%、面值为 10 000 000 美元的 10 年期债券自 2006 年 1 月 2 日进行发行,现行未摊销溢价为 210 000 美元。请分别对如下情况在 Moriarity 公司账户编制相应的会计分录。

(a) 债券持有者同意放弃过去未支付的利息,并将债券利率由 10% 降至 5%;

(b) 债券持有者同意放弃过去未支付的利息,并放弃 3 000 000 美元的债券面值;

(c) 债券持有者同意放弃过去未支付的利息,将债券利率从 10% 降至 6%,并放弃 2 000 000 美元的债券面值。

难题

[难题 12-25] 短期再融资贷款

LO2,LO7 以下信息来自 Randall Stewart 公司的财务报表。

流动资产	$80 000
应付债券	45 000
短期应付贷款	50 000
长期债务	110 000
总负债	240 000
股东权益	180 000

Randall Stewart 与银行协商在短期贷款 3 个月后到期时对其进行再融资,新贷款期限为 5 年。

要求:

1. 计算如下比率:

(a) 流动比率;

(b) 债务权益比率;

(c) 负债比率。

2. 如果你是 Randall Stewart 公司财务报表的审计人员,你如何才能信任再融资协议的有效性。

[难题 12-26] 债券溢折价摊销表

LO4 Bray 公司购买了 Honey 销售公司利率为 7%,面值为 30 000 美元的债券,利息每半年支付一次,债券 5 年内到期。债券以 32 626 美元的价格购买,到期收益率大约为 5%。

要求:

1. 在投资者账户编制摊销表以说明每期的投资调整以及债券收益,假设分别采用如下两种方法进行调整:(1) 直线法;(2) 实际利率法。(四舍五入计算约值,精确到美元。)

2. 假设采用实际利率法,请在第一年分别为债券发行公司和债券购买公司编制相应的会计分录。

[难题 12-27]　债券溢价对现金流量的影响

LO4　2011 年 1 月 1 日,Datalink 数据公司发行了面值为 100 000 美元,票面利率为 10% 的 10 年期债券,市场利率为 8%。应付利息于 6 月 30 日与 12 月 31 日进行支付,如下是可获取的财务信息。

销售收入	$300 000
销售成本	180 000
毛利润	120 000
利息费用	?
折旧费用	(14 500)
其他费用	(82 000)
净收益	?

	2011 年 12 月 31 日	2011 年 1 月 1 日
应收账款	$55 000	$48 000
存货	87 000	93 000
应付账款	60 000	58 000

存货的购买均已反映在账户上,其他费用通过现金进行支付。要求:

1. 请对于 2011 年 1 月 1 日的债券发行编制相应的会计分录;

2. 请计算如下金额:(a) 债券持有者 2011 年期间现金支付的应计利息;(b) 2011 年摊销的溢价金额,假设 Datalink 数据公司对债券的溢(折)价摊销采用的是直线法;(c) 2011 年的利息费用金额。

3. 请分别在直接法和间接法下编制 Datalink 数据公司现金流量表的经营活动现金流部分。

[难题 12-28]　债券项目——发行方

LO4　2001 年 4 月 1 日,Rowe 工具公司发行面值为 5 000 000 美元,票面利率为 6% 的可转换债券,利息于每年的 4 月 1 日与 10 月 1 日进行支付。债券于 2001 年 7 月 1 日出售,2021 年 4 月 1 日到期,债券折价合计金额为 398 200 美元。债券合同条款规定债券持有者每 1 000 美元的债券可获得 20 股面值为 1 美元的普通股。2011 年 4 月 1 日,债券持有者对 700 000 美元的债券行使了转换权。2011 年 7 月 1 日,Rowe 工具公司在公开市场上回购了面值为 600 000 美元的债券,2010 年 12 月 31 日,权益账户余额如下:

发行了 3 000 000 股但是 300 000 股未赎回的面值为 1 美元的普通股股票	$ 300 000
股本溢价	6 400 000

普通股股票与债券的市场价格如下:

日期	债券(每 $1 000)	普通股(每股)
2011 年 4 月 1 日	$1 120	$52
2011 年 7 月 1 日	$1 200	$61

要求:请为如下交易事项在发行方账户编制相应的会计分录。(对债券折价采用直线法进行摊销。)

1. 2001 年 7 月 1 日的债券销售。

2. 2001 年 10 月 1 日的利息支付。

3. 2001 年 12 月 31 日的应计利息,包括债券发行 6 个月以来的折价摊销。

4. 2011 年 4 月 1 日,债券的转换。(假设 2011 年 4 月 1 日计算得的利息与折价摊销均正确,且转换时不确认损失与利得。)

5. 2011 年 7 月 1 日的债券回购与赎回。(假设 2011 年 7 月 1 日计算得的利息与折价摊销均正确。)

[难题 12-29] 债券项目——投资方

LO4 2010 年 6 月 1 日,Chloe 公司购买了 800 份面值为 1 000 美元,票面利率为 9% 的 Logan 公司债券作为长期投资,购买价格为 731 052 美元,所购债券的到期收益率为 11%。利息于每年的 12 月 1 日与 6 月 1 日每半年支付一次。债券于 2016 年 6 月 1 日到期,Chloe 公司采用实际利率法对折价进行摊销。2011 年 11 月 1 日,Chloe 公司以 756 400 美元的价格出售债券,这一售价包含了应计利息。Chloe 公司原打算将该债券持有至到期,因而该债券账户每年的市场波动均被忽略。

要求:请为该债券作为一项投资在 2010 年 12 月 31 日以及 2011 年 12 月 31 日所获得的税前利得与损失编制表格进行说明。

[难题 12-30] 应付票据项目——投资方与发行方

LO4 Fitzgerald 发行了面值为 750 000 美元,利率为 11% 的 8 年期应付债券,于 2007 年 4 月 1 日发行,票据利息于每年的 4 月 1 日与 10 月 1 日每半年进行支付。该票据于发行日出售给承销商,扣除发行成本后的价格为 720 000 美元。承销商于 2007 年 7 月 1 日将此票据对外销售。Baum 以 101 的价格加上应计利息购买了全部债券作为长期投资。2010 年 6 月 1 日,Baum 将对 Fitzgerald 的票据投资出售给 J. Gott 公司作为短期投资。高特以 96 的价格加上票据应计利息购买了该债券,同时支付了 1 500 美元的佣金。Baum 支付了 1 000 美元的佣金以出售票据。J. Gott 持有该投资直至 2011 年 4 月 1 日,此时 Fitzgerald 以 104 的价格对票据进行赎回。

要求:为 Fitzgerald 在 2007 年及 2011 年、Baum 在 2007 年及 2010 年、J. Gott 在 2010 年及 2011 年编制相应的会计分录。假设每一会计年度的分录作为报告目的且票据发行过程中的发行成本已由 Fitzgerald 扣除。所有摊销均采用直线法进行摊销。忽略投资方每年票据账户市场价格波动的潜在影响。

[难题 12-31] 债券递延利息及资产出售

LO4 在 2009 年开始,Wheel. R. Dealer 通过发行面值为 100 000 000 美元、利率为 10% 的 10 年期债券购买了 Consolidated 公司的净资产,利息直到 2014 年以后于 6 月 30 日以及 12 月 31 日每半年进行支付。Dealer 希望在 2014 年支付利息前出售该资产以在公开市场上赎回债券。2011 年年底,该净资产账面价值为 85 000 000 美元,Dealer 以 70 000 000 美元的价格出售,并将所得收益赎回债券。

要求:

1. 假设市场利率为 8%,请为 2009 年 1 月 2 日债券发行编制相应的会计分录。

2. 请对净资产的销售编制相应的会计分录。

3. 计算债券赎回日,即 2012 年 1 月 3 日债券的市场价值,假设市场利率为 14%。

4. 请对 2012 年 1 月 3 日所发行债券的赎回编制相应的会计分录,假设账面价值为 96 000 000 美元,市场价值为(3)所计算的结果。

5. 请解释为何 Dealer 在债券发行三年后便以低于原先售价的价格且未作任何利息支付就进行了购回?

6. 在 Dealer 不赎回债券的情况下,能否使债券价值减少至市场价值的水平?

[难题 12-32] 可转换债券

LO4 Von Surf 公司于 2010 年 7 月 1 日发行了面值为 1 200 000 美元的 10 年期可转换债券。此债券以 8% 的利率于每年的 1 月 1 日与 7 月 1 日半年支付一次利息。发行折价金额为 18 000 美元,每月按直线法进行摊销。

该债券在持有一年后,每1 000美元的债券可转换成9股票面价值为1美元的Von Surf普通股股票。

2011年8月1日,200 000美元的债券已转换成普通股股票,每月应计利息已在转换时通过现金进行偿付。

要求:请编制债券转换时的会计分录,同时编制2011年8月1日、2011年8月31日以及包括会计期末结账期2011年12月31日在内相关的摊销以及利息的会计分录。在转换时不确认任何利得与损益。(四舍五入计算约值,精确到美元。)

[难题12-33] CPA考试样题

LO4 1. 2012年12月31日,Moss公司以109的价格发行了面值为1 000 000美元,利率为11%的债券。每1 000美元债券附有50份认股权证,债券持有者可按25美元的价格通过每份认股权证认购面值为5美元普通股股票。在发行后,股票市价跌至4美元。请问2012年12月31日,Moss应对债券发行确认多少溢(折)价?

 (a) 4 000美元溢价
 (b) 90 000美元溢价
 (c) 110 000美元折价
 (d) 200 000美元折价

2. 2012年7月31日,Dome公司通过按面值发行1 000 000美元,利率为10%的15年期债券用以收回600份面值为1 000美元,利率为11%的未偿债券,该未偿债券按照102的价格发行并于2022年7月31日到期。2012年7月31日,11%债券的未摊销债券溢价为65 000美元。那么Dome赎回债券,其利润表中应确认的税前利得或损失金额为多少?

 (a) 利得53 000美元
 (b) 0美元
 (c) 损失65 000美元
 (d) 损失75 000美元

扩展资料

[难题12-34] 债务重组——条款修正

LO9 2010年下半年,New Iberia面临严重的经济压力,不能支付金额为4 500 000美元的长期票据应承担的利息,该票据于2015年12月31日到期。该债务利率为10%,于每年6月30日与12月31日每半年支付一次。New Iberia与Loan-R-Us公司达成新的协议条款,对票据剩余的5年期利息与本金条款进行更改,变更如下:

 (a) 减少500 000美元的本金;
 (b) 降低利率至7%;
 (c) New Iberia同意于2010年12月31日支付拖欠的450 000美元利息以及原条款利率下的利息支付。

要求:
1. 计算New Iberia在条款修正后的5年期间形成的付现与原条款付现的差额。
2. 编制债务重组、原条款下利息支付以及新条款下前两笔利息支付的会计分录。(注意:每半年的复利利率为4.2%。)

案例

[案例 12-35] 请勿考虑流动比率!

Soto 公司是一家封闭型公司,从未经历过审计,如今需要通过银行贷款扩大经营。而贷款银行需要其提供经过审计的财务报表,在与主席以及大部分股东召开的会议上,审计师接到信息,得知银行非常关注流动比率。于是,审计师提议对下列事项进行重分类调整:

(a) 四年半之前发行的应付票据将在资产负债表日后六个月内到期。审计人员欲将其划分为流动负债,而管理者反对这个提议,原因在于公司准备对该票据通过其他长期债务进行再融资。

(b) 对于应计补偿休假给付的重分类调整,而管理层又再次反对,反对理由在于不能对休假进行准确估计。"一些雇员在第一年放弃休假或者没有假期,且哪些雇员会有病假或其他原因,这些都是无法估计的。由于雇员休假的不确定性,因此公司不能确定补偿比率。"

如果你是审计师,你该如何回应管理者?

[案例 12-36] 以公允价值计量负债意味着什么?

John Jex 是一名 CPA(注册会计师),向一个银行组织提出对贷款投资的资产以能够反映不断变化利率的公允价值计量。在争议阶段,John 的观点被质疑,银行家们认为如果资产按照变化的利率进行重新计量,那为何银行负债按照现行利率计量。他的回答显然不能使银行家们满意,因此会议被推迟。会议后,一位听众要求 John 解释以变化利率重新评估负债所带来的影响。请问你对此如何反映?

[案例 12-37] 实质上的终止

债务提前赎回又可称为实质终止或经济终止,实质终止是将债务转为资产(通常是现金或者证券)的过程,使之成为不可变的信托;或者在债务到期前,将资产或收益用以满足长期债务。在一些情况下,债务持有者没有意识到这些交易发生时,继续依靠债务发行方偿还债务。换言之,即对此负债没有合法的终止。

在 SFAS No. 125 于 1996 年颁布之前,即使实际上,债务未被偿付,实质终止被作为债务的提前偿还来处理。SFAS No. 125(现被 SFAS No. 140 所接替)条款规定债务的实质终止不再允许将债务从资产负债表中剔除。

在 SFAS No. 140 下,何种情况能满足将债务从资产负债表中剔除?何种方式能用实质终止将债务从资产负债表中剔除?

扩展资料

[案例 12-38] 收入真的存在吗?

Jefferson 公司有一笔利率为 10%,票面价值为 20 000 000 美元的未偿债券,但是由于现金流问题,公司现面临利息支付与债券赎回的问题。债券的市场价值不断下降,现价仅为债券票面价值的 50%。在长期的协商之后,债券持有者同意将所持债券转换为现行市价为 10 000 000 美元的优先股。Jefferson 公司的会计将此笔交易记录如下:借记全部 20 000 000 美元金额的债券负债,贷记同等金额的优先股。这笔分录将公司的此笔负债转成了权益。

然而,会计师事务所在进行年度审计时,不同意这样的处理办法。审计师认为这笔交易在债券持有者明显的妥协下进行,应属于资产重组的范畴。在这种情况下,FASB 要求 Jefferson 对优先股采用市场价值进行计量。债券面值 20 000 000 美元与优先股市场价值 10 000 000 美元的差额应作为利得来报告。

Jefferson 的管理层,L. Rogers 对此表示惊讶,他认为:"公司已经几近破产,而现在你还告诉我们如今还必须将 10 000 000 美元确认为利得,你肯定是在开玩笑,这太荒唐了。我可不在乎 FASB 是怎么规定的。"

负责的审计师意见很坚定:"我们没有别的选择,你有一笔 10 000 000 美元的债务不用偿还,且使用了这笔钱,在这种情况下,我看来就是一种利得。"

你认可何种观点?在讨论时考虑外部使用者对财务报表的使用与需要。

[案例 12-39] 解析财务报表(Altria 集团)

分析 Altria 集团的部分资产负债表并回答如下问题:

1. Altria 集团(Philp Morris 的母公司)2007 年年底资产合计为 228.9 亿美元,计算该公司的流动比率。
2. 为什么 Altria 将其负债分为两个不同部分?
3. 分别使用(a)长期负债、(b)总负债来计算 Altria 2007 年的权益负债比率,为何两者存在很大的差异?当由其他人计算解释权益负债比率,你的第一个问题是什么?

	2007 年 12 月 31 日	2006 年 12 月 31 日
负债		
消费者产品		
短期借款	$ 638	$ 420
流动长期负债	2 445	648
应付账款	1 463	1 414
应计负债:		
市场	802	824
除所得税外的税收	4 593	3 620
雇佣费用	756	849
安置费用	3 986	3 552
其他	1 857	1 641
所得税费用	654	782
应付股利	1 588	1 811
终止经营流动负债		9 866
流动负债合计	$18 782	$25 427
长期负债	7 463	6 298
递延所得税费用	2 182	1 391
应计补偿金费用	388	541
应计退休后医疗费用合计	1 916	2 009
终止经营的长期负债		19 629
其他负债	2 323	2 658
消费者产品负债合计	$33 054	$57 953
财务服务		
长期负债	$ 500	$ 1 119
递延所得税费用	4 911	5 530
其他负债	192	49
财务费用负债合计	$ 5 603	$ 6 698
负债合计	$38 657	$64 651
或有事项(附注 19)		
所有者权益		
普通股(每 1/3 股股票面值为 0.33 美元,共发行 2 805 961 317 股)	$ 935	$ 935

	2007年12月31日	2006年12月31日
资本溢价	6 884	6 356
企业再投资收益	34 426	59 879
累计其他综合损失	（237）	（3 808）
股票回购成本（2007年698 284 555股，2006年708 880 389股）	（23 454）	（23 743）
所有者权益合计	$18 554	$ 39 619
负债与所有者权益合计	$57 211	$104 270

[案例12-40] 研究会计准则

为了使读者更好地熟悉会计准则,本案例将带你进入 FASB 的网站查看各种版物。进入 http://www.fasb.org,然后点击"Pronouncements & EITF Abstracts"。

在这一章中,我们已经讨论了表外融资的相关内容以及除表外融资一般方法的会计处理以外的近期变化。对于这种情况,我们将引用解释 FIN 46(R),"可变利益实体的合并——对 ARB No.51 的解释"。打开 FIN 46(R)。

1. 请阅读第2段,"可变利益"这个项目的含义是什么?
2. 请阅读第23段,对可变利益实体的受益者来说,需要额外披露哪些信息?

[案例12-41] 道德困境(遵守债务契约)

你作为当地制造型企业 Larsen Enterprises 的财务总监,该公司由一对兄弟 Steve 与 John Larsen 经营,Larsen 兄弟从最初筹建公司时的5个人直至现在超过200多人。如今,国家经济适逢经济周期的低迷时期,这对公司的经营产生了一定的影响。事实上,公司近期的经营由于违背了债务契约已处于危险之中。若公司违背了契约,银行有权立即收回债务。若债务被收回,那么我们将不确定 Larsen 会发生什么,但是肯定不是好事。

险境中的契约与流动比率有关,若流动比率跌至2以下,Larsen 公司会考虑对债务进行技术性拖欠。Steve 和 John 请你对现为1.9的流动比率的提高提出建议。

请思考能够控制流动比率的方式,确定 Larsen 兄弟可能采取的提高流动比率的具体方式。若 Steve 和 John 想采用经营决策来美化财务报表,这对股东与贷款机构来说是较好的选择吗?

第13章 股权融资

> **学习目标**
>
> 1. 区别普通股与优先股的相关权利。
> 2. 掌握为筹集资金、认购股票或进行非货币性资产或服务的交换而发行股票的会计处理。
> 3. 使用成本法或面值法对股票的回购进行计量。
> 4. 掌握认购权以及认股权证发行的会计处理。
> 5. 计算与员工股票期权激励相关的奖励费用。
> 6. 判断哪些权益项目应在资产负债表中作为负债进行列报。
> 7. 区分引起留存收益减少的股票转换以及其他不引起减少的转换。
> 8. 列出影响留存收益金额的因素。
> 9. 正确记录现金股利、财产股利、小额和大额股票股利以及股票分割。
> 10. 解释未实现损益作为累计其他综合收益的一部分进行记录的背景,列举国外资产负债表中权益储备的主要类型。
> 11. 编制所有者权益变动表。

比尔·盖茨是美国最富有的两个人之一(另外一个将在下文提到——请继续阅读)。微软公司是盖茨和其搭档在1975年创立的。人们最初熟识的微软是由于其开发的第一代DOS操作系统被IBM个人电脑及其延伸使用所闻名。微软逐渐以像Word、Excel和PowerPoint这些基于Windows操作系统的大众软件包掌控(有时可以说是垄断)电脑软件市场。

1985年,微软公司首次公开发行股票,其实在这之前,微软公司已经发行过由公司高管和员工拥有的不公开交易的股票。在发行股票时,一个关键的问题就是股票的发行价格定多少。每股价格的初始定价在16—19美元之间,这是根据已经上市交易的与微软公司每股收益及每股市价相似的公司制定的。由于很多人关注微软公司的股票发行,致使其最终报价上升至21美元。微软公司于1986年3月13日公开上市交易股票,第一天交易收盘时,其股价竟然涨至27.75美元①。如果你在1986年以21美元购买了一股原始股,那么到1999年12月已几乎涨到15 000美元(见图13-1)。到了2000年12月,由于网络经济泡沫和公司面临的诉讼,导致微软公司未来的持续不确定性的爆发,使相同股票的价值下降至5 489美元,到2008年5月,微软公司股价有所恢复,一股原始股价值是8 430美元。

---

① Bro Uttal, "Inside the Deal That Made Bill Gates $350 000 000," *Fortune*, July 21, 1986, p.23.

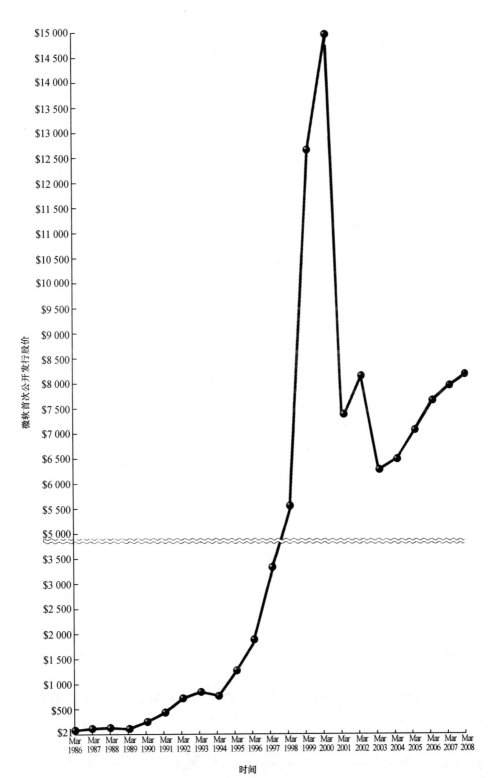

图 13-1　微软的股票价格

一股微软公司的股票不能以8430美元交易,这是由于自从1986年以来微软公司已经进行几次股票分割。一次分割就是像把一块馅饼分成了若干份——随着股份数量的增加,每股股价相应减少。大多数公司采用股票分割的方法使其每股股价维持在一定范围内;在美国,人们通常认为股价在20美元到80美元之间是正常的。

美国伯克希尔·哈撒韦公司的每股股价的范围是一个引人注目的例外,这家公司由沃伦·巴菲特领导,他每年与比尔·盖茨争夺美国首富的头衔。巴菲特的公司参与的许多行业中,财产保险和人身保险是其最大的业务。美国伯克希尔·哈撒韦公司公司拥有政府员工保险公司(Geico)。然而,它同时还生产和销售柯比(Kirby)真空装置、瑟斯(See's)的糖果和世界图书百科全书,除此之外,伯克希尔·哈撒韦公司拥有一个多样的投资组合:即它拥有美国运通公司13%的股权,可口可乐公司9%的股权,富国银行9%的股权,卡夫食品8%的股权,穆迪公司(Moody's Corporation)19%的股权,华盛顿邮政①18%的股权。事实上,围绕金融分析师对巴菲特的投资选择进行的解释,建立了一个行业。

由于伯克希尔·哈撒韦公司的盈利能力特别好,而且从未分割过股票,它的每股股价已高于纽约交易市场的任何股票。在2008年5月8日,伯克希尔·哈撒韦公司的收盘价为每股129 000美元。②

此外,2007年度《福布斯》杂志美国最富人群调查显示,相对于沃伦·巴菲特(520亿美元)的财产,比尔·盖茨以590亿美元财产的微弱优势成为美国最富有的人。③

问题:

1. 如果你在1999年12月购买了微软的股票,然后在2008年5月将其出售,那么在这段时间内,你的投资能给你带来多大回报?
2. 美国伯克希尔·哈撒韦公司与华盛顿邮政公司的关系是什么?
3. 在2008年,微软的每股价格是29美元左右,然而,美国伯克希尔·哈撒韦公司的每股价格大概是12.9万美元,你还需要什么额外信息去判断哪个公司有更高的市价?

问题的答案可在第108页找到。

所有者投入在资产负债表的所有者权益内列报。例如,当一家公司公开发行了新股,收益在所有者权益内报告。这些投入资本称为贡献资本或实收资本。同时所有者也通过将利益再投资的方式把资金贡献给公司。这些再投资收益称为留存收益。在个人独资企业和合伙企业中,所有者投入资本和留存收益汇总在一个单独的资本账户里反映。本章节强调的是公司权益会计。

在一个简单的世界里,一家公司的资产负债表的所有者权益只包括提到的两部分,实收资本和留存收益。然而,不断增加的广泛的商业复杂性要求更多的其他权益科目的出现。比如,在资产负债表中,一些与所有者权益相关的事项一定要在资产负债表里以负债项目列报。除此之外,由一些证券投资产生的未实现利得和损失在单独的所有者权益类别

---

① 从2007年伯克希尔·哈撒韦公司的年报中得出。
② 在1996年5月,伯克希尔·哈撒韦公司的股东创建了一类新的股票,称为B股。每一份这类股票的价值是原A股价值的1/30,采取这个行动对一些投资公司起到领导作用,这些投资公司已经开始购买、分析、出售伯克希尔·哈撒韦公司的股票。
③ 在2007年的福布斯调查中,巴菲特领先于保罗·艾伦,他是比尔·盖茨在创建微软时的助手。同时,山姆·沃尔顿的沃尔玛财富的6个继承人拥有价值607亿美元的关系网络,这使得他们成为美国最富有的家庭。

里反映,例如外币波动对国外子公司权益的影响。这些事项出现在表 13-1 所示的所有者权益内,我们将在章节后面讨论。

虽然很多事项影响所有者权益,但是与所有者投入资本相关的主要因素在图 13-2 的时间线中阐释。很多所有者参与的交易事项在某段时间内不确定是否发生。股利不确定是否发放,不确定是否被授予选择权。本章节讨论了经理可能采取的会影响所有者权益的行动。

表 13-1　权益项目

所有者权益
实收资本
优先股
普通股
资本溢价
留存收益
减去:库存股
累计其他综合收益
外币汇兑调整
可供出售证券的未实现利得和损失
衍生工具的未实现利得和损失
少数股东权益
所有者权益总额

图 13-2　与所有者权益相关事项的时间线

实收资本的属性和分类

1 区别普通股与优先股的相关权利。

WHY 一家公司资金(包括负债与权益)的提供者需要知道公司的其他债权人以及借款数额是多少。这些信息,还有不同级别资金提供者拥有权利的信息,使得任何一个资金提供者都能接触到与投资相关的风险和潜在收益的信息。

HOW 普通股股东是公司真正的所有者,他们对公司事务有投票权。优先股股东没有投票权,但却能优先分红。

一家公司是一个法人实体,这个实体的存在与其所有者相分离,其在进行各项事务时受到规定的制约,就好像一个真正的人一样。现代公司治理模式使大量资源整合在一个管理层之下成为可能。这些资源通过个体投资者转移到公司,通过交换这些资源,公司发行股票凭证证明所有者权益。① 股东选举董事会成员,他们为公司制订战略和长期计划。这些董事会成员选举管理者,由管理者监督公司日常的运营。

大部分公司通常是在50个州之一的州公司法下创建的,因为这些州没有遵循统一的公司法规,因此公司创建和运营的条件是不同的。许多公司在特拉华州进行注册是由于这里的现金股利限制较少,特拉华州关于公司治理的法律总体来说是有利于商业发展与公司经营的。事实上,在美国,截至2004年第一季度末,市场价值超过10亿美元的1 471家公开交易的公司中,超过50%的公司(1 471家中有752家)是在特拉华州进行创建注册的。

理论上说,公司监管严格意义上说是由一个州来进行司法管辖,而不是在联邦政府的管辖下进行。然而,实际上几乎所有公司的股票发行都是在联邦政府和美国证券交易委员会(SEC)的司法管辖范围内。除非发行是小规模的(12个月内的发行金额少于500 000美元),则可只需在认可的投资者(比如银行、投资公司、公司发行人员以及净资产超过1亿美元的个人)的管辖范围内,或者是在各州居民的司法管辖范围内。

> **补充**
>
> 公司董事会是由公司的高层管理者、其他公司的首席执行官、杰出的政府官员以及主要股东构成。比如,可口可乐(Coca-Cola)公司2008年董事会成员中包含了1984年前洛杉矶奥委会主席兼前美国职棒大联盟专员皮特·尤伯斯以及美国前劳工部长、前白宫公众联络处主任亚历克西斯·赫尔曼。

当一家公司形成时,一种简单的股票——普通股便开始发行,企业公司通常后来会发现发行多种不同权利和优先权的股票能获得更多的好处,于是便开始发行相对于普通股有某种优先权利的优先股。

普通股

公司的普通股股东一般可以视为公司的实际拥有者。当公司经营不善的情况下,由于其必须在其他各方(如债权人、职员、政府、优先股股东)的求偿权得以满足的情况下才能回收现金,因此普通股股东将会失去其部分或者全部的投资。但另一方面,当公司经营尚佳的情况下,普通股股东将会因为其所拥有企业的所有资产价值超过那些固定求偿而获取剩余收益。总之,普通股股东承受最大的风险,而相对应的,他们的投资也有权获得最高的回报。

除非是受到公司相关条款的限制,每一个普通股股东都拥有某些确定的基本权利。这些权利如下:

1. 投票选举公司的董事会以及决定类似管理层薪酬计划或者公司重大合并这样特定的公司决策。

2. 在股票增发时,通过购买方式维持其在公司内享受权益的比重。这项权利一般被称为优先购买权,确保普通股股东的权益比重不会在违背其意愿的情况下被稀释。近年来,一些国家已经消除了这种优先购买权。

通常,每家公司只有一种普通股。然而,最近的一种现象是出现了种类多元化的普通股,

---

① 简单来说,相对于独资企业或者合伙企业,公司企业在组织上的优势在于投资者对公司承担有限责任(他们损失的是所投入的资本,而其他个人资产完全安全),且其所有者权益是很容易转移的(在出售股份之前,他们不需要经过其他股东的同意)。而公司企业的缺点在于公司收入需要两次缴税:一次是公司层面缴税,另一次是在个人层面即股东在获得现金股利时所缴纳的个人所得税。

并且每一种都赋予了细微不同的所有者特权。比如,谷歌(Google)公司发行了两种普通股。谷歌B级普通股专门为内部人员持有而且并不公开交易。公开交易的每份A级普通股只有一份表决权,而每份B级普通股在董事会席位中享有10份表决权。在这种股权结构下,谷歌可以在不会严重稀释表决控制权的情况下通过发行A级普通股进行权益融资。

> **补充**
>
> 除了在美国之外,公司有时会针对本地以及国外投资者而产生不同级别的股权。比方说,中国上市公司在上海和深圳股票交易市场交易两种不同级别的股票,A股仅仅为中国内地居民(或选定的国外机构投资者)持有,而B股可以让外国人购买。2001年2月,相应法规放松政策要求,使得中国内地居民可以经审批的外汇账户交易B股。在港交所上市的中国B股称作H股。

本章开头曾经讨论的伯克希尔·哈撒韦公司,为了那些可能并没有129 000美元去购买一股A类股权的投资者(比方说作者以及你)而创设了只有A级30分之一价格的B级普通股。当然了,重申一遍,绝大多数的公司只有一种普通股。

股权的票面价值或设定价值

对于发行普通股以获得现金的会计账务一般按照如下处理:

借:现金：　　　　　　　　　　　　　　　　　　　XXX
　　贷:普通股(按票面价值)　　　　　　　　　　　XXX
　　　　资本溢价　　　　　　　　　　　　　　　　XXX

以历史的角度说,票面价值在发行的同时等同于股票的市场价格。每股的票面价值在某些时候也可以在法律上视为投资者的最低出资额。① 相对应的,当公司出现资不抵债的时候,那些出资额不及票面价值的投资者会被要求补齐差额。因此,公司一般会以低于面值的价格发行股票以保护投资者。此外,公司法规定,在经营性亏损使公司权益低于总募股票面价值时将停止现金股利的发放。由此低于票面价格使得公司的现金股利政策更富有弹性。

> **补充**
>
> 法定资本限制通常并不是现金股利发放的限制因素。更多的则是由于贷款人的债务契约限制了股利的发放。一个具有代表性的债务契约可能要求将产权比率维持在一个特定的水平以下。

今天,绝大多数股票有名义票面价值或者根本无面额。而无面额的股票通常为了出具财务报告而拥有一个设定价值,功能与票面价值几乎一样。就好像表13-2中所看到的,84.6%在美国公开交易的股票面值都为1美元或1美元以下。

优先股

优先股这个名词由于让人感觉它优于普通股而显得多少有些误导。优先股不代表更好——这是不一样的。事实上一个对于优先股更有效的理解方式是,优先股股东舍弃了很多所有者的权利来交换债权人享有的保护措施。

---

① 想要了解更多关于账面价值法律意义的探讨,参见 Philip McGough, "The Legal Significance of the Par Value of Common Stock: What Accounting Educators Should Know," *Issues in Accounting Education*, Fall 1988, pp. 330—350.

优先股股东舍弃的所有者权利包括：

投票权：在大多数情况下，优先股股东没有表决权。在每次优先股发行时，其投票权仅在特殊情况下存在。比方说，如果在连续两个季度中公司无法支付其现金股利的情况下，则优先股股东会被授予公司投票权。当一家公司无法支付优先股股利时，这些未支付的股利将会被记作"拖欠款项"。

分红权：优先股股东所获得的现金股利往往是固定的。因此，如果企业经营盈利丰厚，优先股股东并无法分享收益。由于股利封顶的缘故，优先股的市场价格并不会因为公司业绩成长而像普通股股价那样发生明显变动。取而代之的是，优先股的市场价格会像债券价格变动方式一样根据利率的变化而产生波动。

表 13-2 公开交易股票的账面价值

2003 年在美国公开交易股票的票面价值或设定价值		
	所有上市公司	市值超过 10 亿美元的公司
低于 $0.01	24.4%	9.9%
等于 $0.01	36.7	38.0
$0.01 到 $1.00 之间	15.3	18.8
等于 $1.00	8.2	13.2
超过 $1.00	15.4	20.1

数据来源：Standard & Poor's COMPUSTAT.

与普通股股东比，优先股股东享有的保护措施如下：

现金股利优先。优先股股东被赋予在普通股股东给付现金股利之前获取其全额现金股利的权利。

清算优先。如果企业进入破产程序，优先股股东被赋予在普通股股东清算前完全收回其投资的权利。

章节稍后的部分将会更细节地讨论这些权益工具，比如同时具有权益以及债权特性的优先股。随着金融市场变得更加复杂，债权与权益之间的界限变得更加模糊，而对于这些混合型权益工具的披露则变得更加重要。

优先股一般以票面价值发行，当优先股有票面价值时，其股利将比照票面价值按一定比例计提。而当优先股没有票面价值的情况下，分红将会依照具体持有数额计提。举例来说，持有 50 美元票面价值 5% 计息优先股的股东将会每年在普通股股东获取股利前获得每股 2.5 美元的股利；而持有 5 美元无票面价值优先股的股东将会在普通股股东分红前获得每股 5 美元的股利。

一家公司也会发行多种级别优先股。比方说，花旗集团在其 2007 年财务报表中披露了账面上 5 个级别的优先股。各个级别的优先股根据股利利率、赎回条件、可转换性以及其他特征而产生差别。

可累计和不可累计优先股 当一家公司无法支付可累计优先股的股利时，这些未支付的股利将会累积，且未来必须在支付普通股股利之前支付完毕。

举个例子，假设美好时光公司有发行在外的 100 000 股、面值为 10 美元、股利率为 9% 的优先股。股利最后一次支付在 2008 年，董事会宣布将会在 2011 年发放总数 300 000 美元的股利，其中绝大多数将会以如下方式发放给优先股股东。

	支付给优先股股东的股利	支付给普通股股东的股利	总股利
2009 年累计的股利	$90 000	—	$90 000
2010 年累计的股利	90 000	—	90 000
2011 年股利	90 000	$30 000	120 000
总数	$270 000	$30 000	$300 000

未及时偿付的可累计优先股股利被称作为延期支付股利。虽然这些股利直到董事会宣告之后才会被确认为负债,但是这个信息对于股东以及其他财务报表使用者来说都是非常重要的。延迟支付股利的金额在财务报表的附注中进行披露。举个例子,优易美发沙龙香水公司(Ulta Salon, Cosmetics & Fragrance, Inc.)是美国一家大型化妆品零售商,2008 年 2 月 2 日在财务报表附注中披露其累积性优先股延迟支付的股利总额达到 9 300 万美元。

而对于不可累计优先股,没有必要支付未及时偿付的股利。任何被遗漏的优先股股利意味着是不可追回的损失。普通股股利将等到当期优先股以优先股利率获得股利之后才能宣告发放。如此一来,在之前的例子中,如果优先股是非累计的,2011 年的股利将会如下分发:

	支付给优先股股东的股利	支付给普通股股东的股利	总股利
2009 年累计的股利	—	—	—
2010 年累计的股利	—	—	—
2011 年股利	$90 000	$210 000	$300 000
总数	$90 000	$210 000	$300 000

通常可累计优先股有优先股合同,并且法律上通常认定优先股的分红权是可累积的,除非在特定条款中约定不可累积。

参与优先股 通常优先股股利是一个固定的数字。然而参与优先股发行使得优先股股东在普通股股东得到指定数量股利之后将会得到一笔额外的股利。参与条款使得优先股更像是普通股。虽然一度十分流行,但是目前参与优先股十分稀少了。

可转换优先股 一种可以被持有者转换为发行公司的某些其他权益工具的优先股。转换权一般使得优先股能够转换成普通股。当一家公司经营业绩优良时,转换优先股为普通股将会很有吸引力,这使得优先股股东得以逃过股利限制。在某些情况下,优先股可以转换为债券,使得投资人有权利选择把他们的地位由股东转换为债权人。关于股票转换的日记账分录将会在章节稍后部分进行说明。对于优先股可转换性的考量对于计算稀释每股收益是十分重要的,这些将在第 18 章中进行说明。

可赎回优先股 许多优先股是可以被赎回的,这意味着这些股票可以根据公司的选择进行赎回以及注销。赎回价格一般在最初协议中特别指明,并且规定回购价格中包括延迟支付的股利。

可赎回优先股 可赎回优先股是一种根据股东喜好或者发行人无法控制的情况下(比方说某一特定日期赎回或者盈利达到某个水平)可以被赎回的优先股。这个特点使得可赎回优先股更像是贷款,因为它迫使发行公司偿付股票的收益。目前 FASB 要求披露所有发行优先股可赎回条款的内容,包括在固定或者可确定的日期以固定或可确定价格进行赎回。① 那些必须赎回的优先股被称作为强制赎回优先股,在资产负债表中将会归类在负债中而不是权益,这些将会在章节稍后部分进行讨论。

目前优先股记账的发展 1990年至今,FASB 一直在设法解决将债券融资从权益融资分离出来的问题。他们最近的尝试是于 2007 年 11 月 30 日发布的《对具有权益特征的金融工具的初步意见》。这篇初步意见稿解释了很多现行 GAAP 概念框架中在"负债"定义上存在矛盾的条款,由此对于债权/权益区分的大量修订可能伴随着概念框架的变动,如果有必要的话。

在初步意见稿中,FASB 采用"基本所有权法"定义权益。这种方法建立在所有者权益是当所有的求偿权都得到满足后剩余的这部分求偿权这一概念下。由此,融资要素中唯一应该定义为"所有者权益"的是当所有的更高优先求偿权被满足之后剩下的最基本的要素。这个方法需要将负债的定义作如下的修改,"负债是一项求偿权,是将可供分配的资产减少到基本的所有者权益工具上的概率加权结果"②。

这种基本所有权法的应用将会导致对所有者权益的定义非常严格。事实上,所有的优先股,无论是可赎回或不可赎回,在这种方法下都将列报为负债。请切记,这只是一个初步意见稿,所以 FASB 以及 IASB 都会对这个问题进行进一步考量。

股本发行

2 掌握为筹集资金、认购股票或进行非货币性资产或服务的交换而发行股票的会计处理。

WHY 为了避免公司股东谎报融资数量,当以非现金交换股票时,必须对已发行的股票准确地估值。此外,为了避免公司的权益资金账面价值虚增,应收认股款项(而不是已收的)不能确认为权益的净增加。

HOW 已发行股票以交换股票的资产和服务的公允价值或发行股票的市场公允价值两者中更能客观确定的一个来计量。应收认股款项不能列报为资产。

股票可以以现金方式取得,或者,在认股的基础上,以非现金资产取得,或者以公司的部分权益取得。关于这些可能性的会计计量将会在以下几页讨论。

以现金方式取得股本

以现金方式取得股本的会计分录为借方记现金,贷方用股票面值或设定价值③记股本。当股票出售收到的现金超过股本面值或设定价值时,超出部分将会单独贷记资本溢价。而这个账户在股票未被偿付的情况下一直存在账面上。当股票注销之后,股本账户和其他任何与资本溢价相关的账户余额被冲销。

为了进行说明,假设 Goode 公司在 2011 年 4 月 1 日发行了 4 000 股每股面值 1 美元的

---

① *Statement of Financial Accounting Standards No. 47*, "Disclosure of Long-Term Obligations" (Stamford, CT: Financial Accounting Standards Board, 1981), par. 10c.

② *Preliminary Views*, "Financial Instruments with Characteristics of Equity" (Norwalk, CT: Financial Accounting Standards Board, November 2007), par. D1.

③ 股本是一个总账科目,当它在文中出现时,可以代表优先股也可以代表普通股。当一个例子中要求应用具体指出普通股或优先股时,科目名称中就需要使用特定的明细科目。

普通股,取得现金 45 000 美元,这笔交易的分录将如下记录:

2011 年 4 月 1 日	借:现金	45 000
	贷:普通股	4 000
	资本溢价	41 000

如果在案例中,普通股是没有面值但是有每股 1 美元的设定价,分录除了 41 000 美元被分摊到资本溢价外都是一样的。但是如果没有这个价格设定,通过出售股票收到现金的全部金额都会记在股本的贷方。假设 Goode 公司的股票是没有面值以及设定价值的普通股,出售 4 000 股股票以募集 45 000 美元的分录将会这样处理:

2011 年 4 月 1 日	借:现金	45 000
	贷:普通股	45 000

股本认购

股本有可能在认购的基础上发行,认购是一个认购者(购买股票的人)以及公司(股票发行方)之间的具有法律约束力的合同。这个合同记录了股票认购数量、认购价格、支付期限,以及其他交易的条件事项。认购给予公司取得合约价格的合法要求权,给予认购者作为股东的合法地位,除非作为股东的某些权利被法律或合同特定条款明确禁止。通常,证明股票所有权的股票证书直到公司获得全部认购价款时才能授予。

以下的分录说明了在认购情况下股本记录以及发行。

11 月 1—30 日收到 5 000 股每股面值为 1 美元、股价为 12.5 美元的普通股 50% 的募基金,余额 60 天到期。

借:应收普通股认购款	62 500	
贷:普通股认购		5 000
资本溢价		57 500
借:现金	31 250	
贷:应收普通股认购款		31 250

12 月 1—31 日收到剩余另一半认购的到期余额,发行价款由认购者全额支付 2 500 股。

借:现金	15 625	
贷:应收普通股认购款		15 625
借:普通股认购	2 500	
贷:普通股		2 500

实收股本将会以如下方式在 12 月 31 日资产负债表的股东权益部分披露。

股东权益

实收股本	
普通股(2 500 股,每股面值为 1 美元,发行且流通)	$ 2 500
普通股(已认购的 2 500 股)	2 500
资本溢价	57 500
	$62 500
减去:应收普通股认购款	15 625
总实缴股本	$46 875

应收股本认购款通常不应显示为资产而应记录为所有者权益的备抵项。① 这种处理被认为是适当的,因为针对那些未能支付合约全价的申购者的法律惩罚通常非常小,从而增加了发行人无法全额收回应收认购款的可能性。美国证券交易委员会规定,截止到资产负债表日之前的应收认购款在财务报表正式报出日前便集齐款项的情况下,可被确认为流动资产。举个例子,Nebo Products,一家犹他州的手工工具以及野营设备进口商(在中国台湾、中国大陆以及印度制造),在其 2001 年 12 月 31 日公布的财务报表中显示其总共的应收股票认购款为 1 302 586 美元。其中 201 664 美元被确认为流动资产,而其余的 1 100 992 美元被披露为股东权益的减项。为了进行解释,在 Nebo 公司随后的 2001 年年度报告上披露:从 2002 年 1 月到 3 月 25 日(审计意见段日期),公司总共收到 201 664 美元的应收股票认购款。

认购违约 如果认购者在认购到期时没有付款而形成违约时,公司可以(1)返还认购者已支付的申购额,(2)返还认购者已支付款项减去转售股票导致的价格减少和发生费用之后的余额,(3)声明认购者的支付数额无效,或者(4)发行给认购者相当于其全额支付的股票数量。之后的实务将遵循公司在州立法律限制内合并所采用的政策。

以非现金对价方式取得股本

当股本以非现金的资产形式或者获得服务作为对价时,股票的公允价值或者资产或服务的公允价值中更能客观决定的价值,将会用来记录这项交易。如果一只股票的市场报价是可得的,那么这个金额将会被用来作为记录交易的依据。另一方面,测量资产以及获得服务的市场公允价值也是可能的。例如,通过外部竞争者的估价。

为了进行说明,假使 AC 公司发行了 200 股每股面值 0.5 美元的普通股以回收土地,而近期公司股票以 50 美元每股价格出售。AC 公司账面上的分录将作如下处理:

借:土地	10 000
贷:普通股	100
资本溢价	9 900

另一方面,如果土地价格很容易测量,市场价格为 12 000 美元,但是 AC 公司的普通股并没有既定的市场公允价值的话,其交易将会作如下记录:

借:土地	12 000
贷:普通股	100
资本溢价	11 900

如果无论股票还是资产以及获得服务的市场价格都不可获得,可接受的常规做法是对资产或者服务的价格进行独立评估。如果交易是重大的,估价的根据必须在财务报表中披露。

当股票以服务作为对价时,日记账分录与刚说明的类似。假使 AC 公司决定不给予某关键员工现金,而是给予员工 100 股每股面值 0.5 美元的普通股作为工资支付,股票市场价格是每股 50 美元。交易将会作如下记录:

借:职工薪酬费用	5 000

---

① Emerging Issues Task Force, *EITF Abstract 85-1*, "Classifying Notes Received for Capital Stock" (Norwalk, CT: Financial Accounting Standards Board, 1985).

贷:普通股	50
资本溢价	4 950

这笔分录很有意思,因为它毫无争议。然而,如果 AC 公司支付给雇员股票期权以替代真实的股票时,会计分录将会变得非常有争议,对于股权激励的会计计量将会在章节后段进行讨论。

以公司合并方式取得股本

企业间经常并购,2008 年玛氏公司(Mars)和箭牌糖类有限公司(Wrigley)涉及 220 亿美元的合并是近期的一个例子。这两个公司的联合被称作企业合并。这个合并将以一方支付现金购买其他股东全部股票而完成,或以股权互换使得两个分离的公司的所有股东合并为新公司的股东,或者以现金交易和股票互换的混合完成。

2001 年 6 月 30 日之前,有两种计量企业合并的方式。购买法假设其中一家公司占主导并且合并了其他的公司。在这种方法下,公司获取的资产将会按照当前的市场价格进行重估。另外,收购公司将会把收购中获得的现金和股票总额超过获得的净资产市场价格的部分记录为商誉。权益结合法假设并购者的平等,任何并购企业都不被认为是购买其他公司。在权益法下,合并双方的资产仍旧以历史成本计量,不需要将资产价格调整到市场价格,没有商誉入账。2001 年 6 月,FASB 发布 *SFAS No. 141*,"企业合并",这消除了权益结合法计量企业合并的会计处理方式。企业合并的会计计量在高级会计教材中讨论得更加详细。并购公司的会计计量以及由此产生的商誉在《中级会计学:基础篇》第 10 章和第 11 章已经涵盖了。

股票回购

3 使用成本法或面值法对股票的回购进行计量。

WHY 对于为什么有两种不同的计量股票回购方式实在没有合理的解释。然而,既然有这两种方式存在,就必须理解两者的不同之处。举个例子,使用面值法将会对于公司留存收益的列报金额产生重大的影响。

HOW 成本法只需简单将回购股票支付的金额记录于权益的备抵账户。面值法处理股票回购更像是股票的注销,而资本溢价和留存收益(有时)计入借方。

因为各种各样的原因,一家公司发现回购自己的股票结果是令人满意的。举例来说,通用电气已经成为了最勤于回购自己股票的公司。从 2007 年 12 月 31 日起,通用总共花费了净额 370 亿美元回购自己的股票。可口可乐,另一个以回购股票著名的公司,从 2007 年 12 月 31 日起,花费了多于 234 亿美元的资金回购自己的股票。总的来说,公司回购自己股票的目的在于:

1. 为了奖励以及雇员储蓄计划提供股票。
2. 保留一部分股票以满足可转换证券工具的持有者(债券以及优先股)的需求。
3. 降低权益总量相对于债务总量的比例。
4. 暂时用多余的现金投资。
5. 为了避免敌意收购而从公开市场上收回一部分股票。

6. 用减少未偿付股票的数量和将无效率的资产返还给股东来增加每股收益。

7. 显示对于公司股票当前被市场低估的信心。

无论什么原因,可以通过运用召回和赎回条款或者从公开市场回购股票而收回公司股票。如果回购将会削弱偿还债权人借款的能力,州立法律一般会禁止回购。在很多州,回购股票总额不可以超过资本溢价以及留存收益的总和。另外,以过高的价格回购股票也是被禁止的,因为它将会稀释剩余股东股票价格。

在股票回购的会计计量中,记住回购不会产生利得或损失。公司发行股票以募集资本。在回购股票过程中,公司仅仅是减少投资的资本。利得或损失来源于公司的经营以及投资活动,而不是与股东间的交易。

公司的股票回购后,可能立即被注销或者作为库存股份持有,既非注销也非再发行。对于库存股交易的会计处理有两种方式:成本法和面值法。经过对于库存股的简短讨论,这些方法将会被更仔细地讨论。

库存股

当一家公司的股票被回购并以公司名义保留时,它就被称作库存股。库存股可能随后被再度发行或正式注销。在讨论如何说明库存股之前,三个重要的特点必须先指出来:

1. 库存股不可看作资产,而是所有者权益总额的备抵项。①

2. 在回购、再发行以及注销库存股时不产生损失。

3. 留存收益随着库存股的交易而减少,而从不会随着该交易而增加。

> **注意**
> 回购股票可能造成留存收益的减少,但决不会造成留存收益的增加。

通常有两种被接受的记录库存股的方法:(1) 成本法,将库存股记录在特别权益账户里直到股票被再发行或注销,(2) 面值(设定价值)法,将购买库存股视为股票被注销。

成本法库存股的会计处理　在成本法下,购买库存股的会计处理是以将回购股票支付的总额计入库存股账户的借方。库存股账户在资产负债表上被列示为所有者权益项目的备抵项。

成本法下库存股交易的会计处理将会在下面的例子中说明:

2010——新建立的公司发行了10 000股每股面值为1美元的普通股,当前市价为每股15美元,

借:现金　　　　　　　　　　　　　　　　　　　　　　　　　　150 000
　贷:普通股　　　　　　　　　　　　　　　　　　　　　　　　　10 000
　　　资本溢价　　　　　　　　　　　　　　　　　　　　　　　140 000

第一年的公司净收入为30 000美元

2011——以每股40美元回购了1 000股普通股

借:库存股　　　　　　　　　　　　　　　　　　　　　　　　　40 000
　贷:现金　　　　　　　　　　　　　　　　　　　　　　　　　　40 000

2011——以每股50美元出售了200股库存股

借:现金　　　　　　　　　　　　　　　　　　　　　　　　　　10 000

---

① 然而,偶尔的,当股票被要求与一名雇员的股票期权相关联时,库存股将显示为资产。当然了,这样的案例极少。

贷:库存股(200×$40)	8 000
实收资本——库存股	2 000

由于库存股再发行价高于回购价40美元,超出的部分被记作资本溢价。(注意:没有利得产生。)

2011——以每股34美元出售了500股库存股

借:现金	17 000
实收资本——库存股	2 000
留存收益	1 000
贷:库存股(500×$40)	20 000

由于库存股再发行价低于回购价40美元,留存收益被记在借方以示区别,或者在这个例子中,任何在先前库存股的再发行而产生的实收资本都需要先计入借方。

2011——注销了300股库存股(最初发行10 000股的3%)

借:普通股	300
资本溢价	4 200
留存收益[300×($40−$15)]	7 500
贷:库存股(300×$40)	12 000

补充

1980年代,发生了一大批"绿票讹诈"的库存股交易。公司以大大超过市场价格从困境中的股东回购股票。在很多案例中,"绿票讹诈"超过市场价格回购的股票只能被费用化。

或者,将整个普通股与回购库存股成本间相差的11 700美元借记留存收益。

在该例中需要注意的是,所有的库存股的回购价都是每股40美元。如果库存股是以不同价格回购的,再发行以及注销库存股必须使用实际取得被回购或被注销的成本记录或者使用成本流动假设为计量基础,例如先入先出法以及平均成本法。

面值(设定价值)法下库存股的会计处理 如果使用面值(设定价值)法,购买库存股被看作一组股东撤资。与之相似的,出售或再发行库存股则被看作一批新股东被吸纳,要求做分录记录这一组投资带来的影响。由此,购买与卖出被看作两个分离且无关联的交易。

使用成本法中给予的数据,随后将用来在面值法下编制2011年的分录:

2011——以每股40美元的价格重获得了1 000股普通股

借:库存股	1 000
资本溢价	14 000
留存收益[1 000×($40−$15)]	25 000
贷:现金	40 000

2011——以每股50美元的价格出售了200股库存股

借:现金	10 000
贷:库存股	200
资本溢价——库存股	9 800

2011——以每股34美元的价格出售了500股库存股

借:现金	17 000
贷:库存股	500

资本溢价——库存股	16 500

2011——注销了300股库存股（最初发行10 000股的3%）

借:普通股	300
贷:库存股	300

评价成本法和面值法 少于10%的美国大型公司使用面值法。使用案例中给予的数据，随后的比较显示了两种方法在原始股再回购发生后但库存股再发行和注销之前对于股东权益的影响。

股东权益比较		
	成本法	面值法
实收资本:		
普通股	$ 10 000	$ 10 000
资本溢价	140 000	126 000
实收资本总计	$150 000	$136 000
留存收益	30 000	5 000
实收资本以及留存收益总计	$180 000	$141 000
减:库存股	40 000	1 000
总股东权益	$140 000	$140 000

思考

观察完这个比较后，你认为为什么如此少的公司使用面值法？

a) 使用成本法经常能增加报告的盈利
b) 面值法的使用会涉及留存收益的减少
c) 面值法的使用要求公司为股票回购支付更多的资金
d) 面值法的使用会增加长期负债

注意到总股东权益无论何种方法都是一样的。如同案例所示，然而，报告的实收资本以及留存收益相对量可能有区别。再次注意到留存收益可能会由于库存股交易而减少，但从不会因为库存股买卖而增加。表13-3列举了美国最大的10家公司（依据2008年4月的市场价值）以及它们的股票回购资料。很有意思的是，这10大公司中的3家——微软、沃尔玛以及美国银行使用面值法记录库存股购买。同样注意到伯克希尔·哈撒韦公司从不回购自己的股票。

表13-3 美国十大公司购买库存股

排名	市值(十亿计)	年回购数量	报表数额	会计方法
1 埃克森美孚	$465.51	$31 822	$113 678	成本法
2 通用电气	330.93	14 913	36 896	成本法
3 微软	253.15	27 575	0	面值法
4 伯克希尔·哈撒韦	216.65	0	0	未知
5 美国电话电报公司	210.22	10 390	15 683	成本法
6 宝洁	203.67	5 578	38 772	成本法
7 沃尔玛	198.60	7 691	0	面值法
8 雪佛龙	179.97	7 036	18 892	成本法
9 美国银行	176.53	3 790	0	面值法
10 强生	175.51	5 607	14 388	成本法

回购股的注销 如果以面值（设定价值）获得的股票被注销了,借记股本账户而贷记现金账户。然而,如果回购价格超过面值,超过的部分将(1)按照股票级别分别计入资本公积,(2)在资本公积和留存收益间分摊,(3)全部计入到留存收益账户。① 这种选择取决于先前建立资本公积账户数量以及管理层的偏好。

认购权、认股权证以及股票期权

4 掌握认购权以及认股权证发行的会计处理。

WHY 认购权、认股权证以及期权是拥有不同特征的独立的权益工具。因此,为了使财务报表使用者理解这些项目如何对发行公司的财务结构造成潜在影响,这些项目必须独立记录或披露。

HOW 当认股权证与债券或优先股相联系发行时,总发行价款应该基于该认股权证相应公允价值的比例对认股权证进行分配。

一家公司可以发行认购权、认股权证以及期权以使其在特定的时间（行权时间）和特定的价格（行权价）购买公司股票。虽然认购权、认股权证以及期权这些专有名词有时能被互相替换使用,但需要指出其中的如下差别:

- 认购权:发行给现有的股东,以使得他们在新股发行时保有同样比率的所有者权益。（有时州立法律中规定了这种优先购买权）。
- 认股权证:公司售出以获得现金,通常伴随着其他证券工具的发行。
- 股票期权:授予管理者以及员工,通常作为激励计划的一部分。

一家公司可以发行认购权、认股权证以及股票期权以筹集额外的资本,鼓励特定类别的证券工具的销售,或者作为已收到服务的奖励。认股权证和股票期权的行权期通常比认购权长。认股权证和认购权一般在投资者中独立交易,而股票期权则限制于被授予期权的特定人或者团体。在其后的部分将会介绍认购权、认股权证和股票期权相关的会计处理。

认购权

当宣布赋予购买额外股票份额权利时,公司的董事会将会指定一个认购权行使的特定日期。所有发行日股东名册上的股东都将会被给予此项权利。由此,宣告日至发行日期间的股票被称作是附认购权的股票,当股权认购之后,股票作为除权股,从公司取得优先认购权的股东权利可单独出售。当宣布认购权时同样会指定一个到期日,认购权到期日未执行将一文不值。

> **补充**
>
> 一家公司可能包括认股权证以鼓励投资者购买本公司的债券。同样,另一个鼓励投资者购买债券的方法是提高债券的利率支付。由此,认股权证可以看作减少了必须支付的利率。

当认购权赋予股东时,只在发行公司账簿上记录已售股权中可能被要求认购的股份数量。这些信息是强制的,这样公司可以保留充分的未发行或回购的股票以满足认购权的行权。在确定放

---

① *Opinions of the Accounting Principles Board No.6*, "Status of Accounting Research Bulletins" (New York: American Institute of Certified Public Accountants, 1965), par. 12a.

弃认购权以及指定支付款项收讫时,股票才能发行。

而在这时候,应记录已售股权的减少,同时记录股票销售。股票销售分录和其他任何股票发行一样,通过对收到的现金、股票发行的面值或者设定价值,以及实收资本溢价来恰当的记录。已售股权的相关信息应该在公司的资产负债表中列报,这样留存股权对未来行权的影响可以被确定。

认股权证

认股权证可以连带其他证券工具作为"好处"一起出售,以使得证券工具显得更有吸引力。举个例子,认股权证一般会同债券一起发行,以鼓励投资者购买其债券。当行权价格低于市场价格时,认股权证是有价值的,无论是现有的还是潜在的股份都可以通过认股权证购买。附带其他证券的认股权证可能是可分离的或不可分离的。可分离认股权证因为可以独立于原本发行的股票进行交易而类似于股权。不可分离认股权证不可独立于对应发行的证券进行交易。

APB 第 14 号意见建议将部分债券发行价格分摊给可分离的认股权证部分,并将其归于所有者权益的一部分。① 而分摊给认股权证的价值取决于如下的公式:

$$认股权证分摊价格 = 总发行价格 \times \frac{认股权证的市场价格}{无认股权证股票市场价格 + 认股权证的市场价格}$$

在 APB 2000 年 10 月征求意见稿"具有债务、权益的特征或者两者兼而有之的金融工具进行会计处理"中,FASB 将这种分摊复合财务工具的收益的方法归类为"相对公允价格"法。在征求意见稿中,FASB 针对所有结合了不同类型负债、优先股以及普通股的证券工具推荐这种方法。然而,在它 2007 年 11 月的初步意见稿中(在本章早先提及的),FASB 指出在所有权法下,认股权证将被报告为负债而非所有者权益。对此的解释将会在本章晚些讨论股票期权的会计处理中予以解释。所以,当下的美国官方处理是 APB 第 14 号意见的相对公允价值法,但是近期可能会发生一些有意思的变动。

虽然第 14 号意见只是将认股权证直接归属于负债,但逻辑上可将该结论扩展到将其归类为优先股。由此,如果认股权证在发行日存在市场价值,则在一个权益类账户以认股权证分摊的部分发行价记贷方。而如果认股权证被行权,则以普通股分摊给认股权证的价格加上来源于普通股发行现金之和为数值。如果认股权证期满,则分摊给认股权证的价值将会转移给固定的实收资本账户。

补充

从投资者的视角来看,优先股和可分离认股权证都以他们的公允价值计量。

将可分离认股权证归属为优先股发行的会计处理如下所述。假使 Stewart 公司以 58 美元 1 股出售了 1 000 股票面为 50 美元的股票。作为购买股票的一个刺激,Stewart 公司给予购买者可分离认股权证使得持有者以 25 美元的价格认购 2 美元面值的普通股,认股权证一年后到期。在发行了优先股后,认股权证

---

① *Opinions of the Accounting Principles Board No. 14*, "Accounting for Convertible Debt and Debt Issued with Stock Purchase Warrants" (New York: American Institute of Certified Public Accountants, 1969), par. 16.

的价格为 3 美元,而市场上不附加认股权证的优先股公允价值为 57 美元。产生的 58 000 美元应该由 Stewart 公司如此分配:

分配给认股权证的价格 = $58 000 × $3 / ($3 + $57) = $2 900

Stewart 账本上记录出售附有可分离认股权证优先股的分录如下:

借:现金	58 000
贷:优先股(面值 $50)	50 000
资本公积——优先股溢价	5 100
普通股认股权证	2 900

当认股权证行权时,发行普通股的分录将如下所述:

借:普通股认股权证	2 900
现金	25 000
贷:普通股(面值 $2)	2 000
资本公积——普通股溢价	25 900

无论发行日的普通股市场价如何,分录都不会变化。

当案例中的认股权证确认到期,接下来的分录是这样的:

借:普通股认股权证	2 900
贷:实收资本——认股权证	2 900

在美国 GAAP 下,如果认股权证是不可分离的,那么证券将被视作不可分离的,且不用为了区分认股权证价值而作分摊,全部收益指定给认股权证附于的证券之上。因此,对于不可分离认股权证,会计处理类似于可转换证券,就好像是可转换债券。一些会计学家认为,由于认股权证存在经济价值,所以这种前后矛盾是不合适的,即便认股权证不能独立或者可分离交易。这与针对分辨可转债转换特性的争论本质上一样。虽然有这样的争论,一个分离的工具并不针对不可分离认股权证而存在,而且,美国当前的实务操作中,并不要求对这些认股权证分摊一个独立的价值。然而,这种实务操作不仅概念上不符合要求,而且与全球其他准则相脱节。举个例子,*IAS 32* 要求所有的复合财务工具应该当作分离的债务和权益成分来记录。

股权激励的会计处理

5 计算与员工股票期权激励相关的奖励费用。

WHY 股权奖励构成了美国员工奖励机制中的一个重要的组成部分,特别是在大型企业的高层管理人员以及刚起步的科技企业的各层次员工。公允而且精确地对于这些企业的奖励费进行报告需要将这些股份奖励在利润表中报告为一项费用。

HOW 股权奖励的公允价值在奖励授予之日即被计量。这一公允价值将会在要求员工得到激励的服务期中费用化。

1994 年间,针对员工股票期权适当会计处理的争论,在 FASB 与商业协会以及终极的美国国会针锋相对下逐步升级到一场全方位的战争。所有争论的原因在于:是否应该以公允价值计量授予员工股票期权并将其确认为激励费用的一部分。在 1993 年伯克希尔·哈撒韦公司年度报告里,沃伦·巴菲特在给股东们的信中,认可了 FASB 的立场:

如果期权不是激励的一种形式,那么它们是什么呢?如果激励不是一种费用,那么补给它们是什么呢？而且如果这些费用不被计算到利润中，那么它们到底应该到哪儿去呢？①

撤开这种逻辑推理，FASB 屈服于压力而且不要求确认股票期权费用，因为"争论威胁到私营部门未来的会计准则制定"②，这意味着国会已经提议，如果 FASB 无法在股票期权上顺从规定的话，其准则将有被废止的可能性。FASB 的妥协激励了企业确认股票期权费用，或者如若不然，则在财务报表附注中披露这项费用的计量。几乎所有的企业选择了这种披露方式。

> **补充**
>
> 雇员股票期权不等同于在主要市场上交易的看涨或看跌期权。交易的期权合约可以存在于任何的交易双方。看涨期权使得所有者以设定的特定行权价购买特定数量的股票。看跌期权则使得所有者以设定的特定价格卖出股票。

在 2002 年，财务会计丑闻于 2001 年开始陆续浮出水面，股票期权的会计处理再度成为一个热门话题。很多财务报表使用者指出股票期权的会计处理作为另一个糟糕的会计条款，使得公司能向投资者和债权人隐藏他们的经营活动。在这种情形下，授予给高管层的股票期权往往被隐藏了。

因此，2003 年 FASB 再次将授予员工股票期权的会计计量提上议事日程，但很快发现关于股票期权成本费用化的强烈反对并没有减弱。当 FASB 于 2004 年 3 月发布了一份基本上回到了 1994 年争论的议题上的征求意见稿时，另一次抗议爆发。FASB 收到了 14 239 篇关于该征求意见稿反馈意见的评论信；相较而言，通常一份征求意见稿的发布几乎不会收到超过 100 篇评论信，一般 FASB 仅仅收到 20—30 篇。国会的商业游说团针对 FASB 的征求意见稿提出了一系列授权灵活会计处理的相关规定，这些规定将会大大减少公司列报的股票期权的激励费用；所幸，这个议题被参议院否决了。

为了反对 FASB 关于授予员工股票期权的公允价值计入费用的提议，企业界组织了一大批伪理论的探讨，这里作者不作赘述。把理论探讨放在一边，绝大多数的美国企业之所以抵制 FASB 尝试股票期权激励费用化的确认基于一个简单理由：确认股票期权激励费用将会降低报告的利润。股票期权的会计处理领域是一个对于我们为什么需要独立财务会计准则制定者（如 FASB）的证明——财务报表的使用者需要有信息含量且无偏的关于企业的信息，而这些有时可能并不包含在财务报表里。2004 年 12 月 FASB 采用了第 123 号报告书（2004 年校订）"股份支付"，要求授予的股票期权以公允价值计入薪酬费用。这个报告书通常被称作是"123R"，准则于 2006 年生效。③

股票期权激励计划的确认以及披露要求在如下案例中说明，先说明一个简单的方案，随后再揭示一些更加复杂计划的会计处理。

---

① Berkshire Hathaway Annual Report—1993.

② *Statement of Financial Accounting Standards No. 123*, "Accounting for Stock-Based Compensation" (Norwalk, CT: Financial Accounting Standards Board, 1995), par.60.

③ *Statement of Financial Accounting Standards No. 123* (*revised 2004*), "Share-Based Payment" (Norwalk, CT: Financial Accounting Standards Board, 2004).

基本的股票期权激励计划

2009年1月1日，Neff公司的董事会准许了发放10 000份股票期权作为工资支付给特定的员工。每份股票期权允许以50美元每股价格购买Neff公司普通股，而2009年1月1日的市场价格，同样也是每股50美元。（这是很多具有代表性的在真实公司中体现的股票期权计划。举个例子，在2007年年度报告中，Toys "R" Us宣称其管理层权益计划下的期权的行权价格与授权日市场价格相同。）期权从2012年1月1日起，需员工在公司工作满3年的特别权益保护期届满后可行权。这项期权于2012年12月31日到期。

总的来说，在期权行权之日，在期权行权价和股票价格间雇员将会得到一个应纳税收入，最坏的情景是，当员工行权持有股票时，股票价格突然急速下跌。如果股票价格跌得足够多，卖出股票筹得资金甚至都不够交税。

Neff公司被要求估计期权授予日的公允价值。显然，每份期权将会因为股票价格可能在3年时间里超过50美元以及给予员工以50美元固定行权价购买股票的权利而具有价值。计算期权的公允价格涉及一些因素例如：预期的股价波动率以及期权有效时间的长度。举例来说，越高的价格波动率使得期权的价格越高，由于这会出现一个股价大幅升高的更佳机会。当然了，增加的波动率同样意味着增加了股价下跌的可能性。然而，这对期权价格没有形成负面冲击，因为如果股价跌破期权价格50美元，员工可以拒绝行权。另外，有效期较长的期权之所以增加了价值，是因为在长期中，股价相较于在短期内会出现大幅上扬的机会更多。精确计算期权价格涉及随机运算（如著名的布莱克—斯科尔斯模型）或者离散概率点阵模型（例如二项式模型）。不幸的是，我们在教材中没有时间去讲述随机运算。然而商业上可用的软件包将期权估价做得只用电子数据表就可简单完成了。

还是Neff公司的案例，假使通过期权定价公式得出每一份员工股票期权的获取日价格为10美元。那么，在授予当天的股票期权总共的市场价格为10万美元（10 000 × $10）。一旦授予的期权获得定价，剩下的会计问题就是决定何时应该确认激励费用。而激励应该于员工为授予的期权履行服务期间内记录在案。在Neff的例子中，并没有提示特别服务期，所以，激励成本应该从2009年1月1日授予日到2012年1月1日结束日予以摊销。日记账中记录确认2009年激励费用的分录如下所述：

| 2009年12月31日 | 借:激励费用（$100 000/3年） | 33 333 |
| | 贷:实收资本——股票期权 | 33 333 |

注意到实收资本并不是来自现金投资，而是表现为对股票期权计划所涉及员工的劳动力投资。

2010年和2011年也是类似的分录。在3年的服务期结束时，"实收资本——股票期权"账户增加的余额是100 000美元，等同于授予日的期权价值。

日记账上记录2012年12月31日所有10 000份期权行权以购买Neff公司无面值普通股的分录如下所述：

| 2012年12月31日 | 借:现金（10 000 × $50） | 500 000 |
| | 实收资本——股票期权 | 100 000 |

      贷:普通股(无面值)   600 000

  如果期权允许不行权作废的话,下面的分录可以在2012年12月31日行权日结束时作出,对来自于股票期权的实收资本再分类。

  2012年12月31日 借:实收资本——股票期权   100 000
         贷:实收资本——未行权期权   100 000

必需的披露 以下标注的披露(以2009年说明)是每年都必须的内容:

员工股票期权		
	股票	行权价
2009年1月1日未偿付	0	—
2009年授予	10 000	$50
2009年行权	0	—
2009年弃权	0	—
2009年12月31日未偿付	10 000	$50
2009年12月31日可行权期权	0	
2009年授予期权的加权市场价格	$10	
2009年与股票期权计划相关的激励费用	$33 333	

  这个注释同样包括了对于员工股票期权计划以及用何种方式估计期权公允价值的说明。

  IASB准则 *SFAS No. 123*(2004年修订)的出台是一个关于如何使FASB以及IASB准则趋同以提高两套准则质量的优秀案例。2004年2月,IASB通过了*IFRS 2*,"股份支付"。这个准则对股票期权费用化的要求实质上与FASB在1994年的最初提议相同。由于授予员工股票期权在美国本土之外不太普遍,IASB并没有经历像FASB通过股票期权支付法案中的那么多波折。而且一旦IASB通过这项准则,FASB将会挥舞"国际谐和"的旗帜,越过国会和美国商业协会的抗议发布美国股票期权费用化准则。

附市场业绩条件激励计划的会计处理

  以上的简单案例是基于一个纯股票期权的计划。在这个计划中,一些计划条款(比方说,期权行权价格以及期权的给予数量)在期权的授予日就既定的。在附市场业绩条件的股票期权计划中,计划的条款是建立在个人或者企业在期权授予之后表现如何而定的。在上面说明的Neff公司的纯股票期权计划中,Neff公司的员工只需要在公司待满三年的归属期就可以获得全额的期权。而在附市场业绩条件的计划中,计划条款则由员工或者公司在归属期中的表现而定。为了说明,假设Neff公司基于股票的激励计划条款如下:

  1. 2009年1月1日,Neff公司董事会成员批准授予股票期权提供给特定员工作为补充薪金。

  2. 每份股票期权允许以每股50美元的价格购买Neff公司的普通股,2009年1月1日该股在市场上的价格也是每股50美元。

  3. 自2012年1月1日起,期权变为可行权,而且要求员工在整三年的授予期内未离职。期权将会在2012年12月31日到期。

  4. 代替之前案例中固定的10 000份,授予期权的总数将视Neff公司2011年的销售水平而定,如果Neff 2011年的总销售数额低于5 000万美元,将只有10 000份期权可行权。如果Neff的销售在5 000万美元到8 000万美元,将会有额外的2 000份期权可行权,总共为12 000份。最后如果Neff的销售在8 000万美元以上,将会有总数为15 000份期权可行权。

> **注意**
> 股票价格在授予日之后的变动将不会影响激励费用。

5. Neff在随后3年归属期中的股价变动:

2009年1月1日	$50
2009年12月31日	56
2010年12月31日	57
2011年12月31日	59

对于Neff的附市场业绩条件的股票期权计划,激励费用的计量可以通过组合授予日的期权数量以及可能行权的期权数额来完成。在早先的案例中,运用期权价格的估价方法,得出授予日的每份期权计算价格为10美元。期权可能行权的数额当然取决于2011年可能的销售水平。在2009年12月31日,第一年的激励费用必须被记录下来。Neff预测2011年的销售将会在6 000万美元左右,预计将会有12 000份期权将会行权。2009年应确认的激励费用等于三年服务期内估计总共应确认的120 000美元(12 000 × $10)激励费用的三分之一。注意到年内Neff股价的变动(从50美元到56美元)不会影响到计算。期权在授予日一次性予以计量,而授予日的价格将自始至终用于该期权的计量。日记账上确认这笔激励费用如下:

2009年12月31日　借:激励费用($120 000/3年)　　　　　　　　40 000
　　　　　　　　　贷:实收资本——股票期权　　　　　　　　　　　　40 000

2010年的情形使得Neff公司调低了对2011年销售的预测。2010年12月31日,Neff预测其销售仅为4 000万美元。相对应的,在2012年的1月1日,可能只有10 000份期权会行权。对于3年服务期总激励费用的计算为100 000美元(10 000 × $10)。由于三分之二的服务期已过,合计的激励费用应该为66 667美元($100 000 × 2/3)。由于2009年确认的激励费用为40 000美元,2010年必要的日记账分录为:

2010年12月31日　借:激励费用($66 667 - $40 000)　　　　　　26 667
　　　　　　　　　贷:实收资本——股票期权　　　　　　　　　　　　26 667

通过仔细的观察,可以发现激励费用的计算通常随着会计估计的情况变化而变化。通常,这种计量中的变化影响波及现在以及未来,在这个案例中,这样的一个步骤将使得2010年的激励费用为30 000美元,剩余60 000美元激励费用的分摊将会在剩余两年服务期内(2010年和2011年)完成。然而,FASB第123号报告(2004年修订)要求当与附市场业绩条件激励计划相关的激励费用有一个所谓及时的调整。及时的调整使得累计确认的费用与2011年销售所计量的数量必须始终一致。

2011年的实际销售为8 500万美元(Neff有了业绩极佳的一个好年头)。与此相对应的,根据业绩计划的条款,2012年1月1日将会有15 000份期权可行权。因为整个的服务期已经结束,确认的总费用将会是150 000美元(15 000 × $10)。由于2009年和2010年确认的激励费用为66 667美元($40 000 + $26 667),2011年必要的日记账分录为:

2011年12月31日　借:激励费用($150 000 - $66 667)　　　　　　83 333
　　　　　　　　　贷:实收资本——股票期权　　　　　　　　　　　　83 333

日记账上对于全部15 000份期权在2012年12月31日行权以购买Neff无票面价格普

通股的分录如下:

2012 年 12 月 31 日	借:现金(15 000 × $50)	750 000
	实收资本——股票期权	150 000
	贷:普通股(无面值)	900 000

现金结算股份支付的会计处理

以上讨论的 Neff 基于股票的激励计划都是以股票期权的权益结算方式结算的。由于这些股票期权的支付需要 Neff 发行自己的股票而不需要任何资产的转换,因此,股票期权被视为权益工具。当基于股票的激励计划要求现金结算或者给予员工选择现金结算的权利以代替收到股票期权,员工在服务期的工作便由于公司有义务在未来转移资产(现金)而形成了公司的一项债务。

> **思考**
>
> 假设 Neff 公司的管理层是比较贪婪,不讲道德的恶棍。下列何种情况 Neff 基于业绩股票期权计划将引诱 Neff 的管理层(获得股票期权者)有所动作?
> a) 拖延 2010 年的销售确认到 2011 年,同时加快 2012 年销售确认至 2011 年。
> b) 加快 2011 年的销售确认到 2010 年,同时将 2011 年的销售确认拖延至 2012 年。
> c) 加快 2011 年销售确认至 2010 年,同时减缓 2009 年的销售确认至 2010 年。
> d) 加快 2010 年的销售确认至 2009 年,同时减缓 2008 年的销售确认至 2009 年。

为了说明现金结算方式下基于股票的激励计划,假设先前那个使用股票期权计划的 Neff 公司,已经决定将使用等额度的现金股票增值权利(SARs)来替代授予其员工 10 000 份股票期权。一份现金 SARs 给予员工一个等同于限定价格以上的发行企业股票市场价格的现金数额。Neff 公司允诺在 2012 年 1 月 1 日以后将会付给每个现金 SARs 行权者超过在行权日 50 美元限定价格的等额补偿的现金。现金 SARs 的行权日于 2012 年 1 月 1 日开始,但只针对在公司工作满 3 年服务期的员工。现金 SARs 将会在 2012 年 12 月 31 日过期。从员工的角度来看,这个现金 SARs 计划与先前说明的基本股票期权计划经济上是等效的。

从 Neff 公司会计处理的角度来看,这个现金 SARs 计划与先前讨论的股票期权计划是不同的,由于现金 SARs 计划经转移现金而形成负债。所有记录 2009 年、2010 年、2011 年激励费用以及在 2012 年 12 月 31 日兑换现金 SARs 的日记账分录如下。

假定如下的信息:

Neff 股票价格	
2009 年 1 月 1 日	$50
2009 年 12 月 31 日	56
2010 年 12 月 31 日	57
2011 年 12 月 31 日	59
2012 年 12 月 31 日	61

预期的现金支付数额在每期期末运用当时的股票市场价格信息进行重新计量。如在 2009 年 12 月 31 日,由于股票价格为 56 美元,现金 SARs 行权时最佳现金估计数是 60 000 美元[10 000 × ($56 − $50)]。2009 年确认激励费用的日记账分录如下:

| 2009年12月31日 | 借:激励费用($60 000/3年) | 20 000 | |
| | 贷:负债——基于股票激励 | | 20 000 |

2010年12月31日,股票的价格是每股57美元。对于3年服务期总激励费用的最新计量为70 000美元[10 000×($57-$50)]。由于三分之二的服务期已过,累计确认的激励费用为46 667美元($70 000×2/3)。由于2009年确认的激励费用为20 000美元,2010年必要的日记账分录为:

| 2010年12月31日 | 借:奖励费用($66 667-$40 000) | 26 667 | |
| | 贷:负债——基于股票的激励 | | 26 667 |

除了这个账户项目之外,这个追加调整与之前说明的几乎相似。

Neff公司在2011年12月31日的股票价格是59美元一股。3年服务期的总计激励费用为90 000美元[10 000×($59-$50)]。由于46 667美元($20 000+$26 667)的激励费用已经在2009年以及2010年确认,因此,2011年必要的日记账分录为:

| 2011年12月31日 | 借:激励费用($90 000-$46 667) | 43 333 | |
| | 贷:负债——基于股票的激励 | | 43 333 |

在现金SARs授予以及它行权的时间之间,公司的股票价格仍旧在变动,影响着最终用于支付现金SARs的总金额。这些关于现金SARs账户授予后的价格变动带来的影响将会被确认为发生价格变动年度的激励费用。2012年需要反映Neff股票价格增长到61美元的分录为:

| 2011年12月31日 | 借:激励费用[10 000×($61-$59)] | 20 000 | |
| | 贷:负债——基于股票的激励 | | 20 000 |

记录用现金支付给2012年1月1日授予的10 000份现金SARs持有者于2012年12月31日行权的分录为:

| 2012年12月31日 | 借:负债——基于股票的激励 | 110 000 | |
| | 贷:现金[10 000×($61-$50)] | | 110 000 |

如果行权期超过了2012年而且如果SARs仍旧有待偿付,则每年年末将编制分录以修正估计的现金SARs的债务总额。这种修正将会被确认为这一期间激励费用的一部分。

当前对于股票期权会计处理的发展

正如在本章初阐述的,FASB正在修订与权益项目有关所有科目的会计处理。在其2007年11月的征求意见稿中,FASB建议所有的以股份为基础的激励工具都应划分为负债。① FASB的理由是,期权的持有者只有在得到的行权价格低于每股公允价格时才会行权。所以,即便期权持有者在行权时给予发行公司现金,这个部分也将少于期权的持有者/行权人所能够得到的每股公允价值。所以本质上,期权的持有者/行权人得到了公司资产额外的求偿权。这个权利以牺牲现有股东作为代价。根据"所有权法"来定义所有者权益,任何减少现有股东对于公司资产求偿权的工具都被视作负债。

如果这个征求意见稿变成了美国GAAP的一部分,那么基于股票激励的会计处理将会变成什么样呢?这种变化很容易解释,但是,影响的后果很难预见而且实施起来有潜在的

---

① *Preliminary Views*, "Financial Instruments with Characteristics of Equity" (Norwalk, CT: Financial Accounting Standards Board, November 2007), par.67—69.

困难。在负债的口径中,所有的基于股票激励应该和上面说明的现金股票增值权的处理方式类似。此外,在各期期末,授予期权的公允价值应该被估计,而且任何的公允价值变动应该被报告为收入的一部分。记住,这种方法也只是一个讨论中的项目,方法的细节仍未被制定出。

更广泛意义上的计划

一些雇主给予绝大多数员工雇员股票期权以及雇员购买股票的权利。在 FASB 第 123 号报告(2004 年修正)中,如果雇员被允许以大于市场价格 5% 的折扣购买股票的话,激励费用应被确认。理由是允许雇员以过多的折扣购买股票只是变相授予激励的方式。

将某些权益相关项目列报为负债

6 判断哪些权益项目应在资产负债表中作为负债进行列报。

WHY 在日益复杂的公司财务世界中,企业以各种方式使用其自己的权益股份。相应的,会计必须谨慎地检查这些财务筹划的经济实质,而不仅仅是这些贴在筹划上的标签,以确定是将某一项目在资产负债表中列报为负债还是权益。

HOW 要求某家公司在未来转移固定货币价值的财务工具或现金的义务应该被在资产负债表中汇报为债务。另外,一家公司回购其股票的职责应被报告为负债。

在财务领域中,债务求偿权是一种使得债务持有者在公司资产足以支付的情况下获得固定收益的权利;如果公司资产低于所应支付的数量时,债务持有者取得全部的资产。权益所有权是一种使得权益持有者有权享有所有超过债权持有者部分的全部公司资产的权利。FASB 给予的会计概念第 6 号报告中给出的对于权益和负债的定义为:权益被界定为扣除掉债务求偿之后的剩余资产。

虽然纯权益(普通股)和纯债务(银行贷款)很容易区分,但是很多证券同时具有债权和权益的特点。举个例子,优先股在优先支付(无论是股利还是清算金额)时类似债权,但它也类似权益,因为支付不受保证并且比债务求偿有更低的优先权。在另一种情况下,可转债在发行公司表现良好时会被转换成权益,随着发行公司业绩不断改善,可转债从本质上逐渐从债权转变为权益。

这些案例说明债权和权益的界限是十分模糊的。就如同本章先前数次提及的,FASB 多年来一直在执行对于会计区分债权和权益的基础审查。而审视的结果是,FASB 决定特定的权益相关项目实际上在资产负债表中应该被列报为负债。[①] 这些项目如下所示:

1. 强制可赎回的优先股
2. 使公司有职责回购股票的财务工具(比如看跌期权)
3. 使公司有义务发行特定价值的股票的财务工具

这些项目有一个共同特征,虽然与权益股份有关,但它们都使得企业将以设定价值(无论是现金还是权益股份)在未来某个时间履行义务。这些项目将分别在下面进行说明。

---

① *Statement of Financial Accounting Standards No. 150*, "Accounting for Certain Financial Instruments with Characteristics of Both Liabilities and Equities" (Norwalk, CT: Financial Accounting Standards Board, May 2003).

此外，这个部分包含了对于非控制性权益，习惯上被称作为少数股东权益的简短描述。非控制性权益过去经常被归类为负债项目而现在被归类为所有者权益。

强制可赎回优先股

如同上文所述，优先股体现了某些债务工具的特性，因为优先股通常没有赋予持有者在发行公司取得优秀业绩下享受额外收入的权利。在某些情况下，与优先股相关的所有权合约规定这些股票必须由发行公司在未来某一个特定时间进行赎回。举个例子，考虑现在发行优先股取得 1 000 美元现金，但是发行公司同意在 10 年以后以 1 100 美元赎回这些股票。在这个案例中，如果你喜欢可以把这些财务工具叫做"股份"，但是如果仔细想想，它们与负债更像。事实上，强制可赎回优先股是符合概念框架对于负债的定义的，是财务工具的教材式典型案例，"……它表现为转移资产的义务……作为过去交易或者事件的在未来的结果。"

历史上，SEC 要求企业在所有者权益项下不得包括强制可赎回优先股。取而代之的是，强制性可赎回优先股在债务与权益项目之间以灰色区域列出；这种强制可赎回优先股既非债务又非权益的报告方式表明是"夹层"处理。如 SFAS No. 150 所指出的，FASB 目前要求强制可赎回优先股在资产负债表中被报告为负债。举个例子，2004 年，Critical Path 公司，一家信息发送技术的销售商报告了如下它的资产负债表(以千美元计)：

总负债	$59 011
强制可赎回优先股	122 377
总股东赤字	(112 189)
总计债务，强制可赎回优先股以及总股东赤字	$69 199

在 SFAS No. 150 下，Critical Path 公司现在将被要求把强制可赎回优先股纳入到总负债计算中。

在 SFAS No. 150 下新列报方式的案例可以在美国医疗服务公司(American Physicians Service Group)的财务报表中得以找到，这是一家保险和财务服务的企业。资产负债表中债务部分如下(以千美元计)：

损失以及损失调整费用的计提	$101 606
未获得的保险以及维持费用	35 417
应付保险的分保	407
再保险处理下的基金	4 651
应付的交易账单	996
应付费用以及其他债务的累计	7 187
强制可赎回优先股	8 554
负债合计	$158 818

为了理解与强制可赎回优先股相关的日记账分录，思考如下简单案例。2009 年 1 月 1 日，Tarazi 公司发行了强制可赎回优先股取得 100 美元现金。没有股利，而且它们必须在整整一年后的 2010 年 1 月 1 日以 110 美元的价格购回。你可以看见隐含在这个合同下面的收益率应该是 10%；Tarazi 公司同意为了使用这笔发行所得一年的时间支付 10 美元利息。记录这笔发行、应计利息以及偿付这些优先股的日记账分录如下：

2009 年 1 月 1 日　　借：现金　　　　　　　　　　　　　　　　　　100

	贷:强制可赎回优先股(负债)	100
12月31日	借:利息费用($100×0.10)	10
	贷:强制可赎回优先股(负债)	10
2010年12月31日	借:强制可赎回优先股(负债)	110
	贷:现金	110

  一类相关的股份叫做"临时股权",被定义为"临时股权"的股份是通过股东手中的股票加以赎回的,可以是普通股或优先股。根据SEC的会计流程报告(ASR)第268号"可赎回优先股在财务报表中的列报",这种证券在资产负债表所有者权益之外项目中报告,类似于之前说明的夹层处理。

看跌期权

  就如同先前部分中讨论的,大部分成功的公司已经批准了大量的股票回购项目。其中戴尔(Dell)电脑就是这样的一家公司。在过去,批准股票回购的表现是戴尔发行看跌期权,允许他方将戴尔的股票在特定时间以规定的价格回售给戴尔。举个例子,在2001年2月2日,戴尔强制以平均每股44美元的价格回购其1.22亿股股份。由于这项债务表现为看跌期权,戴尔无法确定它一定会回购其股份。事实上,戴尔希望其股票价格保持在44美元之上,这样一来期权将不会行权。极端情况下,如果Dell股价跌至0美元,公司将不得不以54亿美元(44美元/股×1.22亿股)买回1.22亿股一文不值的股票。当然了,戴尔的股票不太可能跌至0美元,而且如果这确实发生了,公司相较于信守其看跌合约的职责有更多值得担忧的事情。相对应的,戴尔债务的公允价值在0美元(如果股票价格超过44美元)到54亿美元(如果股票一路下跌至0美元)之间。对于看跌期权准确的计量涉及运用期权定价公式,这将在后面讨论。

  为什么戴尔首先发行这些看跌期权?理由是,当戴尔发行这些看跌期权时,期权购买方(通常是大型金融机构)预先支付给戴尔一笔现金(等同于那一天期权的公允价值),以获得在未来以特定价格出售戴尔股票的权利。戴尔获得现金并且希望其股价保持在高位。而金融机构支付现金并希望戴尔的股价会下跌。

  习惯上,公司一般将这些看跌期权记作权益的一部分。然而,在第150号报告中,FASB指示公司将基于自己公司股票的看跌期权的公允价值记录为一项负债。

  为了理解与看跌期权相关的日记账分录,考虑如下的简单案例。2009年1月1日,Kamili公司发行一份看跌期权,同意在2010年12月31日以每股100美元的价格回购自己的股票。2009年1月1日Kamili公司股票的市场价格为100美元。基于过去Kamili公司股价的波动性,直到到期日前两年的时间里,Kamili股价将有可能在2010年12月31日以低于100美元价格交易。如果真是这种情况,当股价低于100美元时,看跌期权持有者将会行权出售Kamili公司的股票以获得100美元。假使使用期权定价公式显示在2009年1月1日,这项看跌期权的公允价值为20美元,那么,Kamili将会做出如下的日记账分录以记录看跌期权的发行:

2009年1月1日	借:现金	20
	贷:看跌期权(负债)	20

  到2009年12月31日,Kamili公司的股价跌到88美元每股。这样,在2010年12月31日,公司股价低于100美元的概率增加,使得看跌期权持有者更可能行权以要求Kamili公

司以一个高于其市场价的价格回购其股票。假使期权定价公式指出2009年12月31日的看跌期权公允价格是30美元,高于年初的20美元。如下是必要的调整:

2009年12月31日	借:看跌期权损失	10
	贷:看跌期权(负债)($30-已确认的$20)	10

2010年12月31日,看跌期权到期日,Kamili公司股票的市场价格是每股82美元。在这个价格上,看跌期权的持有者当然会决定行使期权并且出售Kamili股票以获得100美元。考虑这笔交易的一种可行方式是看跌期权的持有者可以进入市场,以每股82美元价格购买一股Kamili公司的股票,然后行权要求Kamili公司以100美元的价格回购同数量的股票。相应的,期权持有者将会在行权日获得18美元的净收益。在这个案例中,实际获利要比期权持有者预期的要低,因为期权持有者事实上在2009年1月1日花费了20美元购买了期权。

Kamili将会做出如下的日记账分录,以记录伴随着看跌期权的行权回购其一股股票的过程:

2009年12月31日	借:库存股(以市价购买的股票)	82
	看跌期权(负债)	30
	贷:看跌期权利得	12
	现金	100

看跌期权盈利的12美元反映了Kamili公司计量的看跌期权义务从年初的30美元下跌到行权日18美元($100-$82)的事实。

以特定美元价格发行股票的义务

企业偶尔会同意用转移其自己的股票而不是支付现金来履行义务。新设企业试图节约其有限资金时尤其如此。根据合约的不同规定,交付本公司的股票来履行义务的允诺可以被记录为所有者权益或是负债。下面的两个例子将说明两者的区别。

案例一: 2009年10月1日,莉莉(Lily)公司,一家软件新设企业,遇到了一个办公室空调系统的问题。修缮费用为5 000美元。与其支付现金,莉莉更同意在2010年2月1日交付200股无面值的普通股给维修人员。2009年10月1日,莉莉的股价为每股25美元。日记账上用来记录莉莉的修缮费用以及交付股票的分录如下:

2009年10月1日	借:维修费用(200股×$25)	5 000
	贷:普通股发行义务(权益)	5 000
2010年2月1日	借:普通股发行义务(权益)	5 000
	贷:普通股	5 000

"普通股发行义务(权益)"账户类似于本章节早先介绍的普通股认购账户,都包括在资产负债表的权益部分。在 SFAS No. 150(第B40段)所解释的,一个要求公司交付固定数额股份的义务应该被归类为权益,因为必须受让股份的一方与现有股东承担相同程度的风险。如果莉莉的股票在2009年10月1日到2010年2月1日之间下跌,维修人员接受股票的金额也将少于5 000美元。类似的,如果莉莉的股票价格上升,那么维修人员也受益。总而言之,一旦莉莉允诺交付给维修人员固定数量的股份,他或者她都将与莉莉公司现有股东一样经历该公司经济境况上的起起落落。同样,在2009年12月31日,资产负债表中,莉莉公司将列报其交付固定数额股票的义务为所有者权益。

案例二：如案例一，在 2009 年 10 月 1 日，莉莉公司接受空调修缮服务而花费 5 000 美元。相同的，公司希望节约现金，允诺在 2010 年 2 月 1 日用自身股票支付维修账单。然而，在这个案例中，莉莉公司并没有在 2 月 1 日交付固定数额的股票而是允诺在 2 月 1 日交付市场价值 5 000 美元的股份。2009 年 10 月 1 日，莉莉股份的市场价格为每股 25 美元，而在 2010 年的 2 月 1 日，股份市场价格为每股 20 美元。日记账上莉莉公司用来记录修缮费用以及交付股份的分录如下：

2009 年 10 月 1 日	借：维修费用	5 000
	贷：普通股发行义务（负债）	5 000
2010 年 2 月 1 日	借：普通股发行义务（负债）	5 000
	贷：普通股（250 股 × $20）	5 000

莉莉公司在资产负债表中将"普通股发行义务（负债）"账户于 2009 年 12 月 31 日报告为负债。理由是莉莉公司有义务交付固定货币价值的股票，维修人员根本不在意 2009 年 10 月 1 日至 2010 年 2 月 1 日之间股价的涨跌。无论莉莉公司的股价发生什么波动，维修人员只要拿走价值 5 000 美元的股票。2009 年 10 月 1 日与 2010 年 2 月 1 日之间，维修人员不必因取得莉莉公司的股票而承担风险以及享受收益，所以转移股票的义务被列示为负债而不是权益。

顺带一句，这个在 *SFAS No. 150* 中的条款将最终要求概念框架的变动。目前，概念框架中对于负债的定义仅包括"转移资产或提供服务"之义务。FASB 也许会修订此项定义以包括在无风险和授予所有权下转移股份之义务。然而，就如本章早先提醒了数次，FASB 目前正在进行大范围针对债务和权益项目的定义的审查，可能要求在这些项目的概念定义上有更多的变动。

非控制性权益

合并资产负债表包括了母公司及其控制的所有子公司。一份合并资产负债表包括母公司及其控制的子公司的所有资产和负债。这样，即使是母公司只拥有子公司 80% 的持股比例，子公司所有的资产以及负债都进入合并总数。这里直观上母公司以 80% 的持股比例完全控制了子公司资产，即便它并没有完全拥有它们。

那些母公司持股比例低于 100% 而控制的子公司其所有资产和负债都被计入合并总数的情况，意味着取得合并资产负债表中资产的资金并不是来自于合并负债也不是来自于母公司，而来自于以上案例中拥有子公司 20% 持股比例的股东。他们被称作少数股东，而他们提供的融资被称作少数股东权益。少数股东权益是一个母公司非全资控股的子公司的外部股东作出的权益投资。

在 *SFAS No. 160*[①] 下，FASB 用了词语"非控制性权益"来替换"少数股东权益"以指出这个项目应该归类为合并资产负债表的权益部分。这个举动使得美国 GAAP 与国际财务报告准则 IAS 27 号的内容相一致。

除了在美国公司事务处理上带来一致以及与国际准则一致以外，没有人对于非控制性利益归类为权益事项感到非常满意。所有人都意识到对于非控制或者少数股东的求偿与

[①] *Statement of Financial Accounting Standards No. 160*, "Noncontrolling Interests in Consolidated Financial Statements：An Amendment of ARB No. 51" (Norwalk, CT：Financial Accounting Standards Board, December 2007).

直接控制母公司或者非直接控制合并集团公司会有本质上的不同。然而,非控制性股东的求偿也不是一种债务。如果它既非权益又非负债的话,它是什么?历史上,非控制性或者少数股东权益曾被列示为一项负债,一项权益以及之前提到的夹层处理项目。从现有的概念框架上分析,将非控制性权益归类为所有者权益是 FASB 唯一能做的了。而作为 FASB 对于债务和权益项目区别的总体再修订的组成部分,概念框架定义将会被修订,以阐明非控制性权益的性质。

股票转换

7 区分引起留存收益减少的股票转换以及其他不引起减少的转换。

WHY 当股票从一个级别或者类型转向其他时,转换带来的票面价格的变动将会影响到实收资本账户。

HOW 在绝大多数案例中,实收资本账户被简单重归类。当与股票相关的实收资本转换少于转换后股份的总账面价值,留存收益账户借方将发生变化。

就如同早先指出的,股东可能根据股票协议上的条款或者公司的特别规定允许其将股份转换为另外的类型。发行公司在这些转换的计量上不产生任何的利得或损失,因为这是权益的一种形式转换为另一种形式。在特定的案例中,转换将只影响公司的实收资本账户,而在其他的案例中,转换将会同时影响资本以及留存收益账户。

为了说明不同情况,假设 Sorensen 公司在 2011 年 12 月 31 日的资本账户如下:

优先股(面值是 50 美元,10 000 股)	$ 500 000
资本溢价——优先股	100 000
普通股(面值是 1 美元,10 000 股)	100 000
资本溢价——普通股	2 900 000
留存收益	1 000 000

每种优先股都可以在股东的选择下在任何时候转换成 4 份普通股。

案例 1:1 份优先股转换为 4 份普通股(面值 1 美元)

在 2011 年 12 月 31 日,1 000 股的优先股被转换成 4 000 股的普通股。最初支付 1 000 股优先股的数额为 60 000 美元,现在则考虑到确认 4 000 股普通股总计 4 000 美元。整个转换如下记录:

借:优先股(面值是 50 美元,10 000 股)	50 000
资本溢价——优先股	10 000
贷:普通股(面值是 1 美元,10 000 股)	4 000
资本溢价——普通股	56 000

案例 1 是一个普遍的案例。优先股票面价格通常高于普通股的票面价格。这是由于优先股的票面价格仍旧大约与优先股发行当日的市场价格相等,同时普通股的票面价格被定在非常低的位置(就如同本章之前讨论的)。

一个优先股和普通股票面价值都很低的转换案例由专业商业服务公司(ProBusiness Service)提供,该公司是一家位于加利福尼亚州普莱森顿的薪酬以及员工福利外包公司。

在 1998 年财政年度中,该专业公司将 323 万优先股转换为 969 万普通股。转换由下面的日记账分录完成(从 1998 年该公司股东权益表重新构建):

借:优先股(以面值计)	3 000	
资本溢价——优先股	22 370 000	
贷:普通股(以面值计)		10 000
资本溢价——普通股		22 363 000

案例 2:1 份优先股转换为 4 份普通股(面值 20 美元)

在案例 2 中,假设普通股的面值是 20 美元。在转换 1 000 股优先股至 4 000 股普通股的过程中,应确认普通股面值增加了 80 000 美元(4 000 × $20),虽然这伴随着优先权益减少至仅仅 60 000 美元。这种转换通常如下记录:

借:优先股(面值是 50 美元)	50 000	
资本溢价——优先股	10 000	
留存收益	20 000	
贷:普通股(面值是 20 美元)		80 000

与债券转换为普通股相关的问题在第 12 章中已讨论过了。

对于投资者,优先股转换为普通股通常只要求更换投资账户名称,因为两种投资都在投资者账簿上以公允市场价值列示。如果转换与投资者投资分类相联系的话将会要求制作特别分录(比如从交易性证券转为可供出售证券)。投资者重新分类将会在第 14 章中讨论。

影响留存收益的因素

8 列出影响留存收益金额的因素。

WHY 在简单案例中,留存收益账户恰如其名,是公司在经营中取得的收益被留存下来而不作为现金股利支付出去的累积账户。然而,由于很多其他交易可能影响到留存收益,而且有时影响十分重大,因此理解影响留存收益的所有因素是必要的。

HOW 所有与收入相关的对公司所有者权益的影响都反映在留存收益上。进一步说,特定的其他权益影响,如库存股的交易、股票转换等可以减少但从不增加留存收益。

留存收益账户本质上是资产负债表和利润表交汇的账户。在经营良好的时段,留存收益因收入而增长,因亏损和股利而减少。最终,留存收益平衡再度表现为公司的净累积收益。

除了净收入、净损失和股利,还有一些其他因素可以影响到留存收益。这些因素包括上一会计期间差错更正的调整、账面改组、股票股利以及库存股交易。可能增加或者减少留存收益的交易或者事项归纳如下:

留存收益	
减少	增加
差错更正	差错更正
某些会计准则的变动	某些会计准则的变动
净损失	净收入
现金股利	账面重组
股票股利	
库存股交易	
股票转换	

净收入以及股利

留存收益的最初来源是企业产生的净收入。留存收益账户因经营活动产生的净收入而增加,净损失而减少。当经营损失或者其他留存收益借项造成了这个账户的借方余额,这个借方余额被认为是亏损额。

股利是以股东各自持股数量的一定比例发放给股票持有者的。发放也许会以现金、其他资产或者票据(本质上,这些是递延现金股利)以及股票股利的方式进行。绝大多数的分红涉及留存收益的减少。除了一些涉及资本溢价减少的大额股票股利,以及表现为归还股东已投入资本,且使得实收资本减少的清算股利。

单纯使用"股利"这个词而没有任何限制的话,一般意味着现金股利。除现金以外的股利,如资产以及股票股利,应该指明特有的分红方式。用资本中除了留存收益以外的来源分红应该描述其来源,如清算股利或者实收资本的分发。

前期调整

在某些情况下,发现过去几年出现的错误需要在当年通过调整留存收益账户进行更正,这被归类为前期调整。计量经营成果以及公司财务状况的过程中可能发生各种类型的错误。会计差错可能由于计数上的错误,未能使用合适的会计流程或者是错误陈述或遗漏特定的消息而引起。此外,从普遍不被接受的会计原则变更为可接受的准则,这也将被认为是差错的修正。①

幸运的是,绝大多数的差错在会计当期发现,先于结账之前。一旦属于这种情况,更正可以通过编制账户的调整分录直接进行。这比前期差错更正调整更好,因为错误被立刻改正并且它不需通过公告来披露留存收益的调整。

有时差错在会计当期未被察觉,但是它们被之后期间的同等金额的错误给抵销了。当此事发生时,某期低估或者高估的收入被下一期的高估或者低估的收入抵销了。在第二年的结算程序结束之后,留存收益账户才被正确计量。然而,如果抵销的错误在第二年中被发现,当时它应该被更正。

当过去几期的错误没有被抵销的话,在会计记录没有被更正前,留存收益将被错误记

---

① *Statement of Financial Accounting Standards No. 154*, "Accounting Changes and Error Corrections: A Replacement of APB Opinion No. 20 and FASB Statement No. 3" (Norwalk, CT: Financial Accounting Standards Board, May 2005).

录。如果错误是重大的,前期调整必须针对留存收益账户。如果错误导致前期收入的低估,调整分录必须增加留存收益;而如果错误导致前期收入高估的话,那么留存收益必须减少。这些为了更正前期净收入的调整通常会表示为留存收益总变动的一部分,如下所示:

留存收益(期初未调整的余额)	$××
增加或减少前期调整	××
留存收益(期初调整的余额)	$××
加:当年净收入或减:当年净损失	××
	$××
减:股利	××
留存收益(期末余额)	$××

> **补充**
>
> IAS 8 的条款中处理前期调整的方式与在美国 GAAP 条款下是一样的。

一个前期调整的案例是 2006 年 8 月份阿波罗(Apollo)集团的报表,这是一家教育提供商并且也是凤凰城大学的母公司。在 2006 年,阿波罗做了一个先期调整以反映基于股票奖励的会计处理的错误以及坏账准备账户的分摊。这个调整也反映了现金、收入、资产设备、租赁以及其他投资在 GAAP 下必须改变的会计处理变更。公司通过减少期初留存收益 7 270 万美元来更正这个错误。

另一个前期调整的方式发生在公司变更会计政策或者原则。当会计原则或者政策发生变动时,公司必须确认在新的会计政策运用之后利润表与过去几年有何不同。为了增强可比性,现存所有年度的利润表(例如,在需提供三年比较数据时三年的报表)必须以新的会计准则重新计量。列报的最早期初留存收益余额,反映了针对所有先前年度在详细的利润表中没有列举的净收入会计变动带来的累计收入效应的调整。

分析与更正错误的方法将在第 20 章详细描述,同时该章也会论述与会计政策变更相关的前期调整。

留存收益的其他变动

留存收益最寻常的变动来自于盈利(或损失)以及股利。其他的变动可能来源于库存股的交易(章节的初期曾经解释过)或者账面重组,这只是在特别的情况下如企业可能寻求新增长点的时候才会出现。账面重组详见本章相关的网络材料(参见 www.cengage.com/accounting/stice)。

留存收益的限制

公司的留存收益余额一直作为企业现金分红以及回购公司库存股的约束而存在。比如,加利福尼亚州通用公司法中规定:

> 无论公司或者它的任何子公司都不可以给予公司股东分红,除非……保证公司当前留存收益数量等于或者超过计划的分红数量。(Division 1,Chapter 5,Section 500)

然而在绝大多数州中,约束不是绝对的。加利福尼亚州法律规定,即便是上文的留存收益条款未满足也允许现金支付分红,只要公司的权益和营运资本达到特定水平。而其他州,如特拉华州则在这方面经常是被认为居于领先地位,约束法律更少。

这些州立法律的弹性并不意味着,留存收益的水平不重要。银行以及其他借款者经常将留存收益约束放在贷款条款中。举个例子,Coinmach 服务公司,一家位于纽约的、向多家庭居住公寓提供外包洗衣间设备服务的公司,在 2007 年的报表中披露如下事项:

> 如上所述,管理 11% 利率的优先级抵押票据的条款构成对分红能力的限制,允许票据期限内季度分红在数量上等于我们分红的现金流和固定利息费用的差额。只要我们满足于先前财政季度的利息覆盖测试便不会违约。

此外,行业规定,如银行业务法规,也会限制用于支持股利支付的留存利润数量。这在 Dimeco 有限公司,一家自 1905 年便成立于宾夕法尼亚州的银行 2007 年财务报表的附注中就进行了说明。

> 宾夕法尼亚银行业务法规限制了所有州特许成立的银行用产业基金支付股利给剩余的银行的可行性。相应的,在 2007 年 12 月 31 日,资本剩余账户的余额总共是大约 1 756 000 美元是无法支付股利的。

留存收益同样会限制董事会成员的决断能力。比方说,董事会可能被限制指派一定比重的留存收益用于特定目的,如工厂设施的扩张。

如果留存收益的限定是比较严格的,通常会披露在财务报表的附注中。相应的,被限制的留存收益比重将会与无限制可以用于分红的数量在财务报表上分开汇报。限制的部分将会被分摊到占用留存收益,而未限制部分为非占用(或自由)留存收益。无论披露方式如何,留存收益限制的主要目的是告知股东们:一些可以被用于股利分发的资本被以特殊目的留存了下来。

分红的会计处理

9 正确记录现金股利、财产股利、小额和大额股票股利以及股票分割。

WHY 股利是投资于股票份额所有权的回报。这个投资回报的会计处理因股利给予方式的不同而产生差别。

HOW 宣告分红将导致留存收益账户余额的减少。减少的数额取决于分红的种类。在大多数情形中,留存收益以分红的公允价值记减。

在所有的权力中由股东授权给董事会成员的是控制分红政策的权力。是否分红,分红的性质和金额,都是由董事会决定的。在设定分红政策时,董事会成员必须回答两个问题:

1. 我们是否拥有宣告分红的合法权力?
2. 股利支付在财务上是否明智?

为了回答第一个问题,董事会成员必须遵循州立公司法对于股利支付的管理。资本作为分红基础的可行性是由律师所作出的决定,而不是会计师。会计师必须及时汇报每个资本项目的增减;律师则调查这些资本作为股利派发的可行性。

董事会成员也同时需要考虑第二个问题(比方说,分红的支付是否在财务上可行)。的

> **补充**
>
> 先前介绍过股东权益部分在资产负债表中的变换必须对特别法律给予股东现金分红上约束予以关注。参见 Michael L. Roberts, Willian D. Samson, and Michael T. Dugan, "The Stockholders' Equity Section: Form without Substance?" *Accounting Horizons*, December 1990, p.35。

确有上千份财务学教授的研究论文探讨了公司最佳分红政策的问题。对于这个问题的讨论是一家公司财务层次上的话题。通常会作出三个结论：

- 成熟期稳定的企业通常会拿出较大部分的收入作为现金股利分红。
- 成长期企业通常以较少部分的收入作为现金股利支付。他们通常把资金留在公司内部以求扩张。
- 一旦一家公司已经确认了一定水平的现金分红之后，任何之后的减少都会被投资者视为坏消息。相应的，公司对于增加分红十分谨慎，直到确认可以永久维持增加的水平。

当分红被宣告以及公告之后，是不得撤销的。分红的数额随后将被列报为应付股利债务直到支付给股东。

确认以及支付股利

> **补充**
>
> 在记录日之后，股票不再有分红的权利而市价降低。纽约股票交易所的股票因为要求股票转移和记录股票变动的时间，通常报除息前几个交易日价格先于记录日的价格。

在确认和支付股利中有三个时间是重要的：(1) 宣告日，(2) 记录日，(3) 支付日。股利在宣告日的后一天直到支付日对记录在案的股东处理为应付的。应付股利债务记录于宣告日，在支付日注销。记录日不需要制作分录，但在这一天公司下班之前需要制作好股东名单，这些是支付日将得到股利的人。比方说 2008 年 2 月 8 日，美国运通（American Express）以 0.18 美元或 18 美分每股向 2008 年 2 月 4 日记录在案的股东支付了季度现金股利。这个数量反映了公司季度股利 20% 的增长。

现金股利

最普通的股利支付种类是现金股利。对于公司，这些股利牵涉到留存收益和现金的减少。对于投资者，现金股利增加了现金以及被确认为股利收入。用于记录某一家公司宣告以及支付 100 000 美元股利的分录如下：

宣告股利：
    借：股利（或留存收益）   100 000
      贷：应付股利   100 000
股利支付：
    借：应付股利   100 000
      贷：现金   100 000

在绝大多数情况下，宣告股利是被看作不可撤销的，即支付股利给予股东的法定职责。然而，事实并不总是如此，如 2001 年 12 月 11 日安然公司（Enron）发布公告所说明的。

休斯敦——安然公司(NYSE:ENE)今天公告,之前宣布的公司普通股、累计第二优先股、安然资本 LLC 8% 累计月度收益保障优先股以及安然资本资源 L.P.9% 累计优先股,A 序列的股利将不会支付,

这份公告在安然申请第 11 章提到的破产之后的一周后发出,可能将会阻止附带的一系列法律诉讼。显然,如果支付了股东股利,放弃弥补其所有资金数量的债权人,将会申请要求将股利作为资产进行偿付。

财产股利

给股东的股利如果以某些资产偿付而不是现金,则通常被称作财产股利。通常,被分发的资产是公司所拥有的其他公司股票。公司因此用这些证券转换成股东的所有者股利。财产股利最经常发生在关联成立的公司中。

这种转换有时候被称为对股东的非互惠转让,因为公司分红给股东而没有任何的回报。这些转换将以分出资产的市场公允价格(在宣告日)来计量,发行公司账面确认价值以及市场公允价值的差异确认为利得或损失。在市场公允价值无法确定的情况下,资产应以账面价值衡量[①]。

为了说明财产股利的分录,假定 Bigler 公司拥有 Tri-State 石油公司 100 000 股股票,打算将其分发给股东们,其账面价值 2 700 000 美元,当前市场价值 3 000 000 美元或每股 30 美元。现有 1 000 000 股 Bigler 公司的可流通股票。相应的,公司宣布每股 Bigler 公司的可流通股票送 0.1 股 Tri-State 石油公司的股票。Bigler 公司宣布以及支付股利的分录如下:

宣告股利:
 借:股利(或留存收益)   3 000 000
  贷:应付财产股利   2 700 000
   财产股利分配利得   300 000
股利支付:
 借:应付财产股利   2 700 000
  贷:股票投资——Tri-State 石油公司   2 700 000

股票股利

一家公司可能分给股东本公司的额外股票作为股票股利。股票股利不涉及现金以及资产转换给股东。本质上,股票股利导致同一个蛋糕(公司)被切成更多块(未偿付股票),每个股东持有分发前同等比重的股票。从股东的角度来看,收取股票股利在经济上是虚无的。

对投资者可能误认为收到股票股利事实上意味着经济收入的这一担心,引起规定关于发行公司对股票股利进行解释的条例的发展。就如同 James Tucker 教授所描述的,股票股

[①] *Opinions of the Accounting Principles Board No.29*, "Accounting for Nonmonetary Transactions" (New York: American Institute of Certified Public Accountants, 1973), par.18.

利在18世纪晚期获得了不靠谱的声誉。因为它们被看作类似于"股份掺水"。① 股票掺水是一种不用获取适当补偿回报便发行股票的行为,这稀释了股票的价值。另外,20世纪20年代至30年代,会计师以及政府人员开始关注公司发行股票股利以误导投资者相信获得股票股利等同于收取现金股利。这些印象是非常容易传达的,尤其当一家公司发行小额普通股股利(比方说,每年2.5%股票股利)。同样的,从发行股票的公司角度看,股票股利不涉及现金开支,而且标准的会计处理只要求减少与新发行股票的账面价值等同的少量留存收益即可。

会计程序委员会(CAP)在1941年11月发布了 ARB No. 11,使一家公司用减少等同于新发行股票市场价格的留存收益来发行新的小额股票股利更加困难。为了看到其中导致的区别,回忆通常的账面价格为每股1美元左右,而市场价格通常在每股20美元至80美元之间波动。Stephen Zeff 教授援引 ARB No. 11 是一个最早的会计标准导致经济后果的例子,在这个案例中,会计准则的使用是为了降低小额普通股股利的发生率。②

小额与大额股票股利的对比 会计处理股票股利中,小额和大额股票股利是有一定区别的。③ 回忆会计程序委员会的特定目标是不鼓励经常发生小额股票股利的。作为一个通常的指标,少于先前已发行股票20%—25%数量的股票股利被看作小额股票股利。股票股利涉及超过20%到25%已发行股票的被认为是大额股票股利。④

小额的股票股利,公司必须将留存收益转换为资本以及资本溢价,在数量上等同于额外发行股票的市场公允价值。这种转换符合大众的以下观点:把股票股利看作公司以数量等同于收到股份公允市场价格分发的收益。下面的案例说明了宣告以及发行小额股票股利的分录。

假设6月1日富士(Fuji)公司的股东权益如下:

普通股(面值1美元,100 000流通股)	$ 100 000
资本溢价	1 100 000
留存收益	750 000

公司宣布了一个10%的股票股利,或每持有10股普通股分1股红股。在配发股票股利之前,股票以每股22美元出售。在10%股票股利之后,原来每股值22美元的股票将变成1.1股,每股的价格将会变为20美元(22美元/1.1股)。股份的分红以新股发行的市场价格进行记录,为200 000美元(10 000股新股×公告分红价格20美元)。记录富士公司宣告分红以及发行股票的分录如下:

宣告股利:

借:留存收益	200 000	
贷:分派的股票股利		10 000
资本溢价		190 000

---

① James J. Tucker Ⅲ, "The Role of Stock Dividends in Defining Income, Developing Capital Market Research and Exploring the Economic Consequences of Accounting Policy Decisions," *The Accounting Historians Journal*, Fall 1985, pp.73—94.

② Stephen A. Zeff, "Towards a Fundamental Rethinking of the Role of the 'Intermediate' Course in the Accounting Curriculum," in *The Impact of Rule-Making on Intermediate Financial Accounting Textbooks*, Daniel J. Jensen, ed. (Columbus, OH: 1982), pp.33—51.

③ See *Accounting Research and Terminology Bulletins—Final Edition*, No. 43, "Restatement and Revision of Accounting Research Bulletins" (New York: American Institute of Certified Public Accountants, 1961), Ch.7, Sec. B.

④ *Accounting Series Release No. 124*。SEC对上市公司的分类如下:25%及以上的股票股利应作为大额股票股利进行处理,低于25%的股票股利应作为小额股票股利处理。

股利支付：

借：分派的股票股利　　　　　　　　　　　　　　　　　　　　　2 700 000
　　贷：普通股（面值1美元）　　　　　　　　　　　　　　　　　　　　2 700 000

如果在股票股利宣布后而在发行新股前资产负债表编制就绪，股票股利的分发将被报告为流通股股本附加在股东权益部分出现。

由于 CAP 关注致力于减少小额股票股利，管理大额股票股利的会计要求要比小额股票股利缺乏特定性。ARB No.43 概括了所有 CAP 发布的处理标准，说明了如下关于大额股票股利的会计处理：

> ……除非法律规定，否则不能将获取的盈余（如：留存收益）转化为资本盈余或者股本账户。（第七B章，第15段）

实务操作中，这个标准导致新发行股票的面值或者股本价值从留存收益或者超过票面价格的实收资本账户转化到股本账户。① 为了说明，假设富士公司宣布一个50%的大额股票股利，即每持有两股可分一股。法律要求股本的转化在数量上等同于新发行股份的面值。针对股利宣告以及发行50 000股新股（100 000×0.5）分录如下：

宣告股利：

借：留存收益　　　　　　　　　　　　　　　　　　　　　　　　　　　50 000
　　贷：分派的股票股利　　　　　　　　　　　　　　　　　　　　　　　　50 000

或者

借：资本溢价　　　　　　　　　　　　　　　　　　　　　　　　　　　　50 000
　　贷：分派的股票股利　　　　　　　　　　　　　　　　　　　　　　　　50 000

股利支付：

借：分派的股票股利　　　　　　　　　　　　　　　　　　　　　　　　　50 000
　　贷：普通股（面值1美元）　　　　　　　　　　　　　　　　　　　　　50 000

> **思考**
>
> 你被一家考虑发行20%或者25%股票股利的公司聘作会计顾问。从会计的视角来看，你会推荐哪种方案？
> a) 如果公司想最小化股票股利对于本年度利润的冲击，宣布20%的股票分红。
> b) 如果公司想最小化股票股利对于本年度利润的冲击，宣布25%的股票分红。
> c) 如果公司对未来的取得利润以及现金分红支付有信心，宣布20%的股票分红以作为公开提振信心的方式。
> d) 如果公司对未来的取得利润以及现金分红支付有信心，宣布25%的股票分红以作为公开提振信心的方式。

股票股利与股票分割的对比

一家公司可能受股票分割影响减少了每股股本的票面或者认定价格以及成比例地增加已发行的股票数额。举例来说，一家拥有3美元票面价格1 000 000股已发行股票的公司，将以1拆3的方式分割其股份。分割之后公司将会有1美元票面价格的3 000 000股已发行股票，每个股东将会拥有3股替代目前的股份。然而，每份股票目前只表现为其之前资本利益的1/3，另外，每份股票目前的价值对应为原来市场价格的1/3。因此，从投资者方面说，股票分割与股票股利一样。

虽然从投资者角度说股票股利与股票分割类似，但股票股利对于公司资本的影响不同

---

① 一些大额的股票股利受超过票面价格的实收资本以及留存收益以新发行股份面值总额减少的影响。

于股票分割。股票股利表现为已发行股票数量的增加,而且由于票面或者认定的每股价格未变,股本账户余额相应增加。作为对比,股票分割只不过分割股本余额至更多的部分,伴随着票面或者认定的每股价格的减少。由于股票分割不涉及资本账户间的转换,因此,不需要作日记账分录。取而代之以备忘录条目的方式记录下已发行股份的数量变化以及票面或者股本价格的变动。

表13-4提供了一个关于100%股票股利与1拆2股票分割影响的对比案例。

表13-4的简单案例表明,从会计角度来看,大额股票股利的影响与股票分割的影响完全不同,即便导致同样数量股份的创造。要求从留存收益(或者是超过票面价格的实收资本)中的转换会显著冲击资产负债表中股东权益部分。举个例子,在表13-4的说明中,100%的股票股利可能阻碍发行公司未来支付现金股利的能力,因为留存收益余额大幅减少了;当1拆2拆分股票时发行新股时,并没有产生类似的限制。

补充

反向股票分割是把已发行股份收缩为更小数量的股份。常规的看法是低于10美元交易的股票是较差的,反向拆分使之看上去更令人满意的。不管常规看法如何,反向股票拆分通常被投资者看作坏消息。2002年4月,美国电话电报公司(AT&T)计划以1对5反向拆分,因其股价为13美元,靠近10美元的心理壁垒。

尽管股票拆分和股票股利在会计意义上完全不同,"股票拆分"和"股票股利"这两个词在财务报告中甚至于在发行公司的年度报告中被无差别地使用。举个例子,《华尔街日报》对于拆分和分红的描述统计与实际的会计处理的统计只有25%的相似①。

表13-4 股票股利与股份拆分的对比案例

股东权益*	
普通股(面值5美元,50 000股已发行股票)	$250 000
资本溢价	400 000
留存收益	300 000
股东权益总额	$950 000

*股票股利和股票拆分前

100%股票股利后的股东权益普通股 (面值5美元,100 000股)		1拆2股票分割后的股东权益普通股 (面值2.5美元,100 000股)	
已发行股份	$500 000	未偿付股份	$250 000
资本溢价*	400 000	资本溢价	400 000
留存收益	50 000	留存收益	300 000
股东权益总额	$950 000	股东权益总额	$950 000

*250 000美元中的部分或全部从资本溢价账户中转换到票面价格普通股。

---

① 参见 Graeme Rankine and Earl K. Stice, "The Market Reaction to the Choice of Accounting Method for Stock Splits and Large Stock Dividends," *Journal of Financial and Quantitative Analysis*, 1997。

使用股票股利作为信号

股票股利的会计处理使得它们的宣布成为向市场发布良好新闻信号的有趣方式。理由如下:因为现金分红支付被留存收益数量限制,在会计处理股票股利中留存收益的减少使得未来宣布现金股利更加艰难。相应的,只有确定未来前景情况的公司才会宣布股票股利。这些公司自信未来利润将会增加留存收益余额,弥补股票股利宣告导致的减少。

因此,根据这个原因,如果你看到公司宣告股票股利,你可以总结出公司的管理层自信于未来收益将会足以超过未来的现金股利。这个股票股利信号理论被公司股价在宣布股票股利计划之后快速上升这个事实证明。如下的图表展现了基于股票股利规模之上,对其产生的积极市场反应的程度。

问题:

1. 假设股票股利的信号理论是合理的,哪个将会有更强烈的信号,20%的股票股利还是25%的股票股利?
2. 再者,假设信号理论是合理的,哪个将会有更强烈的信号,100%的股票股利还是1拆2的股票拆分?

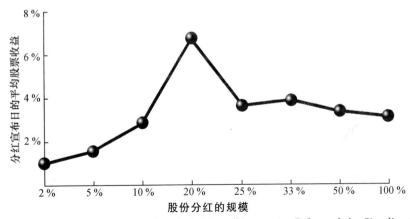

资料来源:Graeme Rankine and Earl K. Stice, "Accounting Rules and the Signaling Properties of 20% Stock Dividends," *The Accounting Review*, January 1997; Graeme Rankine and Earl K. Stice, "The Market Reaction to the Choice of Accounting Method for Stock Splits and Large Stock Dividends," *Journal of Financial and Quantitative Analysis*, 1997。

清算股利

清算股利描述为对于股东一部分实收资本回报的分派。尽管普通现金股利提供了投资的回报并以减少留存收益的方式进行会计处理。清算股利提供了投资的回报,并以实收资本的减少进行记录。

为了进行说明,假设 Stubbs 公司宣布并支付了现金股利及部分清算股利为 150 000 美元。其中,100 000 美元是 10 000 股普通股每股 10 美元的现金股利。剩余的 50 000 美元为

每股 5 美元的清算收益,记录为资本溢价的减少,其分录如下:
宣告股利:
借:股利(或留存收益)   100 000
  贷:资本溢价   50 000
    应付股利   150 000
股利支付:
借:应付股利   150 000
  贷:现金   150 000

股东应该被通知分摊支付股利的总数,因此他们可以确定相应的收入数量以及相应的投资回报数量。

其他权益项目

10 解释未实现损益作为累计其他综合收益的一部分进行记录的背景,列举国外资产负债表中权益储备的主要类型。

WHY 一些反映在资产负债表中的经济利得或者损失(以资产价格变动计量)并不包括净收入的计算,因此不计入到股东权益的留存收益部分。取而代之的则是,经济利得或损失的权益影响体现在权益账户里,其他累积综合收入。

HOW 未实现的经济利得或损失产生于国外的子公司外汇变动冲击,可出售投资组合的市场价格变动以及从一些没有被计入利润表但直接影响到其他累积综合收益权益账户的衍生品价格变动。

除了两个主要的实收资本以及留存收益种类之外,美国资产负债表的权益部分通常包括一些多种多样的项目。这些项目一旦被确认并列报为累计其他综合收益的一部分,便避开利润表的收益和损失。随后将是这些项目的深入讨论。另外,随后的部分包括权益储备的讨论,这些在不使用美国会计准则的国外公司资产负债表中很常见。

就如第 4 章所讨论的,1997 年 FASB 发布了 *SFAS No.130*"综合收益列报"。这个准则要求所有的公司提供综合收益表。表 13-5 包括 2007 年微软综合收益表的案例。关于最基础会计要素对于综合收益影响的讨论如下:

表 13-5   微软公司综合收益表   单位:百万美元

截至 2007 年 6 月 30 日微软公司综合收益报表			
	2007 年	2006 年	2005 年
净收入	14 065	12 599	12 254
其他综合收益			
衍生工具的净未实现利得或损失	14	76	(58)
投资的净未实现利得或损失	326	(282)	371
公允价值变动损益及其他	85	9	(6)
综合收益	14 490	12 402	12 561

不计入利润表但被列报为累积其他综合收益的权益项目

1980 年起,美国资产负债表的权益部分开始充斥着一系列奇怪的项目,每一个都导致会计争论。这些项目概括如下。

外币折算差额　外币折算差额来源于国外子公司的权益变化(以美元计量),它是外币汇率变动所导致的结果。举个例子,假设日元相对于美元走弱,在美元项目下,美国在日本的子公司权益将会下降。在 1981 年之前,这些变动被确认为利润表中的利得或损失。跨国企业不喜欢这个处理方式,因为这会加大汇报收益的波动[①]。随后 FASB 改变了会计准则,现在这些变动汇报为对于权益的直接调整,将外汇汇率波动与利润表隔离开来。对于外汇转换调整的计算将在第 22 章予以解释。

可供出售证券的未实现利得和损失　可供出售证券是那些不以立刻再出售为意图,买入但公司没计划永远持有的证券。这些证券与交易性证券一起以他们的当前市场价格在资产负债表中报告。交易性证券市场价格波动导致的未实现利得和损失计入利润表,但是可供出售证券的市场价格波动导致的未实现利得和损失将被显示为对于权益的直接调整。当 FASB 考虑要求证券以市场价格报告时,公司抱怨确认证券市场价格变动将会导致收入的波动。FASB 通过允许可供出售证券的未实现利得和损失绕开利润表直接进入权益部分而使得准则更易被公司所接受。[②] 第 14 章将会说明证券的会计处理。

衍生工具的未实现利得和损失　衍生工具是一种金融工具,比如期权或者期货,在与其他一些项目的价格、汇率或者利率的波动中形成价格。举个例子,正如本章之前讨论的,购买一个股票的期权因为股价的上升而变得更有价值。类似的,以固定汇率购买外汇的权利在外汇变得更贵时显得更有价值。就如同第 19 章里所讨论的,公司经常使用衍生工具管理他们价格或者利率变化的风险敞口。通常,衍生工具被用于管理与未来才会发生的买卖相关的风险。在这些情况下,为了保证利得和损失相匹配,衍生工具的利得或损失有时被递延或者被列报为累积其他综合收益。

为了说明综合收益的计算与列报,考虑如下的案例。Kendall 公司利润表的最后几行如下所示:

税前收入	$2 000
所得税费用	(800)
持续经营收入	$1 200
非持续经营收入:	
经营收入(包括处置损失 200 美元)	$250
所得税费用	(100)
非持续经营收入	150
净收入	$1 350

此外,Kendall 公司有如下的项目对综合收益产生影响:

	本年度数额(税前)
未实现可供出售证券的利得或损失	$100
未实现衍生工具的利得或损失	(20)
外汇折算差额	
股东权益的增加(减少)	300

---

① *Statement of Financial Accounting Standards No. 52*, "Foreign Currency Translation" (Stamford, CT: Financial Accounting Standards Board, 1981).

② *Statement of Financial Accounting Standards No. 115*, "Accounting for Certain Investments in Debt and Equity Securities" (Norwalk, CT: Financial Accounting Standards Board, 1993).

假设所有项目的所得税税率为40%，Kendall公司将以如下方式列报年度综合收益

净收入	$1 350
其他综合收益：	
未实现可供出售证券的利得 [$100 × (1 − 0.4)]	60
未实现衍生工具的损失 [$20 × (1 − 0.4)]	(12)
外币折算差额 [$300 × (1 − 0.4)]	180
综合收益	$1 578

在这个说明中，每个其他综合收益项目都显示为税后额。一个可供选择的方法是汇报所有税前项目，然后显示总所得税对于其他综合收益项目的影响作为综合收益计算独立分割的部分。

在这个案例中，综合收益由三个主要部分组成：

1. 持续经营收入；
2. 非持续经营收入；
3. 其他综合收益。

> **补充**
>
> 其他综合收益项目的所得税效应通常递延并且不对当前应付所得税产生影响，递延所得税将在第16章予以讨论。

最重要的收入来源是持续经营收入，因为这个收入不仅仅源于公司的核心业务，同时也显示了公司未来产生持续现金流的能力。其他综合收益来源于不属于是公司核心经营活动的一部分（如股价变动、外币价格的变动以及其他），同时，在各个年度间正负波动。综合收益的报告不仅使得财务报表使用者能够了解各年度影响公司的所有财富变化，并且识别哪些财富是未来预期将持续产生的，哪些则是暂时的、一年期的。

资产负债表列报 综合收益的累计数量在资产负债表的权益部分以两种方式表现：

1. 净收入（除股利）计算在留存收益中。
2. 其他综合收益计算在累积其他综合收益中。

本质上，你可以将累积其他综合收益看作综合收益项目的"留存收益"。为了说明这点，回归到Kendall公司案例，假设留存收益的初始余额为5 000美元，累计其他综合收益为权益减少500美元，而年度股利支付为400美元。Kendall公司资产负债表的权益项目在年末将会包含如下两个项目：

留存收益（$5 000 + $1 350 − $400）	$5 950
累积其他综合收益 [$500 − ($1 578 − $1 350)]	(272)

国际会计：留存收益

就如同本章早先讨论的，州公司法将公司支付现金股利的能力与留存收益余额相挂钩。换句话说，总权益被分为两个部分：可以分发给股东的权益以及不可以分发的权益。分发权益的限制保证了吸收营运损失而出现的权益缓冲垫，这也加大了借款者全额被偿还的可能。

国外的公司法通常比美国州公司法将现金股利支付与可分出权益挂钩更加直接。权益被分为多种类的权益储备账户。每个都以法律限制确定其是否可以分发给股东。在那

种法律环境下,权益账户的会计处理直接影响到公司支付股利的能力,而这样也变成公司财务政策的一个重要组成部分。

一个简短的权益储备会计处理概括将在下一节给出。这个讨论建立在英国的权益会计实务基础上。由于大英帝国的过去使英国模式影响了全球,因此英国模式被广泛使用。

主要种类的权益储备账户在图13-3里予以说明,记住其最重要的差别在于,储备是可以还是不可以被分发的。

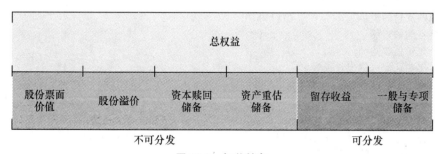

图13-3 权益储备

面值与股本溢价 这些账户的处理与美国的实务处理是非常接近的,股本溢价账户与资本溢价账户相同。通常,政府法律会限制一家公司退回实收资本的能力,因此这两个账户是不可分配权益的一部分。

资本赎回储备 当股票回购时,总权益是减少的。为了充分保障债权人的债务偿还,股票回购所带来的权益减少通常被认为是可分配权益。为了在账户中反映这个事实,需要将等同于回购面值的金额从留存收益(可分配权益的一部分)转移至资本赎回储备(不可分配权益的一部分)。

资产重估储备 在许多国家,不动产、厂房以及设备能按现行市价计量,这部分未实现利得的确认增加了权益。而问题是额外股本能否用于支持额外的现金股利支付。答案是否定的。重估储备作为不可分配权益的一部分,固定资产市场价格增加而带来的未实现收益贷记重估储备。

一般与专项储备 正如之前讨论的,董事会可以自愿限制以留存收益来支付现金股利的使用。这些限制以后会被取消。在美国,这些限制应在财务报表附注中进行披露或者确认为指定留存收益的一部分。在许多其他国家,这些限制通过将留存收益的一部分转移至一般与专项储备进行确认。我们可注意到这些储备仍然是可分配权益的一部分,董事会能随时撤销这一限制。

一些提及的储备将在表13-6——Swire Pacific Limited显示的账户里进行说明。Swire Pacific Limited的总部位于香港,是世界最大的公司之一。公司的主要经营地域在中国内地、中国香港以及中国台湾,该公司在这些地方的经营超过了125年,Swire经营着Cathay Pacific航空公司,同时在香港拥有丰富的房地产资源。

你从计算中可以看出,收益储备一般等于我们所谓的留存收益。投资重估储备等于累计可供出售金融证券的累计未实现损益。另外,现金流对冲储备等于衍生交易的累计未确认损益;现金流对冲储备将在第19章中进行讨论。对Swire而言,所有的权益储备都是不可分配的,除了收益储备。因此,Swire股利的合法上限为144.26亿港币。

表 13-6　Swire Pacific Limited 的所有者权益部分　　　　　单位：百万港币

	收益储备	股份溢价	资本赎回储备	投资重估储备	现金流对冲储备
2007 年 1 月 1 日	15 814	342	33	28	—
本年利润	4 630				
股利	(4 722)				
公司股份回购：					
回购支付的溢价		(1 287)			
储备间的转移	(9)		9		
净公允价值收益					
本年确认的可供出售投资				17	
2007 年 12 月 31 日	14 426	342	42	45	

权益部分相关的披露

Ⅲ　编制所有者权益变动表。
WHY　所有者权益表向信息使用者提供了公司所有者权益科目变化的信息总结。
HOW　该报表向信息使用者披露权益变化是否由实收资本的交易引起，交易是否影响留存收益，该事项是否影响累计其他综合收益。

在对实收资本进行计量时，如下股票应予以确认：
- 已授权但是未发行的股票；
- 认购及发行前，根据认购价格应获得的现金收据；
- 股东手中尚未交易的股票；
- 公司为以后增发新股所回购持有的股票；
- 通过适当的公司活动所取消的股票。

因此一家企业公司必须对涉及股本的所有交易进行精确记录，对各个种类股票的股本需要分别设置总分类账，同时也需要设置辅助科目以对个别股东及股票认证进行相应记录。

在资产负债表中，需要将实收资本及其构成与留存收益分开进行披露。在实收资本部分，确定股票的主要种类及资本溢价非常重要。虽然对资本溢价仅披露一个金额是很常见的做法，但是在总分类账中提供分别的账户以记录资本溢价的不同来源（例如：股本溢价、库存股实收资本、股票选择权实收资本）也是很有必要的。

对各种不同类型的股票，需要对其主要特征进行披露，比如票面价值、优先股股利以及转换事项等。同时，授权股数、发行股数以及应付股数都要进行相应披露。

为了更好地进行说明，表 13-7 显示的是 IBM 2007 年 12 月 31 日资产负债表中的权益部分，很多公司都不能像 IBM 公司一样如此详细地对此进行披露。

公司应对此期间的财务报表权益部分的变化向使用者进行解释说明，若所有者权益由多个科目构成，如下例所示，即会出现如下的所有者权益变动表，2007 年度 IBM 的所有者权益变动表如表 13-8 所示。

表 13-7　IBM 所有者权益部分　　　　　　　　　　　　　　　　单位：百万美元

	2007 年	2006 年
所有者权益		
每股面值为 0.20 美元的普通股及其资本溢价	35 188	31 271
授权股数：4 687 500 000		
发行股数（2007—2 057 607 421；2006—2 008 470 383）		
留存收益	60 640	52 432
库存股（成本，股数：2007—672 373 283；2006—501 987 771）	(63 945)	(46 296)
不影响留存收益的累计利得（损失）	(3 414)	(8 910)
所有者权益合计	28 470	28 506

表 13-8　IBM 所有者权益表　　　　　　　　　　　　　　　　单位：百万美元

	普通股资本溢价	留存收益	库存股	不影响留存收益的利得与损失	合计
2007 年					
2007 年 1 月 1 日所有者权益	31 271	52 432	(46 296)	(8 901)	28 506
根据 FIN 48 进行期初调整		117			117
净利润与利得损失之和					
不影响留存收益：					
净利润		10 418			10 418
不影响留存收益的利得与损失（税后）					
现金流量账户衍生出的未实现					
损失（扣除税项收益 $32）				(123)	(123)
汇兑损益调整					
（扣除税项收益 $553）				726	726
有关退休的福利计划					
优先利息余额					
（扣除税项费用 $31）				44	44
净收益（损失）					
（扣除税项费用 $1 931）				3 611	3 611
优先利息成本摊销					
（扣除税项收益 $50）				(85)	(85)
净收益（损失）摊销					
（扣除税项费用 $654）				1 110	1 110
转移资产的摊销					
（扣除税项收益 $1）				(2)	(2)
市场证券的未实现利得				206	206
（扣除税项费用 $132）					
不影响留存收益的总收益与损失					5 487
合计：净利润与不影响留存收益					
的利得（损失）之和					15 905
宣告发放股利——普通股		(2 147)			(2 147)

(续表)

	普通股资本溢价	留存收益	库存股	不影响留存收益的利得与损失	合计
雇员计划下发行的普通股（49 137 038 股）	4 332				4 332
回购（1 282 131 股）并销售员工计划下（9 282 055 股）库存股——减去		(179)	729		550
购买的其他未赎回库存股（178 385 436 股）	(405)		(18 378)		(18 783)
收购时减少的剩余股票份额	(6)				(6)
所得税费用——股票交易	(4)	—			(4)
2007 年 12 月 31 日所有者权益	35 188	60 640	(63 945)	(3 414)	28 470

开放式场景问题的答案

1. 收益率为（$8 430 － $15 000）/ $15 000 ＝ －43.8%。

2. 2007 年,美国伯克希尔·哈撒韦公司拥有美国华盛顿邮政 18% 的股份。

3. 你也需要知道各个公司的已发行股票份额。2008 年 5 月,微软公司发行在外的股票有 93 亿股,公司市场价值为 2 740 亿美元。同年 5 月,美国伯克希尔·哈撒韦公司发行在外股票为 108 万股,公司市场价值为 1 350 亿美元。

思考题答案

1.（第 76 页）正确答案是 b。股票自发行以来价格可能会不断上升（这种现象对大多数公司来说是确实存在的）,当股票回购时,票面价值法会减少留存收益,减少的留存收益会隐藏公司实际能够支付现金股利的能力。成本法不涉及留存收益的减少,除非所回购的股份确实已经不在市场上进行流通。

2.（第 84 页）正确答案是 a。由于授予的购股权数量取决于 2011 年报告的销售收入,因此 Neff 公司那些贪婪而又胆大妄为的经理便会竭尽全力激增 2011 年的收入。为达到此目的,他们可以通过推迟确认 2010 年的销售收入将其报告于 2011 年,也可以提前确认部分 2012 年的销售收入,将其报告于 2011 年。

3.（第 99 页）正确答案是 c。这个出乎意料的答案在本章"将股票股利作为一种信号传递"进行讨论。由于 20% 的股票股利需要从留存收益中转移新股的市场价值,因而其会导致留存收益的大幅减少,其幅度远超于 25% 的股票股利,这是因为 25% 的股票股利只需要转移票面价值。如果一家公司比较担心它的股利分配规模,那么它不应该宣告 20% 的股票股利,这将会大幅减少其留存收益。然而,如果公司对其未来的盈利能力以及股利支付能力比较自信,且欲公开宣告其自信,那么应该公开宣告 20% 的股票股利,这种公然减少留存收益却依然保证财务安全的手段显示了经理层对未来的乐观。

本章小结

1. 区别普通股与优先股的相关权利。

股东是企业真正的主人。他们是在企业营业状况下降时第一个失去他们投资的人，也是企业经营状况良好时获利的人。普通股股东选举企业的董事会成员。

优先股股票持有者通常不对董事会进行投票选举，优先股股利必须在普通股股利支付前进行支付，优先股股票能够进行累积，拥有参与权、可转换权、被召回权、被赎回权或上述各项权利的组合。

普通股股票的票面价值通常很低（低于1美元），优先股的票面价值则大约为发行价。

2. 掌握为筹集资金、认购股票或进行非货币性资产或服务的交换而发行股票的会计处理。

当股票发行以筹集现金为目的进行销售时，所获得的收益通常在票面价值（或设定价值）与资本溢价之间进行划分。

当股票以股票认购为基础进行销售时，任何未支付的股票认购金额（应收股本金额）应从所有者权益中扣减。

当股票以非货币性资产或服务的交换为目的进行销售时，此交易应该按该资产或服务的公允价值与股票的市场价值中较客观的数据进行计量。

3. 使用成本法或面值法对股票的回购进行计量。

当股票回购或赎回时，股本将会减少。由于股票回购时，超过面值的价格进行支付会导致留存收益的减少，股票发行时所创造的资本溢价会在股票回购时减少。

库存股是一种回购的股票，但不能立马注销，当采用面值法时，库存股的会计处理类似于股票回购的会计处理。当采用成本法时，库存股的回购成本将在股票重新发行或撤回时才在相应的权益科目显示。

4. 掌握认购权以及认股权证发行的会计处理。

认购权是指在新股发行时，现有的股票持有者有权购买一定比例的新股以维护其权益利益的权利，认购权发行只需要在备忘录条目中记录。

认股权证是与其他证券同时发行的权利，这样使其更能吸引投资者。证券发行收益将在证券与可分离认股权证之间进行分配。而对不可分离的认股权证，则不需要进行收益分配。

5. 计算与员工股票期权激励相关的奖励费用。

一个简单的基于股票的激励计划中，总计激励费用为所授予的股权数量乘以授权日每份股权的公允价值。这笔费用在整个服务期间进行分配。

一个基于绩效股权的激励计划中，总计激励费用为授权日每份股权的公允价值乘以可能行权的股权，这个金额会在年底的时候进行重新评估，对奖励费用将有一个追加调整。

一些基于股票的补偿计划需要支付现金，比如现金股票增值权（SARs）。此类补偿同样需要在年底的时候进行重新衡量，对补偿费用也需要一个弥补调整。

6. 判断哪些权益项目应在资产负债表中作为负债进行列报。

资产负债表中作为负债进行报告的相关权益项目如下：

1. 优先股的强制赎回；

2. 规定公司回购义务的金融工具(比如看跌期权);
3. 规定公司发行若干金额固定股份义务的金融工具。

另外,FASB 规定不可控制收益在合并财务报表中被划分为权益。

7. 区分引起留存收益减少的股票转换以及其他不引起减少的转换。

当与股票相关的总实收资本(票面价值与资本溢价之和)转换后的价值低于转换前股份面值时,留存收益科目需要扣除两者的差异。

8. 列出影响留存收益金额的因素。

在如下情形下,留存收益将会减少:
- 差错更正;
- 会计政策的变更;
- 净亏损;
- 股票股利;
- 现金股利;
- 库存股交易;
- 优先股转换。

在如下情形下,留存收益将会增加:
- 差错更正;
- 会计准则的变更;
- 净利润;
- 账面改组。

由于州公司法的规定,留存收益余额通常是约束一家公司现金股利支付能力的一项限制。另外,企业可以视自身情况自行限制留存收益的使用。

9. 正确记录现金股利、财产股利、小额和大额股票股利以及股票分割。

应付股利于股利发放宣告日记录于账表中,当股利进行分配时,则需要在账表中注销已发放的应付股利。当财产股利进行支付时,则在宣告日应记录利得或损失以确认账面价值与公允价值的差额,并将此差额作为财产股利进行分配。

股票股利是向现有股票持有者分配额外股票,但不需要股东为此支付现金的一种股利分配。本质上,股票股利导致公司的所有权被划分为更多的份额,且每个股票持有者持有的股份按原持股比例均有所增加。

对股票股利和股票分割的说明如下:
- 小额股票股利分配(低于20%—25%):

由于新发行股票创造了市场价值,留存收益将减少。
- 大额股票股利分配(高于20%—25%):

由于新发行股票创造了票面价值,留存收益和/或资本溢价将减少。
- 股票分割:

不需要进行会计处理。但需要进行备忘记录,同时每股股票票面价值减少,而发行的股票数量增加。

10. 解释未实现损益作为累计其他综合收益的一部分进行记录的背景,列举国外资产负债表中权益储备的主要类型。

利润表中不进行披露的未实现损益,其作为累计其他综合收益的一部分,权益调整项目如下：
- 外币折算差额：由于外汇汇率波动而导致国外子公司的权益变化。
- 可供出售金融资产的未实现损益：可供出售金融资产市场价值波动而导致的未实现损益。
- 衍生工具的未实现损益：计划控制未来销售与购买风险的衍生工具，其市场波动而导致的未实现损益。

国外资产负债表的权益部分通常包括一定数量的权益储备。这些权益储备将权益小心翼翼地划分为可向股东进行分配的部分以及不可向股东进行分配的部分。一部分权益储备为资本赎回储备、资产重估储备、一般与专项储备。

11. 编制所有者权益变动表。

所有者权益变动表反映了在指定期间内，所有者权益项目的变化。

IASB 概述

主题	美国 GAAP	IASB 准则
由债权和股权组成的融资工具	APB 14 复合型金融工具，如果其认股权证是可分离的，则需要将其分为债权部分和股权部分。	IAS 32 所有复合型金融工具必须按单独的债权和股权部分来记录。
股票薪酬	SFAS No. 123R 授予期权的公允价值在雇员为获取这部分期权所需要的服务期内被分摊。这样的选择性工具被归类为权益。	IFRS 2 和 SFAS No. 123R 一样。
权益储备	无	权益储备会计不是 IFRS 中的内容，但其在国家有关股利发放方面的相关法律中被提及过。
少数股权	SFAS No. 160 非控制性（少数股东）权益在资产负债表中被归类为权益。	IAS 27 和 SFAS No. 160 一样。

关键术语

资本溢价
可分离认股权证
设定价值
面值
指定用途留存收益
积欠股利
面值法
股东权益变动表
可供出售证券

外币交易折算差额
参与股利优先股
优惠购股权
董事会
大额股利
以业绩为基础的股权计划
股票期权
企业合并
清算性股利

权益结合法　　　　　　　　　　　非累积优先股
认购权　　　　　　　　　　　　　购买法
可赎回　　　　　　　　　　　　　库存股
少数股权　　　　　　　　　　　　累积优先股
股票分割　　　　　　　　　　　　不可分割认股权证
现金股利　　　　　　　　　　　　可赎回优先股
少数股权　　　　　　　　　　　　衍生工具
财产股利　　　　　　　　　　　　对股东的非互惠性转让
认购　　　　　　　　　　　　　　小额股票股利
可转换的

问题

1. 哪些是普通股股东所拥有的基本权利？
2. 何为票面价值的历史意义？
3. 哪些所有者权利是优先股股东放弃的？哪些是优先股股东所拥有的额外保护？
4. 根据FASB 2007年11月颁布的初步意见稿，在资产负债表中优先股如何划分？
5. 为非货币性资产或服务而发行的股票如何计价？
6. 公司回购本公司股票的可能理由有哪些？
7. （a）对库存股进行会计处理时，面值法与成本法的基本区别有哪些？（b）在这两种方法下，股东权益的区别有哪些？
8. 库存股的购买价与出售价之间通常存在一定的差额，为何此差额不作为利得或损失出现在利润表中？
9. 说明可分离认股权证与不可分离认股权证在会计处理上的区别。
10. 以股票为基础的股权补偿计划下相关费用的计算中可取值为什么？
11. 在业绩为基础的股权计划下，由于期权的可能数量每一年都在变化，因此对其进行跟踪调整是很有必要的。请描述该项调整。
12. 当以股票为基础的奖励需要用现金进行结算时，对此应如何进行核算？
13. 根据FASB 2007年11月颁布的初步意见稿，资产负债表中员工股票期权应如何进行分类？
14. 在资产负债表中应如何报告强制性可赎回优先股？
15. 当一家公司对其自身的股票签发看跌期权，这家公司将获得什么？这家公司作出了什么承诺？
16. 请区分在何种情况下将发行的股份划定为权益，何种情况下将其划分为负债。
17. 什么是少数股东权益？
18. 本年度发现会计差错时应如何进行差错更正？第二年发现上年会计差错应如何处理？
19. 法律上是如何限制留存收益的？其他可限制留存收益的方式有哪些？
20. 如下是一篇报纸上财务版块的报道：2011年6月15日，Benton公司董事会召开会议，宣告发放每股1.4美元的定期季度利息，于2011年7月10日支付给股东（2011年6月

30 日季度经营期末仍持股的股东）。

（a）此宣告中给出三个日期的目的分别是什么？

（b）何时能对 Benton 公司的普通股进行除权？

21. Dress Shoppe 的董事会正考虑宣告发放股票股利或者进行股票分割，董事会成员希望你能分别解释在大小额股票股利的情况下，股票股利与股票分割的区别？

22. （a）何为清算股利？（b）在何种情况下才能进行这种股利分配？

23. 三种显示为直接权益调整（部分为其他累计综合收益）而不显示在利润表中的三种未实现损益为哪些？并分别对其进行解释。

24. 在国外公司的权益会计中，权益储备的主要目的是什么？

练习

[练习 13-1] 股利、普通股、优先股的计算

LO1 某公司拥有 10 000 股面值为 100 美元，股利收益率为 6% 的可流通优先股。另外，公司拥有 100 000 股可流通普通股。公司于 2010 年 1 月 1 日开始经营，2010 年与 2011 年支付的现金股利分别为 45 000 美元与 100 000 美元。请分别在如下假设下计算两年内向优先股股东与普通股股东支付的股利。假设（1）优先股是非累积的；（2）优先股是可累积的。

[练习 13-2] 以服务交换为目的的股票发行

LO2 某公司正面临现金流短缺，于是要求公司关键员工通过接受普通股股份来代替现金支付薪酬。这些员工通过接受 35 000 份面值为 0.5 美元普通股股票来代替 575 000 美元工资。请编制相应的会计分录。

[练习 13-3] 对库存股的会计处理：成本法

LO3 某公司以 300 000 美元的价格回购了 10 000 份面值为 1 美元的普通股股票。这些股票均依然在流通。一个月后，公司以 144 000 美元的价格出售了 4 000 股股票。这些股票的初始发行价格为每股 20 美元，请对 10 000 股的股票回购以及后续 4 000 股的销售编制相应的会计分录。

[练习 13-4] 基于股票的补偿计划

LO5 1 月 1 日，公司向重要员工授予 150 000 份股票期权，每份期权允许员工以 25 美元的价格（该公司 1 月 1 日授权时的市场价格）购买 1 股面值为 1 美元的普通股股票。欲执行这项权利，员工必须在公司工作满三个年度。预计每份期权在授权日的公允价值为 4 美元。在第三年年末，市场价格为每股 38 美元，所有期权全都已经执行。请对第一年期权的发行以及第三年年末的期权执行编制相应的会计分录。

[练习 13-5] 强制可赎回优先股的会计处理

LO6 第一年 1 月 1 日，公司以 1000 美元现金的价格发行强制可赎回优先股。这些优先股不需要支付任何股利，他们必须在两年后即第三年 1 月 1 日以 1166.40 美元的价格进行赎回。协议中隐含的股利率为 8%，请对股票发行、第一年和第二年的应计利息以及第三年优先股的赎回编制相应的会计分录。

[练习 13-6] 签署看跌期权的会计处理

LO6 第一年 1 月 1 日，公司签署了一项看跌期权，在买方看跌期权的选择下，以每股 50 美元的价格在第二年 12 月 31 日购买 100 股本公司股票。公司第一年 1 月 1 日的股票市场价格为每股 50 美元。第一年 1 月 1 日，此项看跌期权的公允价值为 1200 美元，由于公司第一年期间公司的股票价格不断上涨，第一年 12 月 31 日的看跌期权公允价值仅为 350 美元。第二年 12 月 31 日，公司股票的市场

价值为每股 46 美元,于是看跌期权的购买者执行了此项期权。请在此项看跌期权的发行方账户于第一年 1 月 1 日和 12 月 31 日、第二年 12 月 31 日编制相应的会计分录。

[练习 13-7] 财产股利的会计处理

LO9 1 月 1 日,公司以每股 20 美元的价格购买了 10 000 股 Wilsonville 公司股票作为可供出售证券。3 月,公司决定将 Wilsonville 股份作为财产股利对股东进行分配。3 月 23 日为财产股利发放宣告日,Wilsonville 股票的市场价格为每股 27 美元。Wilsonville 财产股利于 4 月 15 日进行分配。请分别对财产股利的宣告与发放编制相应的会计分录。

[练习 13-8] 大额股票股利与股票分割

LO9 公司拥有 10 000 股面值为 1 美元的流通普通股,每股股票的市场价格为 130 美元,公司决定通过增加一倍的发行股数使得股票价格减少至 65 美元。请分别在如下假设下对宣告增加一倍发行股数以及分配股数时编制相应的会计分录,假设:(1) 分配方式为大额股票股利分配;(2) 分配方式为股票分割。

[练习 13-9] 综合收益

LO10 公司于 2009 年 1 月 1 日开始经营,公司前三年的净利润与股利发放如下所示:

年份	净利润(损失)	股利
2009	$(1 500)	$ 0
2010	600	150
2011	2 100	550

公司拥有一些国外子公司,同时拥有可供出售证券的投资组合。2009 年、2010 年、2011 年间,国外子公司权益的美元价值以及可供出售证券投资组合的市场价值波动如下:

年份	美元价值变化	投资组合价值变化
2009	增加 $275	减少 $900
2010	减少 $725	减少 $400
2011	减少 $195	增加 $560

计算以下三年各年的综合收益:2009 年、2010 年、2011 年。

[练习 13-10] 国际权益储备

LO10 某公司总部位于英国,拥有如下权益科目:

留存收益	$1 000
资产重估储备	3 200
股票票面价值	100
特殊储备	400
股本溢价	1 700
总权益	$6 400

计算可分配与不可分配的权益金额。

[练习 13-11] 股东权益变动表

LO11 权益科目期初余额如下:

普通股(票面价值)	$2 000
资本溢价	14 000

累计其他综合收益	(3 500)
留存收益	18 000
库存股	(6 000)
股东权益总额	$24 500

如下为本年的真实信息：

(a) 净利润为 6 300 美元；

(b) 由于可供出售证券价值的增加，因而权益增加 200 美元；

(c) 发放股利 2 000 美元；

(d) 假设在成本法下购买了 1 600 美元库存股；

(e) 发行价值为 800 美元的股票，票面价值为每股 50 美元。

请编制本年的股东权益变动表。

习题

[习题 13-12] 普通股的发行

LO2 Verdero 公司授权发行了 100 000 份面值为 2 美元的普通股股票，Verdero 进行了如下交易：

(a) 以每股 30 美元的价格发行 20 000 股股票，收到的是现金。

(b) 向律师发行 250 股股票以支付公司章程制定的服务以及公司组织的初始法律费用，服务价值为 9 000 美元。

(c) 向公司员工发行实际价值为 10 000 美元的 300 股股票来代替以现金支付的工资。

(d) 发行 12 500 股股票用以交换一栋价值 295 000 美元的建筑物以及价值为 80 000 美元的土地。（投资者获得该建筑物的初始价格为 250 000 美元，并存在 100 000 美元的累计折旧；土地的原始价格为 30 000 美元。）

(e) 以每股 38 美元的价格出售 6 500 股股票而获得现金。

(f) 以每股 45 美元的价格发行 4 000 股股票，得到现金。

请对 Verdero 公司的每笔交易编制相应的会计分录。

[习题 13-13] 股本认购的发行

LO2 Palo Verde 公司于 2011 年 1 月 1 日开始经营，如下为其授权的资本结构：

- 25 000 股普通股，票面价值为每股 6 美元。
- 8 000 股每股票面价值为 20 美元，股利率为 8% 的累计优先股。

请对如下交易编制相应的会计分录：

(a) 发行 14 000 股总价为 518 000 美元的普通股以及 5 000 股每股票面价值为 25 美元的优先股；

(b) 收到以每股 41 美元购买普通股的认购，并收到了 25% 的定金；

(c) 收到剩余的股票认购金额，并发行了此股票；

(d) 将剩余授权的普通股以每股 53 美元的价格出售。

[习题 13-14] 库存股：票面法与成本法

LO3 Thomas 公司 2010 年 12 月 31 日的股东权益如下：

275 000 股面值为 1 美元的普通股发行并流通 240 000 股	$ 240 000
资本溢价	3 840 000
留存收益	900 000

2011 年 6 月 1 日，Thomas 以每股 16 美元的价格回购了 15 000 股普通股，如下是这些股票在 2011 年发生的交易信息：

7月1日　　以每股20美元的价格出售5 000股股票；

8月1日　　以每股14美元的价格售出7 000股股票；

9月1日　　撤销1 000股普通股。

1. 采用成本法对库存股进行会计处理：

(a) 对2011年所有的库存股交易编制相应的会计分录。

(b) 编制2011年12月31日资产负债表的股东权益部分，假设留存收益为1 005 000美元（在库存股交易发生影响前）。

2. 采用面值法对库存股进行会计处理：

(a) 对2011年所有的库存股交易编制相应的会计分录。

(b) 编制2011年12月31日资产负债表的股东权益部分，假设留存收益为1 005 000美元（在库存股交易发生影响前）。

[习题13-15]　认股权证的会计处理

Western公司想要增加资本公积，在对几项有效选择进行分析后，公司决定发行1 000股面值为20美元且带有可分离交易认股权证的优先股，该股票与认股权证组合售价为90美元，该认股权证能使持有者以每股30美元的价格购买1 000股面值为2美元的普通股。股票发行后，股票认股权证售价为每股9美元，不含认股权证的优先股市场价值为85美元。

1. 为Western公司优先股以及附带的认股权证发行的记录编制相应的会计分录。

2. 假设所有的认股权证都已执行，请为Western公司认股权证的执行编制相应的会计分录。

3. 假设仅有70%的认股权证被执行，剩余30%失效。请为Western公司认股权证的执行与失效编制相应的会计分录。

[习题13-16]　以股票为基础的激励计划的会计处理

LO5　2010年1月1日，Obergon供应公司为高级员工制订了以股票为基础的激励计划，授权45 000份期权以允许员工以每股29美元的价格购买45 000份面值为2美元的普通股。每份期权发行日的公允价值为7美元。该期权自2013年1月1日开始有权执行，能在2013年的任何一个时间段执行。2010年1月1日，Obergon公司普通股市价为32美元。

假设2013年12月31日所有的期权均已执行，请编制2010—2013年所需的会计分录。

[习题13-17]　附市场业绩条件的股票期权计划的会计处理

LO5　Rhiener公司于2010年1月1日发起基于绩效的员工股票期权计划。该计划的业绩基础，是2012年的净销售额，此计划向集团下的员工按照如下信息授予股票期权：

等级	净销售额范围	所授期权数量
1	< $250 000	10 000
2	$250 000— $499 999	20 000
3	$500 000— $1 000 000	30 000
4	> $1,000 000	40 000

上述期权从2013年1月1日可以进行执行，期权执行价格为每股20美元。2010年1月1日，每份期权的公允价值为9美元。Rhiener公司股票在2010—2012年指定日期的股票市场价格如下：

2010年1月1日　　　　　　　　　　　　　　　　　　　　　　　　　$25

2010年12月31日　　　　　　　　　　　　　　　　　　　　　　　　30

2011年12月31日　　　　　　　　　　　　　　　　　　　　　　　　35

2012年12月31日　　　　　　　　　　　　　　　　　　　　　　　　32

2012 年指定日期的估计销售额如下：

2010 年 1 月 1 日	$400 000
2010 年 12 月 31 日	450 000
2011 年 12 月 31 日	550 000

2012 年实际销售额为 700 000 美元。请计算 Rhiener 公司报告的 2010 年、2011 年、2012 年以绩效为基础的股票期权计划激励费用。

[习题 13-18] 股票增值权

LO5 San Juan 公司建立了一个股票期权计划，使得员工可以按照既定的期权价格购买具有增值基础的股票增值权，到期后公司将向购买者支付现金。这个计划于 2011 年 1 月 1 日开始，向在公司连续工作三年的员工提供。2014 年 1 月 1 日将向持有该期权的员工支付现金，支付金额相当于股票价格当日超过期权价格的金额。总计 10 000 股现金股票增值权 SARs 授予员工。

股票期权初始价格为每股 10 美元，2011—2013 年指定日的股票市场价格如下：

2011 年 1 月 1 日	$15
2011 年 12 月 31 日	16
2012 年 12 月 31 日	20
2013 年 12 月 31 日	18

请编制 2011 年、2012 年、2013 年、2014 年 San Juan 账簿中与该计划相关的分录。

[习题 13-19] 前期差错报告

LO8 Endicott 公司 2012 年 12 月 31 日报告的资产负债表留存收益为 86 500 美元，2010 年利润表报告的净利润为 124 000 美元。

当编制 2011 年 12 月 31 日的财务报表时，Endicott 公司的会计人员 Tom Dryden 发现由于 2010 年在记录折旧时发生错误而高估了 36 000 美元的净利润。2011 年净利润为 106 000 美元，宣告并发放的股利为 30 000 美元。

1. 若 36 000 美元的折旧错误会对 2011 年公司的财务报表产生影响，那么影响如何？
2. 计算 2011 年 12 月 31 日 Endicott 公司资产负债表中报告的留存收益金额。

[习题 13-20] 股票股利与股票分割

LO9 2011 年 6 月 30 日，Alston Market 资本账户如下：

普通股（面值为 6 美元，发行并流通的 50 000 股）	$ 300 000
超过面值的实收资本	600 000
留存收益	1 840 000

公司股份当时的售价为 44 美元，在如下情况下应如何编制会计分录？

(a) 宣告并发行 10% 的股票股利。
(b) 宣告并发行 50% 的股票股利。
(c) 宣告并发行 1 拆 2 的股票分割。

[习题 13-21] 小额股票股利

LO9 Zenon 公司拥有上市流通的 450 000 份、面值为 1 美元的普通股股票，在宣告并分配 10% 的股票股利之后，Zenon 公司初始发行 40 000 股新股，剩余因股票股利发行的新股截止到年末都未发行，请对股票股利的宣告与分配编制相应的会计分录。在 10% 的股票股利发放后，该股的每股市价为 21 美元。

[习题 13-22] 清算股利

LO9 Van Etten 公司对其面值为 1 美元的普通股宣告并发放每股 3.25 美元的现金股利，其拥有 100 000 股流通普通股，普通股实收资本总计为 800 000 美元。作为股利公告的一部分，Van Etten 公司表示留存收益作为每股0.50美元股利的发放基础,投资者可考虑将留存收益股利发放后的剩余部分作为投资回报。请在Van Etten公司账户对股利宣告与分配编制相应的会计分录。

[习题13-23] 留存收益的会计更正

LO8 Carlitos公司的留存收益账户显示如下的借方与贷方。

请指出所有此账户需要更正的会计分录。正确的留存收益余额为多少?

账户:留存收益

日期	科目	借方	贷方	余额	
				借方	贷方
1月1日	余额				291 700
(a)	火灾损失	3 175			288 525
(b)	商誉减值	32 200			256 325
(c)	股票股利	50 000			206 325
(d)	设备处置损失	17 550			188 775
(e)	前期忽略的与人员激励相关的应计收入	210 400	21 625		
(f)	按照高于发行价的价格撤销优先股所带来的损失	28 000	49 625		
(g)	超过面值的实收资本		79 500		29 875
(h)	股票认购违约		3 725		33 600
(i)	按照低于发行价的价格撤销优先股所带来的利得		14 700		48 300
(j)	以低于账面价值的价格撤销债券所带来的利得		8 100		56 400
(k)	寿险保单的结算收益		7 800		64 200
(l)	前期差错更正		31 050		95 250

[习题13-24] 股东权益报告

LO11 Kenny公司自2010年1月1日开始经营,发行了475 000份所授权的面值为1美元的普通股。另外,该公司拥有授权的500 000股面值为5美元,股利率为6%的优先股。在2010年,Kenny公司拥有1 025 000美元的净利润并宣告了237 500美元的股利分配。

在2011年,Kenny公司拥有如下交易:

1月10日 按照每股17美元的价格发行了额外的100 000股普通股;

4月1日 按照每股8美元的价格发行了150 000股优先股;

7月19日 公司授权购买2012年1月交付的定制机器,Kenny公司限制该机器的购买价为留存收益的295 000美元;

10月23日 按照每股9美元的价格售出额外的50 000份优先股;

12月31日 报告1 215 000美元的净利润并于2012年1月15日向股东宣告635 000美元的股利,该股利于2012年2月1日进行支付。

1. 请为Kenny公司2010年12月31日的资产负债表编制股东权益部分。
2. 请编制2011年股东权益变动表。
3. 请为Kenny公司2011年12月31日的资产负债表编制股东权益部分。

难题

[难题13-25] 股票交易的会计处理

LO2,LO9,LO11 Lighthous公司于1月1日开始经营。授权发行25 000份面值为1美元的普通股股票以及 5 000 股面值为 100 美元,股利率为 10% 的可转换优先股。如下信息为第一年经营期间涉及股东权益的交易:

1 月 1 日　　向公司发起人发行 1 000 股普通股以交换价值为 23 000 美元的不动产与价值为 5 000 美元的服务。该不动产三年来耗费发起人 18 000 美元,其账面价值为 15 000 美元。

2 月 23 日　　发行 1 500 股每股面值为 100 美元的可转换优先股,每股优先股能转换成 5 股普通股,该股票发行价格为每股 120 美元。公司向代理商支付 6 000 美元以销售股票。

3 月 10 日　　按照每股 26 美元的价格出售 2 500 股普通股,发行成本为 2 000 美元。

4 月 10 日　　在每股股票认购价为 37 美元的情况下销售 5 000 股普通股,在认购股数尚未完全支付前不发行任何新股,也未收到任何现金。

7 月 14 日　　以 1 200 股普通股以及 190 股优先股交换一栋建筑物,其公允价值为 72 000 美元。投资者的初始购买价为 65 000 美元,账面价值为 48 000。另外 900 股普通股能按 27 000 美元的价格收回现金。

8 月 3 日　　收到股票认购的一半金额并收到有关账户对剩余股票的认购,共收到现金 138 000 美元。认购发行的股票进行全额支付。

12 月 1 日　　宣告每股优先股 10 美元的现金股利,12 月 15 日宣告发放,12 月 31 日进行支付。12 月 15 日宣告每股普通股发放 1.5 美元,来年 1 月 5 日进行支付(未发行而预认购的股票不支付股利)。

12 月 31 日　　支付优先股股票股利。

12 月 31 日　　得到股票认购者的通知,他们将暂不对认购进一步支付,这是由于股票价格跌至 19 美元,合同到期金额为 35 000 美元。股票认购持有者将按照协议放弃预先根据合同支付的金额。

第一个经营年度的净利润为 80 000 美元,假设收益与费用都在一个临时科目——收益汇总进行结算。用这个科目来完成结算过程。

要求:
1. 请在 Lighthous 的账户中对上述交易编制相应的会计分录。
2. 请为 Lighthous 编制 12 月 31 日资产负债表的股东权益部分。

[难题 13-26]　股东权益的报告与综合分析

LO2,LO3,LO9,LO11　Keystone 公司有两类流通股票:股利率为 10%,面值为 40 美元的优先股以及面值为 1 美元的普通股。在 2011 年 11 月 30 日结束的第一个会计年度,公司在影响股东权益方面有着活跃的交易。交易汇总如下:

交易类型	股数	股价
(a) 优先股的发行	6 000	$47
(b) 普通股的发行	40 000	76
(c) 优先股的回购与撤销	3 000	50
(d) 库存股的购买——普通股(按成本报告)	15 000	80
(e) 股票分割——普通股(票面价值降至 0.50 美元)	分割比例 2:1	
(f) 库存股的重新发行——普通股(股票分割后)	15 000	67

2010 年 11 月 30 日,公司资产负债表的股东权益部分科目余额如下:

优先股(40 000 股)　　　　　　　　　　　　　　　　　　　　　　　　　$1 600 000

普通股(250 000 股)　　　　　　　　　　　　　　　　　　　　　　　　　250 000

超过面值的实收资本——优先股	200 000
超过面值的实收资本——普通股	18 250 000
留存收益	960 000

第一个会计年度年底普通股支付的股利为每股 1.20 美元,优先股股利按优先股股利率进行支付。本年净利润为 800 000 美元。

要求:根据上述数据,编制 2011 年 11 月 30 日资产负债表的股东权益部分。对撤销的股份,假设近期所发行股份首先撤销。(注意:其工作表从 2010 年 11 月 30 日开始,余额显示的是本年交易,这样便于资产负债表该部分的编制。)

[难题 13-27]　库存股交易

LO2,LO3,LO11　在 Barter 公司经营的第一个年度——2011 年,影响其股东权益的交易如下:
(a) 以每股 26 美元的价格发行 30 000 股面值为 20 美元,股利率为 9% 的优先股。
(b) 以每股 33 美元的价格发行 50 000 股面值为 3 美元的普通股。
(c) 以每股 28 美元的价格购买并撤销 4 000 股优先股。
(d) 以每股 35 美元的价格购买 6 000 股自身的普通股。
(e) 以每股 37 美元的价格重新发行 1 000 股库存股。

2011 年未宣告发放股利,2011 年净利润为 185 000 美元。

要求:
1. 假设库存股收购按成本进行计量,请对上述各笔交易进行记录处理。
2. 请编制 2011 年 12 月 31 日资产负债表的股东权益部分。

[难题 13-28]　以业绩为基础的股票期权

LO5　Globe 公司是一家新型的环境控制公司,于 2010 年 1 月 1 日开始为其管理层实施以绩效为基础的股票期权计划。这一计划旨在根据 2013 年公司获得的净利润,向截至 2013 年 12 月 31 日已在该公司工作满四个年度的管理层个人授予不同数量的股票期权。第一个净利润为 50 000 美元时,未授予任何股票期权。

此后,若 2013 年净利润在如下水平基础上,可授予的期权数量如下:

$50 000— $99 999	6 000 份股票期权
$100 000— $124 999	12 000 份股票期权
$125 000— $149 999	18 000 份股票期权
$150 000 以上	30 000 份股票期权

对于面值为 5 美元的普通股股票,其行权价格为每股 20 美元,授权日期权的公允价值为 9 美元。假设 Globe 公司股票的市场价格以及预计的 2013 年净利润在下列日期数据如下:

	股票价格	2013 年预计收入
2010 年 1 月 1 日	$24	$120 000
2010 年 12 月 31 日	31	140 000
2011 年 12 月 31 日	26	170 000
2012 年 12 月 31 日	32	135 000
2013 年 12 月 31 日	33	145 000(实际)

要求:请编制在 2010—2013 年期间与 Globe 公司股票期权相关的会计分录,假设所有可用的期权已在 2013 年 12 月 31 日被执行。

[难题13-29] 股票交易分析

LO2,LO9 若你要对Greystone公司的财务报表进行审计。在你审计期间,公司要求你整理公司成立之初至今的对比数据,你考虑从如下几个方面进行分析:

(a) Greystone 的公司章程自 2007 年 1 月 2 日开始有效,此时发行了 2 000 股不含面值的普通股以及 1 000 股股利率为 7% 的累计优先股。该普通股无票面价值,其售价为每股 120 美元;优先股按其面值每股 100 美元进行出售。

(b) Greystone 在第一个经营年末没有能力支付优先股股利,优先股持有者同意在 2007 年 12 月 31 日到期前按照手中所持的优先股数以每 50 股获得 2 股普通股的比例作为优先股股利。新股于 2008 年 1 月 2 日发行。普通股发行日的公允价格为每股 100 美元。

(c) 2009 年 5 月 1 日,Greystone 公司以 1 000 股公司自身的股票作为交换回购了 Booth 集团所有的流通股票。

(d) 2010 年 1 月 1 日,Greystone 按照 3:2 对其普通股进行股票分割;2011 年 1 月 1 日,Greystone 按照 2:1 对其普通股进行股票分割。

(e) Greystone 申请在 2 股普通股可转换为 1 股优先股的基础上将 20% 的优先股进行转换。这一申请已经通过,且转换权在 2011 年 7 月 1 日执行。

(f) 在 2009 年 12 月 31 日之前,普通股未宣告发放任何现金股利。每股普通股的现金股利如下:

	6月30日	12月31日
2009年	—	$3.19
2010年	$1.75	2.75
2011年	1.25	1.25

要求:计算如下数据:
1. 自 2007 年至 2011 年的年末最后一天,流通的各类股票的股票数量为多少?
2. 自 2009 年至 2011 年每年普通股的现金总股利为多少?

[难题13-30] 股票股利与现金股利

LO9 2011 年 1 月 1 日,Cozumel 公司拥有 100 000 股流通的面值为 0.50 美元的普通股。其普通股市价为每股 18 美元。Cozumel 公司 1 月 1 日的留存收益余额为 460 000 美元。在 2010 年期间,Cozumel 公司宣告并支付了每股 0.75 美元的现金股利。2011 年预计的净利润为 130 000 美元。Cozumel 公司从 McGraw 银行借了一笔贷款,贷款协议规定 Cozumel 必须使留存收益余额保持在 350 000 美元以上。

Cozumel 董事会对于是否在年度现金股利为每股 0.75 美元的基础上再额外宣告股票股利存在一定的争议。现有三种建议:(1) 不发行股票股利,(2) 10% 的股票股利, (3) 25% 的股票股利。

要求:作为 Cozumel 的持股股东,你倾向于上述哪种建议?并说明理由。

[难题13-31] 股东权益交易

LO2,LO3,LO8,LO9,LO11 Squires 公司于 2010 年 1 月 2 日建立,授权的股本结构 40 000 股面值为 200 美元,股利率为 10% 的优先股以及 300 000 股无面值、无设定价值的普通股。在公司经营的前两年,发生了如下部分交易:

2010 年
1月2日　以每股 14 美元的价格出售 15 000 股普通股。
1月2日　以每股 211 美元的价格出售 4 000 股优先股。
3月2日　普通股出售情况如下:以 19 美元的价格出售 11 300 股普通股;以 24 美元的价格出售 3 900 股普通股。

7月10日	购买了附近的一块地,估价为 500 000 美元,公司以 800 股优先股与 34 000 股普通股进行购买。(优先股以每股 211 美元进行记录,余额记录在普通股。)
12月16日	宣告规定的优先股股利以及 1.75 美元普通股股利。
12月28日	支付 12 月 16 日宣布的股利。
12月31日	假设收益与费用在临时账户——收益汇总进行结算,收益汇总科目显示的贷方余额为 600 000 美元,并将其转入留存收益。

2011 年

2月27日	以 18 美元的价格回购了 11 000 股普通股。库存股按成本价进行计量。(政府法律规定留存收益的拨款部分用以购买库存股,股票退回后,拨款转回至留存收益。)
6月17日	以 21 美元的价格重新出售 8 000 股库存股。
7月31日	以 16 美元的价格重新出售剩余的所有库存股。
9月30日	以 22 美元的价格出售 17 000 股额外的股份。
12月16日	宣告规定的优先股股利以及 0.70 美元普通股股利。
12月28日	支付 12 月 16 日宣布的股利。
12月31日	收益汇总科目显示的贷方余额为 550 000 美元,并将其转入留存收益。

要求:
1. 对上述交易编制相应的会计分录。
2. 请编制 2011 年 12 月 31 日公司资产负债表的股东权益部分。

[难题 13-32] 留存收益与现金流量表

LO8,LO9 2011 年 Schmidt 公司发生了如下业务:

(a) 本年宣告并发放的普通股股利总计 90 000 美元。另外,2010 年度宣告的股利于 2011 年 1 月 15 日进行支付。

(b) 年内 145 000 美元的留存收益主要用于未来几年的资本扩张。

(c) 折旧费用为 59 000 美元。

(d) 215 000 美元现金用于购买设备。

(e) 本年前期,公司宣告并分配 10% 的股票股利,此次股票股利分配导致新分配 40 000 股面值为 1 美元的普通股股票,股利分配后每股市价为 55 美元。

(f) 本年现金收入为 582 000 美元。

(g) 本年现金费用为 305 000 美元。

(h) 旧设备按其账面价值 20 000 美元进行出售。

(i) 年末,宣告 2:1 的股票分割。440 000 股面值为 1 美元的流通普通股交换成 880 000 股面值为 0.5 美元的普通股。

(j) 优先股宣告并发放的股利为 27 000 美元。

(k) 以 5 000 股面值为 0.50 美元的普通股来交换一块土地,该土地的公允价值为 170 000 美元。

(l) 假设本年经营性应收款项和应付款项的余额没有变化。

要求:请编制 2011 年 12 月 31 日 Schmidt 公司的现金流量表。采用间接法对经营活动的现金流进行报告。

[难题 13-33] 所有者权益审计

LO2,LO3,LO4 你被分配到 Packer 公司,一家制造型企业进行审计。该公司要求你对年末 2011 年 12 月 31 日影响所有者权益与其他相关项目的业务进行汇总,Packer 公司 2010 年 12 月 31 日资产负债表的所有者权益部分数据如下:

所有者权益	
实缴资本：	
普通股（授权 300 000 股面值为 2 美元，发行 75 000 股，流通 73 850 股）	$ 150 000
超过面值的实收资本	1 800 000
来自库存股的实收资本	25 000
实收资本合计	$1 975 000
留存收益	295 741
实收资本与留存收益合计	$2 270 741
减去：1 150 股库存股成本	74 750
所有者权益合计	$2 195 991

你从会计账目以及审计工作报告中摘取了如下信息：

2011 年

1月15日　Packer 公司以每股 50 美元的价格重新发行 850 股库存股，2010 年 12 月 31 日持有的 1 150 股库存股是 2010 年一同购买的，Packer 公司采用成本法对库存股的购买进行记录。

2月2日　以 103 的价格出售 80 份面值为 1 500 美元，利率为 9% 的债券，该债券于 2014 年 2 月 1 日到期，且附可分离认股权证，利息于每年的 2 月 1 日进行支付。不含认股权证的债券公允价值为 97。每份可分离认购认股权证的公允价值为 90 美元，2012 年 2 月 1 日到期。每份认股权证授权持有者以每股 50 美元的价格购买 15 股普通股。

3月6日　认购 1 800 份发行价为每股 53 美元的普通股，预先支付 45% 的款额，余额于 3 月 20 日之前支付。

3月20日　收到 1 500 股普通股的尾款后，将对这些股票进行发行。拖欠支付剩余 300 股普通股的认购者按照认购协议将放弃预先支付的金额。

11月1日　债券附含并执行的认股权证有 65 份。

要求：根据上述的交易编制相应的会计分录。

[难题 13-34]　CPA 考试样题

LO3，LO4，LO5，LO10　1. 2012 年 1 月 2 日，Kine 公司向其主席 Morgan 授予激励股票期权，可购买 1 000 股面值为 10 美元的 Kine 公司普通股。该期权需要在 2012 年 12 月 31 日以后以每股股价为 20 美元时执行，期权能在此开始三年后的任何时间执行期权。Morgan 于 2012 年 12 月 31 日执行了该期权，2012 年 1 月 2 日，股票的市价为 40 美元，12 月 31 日为 70 美元。期权的公允价值为 25 美元。由于该项期权的授予与执行，所有者权益的增加净额为多少？

(a) $20 000

(b) $25 000

(c) $30 000

(d) $50 000

2. 公司向现有股东发行认购权且不收任何费用。该权利允许接受者按超出面值的金额购买尚未发行的普通股，当认购权发行时，如下哪些科目将会增加？

	普通股	资本溢价
(a)	是	是
(b)	是	否
(c)	否	否
(d)	否	是

3. 如果公司将部分库存股按照超过成本部分的价格出售,超出部分应:
（a）在利润表中报告为利得
（b）视为剩余库存股账面价值的减少
（c）贷记资本溢价
（d）贷记留存收益

4. 下列哪项内容可报告为所有者权益的备抵账户?
（a）可转换债券的折价
（b）可转换债券的溢价
（c）累计外币汇兑损失
（d）组织损失

案例

[案例 13-35] 我应放弃认股权证吗?

认股权证授权持有者按照一定的价格购买一定数量的股票。Landon Davis 拥有 1 000 股认股权证。每股认股权证授予其有权按照每股 50 美元的价格购买一股 Plum Street 普通股的权利,每股 Plum Street 普通股的市场价格为 40 美元,由于认股价格高于现行市场价格,Landon 认为其认股权证价值低,准备放弃该认股权证。请问,该认股权证有价值吗?你如何向 Landon 解释影响认股权证价值的因素。

[案例 13-36] 库存股交易——你不能遗失!

如下内容引自 *Forbes* 杂志中一篇文章里的内容:

美国 HCA 公司的董事会决定回购 12 000 000 股总成本为 564 000 000 美元的本公司股份。然而自从 1987 年的股市崩溃,HCA 交易的股票价格仅为 31.125 美元。因此,HCA 需要投资 190 500 000 美元进行投资,对吗? 一般人按常识可能会说"是的",但是这个答案偏离了会计常识的逻辑。根据 GAAP,HCA 未在回购上经历一点损失,将其称作无风险投资。在股票市场波动的年代,股票回购使得公司有机会向股东宣布他们有项很棒的投资项目——如果最终结果令人失望,不实际承认坏消息的后果。

考虑上段描述中的批评,并对库存股会计处理的合理性进行评估。

资料来源:Penelope Wang,"Losses? What Losses?" *Forbes*, February 8,1988, p.118。

[案例 13-37] 眼不见,心不烦

在一些国家,支付给董事的奖金可直接从留存收益中扣除而不是直接计入年度收入。这一处理使其看似奖金是直接支付给董事的吗?会计准则能使其对公司的经济决定的影响显得中立吗?他们应是中立的吗?

[案例 13-38] 解析财务报表(沃特·迪士尼公司)

沃特迪士尼公司 2007 年的财务报表能在网上进行查询。定位财务报表并考虑如下问题。

1. 迪士尼普通股的票面价值为多少?迪士尼普通股的平均发行成本为多少?

2. 迪士尼对库存股的计量采用的是成本法还是票面价值法?在 2007 年 9 月 29 日,回购持有的库存股,其平均成本为多少?

3. 将(1)与(2)中的问题联结起来,如果库存股撤销,估计迪士尼的留存收益将减少多少?

4. 从迪士尼外汇汇兑调整中,追溯 2007 年迪士尼国外子公司的外汇兑换是变强还是变弱(相对于美元)。(提示:找出累计其他综合收益的细节,累计其他综合收益包含在所有者权益表的底部。)

[案例 13-39] 研究会计准则

为使读者更好地研究会计准则,此案例的设计将带你进入 FASB 的网站并浏览各种出版物。访问

FASB 的网站 http://www.fasb.org。点击"Pronouncements & EITF Abstracts"。

在这章中,我们讨论了股份为基础的支付以及相关的披露。在这个案例中,我们将学习 SFAS No. 123(R),"以股份为基础的支付。"打开 SFAS 123(R)。

1. 在摘要的开始,准则详列了 FASB 对公布 SFAS 123(R) 的四大原因。简要总结四大理由。
2. 准则的第 1 段详列了用于满足衡量股份为基础的支付的目标,那么衡量目标是什么?
3. 准则的第 64 段详列了与股份支付相关披露的需求,请简要总结披露细节。

[案例 13-40] 累进式电子工作表分析

这一电子表是对之前章节电子表分析的延续,若你已完成了之前的电子表,那你已经完成了这一电子表的初始部分。

回顾《中级会计学:基础篇》第 3 章案例 3-32 第(1)部分中为编制 2011 年修正财务报表所提供的说明,并根据下列提供的进一步说明完成任务。

1. 天行者公司欲编制 2012 年预期资产负债表、预期利润表、预期现金流量表。请以 2011 年提供的财务报表数据为基础并参考如下信息进行预测。

(a) 2012 年的销售总额预计将在 2011 年 2 100 美元的基础上增加 40%。

(b) 2012 年,新的不动产、厂房和设备采购将与(q)中的信息一致。

(c) 2011 年报告的 480 美元管理费用细分如下:折旧费用 15 美元,其他管理费用 465 美元。

(d) 2012 年增加的长期债务与(u)中的信息一致。

(e) 2012 年的现金股利按照(w)进行支付。

(f) 公司将获取新的短期贷款以使天行者公司 2012 年的流动比率等于 2.0。

(g) 2012 年,天行者公司按照(x)参与了额外的股票回购。

(h) 由于价格水平与汇率的不确定性,天行者公司的最佳估计是使得 2012 年资产负债表的累计综合收益保持不变。

(i) 在缺乏重要信息的情况下,假设 2012 年资产负债表中的证券投资、长期投资以及其他长期资产这些科目的余额增加了 40%,无形资产余额与(r)条款变化一致。

(j) 在缺乏重要信息的情况下,假设 2012 年资产负债表中的其他长期负债科目的余额与销售增加比率一致即 40%。

(k) 证券投资种类为可供出售金融资产。相应的,购买所支付的现金以及证券的销售也被划分为投资活动。

(l) 假设影响其他长期资产与其他长期负债科目的交易为经营活动。

(m) 现金与证券投资科目增长比率与销售增加比率一致。

(n) 2012 年的预期应收账款金额是通过平均收账期的数值来决定。2012 年的平均收账期预计为 14.08 天。为了使计算不复杂,14.08 天平均收账期的计算是通过预期年末应收账款金额来计算的,而不是平均应收账款金额。

(o) 2012 年的预期存货金额,是由预计的存货销售天数所决定的。2012 年的存货销售天数预计为 107.6 天。为了使计算变得更简单,107.6 天的存货销售天数的计算是通过年末的预期存货金额来计算的,而不是平均存货金额。

(p) 2012 年的预期应付账款金额是通过应付账款购买天数的预期数值来决定。2012 年的应付账款购买天数预计为 48.34 天。为了使计算更简单,48.34 天应付账款购买天数的计算是通过预期年末应付账款金额来计算的,而不是平均应付账款金额。

(q) 预计 2012 年物业、厂房和设备采购金额由固定资产周转率的预期价值来决定。2012 年固定资产周转率预计为 3.518 次,为了使计算更简单,3 518 次的比率计算取决于年末总资产、厂房与设备总额,而不是平均余额。(注意:为了简单起见,计算时忽略累计折旧。)

(r) 2012 年天行者公司未获得任何无形资产,无形资产根据(t)提供的信息进行摊销。

(s) 计算2012年折旧费用时采用直线法,按30年期限计提折旧,且无残值。本年所获得的不动产、厂房和设备按照半年提折旧。换言之,2012年的折旧费用分为两个部分:(1)原有的不动产、厂房和设备按30年期限全年计提折旧,且无残值;(2)在总资产变化金额的基础上,对本年新增加的总资产计提半年折旧。

(t) 天行者公司假设其无形资产有20年的使用期限,假设2011年报告的100美元无形资产是无形资产的初始成本。利润表包含了折旧费用与摊销费用。

(u) 足够金额的新长期债务以使天行者公司2012年的负债比率(即总负债除以总资产)精确到0.80。

(v) 假设短期应付贷款的利率为6.0%,长期债务利率为8.0%。对于年内发生的贷款,则只计算半年利息。例如,若2012年年末短期应付贷款金额为15美元,假设2011年年底短期应付贷款金额为10美元,那么2012年短期利息费用为0.75美元[($10×0.06)+($5×0.06×1/2)]。

(注意:这些预测报表是第12章中的电子表任务的一部分,若你已完成了第12章的任务,可将第12章的电子表作为初始电子表。)

在该练习中,增加如下额外假设:

2. 根据2012年的预测,请预测天行者公司是否会发行新股,如果(x)中描述的是天行者公司将不会回购股票,你的答案会改变吗?

3. 在下列新的假设下,对(2)进行重新计算:

(a) 2012年的负债比率等于0.70。

(b) 2012年的负债比率等于0.95。

4. 请评论:对一家公司而言,当净实收资本为实收资本减去库存股时,其结果为负,这一结果是否有可能?

第14章 债务和权益类证券投资

学习目标

1. 确定一家公司为何向其他公司投资。
2. 理解与投资证券相关的多种分类。
3. 购买债务和权益类证券的会计处理。
4. 投资证券收入确认的会计处理。
5. 投资证券公允价值变动的会计处理。
6. 投资证券出售的会计处理。
7. 记录不同类别投资证券之间的转换。
8. 在现金流量表中恰当地报告投资证券的购买、出售以及公允价值的变动。
9. 解释投资证券如何合理分类并披露。

扩展资料

10. 应收贷款减值的会计处理。

许多公司投资于其他公司。在一些情况下,投资方可能会拥有某家公司的全部股份;例如,迪士尼公司(The Walt Disney Company)拥有美国广播公司(American Broadcasting Company,ABC)100%的股份。在一些情况下,投资方可能只拥有某家公司的一部分股份,例如伯克希尔·哈撒韦公司(Berkshire Hathaway)持有可口可乐公司(The Coca-Cola Company)超过8%的股份,美国运通公司(American Express)13%的股份,以及富国银行(Wells Fargo)超过9%的股份。在其他例子中,投资方也可能会选择购买债券,而不是权益证券。表14-1列举了一些有着较大投资账户结余的美国公司。

补充

花旗集团(Citigroup)是历史上第一家总资产超过1万亿美元的公司。截至2007年12月31日,该公司报告总资产为2.188万亿美元,总负债为2.074万亿美元。

如列表显示,一家公司对其他公司的投资额可能非常大。作为伯克希尔·哈撒韦公司的大股东,沃伦·巴菲特是全美第二富有的人。该公司是一家以收购其他公司所有权为主营业务的控股公司。微软公司(Microsoft)的第一大股东比尔·盖茨是美国首富,对微软来说,投资其他公司比再投资于自己的公司能取得更大的收入。因而微软有时会投资于其他公司,以对正在开发新技术的公司施加战略性的影响。但是，与大学退休权益基金会(College Retirement Equities Fund, CREF)的证券投资额相比，大多数公司(花旗集团除外)的投资额就会相形见绌。这家公司成立的目的是为了协助实施非营利性教学研究机构的员工退休计划。大学教授和其他员工将工资中提取的退休金提前交付给大学退休权益基金会，从而进行投资。

表 14-1 2007 年各公司债券及股票的投资

公司	总投资额(十亿)	占总资产百分比
伯克希尔·哈撒韦	$106.6	39.0%
可口可乐	7.8	18.0
微软	19.9	27.4
花旗	1028.1	47.0
威瑞森	5.6	3.0

表 14-2 大学退休权益基金会部分资产负债表

2007 年投资	(百万)
投资组合	$220 465
现金	274
股利及应收利息	417
出售证券的应收款	244
从 TIAA 收取的到期金额	38
其他	11
总资产	$221 449

截至 2007 年 12 月 31 日，大学退休权益基金会拥有超过 2 200 亿美元的总资产，其中的 99.6% 用于投资其他公司的债券或权益证券。表 14-2 显示了 2007 年 12 月 31 日大学退休权益基金会资产负债表的资产部分。大学退休权益基金会、伯克希尔·哈撒韦公司以及微软公司是如何会计计量它们在证券上的巨额投资呢？这个话题将是本章的焦点。

问题

1. 迪士尼公司向 ABC 公司投资与伯克希尔·哈撒韦公司向可口可乐公司投资有什么重大区别？
2. 伯克希尔·哈撒韦公司与微软公司的投资运营有什么重大区别？
3. 大学退休权益基金会用谁的钱进行投资？

问题的答案可以在第 166 页找到。

债务和权益类证券投资的会计处理在过去几年里引起了极大的关注。主要的关注焦点是公允价值变动的确认和披露。因为证券投资的价格在短期内可能会发生大幅度的变动，因此反映证券价值变动的会计信息对于公司和财务报表使用者来说非常有用。为了解决估价的问题，FASB 颁布了 *SFAS No. 115*，"用于某些债务和权益类证券投资的会计处理。"这个公告颁布于 1993 年，它的主要作用是要求公司使用公允价值记录大部分投资证券。该公告与以前公告的不同之处在于，它要求一些证券不论价值增加或减少都要在财务报表中报告出来。2006 年，FASB 通过重新定义公允价值，扩充了 *SFAS No. 115* 中公允价值的要求,并且增加了包含在 SFAS No. 157 "公允价值计量"中的披露要求。

在本章节中,我们将讨论公司为何且如何向其他公司进行投资。同时我们将讨论与债务和权益类证券投资相关的会计处理问题。这些投资的会计处理包含几项活动,图 14-1 概括了这几项活动,该表中呈现的问题也将被逐一解决。紧接着这些问题的讨论,本章扩充资料部分论述了应收贷款减值的会计处理。

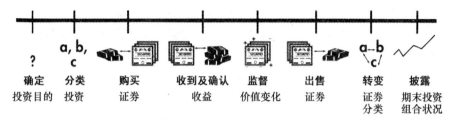

图 14-1 投资证券事务的时间线

一家公司为什么向其他公司投资

1 确定一家公司为何向其他公司投资。

WHY 恰当的会计处理必须与管理目的相结合。在对其他公司进行投资的会计处理领域中,管理者的投资意图影响着投资项目与其经济损益在财务报表中的报告方式。

HOW 有时候,通过管理者的具体陈述可以确定与该项投资相关的管理者意图。在其他情况下,某项投资的性质与规模也可以显示出管理者的意图。

一家公司向其他公司进行债务和权益类证券投资的原因有很多种,最普遍的五种原因将在本部分进行讨论。

安全缓冲

微软比其他公司拥有更多的现金和短期投资。2008 年 6 月 30 日,微软报告其拥有 237 亿美元的现金和短期投资。在这部分资金中,实际上只有 32.74 亿美元的现金,剩余的则是由存单、美国国库券、公司票据和债券,以及其他短期有息证券混合构成。从本质上看,微软通过贷款给银行、政府和其他公司,并以有息证券的形式储存了大量的现金。《时代》杂志(1997 年 1 月 13 日)报道称,比尔·盖茨规定微软必须始终保持足够大的流动投资余额,以确保公司能够应对一年内没有任何收入的状况。因此,这笔巨额的投资头寸是一个安全缓冲,它可以确保微软即使面临着极端的困境也能够持续经营。其他公司的安全缓冲则小得多,但一般的原理是,投资有时候可以为公司提供快捷的现金来源,并且可以在需要的时候提取。

周期性的现金需求

一些公司在季节性的商业环境中经营,需要进行周期性的存货积累,并对现金有着大量的需求,与此同时伴随着大量的销售收入和现金收入。

例如,下面的摘录来自大型玩具连锁零售商美国玩具反斗城有限公司(Toys "R" Us)

2008年2月2日10-K的备案：

　　一般来说,现金的首要用途就是为我们提供营运资本,主要表现在购买存货,偿还债务,新商店的建造融资,原有商店的改建,以及营业费用的支付……我们的营运资本需求遵循一种季节性的模式,并在每年的第三季度达到顶峰,此时的存货购买是为了假日时期的销售。从客户那里收到的货款是我们营运现金流的最主要来源……在最近的三个会计年度中,我们世界各地的玩具店业务超过40%的销售收入以及很大一部分营业利润以及营运现金流都是在第四季度产生的。我们的经营成果很大程度地依赖于第四季度的假期销售。

　　图14-2显示了美国玩具反斗城有限公司2007—2008年现金结余的波动状况。像美国玩具反斗城有限公司那样,在公司存在过多的现金时期,可以将其投资并获取收益。当然大部分的公司并不满足于银行存款所提供的低利率,从而转向其他的投资选择。公司可以通过向其他公司的股票(权益)和债券(债务)进行投资,来储存它的周期性现金结余,并通过承担较高程度的风险赚取较高的收益率。

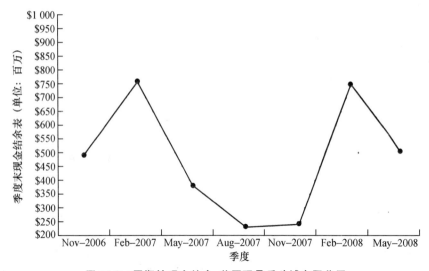

图14-2　周期性现金结余:美国玩具反斗城有限公司

获取收益的投资

> **补充**
>
> 让沃伦·巴菲特自豪的是,尽管伯克希尔·哈撒韦公司总部员工必须监管这个拥有233 000名员工的企业帝国,然而只有19人在公司的办公室中工作。

　　一家公司投资于其他公司的股票和债券,另外一个原因纯粹是为了赚钱。尽管伯克希尔·哈撒韦公司所拥有的子公司提供多种多样的产品和服务,并截至2007年年底雇用了233 000名员工,伯克希尔·哈撒韦公司依然认为他们是通过投资来盈利的。这是因为,截至2007年12月31日,伯克希尔·哈撒韦公司投资于每一种股票及应付债券的平均数额达68 857美元。换而言之,对于每一份售价120 000美元左右的伯克希尔·哈撒韦公司股票,其中过半的数额是通过伯克希尔·哈撒韦公司进行的间接投资,即投资于那些沃伦·巴菲特与其合伙人查理·芒格所看好的股票及债券。表14-3列示了转载于2007年年度报告的伯克希尔·哈撒韦公司投资准则。

表14-3 伯克希尔·哈撒韦公司的收购准则

1. 大额购买(至少7 500万美元的税前收益,除非该公司能够融入我们已有的业务单元)
2. 显示出稳定的盈利能力(我们对未来估计或者所谓"好转"的情形不感兴趣)
3. 企业能够在很少或没有负债的情况下为股东赚取较好的收益
4. 管理到位(这是我们无法提供的)
5. 业务简单(如果有太多的技术,我们理解不了)
6. 一个发行价格(哪怕只是初步的,对于一份价格未知的交易,我们不想浪费自己或出售者的时间)

大部分美国公司仅进行数额很小的单纯为赚取收益的投资,但伯克希尔·哈撒韦公司是个例外。这是因为一些公司,譬如微软、英特尔、麦当劳,其专业并不在投资,而是在于开发软件,制造电脑芯片,销售汉堡包。因此,对于这些公司,把精力集中在与各自业务相关的经营决策上比让管理者花费大量宝贵的时间去搞清股票和债券市场更有意义。

施加影响的投资

对于一些伯克希尔·哈撒韦公司作为大股东的公司,沃伦·巴菲特并不满足于只是一个被动的投资者。例如,在可口可乐公司、吉列公司(The Gillette Company)、华盛顿邮报公司(The Washington Post Company),他都担任了董事会成员。总体来说,除了赚取收益以外,公司向其他公司进行投资还有很多原因。一些原因是为了确保原材料的供应,对董事会施加影响,或是使产品供应多样化。例如,可口可乐公司自己并不灌装饮料,但将灌装饮料的特许权授予世界各地的独立灌装厂。然而,为了确保饮料灌装部门的供应链能够畅通无阻,可口可乐公司控制了大多数饮料灌装公司的多数股权。表14-4列示了这些灌装公司的地理位置,以及可口可乐公司所拥有的股权份额。汇总来说,对其他公司进行的大额投资经常是出于一些商业原因,譬如对该公司的经营管理施加影响。

表14-4 可口可乐对其大多数饮料灌装公司的股权份额

灌装商	位置	可口可乐公司拥有的股权份额
可口可乐公司	美国、加拿大、英国(可口可乐在世界上最大的饮料灌装商)	35%
可口可乐 Amatil 公司	澳大利亚、新西兰、太平洋群岛	30
可口可乐 FEMSA 公司	墨西哥、美国中部与南部	32
可口可乐 Hellenic 灌装公司	欧洲	23

实施控制的收购

> **思考**
>
> 截至 2007 年 12 月 31 日,福特汽车拥有马自达公司 33.4% 的股份。你认为以下哪一个动机最可能是福特汽车进行该项投资的首要动机?
> a) 安全缓冲
> b) 周期性现金需求
> c) 获取收益的投资
> d) 施加影响的投资

从哥伦比亚大学毕业后不久,沃伦·巴菲特于 1951 年向政府雇员保险公司(GEICO)进行了第一笔投资。他之所以把这家公司形容为他的"商业初恋",一定程度上源于他对这家公司的基本战略——成为必要产品的低成本供应商的赞许。1976 年,巴菲特决定让伯克希尔·哈撒韦公司购买更大数额的政府雇员保险公司股票。1995 年年初,伯克希尔·哈撒韦公司拥有差不多 50% 的政府雇员保险公司股份,这显然能够对公司的经营施加重大影响。1995 年巴菲特决定购买政府雇员保险公司的剩余股份,使政府雇员保险公司成为伯克希尔·哈撒韦公司的全资子公司。

当一家公司收购另外一家公司足够多的股份,并且能够控制其经营、投资以及融资决策时,这项合并便需要特殊的会计处理。出于会计计量的目的,拥有子公司 50% 以上的股份时,母公司需要将自身与所有子公司进行合并,用来报告其经营结果。例如,伯克希尔·哈撒韦公司对很多公司拥有控股权益,这些被合并的子公司分散在许多不同的州和国家,譬如奥马哈、内布拉斯加,以及德国的科隆。这些子公司的财务业绩都包含在伯克希尔·哈撒韦公司的财务报表中。这也是为什么绝大部分大公司的财务报表被称作"合并财务报表"的原因。它包括总计数或合并数,这是母公司与其拥有主要股权的所有子公司共同形成的结果。

投资证券的分类

2 理解与投资证券相关的多种分类。

WHY 投资证券的分类取决于管理者持有该证券的意图。投资证券如何分类将会影响证券的计量方法、相应的财务报表数额,以及使用那些数额计算出来的财务比率。

HOW 基于管理者意图,证券投资被分类为以权益法核算的证券、交易性金融资产、可供出售金融资产或持有至到期投资。

就如前面所言,SFAS No. 115 的颁布就是为了解决证券估价的问题。该公告适用于所有的债务证券和权益证券,前提是这些证券的公允价值容易确定及取得。① 然而,如果投资于一家公司的权益证券数额足够大时,就要使用另外一种不同的会计处理方法。

在我们讨论与 SFAS No. 115 相关的各种证券分类之前,让我们首先回顾一下什么是债

---

① Statement of Financial Accounting Standards No. 115,"Accounting for Certain Investments in Debt and Equity Securities" (Norwalk, CT: Financial Accounting Standards Board, 1993), par. 3.

务证券和权益证券。

债务证券

从第 12 章的回顾可知,债务证券是公司发行的一种金融工具,它通常具有以下特征:(1) 代表了在债券到期时所要支付给债权人的到期值;(2) 规定了持有期间利息费用的票面利率(固定或变动的);(3) 表明了债务将要赎回的到期日。

权益证券

权益证券代表着对一家公司的所有权。股票通常附带着对该公司股利的获取权利以及对该公司运营事项的投票权。此外,权益证券所具有的价格大幅增长的潜力使得股票成为一项有吸引力的投资。权益证券的特征在第 13 章中已详细介绍过。

对于债务证券和权益证券来说,随着时间的推移,许多复杂的交易市场不断发展,随之而产生了纽约股票交易所、纽约债券交易所,而现在纳斯达克已经成为最重要的股票和债券交易场所。

出于会计目的,被列在 *SFAS No. 115* 规定范围内的债务证券与权益证券可以被分为以下四类:持有至到期投资、可供出售金融资产、交易性金融资产以及以权益法核算的证券。图 14-3 展示了债务证券和权益证券的主要分类。

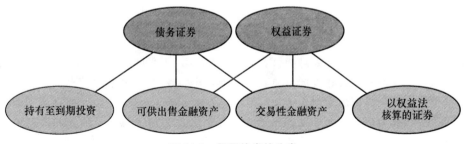

图 14-3　股票债券的分类

持有至到期投资

持有至到期投资是企业购买的并且有意图和能力持有至到期的债券。① 我们注意到这个分类中只包括债务证券,因为权益证券通常没有到期日。同样还要注意的是企业必须具备持有该债券至到期日的意图,仅打算长时间持有的债券并不包含在这个分类之中。

可供出售金融资产

除了持有至到期投资以及未被分类为交易性金融资产的债券,其他债券就被归类为"可供出售"证券。② 可供出售金融资产也可以是未被确认为交易性金融资产或以权益法进行核算的权益证券。一些代表性公司的大部分投资证券都被分类为可供出售金融资产。

---

① *Statement of Financial Accounting Standards No. 115*, "Accounting for Certain Investments in Debt and Equity Securities" (Norwalk, CT: Financial Accounting Standards Board, 1993), par. 7.
② Ibid., par. 12b.

这是由于这些具有代表性的公司将其投资证券作为储存多余现金的一种形式,而不是积极地去管理投资组合并通过股票交易来获取利润。

交易性金融资产

交易性金融资产是为了达成近期出售目的而购买的债务证券或权益证券。该交易涉及证券的频繁买卖,一般来说是为了达到"依靠短期价差生成利润"的目的。[①]

以权益法核算的证券

以权益法核算的证券是指为了能够控制或对被投资方的经营施加重大影响而购买的权益类证券。因此,大量的股票持有(除非存在相反的证据,一般假定至少要达到发行在外股票20%的份额)才能被划分为以权益法核算的证券。因为持有这些证券的意图不仅仅是为了获取投资收益,同时也包括能够对被投资方的经营施加影响,因此对这类证券的处理形成了一种不同的会计方法。

由于FASB要求企业在证券分类的基础上做出不同的会计计量和披露,因此把证券分为这四种类别。被划分为交易性金融资产的,要以公允价值的形式列报在资产负债表中,同时相应的未实现资产持有损益也要作为净利润的一部分反映在利润表中。被划分为可供出售金融资产的也同样要以公允价值的形式列报在资产负债表中。然而,与这些证券相对应的未实现资产持有损益要报告在其他综合收益中,并且其累计数额作为所有者权益的一个独立部分;这些未实现资产持有损益不影响报告期的净利润。持有至到期投资以摊余成本而非公允价值的形式在资产负债表上报告。持有至到期投资的会计处理一般与长期负债发行方会计处理相似,这我们已在第12章讨论过。以权益法核算的证券不是以公允价值的形式在资产负债表上报告。作为替代,以权益法核算的证券其价值随着被投资方资产净值的增加而增加,减少而减少。SFAS No.115关于持有至到期投资和以权益法核算的证券的会计处理相对地没有变化。表14-5总结了债券和股票的会计处理方法。

表14-5 债券和股票的不同会计处理方法

证券分类	证券类型	资产负债表上的披露	公允价值暂时变动的处理
持有至到期	债务	摊销成本	不用确认
可供出售	债务及权益	公允价值	在所有者权益中报告
交易性证券	债务及权益	公允价值	在利润表中报告
以权益法核算的证券	权益	根据被投资方净资产变动对历史成本进行调整	不用确认

为何要对证券进行分类

为何FASB要将证券划分为不同的类别?为何他们不能只规定一个统一准则,把公允价值变动产生的增加额或减少额直接计入利润表?如果你仔细考虑这个分类方案,会发现

---

① *Statement of Financial Accounting Standards No.115*, "Accounting for Certain Investments in Debt and Equity Securities" (Norwalk, CT: Financial Accounting Standards Board, 1993), par. 12a.

它意义非凡。例如,持有至到期投资,公司计划持有这些证券直至它们到期(于是有了这个名字)。公司没有在购买日至到期日中间实现公允价值变动损益的意图,因此没有理由去确认到期日前的任何公允价值变动。类似的,公司持有以权益法核算的证券不是为了获取公允价值变动的损益,而是为了对被投资者施加一定程度的影响。因此,该项投资的公允价值对于投资者来说不是最重要的。总的来说,由于价格上的增长对持有至到期投资和以权益法核算的证券来说不是首要的,因此公允价值暂时性变动的调整也不是必要的。

交易性金融资产的购买目的是在短期内获取收益。因此,公允价值的变动要在它们发生的期间内记录,不管它有没有通过公平交易得以实现。由于未实现损益可以通过一个简单的电话给投资组合经理,从而转变成已实现损益,因此这使得在公允价值发生变动时将变动额计入当期利润表变得颇有意义。

> **补充**
>
> 谁决定证券的分类?当然是管理层。在决定持有证券的原因中,管理者的目的是关键因素。你可以猜想得出,判断力在这个分类中扮演了重要角色。

那么可供出售金融资产又是怎样的呢?为什么不将该类证券的公允价值增减视同交易性金融资产来进行处理呢?答案在于实现这些公允价值变动的可能性。对于交易性金融资产而言,这些变动额很可能在近期而非较长的时间内实现,这也是称其为交易性金融资产的原因。而可供出售金融资产实现公允价值变动的可能性却不是那么明确。由于可供出售金融资产在当前期间实现其公允价值变动的可能性没那么明确,FASB决定绕过利润表,要求其价值增加额以其他综合收益的一部分直接计入资产负债表中的所有者权益项目。此外,尽管这些未实现损益被排除在净利润之外,但它们被计算在综合收益之内。由于可供出售金融资产起初的购买目的不是为了通过短期价格波动获取价差,这使得那些证券的未实现损益不计入当期净利润,看起来是合情合理的。

公允价值选择权

正如第12章中的解释,伴随着 SFAS No.159 允许公司在报告金融资产和负债时拥有公允价值选择权,FASB 在增加公允价值使用方面迈开了显著的一步。① SFAS No.159 规定,公司有权选择在资产负债表日通过公允价值报告它的任何一项或所有金融资产及负债。金融资产及负债的公允价值变动引起利润表中的未实现损益是公允价值选择权使用的原因。正如第12章所述,公允价值选择权允许公司将公允价值变动反映在利润表中,而不通过复杂的套期会计处理步骤,从而抵销金融资产与负债相应的经济后果。

投资证券的这种公允价值选择权胜过以上所描述的证券分类(交易性金融资产,可供出售金融资产,持有至到期投资以及以权益法核算的证券)。因此,尽管一种证券被分类为可供出售金融资产,如果公司对该证券采用了公允价值选择权,未实现损益则包含在利润表的净收益中,而不是像一般地可供出售金融资产那样放在其他综合收益中。类似的,

---

① *Statement of Financial Accounting Standards No.159*, "The Fair Value Option for Financial Assets and Financial Liabilities—Including an amendment of FASB Statement No.115" (Norwalk, CT: Financial Accounting Standards Board, February 2007).

以权益法核算的证券与持有至到期投资通常不是以公允价值报告在资产负债表中,如果公司对那些证券采用了公允价值选择权,则那些证券可以以公允价值的形式报告在资产负债表中。从本质上说,所有证券的公允价值选择权的选择及会计处理都与本章后面所介绍的交易性金融资产类似。

根据 IFRS 对投资证券进行分类

在 IFRS 下的投资证券分类,具体到 IAS 39,与美国 GAAP 下的规定在本质上是相同的。事实上,最初开始于 1999 年使用的 IAS 39,明显地被 SFAS No. 115(1993 年采用)所深深影响。对于交易性金融资产、可供出售金融资产、持有至到期投资的分类相同。IAS 39 与 SFAS No. 115 的根本区别在于 IAS 39 的范围更广。IAS 39 包含了对于金融资产及金融负债会计处理的指导;而 SFAS No. 115 只解决了投资证券(资产类)的会计处理。IAS 39 同样包含了金融衍生产品以及应收应付类的会计处理。更广的范围包括在 IAS 39 的题目中:"金融工具的确认及计量"。

公允价值选择权,正如上面所描述的,在 IAS 39 的规定下,同样存在于 IFRS 中。事实上,David Tweedie 先生,IASB 的主席,已经数次声明过他认为针对所有投资证券会计处理的完美准则应该包括两段。第一段应该说明所有的投资证券都应以公允价值的形式报告在资产负债表中,公允价值变动所形成的未实现损益转而报告在"利得及损失"(利润表)中。这是将公允价值选择权全面地应用到所有投资证券中。这种完美会计准则的第二段将会说明:"重新阅读第一段"。

证券购买

3 购买债务和权益类证券的会计处理。
WHY 对于任何资产,投资证券的初始成本必须在证券取得时进行确认。
HOW 债务和权益类证券以购买成本计量。对于债券来说,初始成本必须要对购买价格中所包含的应计利息进行调整。

债务和权益类证券购买时的成本记录与购买其他资产一样。但是由于债券在付息日之间进行购买与出售,从上一个付息日到本期应计利息的会计处理稍显复杂。

债务证券的购买

债务证券的购买以成本来记录,成本包括佣金、税费,以及其他购买时所发生的费用。当在付息日期间取得债券时,由于在购买日时存在应收利息,购买债券所支付的价格会相应增加。这一部分不应该报告为投资成本。已经取得的两部分资产——债券和应收利息——应该报告在两个独立的资产账户。在收到利息之前,应收利息账户是关闭的,利息收入账户贷记自购买日已获利息的金额。不同于将利息作为应收项记录(资产法),利息收入账户可以借记购买日支付的应计利息数。接下来收到利息时全额贷记利息收入即可。通常后一种处理方法——我们称之为收入法——更为简便。

为了说明购买债券的会计处理,假设于 5 月 1 日在 104.25 的价格购买 100 000 美元的美国国库券(债券正常情况下每股面值100美元),包括佣金费用,在1月1日与7月1日每半年支付9%的利息。3 000美元的应计利息应计入购买价格。购买者要将该债券划分为交易性金融资产,因为如果价格变动导致利润变动时,管理层将可能出售证券。记录购买该票据的分录以及随后的利息收入应该按照以下可选的步骤进行:

资产法
5月1日　借:交易性金融资产　　　　　　　　　　　　　　　　　　104 250
　　　　　　应收利息　　　　　　　　　　　　　　　　　　　　　　3 000
　　　　　　　贷:现金　　　　　　　　　　　　　　　　　　　　　　　107 250
7月1日　借:现金　　　　　　　　　　　　　　　　　　　　　　　　4 500
　　　　　　　贷:应收利息　　　　　　　　　　　　　　　　　　　　　3 000
　　　　　　　　　利息收入　　　　　　　　　　　　　　　　　　　　1 500

收入法
5月1日　借:交易性金融资产　　　　　　　　　　　　　　　　　　104 250
　　　　　　利息收入　　　　　　　　　　　　　　　　　　　　　　3 000
　　　　　　　贷:现金　　　　　　　　　　　　　　　　　　　　　　　107 250
7月1日　借:现金　　　　　　　　　　　　　　　　　　　　　　　　4 500
　　　　　　　贷:利息收入　　　　　　　　　　　　　　　　　　　　　4 500

最重要的一点是,无论在哪种方法下,利息收入的确认都等于该期赚取的利息,而不是应收金额。在这个案例中,该公司赚取的1 500美元代表了5月1日到6月30日期间的利息。

权益证券的购买

股票通常通过现金进行交易(如在纽约证券交易所、纳斯达克交易所或其他区域性交易所交易),来自于个人和机构投资者而不是公司自身。该投资以支付的价格计量,包括佣金、税费,以及其他必要的费用。即使是递延部分的购买价格,仍然要以全部成本计入该项股票投资,同时建立一个应支付金额的负债类账户。如果股票是以资产或服务的交易取得,而非现金,那么要考虑其给出的公允价值或股票的当期出售价格,哪一个更清晰明确,就作为该投资的计量基础。如果以汇总的价格取得两种或两种以上的证券,那么该成本就应该以公平的方式分配到各项证券,正如第10章所说的长期经营资产的一揽子购买。

为了说明权益证券购买的会计处理,假设 Gondor 公司以每股75美元(加上80美元佣金)购入 Boromir 公司300份股票,并以每股50美元(加上30美元佣金)购入 Faramir 公司500份股票。Gondor 将 Boromir 公司的股票划分为交易性金融资产,因为管理层没有长期持有该类证券的意图,当它们对公司能够产生有利的经济影响便会出售。Faramir 公司被划分为可供出售金融资产。购买证券的分录如下:

借:交易性金融资产——Boromir 公司　　　　　　　　　　　　　22 580[1]
　　可供出售金融资产——Faramir 公司　　　　　　　　　　　　　25 030[2]
　　贷:现金　　　　　　　　　　　　　　　　　　　　　　　　　　　47 610

计算:

$$^1 300 \times 75 + 80 = 22\,500 + 80 = 22\,580$$

$$^2 500 \times 50 + 30 = 25\,000 + 30 = 25\,030$$

投资证券的收入确认

4 投资证券收入确认的会计处理。

WHY 为了恰当地描述不同类型投资证券的业绩,一定要认真计算并表明投资证券的收入。

HOW 对于交易性债券和可供出售债券来说,利息收入的数额受该债券利率的影响。对于持有至到期投资,任何伴随初始购买价格的溢价或折价,必须要摊销并包含在利息收入的计算中。对于被划分为交易性及可供出售的权益证券来说,被投资者所宣告的股利应记录为收入。如果一项投资以权益法进行会计处理,投资者所确认收入的数额是被投资者所赚取利润与投资者所拥有的权益份额的函数。

公司投资于其他公司债券或权益证券的一个主要原因是通过利息及股利赚取收益。对于债券来说,收益的计算比较复杂,是由于债务工具经常在购买价与到期价之间存在一个差额。相应的溢价或折价会影响未来期间利息收入的数额确认——这取决于证券购买时如何分类。对于权益证券来说,投资的收入确认取决于拥有被投资者股票的多少。这些问题都将在接下来讨论。

债券收入的确认

回顾第12章可知,债券所附带的票面利率乘以其票面价值,即是该债券每年能够收到的利息数额。利息的收入通常以半年为基础进行计算。

当收到利息时,应借记现金贷记利息收入。然而,当债券以一个高于或低于其到期值的价值取得并且被分类为持有至到期投资时,对溢价和折价进行期间摊销以相应调整利息收入是被要求的。公司可以对与交易性金融资产和可供出售金融资产有关的溢价或折价进行摊销。然而回顾一下,该摊销处理的一个主要原因是,保证该持有至到期投资的账面价值等于其到期日的到期价值。如果证券没有被划分为持有至到期投资,摊销处理的相关性就变得较低。①

如第12章所说,溢价或折价是由债券取得日的票面利率与市场利率之间的差别所导致。如果票面利率高于当前的市场利率,投资者为了获取更高的利息收入,因而愿意支付更高的价格去购买债券(溢价)。当市场利率高于票面利率,投资者愿意支付较低的价格去购买债券,进而导致折价。

补充

如果你想要理解以下计算你需要了解现值计算。《中级会计学:基础篇》中"回顾货币时间价值"模块包含了货币时间价值的概述。

伴随着债券价值计算的现值计算已经在第12章说明,这里也介绍一个案例。假设2010年1月1日,Silmaril Technologies购买了5年期,10%票面利率,面值100 000美元的债券,每年1月1日与7月1日付半年息。类似债券的市场利率在到期日时为8%。Silmaril计算其债券的市场价格如下:

面值现值:

债券5年后的到期价值   100 000

100 000美元的现值:$FV = 100\,000; N = 10; I = 4\%$ 67 556

---

① 直到本章结束的所有案例中,我们都假设溢价与折价都只伴随着持有至到期投资的摊销。

支付利息的现值：
每半年支付，100 000 美元的 5%　　　　　　　　　　　　　　　　　　5 000
支付 10 次 5 000 美元的现值：$PMT = 5\,000; N = 10; I = 4\%$　　　　40 554
债券的总现值（市场价格，四舍五入）　　　　　　　　　　　　　　108 110

我们将使用两个例子来说明利息收入的会计处理。首先，我们假设 Silmaril 公司倾向于利用短期价格波动（从而将它们划分为交易性金融资产）；其次，我们假设 Silmaril 愿意且有能力持有债券至到期（将它们划分为持有至到期投资）。

划分为交易性金融资产的债券利息收入　回顾第 12 章可知，投资者通常不去使用溢价或折价账户，而是以成本计量投资，并通过溢价、折价调整其面值以取得其净值。Silmaril 公司计量其债券初始购买价格的分录如下：①

借：交易性金融资产　　　　　　　　　　　　　　　108 110
　　贷：现金　　　　　　　　　　　　　　　　　　　　　　108 110

当收到对方支付的利息时，收款的分录如下：

借：现金　　　　　　　　　　　　　　　　　　　　5 000
　　贷：利息收入　　　　　　　　　　　　　　　　　　　　5 000

划分为持有至到期投资的债券利息收入　起初购买的被划分为持有至到期投资债券的分录如下：

借：持有至到期投资　　　　　　　　　　　　　　　108 110
　　贷：现金　　　　　　　　　　　　　　　　　　　　　　108 110

为了确定每期摊销的溢价金额，Silmaril 需要制作一个摊销表，说明如下。这个表以实际利率法进行摊销。②

债券溢价的摊销——实际利率法
（100 000 美元，5 年期债券，10% 每半年支付利息，
以 108 110 美元出售的半年期 8% 复合利率）

利息支付	A 收到利息 (0.05 × $100 000)	B 利息收入（0.04 × 债券账面价值）	C 溢价摊销 （A − B）	D 未摊销溢价 （C − D）	债券账面价值 （$100 000 + D）
				$8 110	$108 110
1	$5 000	$4 324	$676	7 434	107 434
2	5 000	4 297	703	6 731	106 731
3	5 000	4 269	731	6 000	106 000
4	5 000	4 240	760	5 240	105 240
5	5 000	4 210	790	4 450	104 450
6	5 000	4 178	822	3 628	103 628
7	5 000	4 145	855	2 773	102 773
8	5 000	4 111	889	1 884	101 884
9	5 000	4 075	925	959	100 959
10	5 000	4 041*	959	0	100 000

*舍入的差额已在最后的分录中调整

---

① 如果证券被划分为可供出售金融资产，分录则与此类似。会计科目是唯一的不同。
② 如第 12 章的解释，当与实际利率法没有实质区别时，可以使用利息直线摊销法。然而，直到章节结束的所有案例中，我们都使用实际利率法。

当第一次收到债券发行方支付的 5 000 美元利息时,Silmaril 将作出如下的分录:

借:现金　　　　　　　　5 000
　贷:利息收入　　　　　　　4 324
　　　持有至到期投资　　　　 676

随后的利息收入应该以相似的分录记录,唯一的区别就是摊销额不同,这取决于收到的是哪种利息。

权益证券收入的确认

当购买权益证券时,必须要使用两种基本方法中的一种来进行收入的确认,收入取决于合并企业(投资者)对被合并企业(被投资者)的控制或影响程度。当投资者持有的股份使投资者能够对被投资者的决策进行控制或存在重大影响时,使用权益法是适当的。关于用权益法核算的证券的会计处理已经在 APB 的第 18 号意见中进行了概括。若投资者不能对被投资者有重大影响时,应将股权性证券作为交易性证券或可供出售金融资产,并按 SFAS No. 115 的规定进行账务处理。

投资者能够对以下决策产生重大影响,如股利分配、经营管理及财务管理,并通过几种方式表现出来:向被投资者的董事会派代表,参与政策的制定过程,实质性的关联交易,管理者更换,或者是被投资者对投资者技术上的依赖性。另一种重要考虑便是投资者的所有权范围与其他股权集中程度的关系。当拥有一家公司超过50%的普通股时,实质上确定了投资公司对被投资者的控制;当投资者拥有50%或少于50%的普通股时,如果剩余的股票被分散地持有,同时没有大量股东能够一致地联合,则投资者也可以实施有效控制。在第18号意见中,APB 认为控制与影响程度并不总是很清晰,这需要对各项投资的地位进行评估。为了能够获取与自己的地位相应的影响程度,APB 设置 20% 股权份额作为所有者权益的标准;20%的股权或更多的公司投票权附带这种假设,即在缺乏相反的证据时,投资者能够对投资公司产生重大影响。相反地,低于20%的股权会导致这种推测,即投资者没有能力对被投资者产生重大影响,除非能够证明这种能力。①

1981 年,FASB 颁布了第 35 号解释,强调20%的标准只是一个指导方针,同时当股权为50%或低于50%时需要额外判断来选择合适的会计处理方法。② FASB 正在商议中的一项关于控制权方案的征求意见稿(合并财务报表:目的与方针)中,将控制定义为"一个实体对另一个实体持续性活动的非共享性决策制定能力,即指导和管理的能力。"FASB 更深入地诠释了控制的存在性假设,如果某实体存在以下情况:(1)拥有董事会的多数投票权或有权指派董事会的多数成员;(2)在董事会中拥有大量的少数投票权,同时不存在拥有重要

---

① Opinions of the Accounting Principles Board No. 18, "The Equity Method of Accounting for Investments in Common Stock" (New York: American Institute of Certified Public Accountants, 1971).

② FASB Interpretation No. 35, "Criteria for Applying the Equity Method of Accounting for Investments in Common Stock" (Stamford, CT: Financial Accounting Standards Board, 1981), par. 4.

投票权的其他当事人或当事人组织。在这种提案下,一家公司即便拥有少于 50% 的所有权,也可以认为其能够对其他公司实施"控制"。例如,可口可乐公司可以被认为控制了表 14-4 中的灌装子公司。截至 2008 年,FASB 仍然在考虑对控制的定义进行调整,并与 IASB 一同积极地推进该项目向前发展,但是在现行的标准中,一家公司拥有另一家公司超过 50% 的股权仍是控制存在的条件。

直到 FASB 提出解决控制争议的最终标准之前,APB 第 18 号意见关于所有者权份额标准的陈述已被人们广泛接受,在投资者未拥有绝对的投票控制权时,以此作为恰当的长期股权投资会计处理方法的基础。如果控制已经确定存在,合并的财务业绩将在合并财务报表中报告出来。如果存在重大影响,要对该项投资使用权益法进行会计处理。如果以上都不存在,那么就将该证券分类为交易性或可供出售金融资产。要注意的是,由于优先股通常不具有投票权并且不能产生重大影响,因此它总是被划分为交易性或可供出售金融资产。

> **补充**
>
> 记住,合并不是权益法的替代。它由权益法的处理及除此以外所运用的步骤构成。

在合并的案例中,投资者与被投资者分别地代指母公司和子公司。只要存在控制,就需要准备合并财务报表。这意味着母子公司财务报表中的余额是结合在一起的,或者说是合并在一起的,即使公司作为独立的实体继续经营,为了财务报告的目的也要如此。在合并过程中,要抵销所有的内部交易,例如,母公司与子公司之间所有的购买及销售。在抵销所有的内部交易时,合并余额或合并总额要恰当地反映整个经济体的财务状况和经营成果。这种处理反映了一个事实,即拥有多数普通股所有权确定了母公司对子公司决策过程的控制。这里的关键点是:在合并过程中权益法的使用建立在分录之上。实际上,会计处理的权益法经常指的是"单行合并"。可口可乐公司提供了一个案例,在该案例中可口可乐公司拥有其一家子公司超过 50% 的权益,然而却未准备把该子公司纳入合并财务报表。回顾我们以前的讨论,可口可乐公司为了获得对澳大利亚饮料灌装商可口可乐 Amatil 公司的影响而拥有其 30% 的份额。在过去的几年里,可口可乐公司对可口可乐 Amatil 公司的所有权份额超过 50%,然而却并未将其纳入合并。可口可乐公司未将其纳入合并的原因在该公司财务报表附注中显示,这项控制被认为只是临时的。

之前的会计准则允许公司对某些拥有多数股权的子公司进行单独的报告,如果这些子公司属于"非同质性"经营,或者是大量的少数股权,或者是位于国外。子公司的独立报告经常发生于其与母公司经营内容有着重大差别的情况下(例如,非同质性)。典型地,子公司从事于金融、保险、租赁或房地产业务,而母公司则是制造商或零售商。例如通用汽车金融公司(General Motors Acceptance Corporation,GMAC)、IBM 信贷公司(IBM Credit Corporation),它们分别是通用汽车公司、IBM 公司全资拥有的金融子公司。一般来说,这些子公司的财务报表都不与各自的母公司进行合并。

随着 *SFAS No. 94* 的颁布,FASB 现在要求将全部主要控股的子公司纳入合并,除非控制只是暂时的或者不归属于主要控股方(比如,当子公司处于法定重组或破产时),并且考虑着扩大控制的范畴以鼓励那些甚至只是拥有较少股权的母公司将子公司纳入合并范围。① 因此，即使是非同质性经营，或大量的少数股权，或者是位于国外的子公司都要纳入合并。报告的实体是由母公司及其所有子公司构成的整个经济体。

总的说来，在缺乏相反的说服性证据时，当所有权低于 20% 时把权益性证券划分为交易性或可供出售金融资产；当投资者拥有的权益份额有能力对被投资者施加重大影响或控制时要使用权益法；在那些案例中控制被视作存在的，权益法与其他的合并步骤结合着使用。处理所有者权益后果与控制、影响以及恰当的会计处理方法等关系总结在表 14-6 中。注意那些给出的百分比只是建议。在确定某项投资合适的会计处理方法时，即投资者是否影响或控制该被投资者，投资者的主观评判能力也要纳入考虑。

我们首先要讨论交易性金融资产和可供出售金融资产在收入确认过程中的会计处理及报告问题。接下来将要讨论更复杂的权益法。

表 14-6　长期股权投资的所有者权益后果及控制、影响的会计处理方法

所有者权益	控制或影响程度	会计处理方法	应用准则
大于 50%	控制	权益法及合并步骤	APB 第 18 号意见
20% 到 50%	重大影响	权益法	APB 第 18 号意见
小于 20%	无重大影响	视作交易性或可供出售证券处理	SFAS No. 115

划分为交易性或可供出售金融资产的收入确认　当投资于一家公司股票但并未产生控制或重大影响时，这项投资便被划分为交易性或可供出售金融资产。回顾可知权益证券不能被划分为持有至到期投资。股利宣告发放时（如果投资者知道宣告信息）或从被投资者收到股利，应确认收入。继续以前的案例，假设 Gondor 公司从被投资者收到以下股利：

公司	分类	持股数	收到每股股利
Boromir 公司	交易性金融资产	300	$2.00
Faramir 公司	可供出售金融资产	500	3.75

记录收到股利的分录如下：

　　借：现金　　　　　　　　　　　　　　　　　　　　　　　　　　　2 475*
　　　　贷：应收股利　　　　　　　　　　　　　　　　　　　　　　　　　　2 475
　　*[(300 × $2.00) + (500 × $3.75) = $2 475]

划分为权益法核算的证券收入确认　用权益法处理的长期股权投资反映了投资者与被投资者之间的经济实质关系而不是单独的法律实体区别。这种方法的目的是反映投资者对被投资者公司净资产的基本要求权。

在权益法下，投资最初以成本记录，就如其他投资一样。然而，由于权益法的使用，投资的账面价值要周期性地调整进而反映被投资者标的资产的变动。投资账面余额通过增加来反映投资者对被投资企业所拥有的相应收益份额，或通过减少来反映报告的相应份额损失。在计算投资者所享有或承担的投资收益及损失前，如果被投资对象宣告了优先股股利，要将它们从被投资者报告的利润中减去。当投资者收到股利时，要相应减少投资的账

---

① *Statement of Financial Accounting Standards No. 94*, "Consolidation of All Majority-Owned Subsidiaries" (Stamford, CT: Financial Accounting Standards Board, 1987).

面价值。因此,当被投资者净资产增加时,权益法的使用会导致投资账面价值相应增加;类似的,被投资者亏损或支付股利时,投资的账面价值要相应减少。

我们将用一个简单的案例来说明权益法。假设 BioTech 公司在本年的 1 月 1 日支付 200 000 美元购买了 Medco 公司 40% 的股份。本年 Medco 报告的净利润为 50 000 美元,并支付股利 10 000 美元。BioTech 公司在该年要作出以下的分录:

记录购买 Medco 公司 40% 的股份。

借:对 Medco 公司的股票投资	200 000
贷:现金	200 000

记录并确认从 Medco 公司获得的投资收入。

借:对 Medco 公司的股票投资	20 000
贷:从 Medco 公司的股票投资获取的收益份额($50 000 × 0.40)	20 000

记录从 Medco 公司投资收到的股利。

借:现金($10 000 × 0.40)	4 000
贷:对 Medco 公司的股票投资	4 000

注意 Medco 公司的账面价值本年增加了 40 000 美元(50 000 美元净利润减去 10 000 美元股利)。BioTech 公司投资于 Medco 公司的投资账户账面价值增加了 40%($16 000 = $20 000 − $4 000)。权益法包含了投资者账面价值与被投资者投资账户账面价值之间的关系。如果子公司的账面价值变动,母公司投资账户账面价值也要相应变动。

将 SFAS No.115 与权益法比较 为了对比和说明不同方法下的分录,假设 Powell 公司于 1 月 2 日以每股 20 美元购买了 San Juan 公司 5 000 股普通股,包含佣金及其他费用。San Juan 公司总共拥有 25 000 股流通股;因此,5 000 股代表了 20% 的所有权。为了说明股票收入确认的不同会计处理方法,我们将假设(1)证券被分类为可供出售证券,与(2)被分为以权益法核算的证券并使用权益法计量。在两种假设下的相应分录列示在表 14-7 中。现行方法的使用依赖于投资者在考虑所有相关因素进而行使的重要性程度,就如拥有的所有权份额。表 14-7 突出了使用 SFAS No.115 与权益法在会计处理上的基本不同点。在两种方法下,投资起初都以成本记录。对于可供出售金融资产,应收股利被确认为股利收入;同时在权益法下要调减投资账户账面价值。

表 14-7 使用 SFAS No.115 与权益法确认收入的分录

可供出售证券		权益法	
1 月 2 日以每股 $20 购买了 San Juan 公司 5 000 股普通股:			
借:可供出售金融资产	100 000	借:长期股权投资——San Juan	100 000
贷:现金	100 000	贷:现金	100 000
10 月 31 日以每股 $0.8 从 San Juan 公司收到股利($0.8 × 5 000 股):			
借:现金	4 000	借:现金	4 000
贷:应收股利	4 000	贷:长期股权投资——San Juan	4 000
12 月 31 日 San Juan 公司宣告当年净利润 $60 000:			
没有分录		借:长期股权投资——San Juan	12 000
		贷:投资收益——San Juan	12 000

在权益法下,投资者按份额享有被投资企业的收益应以收益形式记录并增加在投资账户,然而被划分为可供出售金融资产时,对于该事项不需要作任何分录。如果被划分为交

易性金融资产,确认收入的分录与可供出售金融资产的处理是一样的。

权益法:高于账面价值的收购 当一家公司被另一家公司收购时,收购价格通常与被收购公司记录的标的净资产账面价值不同。例如,假设 Snowbird 公司以 800 万美元收购了 Ski Resorts International 公司 100% 的股票,尽管 Ski Resorts International 公司净资产的账面价值只有 650 万美元。事实上,Snowbird 公司收购了一些被低估的资产,或者是有超额收益的潜质资产,或者以上兼具。

正如第十章所讲述的,如果正在进行业务的购买价格超过了所记录的价值,那么收购公司肯定会将购买价分摊在所收购的资产之中,而那些资产是按照目前的市场价值而非被收购公司账面所记载的价值收购的。如果购买价款的一部分未能分摊到特定的资产中,无论是有形的还是无形的,这部分数额将作为商誉进行确认。如果收购资产的公允价值发生减值,收购资产可能以低于被收购公司的账面价值记录。无论资产由于购买而增值或者减值,未来利润的确定应使用新(调整)价值来确定折旧和摊销费用。

当一家公司仅有一部分股票被购买,并且使用权益法来反映部分持有公司的利润,则应调整被投资公司所披露的利润,类似于刚刚讲过的那样。为了确定类似的调整是否有必要,收购公司必须在购买日将普通股的购买价格与被收购公司所记录的净资产价值相比较。如果购买价格超过投资者账面价值的份额,计算得出的多余数额分析方法和上面所描述的 100% 购买相同。尽管不需要在任何一家公司的账簿上作调整资产价值的分录,但是对于投资者而言,需要使用权益法调整被投资公司所披露的利润,以反映其支付的比潜在账面净资产更多的经济实质。如果把可折旧资产在被投资者的账簿上调至较高的市场价值以反映投资者支付的价格,被投资公司应计额外的折旧。类似的,如果购买价格反映了可摊销的无形资产,那么仍需额外的摊销。这些调整减少了被投资公司所披露的利润。为了反映这种状况,投资者应该使用权益法来调整被投资者所披露的利润。这种调整满足了使用权益法计算披露利润的目标,和公司购买了 100% 股份并且需要编制合并财务报表相一致。

为了说明,假设当 Phillips 制造有限公司以 250 000 美元购买 Stewart 公司 40% 的普通股股份的时候,Stewart 公司的普通股账面价值是 500 000 美元。以 40% 的所有者权益为基础,可以计算出 Stewart 公司净资产的市场价值是 625 000 美元(250 000/0.4),比账面价值高出 125 000 美元。假设通过检查资产价值发现可折旧资产的市场价值超过了它们的账面价值 50 000 美元。这剩余的 75 000 美元(125 000—50 000)差额缘于其特殊的经营执照。进一步假设可折旧资产的平均剩余期限是 10 年,而营业执照在 20 年内摊销。Phillips 制造有限公司会调整 Stewart 公司披露的利润中它所持有的份额以反映额外的折旧和执照的额外摊销,如下:

额外折旧(50 000×0.4)/10 年	$2 000
额外摊销(75 000×0.4)/20 年	1 500
	$3 500

前 10 年中 Phillips 每年都会编制以下分录及补充分录来确认它在 Stewart 公司的利润份额以及股利。

借:Stewart 公司股票投资利润	3 500	
贷:Stewart 公司股票投资		3 500

因为折旧资产市价超额部分的适度贬值是 2 000 美元以及未记录执照的摊销是 1 500 美元,故调

整 Stewart 公司普通股利润份额。

十年后,只需调整 1 500 美元直到执照全部摊销完。

为了完整地说明,我们假设在 2011 年 1 月 2 日购买;在 2011 年 Stewart 公司宣告并支付给普通股股东 70 000 美元股利,并且在 2011 年 12 月 31 日披露本年净利润 150 000 美元。2011 年年底在 Phillips 的资产负债表中所披露的对 Stewart 公司普通股票投资应为 278 500,计算如下:

Stewart 公司普通股投资		
收购成本		$250 000
加:被投资公司 2011 年盈利份额(150 000×0.4)	60 000	$310 000
减:来自被投资公司的应收股利	$ 28 000	
低估资产的额外折旧	2 000	
未记录执照的摊销	1 500	31 500
投资年末账面价值(被投资公司的权益)		$278 500

这例子假设两个公司的会计年度一致,并且股票购买发生在年初。如果购买并非发生在年初,则购买日之前所赚取的利润应包括在购买成本中。仅在购买之后被投资公司赚取的利润才能被投资者确认。

额外折旧和无形资产摊销的调整仅在购买日购买价格大于账面价值的时候才需要。如果在购买时购买价格小于相应的账面价值,则假设被投资公司特定资产被高估了。为减少包括在被投资公司利润中的折旧所进行的调整是必要的。这里的会计分录进行的调整与上述例子相反。除了高估资产加上(而不是减去)被投资公司的账面价值的调整外,其余的计算都相似。

> **补充**
>
> 与权益法投资相联系的商誉不像《中级会计学:基础篇》第 11 章所描述的那样进行减值测试。在本章后面将述,所有的权益法投资考虑的是价值下降是否是永久的。

如果投资成本大于被投资公司净资产账面价值的份额是由于商誉导致,那投资利润的计算相对简单。这是因为商誉不用摊销,它与整个业务的收购有关。因此,在 Phillips 例子中如果超出的 75 000 美元是由于商誉而非经营执照所产生,那么第一年投资利润应是 58 000 美元(60 000 − 2 000),而不是 56 500 美元(60 000 − 2 000 − 1 500)。

权益法:合营企业　正如第 12 章所述,合营企业是表外融资的一种形式。第 12 章并未涉及的是对合营企业使用权益法核算。以下将说明合营企业以怎样的方式进行表外融资。公司所有人 A 和 B 均持有 Ryan Julius 公司 50% 的股份,Ryan Julius 为 A 和 B 的产品进行研究和销售。Ryan Julius 资产是 10 000 美元,负债是 9 000 美元。因为所有者 A 和 B 都没有超过 50% 的股份,所以都可以使用权益法核算。两个公司的资产负债表包括以下有关他们在 Ryan Julius 的投资:

所有者 A 资产负债表

　　Ryan Julius 投资[(10 000 − 9 000)×0.5]　　　　　　　　　　　　　　　$500

所有者 B 资产负债表

　　Ryan Julius 投资[(10 000 − 9 000)×0.5]　　　　　　　　　　　　　　　$500

Ryan Julius 9 000 美元的负债均不在两个所有人的资产负债表中记录，合营企业的表外融资由此看出。在这里，所有者 A 和 B 使用 Ryan Julius 合营企业借款 9 000 美元，但是却不在他们两个的资产负债表中披露这项借款。正如第 12 章所提及的，在雪佛龙（Chevron）和德士古（Texaco）合并之前，它们拥有一家 50-50 的合营企业——加德士（Caltex）。加德士有多达 600 万美元的负债，却不在雪佛龙和德士古这两家的资产负债表中披露。

不是所有的合营企业都是如上所举的 50-50 的所有权结构。如果一个合营企业的所有人是 70-30，少数所有者仍使用权益法核算合营企业，但是要求大股东报表合并该合营企业，并且在它的资产负债表中列示合营企业所有的资产和负债。

IFRS 权益法核算

在 IFRS 中权益法核算在所有重要的方面与美国 GAAP 是一致的。相关准则是 IAS 28。在 IFRS 中，与之"相应的"是在美国 GAAP 中所谓的"权益法投资"。如果本书是高级会计学教材，那么我们会讨论合营企业的比例合并法，这种方法在 IAS 31 中允许使用；而在美国 GAAP 中仅在特殊行业允许使用。但是，因为本书不是高级会计学教材，我们并不讨论比例合并法。

证券价值变动的核算

5 购买债务和权益类证券的会计处理。

WHY 对于大多数证券投资，最相关的价值衡量尺度是公允价值。而且，对于那些在公开市场交易的证券投资，公允价值也是一种可靠的价值衡量尺度。因此，大多数证券投资在资产负债表中以公允价值列示，而未实现的经济损益在利润表中或者其他综合收益中列示。

HOW 划分为交易性或可供出售的债务和权益类证券，其价值的临时变动通过公允价值变动损益账户核算。利用这个账户使得这些证券以公允价值在资产负债表中列示。对于交易性金融资产，公允价值的增减作为损益项目在利润表中披露。对于可供出售金融资产，公允价值的变动确认为其他综合收益，这是所有者权益累积的一部分。持有至到期投资和以权益法核算的证券公允价值的变动不予确认。

债务和权益类证券的公允价值每日都会上下浮动。公允价值的这些变动，一些被认为是临时的，而另一些被认为是具有持久性的。以前 SFAS No. 115 规定，如果发生临时的价格变动，仅证券价值的下降额（随后会恢复）可在财务报表中确认。新准则规定，对于许多类型的债务和权益类证券，其公允价值的增加和减少均在财务报表中反映。下面将讨论证券公允价值临时变动的会计处理。我们也简单地讨论了公允价值永久性减少的核算方法。

证券公允价值发生暂时变动的核算

回顾我们之前讨论过的，所有公开交易的债务和权益类证券持有目的不是影响被投资企业的，则应被划分为三类中的一类。这几类及披露的要求总结在表 14-5 中。

在这部分我们用以下例子来说明公允价值变动的核算。Eastwood 公司在 2011 年 3 月 23 日购买了五种不同的证券。明细表显示了每种证券的类型和成本，以及在 2011 年 12 月 31 日的公允价值，具体如下：

证券	类别	成本	公允价值 2011年12月31日
1	交易性	$8 000	$7 000
2	交易性	3 000	3 500
3	可供出售	5 000	6 100
4	可供出售	12 000	11 500
5	持有至到期	20 000[1]	19 000

[1] 证券5按面值购买。如果购买价不等于面值,则可以使用之前所谈及的摊销法。

初始购买时的分录如下:

借:交易性金融资产　　　　　　　　　　　　　　　　　　　　　　　　　11 000
　　可供出售金融资产　　　　　　　　　　　　　　　　　　　　　　　　17 000
　　持有至到期投资　　　　　　　　　　　　　　　　　　　　　　　　　20 000
　贷:现金　　　　　　　　　　　　　　　　　　　　　　　　　　　　　　48 000

证券1和2被管理者划分为交易性金融资产,是因为管理者并没有长期持有的意图而且只要该证券能使公司获得经济利益就会被出售。管理者认为证券3和4是可供出售金融资产。管理者按证券面值购买证券5并打算持有至到期。

在一个会计期间,证券的公允价值会上下浮动。而仅在会计期末,才需要编制财务报表,那时公司需要核算公允价值的变动。在会计期末,应该比较证券组合的历史成本与公允价值,调整它们之间的差额。

交易性金融资产　　在2011年年末,交易性金融资产组合的公允价值减少了500美元(成本$11 000—公允价值$10 500)。因此分录如下:

借:交易性金融资产未实现损失　　　　　　　　　　　　　　　　　　　　　500
　贷:市场调整——交易性金融资产　　　　　　　　　　　　　　　　　　　　500

> **补充**
>
> 一旦作出调整分录,交易性金融资产账户和市场调整账户就应该加总等于该交易性金融资产的公允价值。对于可供出售金融资产同样如此。

500美元的损失反映了交易性金融资产组合的公允价值在这个期间下降了。划分为未实现损失是因为这些证券并未出售。这笔分录引入了一个估值账户,市场调整——交易性金融资产。这个账户与交易性金融资产紧密相连,并且在资产负债表中披露。估值账户的运用使公司保留了历史成本的记录,为了确定已实现和未实现的持有损益,历史成本的记录是必要的。交易性金融资产的未实现损失会在利润表的其他费用和损失中披露,或者与股利和利息收入在一个名为净投资收益的科目中披露。

可供出售金融资产　　对于可供出售金融资产,也要作出类似交易性金融资产的调整;唯一不同的是未实现的损益并不是在利润表中披露,而是作为其他综合收益的一部分进行披露,并且作为累计其他综合收益的一部分反映在所有者权益的累积中。继续以Eastwood公司为例,在2011年年末,可供出售组合从17 000美元增长到17 600美元。600美元是证券公允价值大于成本的增加额,分录如下:

借:市场调整——可供出售金融资产　　　　　　　　　　　　　　　　　　　600
　贷:可供出售金融资产未实现的价值增加/减少　　　　　　　　　　　　　　600

注意:可供出售金融资产公允价值变动的增加或减少会影响所有者权益的增加数额,而这与资产价值增加一致。这 600 美元不会包括在净利润的计算当中,但是当计算本年综合收益时会加入净利润中。

持有至到期投资 证券 5 从 20 000 美元减少到 19 000 美元。然而,因为这项证券被划分为持有至到期投资,对于账面价值与公允价值之间的差额不需要进行调整。表 14-8 总结了证券与公允价值增减在 Eastwood 公司 2011 年的财务报表中如何披露。

在 2012 年年末,应作类似的调整反映公允价值的变动,假设 2012 年年末公允价值如下:

证券	分类	成本	公允价值 2012 年 12 月 31 日
1	交易性	$ 8 000	$ 7 700
2	交易性	3 000	3 600
3	可供出售	5 000	6 500
4	可供出售	12 000	10 700
5	持有至到期	20 000	20 700

表 14-8 证券的财务报表披露

资产:			
交易性金融资产(成本)	$11 000		
减:市场调整——交易性金融资产	(500)	$10 500	
可供出售金融资产投资(成本)	$17 000		
加:市场调整——可供出售金融资产	600	17 600	
持有至到期投资(摊销成本)		20 000	$48 100
股东权益			
可供出售金融资产未实现的公允价值增加			$ 600

Eastwood 公司
2011 年 12 月 31 日利润表(部分)

其他费用和损失	
交易性金融资产未实现损失	$ 500

到 2012 年年末,交易性金融资产组合公允价值增加到 11 300 美元(7 700 + 3 600)。相比于历史成本 11 000 美元,可见公允价值变动损益——交易性金融资产借方余额应是 300 美元。因为现在借方余额是 500 美元(从 2011 年结转),现作出调整分录如下:

借:市场调整——交易性金融资产　　　　　　　　　　　　　　800
　　贷:交易性金融资产未实现收益　　　　　　　　　　　　　　　800

在 T 形账户中出现的市场调整——交易性金融资产的余额应该增加交易性金融资产,并且在资产负债表中披露。这 800 美元未实现收益会被包括在 2012 年净利润的计算中。

市场调整——交易性金融资产

		2011 年 12 月 31 日余额	500
2012 年 12 月 31 日调整	800		
2012 年 12 月 31 日余额	300		

在2012年年末,可供出售金融资产的公允价值从17 600美元下降到17 200美元。因为现在公允价值高于历史成本200美元,市场调整账户的借方余额应是200美元。从2011年结转过来的余额是600美元(借方)。在2012年年末调整分录如下:

借:可供出售金融资产价值未实现增加/减少　　　　　　　　　　　　　　400
　　贷:市场调整——可供出售金融资产　　　　　　　　　　　　　　　　　　　400

市场调整——可供出售金融资产账户的影响反映在下面的T形账户中。再次说明,对于持有至到期投资公允价值变动不作任何调整。400美元未实现减少额在计算2012年综合收益时应从净利润中减掉。

市场调整——可供出售金融资产

2012年12月31日余额	600		
		2011年12月31日调整	400
2012年12月31日余额	200		

Eastwood公司2012年年末的财务报表包括了表14-9反映的所有影响。

表14-9　证券的财务报表披露

Eastwood公司
2012年12月31日资产负债表(部分)

资产:			
交易性金融资产(成本)	$11 000		
加:市场调整——交易性金融资产	300	$11 300	
可供出售金融资产(成本)	$17 000		
加:市场调整——可供出售金融资产	200	17 200	
持有至到期投资(摊销成本)		20 000	$48 500
所有者权益:			
加:可供出售金融资产未实现公允价值的增加		$ 200	

Eastwood公司
截至2012年12月31日年度利润表(部分)

其他费用及损失:		
交易性金融资产未实现收益		$ 800

以权益法核算的证券　假设证券5是以权益法核算的证券而不是持有至到期投资。正如持有至到期投资,对以权益法核算的证券公允价值的变动不需要作任何分录。因此,2012年12月31日证券的公允价值是20 700美元,不需要调整资产负债表中以权益法核算的证券已披露的数额。然而,这20 700美元要在财务报表附注中披露。例如,可口可乐公司2007年财务报表附注中披露,它投资的瓶装公司(Coca-Cola Enterprises)在其资产负债表中披露的价值为16亿美元,但是该投资目前的市场价值为44亿美元。

证券公允价值发生"非暂时性"下跌的核算

有时投资的公允价值会因为不可改善的经营环境而下降。例如,在2001年,许多网络股票价值急剧下降并且无法预知其何时恢复。

如果一项证券公允价值的下降被判定为非暂时性的,那么无论该证券是债务证券还是权益证券,也无论是按交易性、可供出售、持有至到期或是按权益法进行核算的证券,该项证券都应该贷记投资账户而不是市场调整账户来反映其成本基础。另外,该下降的金额被确认为损失,并影响当期损益。根据新的成本计量基础,该项证券不应该调增至其原始价格,即使以后其公允价值有所上升。除非该项证券被划分为交易性金融资产或者可供出售金融资产,这两种证券可以通过市场调整账户来计量公允价值的上升或者下降。

确定公允价值下降是否是非暂时性的听起来似乎是不可完成的任务,因为没有人能够预测市场价格在未来如何变化。而且,投资者一直相信他们谨慎选择的投资的价值即使下降了,在将来也会很快恢复。在员工会计公告第 59 号(*Staff Accounting Bulletin No. 59*,以下简称 *SAB No. 59*)中,SEC 工作人员建议,人们在确定公允价值的下降是否是非暂时性的时候需要考虑以下因素:

- 证券公允价值低于它的初始成本有多长时间了?一些证券的公允价值低于它的成本已经有六个月以上,那么该证券可能是"非暂时性"公允价值下降,这是一个经验准则,并未出现在 *SAB No. 59* 中。

> **补充**
>
> 在 2001 年 9 月 11 日世贸组织遭遇袭击之后,一些行业(例如,旅游和旅游相关行业)的经营出现了持久的变动,会计师和审计师在确定投资这些行业的公司是否遭遇"非暂时性"价值下降时特别谨慎。

- 被投资企业及行业现在的财务状况如何?如果被投资企业多年一直亏损,并且被投资企业所处的整个行业不景气,那么公允价值的下降可能是非暂时性的。

- 投资者是否计划持有该证券足够时间直到恢复价值?例如,如果证券的公允价值下降 40%,而投资者打算在五个月内将其出售,那么证券恢复为当时的公允价值是不太可能的。

出售证券

6 投资证券出售的会计处理。

WHY 谨慎地核算证券投资的出售,以及公允价值的变化,使财务报表的使用者能够计算出在报告期内证券投资的总经济收益。

HOW 投资证券在出售时,应把它的账面价值从账簿中注销,账面价值与应收现金之间的差额作为已实现损益报告。

当证券在出售时,应作分录把该证券的账面价值从投资者的账簿中消除,并且记录收到的现金。账面价值与应收现金的差额是已实现损益。对于交易性和可供出售金融资产,账面价值等于证券初始成本。持有至到期与以权益法核算的证券的账面价值会随着溢价或折价摊销(对于持有至到期投资而言)或者被投资企业账面价值变动(对以权益法核算的证券而言)而变动。

证券出售时怎么运用市场调整账户?简单地说,它不发挥作用。市场调整账户仅在财务报表发布之前的会计期末才会进行调整。它反映截止到期末,该证券组合的市场价值;它与核算已实现损益数额的业务无关。如果你正在考察一家大型公司,其投资组合包含了数百种证券,那这种方法就具有实际意义了。努力将市场调整账户的特定部分与每种证券(并且在每年数百种甚至数千种证券交易时仍保持这种鉴别)联系起来不会引起已披露的财务结果有任何的改观。

> **思考**
>
> 已实现与确认之间的差异是什么?
> a) 已实现与过去有关,确认与将来有关。
> b) 已实现与交易性金融资产有关,确认与可供出售金融资产有关。
> c) 已实现与现金的收集有关,而确认与会计分录的记录有关。
> d) 已实现与财务报表有关,而确认与所得税有关。

在这一点上,区分已实现损益和未实现损益就十分重要了。在公平交易中,证券售出,就会产生已实现损益。在出售时,证券的账面价值与其销售价格之间的任何差额均在利润表中确认。当公允价值发生变动但证券仍被投资者所持有时,就会产生未实现损益。正如前面讨论的,这些未实现损益可以确认,也可以不确认,这要取决于证券的分类或公司是否具有该证券的公允价值选择权。

在债券的例子中,应该在记录销售之前作一笔分录记录销售日的利息收入以及摊销溢价或折价。例如,仍以 Silmaril 科技为例,假设债券在 2012 年 4 月 1 日以 103 000 美元出售,包括应计利息 2 500 美元。2012 年 1 月 1 日,债券的账面价值是 105 240 美元。我们应该确认利息收入 2 105 美元(105 240 × 0.08 × 3/12),同时作一笔跟利息相关的金额为 2 500 美元的应收款的分录。为反映 1 月 1 日至 4 月 1 日这三个月的溢价摊销金额,投资账户应该减少 395 美元。

借:应收利息	2 500
贷:持有至到期投资	395
利息收入	2 105

第 2 笔分录从 Silmaril 账簿中注销了投资的账面价值,记录了收到的现金 103 000 美元;注销应收利息账户的余额,并记录一笔损失,等于投资账面价值与收到现金金额间的差额。

借:现金	103 000
证券的已实现损失	4 345
贷:应收利息	2 500
持有至到期投资	104 845

这两笔分录可以合为一笔分录:

借:现金	103 000
证券的已实现损失	4 345
贷:持有至到期投资	105 240
利息收入	2 105

出售证券对未实现损益的影响

年内证券投资组合的一部分出售会使交易性和可供出售金融资产公允价值的未实现增减额的计算与理解复杂化。为了便于说明,我们考虑以下这个简单的例子。在第一年年初,Levi 公司以 10 美元的价格购买了一交易性金融资产组合。在第一年年末,该组合价值为12美元;在第二年年末,该组合以9美元售出。而难题是:第二年组合的未实现损益的数额是多少?如果你迅速回答"3美元的未实现损失",那你需要仔细阅读以下分析。

在第一年年末,市场调整账户借方余额是2美元,说明第一年交易性金融资产组合公允价值增长了2美元(10美元增长到12美元)。另外,在第二年年末,市场调整账户余额为0,因为剩余交易性金融资产的成本(0美元)等于其公允价值(0美元)。在第二年应在T形账户中对市场调整账户进行如下调整。

市场调整——交易性金融资产

第一年年末	2		
		必要调整 2	第二年
第二年年末	0		

分录如下:

借:未实现损失——交易性金融资产　　　　　　　　　　　　　　　2
　　贷:市场调整——交易性金融资产　　　　　　　　　　　　　　　　　2

第二年未实现损失不等于该年组合下降的3美元(12-9),原因在于交易性金融资产出售时,下降额已经包括在已实现损失中。已实现损失是1美元,即证券历史成本(10美元)与销售价格(9美元)的差额。已实现损失的分录如下:

借:现金　　　　　　　　　　　　　　　　　　　　　　　　　　　　9
　　已实现损失——交易性金融资产　　　　　　　　　　　　　　　　1
　　贷:证券投资——交易性金融资产　　　　　　　　　　　　　　　　　10

例子中已实现和未实现损失可以这样考虑:
- 已实现损失是证券销售价格与初始成本的差额。
- 未实现损失是指一个需要把年末市场调整账户调整为正确余额的数额。更直观的说,在这个简单的例子中,它代表过去年度该证券累计未实现损益的结转额,且该证券在今年出售。结转额应该避免重复计算,因为过去年度累计未实现损益会影响今年已实现损益的计算。

正如你所看到的,未实现损失的理解相当困难。举一个更复杂的例子,仅证券组合的一部分被出售。未实现损益则成为了一个组合体,既包括年末仍持有的证券年内未实现损益,又包括年末已销售证券以前年度未实现损益的结转。你应该记住的是,一个活跃的证券组合,一年当中会经常出现证券的购买和销售,年内未实现损益的计算额不易解释。

为避免你因为之前报道中不愉快的信息而悲观,请确信投资证券的会计系统事实上可以提供有意义的信息。这可以通过年内已实现和未实现损益总额的计算看出来。例子中,1美元的已实现损失和2美元的未实现损失的数额正好等于年内3美元的总损失额。这个总数表明了这一年组合的经济状况;组合公允价值由年初的12美元下降到年末的9美元。因此,尽管理解未实现损失本身比较困难,但是已实现和未实现损益的总额很容易理解,它就等于今年组合的总经济回报。

我们之前讨论过交易性金融资产。这个概念和可供出售金融资产几乎一样,唯一的不同是,未实现"收益"和"损失"不包括在利润表中。然而,可供出售组合已实现损益和未实现增减的总额仍然等于这一年组合的经济回报。例如,在2007年伯克希尔·哈撒韦披露可供出售组合已实现收益净额是 55.98 亿美元,未实现损失净额是 29.81 亿美元。把这两个数字联系起来,表明该组合在 2007 年总经济回报是 26.17 亿美元(55.98 – 29.81)的收益。

终止确认

在 2008 年 7 月 17 日,两大金融业贸易组织恳请 FASB 重新考虑一项会计规则变更,这项变更会破坏金融机构的财务比率,使他们中的一些违反贷款协议,"迫使一些银行的贷款要求更加苛刻",并且"使金融机构筹集资金更加困难"。① FASB 准则要求金融机构变更 10.5 万亿美元资产支持证券的核算,如果宣布这项规定,那么上述结果将会发生。金融机构已将这些证券的转移作为销售,如前面部分所讲从他们的账目中注销掉了。新的 FASB 准则规定则要求这些转移应该作为贷款核算(证券作为担保品),证券资产返回金融机构的资产负债表中,与作为贷款的 10.5 万亿美元负债保持平衡。证券转移作为销售和作为担保贷款核算有着巨大的差异。顺便说一下,在 2008 年 7 月 30 日,FASB 决定将这项准则的变更推迟到 2010 年,以给金融机构时间让他们弄清楚怎样向报表使用者解释这消失的 10.5 万亿美元。

为了明白到底发生了什么事情,我们考虑下面这个简单的例子。假设 A 银行的资产负债表如下:

资产		负债和权益	
应收抵押款	$100	现有债务	$95
		权益	5

并且假设 A 银行由政府监管,拥有的权益至少是总资产的 5%;正如你看到的那样,A 银行目前符合条件。现在,假设 A 银行想筹集 100 美元现金贷给其他借款人,以扩张它的贷款组合。如果 A 银行获得了一个普通贷款,100 美元,那么它的资产负债表如下:

资产		负债和权益	
现金	$100	新增贷款	$100
应收抵押款	100	现有债务	95
		权益	5

你可以看到,A 银行现在违反了权益规定;权益仅是总资产的 2.5% [5/(100 + 100)]。

然而,A 银行还有另外一个选择。它可以创建一个服务实体,我们称之为 QSPE("合格特殊目的实体")。在 A 银行的监管下,QSPE 通过借款 90 美元和收到与 A 银行无关投资者投入 10 美元而获得了 100 美元的现金。QSPE 使用这 100 美元去"购买"A 银行的应收抵押款。QSPE 所有作业程序都是 A 银行提前建立好的。QSPE 被称之为"自动化"或"大脑死亡",因为 QSPE 仅仅从抵押贷款客户那里收到支付的现金,然后将现金用于支付利息,并且把剩余现金流分发给它的投资者;对于 100 美元应收贷款,QSPE 没有权力作任何决策,例如再谈判的条件。抵押贷款的客户仍让把他们自己看作 A 银行的客户;QSPE 的服务仅仅涉及日常现金筹集和分发的后台服务。

A 银行"销售"100 美元应收抵押资产给 QSPE 后,它的资产负债表如下:

---

① Marine Cole, "Securities Groups to FASB: Push Back Deadline for FAS 140," *Financial Week*, July 17, 2008.

	资产		负债和权益	
现金		$100	现有债务	$95
			权益	5

A银行现在拥有扩大贷款组合所需的100美元现金,并且通过QSPE安排好了筹资,A银行目前仍符合5%的权益要求。

注意这个例子中,QSPE结构的选择要十分谨慎。正如我们例子中的A银行,现实中许许多多的金融机构正在运用 SFAS No. 140 规定设计QSPE作为融资工具,它通过借款获得现金却不在资产负债表中显示借款。① 你现在或许明白了,这也是我们在第12章中讲到的表外融资的一个例子。如前面所述,美国金融机构已使用QSPE从他们的负债表中转移了10.5万亿美元资产及相应数额的负债。这个过程就叫做终止确认。

QSPE仅仅是一家公司从它的账簿中注销金融资产,如前所述记录资产销售,即使这种转移少于其直接销售。更普遍的是,正如《中级会计学:基础篇》第7章中的解释,根据 SFAS No. 140,当转移同时满足以下三种情况时,金融资产可以作为销售转移(导致终止确认)。②

- 法律控制——出让人放弃了资产的法律追索,即意味着即使它宣布破产,它的债权人也不能得到这项转让资产。
- 实际控制——不管出让人的想法如何,出让人无法控制承让人使用转让资产的方式,比如说,出售该项资产,或者以其为担保取得贷款。
- 有效控制——出让人没有权利让承让人归还资产,例如回购协议。

如前所述,FASB提议修改 SFAS No. 140,特别是关于QSPE的规定,将使公司使用会计戏法以终止确认作为表外融资安排的金融资产的行为更加困难。目前,这一紧缩规定计划在2010年开始。

国际准则中终止确认包括在 IAS 39 里③。第一,IAS 39 没有包括QSPE的概念。第二,SFAS No. 140 关注控制权的转让,而 IAS 39 关注的是风险和回报的转让。根据 IAS 39 的规定,"如果实体实质上转让了金融资产所有权的全部风险和回报",金融资产的转让作为销售记录。SFAS No. 140 与 IAS 39 关于终止确认的差异在第7章有更深入的讨论。

不同类型证券的转换

记录不同类别的投资证券之间的转换。

WHY 证券重分类时,应将之前未确认的公允价值变动进行确认,以确保证券在重分类日以公允价值记录。这个过程也确保无法利用类别的更改来隐藏未实现损失。

HOW 如果重分类涉及交易性类型,任何之前未确认为利润的公允价值变动在这个期间都应确认。如果重分类是从持有至到期到可供出售,从投资获得开始的公允价值变动作为所有者权益的一个单独部分予以记录。如果可供出售金融资产重分类为持有者到期证券,所有之前记录的公允价值变动在投资的剩余期间进行摊销。

---

① *Statement of Financial Accounting Standards No. 140*, "Accounting for Transfers and Servicing of Financial Assets and Extinguishments of Liabilities: A Replacement of FASB Statement No. 125" (Norwalk, CT: Financial Accounting Standards Board, 2000), par. 35—46.

② *SFAS No. 140*, par. 9.

③ *International Accounting Standard 39*, "Financial Instruments: Recognition and Measurement" (London: International Accounting Standards Board, August 18, 2005), par. 20.

有时管理者会改变他们持有证券的意图。例如，一家公司起初购买证券是为了利用富余的现金；随后，这个公司决定和被投资企业进行长期商业合作。因此，这个公司可能会将交易性金融资产重分类为可供出售金融资产。另外，一家公司最初购买权益证券作为短期投资，然后选择增加它的所有权益直到可以使用权益法为止。本章的这部分就讨论 SFAS No. 115 所讲述的，当证券在不同类别之间转移时应采取的方法。与本章有关的权益法的转化在网站材料（访问 www.cengage.com/accounting/stice）中有所涉及。顺便说一下，具有公允价值选择权的投资证券须一直按所选择的价值进行计量；公允价值的选择不可撤销。

不同类型的债务和权益类证券之间的转换

根据 SFAS No. 115 的规定，如果公司重分类证券，则该证券应按照转变时的公允价值核算。① 这些证券在账簿中以历史成本披露，证券的历史成本应从"旧"类别中注销，按"新"类别以公允价值披露。发生的价值变动依据转变为的证券以及由何证券转变而有不同的核算。表 14-10 总结了每种类别的未实现损益是如何核算的。

为了说明每类转变，我们使用前文 Eastwood 公司 12 月 31 日的资料。回顾那天公司拥有以下证券：

证券	类别	成本	公允价值 2012 年 12 月 31 日
1	交易性	$ 8 000	$ 7 700
2	交易性	3 000	3 600
3	可供出售	5 000	6 500
4	可供出售	12 000	10 700
5	持有至到期	20 000	20 700

在 2013 年，Eastwood 公司决定重分类某些证券。被重分类的证券种类和其相应证券的公允价值在重分类日的情况如下：

证券	转自	转移到	公允价值（重分类日）
2	交易性	可供出售	$ 3 800
3	可供出售	持有至到期	5 900
4	可供出售	交易性	10 300
5	持有至到期	可供出售	20 400

下面说明重分类的不同类别。

---

① *Statement of Financial Accounting Standards No. 115*，par. 15.

表 14-10　不同类别证券重分类的核算

转变	价值变动的处理
转自交易性	任何之前未确认的未实现的价值变动在当期确认为净利润，之前确认的价值变动不予转回。
转到交易性	任何之前未确认的未实现的价值变动在当期确认为净利润。
从持有至到期转至可供出售	在所有者权益账户确认未实现价值变动
从可供出售转至持有至到期	在所有者权益账户记录的未实现价值变动在证券剩余年限用实际利率法摊销。*

* *Statement of Financial Accounting Standards No. 115*, par. 15d。

转自交易性金融资产　假设 Eastwood 选择将证券 2 从交易性金融资产重分类为可供出售金融资产。证券的历史成本以及相关的 600 美元市场调整（截至 2012 年 12 月 31 日）将从交易性金融资产分类中注销，并且证券应作为可供出售金融资产以公允价值记录。截至 2012 年 12 月 31 日的公允价值与转换日的公允价值的差额作为未实现利得记录。下面的分录说明了这个过程：

借：可供出售金融资产	3 800
贷：市场调整——交易性金融资产	600
交易性金融资产未实现利得	200
交易性金融资产	3 000

另外，Eastwood 在转化日将公允价值和历史成本之间的差额 800 美元确认为未实现利得，并且在期末对市场调整——交易性证券账户进行了调整。每种方法的净值都是相同的。接下来的例子，我们会在转化日调整市场调整账户。

转至交易性金融资产　假设 Eastwood 公司将证券 4 从可供出售金融资产重分类为交易性金融资产。回想与可供出售金融资产相联系的未实现持有损益在所有者权益账户记录，可供出售金融资产价值未实现增加/减少。与证券 4 相联系的账户金额应注销，证券应作为交易性金融资产以当时的公允价值记录。

借：交易性金融资产	10 300
市场调整——可供出售金融资产	1 300
证券转换未实现损失	1 700
贷：可供出售金融资产价值未实现增加/减少	1 300
可供出售金融资产	12 000

根据这笔分录，证券 4 作为交易性金融资产以当时的公允价值 10 300 美元记录。证券 4 的账面价值（历史成本减去市场调整）作为可供出售金融资产从公司的账簿中注销了。因为该证券重分类为交易性金融资产，所有公允价值变动应该在利润表中反映。因此，该分录将未实现价值变动从所有者权益账户转移到利润表中，并且从上年度资产负债表中确认了另外价值下降 400 美元。未实现增减数额由证券的历史成本（从明细表中可以获得）与截至 2012 年 12 月 31 日的账面价值的对比决定。在这个例子中，未实现减少额是 1 300 美元（12 000 – 10 700）。该笔分录的最终结果是重分类证券并且在利润表中记录自从购买该证券开始公允价值的下降。

从持有至到期投资到可供出售金融资产　尽管债券由持有至到期转换不会经常发生，

但是偶尔也会有。SFAS No.115 涉及了很多导致一家公司重分类持有至到期投资的情景。① 这种情况下，Eastwood 公司选择将证券 5 从持有至到期投资重分类为可供出售金融资产。回顾证券 5 在转换日的公允价值是 20 400 美元。该证券作为可供出售金融资产以当前的公允价值记录，并且账面价值与公允价值之间的差额作为可供出售金融资产未实现价值增减记录。分录如下：

借：可供出售金融资产　　　　　　　　　　　　　　　　　　　　　　20 400
　贷：可供出售金融资产价值未实现增加/减少　　　　　　　　　　　　　　400
　　　持有至到期投资　　　　　　　　　　　　　　　　　　　　　　　20 000

因为证券 5 起初划分为持有至到期投资，前期对价值变动未作调整。因此，对于这次转换没有调整市场调整账户。

从可供出售金融资产到持有至到期投资　Eastwood 公司选择将证券 3 由可供出售金融资产重分类为持有至到期投资。回顾证券 3 初始购买价为 5 000 美元，在 2012 年 12 月 31 日公允价值为 6 500 美元，在转换日的公允价值是 5 900 美元。作如下分录：

借：可供出售金融资产　　　　　　　　　　　　　　　　　　　　　　5 900
　　可供出售金融资产价值未实现增加/减少　　　　　　　　　　　　　　600
　贷：可供出售金融资产　　　　　　　　　　　　　　　　　　　　　5 000
　　　市场调整——可供出售金融资产　　　　　　　　　　　　　　　1 500

可供出售金融资产未实现价值增减的借方表示从上一个资产负债表日到现在价值下降了 600 美元。在它被划分为可供出售金融资产时，贷记市场调整账户 1 500 美元（6 500－5 000）以注销之前记录的该证券价值的增加。这些金额的合计数阐明证券 3 价值增加了 900 美元（5 900－5 000）。

> **思考**
>
> 关于所有证券投资类别的转换，下列哪一个表述是正确的？
> a）截至转换日所有未实现损失应立即作为利润的一部分进行确认。
> b）截至转换日所有未实现利得应立即作为利润的一部分进行确认。
> c）截至转换日所有未实现损失应立即作为其他综合收益的一部分进行确认。
> d）所有转换证券在转换日以公允价值确认。

一旦证券划分为持有至到期，价值的增加和减少不应在财务报表中反映。在转换日 900 美元未实现价值增加的处理是一个不小的问题。因为，一方面收益不能被忽略因为当证券划分为可供出售时产生了收益，但是另一方面，如果证券一直被划分为持有至到期，收益不能被确认。SFAS No.115 规定那些未实现价值增减目前确认的（当证券可供出售），必须在整个资产剩余期限中使用实际利率法摊销并且抵销（或增加）债券收到的任何利息收入。未实现损益没有摊销的余额作为累计其他综合收益的一部分在资产负债表权益部分披露。② 另外，因为证券现在被划分为持有至到期投资，公司必须也要开始摊销直到最终的到期价值。例如，证券 3 到期价值为 4 500 美元。Eastwood 公司必须作为溢价摊销前面讲到的证券账面价值与到期价值的 1 400 美元差额（5 900－4 500）。因此，证券 3 的利息收入有两类调整：转换日的未实现收益（增加利息收入）和账面价值到到期价值（减少利息收入）。

---

① *Statement of Financial Accounting Standards No.115*, par. 8.
② Ibid., par. 15d.

证券投资与现金流量表

 在现金流量表中恰当地报告投资证券的购买、出售以及公允价值的变动。

WHY 证券的分类表明了管理者是如何使用证券投资作为公司商业战略的一部分,并且决定与证券相关的现金流在现金流量表如何报告。

HOW 可供出售金融资产、持有至到期投资以及以权益法核算的证券的购销业务在现金流量表中的投资活动部分列示。交易性金融资产和应用公允价值选择权的证券的购买和出售产生的现金流列示于经营活动或者投资活动,这要取决于获得证券的目的是什么。如果现金流划分为经营活动,当用间接法计算经营现金流时,必须调整未实现损益。

可供出售金融资产、持有至到期投资以及以权益法核算的证券的购买和出售列示于现金流量表的投资活动部分。相反,根据取得证券的目的,购买和出售交易性金融资产(和公允价值选择权证券)所产生的现金流在经营活动或投资活动中列示。这两者之间的差异来源于一家公司是打算维持一项交易性金融资产组合,还是选择对特定的投资账户使用公允价值选择权进行核算。后者往往会把这种利用恰当的时机来进行证券买卖取得盈利,作为公司的经营活动之一。

报告由证券投资产生的现金流,其难点是对已实现损益与未实现损益的正确处理。另外,必须对以权益法核算的证券产生的经营现金流量进行特殊调整,因为以股利形式收到的现金不等于投资产生的利润。这些问题会在接下来的部分进行讨论。

可供出售金融资产损益所产生的现金流

Caesh 公司在 2011 年 1 月 1 日拥有所有者投入的 1 000 美元现金,并且在 2011 年进行了以下交易:

现金收入	$ 1 700
现金支出	(1 400)
购买投资证券	(600)
销售投资证券(成本 $200)	170

该项证券投资划分为可供出售金融资产。另外,2011 年 12 月 31 日公司剩余证券的市场价值是 500 美元。通过这些交易活动,经计算,Caesh 公司 2011 年净利润是:

营业收入	$ 1 700
费用	(1 400)
营业利润	$ 300
证券销售实现的损失($200 − $170)	(30)
净利润	$ 270

另外,Caesh 公司会披露其可供出售金融资产组合的未实现公允价值增加 100 美元,这 100 美元是由该组合期末公允价值 500 美元减去成本 400 美元(600 − 售出的 200)得出的。这 100 美元未实现的增加额不应包括在净利润的计算中,而应该在累计其他综合收益中列示。

回顾第 5 章,现金流量表中经营活动部分损益的一般处理是,在运用间接法时减去利得,加回损失。这种方法基于这样一个事实,引起损益的交易产生的现金流应该在投资活

动部分披露,因此这些损益就必须从经营活动部分转出。根据这种思想,Caesh 公司 2011 年现金流量表如下:

经营活动		
净利润	$ 270	
加:已实现证券损失	30	$ 300
投资活动		
购买证券投资	$(600)	
出售证券投资	170	(430)
筹资活动		
所有者的初始投资		1 000
现金净增加额		$ 870

正如你所看到的,可供出售金融资产已实现损益与第 5 章所讲的出售资产、厂房及设备损益的处理方法十分相似,也几乎出于同样的原因。

交易性金融资产损益产生的现金流

如果 Caesh 公司购买的投资证券被划分为交易性金融资产,并且是因经营目的而获得,那么与该证券购销相关的现金流应该在现金流量表的经营活动部分披露。另外,净利润是 370 美元而不是 270 美元,因为该组合公允价值未实现增加额 100 美元作为未实现利得列示于利润表中。现金流量表如下:

经营活动:		
净利润	$ 370	
购买投资证券	(600)	
出售投资证券	170	
加:证券已实现损失	30	
减:交易性金融资产未实现利得	(100)	$(130)
投资活动		0
筹资活动:		
所有者初始投资		1 000
现金净增加额		$ 870

出售证券已实现损失应加回,因为出售所产生的现金流反映为 170 美元现金收款,应分开披露;如果没有调整包括在净利润里面的已实现损失,会导致重复计算 30 美元。未实现利得应该从经营现金流的计算中减掉,但并非是因为要避免重复计算。相反,这 100 美元未实现利得要从经营现金流的计算中减掉,是因为该收益增加利润但是在这个会计期间它并未产生任何现金。增加的现金流只有当证券以更高的价格出售的时候才会产生,那时现金收益应以一个单独的项目披露。同样,交易性金融资产未实现损失的金额也应在计算经营活动现金流时加回。

以权益法核算的证券和经营现金流

当一家公司拥有以权益法核算的证券时,它必须调整经营现金流来反映这样一个事实:以股利形式表示的收到的现金并不等于来自该证券的利润,该利润已包括在净利润的计算当中。为了说明这个问题,我们假设 Daltone 公司拥有 Chase 公司 30% 的流通股股份。Chase 公司该年的净利润是 100 000 美元并且派发现金股利 40 000 美元。Daltone 公司会记入利润表 30 000 美元(100 000×0.30),作为该投资的利润。然而,Daltone 公司仅从 Chase 公司收到了现金股利 12 000 美元(40 000×0.30)。因此,Daltone 会在现金流量表的投资活动部分报告减少 18 000 美元(30 000 – 12 000),减少额是报告的利润和应收现金股利之间的差额。

分类和披露

9 投资证券如何合理分类并披露。

WHY 进行证券投资的公司并非仅有一两项投资,相反它们有着复杂的投资组合。为了使报表使用者对这些组合的状况和表现有一个充分的了解,在附注中披露十分有必要。另外,因为投资证券的公允价值有多种方法确定,财务报表的使用者需要通过披露来帮助他们确认报告数字的真实性。

HOW 出售投资证券所实现的损益在出售期的利润表中进行披露,交易性金融资产未实现的损益也在利润表中披露,划分为可供出售金融资产未实现的增加额和减少额作为其他综合收益披露并且累积记入资产负债表中的所有者权益部分。公司也需要提供另外的附注来披露其投资组合,包括详细的 1 级、2 级、3 级公允价值。

我们已经讨论了与出售、估值或者重分类证券有关的损益如何处理。出售证券所产生的损益以及在交易性金融资产持有期间公允价值变动产生的未实现损益应在利润表中作为其他收入和费用进行披露,或者与股利和利息收入相联系作为净投资收益进行披露。可供出售金融资产的未实现损益是在所有者权益的累计其他综合收益部分进行列示,并且在计算综合收益时要包括进去。与任何资产一样,重大的投资价值永久性减少在其发生年度内确认为损失。例如,伯克希尔·哈撒韦公司在其利润表中包含了当年所有已实现损益的总结并且在附注中披露了进一步的细节。伯克希尔·哈撒韦公司 2007 年相关附注的披露已包含在表 4-11 中。注意,伯克希尔·哈撒韦公司已经累积的债务和权益类投资的未实现损益超过 330 亿美元。为什么未实现金额没有出现在伯克希尔·哈撒韦公司的利润表中?这是因为公司将它的证券分类为持有至到期投资(对于一些债券来说)或可供出售金融资产(对于大部分债务和权益类证券来说)。

表 14-11 伯克希尔·哈撒韦——与投资相关的附注披露　　单位:百万美元

(4)	固定到期证券投资			
截至 2007 年 12 月 31 固定到期证券投资如下				
2007 年	摊销成本	未实现收益	未实现损失*	公允价值
保险及其他:				
美国财政部、美国政府公司和机构	3 487	59	—	3 546
州、市和行政区	2 120	107	(3)	2 224
外国政府	9 529	76	(47)	9 558
公司债券和可赎回优先股	8 400	1 187	(48)	9 539
抵押贷款支持债券	3 597	62	(11)	3 648

（续表）

（4） 固定到期证券投资

截至2007年12月31固定到期证券投资如下：

2007年	摊销成本	未实现收益	未实现损失*	公允价值
	27 133	1 491	(109)	28 515
金融及金融产品				
公司债券	420	63	—	483
抵押贷款支持债券	938	52	—	990
	1 358	115	—	1 473
抵押贷款支持债券、持有至到期投资	1 583	176	(1)	1 758
	30 074	1 782	(110)	31 746

* 包含2007年12月31日与证券相关的6 000万美元的未实现损失总额,该证券已经超过12个月,处于一个未实现损失的状况。

（5） 权益证券投资

权益证券投资摘要如下：

	2007年	2006年
成本	44 695	28 353
未实现利得总额	31 289	33 217
未实现损失总额*	(985)	(37)
公允价值	74 999	61 533

* 在2007年12月31日未实现损失总额中包含与个人购买证券有关的5.66亿美元,在相同的证券中,伯克希尔·哈撒韦公司已经有32亿美元的未实现利得总额。实质上,所有未实现损失总额归属于证券的状态是证券已被持有少于12个月。

（6） 投资收益（损失）

投资收益（损失）摘要如下：

	2007年	2006年	2005年
固定到期证券			
出售及其他处置总利得	657	279	792
出售及其他处置总损失	(35)	(9)	(23)
权益证券——			
出售及其他处置总利得	4 880	1 562	5 612
出售总损失	(7)	(44)	(6)
非暂时性减值损失	—	(142)	(114)
其他	103	165	(65)
	5 598	1 811	6 196

尽管可供出售金融资产产生的未实现增加额没有在利润表中披露,但是它们却包括在综合利润的计算中。表14-12给出了伯克希尔·哈撒韦的综合收益报表。

表 14-12　伯克希尔·哈撒韦——2007年综合收益报表　　　　单位：百万美元

净利润	13 213
其他综合利润项目：	
投资未实现增值	1 651
包含在净利润中的投资增值的重分类调整	(3 571)
外币折算调整	430
前期服务成本和既定收益计划损益	155
其他(包括少数股东权益)	(22)
其他综合收益	(1 357)
综合收益总计	11 856

　　可供出售资产组合未实现减少总额是19.2亿美元(16.51亿 – 35.71亿)。在综合收益报表中披露的"重分类"项目包括了本年度出售的证券在以前年度未实现收益的结转。从2006年财务报表中，我们可以得出，在2006年12月31日，伯克希尔·哈撒韦公司可供出售金融资产组合公允价值总额是883.7亿美元。因为该组合今年总的经济收益是36.78亿美元(55.98亿美元已实现收益减去19.2亿美元未实现损失)，该组合今年的收益率是4.2%(36.78亿美元收益/883.7亿美元期初公允价值)。

　　资产负债表中个别证券的恰当列示取决于管理者的意图。如果管理者打算或者希望在一年内或一个经营周期内将证券卖掉，那么应该把这项证券划分为流动资产。因为交易性金融资产定义为短期的，所以它们总是划分为流动资产。持有至到期投资往往划分为非流动的，除非它们一年内到期。可供出售金融资产划分为流动或者非流动的，一般取决于管理者的意图。

　　除了在利润表、资产负债表以及现金流量表中进行披露外，*SFAS No.115* 还要求在财务报表附注中进行披露。特别地，*SFAS No.115* 还要求进行以下额外的披露：

　　1. 交易性金融资产：
　　● 包含在利润表中的未实现持有净损益的变动。
　　2. 可供出售金融资产：
　　● 公允价值总数、未实现持有利得总数和未实现持有损失总数，以及主要证券类型的摊销成本。对于债券，公司应该披露有关合约到期日的信息。
　　● 可供出售金融资产销售收入和销售已实现损益总数，以及计算已实现损益的成本基础。
　　● 包含在本年度所有者权益中的可供出售金融资产未实现持有净损益的变动。
　　3. 持有至到期投资：
　　● 公允价值总数、未实现持有利得和损失总数，以及主要证券类型的摊销成本基础。另外，公司应该披露有关合约到期日的信息。
　　4. 证券不同类别之间的转换：
　　● 由可供出售转换至交易性类别的总损益，包含在收益中。
　　● 对于由持有至到期转换来的证券，公司应该披露转换的摊销成本数额，相关的已实现或未实现损益，以及转换证券的目的。

　　表14-13，是从富国银行，一家银行业的大型公司,2007年度报告里证券投资公允价值的附注中截取的一段。详细披露的附注更加关注3级项目，正如本文公允价值模型所充分

描述的那样。

表14-13 富国银行——证券投资的附注披露　　　　　　　　　　　　单位：百万美元

附注17（部分）：资产和负债的公允价值
在经常性基础上，以公允价值记录的资产和负债
报表提供了在经常性基础上以公允价值计量的资产和负债的余额

	2007年12月31日			
	总计	第1级	第2级	第3级
交易性资产	7 727	1 041	6 268	418
可供出售金融资产	72 951	38 178	29 392	5 381[2]
待售抵押贷款	24 998	—	24 852	146
抵押服务权（住宅）	16 763	—	—	16 763
其他资产[1]	1 393	1 145	207	41
总计	123 832	40 364	60 719	22 749
其他负债[1]	(2 591)	(1 670)	(606)	(315)

[1] 衍生工具包含在这个类别里。
[2] 我们承诺潜在抵押品（汽车租赁应收款）的那些资产支持证券基本上代表了所有这些余额。

在经常性基础上的第3级资产负债公允价值的变化总结如下：

	2007年12月31日					
	交易性资产（不包括衍生工具）	可供出售证券	待售抵押贷款	抵押服务权（住宅）	净衍生资产和负债	其他负债（不包括衍生工具）
年初余额	360	3 447	—	17 591	(68)	(282)
本年总的净收益（损失）其中：						
净利润	(151)	(33)	1	(3 597)	(108)	(97)
其他综合收益	—	(12)	—	—	—	—
购买、销售、发行及转让（净值）	207	1 979	30	2 769	178	99
进/出的第3级净转移	2	—	115[3]	—	4	—
年末余额	418	5 381	146	16 763	6	(280)
未实现净收益（损失）包含在2007年12月31日与持有的资产和负债有关的年度净利润[1]	(86)[2]	(31)	1[4]	(594)[4,5]	6[4]	(98)[4]

[1] 仅代表由于经济状况和管理者对公允价值评估的变动而引起的净收益（损失），并不包括随着时间的发展现金流的回收引起的变动。
[2] 包括在利润表中的非利息收入。
[3] 代表以前贷款划分为第2级，即2007年未销售出去；因此公允价值计量来自于使用不可观察的输入和假定的贴现现金流模型。
[4] 包括在利润表中的抵押贷款银行业务。
[5] 代表2007年有关销售的未实现总损失5.71亿美元，净收益2 300万美元。

与 SFAS No.157 相比，IASB 目前并没有公允价值计量与披露的准则。当然，IFRS 也包含很多公允价值计量，其中也有如本章所讲到的与证券投资相关的计量。然而，IASB 并未采用单一而全面的公允价值计量与披露准则。特别的是，IASB 并没有像之前提及过的第 1 级、第 2 级、第 3 级披露那样有任何的披露要求。截至 2008 年 7 月 31 日，IASB 正制定关于这个问题的征求意见稿。SFAS No.157 的规定对于征求意见稿的制定有重要的跳板作用。

扩展资料

本章到目前为止，我们讨论了在流通市场上的证券。在某些情况下，一家公司可能投资另一家公司的不可流通的证券。这类证券最普遍的例子是贷款。在扩展资料中，我们会处理这些不可流通的证券最复杂的问题：减值。

贷款减值的核算

10 应收贷款减值的会计处理。

WHY 在某些场合，特别是提供贷款给另一家公司的时候，这种投资可能没有市场价值。在这种情况下，投资者必须评估投资的可收回性，如果确定存在"减值"，则应调整应收价值。

HOW 通过预期未来现金流的现值与投资的账面价值的比较核算减值。

有些投资是没有市场价值的，一个普遍的例子是应收贷款。对应收贷款的核算除了减值外都不复杂。① 贷款会由一家公司贷款给借款人产生，也可能由于销售存货或资产而形成应收款。一个借记应收贷款的分录中相应地贷记销售收入、现金或换出资产。这些贷款的一个关键问题是作为估值基础的成本该何时放弃。金融界的人们普遍认为没有尽早地放弃成本是导致 20 世纪 80 年代末至 90 年代初存贷款危机的主要原因。

FASB 在 1993 年发布的 SFAS No.114 中，讨论了关于应收贷款投资的估值问题。因为假设这些贷款在市场上不存在，那么 SFAS No.114 所描述的市场估值无法应用。

应收贷款应按成本估值，除非有证据表明存在减值问题。SFAS No.114 对减值的定义是：

> 当基于当前的信息与事件，很有可能使债权人无法在贷款协议约定的合同期限内收回所有的贷款金额，那么贷款发生减值。②

根据合同条款，所有应付的款项包括应付的利息和本金。陷入困境的债务重组是减值的直接证据；然而，尽管正式的重组并未发生，也可能出现减值。如果之前没有充分减记价值，重组可能会使应收贷款的价值下降。

减值的测量

SFAS No.114 明确指出，对于没有市场价值的贷款，债权人应该对预期未来现金流量按贷款的实际利率进行贴现，以贴现后的现值来衡量贷款是否减值，实际利率即内含在最初

---

① 查看《中级会计学：基础篇》第 7 章关于应收票据的讨论。
② *Statement of Financial Accounting Standards No.114*, "Accounting by Creditors for Impairment of a Loan" (Norwalk, CT: Financial Accounting Standards Board, 1993), par.8.

贷款协议中的利率。通过创建估计备抵账户和坏账的评估损失来记录坏账。因此，应收贷款的核算类似于应收账款的核算，除了核算方法由 FASB 特别规定以外。

> **补充**
>
> 再次强调，如果你想理解本部分的计算，你要掌握现值。如果你需要复习，去看看《中级会计学：基础篇》"回顾货币时间价值"模块。

如果在陷入困境的债务重组中要重构贷款协议，那么在新的修正合同条款中贴现利率应该是以初始合同利率为基础，而不是在重组协议中特别规定的利率。使用贴现率的选择在 FASB 的规定中是一个难点。继续使用起初的贷款利率符合历史成本原则。未来现金流的评估是基于债权人合理的假定和预测。任何未来现金流量的评估或时间的变动都会导致减值的重新计算和应收账款以及估计备抵账户的调整，或者贷记坏账备抵账户。随时间而产生的利润会作为利息收入在每个单独的报告期内披露。

贷款减值核算的例子

假设 Malone 公司披露了一笔来自 Stockton 公司数额为 500 000 美元的应收贷款。初始贷款的还款条款中规定了在每年的 1 月 1 日归还利率为 10% 的利息，加上要支付的本金 100 000 美元。贷款于 2009 年 1 月 1 日提供。Stockton 在 2009 年归还了 50 000 美元的利息但是没有偿还 100 000 美元本金以及 2010 年 50 000 美元的利息。Malone 即将编制 2010 年 12 月 31 日的年度财务报表。应收贷款的账面价值是 550 000 美元，其中包括 2010 年 50 000 美元的应收利息。Stockton 陷入了财务困境，并且 Malone 得出了贷款发生减值的结论。对 Stockton 财务状况的分析表明了本金和当前利息可能收回，但是以后的利息将不能收回。可能收回的数额和期限如下所示：

2011 年 12 月 31 日	$175 000
2012 年 12 月 31 日	200 000
2013 年 12 月 31 日	175 000
	$550 000

2010 年 12 月 31 日，预期未来现金流量以 10% 贴现是 455 860 美元，现值计算如下：

日期	还款额	贴现期限	现值@10%
2011 年 12 月 31 日	$175 000	1 年	$159 091
2012 年 12 月 31 日	200 000	2 年	165 289
2013 年 12 月 31 日	175 000	3 年	131 480
2010 年 12 月 31 日现值			$455 860

2010 年披露的减值损失是 94 140 美元，或是账面价值 550 000 美元减去现值 455 860 美元。记录减值的分录如下：

2010 年 12 月 31 日
 借：坏账   94 140
  贷：贷款减值备抵   94 140
备抵账户作为应收贷款账户的抵销记录。

补充

如果你看得仔细,你会发现下表中的计算在概念上和第139页所作的债券摊销相同。

如果 Stockton 如期偿还了贷款,应收现金的核算以及利息收入的确认是通过建立摊销时间表来计算的,如下所示。

日期	(1) 当期支付前的应收贷款	(2) 贷款减值备抵	(3) 净应收账款 (1)-(2)	(4) 利息收入 10%×(3)	(5) 已收款项
2011年12月31日	$550 000	$94 140	$455 860	$45 586	$175 000
2012年12月31日	375 000	48 554[1]	326 446	32 645	200 000
2013年12月31日	175 000	15 909[2]	159 091	15 909	175 000
				$94 140	$550 000

[1] 94 140 - 45 586 = 48 554
[2] 48 554 - 32 645 = 15 909

2011年12月31日记录了收到的2011年贷款付款以及确认本年利息收入如下:

2011年
12月31日

借:现金　　　　　　　　　　　　　　　　　　　　　　　　175 000
　　贷:应收贷款　　　　　　　　　　　　　　　　　　　　　　　　175 000
借:贷款减值备抵　　　　　　　　　　　　　　　　　　　　　45 586
　　贷:利息收入[1]　　　　　　　　　　　　　　　　　　　　　　45 586

[1] 另外,*SFAS No.114* 允许一家公司按照与减值初始确认相同的方式来显示坏账调整的现值所有变动。①

2010年和2011年应收账款和备抵账户的T形账户如下:

应收贷款		贷款减值备抵	
期初余额　550 000			2010年12月31日　94 140
	2011年12月31日　175 000	2011年12月31日　45 586	
余额　　　375 000			余额　　　　　48 554

使用前面摊销时间表所包含的金额,2012年年末和2013年年末就可以编制类似的分录。注意:贷款减值备抵账户摊销的计算与第7章所应用的应收票据贴现的摊销计算是相同的。如果付款按计划执行,那么截至2013年12月31日应收贷款与备抵账户很接近了。

开放性场景问题的答案

1. 迪士尼拥有 ABC 100% 的股权,因此迪士尼的股东可以通过董事会控制 ABC 的战略决策。相反,伯克希尔·哈撒韦仅拥有可口可乐8%多一点的股份,它可能影响可口可乐的

---

① *Statement of Financial Accounting Standards No.114*, "Accounting by Creditors for Impairment of a Loan" (Norwalk, CT: Financial Accounting Standards Board, 1993), par.17b.

行为,但是无法控制可口可乐公司。

2. 伯克希尔·哈撒韦的主要业务活动是投资其他公司并且从这些投资中赚取利润。相比而言,微软的主要业务活动是软件的开发与销售。微软的投资仅是对于剩余现金找一个临时存储的地方和为了对其他公司的经营施加影响的战略投资。

3. CREF 投资教育者的退休基金。很过大学教授的退休基金由 CREF 进行投资。

思考题答案

1. (第 132 页)正确答案是 d。福特对马自达的投资是广泛战略联盟的一部分。福特和马自达是泰国一家合资企业的合作伙伴,在中国的产品销售也有合作计划,在美国的设备生产企业也是合作伙伴。另外,福特的这项投资也将触角伸向了日本——该公司的海外主要竞争对手——丰田和本田的国家。

2. (第 140 页)正确答案是 a。回想交易性和可供出售金融资产在资产负债表中以公允价值计量。因此,在对这些债券谨慎的折价或溢价摊销后,这些证券就调整为当前公允价值。然而,在一个更全面的例子中,要使利息收入和未变现持有损益适当分离就要在把证券调整为公允价值之前进行折价或溢价摊销。

3. (第 151 页)正确答案是 c。确认是会计术语,说明一项交易应使用会计科目记录。在证券投资中,已实现意味着通过证券出售,利得或损失的数额被确认了。

4. (第 157 页)正确答案是 d。正如例子所讲,所有转换证券在转换日以公允价值确认。取决于转换的种类,未实现损益很多种处理方法。

本章小结

1. 确定一家公司为何向其他公司投资。

公司会为了各种目的投资其他公司的债务和权益类证券。最常见的原因是利用闲置资金赚取收益。投资其他公司的原因还有通过所有权建立一种商业联系,分散季节性和行业性风险,或者有机会接触公司的研究成果和技术。其预期结果是提高股东的整体回报。

2. 理解与投资证券相关的多种分类。

证券分类基于管理者持有证券的目的。如果一家公司对另一家进行权益投资的目的是影响或者控制该公司的决策和活动,该投资应使用权益法核算。如果进行债券投资和权益投资的目的是利用价值的增值而获取现金增加,那么就应该划分为交易性金融资产。那些打算持有至到期的债券应划分为持有至到期投资。剩下的证券投资都可划分为可供出售金融资产。

3. 购买债务和权益类证券的会计处理。

债务和权益类证券在购买时应按成本计量,包括佣金、税费和发生的其他费用。对于债券,应计利息较为复杂。应计利息在购买日前应和投资成本分开核算。

4. 投资证券收入确认的会计处理。

确认投资收益的方法由最初的分类所决定。对于债券,确认的收入称为利息收入。对于交易性和可供出售债券,利息收入的数额是与债权相联系的票面利率的函数。对于持有至到期投资,初始投资的折价或溢价必须予以摊销,并且抵销利息收入。对于划分为交易性或可供出售的权益投资,被投资企业派发的股利记录为收入。如果投资使用权益法核算,那么,确认的收入的金额是所有权一定比例的函数。被投资企业的净利润乘以所有者权益确认为收入。

5. 投资证券公允价值变动的会计处理。

划分为交易性或可供出售的债券或权益证券,其公允价值的临时变动是通过市场调整账户进行核算的。使用该账户使证券以公允价值列示于资产负债表。对于交易性金融资产,公允价值的增加或减少在利润表中披露。对于可供出售金融资产,公允价值变动作为所有者权益的一个单独部分。持有至到期投资和以权益法核算的证券公允价值的临时变动不予确认。如果投资公允价值的下降判断为长期的,下降的金额应在当期利润表中披露,而且应调整投资的成本基础。

6. 投资证券出售的会计处理。

当证券投资出售时,它的账面价值应从账簿中注销。账面价值与应收现金之间的差额应作为已实现损益记录。就债券而言,需要作调整以记录赚取的利息收入,但在出售之前并未收到以及折价或溢价摊销。

7. 记录不同类别投资证券之间的转换。

在某些情况下,管理者可能选择重分类某些证券投资。如果重分类涉及交易性金融资产,之前未确认的公允价值变动在当期要进行确认。如果是持有至到期投资重分类为可供出售金融资产,自从证券购买开始公允价值的变动就应作为所有者权益的一个部分进行记录。如果可供出售金融资产重分类为持有至到期投资,所有之前确认的公允价值变动要在证券投资的剩余期限中进行摊销。

8. 在现金流量表中恰当地报告投资证券的购买、出售以及公允价值的变动。

可供出售、持有至到期以及以权益法核算的证券的购买及销售应在现金流量表中的投资活动部分披露。交易性金融资产以及具有公允价值选择权的证券在经营活动或投资活动部分披露,这依据于证券取得的目的。对于可供出售金融资产,当计算经营活动现金时,要加上已实现损失,减去已实现利得。对于交易性金融资产,如果将其纳入经营活动的一部分,同样要加上未实现损失,减去未实现利得。对于权益法核算的证券,必须调整经营现金流来反映以股利形式收到的现金并不等于该证券利润。这部分利润包括在净利润计算当中。

9. 解释投资证券如何合理分类并披露。

由证券投资的出售产生的已实现损益在销售期内是在利润表中披露。交易性金融资产未实现损益也在利润表中披露。可供出售金融资产的未实现增减在资产负债表的所有者权益部分披露。另外还需要披露附注,并且根据证券投资的不同,披露也要有所变化。对于以公允价值披露的投资证券,公允价值的大小使用第1级、第2级、第3级来披露。

扩展资料

10. 应收贷款减值的核算。

在某些情况下,特别是在提供贷款给其他公司,该项投资并没有市场价值。在这种情况下,投资者必须定期评估投资的可回收性,如果确认存在"减值",应该调整应收贷款的价值。我们可以通过比较预期未来现金流量的现值与投资的账面价值来测量减值是否发生。

IASB 概述

	美国 GAAP	IASB 准则
分类	*SFAS No. 115* 证券投资划分为交易性金融资产、可供出售金融资产、持有至到期投资。如果一家公司有公允价值选择权,那么该证券作为交易性金融资产核算。	*IAS 39* *IAS 39* 是更广泛的准则,另外讨论了衍生品、贷款和应收账款的核算以及所有金融资产和金融负债。除此之外,基本上与美国 GAAP 相同。
终止确认	*SFAS No. 140* 如果控制权由出让人转移到受让人,那么金融资产的转移可以视作销售。	*IAS 39* 如果与金融资产的现金流有关的风险和报酬从出让人转移到受让人,那么金融资产的转移可以视为销售。
权益法核算	*APB 18* 股权投资利润等于股权投资净利润乘以投资公司持股比例。应收股利作为投资返还入账。	*IAS 28* 和美国 GAAP 的规定基本相同,只是在美国 GAAP 中的"权益法下的投资者"在 *IAS 28* 中称为"合伙人"。
第 1 级、第 2 级、第 3 级的披露	*SFAS No. 157* 美国 GAAP 要求附注披露公允价值大小,用来决定第 1 级输入(对于可识别的证券用市场价格),第 2 级输入(对类似的或与重要估值输入相关的市场数据)以及第 3 级输入(在估值模型中不可观察的输入)。	征求意见稿(征集中) 对比 *SFAS No. 157*,IASB 目前没有相关的披露准则。

关键术语

可供出售金融资产　　　　　　　持有至到期投资
终止确认　　　　　　　　　　　子公司
权益证券　　　　　　　　　　　债券
重大影响　　　　　　　　　　　以权益法核算的证券
控制　　　　　　　　　　　　　母公司
权益法

问题

1. 一家公司为什么投资其他公司的证券?
2. 哪些证券属于 *SFAS No. 115* 范围之内?
3. 一种证券划分为持有至到期的标准是什么?
4. 一种证券划分为交易性金融资产的标准是什么?
5. "公允价值选择权"是什么?
6. IFRS 对证券投资(交易性、可供出售及持有至到期)的分类与美国 GAAP 的分类有何不同?
7. (a)当计算债券的支付价格时,使用票面利率是为了确定什么价值?(b)市场利率或实际利率如何影响债券的价值?

8. 如果使用实际利率法,如何计算该证券应确认的利息收入?

9. 当投资者不能拥有绝对的投票控制权时,应该考虑哪些因素来确定它是否具有实际的控制?

10. (a)哪些因素可以表明拥有少数投票权的投资者有能力对被投资企业的经营和投资决策施加重大影响?(b)哪些因素可以表明投资者不能施加重大影响?

11. 合营企业表外融资的形式是怎样的?

12. 在美国,我们使用"权益法投资"这个术语来描述这样一家公司,另一家公司购买了它20%—50%的股份并且能够对它施加重大影响。那么在IFRS中对于权益法投资该使用哪个术语?

13. 在财务报表中,交易性金融资产价值变动如何披露?可供出售金融资产的价值变动呢?持有至到期投资的价值变动?

14. 市场调整属于什么类型的账户?它在财务报表中该如何披露?

15. 证券价值的"非暂时性"该如何确认?

16. 年内证券投资的出售会对交易性金融资产未实现损益的计算有何影响?对可供出售金融资产的未实现增加额和减少额有何影响?

17. 什么是QSPE?

18. 当证券符合SFAS No.115规定在不同类别间转换时,这种转换该如何解释?证券该以多少价值进行计量?

19. 在现金流量表中交易性金融资产的已实现损益是如何处理的?未实现损益又如何处理?

20. 交易性金融资产、可供出售金融资产和持有至到期投资在资产负债表中是作为流动资产还是作为长期资产披露?

21. 已披露的权益证券的购买和出售是如何影响现金流的?

22. SFAS No.115对交易性金融资产、可供出售金融资产以及持有至到期投资要求额外披露什么?

扩展资料

23. 为什么贷款的减值与债券价值下降解释有所不同呢?

练习题

[练习14-1] 购买权益证券

LO3 公司以每股27美元购买了2 000股权益证券。所购股份作为可供出售金融资产。购买所支付的经纪佣金是300美元。编制购买业务的会计分录。

[练习14-2] 持有至到期投资的利息收入

LO4 1月1日,公司以25 518美元购入面值为20 000美元的15年期债券。债券的票面利率是10%,每半年付息一次,分别在6月31日和12月31日。债券目前的市场利率是7%。所购债券作为持有至到期投资。编制分录:(1)购入证券;(2)6月30日收到利息;(3)12月31日收到利息。

[练习14-3] 交易性及可供出售金融资产的收入

LO4 公司持有1000股A股票和3000股B股票。A股票每股股利1.75美元，B股票每股股利0.97美元。公司将A股票划分为交易性金融资产，B股票划分为可供出售金融资产。编制收到现金的会计分录。

[练习14-4] 权益法：成本大于账面价值

LO4 Dridge公司在第一年1月1日以总价100 000美元购买C公司10 000流通股中的2 500股。在购买时，C公司净资产的账面价值是300 000美元，且C公司资产的公允价值大于其账面价值。如下所示：

资产	账面价值	公允价值	剩余年限
存货	$ 4 000	$ 50 000	1年内
建筑物	200 000	250 000	10年
商誉	0	40 000	不确定

C公司第一年的净利润是70 000美元，支付的每股股利是2.00美元。(1)编制Dridge在第一年投资C公司的分录。假设商誉未减值。(2)计算第一年年末Dridge对C公司投资的账户余额。

[练习14-5] 价值变动：交易性金融资产

LO5 公司于12月1日购入4 000美元的证券。在12月31日，公司仍持有该证券。假设12月31日，证券的公允价值是(a) 5 200美元和(b) 2 600美元，编制公司价值变动的分录。另外，公司净利润是3 000美元，考虑公司价值变动的影响。假设该证券12月31日公允价值是(c) 5 200美元和(d) 2 600美元，计算净利润。所得税忽略不计。假设该证券划分为交易性金融资产。

[练习14-6] 价值变动：可供出售金融资产

LO5 参考练习14-5，假设证券划分为可供出售金融资产，编制(a)和(b)调整分录并计算(c)和(d)。

[练习14-7] 价值变动：权益法

LO5 参考练习14-5，假设证券使用权益法核算，编制(a)和(b)的调整分录，并且计算(c)和(d)。被投资公司的利润和股利忽略不计，价值变动认为不是"非暂时的"。

[练习14-8] 出售证券及公允价值变动损益账户

LO6 公司在第一年购买以下证券：

证券	分类	成本	公允价值（第一年12月31日）
A	交易性	$ 9 000	$10 000
B	交易性	10 000	16 000

第二年6月23日，公司以总价9 500美元出售了所有的B证券。截至第二年12月31日，所持有的证券A股份的公允价值为5 800美元。第二年并未发生有关该证券组合的业务。(1)在第二年的利润表中，公司应该披露多少金额作为已实现收益或损失？(2)在第二年的利润表中公司应该披露多少金额作为未实现收益或损失？清晰地指出金额是收益还是损失。

[练习14-9] 不同类别之间的转换：交易性金融资产

LO7 公司在第一年购买以下证券：

证券	分类	成本	公允价值(第一年12月31日)
A	交易性	$5 000	$4 000
B	可供出售	6 000	8 000

在第二年,公司重分类这两种证券。证券 A 重分类为可供出售金融资产;重分类时证券 A 的公允价值是 5 500 美元。证券 B 重分类为交易性金融资产;重分类时证券 B 的公允价值是 4 100 美元。编制重分类的会计分录。

[练习 14-10]　现金流及可供出售金融资产

LO8　公司在年内进行以下交易:

购买投资证券	$400
出售投资证券	470

公司年初没有投资证券。出售的投资证券成本是 350 美元。剩余证券在 12 月 31 日的公允价值是 65 美元。该年净利润是 880 美元。假设净利润不包括非现金项目,也未反映与投资证券有关的损益。

假设证券划分为可供出售金融资产。计算(1)经营活动产生的现金流;(2)投资活动产生的现金流。

[练习 14-11]　披露经济收益总额的计算

LO9　在第一年,Walters 公司以每股 25 美元购入 A 公司 6 000 股普通股,并且以每股 32 美元购入 B 公司 10 000 股普通股。这些证券投资划分为可供出售金融资产。在第一年 12 月 31 日,Walters 公司市场调整——可供出售金融资产的借方余额为 95 000 美元。在第二年 5 月 23 日,以每股 41 美元出售了 6 000 股 A 公司的普通股。第二年 12 月 31 日 B 公司股份的公允价值是每股 38 美元。

(1)编制第二年有关这些证券的所有分录。(2)计算第二年 Walters 股票组合所产生的总经济增加值。

扩展资料

[练习 14-12]　贷款减值:初始计量

LO10　第一年 1 月 1 日,贷款公司提供了一笔本金为 10 000 美元,利率 8% 的贷款。在每年年末收取 800 美元的利息,本金在第五年年末收到。截至第一年年末,第一年的利息 800 美元目前并没有收到,因为借款者陷入了财务困境。借款公司谈妥了贷款重组协议。所有利息偿付($4 000 = $800 × 5 年)拖延至第五年贷款期末。另外,偿付的本金数额从 10 000 美元降到 5 000 美元。编制借款公司的会计分录来记录第一年 12 月 31 日的贷款减值。(注:与贷款有关的利息收入在第一年末被确认)

习题

[习题 14-13]　记录证券交易

LO3,LO4,LO6　Kelsey 公司在同一会计期间发生以下交易:

(a) 购入 55 000 美元美国国库券,票面利率 6%,支付 102 加应计利息总计 1 400 美元。另外,支付佣金 500 美元,使用收入法记录所购债券的应计利息。公司将该证券划分为交易性金融资产。

(b) 以每股 67 美元购入 Dulce 公司 2 100 股普通股,佣金 1 300 美元。公司将该证券划分为可供出售金融资产。

(c) 收到美国国库券半年息。

(d) 以每股 81 美元的价格出售 400 股 Dulce 股票。

(e) 以 101 加应计利息 180 美元出售 20 000 美元的票面利率为 6% 的美国国库券。

(f) 购入价值 18 000 美元的 6 个月存款凭证,划分为交易性金融资产。

[习题 14-14] 权益证券的核算方法

LO4 对于以下独立的情况,决定该使用哪种方法更合适:成本法和权益法。对于成本法,确定该证券是否可划分为交易性金融资产或可供出售金融资产。对于权益法,确定是否需要合并财务报表。解释你的决策理论。

(a) ATV 公司生产并销售四轮休闲车,并且通过它的全资子公司——RV 保险公司对它出售的产品提供保险。

(b) Buy Right 公司购入 20 000 股 Big Supply 公司普通股作为长期投资。Big Supply 一共有 200 000 股在外流通的普通股。

(c) Super Tire 制造公司持有 Valley 公司 10 000 股无表决权的优先股中的 5 000 股。Super Tire 制造公司把该投资作为长期投资。

(d) Takeover 公司持有 Western Supply 公司 50 000 股普通股中的 15 000 股。Takeover 公司尝试获得 Western Supply 董事会代表席位,但是失败了。如果在下次股东大会召开时仍未获得董事会代表席位,公司打算出手这些证券,下次股东大会在 3 个星期内召开。

(e) Espino 公司购买 50 000 股 Independent Mining 公司的普通股。Independent 一共有 125 000 股在外流通的普通股。在可预计的未来,Espino 没有出售该证券的意图。

[习题 14-15] 权益证券投资——公允价值不同于账面价值

LO4 在 2011 年 1 月 3 日,McDonald 公司以 128 000 美元购买了 Old Farm 在外流通的普通股 40% 的份额,当时 Old Farm 净资产的账面价值 250 000 美元。差额主要是由设备及建筑物引起的,设备的账面价值是 60 000 美元而公允价值 100 000 美元;建筑物的账面价值是 50 000 美元而公允价值是 80 000 美元。设备和建筑物剩余年限分别是 4 年和 12 年。在 2011 年,Old Farm 披露净利润是 80 000 美元,并且支付股利 50 000 美元。

编制在 2011 年 McDonald 公司投资 Old Farm 的会计分录。

[习题 14-16] 债券的溢价摊销

LO4 2011 年 1 月 1 日,Randy 公司购入 20 年期,票面利率是 10% 的债券,当时市场利率是 8%。每年 6 月 30 日和 12 月 31 日付息。

1. 编制购买债券的会计分录,该债券划分为持有至到期投资。
2. 假设 Randy 公司将债券作为持有至到期投资核算且使用实际利率法,编制收到前两次支付的利息的分录。

[习题 14-17] 交易性金融资产

LO3,LO5 Litten 公司购买交易性金融资产作为短期投资。证券的成本以及 2011 年 12 月 31 日的公允价值如下:

证券	成本	公允价值(2011 年 12 月 31 日)
A	$ 6 500	$ 75 000
B	100 000	54 000
C	220 000	226 000

2011 年年初,Litten 公司市场调整——交易性金融资产账户余额为 0。在该交易性金融资产调整之前,Litten 净利润是 300 000 美元。

1. 交易性金融资产调整之后的净利润是多少?
2. 如果证券 B 的公允价值是 95 000 美元,净利润是多少?

中级会计学

［习题14-18］ 债务和权益类证券

LO5 美国钢铁公司2011年购买了以下证券：

证券	分类	成本	公允价值（2011年12月31日）
A	交易性	$10 000	$12 000
B	交易性	16 000	10 000
C	可供出售	12 000	15 000
D	可供出售	20 000	15 000
E	持有至到期	20 000	22 000

2011年年初，美国钢铁公司市场调整账户的余额为0。

1. 假设按2011年年末当时的公允价值核算，该如何编制分录？
2. 如果在未对证券投资进行调整时的净利润是100 000美元，那么调整后应记录的利润是多少？（所得税忽略不计）

［习题14-19］ 临时性以及"非临时性"价值变动

LO5 Malibu产业的证券组合包含以下交易性金融资产：

证券（普通股）	初始成本	公允价值（2010年12月31日）	公允价值（2011年12月31日）
Brooks公司	$15 000	$18 000	$22 000
Sonoma公司	12 000	8 000	5 000
Taylor公司	24 000	20 000	25 000

1. 假设所有公允价值变动视为暂时的，那么价值变动对2010年和2011年财务报表的影响是什么？假设2010年年初，市场调整账户余额是0，给出这两年的估值分录。
2. 假设在2011年12月31日，管理者认为Sonoma公司普通股的公允价值反映出该股票为"非暂时性"价值下降。在这个假设下，编制2011年12月31日的分录。

［习题14-20］ 证券的重分类

LO5，LO6 Bicknel Technologies公司在2010年购买了以下证券：

证券	分类	成本	公允价值（2010年12月31日）
A	交易性	$ 2 000	$ 4 000
B	交易性	7 000	6 000
C	可供出售	18 000	16 000
D	可供出售	5 000	4 000
E	持有至到期	14 000	15 000

2010年年初，Bicknel Technologies市场调整账户余额为0。在2011年，发布了2010年财务报表之后，Bicknel认为证券B应该重分类为可供出售金融资产，而证券C应重分类为交易性金融资产。转换日，证券B的公允价值是5 500美元，证券C的公允价值是17 000美元。

编制以下业务分录：

1. 调整证券组合2010年12月31日公允价值。
2. 在2011年将证券B重分类为可供出售金融资产。
3. 在2011年将证券C重分类为交易性金融资产。

[习题 14-21] 证券的核算

LO5,LO6 2010 年,Profit 产业经营的第一年,购买了以下证券:

证券	分类	成本	公允价值(2010 年 12 月 31 日)	公允价值(2011 年 12 月 31 日)
A	交易性	$18 000	$13 000	$ 9 000
B	交易性	8 000	9 000	10 000
C	可供出售	17 000	15 000	17 000
D	可供出售	24 000	28 000	13 000

2011 年,Profit 以 8 000 美元出售了一半证券 A,并且以 15 000 美元出售了一半证券 D。

编制以下业务分录:

1. 调整证券组合到 2010 年年末的公允价值。
2. 记录证券 A 和证券 D 的出售。
3. 调整证券组合到 2011 年年末的公允价值。

[习题 14-22] 损益以及现金流量表

LO8 Miss Maggie 公司年内进行了以下交易:

购买交易性金融资产	$500
出售交易性金融资产	220
购买可供出售金融资产	900
出售可供出售金融资产	470

Miss Maggie 年初并没有证券投资。出售的交易性金融资产成本是 300 美元;出售的可供出售金融资产成本是 150 美元。12 月 31 日剩余证券的公允价值如下:交易性金融资产是 310 美元;可供出售金融资产 460 美元。该年净利润是 1 000 美元。假设净利润包括与证券投资有关的项目,并不包括其他非现金项目。所有情况下,假设交易性金融资产因经营目的而获得。

计算(1)经营活动产生的现金流;(2)投资活动产生的现金流。

扩展资料

[习题 14-23] 贷款减值的核算

LO10 Tortuga 公司在 2010 年 1 月 1 日贷款 350 000 美元给 Turner 公司。贷款条件要求 5 年中每年偿还 70 000 美元本金,加上以市场利率 6% 计算的利息。首次本金与利息在 2011 年 1 月 1 日支付。Turner 在 2011 年和 2012 年支付了应付的资金。但是,在 2012 年 Turner 遭遇财务困境,这使得 Tortuga 要重新评估贷款的可回收性。在 2012 年 12 月 31 日,Tortuga 确认剩余本金可以回收,但是利息可能无法回收。

1. 计算 2012 年 12 月 31 日预计未来现金流量的现值。
2. 编制 2012 年 12 月 31 日贷款减值的分录。
3. 假设 Tortuga 评估的贷款可回收性未发生变化,编制 2013 年 1 月 1 日收到本金以及截至 12 月 31 日确认利息的分录。

难题

[难题 14-24] 债务和权益类证券的核算

LO3,LO4,LO5,LO6 2011 年,Rooster 公司以每股 18 美元购买了 5 000 股 Hen 公司普通股,并且以每股 21 美元购买了 3 200 股 Egg 公司普通股。持有这些证券意图是可以随时变现,划分为交易性金融资产。

而且在 2011 年，Rooster 公司以每股 27 美元购买了 Chicken 公司 6 400 股普通股。这些证券划分为可供出售证券。

在 2011 年，Rooster 公司收到的证券利息和股利如下：

Hen 公司　　每股股利 2.5 美元
Egg 公司　　每股股利 1.25 美元
Chicken 公司　每股股利 1 美元
国库券　　　　年利率 8% 的半年息

2011 年 12 月 31 日证券公允价值如下：

Hen 公司　　每股 21 美元
Egg 公司　　每股 16 美元
Chicken 公司　每股 24 美元
国库券　　　　104

2012 年 3 月 23 日，公司以每股 16 美元出售了 3 200 股 Egg 公司普通股。2012 年 6 月 30 日，以 102 加应计利息出售国库券。

2012 年 12 月 31 日，剩余证券的公允价值如下：

Hen 公司　　每股 20 美元
Chicken 公司　每股 30 美元

要求：

1. 编制 2011 年和 2012 年有关证券的所有分录。

2. 描述 2012 年 12 月 31 日以下项目如何在 Rooster 公司现金流量表中处理。公司使用间接法披露经营活动产生的现金流。假设交易性金融资产是为了经营目的而获得的。

(a) Egg 公司股份出售所得款项以及出售带来的已实现损益。

(b) 国库券出售所得款项以及出售带来的已实现损益。

(c) 剩余证券未实现损益。

[难题 14-25]　投资证券的会计分录以及资产负债表列报

LO3, LO4, LO5　2009 年 12 月 31 日，Durst 公司的资产负债表证券账户余额如下：

交易性金融资产	$155 000	
减：市场调整——交易性金融资产	(7 250)	$147 750
可供出售金融资产	$108 000	
加：市场调整——可供出售金融资产	10 000	118 000
应收利息——NYC Water 债券		1 250

2009 年 12 月 31 日 Durst 证券组合由以下证券组成：

证券	分类	成本	市价
1 000 股 Herzog 公司股票	交易性	$75 000	$76 250
800 股 Taylor 公司股票	交易性	55 000	52 825
票面利率 10% 的 New York City Water 债券（每半年付息一次，在 1 月 1 日和 7 月 1 日）	交易性	25 000	18 675
1 000 股 Martin 公司股票	可供出售	59 000	65 000
2 000 股 Outdoors Unlimited 公司股票	可供出售	49 000	53 000

在 2010 年，发生以下交易：

1 月 3 日　　收到 New York City Water 债券利息

3月1日　　以总价 22 950 美元购买另外 300 股 Herzog 公司股票，划分为交易性金融资产
4月15日　　以每股 69 美元出售 400 股 Taylor 公司股票
5月4日　　以每股 62 美元出售 400 股 Martin 公司股票
7月1日　　收到 New York City Water 债券利息
10月30日　　以 83 250 美元购买了 1 500 股 Cook 公司股票，划分为交易性金融资产

2010 年 12 月 31 日，股票和债券的公允价值如下：

Herzog 公司股票	每股 76.60 美元
Taylor 公司股票	每股 68.50 美元
Cook 公司股票	每股 55.25 美元
New York City Water	20 555 美元
Martin 公司股票	每股 61.00 美元
Outdoors Unlimited 公司股票	每股 27.00 美元

要求：

1. 编制 2010 年所有会计分录，包括年末应计及调整分录。
2. 叙述投资证券如何列示在 2010 年 12 月 31 日资产负债表。假设可供出售金融资产划分为流动资产。

[难题 14-26]　普通股投资

LO4, LO5　Melissa 公司在本年 7 月 1 日购买了 International 公司 25% 的流通在外的普通股股票，总成本为 700 000 美元。此时，Melissa 公司的净资产总额为 2 400 000 美元，意味着购买价格 700 000 超过 Melissa 公司净资产总额的 25%。Melissa 公司要为购买 International 公司的股票支付大于账面价值的价格，原因如下：

(a) International 公司拥有应计折旧的固定资产（还有 10 年的经济寿命），目前的公允价值为 60 000 美元，大于它的账面价值。

(b) International 公司拥有土地，目前的公允价值为 300 000 美元，大于它的账面价值。

(c) 在账面价值中，没有其他可确认的无形资产和有形资产。如果有剩余的话，应当归于商誉。

International 公司在本年 12 月 31 日赚的净收入为 540 000 美元。在 12 月 31 日，International 公司向普通股股东宣布并发放 105 000 美元的现金股利。Melissa 公司 12 月 31 日的股票公允价值为 750 000 美元。两个公司在 12 月 31 日都结束了会计记录。

要求：

1. 在 International 公司支付给 Melissa 公司的价格基础上计算总的商誉。
2. 编制 Melissa 公司本年 12 月 31 日前用成本法进行核算的投资相关的会计分录，这项投资划分为可供出售金融资产。
3. 编制 Melissa 公司本年 12 月 31 日前用权益法进行核算的投资相关的会计分录。

[难题 14-27]　有价证券的会计核算

LO5, LO6, LO7　Trans America Trust 公司拥有交易性金融资产和可供出售金融资产。该公司在 2010 年 12 月 31 日拥有以下证券：

交易性金融资产

证券	份数	总成本	公允价值（2010 年 12 月 31 日）	市场调整
Albert Groceries 公司	600	$ 9 000	$11 500	$2 500 Dr.
West Data 公司	1 000	27 000	18 000	9 000 Cr.
Steel 公司	450	9 900	10 215	315 Dr.
合计		$45 900	$39 715	$6 185 Cr.

可供出售金融资产

证券	份数	总成本	公允价值（2010年12月31日）	市场调整
Dariy Products	2 000	$ 86 000	$ 9 000	$ 4 000 Dr.
Vern Movies 公司	15 000	390 000	36 500	25 000 Cr.
Disks 公司	5 000	60 000	80 000	20 000 Dr
合计		$536 000	$535 000	$ 1 000 Cr

以下的交易发生在2011年：

（a）将 West Data 公司的 500 份交易性金融资产出售，得到 9 500 美元。

（b）将 Disks 公司的 200 份可供出售金融资产出售，得到 3 000 美元。

（c）当公允价值为 12 900 美元的时候，将 Albert Groceries 公司全部股份的交易性金融资产重分类为可供出售金融资产。

（d）当市场价格为每股 20 美元的时候，将 Disks 公司剩余股份的可供出售金融资产重分类为交易性金融资产。该证券以每股 18 美元出售。

2011 年 12 月 31 日，剩余证券的市场价格如下：

证券	每股市价
Albert Groceries 公司	$22
West Data 公司	15
Steel 公司	21
Dariy Products	42
Vern Movies 公司	28

要求：编制必要的会计分录来记录 Trans America Trust 公司有价证券的交易情况和 2011 年年末的调整情况。假设公允价值的下降是暂时的。

[难题 14-28] 证券投资和现金流量表

LO8, LO9 Julie 公司 2011 年 1 月 1 日拥有 2 000 美元的现金投资项目，并且在 2011 年期间进行如下交易：

销售	$ 3 200
现金支出	(2 700)
1 月 1 日购买建筑物	550
购买交易性金融资产	500
出售交易性金融资产（成本 $200）	340
购买可供出售金融资产	300
出售可供出售金融资产（成本 $100）	60

以下是可提供的额外信息：

12 月 31 日应收账款余额	$190
一年可以确认的折旧费用	50
12 月 31 日剩余交易性金融资产的公允价值	210
12 月 31 日剩余可供出售金融资产的公允价值	270

要求：

1. 编制 2011 年的利润表。

2. 编制 2011 年完整的现金流量表。用间接法计算经营性现金流量。所有的例子中，假设获得交易性金融资产是以进行交易为目的。

3．编制 2011 年 12 月 31 日的资产负债表。

[难题 14-29] CPA 考试样题

LO2　1．A 公司应该以下列哪种方式披露划分为交易性金融资产的有价证券：

（a）成本与市价孰低法，收益中包括投资损益

（b）成本与市价孰低法，收益中包括的投资收益仅仅能相应的确认投资损失

（c）公允价值，收益中包括的投资收益仅仅能相应确认投资损失

（d）公允价值，收益中包括投资损益

2．Nola 公司拥有的有价证券目的不是在短时间内将其出售。Nola 公司应该怎样划分有价证券呢，应该怎样披露这些有价证券未确认的投资损益呢？

分类	披露
（a）交易性金融资产	持续经营产生的收入的组成部分
（b）可供出售金融资产	所有者权益的组成部分
（c）交易性金融资产	所有者权益的组成部分
（d）可供出售金融资产	持续经营产生的收入的组成部分

3．Kale 公司在公开交易市场折价购买债券，作为投资并且打算持有至到期。Kale 公司应该以哪种方式进行核算：

（a）成本

（b）摊余成本

（c）公允价值

（d）成本与市价孰低法

扩展资料

[难题 14-30] 贷款减值的会计核算

LO10　2009 年 1 月 1 日 Halstead 协会给 Stevens 公司提供 600 000 美元的贷款。贷款在 2014 年 1 月 1 日全额归还，加上每年支付利息 10%。利息在 2010 年 1 月 1 日支付；但是，因为遇到财务困难，Stevens 公司不能在 2011 年 1 月 1 日进行支付利息。Halstead 考虑到贷款的减值和截至 2011 年和 2012 年 12 月 31 日产生的现金流量。假设 Halstead 在 2010 年 12 月 31 日计入应计利息，但是因为贷款的减值不能继续计入应计利息。

预计现金流

日期	截至 2011 年 12 月 31 日预计现金流	截至 2012 年 12 月 31 日预计现金流
2012 年 12 月 31 日	$ 40 000	$ 40 000
2013 年 12 月 31 日	120 000	140 000
2014 年 12 月 31 日	150 000	220 000
2015 年 12 月 31 日	200 000	200 000
2016 年 12 月 31 日	90 000	

要求：

1．编制 2011 年 12 月 31 日估值调整的分录。

2．编制 2012 年 12 月 31 日记录 40 000 美元收据的分录。

3．准备 2012 年 12 月 31 日估值调整的分录。

4．编制 2013 年会计分录，假设 140 000 美元的收据到期了，并且假设对未来现金流量的预计和 2012 年年末一样。

案例

[案例 14-31] 我们目前真的需要"调整至市场价"会计么？

对投资核算时使用公允价值的做法已经被贴上"调整至市场价"的标签了。准确地说，有价证券是用成本与市价孰低法的方法进行核算的。公允价值的变化，不管是高于成本还是低于成本，都是背离了以前的价值。即使将所有的投资都划分为目前都是用公允价值进行核算的交易性金融资产和可供出售金融资产，只有交易性金融资产的市场变化对现金流量表产生影响。对很多会计学家来说，这个确实是 FASB 站不住脚的一部分。这些会计学家推理，如果市场变化能够从资产负债表上被确认，它们也应该在现金流量表中进行确认。这个观点被 FASB 的两名成员所认同，这两名成员曾经投票反对 *FASB No.115* 的发布。这个可以理解为公允价值优先的方法，这在有些章节中提及过，也是 IASB 的主席——大卫·泰迪先生所主张的最常见的方法。

评价这种妥协观点的合理性。你认为关于这两种不同的方法（收入法和权益法）的观点哪种更为准确并解释原因。未来事件的发生会不会引起标准制定者去修订这个方法？

[案例 14-32] 哪种方法对投资的核算是准确的？

International 公司在世界范围内拥有公司或公司的股份。International 公司评论那些公司的会计核算方法，并且要求你对以下每一个子公司提供使用成本方法还是权益方法进行核算，或者合并是合理的。提供你自己合理的建议。

子公司 1：这个子公司是 MEOiL，位于中东的一个石油公司。由于整个国家反美国的情绪日益增长，这个公司坐落的位置已经导致 International 撤走了所有非当地雇员。有种担忧日益增长，政府可能将 MEOiL 本土化。International 公司拥有石油公司 75% 的股份。

子公司 2：Ecological 公司，是一个生产全球性安全产品的公司，在 10 多个州内拥有生产设备。公司的所有权被广泛持有，International 公司拥有最大的股份。International 公司成功地占据了董事长和副董事长的位置，拥有董事会五名成员中的两个名额。International 公司拥有该公司流通在外普通股的 15% 股份。

子公司 3：International 公司最近购买了 Harmon 国家银行 100% 的股份。这个子公司代表了 International 公司购买了第一个非制造企业，管理层已经表示将集中关注金融机构不同的会计方法之间的比较。

子公司 4：International 公司涉入 Beatrix 公司的收购，包括 Campton。Beatrix 公司最近购买了 Campton 50% 的股份，International 公司拥有 Campton 30% 股份已经 5 年了。

[案例 14-33] 解读财务报表（福特汽车公司）

下面记录是从福特汽车公司 2007 年年报中摘录出来的：

单位：百万美元

表 5　股票、贷款和其他有价证券

2007 年 12 月 31 日可供出售金融资产如下：

	摊余成本	未实现 收益	未实现 损失	公允价值
可供出售金融资产				
美国政府	846	2	—	848
政府赞助企业	1 944	4	—	1 948
抵押贷款支持证券	899	8	2	905
其他债务证券	799	5	1	803
权益证券	99	2	—	101
合计	4 587	21	3	4 605

2006年12月31日可供出售金融资产如下：

	摊余成本	未实现		公允价值
		收益	损失	
可供出售金融资产				
美国政府	3 895	4	2	3 897
政府赞助企业	4 968	5	—	4 973
抵押贷款支持证券	858	2	7	853
其他债务证券	1 837	1	6	1 832
权益证券	60	36	1	95
合计	11 618	48	16	11 650

销售可供出售金融资产获得的实收款项和净收益/损失如下：

实收款项		收益或损失	
2007年	2006年	2007年	2006年
10 760	8 803	43	(3)

1. 在2007年的利润表中记录了可供出售金融资产销售获得的收益或损失金额是多少？多少已实现？多少未实现？
2. 截至2007年年末，可供出售金融资产销售获得的未实现收益或损失有多少要进行调整？
3. 利用已实现和未实现的收益与损失，评估福特公司2007年可供出售金融资产的经济回报（忽略利息和股利）。

[案例14-34] 写作训练（围绕利润表）

SFAS No.115基于证券分类为交易性金融资产还是可供出售金融资产，概述了未实现损益两种不同的处理方法，交易性金融资产产生的未实现收益与损失记录在利润表中，而可供出售金融资产产生的未实现收益与损失记录为所有者权益中的综合收益的一部分。

你的任务就是去阐述以下观点，可供出售金融资产产生的未实现收益与损失是否能记录在利润表中。在你的文章第一页就要解释一下为什么FASB要选择记录在所有者权益的综合收益中，并且要能反驳委员会的观点。

[案例14-35] 道德困境（重分类证券的收益）

你是一家规模巨大的制造企业的财务总监。作为财务总监，你要对投资有价证券所用的过多的现金和会计处理负责。你的公司有一项政策，将全部的证券分类为可供出售金融资产。在这一年的年末，初步的财务结果表明了你的公司将处于目标净收入水平之下。董事会已经给你任务就是决定收入在不违背准则的情况下（董事会强调这一点）有所增加。

你决定用一种可以增加收入的方法，重分类可供出售金融资产，如果这些证券当做交易性金融资产进行交易，那么当公允价值上升时就会增加收入。

1. 重分类能得到预期的结果吗？
2. 重分类符合准则吗？
3. 重分类符合SFAS No.115的意图吗？
4. 如果你是该公司的外聘审计员，你会问关于重分类的什么问题？

第 15 章 租 赁

学习目标

1. 描述租赁比直接销售和购买更具商业意义的环境。
2. 理解资产所有者(出租人)和资产使用者(承租人)在记录租赁交易时所面临的会计问题。
3. 概述租赁协议中典型的合同条款类型。
4. 应用租赁分类标准以区分融资租赁和经营租赁。
5. 从承租人(资产使用者)角度恰当核算融资租赁和经营租赁。
6. 从出租人(资产所有者)角度恰当核算融资租赁和经营租赁。
7. 编制并解释出租人和承租人所要求的租赁披露。
8. 比较美国租赁会计的处理与国际会计准则要求的不同。

扩展资料

9. 记录卖方(承租人)和买方(出租人)的售后回租交易。

这个世界上哪家公司拥有数量最多的商用喷气式飞机?你是否会猜测 Delta,United 或 Amercian? 这些是不错的猜测。截至 2007 年 12 月 31 日,这三家美国最大的航空公司所拥有的飞机数量如下所示:

	截至 2007 年 12 月 31 日 拥有的飞机数量
American	681
Delta	359
United	255

然而,拥有数量最多的公司是通用电气(General Electric)。通过它的商业航空服务子公司,通用电气拥有了超过 1 775 架飞机,并将其中超过 225 架的飞机出租给了 70 多个国家的航空公司客户。今天,飞机租赁公司参与了大约 40% 的客机飞行。租赁公司从波音公司(Boeing)或空中客车(Airbus)手中购买喷气式飞机,然后把它们出租给航空公司。没有企业会让一个良好的商业机会溜走,波音同样从事租赁业务。它们投入到了与那些从它们手中购买了飞机又将其出租给航空公司的企业的竞争中,我们从这一举动可以看出,波音

在1999年重组波音金融公司的目的是努力成为飞机融资业务的主要参与者。①

航空公司利用租赁安排替代了通过获取贷款来自己购买飞机的做法。那些大的成熟稳定的航空公司一般会签署一份15—20年左右的长期租赁合约。那些试图建立市场立足点的较小的公司可能会签署一份4—8年的比较昂贵的短期租赁②。租赁筹资赋予航空公司的灵活性在2001年"9·11"世界贸易中心遭到袭击之后得以体现,那时大部分航空公司的业务大幅下降。航空公司能够取消租约或重新谈判来适应较低的客运量。当然,租赁公司也受到了影响;它们开始更加谨慎地审查潜在客户的财务状况。事实上,在2001年10月,国际租赁金融公司(International Lease Finance Corporation, ILFC)(在全世界范围内出租了900架飞机,大多在美国以外)运载了30名飞行员去苏黎世抢夺他们的19架飞机,那些飞机已经出租给了瑞士航空公司(SwissAir)。如同汽车回收专家,这些飞行员登上飞机然后飞向法国。回收的原因是ILFC的飞机似乎有陷入瑞士航空公司破产程序的危险之中。③

作为一名会计人员,当你在35 000英尺的高空飞行时你要问自己一个问题:你的航空公司在资产负债表中是否作为一项资产进行披露。答案是有时是,但是通常是不是。截至2007年12月31日,达美航空租借了219架飞机(大约占机群的38%),但是这些飞机中仅82架在该公司的资产负债表中予以披露。对于剩下的137架飞机,达美航空已经订立了合同承诺在未来支付87亿美元,但在资产负债表中既未作为资产披露,也没有将其未来租赁付款作为负债披露。这些飞机存在于财务报表的唯一迹象埋藏在达美航空的财务报表的租赁附注中。

因此,租借的飞机何时才能算作资产?继续阅读,这个问题就是这章所要讨论的。

问题:
1. 通用电气是如何拥有比美国航空公司更多的飞机的?
2. 为什么航空公司认为租赁飞机比购买飞机更具吸引力?
3. 出租的飞机是否作为承租公司的资产在资产负债表中体现?请解释。

问题的答案可以在第215页找到。

租赁是一份规定财产所有者,即出租人,将财产的使用权转移给承租人的合同。在本章,我们会关注从出租人和承租人角度租赁是如何核算的。我们会讨论把租赁划分为债务融资购买(融资租赁)或普通租赁(经营租赁)的有关问题,以及与分类有关的披露问题。另外,我们会说明企业如何能做到在有明确的义务于未来支付与经营租赁有关的大量资金的情况下,却不在资产负债表中将其作为负债

补充

会计程序委员会(CAP)在1949年 *APB 38* 中讨论过租赁的问题。APB,成立于1959年,针对这个话题发表了四点意见。FASB也在1976年颁布了 *SFAS No.13* 租赁准则,随后发布了十多条租赁会计规则的修正和解释。

---

① Jeff Cole, "Boeing Overhauls Financing Operation, Heightening Rivalry with Its Lessors," *The Wall Street Journal*, October 4, 1999, p. A3.
② John H. Taylor, "Fasten Seat Belts, Please," *Forbes*, April 2, 1990, p. 84.
③ J. Lynn Lunsford, "With Airlines in a Dive, Secretive Leasing Firm Plays a Crucial Role," *The Wall Street Journal*, February 12, 2002, p. A1.

予以确认。

　　历史上,会计职业的一个主要挑战是出台会计准则以阻止公司利用租赁的法律形式来避免将未来的支付义务作为负债确认。"表外融资"对于会计职业一直以来都是一个令人困惑的问题,租赁可能是把债务排除在资产负债表之外的最古老最广泛使用的手段。本章会详细讨论和分析由 FASB 建立的标准,它试图将更多的长期租赁引入资产负债表并且将租赁资产所使用的会计程序具体化。另外,我们会讨论国际财务报告准则与美国租赁会计有何不同。

租赁的经济优势

1 描述一下租赁比直接销售和购买更具商业意义的环境。

WHY 会计人员对与租赁相关的一些有趣的会计问题很感兴趣。但是我们应该记住租赁事实上具有很重要的商业价值,这些价值与会计毫无关系。

HOW 承租人(使用出租资产的一方)通过租赁而非直接购买更具灵活性并且减少了风险。出租人(拥有出租资产的一方)使用租赁的吸引力增加销售并且和客户建立了长期合作关系。

　　在讨论租赁会计处理之前,首要考虑的是订立租赁协议的充分的商业理由。公司租赁财产的唯一理由是避免在财务报表中披露租赁义务,这种观点是不合理而且不正确的。尽管进行租赁交易时会计结果是重要的考虑因素,但是其他的财务和税务因素也在租赁决策中有重要的影响。

　　每种状况都有所不同,但是对于承租人来说,租赁比购买具有三方面的优势:

　　1. 无首付。大多数债务融资购买需要购买者在购买财产时立即支付购买价格的一定比例。这给出租人在面临违约和收回时提供了额外的保护。相反,公司经常构建租赁协议以使资产100%的价值全部通过租赁筹集。租赁的这方面优势对那些没有足够的现金来支付首付或希望将现有资本用于其他经营或投资目的的公司是很具有吸引力的选择。当然,许多租赁也要求首付;例如,下次你在电视上看到汽车租赁广告时,仔细看看那细微之处。

　　2. 规避所有权风险。伴随着财产所有权会发生很多风险,这些风险包括意外损失、作废、经济状况变动以及自然变质。如果出租资产的市场价值显著下降,承租人也许会终止租赁,尽管通常会有违约惩罚。另一方面,如果你拥有资产,当它的市场价值下降时你会被套牢。

　　3. 灵活性。随着时间的推移经营状况及要求会发生变化。如果资产是租借来的,那么公司能很容易置换资产以应对这些变化。创新以及技术变革会使个别设备或设施的未来用途变得不确定,在这种状况下,灵活性在商业中异常重要。这些年典型的例子是在高科技行业,诸如计算机技术、机器人以及电信等领域的显著变化。灵活性是汽车租赁繁荣的最重要因素。汽车购买者喜欢那种灵活性:每2—3年的租赁结束时再选择一款崭新的汽车。

　　出租人也可以通过出租而不是卖掉他们的资产来获取利益。租赁对于出租人的优势如下所示:

　　1. 增加销售。正因为前面所提到的理由,顾客也许不愿意或者不能够购买租赁财产。通过向潜在顾客出租他们产品的使用权,制造商或经销商可能会显著增加他们的销量。

2. 保持与承租人的商业联系。当财产出售时,购买者往往不再和财产的销售者进行更多的交易。然而,在租赁状况下,出租人和承租人会保持一段时间的联系,长时期的商业联系会通过租赁来实现。

3. 获得剩余价值。在很多租赁协议中,租赁财产的所有权不会转移到承租人手中。在租赁期期末也许会产生重大剩余价值,出租人可以从这种经济状况中获取利益。出租人可以将资产再转租给另一个人或者直接销售以实现即时收益。例如,新汽车的租赁会给汽车商提供 2—3 年的二手车供应,这些二手车之后可以被出售或者再次租赁。

> **注意**
>
> 你越快适应"出租人"和"承租人"这两个术语,越好。出租人是租赁资产的法律所有人;承租人是使用租赁资产的一方。

总之,租赁协议对于承租人和出租人都是一种稳妥的商业行为。本章的余下部分开始讨论租赁复杂且有趣的会计影响。

一个简单的例子

❷ 理解资产所有者(出租人)和资产使用者(承租人)在记录租赁交易时所面临的会计问题。

WHY 对于出租人,核心的会计问题是在租赁签署日该销售是否应该被确认。对于承租人,核心的会计问题是租赁资产和租赁支付义务是否应该在资产负债表中确认。

HOW 融资租赁的核算相当于租赁协议把租赁资产的所有权从出租人手中转移到承租人。经营租赁按出租协议进行核算。

我们用一个简单的例子来讨论有关租赁的会计问题。所有者公司拥有一项设备,市场价值 10 000 美元。使用者公司希望获得该项设备用于经营。使用者公司的一种选择是,通过从银行借款 10 000 美元从所有者公司购买该设备,借款利率是 10%。使用者公司可以用这 10 000 美元从所有者公司购买该设备,五年内每年等额支付银行本金和利息 2 638 美元。

另外,使用者公司可以从所有者公司租借该项资产五年,每年等额支付 2 638 美元。从使用者角度看,租赁款等于购买资产价款,唯一的区别是交易的法律形式不同。使用者仍然使用该设备五年,而且仍然每年支付 2 638 美元。从所有者角度看,交易的唯一区别是现在所有者不仅仅是出售该设备而且替代了银行提供融资。

这项租赁协议中,与所有者公司相关的关键会计问题如下:

- 租赁签署日,所有者公司是否应该确认设备销售?

问题的正确答案的决定因素来自以前讨论过的与存货销售和收入确认等有关的章节。

- 设备的实际所有权是否从出租人转移到承租人?
- 这项交易是否完成,即所有者对设备是否还负有重大责任?
- 所有者是否能合理确定五年中每年支付的 2 638 美元能够从使用者公司收回?

使用者公司关键的会计问题如下:

- 租赁签署日,使用者公司是否应该把租赁资产确认为一项资产且将租赁支付义务作为一项负债?

这个问题的正确答案也取决于当所有者和使用者签署租赁协议时,设备的实际所有权是否易手,实际所有权与法律所有权相对应。

租赁的会计处理是会计原则"实质重于形式"的典型例子。租赁的法律形式是所有者公司拥有设备的所有权,但是租赁是否将资产的经济所有权从所有者转移到使用者取决于租赁协议的细节。考虑以下四种不同的情境:

- 租赁协议明确规定所有者在5年的租赁期间拥有设备的法律所有权,但是在租赁期结束时将所有权转移至使用者。
- 租赁协议规定所有者在5年的租赁期间拥有设备的法律所有权,但是在租赁期期末使用者可以选择以1美元购买该设备。
- 设备的使用寿命是5年。因此,当租赁期结束时,任何人不再使用该设备。
- 现值计算显示每年2 638美元的租赁付款额正好等于在租赁签署日支付10 000美元。

在以上每一种情境中,租赁的经济实质都是租赁签署等同于实际所有权的转移,而所有者在租赁期保留设备的法律所有权仅仅是一个技术细节。另一方面,如果租赁协议并未规定在租赁期期末转移法律所有权,如果租赁仅仅涵盖设备使用寿命的一部分,如果租赁付款额无法大到足以"买"下资产,那么在经济上租赁仅仅是租借,不是所有权的转移。

从会计核算的角度看,可以将租赁进一步分为两种类型:融资租赁和经营租赁。融资租赁的核算是租赁协议将资产的所有权从出租人转移至承租人。在前面的例子中,如果作为融资租赁的会计处理,所有者公司会在租赁签署日确认设备的销售并且在五年的租赁付款收回时确认利息收入。在租赁签署日,使用者公司会在资产负债表上确认租赁资产,同时在资产负债表中将未来租赁付款额确认为负债。

经营租赁视为按租借协议进行核算,与租赁有关的实际所有权未发生转移。在上面的例子中,如果租赁作为经营租赁的会计处理,所有者公司在租赁签署日不能确认销售。相反,每年在租赁付款额收回时应确认租赁的租金收入。使用者公司不能确认租赁资产和租赁负债,但是可以披露定期租赁租金支出,其数额等于每年租赁付款额。

从这个简单的介绍,你可能有种错觉,租赁的会计处理是直截了当和无可争议的。事实上,绝大部分通过租赁协议使用资产的公司都会不遗余力地确保其多数租赁作为经营租赁进行会计处理,因为这使它们将资产和有关的义务排除在资产负债表外。把资产排除在资产负债表外有助于改善资产使用的财务比率,把负债排除在资产负债表外有助于改善企业的杠杆比率。对于那些所使用的资产大部分是租借而来的公司,与租赁相关的会计准则是其应用的最主要的会计准则。

以下部分包括租赁协议中各种的条款的详细描述。另外,用来区分经营租赁与融资租赁的具体会计规则也会被解释。

租赁的性质

3 概述租赁协议中典型的合同条款类型。

WHY 租赁中的具体合同条款决定了租赁是否涉及经济所有权的转移。

HOW 租赁中关键的合同条款是撤销条款、廉价购买选择权(如果有的话)、租赁期限、剩余价值(它有无担保)和最低租赁付款额。

租赁在合同条款中千差万别。这种变化的原因包括撤销条款和惩罚、廉价续租和购买选择权、租赁期限、资产的经济寿命、剩余资产价值、最低租赁付款额、租赁协议所含的利息率,以及承租人假定的风险等级,包括支付的某些成本,例如维修、保险和税收。在确定租赁恰当的会计处理时,必须考虑上述这些以及其他的因素。

影响租赁资本化的很多变量都有精确的定义,我们应该理解这些定义,以便对现实中发生的不同类型的租赁进行核算。以下我们对这些变量会进行清晰简明的讨论。

撤销条款

一些租赁是不可撤销的,这意味着这些租赁合同仅在十分小的可能性下才会发生撤销,或者这些租赁的撤销条款和惩罚对于承租人代价太大,以至于撤销很可能不会发生。所有可撤销租赁视为经营租赁进行会计处理;一些,但并非全部,不可撤销的租赁被视为融资租赁进行会计处理。

廉价购买选择权

> **注意**
> 为了确定廉价购买选择权是否存在,租赁方必须能够合理估计在租赁期期末租赁资产的公允价值是多少。

租赁经常包括一项条款,即给承租人在未来期限中购买租赁资产的权利。如果规定的购买选择权的价格与购买选择权履行日的公允价值相比非常低,那么这种选择权就叫廉价购买选择权。根据定义,廉价购买权预期会被履行。因此,包括廉价购买选择权的租赁协议可能会导致资产所有权从出租人转移至承租人。附廉价购买选择权的不可撤销租赁就按照融资租赁进行会计处理。

租赁期限

> **补充**
> 租赁期对于承租人的融资租赁核算是一个重要的概念,因为它能够确认租赁资产折旧的期限。

租赁协议中一个重要的变量是租赁期限,也就是从租赁开始到结束的这个时间段。租赁期限是从租赁财产转移到承租人开始的。租赁期限的结束则十分灵活,因为租赁包括允许承租人延长租赁期限的条款。出于会计核算目的,租赁期限被定义为固定的不可撤销的租赁期加上所有可能发生的续订期限。廉价续租选择权是指在租赁合约中包含着有吸引力的租赁利率或者其他有利的条款,合约在固定租赁期限外被续租是可能的。如果廉价购买选择权包括在租赁合同中,租赁期包括廉价购买选择权之前的续租期,但是不会扩展到廉价购买选择权之后。

剩余价值

租赁财产在租赁期期末的市场价值是它的剩余价值。在一些租赁中,租赁期包含了资产的整个经济寿命或者资产的整个生产期间,如果有的话,这些资产还有少量剩余价值。在其他租赁中,租赁期较短,并且存在很大的剩余价值。如果承租人在租赁期期末能够以大大低于其剩余价值的价格购买资产,那么就存在一项廉价购买选择权,可以假设承租人会实施这项选择权并购买该资产。

> **注意**
> 未担保余值的残值风险由出租人承担；担保余值的残值风险由承租人承担。

一些租赁合同要求承租人保证最小剩余价值。如果在租赁期期末市场价值下降到担保余值以下，承租人必须支付差额。这项条款防止出租人由于不可预知的市场价值下降而发生损失。例如，假设你租借的汽车预期在租赁期期末有 15 000 美元的剩余价值，并且你向汽车经销商担保这笔数额。然而，在租赁期期末，汽车的剩余价值仅有 10 000 美元，你那时有义务支付经销商 5 000 美元差额，因为经销商被保证会收到足额的剩余价值，这些剩余价值是在租赁期期初被估计出来的。你可以用 15 000 美元的担保金额来购买这辆汽车，但是租赁条款并不要求购买。

如果没有廉价购买选择权或剩余价值担保，出租人会在租赁期期末重新获得财产，并且提供新的租赁，出租给另外一个承租人，或出售该财产。剩余价值的实际数额直到租赁期期末才能知晓；然而它必须在租赁期期初进行评估。在这种情况下剩余价值被称为未担保余值。

最低租赁付款额

租赁期要求的租金加上通过行使廉价购买选择权或剩余价值担保而支付的剩余价值被称为最低租赁付款额。租赁付款有时包括类似租赁财产的保险、维修以及税收等项目的费用。这些称为履约成本，并且不包括在最低租赁付款额中。另外，建筑物租赁付款额通常由一项固定的最低付款额和以承租人销售额为基础的附加款构成。

为了说明最低租赁付款额的计算，我们假设 Dorney 租赁有限公司拥有并且以每月 3 000 美元出租道路设备三年。租赁付款包括每月 500 美元的履约成本以提供该设备的保险和维修。在第三年期末，Dorney 被承租人担保 10 000 美元的剩余价值。

最低租赁付款额：
不包含履约成本的租金（$2 500 × 36）	$ 90 000
担保余值	10 000
最低租赁付款总额	$100 000

Dorney 如何判定每月 2 500 美元租赁付款是充足的？适当的租赁费用计算应该考虑租赁设备的公允价值、担保余值、租赁期以及适当的利息。Dorney 通过使用 12% 的复利（每月 1%）和道路设备 82 258 美元的公允价值计算出每月 2 500 美元的租赁付款。计算如下：

36 个月每月月末 2 500 美元付款额的现值（3 000 美元减履约成本 500 美元），利息 1%（12%，每月复利）

$PMT = \$2\,500, N = 36, I = 1\%, PV$	$75 269
在第三年年末担保余值 10 000 美元，利率 12%，每月复利：	
$FV = \$10\,000, N = 36, I = 1\%, PV$	6 989
最低租赁付款额现值	$82 258

当然，计算可以是反向的；实际上，Dorney 会使用 82 258 美元公允价值和利率 12% 的每月复利计算出上述的每月租赁付款额 2 500 美元。所用利率被称为内含利率：在出租人计算所要求的租赁费时使用的利率。

> **补充**
>
> 如果承租人不能确定出租人的内含利率,承租人会在现值计算中使用新增借款利率。承租人不能够计算内含利率的两个原因是租赁资产公允价值不容易确认或剩余价值很难可靠估计。

正如本章后面所讨论的,最低租赁付款额的现值对于承租人也是一个重要的量。因为出租人在计算租赁费时使用的内含利率对于承租人可能不是合适的贴现率,所以会有点复杂。出于计算最低租赁付款额现值的目的,承租人使用出租人使用的内含利率和承租人自己的新增借款利率中的较低者。承租人新增借款利率是指承租人借入必要的金额以购买租赁资产时考虑承租人的财务状况以及市场的目前状况后选择的利率。

在对最低租赁付款额进行贴现时,现值公式和表格的使用会在章节后面进行说明。

租赁分类标准

4 应用租赁分类标准以区分融资租赁和经营租赁。

WHY 由 FASB 设计的租赁分类标准抓住了经济所有权转移的思想。事实上,公司在设计租赁时经常会使用这些标准以确保它们能够按照其意愿来进行会计处理(融资或经营)。

HOW 如果租赁涉及所有权的转移,廉价购买选择权,租赁期大于或等于租赁资产经济寿命的 75%,或租赁资产最低付款至少是公允价值现值的 90%,这时租赁应该作为融资租赁进行会计处理。否则,租赁作为经营租赁进行会计处理。

租赁是 FASB 原议程的话题之一,并且在 1976 年委员会还发布了 *SFAS No. 13*,"租赁会计"。FASB 发布 *SFAS No. 13* 的目标是通过要求长期租赁由承租人作为资本的获取、由出租人作为销售进行核算来反映租赁经济实质。为了实现这个目标,FASB 确定了标准来决定一项租赁仅仅是租借合同(经营租赁)还是实质上的财产购买(融资租赁)。租赁分类标准和承租人与出租人的应用在表 15-1 中进行了总结。

表 15-1 租赁分类标准

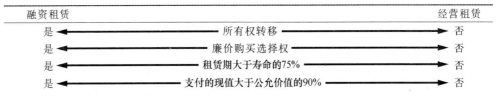

适用于出租人的额外的收入确认标准:
1. 最低租赁付款额的回收可以合理预期;
2. 出租人承担的不可收回成本的数量不存在重大的不确定性。

承租人:如果租赁满足一般标准的任何一个,那么就是融资租赁。
出租人:如果租赁满足一般标准的任何一个,而且也符合收入确认标准,那么就是融资租赁。

一般分类标准——承租人和出租人

应用于承租人和出租人之间所有租赁的四个一般分类标准包括:所有权转移、廉价购买选择权、经济寿命和公允价值。如果租赁合同中包括租赁期期末将财产全部所有权转移至承租人的条款,则说明满足所有权转移标准。所有分类标准中,所有权转移是最客观的,因此也是最容易操作的。

如果租赁包含着能够合理保证财产在未来某日承租人会购买该项财产的廉价购买选择权,那么就满足了第二个一般标准。这个标准应用起来比第一个标准要复杂,因为租赁资产的未来公允价值必须在租赁初期被估计,而且还要与购买选择权的价格比较以确定廉价购买是否有必要。

> **补充**
>
> FASB 的意图是通过这些分类标准要求大多数的长期租赁作为融资租赁核算。但是,公司懂得如何重构租赁协议,因此大多数租赁仍然按经营租赁核算。

第三个标准涉及资产的经济寿命。如果租赁期等于或者大于所评估的出租资产经济寿命的75%,就满足该标准。正如前面定义的,如果确定要延期时,租赁期也包括延长的期限。经济寿命标准有一定的主观性,因为资产的经济寿命不确定。这一标准不能应用在土地租赁上,因为土地有无限生命。

> **思考**
>
> 使用较高的新增借款利率如何减少承租人被要求以融资租赁核算的可能性?
> a)较高的新增借款利率增加了廉价购买选择权发生的可能。
> b)较高的新增借款利率增加了租赁资产的预期使用寿命。
> c)较高贴现率的使用增加了租赁被取消的可能性。
> d)较高贴现率的使用降低了计算出来的最低付款额现值。

第四个一般标准关注与租赁条款有关的财产的公允价值。如果在租赁初期,最低租赁付款额的现值超过了租赁资产公允价值的90%,这一标准就被满足了。如果承租人有责任支付以现值计算后的租赁资产公允价值的大部分,租赁实质上就是财产购买。这个标准的关键变量是贴现后的最低租赁付款额。

在确定公允价值标准是否符合时,用于贴现未来最低租赁付款额的利率是关键。所用的贴现率越低,最低租赁付款额的现值越大,90%的公允价值标准满足的可能性就越大。正如前面所提,FASB 规定出租人应该使用租赁协议的内含利率。如果内含利率可知且低于承租人增资借款利率,那么承租人也应该使用出租人的内含利率。如果承租人无法确认出租人内含利率,承租人必须使用它的新增借款利率。

> **补充**
>
> 在第二次世界大战期间,英国急切需要军舰。但问题是英国没有钱,并且美国法律禁止美国贷款给其他国家购买军舰。解决的办法是:1892 年法规允许国防部长出租美国军事财产。因此著名的租借法案问世,它允许美国提供军舰给英国。

因为新增借款利率经常高于内含利率,且承租人通常不希望将租赁资本化,许多承租人使用借款利率并且不去评估内含利率。在 20 世纪 80 年代,FASB 提议通过要求承租人在所有情况下评估内含利率来提高融资租赁标准。在这项提议条款遭到广泛的批评后,FASB 放弃了该项提案。

这四个标准表明 FASB 努力尝试精确区分经营租赁和融资租赁的差异。实践中,公司往往根据将租赁作为经营租赁还是融资租赁的意愿而熟练地构建租赁协议。FASB 四个标准的细致性实质上提供了一家公司通过灵活的租赁合同构建而轻松规避的法律框架。因此,代表"实质重于形式"的租赁会计的目标不会完全得到满足。

与 FASB 精细框架不同的是 IASB 方法,它依据更多的会计判断。国际租赁会计准则(*IAS 17* "租赁会计")简要规定:"如果租赁实质上转移了与所有权有关的所有风险和收益,那么它就划分为融资租赁(资本租赁)。"①这类标准将区分经营租赁和资本/融资租赁的责任交给了会计师。在 IAS 17 号第 10 段提供了区分经营租赁和融资租赁的指导原则。这段给出了下列"通常将导致一项租赁划分为融资租赁"的例子。

(a)租赁在租赁期期末将资产所有权转移给承租人;

(b)承租人有权在租赁期满时,以显著低于公允价值的价格购买资产,在租赁日即可合理估计承租人会行使该项选择权;

(c)尽管所有权未发生转移,但租赁期是资产经济寿命的大部分;

(d)在租赁期期初最低租赁付款额的现值至少等于租赁资产几乎全部的公允价值。

正如你在 *IAS 17* 所阅读的,你应该认识到,在精神上 IASB 与 FASB 的指导思想是一致的。然而 FASB "经济寿命的 75%" 标准在 IFRS 中变成了 "经济寿命的大部分"。类似的,FASB "公允价值的 90%" 标准在 IFRS 中变成了 "几乎全部的公允价值"。相比美国 GAAP 以规则为基础的研究方法,国际准则中的租赁会计是 IFRS 以原则为基础的典型例子。

收入确认标准——出租人

除了满足四个基本标准的一个外,出租人将一项租赁划分为融资租赁还需满足两个额外的收入确认标准。② 正如表 15-1 所指出的,两个收入确认标准的第一个与可收回性有关,最低租赁付款额的可收回性必须合理估计。

第二个额外标准要求出租人完成大量工作。这意味着在租赁期后由出租人承担的不可收回成本在租赁开始日就应该知道或者合理估计出来。如果租赁资产由出租人修建,这项标准应在租赁开始日或修建完成日才可应用。

租赁分类标准的应用

为了说清楚租赁分类标准的应用,表 15-2 列举了四种不同的情况。表中提供了每种租赁的概括分析。以下是四种租赁中每种情况的简要说明。

表 15-2 租赁分类标准在不同租赁情况中的应用

租赁条款	租赁 1	租赁 2	租赁 3	租赁 4
可撤销	否	否	否	是
所有权转至承租人	否	是	否	是
廉价购买选择权	否	否	是	否
租赁期	10 年	10 年	8 年	10 年
资产的经济寿命	14 年	15 年	13 年	12 年
最低租赁付款额的现值占公允价值的比例——新增借款利率	80%	79%	95%	76%

---

① *International Accounting Standard No. 17*, "Accounting for Leases" (London: International Accounting Standards Board, revised December 2003).

② *Statement of Financial Accounting Standards No. 13*, "Accounting for Leases" (Stamford, CT: Financial Accounting Standards Board, 1976), par. 8. 如果租赁涉及不动产,收入确认标准则被要求租赁期期末所有权转移的标准取代。*Statement of Financial Accounting Standards No. 98*, par. 22c.

(续表)

租赁条款	租赁1	租赁2	租赁3	租赁4
最低租赁付款额的现值占公允价值的比例——内含利率	92%	91%	92%	82%
承租人知道内含利率	否	否	是	是
租金可收回且出租人成本确定	是	是	否	是
租赁分析：				
承租人				
融资租赁核算	否	是	是	否
满足标准	否	所有权	廉价购买现值	肯定不可撤销
出租人				
融资租赁核算	是	是	否	否
首先满足四个基本标准	现值	所有权，廉价购买现值	廉价购买现值	肯定不可撤销
满足出租人标准	是	是	否	n/a

租赁1被承租人作为经营租赁处理，而被出租人作为融资租赁处理。租赁不满足前三个基本标准的任何一个。因为承租人不知道出租人的内含利率，新增借款利率被用于测试现值标准。使用新增借款利率计算的最低租赁付款额现值低于资产公允价值的90%；因此，现值标准对承租人也不满足。因为出租人使用内含利率，满足现值标准。应用于出租人的两个额外标准也满足。

租赁2被承租人和出租人都作为融资租赁处理，因为在租赁期期末所有权转移至承租人并且额外的出租人标准也符合。如果财产所有权没有转移，由于现值计算的不同，租赁2会被承租人作为经营租赁，而被出租人作为融资租赁。

租赁3被承租人作为融资租赁处理，而被出租人作为经营租赁处理。廉价购买选择权标准满足就如现值标准一样。然而因为出租人承担的成本费和租金的可回收性有一定的不确定性，租赁不能满足适用于出租人的收入确认标准。

租赁4被承租人和出租人都作为经营租赁进行会计处理。租赁是可撤销租赁，尽管在租赁期期末所有权转移给承租人，也将它划分为经营租赁。

租赁会计——承租人

5 从承租人（资产使用者）角度恰当核算融资租赁和经营租赁。

WHY 经营租赁会计目前是最大形式的表外融资。理解承租人为什么倾向经营租赁的会计处理和租赁如何设计才可以按经营租赁的会计处理是很重要的。

HOW 对于承租人，经营租赁按照租借核算，租金数额作为租赁费用。如果是融资租赁，在租赁签署日应确认资产和负债。

承租人所能接触的全部租赁可以划分为两类：经营租赁和融资租赁。如果租赁满足之前讨论的四个基本分类标准的任意一个，则按融资租赁进行会计处理。否则，就应按经营租赁进行会计处理。

经营租赁的会计处理涉及整个租赁期的租金费用的确认。租赁资产不作为资产在资产负债表中披露,也不对因使用资产而在未来付款的义务确认为负债。有关租赁的信息主要限于在财务报表附注中披露的。融资租赁的核算本质上要求承租人在资产负债表中披露未来租赁费用的现值作为资产和负债。资产视为被承租人通过租赁购买而进行摊销。负债和财产担保的核算方式一致。在承租人的财务报表中两种处理的差异正如这里所说明的,还是很明显的。

经营租赁的会计处理——承租人

经营租赁被认为是简单的租借协议,当付款时记入支出账户的借方。例如,假设生产设备的租赁条款是每年 40 000 美元。记录每年租赁费的分录如下:

借:租金费用	40 000
贷:现金	40 000

租金往往是提前支付。如果租赁期限与承租人的会计年度不一致,或者如果承租人要编制中期报告,则应该使用预付租金账户来记录所涉及的会计期间租赁付款中的未到期部分。预付租金账户在每个期末都会调整。

变动租赁费的经营租赁 一些经营租赁规定了在租赁期内可以变动租赁付款的租赁条款。最普遍的是,这些类型的协议要求较低的初始付款,而之后在租赁期内有计划的增加。它们甚至可能以"未来优惠期"的形式吸引未来租赁。然而,在一些案例中,租赁可能提供更高的初始付款。在变动租赁付款案例中,定期费用应以直线法确认。①

在记录协议所规定的租赁费时,要依据支付是加速还是减少,实际支付与费用借方的差额作为应付租金或预付租金记录。例如,假设国际航空公司租赁条款是对于一架飞机在前两年支付 150 000 美元,而在后三年每年支付 250 000 美元。五年总的租赁费是 1 050 000 美元或直线基础上的每年 210 000 美元。前两年要编制的分录如下:

借:租金费用	210 000
贷:现金	150 000
应付租金	60 000

后三年每年的分录如下:

借:租金费用	210 000
应付租金	40 000
贷:现金	250 000

随后几年的应付租金部分划分为流动负债。

进行适当的权责发生制调整以记录每个时期相等数额的租金费用的过程看起来很简单,但是在 2005 年 2 月,SEC 的总会计师向美国注册会计师协会(AICPA)写信,提出许多公司由于不能作出这些简单的应计调整而不恰当地披露与租赁相关的租金费用。②

章节后面将会提到,在财务报表附注中将要披露的有关经营租赁的大量细节。披露的内容包括租赁条款的摘要信息以及经营租赁未来最低租赁付款额的明细表。

---

① 定期费用以直线法确认,"除非有其他系统、合理的基础能代表租赁资产的使用利益转移的时间模式,在此情形下,将使用此基础"。FASB *Statement No. 13*, par. 15.

② 见 SEC 的总会计师 Donald T. Nicolaisen 2005 年 2 月 7 日给 AICPA 上市公司审计中心主席 Robert J. Kueppers 的信,见 http://www.sec.gov/info/accountants/staffletters/cpcaf020705.htm。

融资租赁的会计处理——承租人

融资租赁与其说是租借,不如说是购买一项资产。因此,承租人融资租赁的会计处理要求编制的分录与以长期信贷购买资产所要求的分录类似。作为资产和负债所披露的数额是前面所定义过的未来最低租赁付款额的现值。承租人所使用的贴现率与之前所讨论的分类标准应用所使用的贴现率一致,也就是内含利率(如果已知)与新增借款利率较低的一个。最低租赁付款额由租金总额、廉价购买选择权以及承租人担保余值构成。①

融资租赁的示例性分录 假设 Marshall 公司从 Universal Leasing 公司租借以下项目:
- 租期:5 年,2011 年 1 月 1 日开始,不可撤销。
- 租金:每年 65 000 美元,且每年提前支付;包括支付履约成本的 5 000 美元。
- 设备估计经济寿命:5 年。
- 租赁期期末预期剩余价值:无。

因为租金费用提前支付,一种计算租赁现值的方法是将第一次支付(在租赁签署日)的金额增加到剩余四年支付的年金现值中。② 假设 Marshall 公司新增借款利率和租赁内含利率都是 10%,使用商务计算器计算租赁现值为 250 192 美元,如下所示:

切换以假定在期初(BEG)支付租金。
$$PMT = \$60\,000 ; N = 5 ; I = 10\% ; PV = \$250\,192$$

编制租赁期期初记录该租赁的会计分录:

2011 年 1 月 1 日	记录该租赁。		
	借:租赁设备	250 192	
	贷:融资租赁债务		250 192
	记录首笔租赁费(包括履约成本 5 000 美元)		
	借:租赁费用	5 000	
	融资租赁债务	60 000	
	贷:现金		65 000

租赁费用这个术语是用来记录有关租赁设备的履约成本,例如保险和税收。以付款总额($300 000 = 5 × 60 000)记录租赁负债以及用折现账户——租赁合同贴现来抵销是可能的。净值法在承租人进行租赁的会计处理时最普遍,而且本章也会应用到。

一旦确认了租赁资产和租赁负债,则必须定期编制租赁资产的折旧以及租赁负债的支付分录(包括利息)。资产价值的摊销应与承租人所拥有资产折旧所使

补充 当一项租赁资本化时,资产包含在资产负债表中并随着时间推移而注销。当描述租赁资产系统费用化时使用摊销一词而不是折旧。

---

① FASB 在 *Statement No. 13*, par. 10 中提到了将未来最低租赁付款额现值作为核算融资租赁基础的一个重要例外:"然而,若这项金额明显超过租赁资产在租赁签署日的公允价值,租赁资产与负债应以其公允价值进行计量。"在这种情况下,内含利率必须基于资产的公允价值计算得出。

② 年金现值表假设支付发生于每期期末。为了计算支付发生于每期期初的年金现值,必须将年金拆分为一笔当下的支付款加上剩余的支付款。例如:

$PV_n = \$60\,000 + (\$60\,000 \times PVAF_{(4/10\%)})$
　　　$= \$60\,000 + (\$60\,000 \times 3.1699)$
　　　$= \$250\,194$(表中的四舍五入导致与 $250 192 之间的差异)

用的一般方法相一致。所使用的摊销期取决于将租赁划分为融资租赁的标准。如果租赁标准依据所有权转移或廉价购买选择权,应使用资产的经济寿命,因为它界定承租人在租赁期期末会享用资产剩余使用年限的所有权。如果租赁无法满足所有权转移或廉价购买选择权标准,但是符合租赁期或最低租赁付款额现值标准,则租赁期的长度就应该用来作为摊销期。在 Marshall 公司例子中,该设备租赁符合资本化的租赁期限标准,因为租赁期等于设备的经济寿命。因此设备在五年的经济寿命内摊销。

租赁负债的摊销金额应随着租赁费支付而逐年减少。未偿付的利息费用应计算和确认。承租人新增借款利率,或出租人内含利率,两者较低的是计算利息费用的利率。表 15-3 中显示 60 000 美元如何在付款义务及利息费用之间摊销。为了简化这个表,假设第一次付款之后所有租赁费在每年 12 月 31 日支付。如果在 1 月付款,则在 12 月 31 日获得应计利息。

如果一般公司对这类设备的折旧政策是直线法,2011 年 12 月 31 日摊销租赁资产的分录如下:2011 年

12 月 31 日	借:租赁设备摊销费用	50 038*
	贷:租赁设备累计摊销	50 038

*计算: $250 192/5 = $50 038

表 15-3 租赁付款时间表[5 年期,每年支付 60 000 美元(不包括履约成本),利率 10%]

日期	描述	金额	利息费用*	本金	租赁义务
2011 年 1 月 1 日	初始余额				$250 192
2011 年 1 月 1 日	收到费用	$ 60 000		$ 60 000	190 192
2011 年 12 月 31 日	收到费用	60 000	$19 019	40 981	149 211
2012 年 12 月 31 日	收到费用	60 000	14 921	45 079	104 132
2013 年 12 月 31 日	收到费用	60 000	10 413	49 587	54 545
2014 年 12 月 31 日	收到费用	60 000	5 455	54 545	0
		$300 000	$49 808	$250 192	

*前期应收租赁费×10%。

剩余四年中每年都要编制类似分录。尽管可以直接计入资产账户的贷项,但备抵账户的利用可以提供有关初始租赁价值以及到目前为止的累计摊销的必要披露信息。

除了记录摊销科目,2011 年 12 月 31 日需要记录第二次的租赁付款,包括 2012 年履约成本的预付款。如表 15-3 所说,2011 年利息费用由负债初始现值减去第一次付款 60 000 美元,再乘以增资借款利率 10% 计算得出,即($250 192 - $60 000)×10% = $19 019。

2011 年

12 月 31 日	借:预付履约成本	5 000
	融资租赁债务	40 981
	利息费用	19 019
	贷:现金	65 000

因为假定第一次付款之后所有租赁都在 12 月 31 日付款,代表履约成本的每次付款部分必须被作为预付项记录,并且在来年转为租赁费用。

基于以前的会计分录以及表 15-3 所包含的有用信息,2011 年 12 月 31 日 Marshall 公司资产负债表包括有关租赁设备及相关负债的信息,列举如下:

2011年12月31日
Marshall公司资产负债表（部分）

资产		负债	
流动资产：		流动负债：	
预付履约成本——租赁设备	$ 5 000	融资租赁负债（流动部分）	$ 45 079
土地,建筑及设备：		非流动负债：	
租赁设备	$250 192	融资租赁负债	
减：累计摊销	50 038	（排除包括在流动负债	
净值	$200 154	中的45 079美元）	$104 132

注意,2012年12月31日到期付款的本金部分在2011年12月31日的资产负债表中作为流动负债披露。①

利润表应该包括租赁财产摊销成本50 038美元,利息费用19 019美元以及本期作为费用的履约成本5 000美元。总支出74 057美元超过了第一年65 000美元的租金支出。随着每年利息费用的下降,费用总额也会减少,最后两年付款会少于65 000美元（表15-4）。无论是作为经营租赁还是作为融资租赁进行会计处理,整个租赁期内扣除费用的总金额是相等的。如果使用加速折旧法摊销,早期费用和付款之间的差异更大。

表15-4　确认的费用表——融资租赁与经营租赁对比

年份	确认支出——融资租赁				确认支出——经营租赁	差额
	利息	履约成本	摊销	总计		
2011	$19 019	$ 5 000	$ 50 038	$ 74 057	$ 65 000	$ 9 057
2012	14 921	5 000	50 038	69 959	65 000	4 959
2013	10 413	5 000	50 038	65 451	65 000	451
2014	5 455	5 000	50 038	60 493	65 000	(4 507)
2015	0	5 000	50 040*	55 040	65 000	(9 960)
	$49 808	$25 000	$250 192	$325 000	$325 000	$ 0

*四舍五入。

除了之前所给出的会计分录中确认的金额外,财务报表附注有必要详细解释租赁期以及未来最低租赁付款额。

附廉价购买选择权的租赁会计处理　通常,承租人会获得在未来某日廉价购买财产的选择权。正如前面所说,廉价购买选择权是最低租赁付款额的一部分,并且应包含在租赁的资本化价值中。假设在之前的例子中,有一个5年后可实行的75 000美元廉价购买选择权,并且设备的经济寿命预期是10年。其他租赁条件相同。最低租赁付款额的现值会增加46 569美元（75 000美元廉价购买选择权的现值）,计算如下：

---

① 针对将租赁负债分摊到流动负债和非流动负债有很多理论争议。参见Robert J. Swieringa,"流动什么时候是非流动,反之亦然",《会计评论》,1984年1月,第123—130页。Swieringa教授确定了分配的两种方法："例子中使用的现值变动"法（CPV）和负债中较大部分分摊到流动负债上的"下年付款现值"（PVNYP）。之后的研究显示CPV法在实践中较为普遍。参见A. W. richardson,"长期租赁负债流动部分的测量——来自经验证据",《会计评论》,1985年10月,第744—752页。尽管两种观点都有理论支持,本书的例子和问题材料主要适用CPV法。

切换回假设在期末(END)付款。

$$FV = \$75\,000;\ N = 5;\ I = 10\%\quad PV = \$46\,569$$

> **补充**
>
> 在 FASB 第 26 号解释中,(财务会计准则)委员会指出当租赁资产被购买时不应该确认任何的收益或损失。
>
> 当类似资产交换时,购买日设备公允价值不予关注,除非有重要证据表明存在减值。见第 11 章。

最低租赁付款额现值总额为 296 761 美元(250 192 + 46 569)。使用这个数字来记录初始资产和负债。由于存在廉价购买选择权,296 761 美元的资产余额会在 10 年的资产寿命期内摊销;这使得交易实质上成为了一项销售。

如表 15-5 所示,负债余额将会较少。

在行权日,租赁设备资产账户净余额及相关累计摊销账户会转移到常规设备账户。行权日分录如下:

2015 年 12 月 31 日	记录廉价购买选择权的行使。		
	借:融资租赁债务	68 182	
	利息费用	6 818	
	贷:现金		75 000
	将租赁资产账户余额转移至设备账户。		
	借:设备	148 381	
	租赁设备累计摊销	148 380*	
	贷:租赁设备		296 761

*计算:

累计摊销:$296\,761/10$ 年 = $29\,676$/年

5 年 × $29\,676$/年 = $148\,380$

表 15-5 租赁付款表

[5 年期,5 年后廉价购买选择权 75 000 美元,每年支付 60 000 美元(扣除履约成本的净额),利率 10%]

日期	描述	金额	利息费用	本金	租赁义务
2011 年 1 月 1 日	初始余额				$296 761
2011 年 1 月 1 日	收到费用	$ 60 000		$ 60 000	236 761
2011 年 12 月 31 日	收到费用	60 000	$23 676	36 324	200 437
2012 年 12 月 31 日	收到费用	60 000	20 044	39 956	160 481
2013 年 12 月 31 日	收到费用	60 000	16 048	43 952	116 529
2014 年 12 月 31 日	收到费用	60 000	11 653	48 347	68 182
2015 年 12 月 31 日	收到费用	75 000	6 818	68 182	0
		$375 000	$78 239	$296 761	

如果未购买设备且租赁失效,将损失 73 381 美元(148 381 − 75 000),等于设备剩余账面价值与租赁负债账户剩余余额之间的差额。以下分录确认了损失:

2015 年 12 月 31 日	借:未行使廉价购买选择权的损失	73 381	
	融资租赁债务	68 182	
	利息费用	6 818	
	租赁设备累计摊销	148 380	

      贷:租赁设备   296 761

  附承租人担保余值的租赁会计处理 如果租赁协议要求承租人担保剩余价值,承租人对担保的处理类似于廉价购买选择权,并将担保现值作为租赁资本化价值的一部分。租赁期限届满,担保金额根据租约作为负债披露。另外,租赁资产剩余价值等于担保余值。如果租赁资产公允价值小于担保余值,差额确认为损失,承租人必须支付现金以弥补差额。

  租赁期购买资产的会计处理 当租赁并未提供所有权转移或购买选择权条款,承租人仍有可能在租赁期内购买租赁财产。通常购买价与购买日记录的租赁债务不同。购买时不需要确认收益或损失,但是购买价与仍在账簿中债务的差额被转走或贷记在收购资产的账面价值。①

  为了说明,假设在 2013 年 12 月 31 日,承租人以 120 000 美元购买 Marshall 公司(第 194 页所描述的例子)的租赁财产而不是支付租赁的到期付款额。在那天,承租人账簿上所记录的剩余负债是 114 545 美元(租赁负债 104 132 美元 + 利息支出 10 413 美元,见表 15-3)并且记录的租赁资产账面净值是 100 078 美元(初始资本价值 250 192 美元减摊销额 150 114 美元)。承租人账簿中记录购买的分录如下:

2013 年
12 月 31 日 借:利息费用   10 413
      融资租赁债务   104 132
      设备   105 533
      租赁设备累计摊销   150 114
       贷:租赁设备   250 192
         现金   120 000

  购买设备的资本化价值为 105 533 美元,即租赁资产的账面价值 100 078 美元,加 5 455 美元(120 000 - 114 545)购买价超出租赁负债账面价值的部分。

承租人现金流量表中对租赁的处理

  在承租人编制现金流量表时经营租赁并无特殊问题。租赁支付款减少了,并且因此不需要调整间接法下的净利润,但是应付或预付租金费用除外。现金支付在直接法下作为经营费用支出披露。

  然而,承租人的融资租赁调整比较复杂。租赁资产的摊销会被当做折旧对待,也就是在间接法下增加到净利润中而在直接法下忽略。分配到利息费用中的现金支付部分在间接法下不需要调整,而在直接法下要作为利息费用的现金支出的一部分予以报告。分配到租赁负债的现金支出部分无论哪种方法下都作为财务支出确认。融资租赁的签署不作为投资活动或筹资活动披露,因为它是非现金交易。承租人现金流量表中融资租赁的影响在表 15-6 中有所总结。

---

  ① FASB *Interpretation No. 26*, "Accounting for Purchase of a Leased Asset by the Lessee during the Term of the Lease" (Stamford, CT: Financial Accounting Standards Board, 1978), par. 5.

表 15-6　融资租赁对承租人现金流量表的影响

经营活动（间接法）	经营活动（直接法）
净利润 （包括减少：租赁利息费用、租赁摊销费用） + 租赁资产摊销	− 租赁利息费用
投资活动：	
无影响	
筹资活动：	
− 租赁费中的本金部分	

为了说明承租人现金流量表中融资租赁的影响，参照前文 Marshall 公司例子。假设在 2011 年，没有租赁相关费用前 Marshall 公司利润是 200 000 美元。简化起见，忽略所得税以及履约成本。本年净利润计算如下：

确认相关租赁费用之前的利润	$200 000
租赁相关利息费用	(19 019)
租赁相关摊销费用	50 038
净利润	$130 943

Marshall 公司 2011 年现金流量表仅显示租赁相关项目，并且使用间接法披露经营活动现金流，表现如下：

经营活动：	
净利润	$130 943
加：融资租赁下租赁资产的摊销	50 038
经营租赁现金流净额	$180 981
投资活动：	
无租赁相关项目	
筹资活动：	
租赁负债偿还（$60 000 + $40 981）	$(100 981)

另外，现金流量表补充披露包括以下两个租赁相关项目：
- 重要非现金交易：2011 年公司以融资租赁协议租赁一项设备。租赁签署日的未来最低租赁付款额现值是 250 192 美元。
- 用现金支付利息 19 019 美元。

租赁会计——出租人

6 从出租人（资产所有者）角度恰当核算融资租赁和经营租赁。

WHY　正如承租人经常倾向于经营租赁处理作为表外融资的一种形式，出租人经常倾向于融资租赁处理以能够立即确认销售。会计规则的一个有意思的扭转是在出租人将一项租赁作为融资租赁处理的同时，承租人可以将该项租赁作为经营租赁处理。

HOW　对于出租人，经营租赁作为租借进行核算，租赁付款金额确认为租金收入。出租人继续对租赁资产计提折旧。对于承租人，有两种融资租赁：直接融资租赁和销售型租赁。在直接融资租赁下，应收租赁在租赁签署日确认。应收余额中的利息收入在租赁期内确认。在销售型租赁中，除了整个租赁期的租赁收入，利润也应在租赁签署日确认，它等于租赁资产的公允价值与它的成本之间的差额。

在租赁交易中出租人放弃了财产的自然占有,转交给了承租人。如果财产转移被认为是暂行性的,出租人会继续在他的资产负债表中记载该项租赁资产,租赁收入会作为盈利披露,租赁资产的折旧会与收入相配比。这种类型的租赁称之为经营租赁,承租人支付的现金处理方法与承租人所描述的经营租赁程序类似。然而,如果租赁条款使交易实质上类似于销售或者资产长久地转移至承租人,出租人尽管还拥有所有权,但是不再披露该资产而是反映资产转移至承租人的事实。

如前所述,如果租赁满足应用于承租人和出租人的四个基本租赁分类标准之一,并且满足仅是适用于出租人的两个收入确认标准(可收回性和实质完成),出租人应确认为融资租赁,并且作为直接融资租赁或销售型租赁确认。

补充

新车的销售提供了一个销售型租赁的好例子。福特和通用汽车都有金融子公司来办理租赁业务。当经销商出租一辆汽车,汽车公司就会赚取租赁利润和租赁合同规定的利息。有趣的是,当 2008 年初燃料价格飞涨时,克莱斯勒选择了放弃汽车租赁业务。

直接融资租赁涉及的出租人主要从事融资活动,例如银行或财务公司。出租人将租赁描述为一项投资。由这类租赁产生的收入就是利息收入。另一方面,销售型租赁涉及的出租人是将租赁作为促进其产品销售的一种方法的制造商或经销商。因此,由这类租赁所产生的收入有两种类型:(1)中间的利润或损失,等于租赁开始时租赁财产的成本与销售价格或公允价值的差额;(2)当承租人支付了清偿租赁债务和利息的租赁费时赚取的利息收入。

对于经营租赁,直接融资或是销售型租赁,出租人也许会承担与获得租赁有关的确定成本,即所说的初始直接费用。这些成本包括谈判租赁的成本、对承租人进行信用核实的成本,以及准备租赁文件。①

初始直接费用依据所涉及的三种类型的租赁而有不同的核算方法。表 15-7 概述了初始直接费用的会计处理。随着每种类型租赁的介绍,也将进一步讨论这些成本。

表 15-7 初始直接费用的核算

租赁类型	初始直接费用的会计处理
经营租赁	作为资产记录并且在租赁期内摊销
直接融资	作为资产记录并且在租赁期内摊销,减少利息收入
销售型	立即确认为制造商或经销商利润的减少

经营租赁的会计处理——出租人

出租人对经营租赁的核算与承租人十分类似。出租人收到付款时确认收入。如果租赁条款发生重大变动,有必要编制分录以反映收入确认的直线模式。经营租赁产生的初始直接费用在租赁期内用直线法递延和摊销,以便和租赁收入相一致。

---

① *Statement of Financial Accounting Standards No. 91*, "Accounting for Nonrefundable Fees and Costs Associated with Originating or Acquiring Loans and Initial Direct Costs of Leases" (Stamford, CT: Financial Accounting Standards Board, 1986), par. 24.

为了说明出租人经营租赁的核算，假设在 2011 年 1 月 1 日国际租赁公司出租给 Marshall 公司一套设备，租赁期 5 年，每年 65 000 美元，包括每年 5 000 美元的履约成本。出租人 Universal Leasing 公司该设备的成本是 400 000 美元。发生 15 000 美元的初始直接费用是为了获取并完成租赁。设备评估寿命为 10 年，无剩余价值。假设承租人无购买或续订选择权，或者担保，租赁不满足四个基本分类标准的任何一个，因此作为经营租赁处理。编制 Universal Leasing 公司的分录以记录初始直接费用的支付以及收到租赁费的业务，如下所示：

2011 年
1 月 1 日　借：递延初始直接费用　　　　　　　　　　　　　　　　　　　　15 000
　　　　　　　贷：现金　　　　　　　　　　　　　　　　　　　　　　　　　　　　15 000
　　　1 日　借：现金　　　　　　　　　　　　　　　　　　　　　　　　　　　65 000
　　　　　　　贷：租金收入　　　　　　　　　　　　　　　　　　　　　　　　　　60 000
　　　　　　　　　履约成本　　　　　　　　　　　　　　　　　　　　　　　　　　5 000

收到承租人支付的，用来补偿履约成本的 5 000 美元可能计入履约成本的贷方（减少），正如这里所示，或者计入与履约成本相对的一个单独收入账户的贷方。

假设出租人在预期寿命 10 年内按直线法计提设备折旧，并且在 5 年租赁期内按直线法摊销初始直接费用，第一年年末折旧与摊销分录如下：

2011 年
12 月 31 日　借：初始直接费用的摊销　　　　　　　　　　　　　　　　　　3 000
　　　　　　　贷：递延初始直接费用　　　　　　　　　　　　　　　　　　　　　3 000
　　　　　　　借：租赁设备的折旧费用　　　　　　　　　　　　　　　　　　　40 000
　　　　　　　贷：租赁设备累计折旧　　　　　　　　　　　　　　　　　　　　　40 000

如果租赁期与出租人的会计年度不一致或者出租人编制中期报告，在会计期末需要调整以记录预收租金收入。初始直接费用的摊销也应该调整以反映部分年份的摊销。

直接融资租赁的会计处理

对于出租人，直接融资租赁的会计处理类似于承租人的融资租赁，但是分录逆转，产生利息收入而不是利息费用，减少应收租赁费而不是租赁债务。应收租赁款要以现值的形式报告出来；如《中级会计学：基础篇》第 7 章所说，这是所有长期应收款项应遵循的标准实务处理方式。出租人有时候会以租赁款的总额记录应收租赁款，并为预收利息或者说是出租人将在整个租赁期获取的利息总额设置一个补偿计价账户。预收利息收入以预期可收的总租赁款与租赁资产的成本或公允价值的差额进行计算。这种方法将通过第一年的计算在接下来的例子中加以说明。尽管章节中应收租赁款账面余额以其净现值的形式报告，然而要注意到在每一个案例中，应收租赁款可以用其总额减去预收利息收入的调整额表示出来。

直接融资租赁的示例性分录　参考第 194 页的例子，假设 Universal Leasing 公司设备的成本与它的公允价值相同，都是 250 192 美元，出租人购买的资产已经进入用于租赁的已购设备账户。记录初始租赁的分录如下：

2011 年
1 月 1 日　借：应收租赁费　　　　　　　　　　　　　　　　　　　　　　　250 192
　　　　　　　贷：用于租赁的已购设备　　　　　　　　　　　　　　　　　　　　250 192

或者,如果应收租赁费按总额记录:

1月1日 借:应收租赁费		300 000
贷:用于租赁的已购设备		250 192
预收利息收入		49 808

第一次付款记录如下:

1月1日 借:现金		65 000
贷:应收租赁费		60 000
履约成本		5 000

出租人支付履约成本但是向承租人索取该成本。出租人通过借记现金和贷记履约成本费用账户记录收取履约成本。当出租人支付时,借记费用账户。出租人对承租人的这些费用起了一个中间人的作用,只有当承租人无法支付该项费用时出租人才会支出。如表15-8所示在整个租赁期都会确认利息收入。

表 15-8　租赁收款和利息收入表

[5年期,每年支付额为60 000美元(扣除履约成本的净额),利率10%]

日期	描述	利息收入*	收款额	应收款的减少量	应收租赁费
2011年1月1日	初始余额				$250 192
2011年1月1日	收款		$ 60 000	$ 60 000	190 192
2011年12月31日	收款	$19 019	60 000	40 981	149 211
2012年12月31日	收款	14 921	60 000	45 079	104 132
2013年12月31日	收款	10 413	60 000	49 587	54 545
2014年12月31日	收款	5 455	60 000	54 545	0
		$49 808	$300 000	$250 192	

*利息收入=前一年的应收租赁费×10%。

在第一年年末,应该编制以下分录来记录第二年收取的租赁费,确认2011年利息收入以及确认提前支付作为递延贷项的下一年履约成本。

2011年

12月31日 借:现金		65 000
贷:应收租赁费		40 981
利息收入		19 019
递延履约成本(负债)		5 000

或者,如果应收租赁费按总额记录:

12月31日 借:现金		65 000
贷:应收租赁费		60 000
递延履约成本(负债)		5 000
借:预收利息收入		19 019
贷:利息收入		19 019

注意,与经营租赁的例子不同,在融资租赁协议下出租人不需要记录与资产相关的每年折旧费用。这是因为资产已经"卖给"承租人并且从出租人账簿中注销了。

根据会计分录,在2011年12月31日出租人资产负债表的资产部分中,应如下披露应收租赁费:

2011 年 Universal Leasing 公司	
资产负债表（部分）	
资产	
流动资产：	
应收租赁费	$ 45 079
非流动资产：	
应收租赁费（不包括在流动资产中的 45 079 美元）	$104 132

如果直接融资租赁包括廉价购买选择权，选择权的现值应加到应收款中。应定期编制分录和计算，如同廉价购买权的金额是额外的租赁费。

出租人对附剩余价值的直接融资租赁的会计处理　如果租赁财产预期有剩余价值，预期剩余价值的现值应加到应收账款中。剩余价值是否担保无关紧要。如果是有担保的，账目处理与廉价购买选择权十分相似。如果是未担保的，出租人预期会有与租赁期期末剩余价值等价的资产。

注意

这个案例中的公允价值（296 761 美元）不同于前一个案例中的公允价值（250 192 美元），是因为在前一个案例中假定资产在租赁期期末无剩余价值，而在这个案例中，资产预计有 75 000 美元的剩余价值。这 75 000 美元的现值（即 46 569 美元）就是差异所在。

为了说明如何记录剩余价值，我们假定 Universal Leasing 公司在前文例子中的所有要素不变，除了资产在 5 年租赁期期末拥有 75 000 美元的剩余价值而不是廉价购买选择权。假设 Universal Leasing 公司设备的成本价与公允价值是 296 761 美元。记录该租赁以及第一次付款的分录如下：

2011 年

1 月 1 日	借：应收租赁费	296 761	
	贷：用于租赁的已购设备		296 761
	借：现金	65 000	
	贷：应收租赁费		60 000
	履约成本		5 000

利息收入的计算和表 15-5 所列举的承租人利息费用的计算相同。

在第一年年末，出租人编制以下分录：

2011 年

12 月 31 日	借：现金	65 000	
	贷：应收租赁费		36 324
	递延履约成本		5 000
	利息收入		23 676

在租赁期期末，出租人编制以下分录来记录租赁资产的收回，假设剩余价值与初始估计一致：

2015 年

12 月 31 日	借：设备	75 000	
	贷：应收租赁费		68 182
	利息收入		6 818

有关直接融资租赁的初始直接费用　如果出租人发生了连同直接融资租赁的初始直接费用,这些费用应作为单独资产确认,增加租赁投资净额。因为初始租赁投资净额增加而租赁费仍是相同的,初始直接费用的存在导致出租人赚取的内含利率较低。初始直接费用作为初始租赁投资净额的一部分在整个租赁期平摊初始成本,并减少未被确认的利息收入金额。

销售型租赁的会计处理——出租人

销售型租赁的会计处理增加了出租人收入的一个内容,即租赁财产的销售价格与出租人制造或购买该资产的成本之间的差额,即所产生的中间利润或损失。如果销售价格与出租人的成本没有差异,则这项租赁不是销售型租赁。出租人也要将销售价格与最低租赁付款总额之间的差异在租赁期内确认为利息收入。因此,要识别三种价值以确定利润要素,三种价值概述如下:

1. 之前定义过的承租人最低租赁付款额,也就是整个租赁期的租金费用,减去履约成本加上廉价购买选择权要支付的金额或担保余值。
2. 资产的公允价值。
3. 出租人资产的成本或账面价值,加上出租该资产的任何初始直接费用。

制造商或经销商利润是资产公允价值与出租人的资产成本或账面价值之间的差额。如果成本超过公允价值,应该披露损失。总租金与资产公允价值差额是利息收入,是由租赁期资产的延迟支付所产生的。这三种价值之间的联系如下:

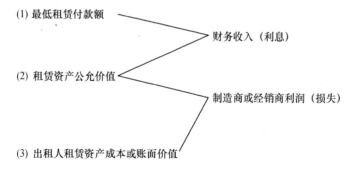

为了说明这类租赁,假定第 201 页的例子中,设备出租人是 American Manufacturing 公司而不是 Universal Leasing 公司。设备公允价值等于它的现值(未来租赁付款以 10% 贴现),或 250 192 美元。计算与实际发生的相反;通常,公允价值是知道的,而且最低租赁付款额限定在某一数字,这一数字可以带来出租人想要的回报率。

假设 American Manufacturing 公司的设备成本是 160 000 美元,发生的初始直接费用 15 000 美元。三种价值以及相关的收入金额如下:

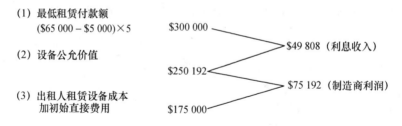

销售型租赁的示例性分录　利息收入（49 808 美元）与第 201 页的直接融资租赁示例一致，根据表 15-8，在租赁期按相同的科目确认。通过贷记以资产公允价值计量的销售和贷记产成品的销货成本，制造商在当期立刻将利润确认为收入。之前递延的初始直接费用通过销货成本增加上述金额后马上被确认为一项费用，这减少了立刻被确认为利润的金额。执行成本的处理方式与直接融资租赁示例中的相同。

租赁开始时，在 American Manufacturing 公司账簿记录信息如下：

2011 年

1月1日　借：应收租赁费	250 192	
贷：销售收入		250 192
借：销货成本	175 000	
贷：产成品存货		160 000
递延初始直接费用		15 000
借：现金	65 000	
贷：应收租赁费		60 000
履约成本		5 000

> **注意**
> 最低租赁付款额的现值总是贷记销售账户。

> **补充**
> 记录销售型租赁的会计分录可能看起来复杂，但是更仔细地看，这些正好是报告一笔信用销售和随后的部分付款时编制的分录。

第一笔会计分录记录销售并以现值确认应收款。第二笔分录从出租人账簿中移除存货和递延直接费用并确认销货成本。最后一笔分录记录了第一次付款。这个例子没有显示初始直接费用的支付。递延初始直接费用账户在其被支付时将会被冲销。

2011 年利润表包括该销售和销货成本，它们为制造商贡献了 75 192 美元的利润和 19 019 美元的利息收入。报表附注详细描述了租赁的性质以及期限。

附廉价购买选择权或担保余值的销售型租赁的会计处理　如果租赁协议提供给出租人在租赁期期末以廉价购买权选择权或担保余值的形式收到一次性收入，那最低租赁付款额会包括这些数额。因此应收款会因未来付款现值而增加，销售会因额外数额现值而增加。

为了说明附廉价购买选择权的销售型租赁，我们假定 American Manufacturing 公司是表 15-5 中所描述租赁的出租人。

当在 5 年期租赁期期末廉价购买选择权或担保余值的 75 000 美元将被支付时，初始分录如下：

2011 年

1月1日　借：应收租赁费	296 761	
贷：销售收入		296 761
借：销货成本	175 000	
贷：产成品存货		160 000
递延初始直接费用		15 000
借：现金	65 000	

	贷：应收租赁费	60 000
	履约成本	5 000

因为目前租赁包括廉价购买选择权,销售收入比之前示例中确认的数额增加了 46 569 美元(廉价购买选择权现值)。制造商利润也增加了相同的数额。

附未担保余值的销售型租赁的会计处理 当销售型租赁不包含廉价购买选择权或担保余值,但是租赁资产经济寿命超过租赁期时,财产剩余价值会属于出租人。如前面所说,这称为未担保余值。因为销售额反映最低租赁付款额现值,未担保余值不包含在销售额中。然而,为了确认在租赁期期末收回 75 000 美元出租资产(现值为 46 569 美元)这一事实,未担保余值的现值要减去销货成本。其实这 46 569 美元剩余价值不是"销售"而仅仅是在租赁期贷款给承租人,租赁期结束后还将返还出租人。确认最初描述的附未担保余值的初始租赁的分录如下:

2011 年			
1 月 1 日	借：应收租赁费		250 192
	贷：销售收入		250 192
	借：销货成本（$175 000 − $46 569）		128 431
	贷：产成品存货（$160 000 − $46 569）		113 431
	递延初始直接费用		15 000
	借：应收租赁费		46 569
	贷：产成品存货		46 569

未担保余值和担保余值或廉价购买选择权之间的唯一差别是未担保余值的现值从出售的租赁设备成本中扣除,而不是通过担保余值现值增加销售。这种减少会出现是因为租赁资产代表的未担保余值部分会在租赁期期末返还,因此并非在租赁签署日"销售"。代表未担保余值的 46 569 美元存货没有出售而是作为相同数额的应收款的交换。

注意,无论剩余价值有担保或是未担保,交易毛利润是相同的,如下所示:

	担保余值	未担保余值
销售	$296 761	$250 192
销货成本	175 000	128 431
毛利润	$121 761	$121 761

第三方担保余值 当卖方利用租赁打算给买方提供融资并且增加销售时,卖者希望将租赁作为销售型租赁进行会计处理,而不是经营租赁,那样销售收入可立即确认。另一方面,买方更希望将租赁作为经营租赁的会计处理,这样就可以把负债排除在资产负债表外。第三方担保余值是一个高明的花招,公司设定避开会计规则而且能够满足卖方/出租人和买方/承租人的愿望。

考虑以上的例子,担保余值是 75 000 美元。在这个案例中,租赁合同签署日设备的公允价值是 296 761 美元。从出租人角度看,最低租赁付款额现值包括担保余值,也是 296 761 美元。因此,租赁满足公允价值的 90% 标准,租赁作为融资租赁进行会计处理。

这是一个有趣的开始。承租人不是自己担保余值,而是付款给保险公司或投资公司让其对余值进行担保。支付的费用,要看保险公司承担的租赁资产剩余价值下降到担保余值以下的风险。如果上述情况发生,保险公司将弥补差额,而不是承租人。通过购买"保险政策"，承租人移除了最低租赁付款额现值计算而得到的担保余值。没有了担保余值，最低租赁付款额现值仅是 250 192 美元，仅是租赁资产公允价值的 84%（250 192/296 761）。因此，承租人可以将租赁作为经营租赁进行会计处理。

总之，第三方担保余值能让卖方/出租人立刻确认租赁交易的全部利润，而且允许买方/承租人按照经营租赁进行会计处理并且将租赁负债排除在资产负债表外。

显然，这些"保险政策"的设计就是利用 FASB 90% 的精确标准。当美国公司向 IFRS 过渡时，可能这些第三方保险安排的数量会下降，因为 IASB 租赁分类标准的原则导向性会要求会计师对那些掩盖租赁经济实质的交易持怀疑态度。

租赁期内资产的出售

如果出租人在租赁期内将资产出售给承租人，应收余额与资产卖价之间的差额应确认为利得或损失。因此，如果表 15-8 所描述的租赁资产在 2013 年 12 月 31 日以 140 000 美元出售，之前都是每年收到 60 000 美元租金费用，应披露 25 455 美元的利得。编制以下分录来记录该销售：

2013 年		
12 月 31 日	借：现金	140 000
	贷：利息收入	10 413
	应收租赁费	104 132
	租赁资产销售利得	25 455

尽管出租人确认了销售利得或损失，如前所述，承租人对这笔交易可作为类似资产的交换并且通过调整购买资产的价值而递延利得或损失。

出租人现金流量表中对租赁的处理

对于经营租赁，出租人编制现金流量表除了初始直接费用外没有特别问题。因为当租赁是经营租赁时，初始直接费用作为资产确认，所以这些费用的确认是投资现金流出。在间接法下，初始直接费用的摊销会加到净利润中，与折旧调整利润的方式相同。在直接法下，摊销忽略不计。租赁费用在间接法下会作为净利润的一部分确认而不需要调整，在直接法下作为营业收入款项的一部分披露。

融资租赁需要认真分析以确定其对现金流量表的影响。直接融资租赁所要求的调整类似于承租人对融资租赁所作出的调整，除非对于出借人（出租人），该交易被描述为投资活动而不是筹资活动，就像借款人（承租人）的案例那样。收到的利息部分将被包含在净利润中，在间接法下不需要调整。在直接法下，它将成为来自利息的现金流量的一部分。代表本金的租赁费部分作为投资活动现金流记录。

在销售型租赁中，制造商的利润、初始直接费用净额在净利润中报告，但是当收到了租赁费时才有现金流入。在间接法下，这要求制造商在租赁初始时从净利润中扣减。当存货、递延初始费用和应收租赁费净额的变动反映在现金流量表中的经营活动部分时，这会自动发生。因为这项交易作为销售核算，在间接法下的所有进一步收款都作为经营现金流，无论是利息收入还是应收租赁费净额的减少。在直接法下，全部租赁收款包括在经营活动现金流部分。表 15-9 显示了租赁处理对现金流量表的影响。

表 15-9　租赁对现金流量表的影响概要

	经营活动		投资活动	筹资活动
	间接法	直接法		
承租人：				
经营租赁费	NI	－cash		
融资租赁：				
租赁费——利息	NI	－cash		
租赁费——本金				－cash
资产摊销	＋NI	无影响		
出租人：				
经营租赁：				
初始直接费用（IDC）			－cash	
IDC 摊销	＋NI	无影响		
租赁收款	NI	＋cash		
直接融资租赁：				
初始直接费用			－cash	
IDC 摊销	＋NI	无影响		
租赁收款—利息	NI	＋cash		
租赁收款—本金			＋cash	
销售型租赁：				
初始直接费用			＋cash	
制造商或经销商利润			－cash	
（IDC 净额）	－NI	无影响		
租赁收款—利息	NI	＋cash		
租赁收款—本金	NI	＋cash		

关键词：
　NI ＝ 包括在净利润中
　＋NI ＝ 调整增加净利润
　－NI ＝ 调整扣减净利润
　＋cash ＝ 记录现金收入
　－cash ＝ 记录现金支出

为了说明租赁对出租人现金流量表的影响，参照第 204 页中 American Manufacturing 公司销售型租赁的例子。假定在 2011 年，没有任何租赁有关的条款，American Manufacturing 公司利润是 200 000 美元。为简便起见，忽略所得税和履约成本并假设所有包括在利润中的非租赁项目是现金项目。本年净利润计算如下：

没有租赁项目前的利润	$200 000
租赁相关的销售	250 192
租赁相关的销货成本	(175 000)
租赁相关利息收入	19 019
净利润	$294 211

使用间接法计算 American Manufacturing 公司 2011 年经营活动产生的现金来记录经营

活动现金流,如下所示:
经营活动:
净利润 $294 211
减:应收租赁费增加($250 192 - $60 000 - $40 981) (149 211)
加:产成品存货减少 175 000
经营活动现金流量净额 $320 000

注意,经营现金流总额 320 000 美元等于租赁相关项目之前的 20 000 美元利润(假定都是现金项目)加上本年内应收租赁费的两个 60 000 美元。这再次说明销售型租赁影响出租人财务报表的方式与其他任何长期信用销售类似。

租赁的信息披露要求

7 编制并解释出租人和承租人所要求的租赁披露。

WHY 因为从承租人角度看,经营租赁的关键特征是与租赁有关的资产和负债在资产负债表外,财务报表使用者能够理解相关的附注披露对于察觉这些资产负债表外项目的存在很重要。

HOW 承租人需要提供足够的附注披露以能够使财务报表使用者量化资产负债表外经营租赁的大小。出租人也需要提供足够的披露以使财务报表使用判定与租赁相关的资产和负债影响出租人财务报表的程度。

FASB 已经为所有租赁建立了具体的披露要求,无论它们被划分为经营租赁还是融资租赁。要求披露的信息要补充财务报表中所确认的金额,而且经常包含在单独的财务报表附注中。

对于初始的租赁期或剩余不可撤销的租赁期超过一年的所有租赁都应该披露以下信息:

承租人

1. 作为融资租赁所记录的资产总金额,以及相关的累计折旧。

2. 最近一期资产负债表以及随后五个财政年度总的未来最低租赁付款额。这些付款应该区分经营租赁和融资租赁。对于融资租赁,履约成本应该排除在外。

3. 在利润表披露的每期租赁费用。有关最低租金、或有租金以及转租租金的额外信息要求在同一期间披露。

4. 租赁合同的一般说明,包括股利、追加借款、进一步租赁等限制条款的信息。

5. 对于融资租赁,将租赁费减少至现值的估算利息数额。

表 15-10 介绍了达美航空 2007 年财务报表相应的附注,说明了承租人对经营租赁和融资租赁所要求的披露。

表 15-10 达美航空——承租人披露

附注 7. 租赁义务

我们从第三方租借了飞机、机场候机楼及维修设备、售票处以及其他财产和设备。经营租赁的租金费用在整个租赁期以直线法记录,在 2007 年 12 月 31 日八个月总计 4.7 亿美元,2007 年 4 月 30 日四个月 2.61 亿美元,2006 年和 2005 年 12 月 31 日分别是 9.61 亿美元和 11 亿美元。融资租赁款项在合并资产负债表中作为负债记录。融资租赁所获得资产利息在合并资产负债表中确认为财产和设备。融资租赁下记录的资产摊销包括在我们合并利润表的折旧和摊销费用中。我们的租赁不包括担保余值。

以下表格概述了截至 2007 年 12 月 31 日融资租赁下承诺的最低付款和初始期超过一年的不可撤销经营租赁(包括契约承运人协议下的特定飞机):

年末 12 月 31 日(单位:百万)	融资租赁
2008	$128
2009	125
2010	125
2011	118
2012	84
2012 年以后	112
最低租赁付款总额	$692
减:代表利息的租赁付款金额	(148)
未来最低融资租赁付款现值	$544
减:融资租赁流动负债	(85)
长期融资租赁义务	$459

年末 12 月 31 日(单位:百万)	经营租赁		
	达美租赁付款	契约承运人租赁付款	总计
2008	$ 755	$ 476	$1 231
2009	609	453	1 062
2010	548	421	969
2011	417	407	824
2012	358	400	758
2012 年以后	1 477	2 377	3 854
最低租赁付款总额	$4 164	$4 534	$8 698

在 2007 年 12 月 31 日,我们经营着经营租赁来的 137 架飞机和融资租赁来的 82 架飞机。这些租赁的剩余期限从 10 个月到 9 年。在 2007 年 4 月 30 日结束的前四个月,2006 年和 2005 年 12 月 31 日结束前的整年,我们记录了有关许多飞机的财务安排重组以及处置特定租赁而估算的赔偿。

有关达美航空租赁信息的披露,很多观点都需强调。首先,比较一下达美航空融资租赁的最低租赁付款额与经营租赁所支付的租赁费用,经营租赁预期付款超过了融资租赁的 12 倍。同时也要注意,达美公司披露了其融资租赁最低租赁付款额中代表利息的部分。根据附注信息,我们可以粗略估算一下,如果达美航空的经营租赁义务被资本化,它将会对资产负债表带来的影响。

为了估算这些未来经营租赁费的现值,我们简单假设:
- 未来现金流的适当折现利率为 10%。
- 达美航空未来经营租赁费的不均匀现金流出大致等于九年中每年支付 9.69 亿美

元。这种近似估算源于前五年每年支付 9.69 亿美元左右，付款总额为 86.98 亿，而这个总额大致等于九年内每年支付 9.69 亿美元。

基于这些简单假设，很容易计算如果利率为 10%，九年内每年 9.69 亿美元的年金现值是 56 亿美元。这 56 亿美元估算的是达美经营租赁义务的经济价值。

如果达美被要求将这些未来义务记录为一项负债，公司所记录的负债会有显著的变化——总负债从 223 亿美元增长到 279 亿美元。因为这个原因，公司不遗余力地构造租赁，以便租赁能划分为经营租赁并且租赁义务能从资产负债表中移除。

出租人

1. 应提供截至每个资产负债表日销售型及直接融资租赁净投资的以下组成部分：

（a）分别扣减履约成本金额以及未收回的应收租赁额的累计准备金后的未来最低租赁收款额；

（b）应计入出租人利益的未担保余值；

（c）未实现收入（租赁付款总额与租赁费用现值的差额）；

（d）初始直接费用（仅对直接融资租赁）。

2. 截至最新提供的资产负债表日随后五年财政年度每年应收的未来最低租赁付款额，包括或有租金的信息。

3. 收入中的预收款项数额，以抵销利润表编制当年的初始直接费用。

4. 对于经营租赁，出租给其他人的成本以及有关这些资产的累计折旧。

5. 出租人租赁安排的一般说明。

表 15-11 显示了国际租赁金融公司销售型租赁和直接融资租赁出租人披露的一个例子，国际租赁金融公司是在这章开始时涉及的飞机主要出租人之一。

表 15-11　国际租赁金融公司——出租人披露

附注 C-融资及销售型租赁净投资（单位：千美元）

以下列举了融资与销售型租赁投资净额部分：

	2007 年 12 月 31 日	2006 年 12 月 31 日
应收租赁费总额	$377 977	$369 624
租赁飞行设备评估余值（未担保）	190 737	135 039
减：未实现利润	(261 631)	(221 277)
融资和销售型租赁投资净额	$307 083	$283 386

2007 年 12 月 31 日，融资和销售型租赁最低未来租赁费如下：

2008	$ 34 553
2009	105 088
2010	26 034
2011	25 534
2012	40 312
2012 年以后	146 456
总的应收最低租赁付款额	$377 977

国际租赁会计

8 比较美国租赁会计的处理与国际会计准则要求的不同。

WHY IASB 租赁会计准则在概念上与美国会计准则非常类似。然而实践中一个较大的差异是,美国提供了精确的指导方针并且界定了之前提过的四个租赁标准。相反,国际准则则是"原则导向"标准的典型例子。

HOW 实务中,国际租赁会计与美国租赁会计相似,只有一个明显的差异,在国际会计准则中,融资租赁(capital lease)也叫做融资租赁(finance lease)。

正如本章较早提到的,国际租赁会计准则(IAS 17)依赖会计判断的运用来区分经营租赁和融资租赁。IAS 17 规定融资租赁(finance lease),也就是我们所说的融资租赁(capital lease),是"一种将资产所有权的风险和收益实质转移的租赁"。这项准则遭到了批评,因为它把租赁是作为经营租赁还是融资租赁的分类判断几乎交由会计师决定(受到外部审计师的赞同)。然而,在我们批评 IAS 17 之前,我们应记住,作为 SFAS No. 13 一部分的四个租赁分类标准并未成功地阻止美国公司通过灵活地构建租赁而将租赁划分为经营租赁。

在 2002 年 10 月,FASB 分发了一份关于原则导向会计准则的提案。按照建议者的预想,原则导向准则涉及很少的刚性阈值及规则(如四项租赁分类标准),并且更多依据会计师在理解与执行准则的过程时作出的职业判断。[①] IAS 17 就是类似的原则导向准则。原则导向准则的整个设想仍在争论中,但是租赁会计领域为原则导向准则的局限性提供了一个很好的说明。尽管 IAS 17 的确是一个原则导向标准,实践中全世界都在应用规则,会计师经常借鉴 SFAS No. 13 所包括的四个租赁分类标准,目的是能够在实际的租赁合同中使用 IAS 17 的"原则"导向。当美国公司转向国际财务报告准则,会计师和审计师很可能仍继续参考 FASB 四项租赁分类标准,以有助于对 IAS 17 原则的应用。

一个有意思的租赁会计提案在全世界各国的会计准则制定机构之间传播。美国、英国、加拿大、澳大利亚和新西兰的准则制定机构赞助了一项研究项目,该项目在 1996 年提出了一个新的租赁会计提案。这个提案的标题是"租赁会计:新方法",指出现在会计标准无法要求公司确认重大的权利与义务作为资产负债表中的资产和负债。提案也建议租赁会计规则进行以下的简化:所有长于一年的租赁合同都作为融资租赁来处理。

为了说明"新方法"在承租人披露租赁业务时的显著变化,考虑下面的表格:

	租赁资产公允价值 =10 000 美元	最低租赁付款额现值 =8 999 美元	最低租赁付款额现值 =9 001 美元
目前美国 GAAP 要求披露的租赁义务		$ 0	$9 001
租赁会计的新方法要求披露的租赁义务		$8 999	$9 001

两个案例中,租赁资产的公允价值都是 10 000 美元。在第一个案例中,最低租赁付款额的现值是 8 999 美元,是租赁资产公允价值的 89.9%。最低租赁付款额的现值比租赁资产公允价值的 90% 还要少,假定也不满足融资租赁的其他标准,在美国 GAAP 下租赁应按

---

① Proposal—"Principles-Based Approach to U. S. Standard Setting"(Norwalk, CT: Financial Accounting Standards Board, October 21, 2002).

经营租赁进行会计处理。当租赁划分为经营租赁时,承租人对未来租赁费不披露任何义务。在新方法下,应该披露未来最低租赁付款额的现值 8 999 美元义务。在第二个案例中,租赁费的现值是 9 001 美元,多于租赁资产公允价值的 90%。在现行的美国 GAAP 下,租赁应划分为融资租赁,9 001 美元义务在美国 GAAP 和新方法下都应该披露。注意在新方法下,租赁费的现值中从 8 999 美元到 9 001 美元,2 美元的小变动反映了租赁义务所记录的金额相应小幅增加。然而在美国 GAAP 中,租赁费这一极小幅度的增加会导致所披露负债的巨大变化。无论何时总会有边缘会计准则,例如,人们确信公司会十分谨慎且独出心裁地保证他们的租赁费现值恰好在 90% 门槛之下。

最近,FASB 和 IASB 都已经赞同将所有的租赁资本化的提议。目前 FASB 使用的术语是:签订一项租赁合约会产生一项"资产的使用权"和一项"租赁负债"。FASB 和 IASB 预期在 2008 年年末形成一项初步的提案,在 2011 年正式通过最终的标准。

将时间上超过一年的所有租赁资本化的提案还处在讨论阶段。现在美国的公司力图将租赁排除在资产负债表之外,一项将所有租赁期超过一年的租赁资本化的提案势必会触发过去三十年来最大的会计辩论之一。

扩展资料

租赁协议可以非常复杂。部分复杂性是被特地设计来规避会计规则以及进行有利的租赁分类。一个例子是章节前面提到的第三方担保余值。另一个例子是本部分描述的售后回租交易。这种交易具有将资产和负债从资产负债表中清除的影响,尽管这些资产像它们以前一样被继续使用。

售后回租交易

9 记录卖方(承租人)和买方(出租人)的售后回租交易。

WHY 售后回租交易十分普遍,因为它们既能实现商业目的又能实现吸引人的核算目的。

HOW 售后回租是这样的交易:一方将资产卖给另一方,然后第一方再立刻将资产租回来并且继续使用。卖方——承租人售后回租所实现的任何收益在租赁期内递延和摊销。销售损失应立即确认。如果能够恰当地组织租赁,卖方——承租人仍能将租赁作为经营租赁进行会计处理;在这种情况下,售后回租从资产负债表中移除了资产和相关的负债,并且不影响资产的继续使用。

> **思考**
>
> 一家公司为什么出售了资产然后权利颠倒,再去租回相同的资产?
> a) 增加总负债披露的金额
> b) 减少总负债披露的金额
> c) 增加总资产披露的金额
> d) 增加流动负债披露的金额

租赁安排中一种普遍的类型是售后回租交易。这类租赁的典型特征是一方将资产出售给另一方,然后第一方再租回该资产。因此,卖方成为了承租人而购买者成为了出租人。

这项交易所产生的会计问题是卖方——承租人是否应立即确认初始销售所产生的利润,或是在整个租赁期内递延。FASB 建议,初始销售产生利润时,如果是融资租赁,利润应随着租赁资产的摊销成比例地递延及摊销;如果是经营租赁,利润应随着租赁费成比例地递延及摊销。交易产生损失时,因为资产的公允价值小于它的账面价值,应立刻确认损失。①

为了说明取得收益的销售的会计处理,假定在 2011 年 1 月 1 日,Hopkins 公司以 950 000 美元销售给 Ashcroft 公司一项账面价值 750 000 美元的设备,并且立刻租回该项设备。建立以下条件以管理该交易:

1. 租赁期是 10 年,不可撤销。要求首付 200 000 美元并且每年年初租赁费 107 107 美元。内含利率是 10%。

2. 设备在 2011 年 1 月 1 日的公允价值是 950 000 美元,评估经济寿命是 20 年。所有拥有的资产均采用直线折旧法。

3. Hopkins 有权以每年 10 000 美元的租金续租 10 年(即设备的剩余经济寿命)。在租赁期期末所有权转移。

这项租赁的分析显示它符合融资租赁的租赁期和付款现值两个标准。它满足经济寿命的 75% 这个标准,因为廉价续租选择权使租赁期和设备的经济寿命都是 20 年。它满足 90% 的公允价值标准,因为租赁费的现值等于设备的公允价值(950 000 美元)。② Hopkins 即卖方(承租人),和 Ashcroft 即买方(出租人)第一年的会计分录如下:

Hopkins 公司(卖方,承租人)

2011		
1月1日	记录设备初始销售	
	借:现金	950 000
	贷:设备	750 000
	售后回租未实现利润	200 000
	记录设备的租赁,包括首付和第一次支付	
	借:租赁设备	950 000
	贷:融资租赁债务	642 893
	现金($200 000 + $107 107)	307 107
12月31日	记录整个 20 年设备的摊销($950 000/20)	
	借:租赁设备的摊销费用	47 500
	贷:租赁设备累计摊销	47 500
	记录第二次租赁支付	
	(利息费用:642 893 × 0.10 = 64 289)	
	借:利息费用	64 289
	融资租赁债务	42 818
	贷:现金	107 107
	记录 20 年经济寿命期间收入的确认,	
	对应于租赁资产的摊销	
	借:售后回租未实现利润	10 000
	贷:售后回租已实现收入	10 000

---

① *Statement of Financial Accounting Standards No. 28*, "Accounting for Sales with Leasebacks" (Stamford, CT: Financial Accounting Standards Board, 1979), pars. 2—3. 如果只有一小部分资产被租赁,销售与租回的部分应单独核算。

② 租赁现值的计算:

(a) 10 年租金现值:
　　期初付款(BEG):$PMT = \$107\,107, N = 10, I = 10\% \rightarrow \$723\,939$

(b) 第二个 10 年租金现值:
　　期初付款(BEG):$PMT = \$10\,000, N = 10, I = 10\% \rightarrow \$67\,590$
是第二个 10 年租赁期期初现值。10 年租赁期期初现值:
　　$FV = \$67\,590, N = 10, I = 10\% \rightarrow \$26\,059$

(c) 现值总额,$\$723\,939 + \$26\,059 + \$200\,000$(首付) = $\$950\,000$(四舍五入)。

Ashcroft（买方，出租人）

1月1日	记录设备的购买		
	借:设备	950 000	
	贷:现金		950 000
	记录 Ashcroft 直接融资售后回租		
	应收总额 = (10 × $107 107) + (10 × $10 000) = $1 171 070		
	借:现金	307 107	
	应收租赁费	642 893	
	贷:设备		950 000
12月31日	记录收到的第二次租赁费(看 Hopkins 公司的计算)		
	借:现金	107 107	
	贷:应收租赁费		42 818
	利息收入		64 289

Hopkins 公司的摊销分录以及销售递延收益的确认在20年租赁期内的每年都是一样的。使用实际利率法计算,利息费用和利息收入每年会下降。

如果租赁不满足融资租赁的标准,它会作为经营租赁记录。销售收益递延并且按租费的一定比率确认。每年收入的确认金额与刚才说明的十分接近,因为租赁资产的摊销以及租赁付款模式一般遵循直线法。

如果最初销售一直处于亏损,则应该立即确认损失。

IAS 17 关于售后回租形成的融资租赁所产生的递延销售利润的条款与美国会计准则是一致的。然而,在售后回租交易形成的经营租赁方面 IAS 17 与美国会计准则有所不同。正如上面所述,在美国会计准则下,任何售后回租形成的经营租赁所产生的利润都是递延的,并且会在随后的租赁期内予以确认,而产生的损失应于当期确认。按照 IAS 17(第61段),"如果有确凿证据表明售后回租交易是按照公允价值达成的",经营租赁产生的损益应于当期确认。其理由是,事实上,按公允价值销售证明销售本身是一种公平独立的核算交易,而不是与租回相联系的虚假销售。如果并非以公允价值进行销售,则 IAS 17 与美国公认会计准则的要求基本上是相同的。

开放式场景问题的答案

1. 美国航空公司所用的大部分飞机都是租借的。它一般从一些财务公司如 GE 商业航空服务公司等租借飞机。这些财务公司从生产商那里购买飞机并通过租借给航空公司来赚钱。

2. 通过租借飞机,航空公司的财务更加灵活。如果航空客流量下降,相比卖掉一架闲置的飞机以偿付起初购买飞机的贷款而言,停止租借更简单一些。

3. 达美航空公司的数据表明,有些航空公司的资产负债表以资产列示了所租借的飞机,有些公司则没有列示。本章解释了会计准则决定何时将一项租赁资产记录在资产负债表上。

思考题答案

1. (第190页)正确答案是 d。较高的贴现率导致较低的现值。较低的现值减少了租赁满足市价标准90%的可能性,从而减少了将其划分为融资租赁的可能性。

2.（第213页）正确答案是b。公司售后回租的原因之一是将一项资产（及与其有关的偿付责任）从资产负债表上移除。一笔谨慎建立的售后回租交易能将租赁划分为经营租赁——只需在财务报表附注中披露租赁资产和租赁负债。

售后回租的另一个原因是把财产交给职业的资产管理公司,以便公司能把注意力放在核心业务上。例如,一个较大的工程咨询公司将其办公楼建立在某一大城市的适宜地段。那么关于如何将这一财产效用最大化,这家咨询公司知道些什么呢？什么也不知道。但是它需要办公楼。因此,这家公司将这一建筑和资产卖给一家资产管理公司,然后再将它租回。该咨询公司现在只需要把注意力集中在它所能做的最好的——工程上,而这份财产将由专业公司来管理。

本章小结

1. 描述在什么情况下,租赁比直接销售和购买更具商业意义。

相对于购买而言,租赁带给承租人的三方面好处是租赁没有首付,避免了所有权的风险,并且在偏好发生变化时给承租人转换资产的灵活性。

出租人得到的经济优势主要是通过为顾客提供资金增加销售量,这些顾客如果没有能力购买的话就可能不会买。同时可以与顾客保持持续联系,并且在租赁期结束后仍将持有租赁资产的剩余价值。

2. 理解资产所有者（出租人）和资产使用者（承租人）对租赁交易的会计处理。

对于出租人而言,会计处理的关键问题是交易是否应该在租赁签署日确认。正确的会计处理取决于租赁协议是否有效转移了租赁资产的所有权,租赁协议签署后出租人是否依然保留重大附加责任,以及付款可回收性是否可合理确定。

对于承租人而言,会计处理的关键问题是是否应该在资产负债表确认租赁资产和租赁负债。同样,正确的会计处理取决于租赁合同是否有效转移了租赁资产的所有权。

融资租赁的核算视为租赁协议将租赁资产从出租人转向了承租人。经营租赁作为租借协议进行核算。

3. 概述租赁协议中合同条款的类型。

- 撤销规定。不可撤销租赁协议只有在特殊情况下才可以由承租人取消。只有不可撤销租赁能够被划分为融资租赁。

- 廉价购买选择权。如果承租人有权选择在将来以足够低的折扣购买租赁资产,这种选择权可能会存在,称之为廉价购买选择权。

- 租赁期限。租赁期限包括不可撤销的租赁期加上廉价续租选择权可以涵盖的期限。租赁协议中包含有利的租赁条款（如较低的租赁付款额）使得承租人续租该资产变得有可能。

- 剩余价值。剩余价值是租赁期届满时租赁资产的价值。租赁协议有时要求承租人对租赁资产的余值进行担保;如果资产余值低于担保余值,承租人必须支付出租人相应的差额。

- 最低租赁付款额。最低租赁付款额包括租金和廉价购买选择权价款以及任何担保的资产余值。出租人用内含利率计算最低租赁付款额的现值。承租人则以内含利率及新增借款利率的较低者来计算现值。

4. 用租赁分类标准来区分融资租赁和经营租赁。

四个常用的分类标准如下(同时适用于出租人和承租人):

- 所有权的转移。租赁包括一项条款即在租赁期结束时租赁资产归承租人所有。
- 廉价购买选择权。廉价购买选择权的存在可以合理确定承租人将会行使这种选择权。
- 经济寿命的75%。租赁期占租赁资产经济寿命的75%以上。
- 资产价值的90%。最低租赁付款额的现值相当于租赁开始日租赁资产公允价值的90%或者90%以上。

如果符合这些标准之一,承租人即可将该租赁划分为融资租赁。对于出租人,除了符合上述标准以外,如果还同时符合收入确认标准,则可将该租赁划分为融资租赁。即:

- 能够合理确定最低租赁付款额。
- 自租赁签署日,承租人将风险和报酬实质上转移给承租人,不再承担任何责任。

5. 从承租人(资产使用者)角度合理解释融资租赁和经营租赁。

经营租赁,即出租,支付的价款确认为租金。融资租赁,则自租赁签署日就确认资产和负债。在租赁资产使用年限内,如果所有权发生转移或符合廉价续租选择权行使条件,则应在租赁资产使用年限内摊销资产价值。租金则作为租赁负债表的减免项加以记录,部分应该确认为利息费用。

6. 从出租人(资产所有者)角度合理解释融资租赁和经营租赁。

经营租赁,即租借,出租人应将租金确认为收入,并对租赁资产计提折旧。

对于出租人,有两种融资租赁:直接融资租赁和销售型租赁。直接融资租赁应该自租赁签署日确认应收租金。应收利息收入则应在租赁期内予以确认。销售型融资租赁,除了在租赁期内确认利息收入外,还应自租赁签署日将租赁资产公允价值与成本之间的差额确认为利润。

经营租赁和直接融资租赁都应在租赁期内将初始直接费用予以资本化和摊销。销售型租赁的初始直接费用则应从销售利润中扣除。

7. 编制并解释出租人和承租人所要求的租赁披露。

承租人应披露的相关信息主要有以下几方面:

- 融资租赁下的租赁资产总额和累计摊销额;
- 与经营租赁相关的租金费用;
- 经营租赁和融资租赁下以后年度将支付的最低租赁付款额。

出租人应披露的相关信息主要有以下几方面:

- 经营租赁和融资租赁下以后年度将收到的最低租赁付款额;
- 经营租赁下租赁资产的成本和累计折旧额。

8. 比较在租赁核算方面美国与国际会计准则条款的不同。

IAS 17 不包括具体的租赁分类标准;在这一准则下,融资租赁"实质上转移了资产所有权内在的风险和报酬的租赁"。国际上现在有一种提议,即将租赁期超过一年的租赁都划分为融资租赁。

扩展资料

9. 记录卖方(承租人)和买方(出租人)的售后回租交易。

售后回租交易是指一方将资产出售给另一方,然后第一方又将资产租回并继续使用。卖方(即承租人)通过售后回租交易实现的任何收益都应该在资产使用年限内递延和摊销。损失在当期给予确认。

IASB 概述

主题	美国 GAAP	IASB 准则
租赁分类	SFAS No. 13 满足下列四个标准任何一条的租赁划分为融资租赁: 1. 租赁期届满时转移租赁资产所有权; 2. 租赁期届满时存在廉价购买选择权; 3. 租赁期占租赁资产经济寿命的75%以上; 4. 最低租赁付款额的现值占租赁资产公允价值的90%以上。	IAS 17 "如果租赁实质上转移了资产所有权内在的所有风险和报酬,那么该租赁则可划分为融资租赁。" 描述同美国会计准则四条标准类似,不过并没有确切的数值上的界限。
售后回租交易的利润	SFAS No. 28 如果售后回租交易形成了经营租赁,之前的销售利润应该在租赁资产剩下的使用年限内予以递延和确认。	IAS 17 如果初始按公允价值销售,则当期应确认收益,即使随后的租回形成了经营租赁。

关键术语

廉价购买选择权
内含利率
承租人
未担保余值
廉价续租选择权
新增借款利率
出租人
直接融资租赁
最低租赁付款额
初始直接费用

租赁
担保余值
履约成本
不可撤销的
租赁期
销售型租赁

扩展材料

售后回租

问题

1. 对承租人来说，租赁与购买资产相比主要有哪些优势？
2. 对出租人来说，出租与销售资产相比主要有哪些优势？
3. 从概念上讲，经营租赁与融资租赁有哪些不同之处？
4. 什么是廉价购买选择权？
5. 如何衡量租赁期？
6. 承租人选择什么贴现率来确定资产的现值？出租人呢？
7. 在承租人的账簿中，租赁在满足什么标准的情况下才能划分为融资租赁？
8. 在划分租赁类型时，出租人在承租人所用标准的基础上附加了两条。这两条附加标准是什么？为什么出租人要加入这两条标准？
9. 从承租人角度看，经营租赁和金融租赁的根本不同之处是什么？
10. 如果经营租赁下，支付的租金超过了资产使用年限，承租人应如何确认这些租金费用？
11. 融资租赁下承租人怎样确定租赁资产和负债的数额？
12. 融资租赁下为什么第一年后资产和负债余额不同呢？
13. 融资租赁下资产摊销应与承租人折旧政策一致。租赁资产应在哪个期间予以摊销呢？
14. 对于一项给定资产来说，融资租赁要比经营租赁带来净收益低。你认同这种观点吗？充分解释一下。
15. （a）融资租赁一项设备会如何影响承租人的现金流量？

（b）如果一项合同确认以首付部分购买资产并在长期内偿还余额，这对现金流量表会有什么影响？

16. 区别销售型租赁和直接融资租赁。
17. 租赁期届满时未担保余值归出租人所有。在销售型租赁中这些余值应如何处理？
18. 在什么情况下，承租人的最低租赁付款额与出租人的不同？
19. 融资租赁下为什么出租人账务处理时把租金收入的大部分确认为投资流入，而承租人在账务处理时则将支付的租金的大部分确认为融资现金流出？
20. 描述承租人披露的具体相关信息。
21. 按照 FASB 准则，出租人在销售型租赁和直接融资租赁下应披露哪些相关信息？
22. *IAS 17* 与 *SFAS No.13* 在租赁分类标准方面有哪些不同？
23. 国际会计委员会成员周围出现了哪种租赁会计议案？

扩展资料

24. 卖方（承租人）在售后回租交易中如何确认利润和损失？

练习

[练习 15-1] 最低付款额现值

LO3 一项租赁租金为每月 1 000 美元，租赁期为两年。每月月末支付租金，租赁期届满担保余值为10 000美元,月利率12%,按复利计息。计算最低付款额的现值。

[练习 15-2]　新增借款利率和内含利率

LO3　一项租赁期为四年的租赁,每月租金8 000美元,每月月末支付租金。租赁期届满时担保余值为25 000美元。计算最低租赁付款额现值:(1) 用租赁内含利率每月9%,复利计息;(2) 用承租人新增借款利率12%,复利计息。

[练习 15-3]　承租人对经营租赁的会计处理

LO5　1月1日,承租公司签署了一份经营租赁合同。租赁期为10年,每年年末支付租金3 000美元,租赁内含利率10%。作出下列情况下承租公司账务的必要会计分录:(1) 在租赁协议签署日;(2) 第一次支付租金时。

[练习 15-4]　承租人在融资租赁下的会计处理

LO5　参考练习15-3。假定为融资租赁,并且租赁资产在资产使用年限12年内予以摊销,而不是10年的租赁期。作出承租公司账务处理时必要的会计分录:(1) 在租赁协议签署日;(2) 第一年年末,包括第一次支付租金时的会计处理。

[练习 15-5]　承租人在租赁期内购买租赁资产时的会计处理

LO5　租赁公司于12月31日购买几台融资租赁协议下的设备。租赁资产和租赁负债初始为500 000美元。购买时,租赁资产累计摊销额为200 000美元,租赁负债账户余额为325 000美元。购买租赁资产时支付价款360 000美元。列出承租人账务处理时必要的会计分录。

[练习 15-6]　出租人对经营租赁的会计处理

LO6　1月1日,出租公司购买了一项价款为24 000美元的设备。该设备预期使用年限为4年,无残值,出租公司当期签订协议将该设备以经营租赁的形式出租。根据协议,出租公司每年年初收到租金6 800美元。作出下列情况下出租公司账务处理时必要的会计分录:(1) 用现金购买资产时;(2) 租赁协议签署时(包括第一次收到租金时);(3) 租赁设备计提折旧。

[练习 15-7]　存在余值的直接融资租赁

LO6　1月1日,出租公司购买一项设备,支付价款50 000美元,租赁期届满时预计残值为1 987美元,并且全部是未担保余值。出租公司当期以直接融资租赁的形式将设备出租,租赁期10年,根据租赁协议,出租公司每年年初将会收到租金7 800美元,并于租赁期届满时收回设备,租赁内含利率为12%。作出出租人账务处理时必要的会计分录:(1) 签订租赁协议时;(2) 租赁协议签署日收到第一笔租金时;(3) 第一年年末确认利息收入时;(4) 租赁期届满时假定残值等于预计未担保余值,累计利息收入和设备折旧的相关会计分录。(提示:第十年利息收入为213美元)

[练习 15-8]　第三方担保余值

LO5,LO6　1月1日,出租公司以9 000美元的价格购买一项设备作为存货,并于当期采用销售型租赁的方式出租,租赁期6年。根据租赁合同,出租公司将于每年年初收到租金3 000美元,并将于租赁期届满时收到担保余值4 000美元(由第三方保险公司担保,而不是由承租公司担保)。租赁合同签署日,设备的公允价值与最低付款额现值相等,内含利率11%,估计设备使用年限为10年,没有廉价购买选择权,并且租赁期届满时资产不发生转移。编制租赁合同签署时的必要会计分录,包括支付第一笔租金:(1) 出租公司账务处理;(2) 承租公司账务处理。

[练习 15-9]　出租人的现金流量表

LO6　1月1日,出租公司以现金购买几台设备,并于当期出租。根据租赁协议,该公司将于每年年末收到租金5 000美元,租赁期为8年,租赁期届满时租赁资产估价余值为6 500美元,内含利率13%。除了与租赁有关的项目外,没有其他经营资产或负债的变化,没有购买或出售资产、设备或仪器;没有分红,发放股利,获得或偿付贷款。预期租赁资产使用年限为12年,没有残值。在以下情况下分别利用经营现金流量的间接法建立一份完整的现金流量表:(1)假设为经营租赁(净收入为30 000美元);(2)假设为直接融资租赁(净收入30 640美元)。

[练习15-10]　　根据经营租赁调整负债率

LO5,LO7　12月31日,某公司资产总额为10 000美元,负债总额为4 000美元。该公司承租的某项资产在未来15年内每年最低租赁付款额是600美元,于每年年末支付,贴现率为8%。计算(1)该公司的负债率;(2)假定将经营租赁改为融资租赁,计算负债率。

扩展资料

[练习15-11]　　出租人和承租人对售后回租交易的会计处理

LO9　1月1日,卖方(即承租人)以200 000美元的价款将建筑出售给买方(即出租人)。该建筑的初始成本为230 000美元,出售日的累积折旧为70 000美元。卖方(即承租人)于出售当天将该资产租回。根据租赁合同,未来25年,卖方(即承租人)每年年末支付租金23 750美元,租赁内含利率11%。1月1日,建筑物的公允价值为200 000美元,尚可使用年限为25年(预计残值为零)。编制所有与租赁相关的会计分录:(1)卖方(即承租人)的会计处理;(2)买方(即出租人)的会计处理。

习题

[习题15-12]　　融资租赁标准

LO4　Atwater 工业公司从 Westside 租赁公司租借设备。假设不符合其他融资租赁标准,那么根据 *SFAS No.13*,下列每一种情况应该划分为融资租赁还是经营租赁。根据所给条件作出判断,每种情况是彼此独立的。

　　(a)租赁期届满时,设备预期市场价值为20 000美元。Atwater 公司享有以5 000美元购买的选择权。

　　(b)设备公允价值为75 000美元,租金现值为67 000美元(不包括履约成本)。

　　(c)租赁期届满时租赁资产所有权自动转移给 Atwater 公司。

　　(d)设备经济寿命为12年,租赁期8年。

　　(e)租赁要求每年预先支付9 000美元,另外年履约成本为500美元。租赁期为3年,Atwater 公司新增借款利率为10%,设备公允价值为28 000美元。

　　(f)租赁要求每年预先支付6 000美元,其中包括年履约成本500美元,租赁期为3年,Atwater 公司新增借款利率为10%,设备公允价值为16 650美元。

[习题15-13]　　出租人和承租人对租赁的会计处理

LO5,LO6　Doxey 公司于2011年1月1日购买一台设备,支付价款1 250 000美元,并打算出租。该设备预计使用年限为9年,无残值,采用直线法计提折旧。2011年1月1日,Doxey 公司将设备出租给 Mondale 公司,租赁期4年,租金每年30 000美元,2015年2月28日租赁期届满。利率12%,复利计息。2011年12月31日,Doxey 公司支付2011年该设备的维修费、保险费和财产税共计15 000美元。2011年3月1日,Mondale 公司向 Doxey 公司支付30 000美元,Doxey 公司仍然持有租赁资产所有权,并打算租赁期届满后继续向他人出租。编制2011年与租赁有关的所有会计分录:(1)Doxey 公司的账务处理;(2)Mondale 公司的账务处理。假设双方都以年度为会计分期。

[习题15-14]　　承租人的会计处理

LO5　2011年1月2日,Jacques 公司采用不可撤销租赁的方式引入一项新设备。这项设备是按 Jacques 公司的特定要求建造的,很难再租借给他人。租赁期为10年,租赁期间每年提前支付租金

300 000 美元。该设备使用年限预计为 20 年,由 Jacques 公司支付税费、维修费用及保险费,租赁期结束后设备所有权转移给 Jacques 公司。假定 Jacques 公司为租借该设备所借贷款的利率为 12%。

1. 编制租赁期开始日 Jacques 公司关于该租赁的账务处理。

2. 编制 2011 年和 2012 年 Jacques 公司的会计处理分录。假定租金及相关费用在 12 月 31 日支付,采用双倍余额递减法计提折旧。

[习题 15-15] 承租人购买资产时的会计处理

LO5 Cordon 工业公司大部分资产是租借而来的,并且大部分租赁都是融资租赁。12 月 31 日,该公司账簿上关于某一特定设备的余额表如下所示:

租借设备	$80 000
累计摊销——租赁设备	49 300
融资租赁债务	26 000

年末已计提折旧,不包括应计利息。12 月 31 日,Cordon 公司决定以 32 000 美元购买该资产,以现金形式支付。编制 Cordon 公司账务处理时关于该资产购买的会计分录。

[习题 15-16] 出租人出售资产时的会计分录

LO6 2011 年 1 月 1 日,Smithston 公司将一项设备出租给 Dayplanner 公司。要求每年年初支付租金。Smithston 公司关于该交易的内含利率为 12%。2013 年 7 月 1 日,Dayplanner 公司以 58 000 美元的价款购买该项设备从而结束了这项交易。以下是 2013 年 1 月 1 日 Smithston 公司账簿上关于该租赁设备的数据(2013 年租金已收到)

净应收融资租赁款	$75 750

编制 Smithston 公司关于租赁资产销售的日记账分录,包括 7 月 1 日的应计利息。

[习题 15-17] 出租人对直接融资租赁的会计处理

LO6 Desert 金融公司将购买的一台打印机出租给 Quality 印刷公司,租赁期为 15 年,租赁期届满时打印机归 Quality 印刷公司所有。年租金(不包括履约成本)为 190 000 美元,预先支付。Desert 金融公司购买打印机成本为 1 589 673 美元,租赁合同签订时打印机的公允价值也为 1 589 673 美元。

1. 该租赁为什么是直接融资租赁?

2. 编制租赁交易成立时 Desert 金融公司的相关会计分录。

3. 编制第一年年末 Desert 金融公司确认利息收入时的会计分录。

[习题 15-18] 承租人对附担保余值的融资租赁的会计处理

LO5 Mario 汽车公司以下列条款出租汽车。租赁期为 3 年,年租金为 4 000 美元,于每年年初支付。租赁期届满时,若余值低于 3 500 美元,承租人支付差额。汽车公司购买汽车时支付现金 13 251 美元。承租人得知内含利率为 12%,承租人的新增借款利率为 14%。3 年后预期余值为 4 200 美元,以直线法对汽车计提折旧。

1. 编制第一年承租人租赁的相关会计分录,包括 2012 年 4 月 30 日第二次支付租金时的会计分录。假定租赁期开始日为 2011 年 5 月 1 日,是承租人会计年度的开始日。

2. 第三年年末租赁期届满时承租人资产负债表与该租赁有关的余额为多少?

3. 假定第三年年末,承租人以 3 800 美元的价款将汽车出售(经出租人允许)。编制出租人与该销售和结算相关的会计分录。

[习题 15-19] 出租人关于销售型租赁的会计处理

LO6 2011 年 4 月 1 日,Salcedo 公司将一项设备出租给 Erickson 公司。租赁期为 8 年,2019 年 3 月 31 日租赁期届满。Salcedo 公司将该租赁记录为出售。年租金(不包括履约成本)175 000 美元,于 2011 年 4 月 1 日支付第一笔租金。设备的成本是 940 000 美元,预期使用年限是 8 年,无残值。Salcedo 公司采用直线法对设备计提折旧,并于购买设备当年计提一年的折旧。设备的销售价款为 1 026 900 美元。

1. 编制 Salcedo 公司关于该租赁的会计分录。
2. 2011 年 Salcedo 公司应确认的利息收入为多少?

[习题 15-20]　租赁对承租人和出租人报告利润的影响

LO5,LO6　2011 年 2 月 20 日,Hudson 公司以 2 100 000 美元的价款购买一台机器并打算予以出租。该机器预计使用年限为 12 年,无余值,采用直线法计提折旧。2011 年 3 月 1 日,Hudson 公司将该设备出租给 Donah 公司,租赁期为 5 年,月租金为 34 000 美元。假定每月月末支付租金,利息率为 11%,每月以复利计息。没有关于租赁期届满时续租或购买租赁资产的条款。2011 年 2 月,Hudson 支付与签署合同相关的佣金 72 000 美元。

1. 2011 年 12 月 31 日,Donah 公司应该记录租赁交易产生的哪些费用?
2. 2011 年 12 月 31 日,在缴纳所得税之前 Hudson 公司应该记录该租赁交易产生的哪些收益或损失?

[习题 15-21]　财务报表关于租赁相关信息的披露

LO5,LO7　Acme 公司于 2011 年 1 月 1 日向 Monument 器材公司租借一项设备。租赁期为 5 年,年租金 20 000 美元,第一笔租金于 2011 年 1 月 1 日支付,其他租金于每年 12 月 31 日支付。租赁资产预计使用年限为 5 年,Acme 公司将该租赁作为融资租赁。Acme 公司不知道 Monument 器材公司的内含利率,因而以自己的新增借款利率,即 12% 来计算租金的现值。Acme 公司采用年数总和法对租赁资产计提折旧,租赁资产预期余值为零。

1. 编制一个关于每年租赁负债余额的计划表。
2. 编制租赁资产摊销表。
3. 比较 2011 年至 2015 年期间每年年末资产负债表中的租赁负债,并解释为什么会有不同。

[习题 15-22]　将经营租赁资产价值资本化产生的影响

LO5,LO7　下列数据来源于 Jessica Hatch 公司 2011 年的财务报表:

负债总额	$250 000
股东权益总额	110 000

另外,Jessica Hatch 公司有大量经营租赁。经营租赁未来需支付租金在财务报表中披露如下:

年份	支付额
2012	$30 000
2013	30 000
2014	30 000
2015	30 000
2016	30 000
2016 年以后	330 000

所有租金都在年末支付,Jessica Hatch 公司新增借款利率为 10%,Jessica Hatch 公司所有租赁资产的内含利率都为 10%。

1. 计算权益乘数(总负债/股东权益总额)。
2. 计算负债比率(总负债/总资产)。
3. 假如把 Jessica Hatch 公司的经营租赁改为融资租赁,计算权益乘数。
4. 假如把 Jessica Hatch 公司的经营租赁改为融资租赁,计算负债比率。

扩展资料

[习题15-23] 售后回租核算

LO9 2011年7月1日,Flashlight公司将最近购买的一台设备以480 000美元的价款出售给一家非附属公司,该设备的账面价值为390 000美元,剩余使用年限为6年。在出售日,Flashlight公司又将该设备租回,年租金为95 000美元,年初支付,租赁期为6年。Flashlight公司的新增借款利率为11%,并且不知道出租人的内含利率。假定第二次租金于2012年6月30日支付,那么Flashlight公司应该如何编制会计分录来记录第一年的相关业务呢?不考虑承租人的会计年度。承租人采用双倍余额递减法对其拥有的类似资产计提折旧。

难题

[难题15-24] 承租人对融资租赁的会计处理及未担保余值

LO5 Ulrich公司曾经一度通过租赁来获得其设备。2011年1月1日,Ulrich公司从Riverbottoms制造厂租借一辆混凝土卡车,该卡车的购买价款为315 000美元。根据租赁合同,年租金为61 800美元,租赁期为6年。第一笔租金于2011年1月1日支付,其他租金于每年12月31日支付。租赁期届满时,Ulrich公司的担保余值为33 535美元,且其新增借款利率为11%,Riverbottoms制造厂考虑到担保余值后确定内含利率为10%,卡车使用年限为8年。Ulrich公司采用日历年历,并且采用直线法对其他设备计提折旧。

要求:

1. 计算承租人对混凝土卡车应予资本化的金额。假定Ulrich公司知道Riverbottoms制造厂的内含利率为10%。
2. 编制一个表格显示随着每年支付租金、负债的减少。(考虑到利息的变化)
3. 编制Ulrich公司租赁期前两年相关的会计分录。
4. 假定租赁期届满时,出租人将租赁设备以24 000美元的价款出售给第三方。编制Ulrich公司满足担保余值和终止确认租赁资产时的相关会计分录。

[难题15-25] 承租人和出租人的租赁估计

LO5,LO6 Enco科技公司的主要业务是出租新的高科技卫星系统。作为卫星系统的出租人,Enco科技公司将2011年12月31日新购进的系统于当日出租给Ocular投资公司并运送到Ocular投资公司。与租赁交易有关的相关信息如下所示:

Enco科技公司购买系统的成本	$840 000
预计使用年限及租赁期	6年
预期余值(未担保)	$60 000
Enco科技公司内含利率	12%
Ocular投资公司新增借款利率	14%
第一笔租金支付日期	2011年12月31日

附加信息如下:

(a) 租赁期届满时,该系统所有权归Enco科技公司。
(b) Ocular投资公司知道Enco科技公司的内含利率。
(c) 每年支付的租金相等。
(d) Enco科技公司采用直接融资租赁来记录该租赁,Ocular投资公司打算将该租赁划分为融资租赁。出租人和承租人都以日历年历为基础,并且都采用直线法对资产计提折旧。

要求：
1. 计算该租赁下的年租金。（取近似值。）
2. 计算租赁协议签订时 Enco 科技公司应当确认的应收融资租赁款的数额。
3. 2012 年 12 月 31 日，Ocular 投资公司应确认的总费用为多少？

[难题 15-26] 出租人对销售型租赁的会计处理

LO6 Aquatran 有限公司以出租作为销售产品的主要方式。2011 年年初，Aquatran 有限公司修建了一艘连接曼哈顿和斯塔藤岛的客船，并于 2011 年 4 月 1 日出租给曼哈顿轮渡航线公司。根据租赁合同，租赁期届满后，客船归承租人所有。年租金不包括履约成本。合同其他条款如下所示：

客船初始成本	$1 500 000
租赁期开始日客船的公允价值	$2 107 102
租金（提前支付）	$225 000
预期残值	$78 000
承租人的新增借款利率	10%
第一笔租金支付日期	2011 年 4 月 1 日
租赁期	20 年

要求：
1. 计算 Aquatran 公司在租赁期内的财务收入以及生产客船所立刻获得利润。
2. 编制租赁合同签署日 Aquatran 公司与租赁有关的会计分录，并计算租赁内含利率。
3. 编制租赁期前三年 Aquatran 公司与租赁有关的会计分录，包括初始分录。假设 Aquatran 公司以日历年历为会计年度。
4. 计算 2013 年 12 月 31 日可获得租金收入的余额。

[难题 15-27] 承租人和出租人对融资租赁的会计处理

LO5，LO6 Alta 公司与 Snowfire 公司签了一份租赁合同，即 Alta 公司向 Snowfire 公司租赁设备用于滑雪生产设施。Alta 公司将该租赁记录为购买资产，Snowfire 公司将该出租记录为销售资产。根据租赁合同，应当每年支付租金。Snowfire 公司账簿上将该租赁设备记录为存货。因为滑雪生产技术的巨大变化，租赁设备预期残值为零。Alta 公司采用直线法计提折旧，并计提到最近的一个月。三年后，Alta 公司将会购买该租赁设备。

年租金不包括履约成本，租赁合同中其他条款如下所示：

作为存货的租赁设备成本	$3 700 000
行使购买选择权时的价款	$3 250 000
租金（提前支付）	$710 000
合同利息率	10%
合同签署日（即第一笔租金支付日）	2011 年 10 月 1 日
Alta 购买日	2014 年 10 月 1 日
租赁期	8 年

要求：编制出租人和承租人如下相关的会计分录。
1. 编制 2011 年与第一次租赁支付有关的会计分录，并于每一家公司财务年度末，12 月 31 日，作出必要的调整。
2. 编制 2012 年所有相关的会计分录。
3. 编制 2014 年 Snowfire 公司与销售有关的会计分录和 Alta 公司与购买有关的分录。假定 2014 年尚未编制其他与租赁有关的会计分录。

[难题 15-28] 当有第三方担保时,承租人和出租人相关的会计分录

LO5,LO6,LO7 Atwater 设备公司主要从事重型生产设备的制造、销售和出租。英格兰建筑公司于 2011 年 7 月 1 日向 Atwater 公司租借一台设备,年租金 63 161 美元,租赁期开始日为 2011 年 7 月 1 日,最后一笔租金支付日期为 2015 年 7 月 1 日。Atwater 公司生产该租赁设备的成本为 252 000 美元。如果英格兰建筑公司当即购买该设备的话,公允价值为 291 888 美元。由于预期到该施工设备磨损比较严重,租赁合同包含担保余值条款,要求承租人担保 2016 年 6 月 30 日租赁设备余值为 65 000 美元。Weathertop 金融服务公司作为第三方对该余值进行担保。Atwater 公司的内含利率是 12%,英格兰建筑公司的内含利率是 14%。

要求:

1. 假定租赁期届满时租赁设备所有权归 Atwater 公司,租赁设备预计使用年限为 10 年。编制 2011 年 7 月 1 日 Atwater 公司和英格兰建筑公司与租赁相关的会计分录。(提示:英格兰建筑公司知道租赁内含利率。)

2. 编制 2012 年 7 月 1 日 Atwater 公司和英格兰建筑公司相关的会计分录。不用考虑会计年度。

3. Weathertop 公司作为第三方担保人,应该在其财务报表中披露哪些信息?

[难题 15-29] 出租人融资租赁下的现金流量表

LO6 以下是关于 Bradford 电器有限公司(承租人)与 Widstoe 制造公司(出租人)之间的融资租赁有关的信息。租赁期开始日为 2011 年 1 月 1 日。Widstoe 将该租赁视为销售,2011 年编制的分录如下所示。假定这是 Widstoe 公司 2011 年唯一的一项租赁业务。

1月1日	借:递延初始直接费用		6 000
	贷:现金		6 000
	借:应收融资租赁款		88 000
	贷:销售收入		88 000
	借:销货成本		70 000
	贷:存货		64 000
	递延初始直接费用		6 000
	借:现金		11 132
	贷:应收融资租赁款		11 132
12月31日	借:现金		11 132
	贷:应收融资租赁款		11 132
	借:应收融资租赁款		6 242
	贷:利息收入		6 242

要求:

1. 采用间接法编制 Widstoe 制造公司 2011 年与营业活动有关的现金流量表。Widstoe 制造公司记录的净收入 148 504 美元,包括之前的租赁收入。

2. 采用直接法编制 Widstoe 制造公司 2011 年与营业活动有关的现金流量表。Widstoe 制造公司记录的净收入 124 262 美元,不包括之前的租赁交易。

[难题 15-30] 经营租赁价值的资本化

LO5,LO7 以下是来自 Marci Sinclair 公司的财务报表中的信息:

总负债	$300 000
所有者权益总额	220 000
不动产、厂房和设备	290 000
销售	1 400 000

另外,Marci Sinclair 公司还有大量的经营租赁。这些经营租赁的年租金总额为 55 000 美元,租赁期 10 年,所有租金都在年末支付。Marci Sinclair 公司的新增借款利率为 11%,这也是 Marci Sinclair 公司所有租赁资产的内含利率。

要求:

1. 计算下列比值:

(a) 负债率(总负债/总资产)。

(b) 负债率,假定 Marci Sinclair 公司的租赁为融资租赁。

(c) 资产周转率(销售总额/资产总额)。

(d) 资产周转率,假定 Marci Sinclair 公司的租赁为融资租赁。

2. 简单描述一下对经营租赁资产的记录是如何影响财务比率的。

[难题 15-31]　CPA 考试样题

LO3,LO9　1. 在一项售后回租交易中,下列哪种情况下从销售中获得的收入应该在售后回租时予以递延,随后再摊销:

Ⅰ 出售者(即承租人)实质转移了与所有权相关的所有风险。

Ⅱ 出售者(即承租人)仍然保留对资产剩余使用的权利。

(a) 只有 Ⅰ

(b) 只有 Ⅱ

(c) Ⅰ 和 Ⅱ

(d) 既不是 Ⅰ 也不是 Ⅱ

2. 融资租赁开始日,担保余值应该:

(a) 作为最低租赁付款额现值的一部分

(b) 作为最低租赁付款额将来值的一部分

(c) 只有当担保余值预期超过估计余值时才作为最低租赁付款额的一部分

(d) 不包括在最低租赁付款额内

扩展资料

[难题 15-32]　建筑物售后回租的会计处理

LO9　2011 年 1 月 3 日,Wayside 公司将一账面价值为 1 800 000 美元的建筑物出售给 Birchman 工厂,出售价款为 1 735 500 美元。Wayside 公司当期就与 Birchman 工厂签署了一项租赁合同将该建筑物租回,年租金 320 049 美元。租赁期 8 年,该建筑物的预期使用年限也为 8 年。第一笔租金将会立即支付,随后的租金于每年 1 月 1 日支付。Birchman 工厂的内含利率为 13%。

要求:

1. 编制 2011 年 1 月 3 日 Wayside 公司和 Birchman 工厂与售后回租交易有关的会计分录。

2. 编制 2011 年年末 Wayside 公司和 Birchman 工厂计提利息和摊销租赁建筑物的相关会计分录。(假定余值为零并且采用直线法计提折旧)

案例

[案例 15-33]　我们应该购买还是租赁?

Meeker 机器和模具公司了解到有一台高端的由电脑控制的机器,既可以购买也可以租赁。这台机器可以取代三个工人的劳动,并且通过检测发现这台机器生产出来的产品质量无论从哪个角度看都很好。毫无疑问,这台机器代表了最新的科技;但是由于这是一项新的发明和研究,很难估计这台机器何时会完全被新的技术代替。这台机器的物理使用年限大概为 10 年,但是,其经济寿命在 2 年到

5年之间。

Meeker的权益负债率是0.75。如果购买该机器并且支付最低首付款后,则由于该机器的未偿还贷款余额将会使负债权益率增加至1.1,并且每月偿还的贷款比租金(如果租赁的话)低20%。Meeker公司的增资借款利率为11%,租赁内含利率12%。Meeker公司在决定究竟采用租赁还是购买方式时应该考虑哪些因素?

[案例15-34] 租赁越多意味着利润越低

X光数码公司引入的一项新设备将会使医学界发生一场变革。由于该设备容纳了新技术,潜在使用者不愿购买这种设备,但是他们乐意采用经营租赁的方式租赁该设备。这台新设备将会取代X光数码公司之前销售的设备。新设备的租赁政策预计会使实际销售的设备损失25%。

管理部门必须决定租赁的结构从而使得该租赁可以划分为经营租赁。一部分成员想将该租赁划分为销售型租赁,这样就可以避免收入的减少。其他人则认为,他们应该将该租赁划分为经营租赁,在短期内使应交所得税最低。但是,他们不确定这两种不同的方式会如何影响财务报表。他们也不确定如何构建该租赁才能使得该租赁为经营租赁,并且出租人可以将其看作销售型租赁。要求你来回答他们的问题。

扩展资料

[案例15-35] 售后回租交易确认收益的会计处理

Carson企业的总裁John Carson与一群外国投资者达成一项融资协议,即他将自己的电影公司以13 000 000美元的价格出售,并在当前将该公司租回,销售利润为4 000 000美元。Carson先生刚进入你的办公室告诉你——他的会计——这个好消息。

了解了他的交易细节后,你告诉Carson先生应该立刻推迟确认收益,而应该在租赁协议规定的日期内分期确认。Carson先生反驳说,如果他只是将公司出售给这些投资者的话那么他就可以登记该收益了。他问你:"我将公司租回和不租回有什么区别?难道出售和回租不应该当作两个分开的业务来处理吗?"你如何回答?

[案例15-36] 解析财务报表(联邦快递)

以下是来自联邦快递(FedEx)2007年5月31日资产负债表中的数据。所有数据的单位都是百万。

流动资产总额	$6 629
不动产、厂房和设备(净值)	12 636
其他长期资产	4 735
资产总额	$24 000
流动负债	$5 428
长期负债	2 007
其他长期负债	3 909
负债总额	$11 344
所有者权益总额	$12 656
销售总额	$35 214

2007年5月31日,融资租赁下未来最低租赁收款额如下所示(单位:百万):

	融资租赁
2008	$103
2009	13
2010	97
2011	8
2012	8
其后	137
	$366
少数代表的利益	58
净最低租赁付款额现值	$308

2007年5月31日,在不可撤销的经营租赁下,当初始或剩余期限超过一年时的未来最低租赁付款额如下所示(单位:百万):

	飞机及相关设备		
经营租赁	设备	其他设施	合计
2008	$ 602	$1 078	$ 1 680
2009	555	926	1 481
2010	544	753	1 297
2011	526	617	1 143
2012	504	506	1 010
其后	3 430	3 322	6 752
最低租赁付款额总额	$6 161	$7 202	$13 363

要求:计算下列比率。
1. 负债率(总负债/总资产)。
2. 假定将经营租赁改为融资租赁,计算负债率。
3. 资产周转率(销售额/总资产)。
4. 假定将经营租赁改为融资租赁,计算资产周转率。

[案例15-37] 写作训练(所有的租赁都是销售型租赁)

假设你是清水湾公司的会计,该公司专门生产设备。为了帮助客户融资购买设备,清水湾公司通常出租设备而不是出售设备。清水湾公司构建的租赁合同使得大部分资产租赁都可以划分为经营租赁。这是由于顾客强烈希望能够避免在资产负债表上确认租赁负债。经营租赁会导致清水湾公司延迟确认销售利润,但是这种延迟可以看作使顾客满意的成本。

清水湾公司的总裁刚从一所著名大学举办的为期一周的会计与金融研讨会上回来。她对于研讨会上关于租赁的部分很感兴趣。她认为清水湾公司没有必要将该租赁作为经营租赁来处理——根据美国GAAP,如果承租人把一项租赁划分为经营租赁的话,出租人总是将可以这一租赁划分为销售型租赁。总裁要求你重新编制清水湾公司最近的财务报表,以便反映清水湾公司将租赁由经营租赁改为了销售型租赁。

给总裁写一份备忘录明确销售型租赁和经营租赁的会计准则。认真解释在何种情况下对于同一项租赁出租人可以将其划分为销售型租赁,承租人可以将其划分为经营租赁。

[案例15-38] 道德困境(采用经营租赁来欺骗银行)

假设你是RAM解救方案——一个很小但快速增长的零售计算机硬件的生产线——的首席财务

官。你试图计算出怎样为今年打算购买的新建筑融资。难处在于 RAM 存在一项 CSB 银行的贷款,利息覆盖率(经营收入/利息费用)为 2.0 甚至更大。预计明年情况如下:

预期经营收入	$15 000 000
预期利息费用(假设没有新的借款)	7 000 000
购买新建筑的成本	50 000 000

如果你为新建筑借款 5 000 万,新增的利息费用会使你违背利息覆盖率的限制。

总会计师想出一个会计方法来解决这种困境:租赁新建筑,精心构建租赁合同从而可以将其划分为经营租赁。这种租赁处理经济上类似于用贷款购买新建筑,但是每年支付的款项将会记录为租金费用而不是利息费用。这样贷款合同规定的利息覆盖率也可以完全稳定不变。

你亲自同 CSB 银行谈判,并且你知道贷款契约主要是为了防止 RAM 承担大量固定债务从而增大 CSB 银行获得偿还的风险。经营租赁租金是一项重大固定债务,就像应付的利息。你对于使用这种会计诡计来对付贷款协议很是不安,但是似乎没有别的解决方法了。你应该如何做?

第 16 章 所 得 税

学习目标

1. 理解递延所得税的定义和永久性差异与暂时性差异的区别。
2. 学会计算递延所得税负债和资产,包括考虑估计备抵和不确定的税务状况。
3. 解释税收损失的转回和递延的条款,能对这些规定做出解释。
4. 会解释未来所得税税率,并确定其对递延所得税资产和递延所得税负债的影响。
5. 学习如何在财务报表中适当地列示递延所得税资产和递延所得税负债,并了解相关披露内容。
6. 了解与现金流量表相关的所得税披露的要求。
7. 描述国际会计准则是如何在递延所得税处理方式上与美国准则趋同的。

递延所得税会计的变化有点像过山车。为了应对 SFAS No.96 所引起的已经存在了 5 年之久的控诉和争议,1992 年 2 月,美国财务会计准则委员发布了第 109 号公告。SFAS No.96 是如此不恰当,以至于部分学者预言它可能会削弱财务会计准则委员会的公信力,有可能使得 FASB 如同它的前身——会计规则委员会(CAP)和会计准则委员会(APB)一样被取代。针对第 96 号公告的两项最主要的抱怨是这条公告过于复杂,而且严格限制了递延所得税资产的确认。

第 96 号公告发布于 1987 年,要求列示于资产负债表中的递延税项数额应该用制定的未来税率估价。之前,当递延税率提高的时候递延税项一直使用实际税率估值。这些会计政策的变化,加上 1986 年税收改革法案中企业所得税最高税率从 46% 降到 34% 的影响,引起了被列示的递延所得税科目金额明显下滑。对于一家拥有递延所得税负债的公司,(相应)的结果是列示的负债(借方)减少了,并确认了同期相应的利得(贷方)。商业界大量同期的文章都在警告投资者注意那些公司乐于披露的大量的表面上的会计利得。[①] 通用电气采用第 96 号公告后,结果是通用的财务子公司显示了 5.18 亿美元的收益,该子公司的净收入增加了 106%。IMB 公司 1988 年采用第 96 号公告后显示收入 3.15 亿美元,Exxon 公司 1989 年采用后净收入增加 18%,达到 5.35 亿美元。

因为第 96 号公告受到了严厉的指责,所以第 109 号公告作了更多的解释,允许确认更多的递延所得税资产。商业新闻界再一次警告投资者要关注因为递延所得税会计方法的

---

① 例如,参见 Lee Berton, "FASB Is Expected to Issue Rule Allowing Many Firms to Post Big, One-Time Gains," *The Wall Street Journal*, November 4, 1987, p.4.

改变而带来的一次性的会计利得①。这些利得的产生是由于确认了之前未记录的递延所得税资产(借方)而产生了相应的利得(贷方)。例如1992年9月30日,IBM公司宣布采用第109号公告后将产生19亿美元的利得。有意思的是,这些利得被用来部分抵销了21亿美元报废的建筑物和机器②。

问题:
1. 为什么说1987年发布的 *SFAS No.96* 对于 FASB 来说是一件危险的事情?
2. *SFAS No.96* 的实行一度给许多公司带来了巨大的利得。带来这些利得的外部因素是什么?
3. *SFAS No.109* 的实行是怎样一度给许多公司带来了巨大的利得?

问题的答案可以在第257页上找到.

本章开篇讨论财务报告收益和应税收益存在差异的原因。这个讨论引出了递延所得税的定义,以及出于税收目的以及财务报告目的对收入和费用确认的不同如何引起在一段时期内应交所得税和所得税费用之间的不同。本章包括了大量的递延所得税资产和负债的会计处理。其他内容还包括净经营损失抵免,及其与递延所得税之间的关系,递延所得税对现金流量表的影响,大型公司的一般递延所得税项目,或有课税情况的会计处理,递延所得税的披露要求。我们还会讨论,在过去数年中,国际递延所得税会计准则如何与美国 GAAP 趋同。

递延所得税综述

1 理解递延所得税的定义和永久性差异与暂时性差异的区别。

WHY 为了准确告知财务报表使用者所有与当期经营有关的所得税结果,推迟的或者递延的所得税结果必须体现在资产负债表和利润表中。

HOW 财务收益和应税收益之间的永久性差异不是会计问题;所得税费用严格基于应纳税的收入。暂时性差异需要确认受递延所得税负债影响而增加的所得税费用,或确认受递延所得税资产影响而减少的所得税费用。

在学习财务会计导论课程时,许多学生得知美国公司需要计算两种不一样的收入都很诧异:财务收入是提供给股东的,而应税收入是提供给 IRS 的。两套账目的存在从某种程度上看起来是不道德、不合法的。但是股东对信息的需求和政府部门有效地收集收入的需求之间存在着差异,这使得有必要计算两种不同的收入额。报告体系的不同目的是由美国最高法院在1979年的 Thoe Power Tool 案例中提出的。

> 财务会计的主要目标是为管理者、股东、债权人和其他利益实体提供有用的信息;会计师的主要职责是防止这些群体被误导。与此相反,所得税税收系统的主要目标是公平地征税。

---

① 参见 Mary Beth Grover, "Cosmetics," *Forbes*, March 30, 1992, p.78。
② 参见 Macha W. Miller and Laurence Hooper, "IBM Announces Write-Off for Total of $2.1 Billion," *The Wall Street Journal*, September 30, 1992, p.A3。

注意

尽管本章强调的是联邦的所得税会计,但是绝大多数州也是根据收入来收取税收。这些概念上的问题同样适用于联邦和州政府的税务。州政府的税法经常性地模仿联邦政府税法。跨国公司经常要受到国外所得税制度的约束。多重税收管辖权的存在使所得税会计准则的建立复杂化,增加了应付所得税的重要性。

思考

讨论提到了两套账本,财务会计记录和所得税记录。接下来的哪一项对正常运营的企业来说是最重要的第三方会计记录?

a) 管理会计记录
b) 销售纳税记录
c) 首席执行官的占星图表记录
d) 公司财产纳税记录

总的来说,美国公司用两种方式计算收益,并且现在也这样。这两种都被称作"税前收益"的数使得定义"所得税费用"和计算适当的所得税负债与预付所得税资产的资产负债表价值变得出奇地难。这个会计难题基于以下两个基本方面的考虑。

- 如何计量已经在公司财务报告中确认和报告给股东但是直到后续年度才影响应纳税收入的利润和费用。
- 如何计量已经向 IRS 报告却直到后续年度才能在财务报告中进行确认的利润和费用。

递延所得税会计专注于财务会计收益和应税收益的暂时性差异。例如,税法允许公司扣除的折旧快于财务会计账簿中的典型做法。资产的折旧总额在整个使用周期内是一致的,但是从一段时间来看,税收确认的累计折旧抵扣和财务会计报表账簿中确认的累积折旧费用是有差异的。这就是所谓的递延所得税导致的暂时性差异。递延所得税会计计量如图 16-1。

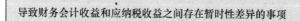

图 16-1 暂时性差异和递延所得税的概述

下面用两个简单的例子来说明财务会计收益和应税收益之间差异的会计处理。

例1 简单的递延所得税负债

Ibanez 公司 2011 年获得利润 30 000 美元。除了所得税之外不包括其他费用,假设所得税法明确规定:当收入为现金时需纳税。Ibanez 公司 2011 年共收到现金 10 000 美元,预计 2012 年能收到 20 000 美元。所得税税率为 40%,并且在可预期的未来所得税税率保持不变。

下面要计算出年末所得税负债和一年所得税费用的总额。很显然,和税务部门预期的一样，在应税收入 10 000 美元的基础之上计算出的所得税负债至少是 4 000 美元。此外，不告知股东余下的 20 000 美元现金收到时需要支付的税金有可能会形成误导。值得注意的是，由于 20 000 美元收入是 2011 年获取的，所以已经在财务报表中有所体现，但是未向税务部门报告。预期的税费是 8 000 美元（$20 000×40%），这叫做递延所得税负债。之所以叫负债是因为过去发生的交易（过去交易产生的收益）需要在未来支付（故使用递延一词）。这种负债可以理解为已获利的收益需要纳税却尚未纳税。2011 年 Ibanez 公司所有与税收相关的日记账记录如下：

借：所得税费用（当年 $4 000 + 递延 $8 000）	12 000
贷：应交所得税	4 000
递延所得税负债	8 000

补充

尽管制定会计准则的部门尚未想废除递延所得税会计，但是诸多学者多年来一直建议建立在实际税负基础上的所得税费用是最具可操作性的报告所得税的方法。如果这个建议成为标准，在中级会计学的课本上就不需要有一章专门讲所得税了。不论作者、教师还是学生毫无疑问都希望看到这种局面。

区分两种负债的差异是很重要的。应交所得税是合法存在的负债，税务部门要求在 2012 年 3 月 15 日之前征收完毕（公司可以分不同的时段交税，这有别于个人所得税的缴纳）。递延所得税不是目前法律上的义务；尽管与税务部门有关，但是它不存在。然而，由于 Ibanez 公司知道 2011 年的 20 000 美元收入将在 2012 年纳税，所以递延所得税的确认有助于所有与 2011 年利润相关的费用能在利润表中体现，所有债务能在 2011 年 12 月 31 日的资产负债表中列示。

如同从 2011 年所得税日记账中看到的一样，所得税费用总额 12 000 美元是当期所得税和递延所得税费用之和。Ibanez 公司 2011 年利润表如下：

利润		$30 000
所得税费用：		
应交所得税	$4 000	
递延所得税	8 000	12 000
净利润		$18 000

根据税务部门的规定，报告中的所得税费用应该只包括当期的应付额，这一点存在争议。这种类型的披露可能会引发 Ibanez 公司股东对 2012 年财务状况的震惊反应：公司 2012 年在没有新收益产生的前提下，欠了 8 000 美元所得税费用。

例 2 简单的递延所得税资产

Gupta 公司自 2011 年成立，当年业务产生服务收入 60 000 美元，全额予以纳税。该公司为它的服务提供保修。当年没有客户提出保修，但公司估计 2012 年会发生与 2011 年相关的保修费用 10 000 美元。按照 GAAP 的要求，2011 年财务报告中应包括预估的保修费用 10 000 美元。但是基于税收的目的，假设税务部门直到实际保证服务发生时才允许税收减免。假设所得税税率是 40%，除了保修费用和所得税之外没有其他费用。

因为税务部门要求直到 2012 年才能进行保修费用的抵扣，所以 2011 年年底应交所得税为24 000美元($60 000×40%)。那么如何处理预期发生的10 000美元保修费用呢?公司估计该抵扣会降低2012年4 000美元(10 000×40%)税费。这4 000美元叫做递延所得税资产,它是一种预期收益,这些收益来源于已经发生并报告给股东,但是根据税务部门的要求不能扣除的费用科目。公司事实上在用本年的税收支付来预期来年更低的税负——预付税金。Gupta公司2011年所有税收相关信息的日记账如下:

借:所得税费用(当年$24 000-递延收益$4 000)	20 000
递延所得税资产	4 000
贷:应交所得税	24 000

总的所得税费用20 000美元是当期税费和递延所得税的差值。2011年Gupta公司的利润表如下:

利润		$60 000
保修费用		10 000
税前利润		$50 000
所得税费用:		
应交所得税	$24 000	
递延收益	(4 000)	20 000
净利润		$30 000

如本章后面部分所述,递延所得税资产要比这个简单的例子复杂得多。两个最常见的复杂因素是:(1)公司能识别未来递延所得税资产的可能性(例如一个反复经历经营损失的公司,可能不能够完全利用递延所得税资产的优势);(2)变化的税率(未来税率的变化会影响递延所得税资产和负债的金额)。对FASB处理这些事务方式的不满促成了第96号公告的终结和第109号公告的实施。

永久性差异和暂时性差异的区别

在举更多关于递延所得税的例子之前,我们有必要描述财务会计准则和税收规定的具体差异。

有些会计收益和应税收益的差异是永久性的差异。这种差异是由税法的免税条款和禁止特定费用扣除条款的规定造成的。应税收益中不包括免税收益和非扣除费用,但是按照GAAP的要求,利润表中应包括。在政治和社会的多重压力下,为了满足社会的某个阶层和推动某个行业或经济活动的需要,形成了永久性差异。人寿保险收入和市政债券利息收入都是免税收益的例子。罚款和人寿保险支付的保费是禁止税前费用扣除的例子。因为从不包含在应税收入的计算当中,不会影响当期及后期的税负,所以永久性差异不会引发会计问题。

更为常见的是:有些经济事项出于财务报告目的和税收目的在不同的期间被确认,这些事项导致了税前会计收入和应税收入的差别的出现。有时,会计收益被确认的后续期间才涉及应付所得税。这种差异叫做暂时性差异,因为随着时间的流逝,其对于会计收益和应税收益的影响最终会归于一致。

美国公司历史上关于暂时性差异有个很常见的例子,即折旧的计算。如《中级会计学:基础篇》第11章所述,联邦税制意义上的折旧是一种成本的回收,随着时间的流逝加速资

中级会计学

> **补充**
>
> 尽管永久性差异不会引发会计问题，但不能因此质疑其重要性。税务会计师梦想着能重新构建公司的交易，使得所有收益的差异都是永久性的，从而使得利润可以免税。

产成本的回收。另一方面，会计收益计算最为常用的是直线法，在资产的使用期限内每年的折旧额是一样的。在资产寿命的前期，利润表中的平均年限法的折旧额通常少于所得税法规定成本回收的抵扣额。在资产寿命的后期，情形正好相反，利润表中的平均年限法的折旧额会超过所得税法规定成本回收的抵扣额。

除了折旧之外还有很多暂时性差异，为了应对经济和政治目标的变化，新的所得税法仍在不断创造一些新的暂时性差异。表 16-1 给出了一些暂时性差异的例子。该表列出仅是财务会计准则和所得税法的差异的样本，这种差异引出财务收益和应税收益的暂时性差异。

表 16-1 的例子大致分为两类列示，第一类是应纳税暂时性差异，是未来的应税金额。未来应缴纳的所得税将以资产负债表中所列示的递延所得税负债的金额支付。第二类是可抵扣的暂时性差异，是未来可抵扣的金额。有望从未来可抵扣额中实现的所得税收益将作为递延所得税资产在资产负债表上报告。

表 16-1　暂时性差异举例

1. 产生递延所得税负债即未来应税额的差异
   （a）收入在纳税申报表上确认的时间晚于利润表
       税法可以使用分期收款和收付实现制，但利润表确认收入使用权责发生制。
       当证券价值增值时，利润表上的证券交易未实现利得可以被确认为一种利得，但是这些收益只有当证券被出售时才能作为一种应税收益。
   （b）费用在纳税申报表上的时间早于利润表
       税法上使用加速折旧法，但平均年限法用于财务报告目的。
       税法上高新技术行业的无形资产支出在其发生时即可免税扣除，但利润表要求必须予以资本化。

2. 产生递延所得税资产即未来抵扣额的差异
   （a）收入在纳税申报表上的时间早于利润表
       税法要求预收租金确认为收入，但利润表要求递延确认。
       税法要求预收定金确认为收入，但利润表要求递延确认。
   （b）费用或损失在纳税申报表上的时间晚于利润表
       税法要求保修费或坏账费用只有在实际发生时才能抵扣，但利润表采用权责发生制。
       税法要求改造更新的费用只有在费用实际发生时才能抵扣，但利润表采用权责发生制。
       利润表允许证券交易的未实现损失确认为一项损失。但税法要求只有出售证券时才能确认损失。

表 16-2 提供了从美国几家大型企业的 2007 年财务报表中摘出的递延所得税资产和递延所得税负债的例子。表中列出的资本密集型企业拥有巨额的递延所得税负债，说明递延所得税负债的增加主要是由折旧造成的。伯克希尔·哈撒韦因为进行了巨额的证券组合投资，确认了 225.29 亿美元的递延所得税负债。投资增值出于财务报告目的能在利润表中确认，但税法上直到出售时才能确认，由此形成了递延所得税负债。

表 16-2　2007 年部分公司的递延所得税资产和递延所得税负债　　单位：百万美元

公司	递延所得税资产*	递延所得税负债
伯克希尔·哈撒韦	$4 373	$22 529
埃克森	11 210	30 230
福特汽车	15 052	14 586
通用电气	22 073	34 217
联合太平洋	336	10 050

* 在实践中，递延所得税资产以扣除相关备抵项目后的净额列报。备抵项目在本章后面讨论。

> **思考**
>
> 一家公司如何能同时拥有递延所得税资产和递延所得税负债呢？
> a) 一家公司只要留存利润为负时就能同时拥有递延所得税资产和递延所得税负债。
> b) 一家公司只要实际所得税税率高于 50% 就能同时拥有递延所得税资产和递延所得税负债。
> c) 递延所得税资产和递延所得税负债是由不同的业务形成的，公司可以同时拥有。
> d) 事实上，不可能同时拥有递延所得税资产和递延所得税负债。

对永久性差异和暂时性差异的说明

为了说明永久性和暂时性差异对计算所得税的影响的区别，假设 2011 年 12 月 31 日，Monroe 公司税前利润 420 000 美元，假设其中包括 20 000 美元的非应税收益和 5 000 美元的非抵扣费用，两者都是永久性差异。此外假设公司拥有一个暂时性差异：2011 年所得税允许抵扣的折旧费用比利润表上的折旧数多 30 000 美元。假设 2011 年公司所得税税率为 35%，应付所得税计算如下：

税前收益（来自于利润表）		$420 000
加（减）永久性差异：		
非应税收益	$(20 000)	
非抵扣费用	5 000	(15 000)
应计税的会计收益		$405 000
加（减）暂时性差异：		
税法多摊销的折旧		(30 000)
应税收益		$375 000
应付所得税（375 000 × 35%）		$131 250

> **注意**
>
> 能够区分税前收益、以税收为目的会计收益、应税收益，是很重要的。这里简单地强调一下概念，之后的章节会详细讨论。没有永久性差异的时候，税前收益和以税收为目的会计收益是一致的。除非特别提到之外，本章节的剩余部分将采用较短的术语（即税前收益）。

如上所述，永久性差异既不包括在以税收为目的会计收益中也不包括在应税收益中。此外，因为永久性差异是不可逆的，不会对后续年度的应付所得税产生影响，不会和递延所得税的结果有关联。暂时性差异会影响会计收益和应税收益，因此导致对所得税的说明更加复杂和有争议。一般来说，暂时性差异的会计也叫做跨期税收分配。

递延所得税负债和资产的年度计算

2 学会计算递延所得税负债和资产,包括考虑估计备抵和不确定的税务状况。

WHY 尽管递延所得税资产和负债不能完全被计量,但它们符合资产和负债的基本概念,因此应该包括在资产负债表中。

HOW 计算递延所得税资产和负债的金额涉及确认暂时性差异,计算所有的递延所得税负债和资产的金额,如果必要的话借助备抵账户减少递延所得税资产的金额。

如上述例子,递延所得税会计的基本定义很简单。接下来是实行第 109 号公告以后的较为复杂的例子,你很幸运之前没有接触过这部分。那时这部分的内容是建立在第 96 号公告基础上的,第 96 号公告因为难于理解和执行,受到了众多从业者、财务报表使用者、学生和教授的反感。

FASB 第 109 号公告反映了委员会在税收跨期分配上的资产负债表观,更加重视对资产负债表金额的计量和报告。递延所得税会计的资产负债表方式主要有如下优点:

- 因为这种方法下记录的资产和负债与 FASB 规定的财务报告要素一致,所以和其他准则能保持概念上的一致性。
- 资产负债观较为灵活,能够确认环境的变化并对报告的金额作出相应的调整。这种灵活性可能会增加财务报表的预测价值。

资产负债表观的一个缺点为,在某种程度上还是很烦琐(即便是在第 109 号公告明显的简便化以后)。许多报表使用者声称他们不在乎递延所得税资产和负债,因此,致力于递延所得税会计的努力都是在浪费时间。例如,一本财务报表分析的教科书所述的"因为不确定递延所得税负债是否会(和什么时候会)支付,一些人在做业绩分析时选择在负债中不考虑递延所得税负债。"① 另一方面,经证券市场数据研究发现:投资者计算公司价值时把列示的递延所得税作为真实的负债。②

根据第 109 号公告的条款,以下总结了计算财务报表中递延所得税资产和负债的步骤。③

- 识别暂时性差异的类型和金额。
- 分别用现行税率和未来税率计量由应纳税暂时性差异形成的递延所得税负债。
- 分别用现行税率和未来税率计量由可抵扣暂时性差异形成的递延所得税资产。
- 如果部分或者全部的递延所得税资产不会实现是很可能发生(可能性大于 50%)的,应该用备抵项目来减少递延所得税资产,这个备抵额应该把递延所得税资产减少到很可能实现的数额。

下面几个例子将说明如何根据第 109 号公告的要求计算递延所得税资产和负债。

例 3 递延所得税负债

如果一家公司仅需要考虑递延所得税负债的话,那么递延所得税会计是相对简单的。

---

① Charles H. Gibson, *Financial Statement Analysis: Using Financial Accounting Information*, 6th ed. (Cincinnati, OH: South-Western Publishing Co., 1995), p.321.

② Dan Givoly and Carla Hayn, "The Valuation of the Deferred Tax Liability: Evidence from the Stock Market," *The Accounting Review*, April 1992, pp.394—410.

③ FASB *Statement No.109*, "Accounting for Income Taxes" (Norwalk, CT: Financial Accounting Standards Board, 1992), par.17.

为了说明的需要,假设 Roland 公司成立于 2011 年,2011 年税前收益为 75 000 美元。折旧是唯一的形成会计收益和应税收益的差别的因素。该公司出于财务报告目的使用平均年限法计提折旧而在其纳税申报表上使用加速成本回收法。固定资产从 2011 年到 2014 年的折旧额如下:

年份	财务报告	所得税报告
2011	$ 25 000	$ 40 000
2012	25 000	30 000
2013	25 000	25 000
2014	25 000	5 000
	$100 000	$100 000

2011 年及以后各年的税率均为 40%。Roland 公司 2011 年应税收益是 60 000 美元,计算如下:

会计收益	$ 75 000
可抵扣的暂时性差异:	
税法折旧超出会计折旧	(15 000)
应税收益	$ 60 000
所得税($60 000 × 40%)	$ 24 000

Roland 公司记录的当期负债是 24 000 美元。2011 年年末的时候,税法上累计的折旧超出了账簿上的累计数 15 000 美元($40 000 - $25 000)。应税的暂时性差异会引起未来有 15 000 美元应税额需要冲回。在当期法定税率是 40% 的前提下,未来应税的所得税是 6 000 美元($15 000 × 40%)。因此 2011 年 12 月 31 日的资产负债表上会列示 6 000 美元的递延所得税负债。因为这些资产是非流动运营资产,所以相对应的所得税负债也是非流动的。

记录 Roland 公司 2011 年所得税的分录如下:

借:所得税费用(当期 24 000 + 递延 6 000)	30 000	
贷:应付所得税		24 000
递延所得税负债(非流动)		6 000

Roland 公司 2011 年利润表中列示的所得税费用如下:

税前收益		$75 000
当期	$24 000	
递延	6 000	30 000
净利润		$45 000

2011 年 12 月 31 日,资产负债表列示了一项流动负债即应付所得税 24 000 美元,非流动递延所得税负债 6 000 美元。

> **思考**
>
> Roland 公司 2011 年税率为 40%,预期税率是 30% 而不是 40%,当期和递延所得税会发生怎样的变化?
> a) 保持一致
> b) 当期和递延数都乘以 30%,而不是 40%
> c) 当期数乘以 30%
> d) 递延数乘以 30%

为了丰富案例,假设 Roland 2012 年到 2014 年税前收入平均为 75 000 美元。2012 年计算应税收入 70 000 美元,计算如下:

应税收益	$75 000
扣除暂时性差异：	
税法折旧超出会计折旧	(5 000)
应税收益	$70 000
所得税（$70 000×40%）	$28 000

Roland 公司当期应交所得税是 28 000 美元。后续年度在初始延期的基础之上，计算期末递延所得税负债数额时需要比对期初余额。期初与期末的差值需要调整递延所得税科目。2012 年年底，税法上合计的折旧超出了账簿上的合计数 20 000 美元（$70 000 - $50 000）。递延所得税负债账户的余额应调整到 8 000 美元（$20 000×40%）。需调整的金额是 2 000 美元（$8 000 - $6 000）。以下记录了当期应付税费和对递延所得税负债的调整：

借：所得税费用（当期 $28 000 + 递延 $2 000）	30 000	
贷：应付所得税		28 000
递延所得税负债——非流动		2 000

因为 2013 年税法上的折旧和账簿上的一致，所以不需要调整递延所得税科目。应税收益等于会计收益，税收费用和应付税费的日记账如下：

借：所得税费用	30 000	
贷：应付所得税（$75 000×40%）		30 000

2014 年，应税收益等于 95 000 美元，计算如下：

税前收益：	$75 000
加上冲回的暂时性差异：	
会计折旧超出税法折旧	20 000
应税收益	$95 000
所得税（$95 000×40%）	$38 000

因此当期应付税额是 38 000 美元。冲回递延所得税累积差异 20 000 美元，税法基础累计的折旧和会计基础累计折旧数都是 100 000 美元。因此，记录本年的应付所得税和将递延所得税全部冲减的分录为：

借：所得税费用（当期 $38 000 - 递延收益 $8 000）	30 000	
递延所得税负债——非流动	8 000	
贷：应付所得税		38 000

所得税税收优惠减少了 2014 年的当期所得税费用，T 形账户列示了 2011—2014 年递延所得税账户的变化。

递延所得税负债

		6 000	2011 年
		6 000	2011 年年末余额
		2 000	2012 年
		8 000	2012 年年末余额
		0	2013 年
		8 000	2013 年年末余额
2014 年	8 000		
		0	2014 年年末余额

现在颁布的未来税率变化的影响　例子中假设预期的税率一直是40%,如果未来税率的变化已经被颁布,则在以后几年中当暂时性差异有望冲回的时候,递延所得税负债(或资产)应该采用已经颁布的税率进行计量。为了说明,假设 2011 年国会颁布新法令要求从 2012 年开始降低公司税率。以 Roland 公司为例,所有的暂时性差异都将于 2014 年转回,计量递延所得税负债应采用当年的法定税率。如果 2014 年税率是 35% 的话,2011 年年末的递延所得税负债应是 5 250 美元($15 000×35%),而不是之前计算的 6 000 美元。2012 年年底,递延所得税负债是 7 000 美元($20 000×35%),要求调整 1 750 美元($7 000 - $5 250)。

与 IAS 12 相似但不一致,SFAS 第 109 号公告采用未来的税率。如前述章节描述的在美国 GAAP 下,递延所得税负债和资产的计量采用计量日的法定税率。这些条款的目的是当发生未来已经通过法律的税率与和现行的税率不一致时,暂时性项目的转回用预期实际利率计算递延所得税项目是比较客观的。IFRS 进一步深化了这个概念。IAS 12 规定递延所得税项目应该使用"已经确定或在报告期期末实质上能确定的"所得税税率计算。IFRS 中的"实质上确定"指的是具有一定管辖权的政府已经宣布所得税税率变化但几个月内没有颁布正式的变更法令。这是一个国际标准重视交易或事件的实质而不拘泥于法律条文的例子。

> **注意**
> 税率变化的全部影响会反映在来自持续经营收益的所得税费用上,即使一些递延税项余额与"线下项目"或累计其他综合收益项目有关。

法定税率的后续变化　当递延所得税负债和资产被记录之后,法定税率发生了变化。SAFS No. 109 要求递延税项的期初余额应根据新的税率做相应的调整。再次提及 Roland 公司的例子,假设 2014 年税率由 40% 变为 35%。2012 年期初递延所得税负债余额是 6 000 美元($15 000×40%)。

根据 2014 年新的税率 35% 调整的分录:

借:递延所得税负债——非流动	750	
贷:所得税优惠——税率变化(减少所得税费用)($15 000×5%)		750

税率变化的收入影响反映在所得税费用中,在这个案例中,影响是由较低税率导致的税收优惠,表现为 2012 年利润表中所得税费用的扣减。

例 4　递延所得税资产

假设 Sandusky 公司于 2011 年开始运营,2011 年税前收入为 22 000 美元。保修费用的确认是形成会计收益与应税收益差异的原因。会计基础要求在出售的时候确认预估的保修费用,税收基础则要求实际发生时才能确认。按权责发生制,2011 年发生保修费用 18 000 美元,没有实际保修费用的支出。因此 2011 年应税收益是 40 000 美元,计算如下:

税前收益	$22 000
加上暂时性差异:	
保修费用超过抵扣	18 000
应税收益	$40 000
所得税($40 000×40%)	$16 000

会计基础和税收基础的保修费用的差异是可抵扣的暂时性差异,因为它可以抵减未来 18 000 美元的应税收益。由此形成的递延所得税资产是 7 200 美元($18 000 × 40%)。从 2012 年到 2014 年预计每年支出 6 000 美元保修费。假定保修义务划分比例为当期 1/3 和非当期 2/3,与之相关的递延所得税资产也保持同样的划分比例。

只有当 Sandusky 公司未来抵销区间有应税收益的时候,18 000 美元的税收抵扣才能带来税收优惠。因此记录递延所得税资产时必须假设未来存在足够的应税收益。这章"递延所得税资产估计备抵"部分将介绍这个假设合理与否的条件。

假设存在足够多的应税收益允许全部确认由 18 000 美元税收抵扣带来的税收优惠(假设尽量简单,接下来的三年每年都有 22 000 美元的税前收益)。2011 年记录所得税费用日的日记账如下:

借:所得税费用(当期 $16 000 − 税收优惠 $7 200)	8 800
递延所得税资产——流动	2 400*
递延所得税资产——非流动	4 800†
贷:应付所得税	16 000

*1/3 保修义务是当期的(1/3 × $7 200)。
†2/3 保修义务是非当期的(2/3 × $7 200)。

Sandusky 公司 2011 年利润表列示所得税费用:

税前收益		$22 000
所得税费用:		
当期	$16 000	
递延(优惠)	(7 200)	8 800
净利润		$13 200

Sandusky 公司 2011 年 12 月 31 日资产负债表会在流动资产项下列示 2 400 美元和非流动资产项下列示 4 800 美元的递延所得税资产。2011 年应付所得税会列示在流动负债项下。

后续期间,由于可抵扣暂时性差异开始转回,Sandusky 公司的应税收益会少于报告中的税前收益。从 2012 年到 2014 年,应税收益等于 16 000 美元,计算如下:

税前收益	$22 000
暂时性差异转回:	
保修费抵扣高于保修费	(6 000)
应税收益	$16 000
所得税($16 000 × 40%)	$ 6 400

可抵扣暂时性差异逐年递减,首先影响非流动部分并最终减少递延所得税资产的流动部分。下表是各年所做的分录:

	2012 年	2013 年	2014 年
借:所得税费用	6 400	6 400	6 400
贷:应付所得税	6 400	6 400	6 400
借:所得税费用	2 400	2 400	2 400
贷:递延所得税资产——流动	2 400	2 400	2 400
借:所得税费用	2 400	2 400	
贷:递延所得税资产——非流动	2 400	2 400	

第一个分录记录了本期所得税负债。第二个分录确认了已经到期的所得税资产的流动部分。第三个分录重新把非流动的递延所得税资产划分为流动的,说明部分可抵扣的暂时性差异在下期将被转回。

例 5　递延所得税负债和资产

Hsieh 公司于 2011 年 1 月 1 日开始运营,2011 年报告了 38 000 美元的税前收益。2011 年 12 月 31 日,2011 年会计基础和税收基础的实际差异以及 2012 年到 2014 年预计差异总结如下:

	财务报表		纳税申报表	
	折旧费用	保修费用	可抵扣的折旧	可抵扣的保修费
2011 年(实际)	$25 000	$18 000	$40 000	$ 0
2012 年(预计)	25 000	0	30 000	6 000
2013 年(预计)	25 000	0	25 000	6 000
2014 年(预计)	25 000	0	5 000	6 000

所有年份的法定税率都是 40%(注意例 5 是例 3 和例 4 的集合)。2011 年的应税收益计算如下:

税前收益	$38 000
加(减)暂时性差异:	
保修费用高于抵扣保修费	18 000
税法折旧费超过账面折旧费	(15 000)
应税收益	$41 000
所得税($41 000 × 40%)	$16 400

2011 年 12 月 31 日,税收基础的折旧超过账面折旧 15 000 美元($40 000 − $25 000)。如前所述,这代表着未来的应税额。将要支付的所得税金额是 6 000 美元($15 000 × 40%),这是截止于 2011 年 12 月 31 日的递延所得税负债。因为差异涉及非流动项目,所以递延所得税也是非流动的负债。

2011 年 12 月 31 日,Hsieh 公司以会计基础确认了 18 000 美元的保修费用,准备在接下来的三年在税收基础上扣减。假设未来的应税收益足够来确认抵扣形成的税收优惠,将形成递延所得税资产 7 200 美元($18 000 × 40%)。因为保修债务部分是流动的(6 000 美元),部分是非流动的(12 000 美元),同样递延所得税资产部分为流动的($2 400 = $6 000 × 40%),部分是非流动的($4 800 = $12 000 × 40%)。Hsieh 公司本期应付税额和所得税递延部分日的分录列示如下:

借:所得税费用	16 400
贷:应付所得税	16 400
借:递延所得税资产——流动	2 400
递延所得税资产——非流动	4 800
贷:所得税优惠(所得税费用的减项)	1 200
递延所得税负债——非流动	6 000

注意这个日记账是由例 3 和例 4 的递延税项日记账合并起来的。为了便于列示,流动的递延所得税资产和负债相互抵销计算净额,合并为一个科目。同样的,非流动的递延所

得税资产和负债合并为一个科目。① 本例中,2011 年年末资产负债表中列示的 2 400 美元流动递延所得税资产和 1 200 美元非流动递延所得税负债(负债 $6 000 – 资产 $4 800)。在 2011 年利润表中本期所得税费用扣减了 1 200 美元的税收优惠。

IFRS 的递延所得税分类　IFRS 要求将递延所得税资产和递延所得税负债划分为非流动资产和负债。如前面的例子所表述,美国 GAAP 要求:根据导致递延所得税资产和递延所得税负债出现的项目的分类将递延税项分为流动的和非流动的。IFRS 的划分方法包含在概述了财务报告的基本结构的 IAS 1 中。

递延所得税资产的估计备抵账户

递延所得税资产意味着未来所得税优惠。但税收优惠能否实现取决于是否有足够的应税收益可以被抵扣。FASB 第 109 号公告要求:如果所有可获得证据表明该资产的一部分或者大部分将无法实现是"很可能发生的",递延所得税资产要通过设立的估计备抵账户抵减。应用于递延所得税资产,"很可能发生"是指可能性大于 50%。② 估计备抵账户是与资产相对立的、减少资产到预期可实现价值的账户。我们研究估计备抵账户的细节之前,要意识到对于绝大多数公司尤其是盈利公司来说估计备抵账户是不存在的。当公司的未来盈利能力受到质疑的时候才有必要研究估计估计备抵账户。

在 Hsieh 公司例子中(例 5)假设存在足够多的应税收益保证 18 000 美元的税收优惠全部能被抵扣,因此不需要建立估计备抵账户。

以下是在评估递延所得税可实现价值时需要考虑应税收益的几个可能的因素③:
1. 所得税暂时性差异未来撤销的可能性。
2. 排除可撤销的暂时性差异之外的未来应税收益。
3. 之前(递延)的应税收益

未来应税收益首要的来源是暂时性差异的转回,不用做出关于未来经营盈利能力的假设就能确认。2011 年,Hsieh 公司税收基础的折旧超过会计基础的折旧 15 000 美元,产生了 15 000 美元的未来应缴税项。冲销这个暂时性差异可提供未来应税收益,与 18 000 美元的保修费用抵扣。如果很可能发生且得不到其他收益,18 000 美元中仅有 15 000 美元能被确认。相应的,总的递延所得税资产是 7 200 美元($18 000 × 40%),但是确认的部分只有 6 000 美元($15 000 × 40%)。1 200 美元将记在估计备抵账户中,用来冲销报告中的递延所得税资产。为了重分类的需要,备抵账户成比例地分配到递延所得税资产的流动和非流动部分。④ 在本例中,因为 1/3 的递延所得税资产是本期的($6 000/ $18 000),1/3 或 400 美元($1 200 × 1/3)的备抵账户会划分为流动的。剩余的 800 美元($1 200 – $400)备抵账户会划分为非流动的。2011 年所得税费用的递延部分记录如下:

借:递延所得税资产——流动	2 400
递延所得税资产——非流动	4 800
贷:递延所得税资产备抵账户——流动	400
递延所得税资产备抵账户——非流动	800
递延所得税负债——非流动	6 000

---

① FASB *Statement No.109*, "Accounting for Income Taxes" (Norwalk, CT: Financial Accounting Standards Board, 1992), par. 42.
② Ibid., par. 17e.
③ Ibid., par. 21.
④ Ibid., par. 41.

2012 年及后续年度,公司应重新考虑是否有新证据表明备抵账户应当被调整。

> **思考**
>
> 关于递延所得税资产和负债的数据哪些能提供给当前和潜在投资者和债权人有用的信息?
> a) 关于更好计算售出产品成本的数据
> b) 关于更好估计坏账损失的数据
> c) 关于更好估计未来与税收相关的现金流
> d) 关于更好计算息税前利润的数据

所得税资产能够确认的另外两个来源是从未来盈利中获取的应税收益和递延的应税收益。后者涉及税法中递延的规定,将在后面章节介绍。

第 109 号公告鼓励在决定递延所得税是否全额确定时需要考虑正面和负面的证据。① 负面的证据包括近年来的累计损失,到期的未使用的递延的税收损失,未解决的可能导致盈利企业未来损失的事件。正面的证据包括充足的订单储备能产生足够的应税收益确认递延所得税资产,存在大量的资产,历史上具有很强的盈利能力。

FASB 不支持在评估递延所得税资产确认可能性的时候考虑未来可能的应税收益,如同 FASB 第 96 号公告所述:

> 将来遭受的损失和产生的利润是将来的事情,是不会在本期财务报表中体现的。这些未来的事项不论是否盈利,对于本期递延所得税资产或负债的计量来说都不需要考虑。未来事项的税收结果应该当事项发生的时候体现在将来的财务报表中。②

但众多公司抱怨只允许报告递延所得税负债却不允许报告递延所得税资产是不公平的。因此 FASB 修改了相关条例。第 109 号公告明确允许在评估递延所得税资产实现可能的时候可以考虑潜在的未来收益。

IAS 12 的估计备抵账户 如前所述,在 IAS 12 下不存在估计备抵账户。取而代之的是递延所得税资产只有在"可获得应税收益能够抵扣暂时性差异"的范围内得到确认。在美国 GAAP 下,所有的递延所得税资产初始确认后,如果没有足够的应税收入来确认递延所得税资产的可能性较大时,需利用备抵账户来处理。在 IFAS 下,递延所得税资产只有在基本符合确认条件的时候才能确认,不需要备抵账户。但是美国 GAAP 和 IFAS 相比,比处理程序更为重要的区别是最终认定递延所得税资产的可能性的门槛。美国 GAAP 要求认定必须是很大可能,即至少 50% 的可能性。IFAS 要求认定必须是很可能的,尽管没有人给出很可能的百分比是多少,但所有人都认为要比 50% 可能性大,通常会高出很大幅度。因此在确认递延所得税方面国际标准要比美国标准严格。

不稳定税务状况的会计处理 尽管有大量的税收法律,在某些领域仍然存在一些问题,诸如某种费用、损失的抵扣或税收信用索赔。专业的报税人一直在建议委托人仔细考察被 IRS 排斥的激进税务状况。报税人不能完全肯定美国国内税收总署是否支持这种建议,只是把税务状况的建议推荐给委托人。根据美国财政部规定,如果有实质性的证据支持,报税人或纳税人可以不用惧怕法定或专业的责难,合理地主张激进的税务状况。"实质性的证据"是指实践当中支撑的税务状况大于 1/3 的可能性。③

---

① FASB *Statement No. 109*, "Accounting for Income Taxes" (Norwalk, CT: Financial Accounting Standards Board, 1992), par. 20.
② FASB *Statement No. 96*, "Accounting for Income Taxes" (Stamford, CT: Financial Accounting Standards Board, 1987), par. 15.
③ *IRC Section 6662(d)*.

不一定被 IRS 支持的激进税务状况的存在提出了一个财务会计的问题:是否税务状况相关的税收优惠应确认为所得税费用的抵扣。2006 年 6 月,FASB 发布了关于第 109 号公告的解释,涉及了激进和不确定税务状况的确认。① FASB 第 48 号解释"不确定性所得税的会计处理"指出不确定性所得税优惠只有在通过 IRS 的审计的可能性在 50% 以上时才能确认。在这种解释下可以看出纳税人可能会采取一些税收优惠不会在会计上被立即确认的不确定的税收行为,因为这些收益发生的可能性不超过 50%。第 48 号解释指出了这些不确定性的情况。

以下是税收优惠中可能被认定为不确定的例子:
- 划分为免税的交易收入(当它可能不是);
- 具有某种权限不签发纳税申报单(当签发是适当的);
- 给日常购买财产和设备设立资本门槛(当税法不允许门槛规定)。

第 48 条解释要求使用两步法决定与税务状况不确定性相关的应税收益的确认。确认和计量的两个步骤如下:

1. 步骤一——确定如被检查税务状况时,被支持的可能大于不可能(你必须假设会被检验),记住可能大于不可能意味着可能性大于 50%。如果税务状况符合这个条款请进入步骤二的分析。

2. 步骤二——应税收益的计量是根据每种具体结果出现的概率上的可能性和这些结果的数额,超过 50% 的可能被实现的应税收益中的最大者会被确认为收益额。

用一个例子来说明上述两个步骤。A 公司牵扯到税法需要做出解释的税务状况。基于税收的目的,A 公司在当期做出导致本期应交费减少 100 美元的抵扣。如果这笔费用被复查,税务局极有可能不允许全部或部分的抵扣。A 公司现在必须做出决定,利润表上列示多少所得税费用,资产负债表上列示多少应付所得税。

案例 1 基本能确定税务状况。本例中,如果获得 100 美元税收优惠的可能性大于 50%,就可以看做基本能确定税务状况。"基本能确定"是建立在清晰明确的税法基础上的,在这种情况下如果被复查,所采取的行为和有问题的金额多半会得到支持。在这种情况下,不存在第 48 号解释中的所得税负债,因为纳税申报表上的所得税收优惠和基于第 48 号解释分析得到的优惠额度是一致的,

案例 2 不确定税务状况——很可能。假设存在与税收状况相关的可能的收入的区间。公司被要求提供结果可能性和相应的允许税收抵扣金额的评估。假设以下是可能性的评估:

可能性	应付所得税允许的抵扣	发生的累积可能性
10%	$100	10%
20	80	30
25	60	55
20	40	75
15	20	90
10	0	100

---

① FASB *Interpreation No. 48*, "Accounting for Uncertainty in Income Taxes: An Interpretation of FASB *Statement No. 109*" (Norwalk, CT: Financial Accounting Standards Board, June 2006).

如果 A 公司确定其状态超出了很有可能的门槛(步骤一),本例中应在会计基础上确认 60 美元的税收优惠,累计的可能性大于 50%(步骤二)。这意味着 A 公司需要确认第 48 号解释中的所得税负债,叫做未确认税收优惠。本期所得税申报表中的实际税收抵扣额和基于第 48 号解释分析的优惠金额的差异是 40 美元。要求的分录如下:

借:所得税费用　　　　　　　　　　　　　　　　　　　　　　　　40
　贷:未确认所得税优惠　　　　　　　　　　　　　　　　　　　　　　40

未确认的所得税优惠账户属于一种负债,如果一年内或一个运营周期内支付,应划分为流动性负债。关注与不确定税务状况相关、但基于披露目的没有与递延所得税负债和资产合并的负债是相当重要的。

案例 3　不确定税务状况——有一定可能性。如果公司完成了步骤一,分析和决定了税收状况会支持的可能性小于不可能(也就是说通过检验的机会小于 50%),那么状况整体的金额都应该确认为负债,日记账如下:

借:所得税费用　　　　　　　　　　　　　　　　　　　　　　　　100
　贷:未确认的税收优惠　　　　　　　　　　　　　　　　　　　　　100

一件与未确认税收优惠相关的有趣事情是:第 48 号解释要求对于不确定税务状况的利息和潜在的处罚必须用权责发生制。也要求注重以下披露:不确定税务收益的期初余额,基于本期税收状况的添加,基于以前年度税收状况的添加,抵扣以前年度税收状况,做出的与结算处理相关的调整。

经营损失的转回和递延

❸　解释税收损失的转回和递延的规定,能对这些规定做出解释。

WHY　对于刚成立的公司,即使是对于已经建立的公司,都面临着严峻的经济问题,用所得税损失抵扣的方式节约现金流是企业的总经济价值中相当重要的部分。

HOW　如果一家企业报告税收损失,美国税法允许企业把损失递延最多两年以得到以前支付的税款返还,或者把损失转回至多 20 年以减少未来期间的应付税款。税收递延会减少本期的所得税费用和确认递延所得税资产。

因为所得税是基于报告的应税收益的数额,如果企业经营亏损就不会产生应付税款。美国税法提供一种降低亏损年度风险的方式,以激励企业扭亏转盈。通过递延和转回的方式允许企业把一年发生的净损失分摊到其他盈利的年份。特别是内部税务部门提供了 2 年的递延期和 20 年的转回期限。①

净经营损失转回

如果以前年度是盈利的,理应纳税,当发生经营损失的时候可以收到部分或全部的税费的返还。净经营损失转回应用于过去有收益的两年,从第二年开始移向第一年。如果仍然可以获取未使用的净经营损失,还可以递延至多 20 年冲销未来的收益。应用转回以收

---

①　1997 年之前,递延期间是 3 年而转回期间是 15 年。作为一个选择,报税人能选择放弃递延并把所有的损失转回的上限改至 20 年,因为递延能带来税费返还,所以这个选择从没有实施过。为了确认 2001 年 9 月 11 日世界贸易中心遭受恐怖袭击的经济损失,2002 年颁布的《创造就业机会和工人援助法案》把 NOLs 递延的期限从 2 年延长到 5 年。

到之前所得税返还的年份必须签署修改了的纳税申报单。净经营损失转回导致建立本期应收税收返还的分录。这种返还带来的优惠被用来减少本期的损失。因为是本期的运营损失导致税收返还,所以这种做法是有理论支持的。

为了说明,假设 Prairie 公司 2010 年到 2012 年有如下类型的收益和损失:

年份	收益(损失)	所得税税率	所得税
2010	$10 000	35%	$3 500
2011	14 000	30	4 200
2012	(19 000)	30	0

2012 年 19 000 美元的净经营损失开始递延到 2010 年,再到 2011 年。两年内有 6 200 美元所得税返还($3 500 + $9 000 × 30%)。2012 年应收款——所得税的分录如下:

借:应收款——所得税返还 6 200
　　贷:所得税优惠——净经营损失转回 6 200

返还资金会在利润表中作为经营损失的冲减项列示:

税前净经营损失 $(19 000)
所得税优惠——净经营损失转回 6 200
净损失 $(12 800)

2012 年净经营损失把 2010 年应税收益减少至 0,把 2011 年应税收益减少至 5 000 美元($14 000 − $9 000)。如果下一年发生另外的净经营损失(2013 年),有可能递延到 2011 年剩余的 5 000 美元。

净经营损失递延

如果经营损失超过先前两年的收益,剩余未使用的损失可能作为净经营损失递延抵扣接下来 20 年的收益。在 FASB 第 109 号公告下,损失转回形成的未来潜在的税收优惠应确认为递延所得税资产。优惠能否全部确认取决于企业是否拥有等同于递延 20 年损失的收益。和其他递延所得税资产一样,在部分或全部未来优惠很可能不能确认时,备抵账户可用于减少资产。

> **思考**
>
> 这些净经营损失的递延听起来像是税法的重要特征。然而,企业应该如何利用这一方面的法律呢?
> a) 发生税收亏损
> b) 发生大量应税收益
> c) 发生财务会计亏损
> d) 发生大量财务会计收益

为了解释递延的定义,我们继续探讨之前的例子,假设 2013 年 Prairie 公司发生了净经营损失 35 000 美元。这个损失可能会按年份顺序转回到 2011 年和 2012 年。但是 2011 年只有 5 000 美元留存收益与经营损失相抵。冲减完 2011 年 5 000 美元的收益后,还剩下 30 000 美元的损失要递延。转回的税收优惠是 1 500 美元($5 000 × 30%)。假设未来的法定税率是 30%,递延形成的潜在税收优惠是 9 000 美元($30 000 × 30%)。2013 年记录税收优惠的分录如下:

借:应收款——所得税返还 1 500

递延所得税资产——净经营损失递延		9 000
贷：所得税优惠——净经营损失转回		1 500
所得税优惠——净经营损失递延		9 000

如果预期在 2014 年确认，应在资产负债表流动资产项下列示 9 000 美元的递延所得税资产。预期在 2014 年以后才确认的则划分为非流动资产。10 500 美元的税收将作为经营损失的抵扣列示在 2013 年利润表中。

假设 Prairie 公司未来盈利了，递延的净经营损失形成的递延所得税资产将抵减经营盈利形成的应纳税额。例如 2014 年有 50 000 美元的收益，允许用递延所得税资产抵减负债而不用支付全部 15 000 美元（ $50 000 × 30%）的税金。

借：所得税费用		15 000
贷：应付所得税		6 000
递延所得税资产——净经营损失递延		9 000

2013 年年末的分录反映出递延的优惠很有可能被全部确认。如果部分或全部递延所得税资产很有可能不能被确认，则需要备抵账户减少资产到估计可实现的价值。

> **补充**
>
> 在特定的条件下，企业通过合并或兼并可以取得另一家企业业的净经营损失递延。在某些情况下，这些未使用的递延是企业相对于其他企业最有价值的"资产"。

例如，假设 Prairie 公司最近的损失由产品市场份额的下降导致，并且有力的证据表明后续年度会发生持续的损失。最终管理者认为全部资产很可能不能确认。在此情况下，转回和递延的会计分录如下：

借：应收款——所得税返还		1 500
递延所得税资产——净经营损失转回		9 000
贷：所得税优惠——净经营损失递延		1 500
减少递延所得税资产到可实现价值的备抵——净经营损失转回		9 000

这个分录的结果是递延所得税资产的净值为 0——预期的可实现价值。如果市场条件改观了，企业后续年度有了应税收益。备抵账户余额减少（借方）而所得税优惠账户增加。

根据 APB 第 11 号意见，只有未来收益是"保证超过合理质疑的"，净经营损失转回形成的税收优惠才能够作为一项资产。尽管这个指标是难以达到的，仍然存在净经营损失转回形成资产的案例。第 96 号公告中，FASB 更加严厉，禁止在任何环境下列示递延的税收优惠形成的资产。第 109 号公告采用了很有可能的方法考虑递延所得税资产，导致委员会在净经营损失递延的问题上采用类似的方法。也就是说，如果未来的收益多半数可能足够允许所得税优惠的确认，净经营损失递延可以作为一项资产。这是一项净经营损失递延会计政策的重大变更。第 109 号公告发布后，以前无数不能列示的所得税递延现在可以包含在企业的资产项里。例如，关注 IBM 公司 1990 年的财务报告会发现，除了第 96 号公告下 1.1 亿美元的递延所得税资产外，还有 7 亿美元的未确认税收转回。如本章开篇所述，因为采用第 109 号公告，会确认巨额的递延所得税资产，因此 IBM 公司宣布 1992 年会确认 19 亿美元的收益。

之前的章节已经讨论过递延所得税资产估计备抵账户。表 16-3 给出了美国四家公司的递延所得税资产备抵账户,列示的四家公司从 AT&T 开始都在下降。如图所示,企业拥有递延所得税资产备抵账户的普遍原因是:州的、联邦的、国外的净经营损失转回在到期前不被认为不能使用。

表 16-3　2007 年递延所得税资产估计备抵账户　　　　　　　　　　　单位:百万美元

2007 年	递延所得税资产	估计备抵账户	需要备抵账户的原因
AT&T	11 397	1 070	某些州净经营损失递延到期前未被使用,部分与并购交易有关
Bell South	2 081	1 135	某些州、国外净经营损失递延和贷方到期前未被使用
SBC Communication	3 904	145	某些州、联邦净经营损失递延到期前未被使用
Verizon	10 757	2 671	某些州净经营损失递延到期前未被使用

法定未来税率安排

4 会解释未来所得税税率,并确定其对递延所得税资产和递延所得税负债的影响。

WHY 当未来预期税率和本期税率不一致的时候,适当的确认递延所得税资产和所得税负债需要仔细考虑暂时性差异转回的时间和当时的税率。

HOW 暂时性差异转回的时候,递延所得税资产和负债用未来实际的税率计算。随着未来税率的变化,为了给递延所得税资产和负债配比适当的税率,必须明确暂时性差异转回的时间安排表。

　　回顾对 FASB 第 96 号公告的两个主要的不满是,它不允许确认大多数递延所得税资产以及它太复杂了。不确认递延所得税资产的抱怨主要来自企业和财务报表使用者,他们认为递延所得税资产和负债处理方法的不一致容易造成误导和不公平。对于第 96 号公告的复杂性抱怨主要来自财务报表的编制者。这些抱怨集中于一个话题:暂时性差异预期转回的期间安排。第 96 号规定要求每年都要考虑哪一项递延所得税可以确认,因为没有假设预期的收益,这些资产只能通过税法的转回和递延条款来确认。此外,在第 96 号公告下,只有确定了确认递延所得税的时间表,才能决定对递延所得税资产和负债如何根据预计转回期间来划分。

　　第 109 号公告通过设立"很可能"的未来收益标准删减了许多对于时间表的需求,因为递延所得税资产和负债是根据其基础的项目划分,而不是根据预期的转回期间进行划分。但是,在有限的案例中仍然需要时间表。一种情况是,当颁布的未来税率存在差异时,有必要获取转回的时间安排表,以便于与发生时的实际税率相匹配。

　　重新考虑 Hsieh 公司的例子。前面提及的时候假设在整个期间法定的所得税税率都是 40%。现在假设法定所得税税率如下:2011 年 40%,2012 年 35%,2013 年 30%,2014 年 25%。2011 年 12 月 31 日,用 40% 的税率去估计来源于未来可抵扣金额 18 000 美元的递延所得税资产时,未来应税额 15 000 美元引起的递延所得税负债将会被误导,因为当暂时性差异转回的时候税率不是 40%。当差异转回的时候,应用预期的实际税率计算将获得更加精确的估计,具体如下:

年份	法定所得税税率	可抵扣金额	资产估价	应税金额	负债估价
2012	35%	$6 000	$2 100	$ 0	$ 0
2013	30	6 000	1 800	0	0
2014	25	6 000	1 500	15 000	3 750
合计		$18 000	$5 400	$15 000	$3 750

非流动的递延所得税负债是 3 750 美元($15 000×25%),即为 2014 年根据应税收入计算的应支付的税费。流动递延所得税资产是 2 100 美元($6 000×35%),非流动的递延所得税资产是 3 300 美元[($6 000×30%)+($6 000×25%)]。记录 2011 年所得税费用递延部分的分录如下:

借:递延所得税资产——流动		2 100
递延所得税资产——非流动		3 300
贷:所得税优惠(所得税费用中减去)		1 650
递延所得税负债——非流动		3 750

在本例中,假设未来的收益多半数能足额抵扣每年应抵扣的 6 000 美元。因此税收优惠等于抵扣额乘以当年的税率。但是如果未来的收益不足以抵销抵扣额,如果递延所得税资产只能通过税法规定的递延来确认,那么递延所得税资产需要用递延的年份的税率来估算。例如,如果 2011 年应税收益不太可能但是超过 18 000 美元,那么可抵扣的只能通过递延确认抵销 2011 年的应税收益。在这种情况下,递延所得税资产将使用 2011 年实际使用的税率来估值。

财务报表列示和披露

5 学习如何在财务报表中适当地列示递延所得税资产和递延所得税负债,并了解相关披露内容。

WHY 所得税会计是一个复杂的领域,因为本期的和递延税收的影响,还有州、联邦和国际所得税税负的不同。重要的补充披露是必要的,这有助于财务报告使用者理解所得税在公司财务状况和业绩方面的影响。

HOW 资产负债表中列示递延所得税资产和递延所得税负债时分为流动的或非流动的,划分的依据是相关的资产或负债。其他的披露包括期间的税收费用、递延税收费用、税收损失递延的优惠、税率变化的影响、估计备抵账户的调整。

在分类的资产负债表中,递延所得税资产和递延所得税负债必须列示为流动性的或非流动性的资产或负债。如之前讨论的,FASB 第 109 号公告提供了一些递延所得税资产和负债的抵销。为了使抵销是可以接受的,资产或负债必须同时是流动的或同时是非流动的。流动的资产不能与非流动的负债抵销。许多公司同时缴纳州、市政府、联邦所得税。如果企业在多于一个税收管辖权下支付所得税,不能跨管辖权抵销。

利润表必须在报表中的一部分或者通过附注列示,以下是与持续经营相关的被选出的所得税部分:①

---

① FASB Statement No.109,par.45.

1. 所得税费用或优惠中的流动的部分；
2. 递延的所得税费用或优惠；
3. 投资税收贷方；
4. 作为税项抵扣的政府拨款；
5. 经营损失转移的收益；
6. 递延所得税负债或资产因为税法或税率的变化而产生的调整；
7. 由于环境的变化，对期初备抵账户余额的调整。

引用 Exxon Mobil 公司 2007 年财务报表的附注来说明典型的所得税费用的披露，在表 16-4 中列示。

表 16-4　披露所得税——Exxon Mobil 公司　　　　　　　　　　单位：百万美元

18. 所得税、销售税和其他的税务

	2007 年			2006 年			2005 年		
	美国	国外	合计	美国	国外	合计	美国	国外	合计
所得税									
联邦和国外									
流动	$4 666	$24 329	$28 995	$2 851	$22 666	$25 517	$5 462	$17 052	$22 514
递延(净值)	(439)	415	(24)	1 194	165	1 359	(584)	362	(222)
国外经营所得税	263	—	263	239	—	239	208	—	208
小计	4 490	24 744	29 234	4 284	22 831	27 115	5 086	17 414	22 500
州	630	—	630	787	—	787	802	—	802
所得税合计	5 120	24 744	29 864	5 071	22 831	27 902	5 888	17 414	23 302
销售税	7 154	24 574	31 728	7 100	23 281	30 381	7 072	23 670	30 742
全部其他税负									
其他税负和关税	1 008	39 945	40 953	392	38 811	39 203	51	41 503	41 554
制造生产费用	825	1 445	2 270	976	1 431	2 407	1 182	1 075	2 257
销售管理支出	215	653	868	211	572	783	202	558	760
其他税负合计	2 048	42 043	44 091	1 579	40 814	42 393	1 435	43 136	44 571
总计	$14 322	$91 361	$105 683	$13 750	$86 926	$100 676	$14 395	$84 220	$98 615

可以看到，在财务报表中列示的所得税费用流动部分(美国联邦的 46.66 亿美元加上国外的 243.29 亿美元)，同时也是会计记录和税收记录的数额一致的部分。粗略地讲，报告中的 46.66 亿美元是合并了的 2007 年美国联邦所得税的流动部分，和假设的 2007 年其向美国联邦提交的合并纳税申报表中"总税负"项下的数额是相同的。仔细观察表 16-4 发现这不是该公司当年应该支付的税额的全部。首先，额外的 2.63 亿美元(国外获取的收益必须向美国政府支付所得税)和 6.3 亿美元(州所得税)在 2007 年都是应支付的。注意因为递延所得税的存在致使报告中所得税费用的金额 4.39 亿美元少于实际应支付的数额。此外为了强调行业的高税收，Exxon Mobil 公司 2007 年在世界范围内税负总和是 758.19 亿美元($317.28 亿 + $440.91 亿)，包括销售税，其他税负和关税。

表 16-5 披露的是 IBM 公司 2007 年财务报表附注中与所得税相关的部分。附注中提出截至 2007 年 12 月 31 日递延所得税资产备抵账户余额是 7.72 亿美元，附注指出这一金额主要是 IBM 公司认为多半数不可能实现的国外和州损失转回和州贷项转回。

表16-5 递延所得税资产和递延所得税负债的披露——IBM公司 单位:百万美元

合并财务报表中列示的递延所得税资产和递延所得税负债的重要组成部分如下:

递延所得税资产(12月31日)	2007年	2006年
股票和其他补偿	$2 920	$3 147
退市收益	2 505	3 002
资本化研发费用	1 050	1 355
联邦/州税收损失/贷项转回	772	299
坏账、存货和保修费用转回	647	724
递延收益	645	506
国外税收损失/贷项递延	498	390
资本损失递延	9	131
其他	1 962	1 802
递延所得税资产总额	11 008	11 356
减估计备抵账户	772	510
递延所得税净资产	$10 236	$10 846

递延所得税负债(12月31日)	2007年	2006年
退市收益	$4 964	$2 906
租金	1 635	1 385
软件开发费用	462	505
其他	1 334	1 340
递延所得税负债总和	$8 395	$6 136

2007年12月31日的备抵账户主要用于某些国外和州损失的转回和州贷项转回。从管理者角度来看,这些转回很可能过期不用。但是与转回相关的税收优惠将来会被确认,备抵账户的抵扣会减少所得税费用。同比增长2.62亿美元主要是之前某种没有包含在递延所得税资产中的州税贷项转回得到确认造成的。

公司也会披露引起递延所得税资产和负债的财务会计报表和纳税申报表间的具体的会计差异。最普通的递延税收项目是折旧。为了说明,IBM公司提供重要的披露作为递延所得税资产和负债的具体补充,见表16-5。总的来说,IBM公司2007年年末有102.36亿美元的递延所得税资产(备抵账户净额7.72亿美元)和83.95亿美元的递延所得税负债。相比之下,Exxon Mobil公司2007年年末递延所得税负债总额是302.3亿美元,其中62.2%,也就是188.1亿美元来源于资产的加速折旧。

除了已经讲述过的披露之外,和持续经营有关的所得税费用中已报告的金额和适用于联邦税率的所得税费用的金额必须一致。这个同一性给财务报告的使用者提供了考虑实体如何受税法的特殊规定的影响的信息,如永久性差异、税收贷项等。

表16-6是伯克希尔·哈撒韦公司2007年所得税税率的调节表。如果税前利润都适用35%的联邦税率,那么公司的所

> **思考**
>
> 从企业的应税收益中剔除从其他企业收到的股利的理论依据是什么?
> a) 剔除股利提高了所得税税率的累进性质
> b) 剔除股利避免了确认未实现的递延所得税资产
> c) 不剔除的话,公司收益将被重复计税
> d) 所得税法中找不到相应的依据

得税费用是70.56亿美元($201.161亿×35%)。用报告的所得税费用除以税前利润得出的实际税率是32.7%(65.94/201.61)。从表中可以看出法定税率35%和实际税率32.7%之间的差异不是由暂时性差异引起的(除去脚注中提到的税率的变化引起的暂时性差异)。如前面章节介绍的,暂时性差异会影响当年的所得税是不是应付的,但不影响所得税费用是不是应计的。表16-6包含的项目反映了伯克希尔·哈撒韦公司必须支付的税款和如果一律采用35%的税率将会支付的税款之间的永久性差异。例如,因为州所得税必须高于联邦所得税35%,伯克希尔·哈撒韦公司多承担了1.52亿美元的所得税。此外,外国较低的所得税税率使公司节省了0.36亿美元的所得税费用。冲销这些额外的税收意味着部分收入永远不用纳税。伯克希尔·哈撒韦公司因为一些利息费用(市政债券)不用纳税所以能节省0.33亿美元所得税。同样,一家公司支付给另一家公司的股利也是免税的;这些税收规定永久性地节税3.06亿美元。

表16-6　实际税率调节为联邦法定税率—伯克希尔·哈撒韦公司　　单位:百万美元

把所得税调节为按联邦法定税率计算的金额	2007	2006	2005
税前利润	$20 161	$16 778	$12 791
由联邦法定税率35%计算出的税额	$ 7 056	$ 5 872	$ 4 477
税收影响产生于:			
免税的利息收入	(33)	(44)	(65)
应收股利抵扣	(306)	(224)	(133)
MidAmerican 净利润	—	—	(183)
州所得税(减联邦所得税优惠)	152	99	84
外国税收差异	(36)	(45)	56
递延所得税税率变化的影响*	(90)	—	—
其他差异(净值)	(149)	(153)	(77)
所得税合计	$ 6 594	$ 5 505	$ 4 159

＊基于英国和德国公司所得税税率下降而所做的递延所得税资产和递延所得税负债的调整。

递延税收和现金流量表

6 了解与现金流量表相关的所得税披露的要求。

WHY　FASB决定所有与利润表费用有关的现金流都必须作为经营活动现金流在现金流量表中列示,因为许多报表使用者把所得税项目看作非经营的项目,将支付所得税的现金进行单独披露对这些使用者是有用的。

HOW　为所得税支付的现金数额必须在财务报表中披露。直接方式是作为现金流量表的一部分进行披露,间接的方式是作为现金流量表的附注进行披露。

　　FASB第95号公告"现金流量表"要求单独披露为所得税支付的现金金额。这种单独的披露只包括两个项目:用现金支付的所得税和利息。财务报表通常会被用来评估未来现金流的金额和时间,在利息和所得税的情况中,FASB认为这样的现金流信息应该随时可以获取,并且大多数公司披露是较为容易的。① 例如,迪士尼公司于 2007 年 9 月 29 日披露了年度财务报表,报告的所得税费用是 28.74 亿美元(利润表),用现金支付的所得税是 27.96 亿美元(现金流量表)。

所得税影响现金流量表中的经营活动部分。② 当使用直接法时,用现金支付所得税单独列示一行。当使用间接法时,所得税的处理方式有些复杂。从净收益到经营现金流的转换需要调整应付所得税和应收账款两个账户,需要调整递延所得税资产和递延所得税负债账户。此外还需要补充披露用现金支付所得税的金额。

作为在现金流量表中如何处理所得税的一个说明,考虑下面 Collazo 公司 2011 年的信息:

收益(现金):			$30 000
所得税费用:			
当期		$10 300	
递延		1 700	12 000
净利润			$18 000

此外,Collazo 公司资产负债表期初和期末数额如下:

	2011 年 12 月 31 日	2010 年 12 月 31 日
应交税款——所得税返还	$2 000	$ 0
应付所得税	0	1 000
递延所得税负债	9 700	8 000

运用《中级会计学:基础篇》第 5 章描述的形式,我们将分析利润表,把权责发生制金额转换为收付实现制金额,如以下的表格列示:

利润表		调整	现金流量表	
利润(现金)	$30 000	—	$30 000	向客户收取的现金
所得税费用——当期的	(10 300)	-$2 000—增加应收税款	(13 300)	用现金付税
		-1 000—减少应付税款		
所得税费用——递延	(1 700)	+1 700—增加递延所得税负债	0	
净利润	$18 000	-$1 300—总的调整	$16 700	经营现金流

运用结果信息,直接法下现金流量表经营活动部分如下:

客户处收取的现金	$30 000
支付的所得税	(13 300)
经营活动现金	$16 700

如果使用的是间接法,经营活动如下:

净利润:	$18 000

---

① *Statement of Financial Accounting Standards No. 95*, "Statement of Cash Flows" (Stamford, CT: Financial Accounting Standards Board, November 1987), par. 121.

② FASB 曾认为应在现金流量表的经营活动、投资活动、筹资活动中分配所得税。例如,处理资产时的所得税影响可以在投资活动中披露。但是这样分配会导致不必要的麻烦,成本超过收益。见 FASB 第 95 号公告,第 92 段。

（增加）减少应收款——所得税返还	(2 000)
增加（减少）应付所得税	(1 000)
增加（减少）递延所得税负债	1 700
经营活动现金	$16 700

此外，如果使用间接法，用现金支付所得税的金额 13 300 美元，必须在现金流量表或财务报表附注中单独披露。

递延所得税国际会计

7 描述国际会计准则是如何在递延所得税处理方式上与美国准则趋同的。

WHY 历史上，全球的所得税会计准则存在着巨大的不同。在这个领域，美国方法已逐步成为世界方法。

HOW 历史上，企业曾使用过不确认递延、部分确认递延、全部确认递延等递延所得税会计方法。自从 1996 年 ISA 12 进行重大修订，世界范围内的递延所得税会计已经与美国的综合确认法趋同。

过去，世界范围内的递延所得税会计准则有实质上的差异。但是在过去的 10 年内，美国递延税收会计方法是使用最广的。本节将讨论曾经使用过的方法和近来国际递延所得税会计趋同的发展。

因为要求认定所有会计收益和应税收益的差异，所以美国采用的递延所得税会计的方法有时也叫做综合认定法。另一个极端的方法叫作不可递延法，不确认任何差异。这两种方法将在本节讨论。

不可递延法

对于处理会计基础和应税基础的差异，最简单的方法是忽略这些差异，使得所得税费用等于应付所得税。历史上，不可递延法是在世界范围内非常普遍。在财务会计准则和税收制度紧密一致的国家，不可递延法产生的财务报表数额与美国成熟的递延所得税办法生成的数额相差不大。不可递延法现在几乎不再使用了（除了较小的、私营的公司），由于企业寻求趋同于国际盛行的办法；自从 1979 年 IAS 12 发布以来，不可递延法已经退出历史舞台了。

综合认定法

IASB 已经和美国第 109 号公告中包含的递延所得税会计处理方法——综合认定法取得共识。IAS 12 要求所得税费用的计算应该包括递延所得税，资产负债表中应该披露递延所得税，但是要求计算递延所得税的方法是自由决定的。1996 年 IASC（IASB 的前身）修订了 IAS 12，修订稿中的会计处理与本章描述的递延所得税会计实践是很相似的。对于美国的会计师和会计专业的学生来说有一个好消息，递延税会计已经进入美国时代，因此他们不需要为了学习递延税收的国际准则而多花时间。

部分认定法

历史上,英国在递延所得税会计方面采用了革新技术,这种革新技术导致只在未来实际有望被支付的范围内记录递延所得税负债。使用英国方法,递延所得税只能在预计"结晶"的时候确认。美国与之概念等价的词叫"实现"。例如,如果一家公司正在成长并持续买进新资产,旧资产转回的时候形成的递延税收会被新资产形成的递延抵销。在这种情况下,如果公司假设持续经营,随着新资产替换旧资产,税收递延可能无限期继续。在英国,上述类型的递延所得税负债不是结晶的,所以历史上不予确认。只有预期递延的旧资产不会被新资产抵销才会有"结晶"的发生——递延所得税负债就可以被确认了。英国递延所得税负债方法的理由是非常有趣的:如果负债是无限期递延的,那么负债的现值为零。这个概念强调了对美国递延所得税会计普遍的批判——通过递延应付所得税,企业正在减少其税收负债的现值但会计上没有确认。尽管概念框架很引人注目,英国的部分确认法仍在国际趋同化的进程中落后了。在新准则的描述中(FRS 19),英国会计准则委员会(ABS)给了综合确认法一个冷淡的评价:

> 近些年,递延所得税会计的部分认定法已经在国际上失去了吸引力,主要是因为它是客观的(过度依赖管理者对于未来事务的预期)和与会计其他领域的不一致性。其他主要的标准制定者和 IAS 12(1996 年修改)要求需要全额提供递延税收。同时 ABS 可以看到部分确认法的优点,接纳了一些反对意见,并得出与国际意见方向直接对立且不能很好的解决问题的结论。①

简言之,不可递延法和部分认定法过去在世界范围内都广泛地被使用。但 IAS 12 目前要求使用综合确认法,这一方法也是美国相关准则所使用的,它意味着递延所得税会计的国际差异在未来会相对缩小。

开放式场景问题的答案

1. 财务报告使用者和编制者从实践和理论范围方面抱怨 FASB 第 96 号公告。这些抱怨很强烈以至于 FASB 的可信度受到了损害。因为递延所得税会计的"不正常运作",一度有人建议用其他准则制定者代替 FASB。

2. FASB 第 96 号公告要求递延所得税负债应该用当期的所得税税率估计,而不是用第一次确认递延所得税负债时的税率。因为 1986 年的《税收改革法》已经降低了企业所得税税率,FASB 第 96 号公告确认了递延所得税负债金额的减少,产生了相应的利得。

3. 在 FASB 第 96 号公告规定下,递延所得税资产通常不被确认,事实上这是人们抱怨第 96 号公告的原因之一。随着 FASB 第 109 号公告的采用,这些递延所得税资产在资产负债表中得以确认,同时确认了相应的利得。

思考题答案

1. (第 233 页)正确答案是 a。对于一家运营良好的企业,一个清晰的第三套账簿是管

---

① http://www.asb.org.uk. FRS 19,"递延所得税",财务报告准则要求的背景。

理会计系统,这可以说是最重要的。当然,管理记录会因为各个公司的需要而被修改。管理记录的各个方面会强调控制、评价和计划。小企业会把三套账簿——财务的、税收的、管理的功能合在一套报告中。因为公司的信息需要变得更为复杂,这增加了三套账簿之间的分歧。

2.(第237页)正确答案是c。递延所得税资产和递延所得税负债由不同类型的交易形成。例如,递延所得税资产可能由保修费用产生,而递延所得税负债可能由可折旧资产的加速折旧形成。GAAP和税法之间的差异,产生了大量递延所得税资产或者递延所得税负债的事例。

3.(第239页)正确答案是d。递延所得税负债和递延所得税资产用转回期间的预计税率计量。因此,如果未来预期的税率是30%,那么递延数应乘以30%,而不是40%。

4.(第245页)正确答案是c。根据概念框架,财务报表的一个重要目的是帮助投资者和债权人评估未来现金流的金额、时间和不确定性。通过向财务报表使用者报告额外的未来现金流出(递延所得税负债)和额外的未来现金流节省(递延所得税资产),递延所得税会计有助于使用者评估未来现金流。

5.(第248页)正确答案是a。尽管转回和递延通过收到之前支付的税收返还或者减少未来支付的税收金额的方式给企业带来收益,但是必须记住,为了从税法的这个规定中获利,企业不得不报告净经营损失。转回和递延减轻了经营损失的伤害。

6.(第253页)正确答案是c。支付给股东的股利将要被双重征税。企业必须支付所得税,剩下的利润支付给股东作为股利。那样股东必须在收到股利的时候支付所得税。当一家公司作为股东收到股利的时候,如果没有特别的税收条款把股利从应税收益中剔除的话,股利收入将会被第三次征税。

本章小结

1. 理解递延所得税的定义和永久性差异与暂时性差异的区别。

递延税收源于使用和应用计算的应税收益和会计收益的差异。因为税收规定和GAAP存在差异,特定事务的处理也就存在差异。这些差异可以造成可以最终转回的暂时性差异和不可以转回的永久性差异。在未来形成应税收益的暂时性差异叫做应纳税暂时性差异,并会产生递延所得税负债。在未来形成预期抵减额的差异叫做可抵扣暂时性差异,并会产生递延所得税资产。

2. 学会计算递延所得税负债和递延所得税资产,包括考虑估计备抵和不确定的税务状况。

计算递延所得税资产和负债的金额涉及四个步骤:(1)识别暂时性差异的类型和金额。(2)分别用现行税率和未来税率计量应纳税暂时性差异形成的递延所得税负债。(3)分别用现行税率和未来税率计量可抵扣暂时性差异形成的递延所得税资产。(4)如果很可能发生(可能性大于50%),应在估值限额内减少部分递延所得税资产或者全部都不得确认。对不确定的税收扣减的可能会要求对一项没有被确认的税收优惠负债进行确认,这项确认的范围是要求的抵减额超过很可能被税务部门审查通过的抵减额的部分。

3. 解释税收损失的转回和递延条款,能对这些规定做出解释。

如果企业报告应税收益,税法要求企业必须缴税。如果企业报告了损失,税法允许其用损失冲减其他年度的收益。企业可以通过递延它的净经营损失至多 2 年以返还之前支付的税收,或者通过转回至多 20 年以减少未来期间支付的税负。转回产生递延所得税资产,如果递延所得税资产很有可能得不到确认的时候就可能需要估计备抵账户。

4. 会解释未来所得税税率,并确定其对递延所得税资产和递延所得税负债的影响。

递延所得税资产和负债用转回期间实际的税率来记录。因此,如果美国国会颁布新的税率或者企业的应税收益水平产生不同的未来税率,这些不同的税率势必会影响递延所得税资产和递延所得税负债的估计。

5. 学习如何在财务报表中适当地列示递延所得税资产和递延所得税负债,并了解相关披露内容。

根据所依据资产和负债的分类,递延所得税资产和递延所得税负债在资产负债表中的列示分为流动的和非流动的。被要求的附加披露还包括当期的税费(或优惠)、递延的所得税费用(或优惠)、与税收损失转回相关的收益、税率变化的影响、与估计备抵相关的调整。

6. 了解与现金流量表相关的所得税披露的要求。

用现金支付的所得税必须用直接法或间接法披露。在直接法下,用现金支付的所得税税额将在现金流量表中直接披露。在间接法下,与当期的和递延的所得税资产和负债相关的应收和应付余额的变化被用来调整净利润。因此在这种方法下,实际支付的税额可能不会在现金流量表中披露。如果是这种情况的话,用现金支付的税收需要在财务报表附注或者现金流量表的底部披露。

7. 描述国际会计准则是如何在递延所得税处理方式上与美国准则趋同的。

历史上,世界范围内的企业在所得税会计方面曾经使用过不可递延法、部分认定法和综合认定法。随着 1996 年 *IAS 12* 的修改,世界范围内的递延所得税会计已经趋同于美国广泛使用的综合认定法。

IASB 概述

主题	美国 GAAP	IASB 准则
使用当前法定税率	*SFAS No. 109* 未来用当前的法定税率计量递延所得税资产和递延所得税负债。	*IAS 12* 使用当前的法定税率或者实质性颁布的税率。实质性颁布的税率是政府已经宣布但没有正式立法的未来税率。
递延所得税资产和递延所得税负债的分类	*SFAS No. 109* 根据产生递延所得税资产和负债的基础项目的分类,递延所得税资产和递延所得税负债被划分为流动的和非流动的。	*IAS 1* 递延所得税资产和递延所得税负债通常划分为非流动的。
递延所得税资产的确认	*SFAS No. 109* 如果未来应税收益很有可能(50% 的可能性)充分实现递延所得税资产的收益,则确认递延所得税资产。如果多半不可能确认,则需要建立估计备抵。	*IAS 12* 只在应税收益与可抵扣暂时性差异很可能有效抵销的范围内确认递延所得税资产。

关键术语

所得税跨期分摊的资产负债表法
会计收益
净经营损失递延
应纳税暂时性差异
可抵扣暂时性差异
税收跨期分摊
永久性差异

暂时性差异
净经营损失转回
应税收益
不确定的税务状况
实际税率
估计备抵

问题

1. 计算财务报告目的收益的会计方法通常和计算应税收益的方法有差异。这些差异的合理解释是什么？
2. 区分非抵扣费用和导致应税收益大于利润表中税前会计收益的暂时性差异。
3. 区分应纳税暂时性差异和可抵扣暂时性差异，每种情况至少给出两个例子。
4. 有一种在利润表中列示所得税费用的可能性是只报告当年的应付所得税，这种方法有什么问题吗？
5. 资产负债表法主要的优点是什么？
6. 资产负债表法的缺点是什么？
7. 描述如何在资产负债表法下计量未来法定税率的变化。
8. 什么时候需要备抵账户？
9. FASB 在第 109 号公告中怎样定义"很有可能"？
10. 哪些来源的收益可以通过递延所得税资产的税收优惠来确认？
11. 在使用净经营损失递延和转回时，美国联邦税法要求遵循什么样的顺序？
12. 在 FASB 第 109 号公告中，净经营损失转移产生的资产应如何分类？
13. FASB 第 109 号公告要求在什么条件下需要安排暂时性差异的转回？
14. 如何定义税务状况的不确定性？
15. 和税务状况不确定性相关的税收优惠金额的确定需要哪两个步骤？
16. 为什么 FIN 48 要求采用权责发生制将与未确认税收优惠相关的利息和罚金确认为负债？
17. FASB 第 109 号公告下所得税会计转回处理最重要的变化是什么？
18. 递延所得税余额的变化如何影响用现金支付所得税的金额？
19. 如果企业当前遭受经营损失，其有可能把损失转回和递延。这些递延和转回对报告中的经营损失有什么影响？对现金流量表有什么影响？
20. 递延所得税资产和递延所得税负债的净值有哪些规定？
21. 过去，为什么某些国家的所得税会计不像美国一样受重视？
22. 1996 年，IASB 修改了 IAS 12。修改使所得税会计的国际标准与美国标准更相似了还是区别更大了？
23. 简单描述递延所得税会计的部分认定法。

练习

[练习 16-1] 永久性差异和暂时性差异

LO1 某公司在利润表中报告的税前收益是 50 000 美元,计算税前收益包含的项目如下:

市政债券的利息收入	$10 000
非抵扣费用	17 000
保修费用(实际支付时才能抵扣,当年不发生)	8 000

所得税税率是 30%。

计算(1) 会计收益;(2) 应税收益;(3) 所得税费用;(4) 净利润。

[练习 16-2] 递延所得税负债和递延所得税资产

LO2 1 月 1 日,某公司购买投资证券 2 000 美元,划分为交易性金融资产。到 12 月 31 日,该证券公允价值是 4 200 美元,且没有出售。公司当年也确认了 7 000 美元的重建费用。重建费用包括减记报废机器设备。税收制度规定直到设备出售时才允许抵扣减记。设备当年没有出售。除了交易性金融资产和重建费用之外,税前收益是 25 000 美元,假设没有其他会计基础和税收基础的差异,所得税税率是 40%。编制与所得税费用有关的会计分录,说明必须提出的假设。

[练习 16-3] 税收状况的不确定性

LO2 企业评估了特殊事项下的税收状况,确定很有可能能够得到支持,但金额具有不确定性。以下是估计的可能性和金额:

可能性	应交税费的估计备抵	发生的累积可能性
15%	$100	15%
20	80	35
10	60	45
15	40	60
20	20	80
20	0	100

确定 FIN 48 负债的金额,提供确认与未确认税收优惠相关的负债的会计分录。

[练习 16-4] 调节法定税率和实际税率

LO5 公司有 60 000 美元的销售收入。利润表的其他项目如下:

市政债券投资收益	$ 7 000
折旧费用(税基扣 36 000 美元)	25 000
税收基础上不能抵扣的费用	18 000
保修费用(实际支付时才能抵扣,当年支付 2 000 美元)	10 000

所得税税率是 40%。

要求:(1) 计算实际税率;(2) 把 40% 的法定税率调节为实际税率。

[练习 16-5] 递延所得税和经营现金流量

LO6 公司为了计算经营现金流量收集了如下信息:

净利润	$10 000
折旧	2 000
应收账款增加	1 200
存货减少	850

应付账款减少　　　　　　　　　　　　　　　　　　　　　　　　　　　　300
应付所得税增加　　　　　　　　　　　　　　　　　　　　　　　　　　　 40
递延所得税负债增加　　　　　　　　　　　　　　　　　　　　　　　　1 430
计算经营活动产生的现金流量。

[练习16-6] 用现金支付所得税

LO6 某企业资产负债表列示如下：

	2011年	2010年
应付所得税	$17 000	$22 000
递延所得税负债	130 000	90 000

2011年所得税费用是60 000美元。计算2011年用现金支付的所得税。

习题

[习题16-7] 识别暂时性差异

LO1 识别下列哪一项属于暂时性差异。哪一项是可抵扣的；哪一项是不能抵扣的？对于每一项暂时性差异，识别该项目是否会产生递延所得税资产或递延所得税负债。

(a) 税基折旧超过会计折旧150 000美元。

(b) 分期付款销售收入超过税收基础上的收益130 000美元。

(c) 寿险溢价支付95 000美元。

(d) 预先收取的租金75 000美元。

(e) 提前支付的保修费用40 000美元。

(f) 收到的市政债券利息30 000美元。

[习题16-8] "很有可能"的决定性因素

LO2 截至2011年12月31日，Fulton公司计算其第一年经营的税前会计损失是15 000美元，这其中未包括预先收取作为应税收益的租金是25 000美元。

1. 编制与所得税相关的必要会计分录。所得税税率是40%。假设未来应税收益很有可能足够允许确认全部递延所得税资产，预先收取的租金作为流动负债。

2. 如果预期未来的应税收益不能足够允许确认全部递延所得税资产，还有什么来源的收入可以影响估计备抵的需要？

[习题16-9] 递延所得税资产估计备抵

LO2 截至2011年12月31日，Relevan公司计算其第一年经营的税前会计损失是15 000美元，包括2011年发生的基于销售百分比法分摊的坏账费用42 000美元。出于税收目的，要求坏账只有在具体应收账款确定为坏账和冲销的时候才允许抵扣。2011年没有应收账款作为坏账冲销。

1. 编制与所得税相关的必要会计分录。2011年法定所得税税率是35%。假设未来应税收益很有可能足够允许确认全部递延所得税资产。应收账款和相关的估计备抵在资产负债表中的流动资产项下列报。

2. 重复(1)，在考虑未来坏账损失之前假设预期应税收益是零。

[习题16-10] 变化的税率

LO2 Goshute公司截至2011年12月31日计算的税前会计收益是50 000美元。应税收益是15 000美元。2010年的累计暂时性差异是120 000美元。2010年资产负债表中列报的递延所得税负债是48 000美元。2011年的累计暂时性差异是155 000美元。差异属于非流动项目。

1. 编制2011年与所得税相关的必要会计分录。2011年及2011年以后的法定所得税税率是40%。

2. 2012年1月1日起所得税税率变为32%。编制必要的会计分录。

[习题16-11] 递延所得税资产和递延所得税负债

LO2 Fibertek公司2011年报告的税前会计收益是40 000美元。会计收益中包括非抵扣费用25 000美元、分期付款销售毛利润22 000美元（基于税收基础被递延直到分期付款收回），以及2011年账面上产生的坏账费用18 000美元。

暂时性差异预期将以如下的模式冲回：

年份	收回毛利润	冲销的坏账
2012	$ 5 000	$ 6 000
2013	7 000	12 000
2014	4 000	
2015	6 000	
总计	$22 000	$18 000

当年和后续四年的税率如下：

2011	40%
2012	35%
2013	32%
2014	30%
2015	32%

编制2011年与所得税相关的必要会计分录。假设每一年都有足够的收益确认抵减金额。基于分类的需要，冲销的坏账被认为是流动资产，应收分期付款根据收回的时间被划分为流动的或非流动的。

[习题16-12] 计算递延所得税资产和递延所得税负债的余额

LO2，LO4 Dixon Type and Supply公司2011年报告的应税收益是75 000美元。2011年法定税率是40%，2012—2015年法定税率和可抵扣的金额如下：

年份	法定税率	可抵扣金额
2012	35%	$14 000
2013	32	24 000
2014	30	16 000
2015	32	40 000

1. 编制2011年与所得税相关的必要会计分录。假设每一年都有足够的收益确认抵减金额。基于分类的需要，所有的可抵扣科目属于非流动项目。

2. 重复(1)，假设所有未来期间的应税收益很有可能是零或更少。

[习题16-13] 现金流量和所得税

LO6 Victoria Clothing公司在2011年利润表中列示了如下与所得税相关的科目：

所得税优惠——净经营损失转回	$12 000
所得税优惠——净经营损失递延	28 000

2010年和2011年资产负债表中列报如下：

	2011 年	2010 年
递延所得税资产——净经营损失转回	$28 000	$ 0
应收所得税返还	12 000	4 000

1. 如果采用间接法报告现金流量,涉及的哪些所得税信息需要在现金流量表中列报和披露?
2. 如果采用直接法报告现金流量,涉及的哪些所得税信息需要在现金流量表中列报和披露?

难题

[难题 16-14] 暂时性差异的生命周期

LO1,LO2 A. J. Johnson 公司分别在 2011 年和 2012 年账簿上记录的特定收益是 15 400 美元和 16 600 美元。但是这样的收益直到 2013 年才能作为应税收益。该公司三年的税前会计收益和应税收益如下:

年份	会计收益	应税收益
2011	$44 200	$28 800
2012	38 200	21 600
2013	21 100	53 100

假设所得税税率均为 40%。编制各年与所得税相关的必要会计分录。

[难题 16-15] 递延所得税负债

LO2 Polytechnic 公司 2011 年报告的应税收益是 2 340 000 美元。控制人不熟悉如何处理由应税收益和会计收益引起的暂时性差异和永久性差异的问题,所以向你所在的公司寻求帮助。公司记录了如下的差异:

税收折旧超过会计折旧	$310 000
人寿保险对死亡员工的赔偿	145 000
市政债券的利息收入	107 000

要求:(1) 计算税前会计收益。(2) 已知所得税税率是 35%,编制当年与所得税相关的必要会计分录。(3) 编制以所得税前持续经营收入为开头的部分利润表。

[难题 16-16] 递延所得税资产

LO2,LO4 Davidson Gasket 公司 2011 年年末(经营的第一年)计算的税前会计损失是 15 000 美元。经过分析税收基础和会计基础的负债之后发现,账簿上的预收租金收入当收到现金时已经确认为应税收益。2011 年已经在销售商品时确认为应付保修费用的 20 000 美元,但直到实际支付时才能在税收申报表上抵扣。

暂时性差异预计将以如下的模式冲销:

年份	预收租金	应付保修费
2012	$13 000	$ 5 000
2013	25 000	8 000
2014	12 000	7 000
2015	5 000	
总计	$55 000	$20 000

当期以及后续年度的法定税率如下:

2011 年	38%
2012 年	36
2013 年	32
2014 年	30
2015 年	30

要求：

1. 编制日记账记录应付所得税和递延所得税。假设每年有足够的收益确认递减额。

2. 编制 2011 年年底以所得税前持续经营损失为开头的利润表。

3. 如果预期的应税收益不能足够确认递延所得税资产，还有哪些来源的收益可以避免使用估计备抵？

[难题 16-17] **递延所得税资产和递延所得税负债的净值**

LO2，LO4 Stratco 公司 2011 年年底（经营的第一年）计算的税前会计收益是 40 000 美元。会计收益中包含了 50 000 元的非应税收入，分期销售的 20 000 美元收入在实际收到前是递延的（出于税收目的），50 000 美元的保修费用当销售发生的时候已经在 2011 年账簿上确认为费用。

暂时性差异预计将以如下的模式冲销：

年份	预收租金	应付保修费
2012	$ 5 000	$ 9 000
2013	7 000	16 500
2014	2 000	20 500
2015	6 000	4 000
总计	$20 000	$50 000

当期以及后续年度的法定税率如下：

2011 年	40%
2012 年	35
2013 年	32
2014 年	30
2015 年	30

要求：

1. 编制日记账记录应付所得税和递延所得税。假设每年有足够的收益确认递减额。

2. 编制 2011 年年底以所得税前持续经营损失为开头的利润表。

[难题 16-18] **估计备抵**

LO2 Cheng 公司 2011 年年底（经营的第一年）计算的税前会计收益是 11 000 美元。税收基础的折旧比会计基础的折旧多 24 000 美元。收到 13 000 美元作为税收基础的利润，但基于会计基础，这项预收款作为一项流动负债。2011 年以及后续年度的法定税率是 35%。

要求：

1. 编制日记账记录 2011 年的所得税。假设每年很有可能有足够的应税收益来确认全部的递延所得税资产。

2. 重复(1)，假设未来的应税收益很有可能是零，排除折旧暂时性差异的转回。

[难题 16-19] **调整变化的税率**

LO4 Hermann 公司分析了 2011 年年底的暂时性差异。2011 年以及后续年度的法定税率是

35%。2011年年底应纳税暂时性差异总和是540 000美元。所有的暂时性差异属于非流动项目。

要求:

1. 假设2012年年初时税收部门调整了税率,降为30%。编制2012年的日记账,记录税率的降低。

2. 假设2012年年初税率没有降低,而是增加到了40%。编制2012年的日记账,记录税率的增加。

[难题16-20] 经营损失转回和递延

LO3,LO4 以下信息来自Aruban公司的财务报表:

年份	应税和税前会计收益	所得税税率	支付所得税
2007	$32 000	40%	$12 800
2008	29 300	35	10 255
2009	33 100	40	13 240
2010	22 500	34	7 650
2011	-94 300	35	0

公司选用税法的转回条款。要求:

1. 从财务报表中给出的信息,计算由2011年经营损失造成的所得税返还。

2. 如果有的话,经营损失转回的递延是什么?净经营损失会如何反映在财务报表中?

3. 假设之前的信息不包括如下内容:

(a) 2011年的损失是39 000美元。计算返还税款,编制记录申请税收返还的日记账。

(b) 除了(a)之外,2012年的损失28 000美元。多少可以转回,多少可以递延?

[难题16-21] 净经营损失转回和递延

LO3,LO4 以下数据列示了Irontree公司2002—2011年10年间的收益和损失。

假设净经营损失转回不需要调整应税收益,该公司选用税法的转回条款。

年份	应税和税前会计收益 (净经营损失之前)	所得税税率	支付所得税
2002	$14 200	48%	$6 816
2003	17 600	48	8 448
2004	20 500	42	8 610
2005	-29 300	42	0
2006	13 900	42	5 838
2007	-25 100	44	0
2008	23 500	44	?
2009	40 650	38	15 447
2010	-64 400	38	0
2011	72 000	38	?

要求:

1. 从财务报表中给出的信息,计算每年由净经营损失转回产生所得税返还的金额和递延的金额(如果有的话)。

2. 2010年年底的净经营损失递延如何反映在2010年的财务报表中?

3. 计算2008—2011年支付的所得税金额、净经营损失递延的利益。

4. 编制记录2011年所得税的分录,假设2010年净经营损失递延形成的递延所得税资产当年已得到全额确认。

[难题16-22]　CPA考试样题

LO1, LO5　1. Bren公司2011年12月31日有如下递延所得税项目:(1)15 000美元递延所得税负债属于非流动资产;(2)3 000美元递延所得税资产属于非流动负债;(3)8 000美元递延所得税资产属于流动负债。

下列哪一项应该列报在2011年资产负债表的非流动部分中?

(a) 3 000美元非流动资产和15 000美元非流动负债

(b) 12 000美元非流动负债

(c) 11 000美元非流动资产和15 000美元非流动负债

(d) 4 000美元非流动负债

2. 2011年年底,Grim公司的税前会计收益是200 000美元,应税收益是150 000美元。存在差异的原因如下:

市政债券利息	$70 000
人寿保险的保险费用	−20 000
总计	$50 000

法定所得税税率是30%。在2011年利润表中,应作为所得税费用列报的金额是多少?

(a) 45 000美元

(c) 60 000美元

(b) 51 000美元

(d) 66 000美元

案例

[案例16-23]　什么是递延所得税

Hurst公司是一家刚刚成立的新公司,第一年经营取得了极大的成功。该公司是一家私营公司,公司董事长Byron Hurst表示如果能持续良好地经营4—5年时间,公司将上市。所有迹象表示公司应在短期和长期表现出极高的盈利性。

新公司的管理者Lori James计划使用加速折旧法来计提折旧,使用分期付款销售方法来确认税收基础的收入。在财务报表上列报时,公司采用直线折旧法,所有销售收入在出售时予以全部确认。会计基础和应税基础不存在其他差异。

Hurst雇佣你的公司为其编制财务报告。你在编制利润表的时候,管理层要求列报的所得税费用是真实应付的税负。James的理由是:"毕竟这是我们实际支付的,考虑到持续扩张的计划,暂时性差异未必能在将来转回。"

给管理层写一个备忘录列出你对计划的看法。给出支持你决策的理由。

[案例16-24]　为什么不是递延所得税折扣

Yyler Dee是Martinez公司的管理者,以及该地区主要的负责人。Yyler刚参加完当地市政小组的会议。会上要求Yyler展示和解释Martinez公司在刚过去的一个财政年度的财务报表。会上大部分时间都在讨论公司报告中巨额递延所得税负债的问题。市政小组的成员向Yyler质询该负债的实质,特别是为什么负债不折现以反映时间价值。Yyler除了含糊地说"这是准则要求的方式",没有给出其他实质性的答案。

Yyler如何才能对递延所得税没有折现做出更合理的解释?

[**案例16-25**]　**升高的所得税税率:对我有益还是有害?**

当企业所得税税率于1986年从46%降到34%的时候,大多数采用资产负债表观递延所得税会计的企业因为重新评估递延所得税项目而产生了利得。事实上,一位作者表示这种降低的税率"节约了大量需要支付之前高税率时期累计的递延所得税的货币"。

1993年早期,美国国会考虑提高企业所得税税率,一种建议是把税率从34%提高到36%。会计专家指出,税率提高会促使部分企业报告一次性损失,部分企业报告一次性利得。

1. 为什么1986年税率降低会使大部分公司产生利得?然而1993年税率提高会使部分企业报告利得,部分企业报告损失?

2. 阐述作者的观点:所得税税率的降低节约了大量的货币。

资料来源:Rick Wartzman,"Rise in Corporate Taxes Would Force Many Big Companies to Take Charges," *The Wall Street Journal*, February 11,1993, P. A2; Lee Berton, "FASB Is Expected to Issue Rule Allowing Firms to Post Big, One-Time Gains," *The Wall Street Journal*, November 4, 1987, p.4。

[**案例16-26**]　**解析财务报表(Sara Lee公司)**

Sara Lee公司拥有如下品牌:Ball Park franks、Sara Lee bakery goods、Hillshire farm、Jimmy Dean、Kiwi shoe care products,以及许多其他的产品。与公司递延所得税相关的信息列示如下:

Sara Lee公司及其子公司的所得税　　　　　　　　　　　　　　　　单位:百万美元

	2007年		2008年		2009年	
	当期	递延	当期	递延	当期	递延
美国	18	-144	96	256	-217	172
国外	127	4	30	-224	197	-20
州	-4	-8	23	-22	-31	30
	114	-148	149	10	-51	182

2007年持续经营的所得税应付现金是3.78亿美元,2006年1.21亿美元,2005年1.3亿美元。基于这些信息,回答如下问题:

1. 编制会计分录记录2007年700万美元的所得税优惠。记得在当期和递延分配费用和收益。

2. 编制会计分录记录2007年应付所得税。

[**案例16-27**]　**解析财务报表(伯克希尔·哈撒韦)**

参考摘录的伯克希尔·哈撒韦公司2007年财务报表回答如下问题:

1. 伯克希尔·哈撒韦公司2007年的综合收益是多少?

2. 编制简要分录记录2007年所有证券的出售、赎回、到期(包括权益和固定到期日证券)。

3. 查看所有者权益变动表,"净收益中包含的投资可评估的重分类调整"的目的是什么?

4. 伯克希尔·哈撒韦公司确认2007年可供出售证券投资市场价值变化的分录是什么?忽略(3)提到的重分类。

来自现金流量表	2007年	2006年	2005年
投资活动现金流量:			
购买持有至到期债券	$-13 394	$-7 747	$-13 937
购买权益证券	-19 111	-9 173	-8 021
出售持有至到期债券	7 821	1 818	3 243
赎回持有至到期债券	9 158	10 313	7 142
出售权益证券	8 054	3 778	1 629

(续表)

来自现金流量表	2007 年	2006 年	2005 年
购买应收的借款和财务	-1 008	-365	-1 987
收回应收的借款和财务的本金	1 229	985	911
企业兼并收到的净现金	-1 602	-10 132	-2 387
购买不动产、厂房和设备	-5 373	-4 571	-2 195
其他	798	1 017	1 761
投资活动的净现金流	$ -13 428	$ -14 077	$ -13 841

来自股东权益变动表	2007 年 12 月 31 日	2006 年 12 月 31 日	2005 年 12 月 31 日
A 级和 B 级普通股期初和期末的余额	$ 8	$ 8	$ 8
股本溢价年初数	$ 26 522	$ 26 339	$ 26 268
A 股和 B 股的发行价和 SQUARZ 保修费	430	123	131
年末数	$ 26 952	$ 26 522	$ 26 399
留存收益			
期初数	$ 58 912	$ 47 717	$ 39 189
采用新的会计政策	28	180	—
净利润	13 213	11 015	8 528
期末数	$ 72 153	$ 58 912	$ 47 717
累计其他综合收益			
未实现投资收益	$ 2 523	$ 9 278	$ 2 081
适用的所得税	-872	-3 246	-728
重新分类投资调整(包括净利润)	-5 494	-1 646	-6 261
适用的所得税	1 923	576	2 191
外币调整	456	603	-359
适用的所得税	-26	1	-26
之前服务成本和固定收益计划的利得和损失	257	563	-62
适用的所得税	-102	-196	38
其他(包括少数股东利益)	-22	-13	51
其他综合收益	$ -1 357	$ 5 920	$ -3 075
采用 SFAS No.158	—	-303	—
累计其他综合收益期初数	22 977	17 360	20 435
累计其他综合收益期末数	$ 21 620	$ 22 977	$ 17 360
综合收益			
净利润	$ 13 213	$ 11 015	$ 8 528
其他综合收益	-1 357	5 920	-3 075
综合收益总和	$ 11 865	$ 16 935	$ 5 453

(续表)

从注释6到财务报表

投资利得(损失)摘录如下(单位:百万)

	2007年	2006年	2005年
持有至到期债券			
出售和其他处置总利得	$ 657	$ 279	$ 792
出售和其他处置总损失	-35	-9	-23
权益证券			
出售和其他处置总利得	4 880	1 562	5 612
出售总损失	-7	-44	-6
其他非暂时性报废造成的损失	—	-142	-114
其他	103	165	-65
	$5 598	$1 811	$6 196

从注释13到财务报表

暂时性差异的税收影响增加了递延所得税资产和递延所得税负债的重要部分(单位:百万)

	2007年12月31日	2006年12月31日
递延所得税负债:		
投资——未确认的增值和成本基础的差异	$13 501	$14 520
假定的重新发行递延收费	1 395	687
不动产、厂房和设备	4 890	4 775
其他	2 743	2 591
	$22 529	$22 573
递延所得税资产		
未支付的损失和费用调整损失	$ -756	$ -681
预收溢价	-425	-443
应计负债	-1 259	-1 335
其他	-1 933	-1 843
	-4 373	-4 302
净递延所得税负债	$18 156	$18 271

[案例16-28] 写作训练(税务状况的不确定性)

　　税务状况的基本确定是一种基于明确、不模糊的税法,税收状况和被质疑的金额在复核的时候很有可能得到支持。税务状况的不确定性同样要求状况很有可能被支持,但金额能否被支持具有不确定性。

　　税务状况的基本确定和税务状况的不确定性同样要求至少有50%的可能性税收状况能被支持,区别在于评估各种货币结果的可能性。

　　用少于一页纸讨论税务状况的不确定性变为税务状况基本确定的可能性。

[案例16-29] 研究会计准则

　　为帮助你熟悉会计准则,本案例要求你登录FASB的网站以获得其各种出版物信息。进入FASB的网站http://www.fasb.org。点击"Prounoucement & EITF Abstracts"。

　　本章我们讨论了所得税会计。在这种情况下,我们使用SFAS No.109,"所得税会计"。打开FASB第109号公告。

　　1. 第6段讲述了所得税会计的两个目标。

2. 第16段说明总的所得税费用(或优惠)分为两个部分,这两个部分是什么?
3. 第17段讨论了与递延所得税资产相关的备抵账户,设立备抵账户的目的是什么?

[案例16-30] 道德困境(备抵账户)

你刚完成了年度财务报表和附注的草稿,会在即将召开的董事会上发给董事会成员。在会上,董事们将有机会就财务报表内容和附注进行分析、提出问题和提供建议。

根据你的计算,公司会在第三年出现损失。公司将充分发挥税法递延条款的优势,把损失的一部分转回。结果是,你已经正确地记录了递延所得税资产,但是因为持续的损失,你必须使用备抵账户减少递延所得税资产余额。

董事会上,问题最初集中在公司的盈利性上。接着这个讨论,一名董事质疑备抵账户的使用。你解释如果持续发生损失,递延所得税资产全部金额将不能被确认,你专业的意见是存在足够多的证据判断备抵账户的使用。

董事会立刻开始质疑你预期未来发生损失的假设。一位董事说"下一年我们当然会盈利",另一位说"我们已经有了使公司扭亏为盈的方案"。你无意中听到另一个人悄悄地对他的同事说:"如果会计师认为我们未来赚不到钱,他们为什么还要留下来?"

你在前些年已经听说过谈论周转期,管理层在完成预期改革方面看来是不成功的。过去,你通常有前些年的利润可以抵销损失。但现在你是财务部门的主管,已经公开质疑管理层报告未来盈利的意图。目前董事会质疑你对公司的忠诚度和你的判断。

1. 衡量递延所得税资产账户的时候应该考虑哪些因素?
2. 作为会计师,你有权利质疑管理层扭亏为盈的能力吗?
3. 备抵账户的会计分录对当年的利润表有什么影响? 净利润上升还是下降? 你能用会计分录说明公司的损失吗?

[案例16-31] 累进式电子工作表分析

这项工作基于第13章的电子表。回顾准备2012年天行者公司预期资产负债表、利润表、现金流量表过程中的假设。这项工作涉及计算递延所得税和用现金支付所得税的金额。

天行者公司愿意估计2012年支付所得税所用的现金金额。会计收益和应税收益唯一的差异在折旧领域。天行者公司会计上使用直线折旧法而税收报告上使用加速折旧法,这个差异产生了递延所得税负债,包含在资产负债表中的其他长期负债里。以下是2011年12月31日的信息:

累计折旧——财务会计记录	$27
累计折旧——税收记录	$50
预期未来的所得税税率	33%

构造一个电子表来帮助你回答下列问题:

1. 由给出的信息,天行者公司2011年12月31日的递延所得税负债是什么?(计算结果保留到小数点后两位)

2. 2012年税收基础上的折旧费用是会计基础的1.5倍。估计2012年用现金支付所得税的金额。结果保留两位小数,并基于如下假设:
(a) 会计基础和税收基础上的分期偿还的费用是一致的。
(b) 所有当期的所得税费全部用现金支付。
(c) 这些计算不会影响总的2012年预期"其他长期负债";其余额仍然以与销售额相同的比率增长。

3. 重复(2),基于如下假设:
(a) 会计基础和税收基础上的折旧费用是一致的。
(b) 税收基础上的折旧费用是会计基础上的2倍。

4. 阐述有什么样的假设支持你在(3b)中的答案。

第17章 雇员福利
——工资、养老金及其他福利

学习目标

1. 了解工资和工资所得税的会计处理,理解确认与带薪缺勤有关的负债的标准。
2. 学习计算绩效奖金,确认与雇佣后福利有关的事项。
3. 理解雇员养老金计划的实质和特征,包括固定收益计划的细节。
4. 使用养老金资产和养老金负债的组成部分,以及这些组成部分的变动来计算养老金的期间费用和对其他综合收益的影响。
5. 编制与养老金相关的披露,理解养老金结算和缩减的会计处理。
6. 解释养老金会计和非养老金退休后福利会计的区别。

美国媒体经常讨论国债上涨问题。截至2006年9月30日,美国财政部向公众借款高达4.868万亿美元。此笔债务是美国政府最大的一笔公共债务,但巨额债务不只有这一笔。截至同一天,政府在军事、民用以及老兵福利方面的债务现值已达4.679万亿美元。[①] 这些债务当然是巨额的(1万亿美元首尾相接的排列可以从地球延伸到月球再从月球延伸回地球197次),但社会保障养老金义务要超过所有其他政府债务。当然从某种意义上说,把社保看作养老金计划是不正确的;这是一种社会保险制度,当前的工人为过去的工人支付利益,为了将来能有工人为他们支付。在那种条件下,把社保的状态评价为保险金计划仍然是十分有趣的。到2006年9月30日为止,美国财政部估计目前和未来参加计划的人(接下来的75年)的未来收益现值比那些员工和他们老板的未来贡献现值多出6.449万亿美元。那些人的医疗保险的现值超出他们的预计贡献额32.305万亿美元!

在过去的100年中世界上几乎每个国家的人口寿命都得到增长,这成为了普遍认同的现象。例如,1990年美国人口平均寿命是49岁;2004年已经上升到77.9岁。[②] 随着人们寿命增长,他们必须处理延长退休年限的财务问题。接下来的10—15年,随着20世纪40年代、50年代人口"婴儿潮"转向退休,美国该问题的严重性还在加剧。据估计美国人口大于65岁的比例将由目前的12%增长为2030年的20%。

随着人口年龄增长,国家更多份额的资源必须用于奉养退休老人。这样的问题对于企业也是真实存在的。例如,据报道每一辆通用汽车的售价中大约有1 100美元不得不用于支付退休员工的养老金和医疗费用。

---

① *Financial Report of the United States Government—2006* (Washington, DC: Department of the Treasury).
② *National Vital Statistics Report* (Washington, DC: Center for Disease Control and Prevention).

第 17 章　雇员福利——工资、养老金及其他福利　　273

　　和雇员福利相关的复杂的会计问题在雇员退休时开始出现。如同第 13 章介绍的，股权福利已经快速成为一个复杂和有争议的问题。此外，公司必须解决绩效奖金及与病假和事假有关的债务的计算问题。最后，福利条款涉及工资，例如不同雇员和老板的工资税，这些增加了雇员福利的复杂性。

　　图 17-1 列示的事项线概述了雇员福利的各种事务。自然地，我们最熟悉的是提供服务后能直接得到的福利。接下来是涉及病假、事假和其他带薪缺勤的系列问题。这些债务在当期发生，通常与雇员的被雇佣年限相关。通常在会计期末期计量的股票期权和其他类型的绩效奖金组成接下来的事项。在一些情况下，雇主可能会让一个享有某些福利的雇员提前退休。这些福利叫做雇佣后福利，这不等同于最后所列的事项——养老金和非养老金退休后福利。

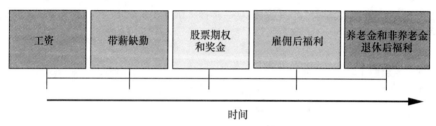

图 17-1　雇员福利事项图

问题：

1. 美国联邦政府负有两项单项都超过 4 万亿美元的债务，一项是国债，另一项是什么？
2. 美国接下来 30 年的人口年龄结构的改变，如何使得满足退休工人社会保障权利变得更有难度？
3. 除了退休工人的福利成本，还有什么与退休工人有关的实质成本是通用汽车必须承担的？

问题的答案可以在第 308 页找到。

　　本章将按照雇员福利事项图的顺序开始。我们首先关注工资，之后是带薪缺勤。接下来简要讨论股票期权和奖金。紧接着回顾雇佣后福利，接下来细节性地讨论养老金，包括对养老金会计国际准则的讨论。本章最后将讨论非养老金退休后福利。

日常雇员福利事项

1 了解工资和工资所得税的会计处理，理解确认与带薪缺勤有关的负债的标准。

WHY　实际上日常雇员福利事项不仅仅涉及雇员薪水或工资总费用的确认。正确地报告福利要求我们理解这些事项。

HOW　除了薪水或工资费用，企业必须为了社保和失业税确认工资所得税。企业也必须仔细记录为了所得税和其他项目从雇员工资薪金中扣减的金额。最终，必须编制一年当中的事假和病假所得的调整分录。

　　在雇员福利领域，近些年养老金的复杂程度已经引起了极大的关注。在关注养老金之前,我们首先讨论与当期支付相关的雇员福利。顺着当前工资的会计处理,我们将讨论带薪缺勤的问题,如病假、事假,等等。

工资和工资税

在一家持续运营的企业,办公室人员和其他员工的薪酬每天都会发生。正常来说只有当支付时才编制这些费用的分录,但是在会计期末的时候需要利润和费用的准确配比。对未支付的工资进行预估,并编制调整分录来确认预估金额。通常,全部的应计金额都被确认为应付职工薪酬,而没有确认与之相关的扣缴项。当后续期间实际支付的时候,再将这些金额在雇员和其他实体如政府税收部门、工会和保险公司之间进行分配。

例如,假设一家公司有15名员工,每两个星期发一次薪水。12月31日,有4天的薪水没有支付。分析得出15名员工每天一共挣1 000美元。因此,12月31日的调整分录如下:

借:工资费用　　　　　　　　　　　　　　　　　　　　　　　　　　　4 000
　　贷:应付职工薪酬　　　　　　　　　　　　　　　　　　　　　　　　　4 000

当支付的时候,应付职工薪酬将借记4 000美元。

社保和所得税法对薪酬征收五种税:

1. 联邦年迈、幸存者和残疾税(需要对雇员和雇主征税);
2. 联邦医疗保险(需要对雇员和雇主征税);
3. 联邦失业保险(仅需要对雇主征税);
4. 州失业保险(需要对雇主征税);
5. 个人所得税(需要对雇员征税但是由雇主代扣和支付)。

联邦年迈、幸存者和残疾税　联邦保险法(FICA),主要涉及社会保障法规,由FICA向雇员和雇主征税,以此来向联邦年迈、幸存者和残疾的特殊个体和其家庭成员提供基金。一度只有雇员被该法涵盖;但是现在包括绝大多数独立创业的个体。

法条要求雇主或者一个或多个雇员,没有特定免责条款的条件下,从每一个雇员的工资中扣留FICA税。税法已经详细规定了纳税适用的税率和工资基础。税率和工资基础自从20世纪30年代社保计划开始之后出现了戏剧性的增长。FICA税1937年初始税率是1%;2007年的实际税率是6.2%。同期需要纳税的年工资已经从3 000美元上升到97 200美元。应税工资基础每年上涨是基于社保福利中生活成本的调整。

雇主扣留所有雇员的FICA税金,通过配比账户汇往联邦政府。雇主被要求保存完整的记录,向税收部门提交详细的材料。雇主要对税款全额负责,即使雇员的缴税没有被扣缴。

联邦医疗保险　联邦医疗捐献法(FICA)也包括医疗法的条款。这种法律不同于之前讨论的适用于全部工资的法律;它没有上限。2007年针对雇主和雇员的税率都是1.45%。①

联邦失业保险　联邦社会保险法和联邦失业税法(FUTA)提供了建立失业保险的计划。雇主为每年受雇20周或者每个季度至少支付1 500美元的工资的雇员投保。

在现行法律规定之下,联邦政府对于每个合格的雇主在支付给雇员的第一个7 000美

---

① 为了解释性说明的目的及章节末习题的需要,以下将使用合并后FICA税的税率设为7.65%。

元的年份征税。自 1985 年起实际税率是 6.2%，但雇主最多允许抵扣州失业补偿税所付的 5.4%。没有对雇员征税。当雇主被要求缴纳州失业法规定的 5.4% 或更多的税收时，联邦失业税是应税工资的 0.8%。

给联邦政府的税金要求按季度支付。失业津贴由各州支付。联邦政府取得的收入用于支付各州行政管理支出和联邦失业计划，也作为补充的失业津贴。

州失业保险 各州的失业补偿法不太一样。绝大多数州，法律只对雇员征税，但是在少数几个州，征税对象包括雇员和雇主。每个州的法律对免税雇员，征税前雇员的数量和要求支付的工资数，雇员和雇主的出资进行了分类。免税条款通常与联邦法律一致。应付税收通常在每个季度的最后一天或之前生成。

尽管雇主征税标准是 5.4%，各州通过绩效评定或体验计划为雇主的个体雇佣经历提供较低税率。拥有稳定雇佣记录的雇主按一定的税率征收来为以前的雇员提供一定数额的救济金；考虑到支付给以前雇员较多的救济金，拥有不满意雇佣记录的雇主按接近 5.4% 的税率纳税。州绩效系统下缴纳的允许在联邦税收的计算中抵扣，所以即便在绩效评定系统下支付税率低于 5.4%，联邦税率也不会超过 0.8%。

所得税 基于个人工资基础的联邦所得税在工资支付的时候缴纳。"现收现付制"要求雇主在支付给雇员工资中扣缴所得税。多数州和地方政府也会对雇员的收入征收所得税，而这些所得税是雇主必须扣缴税款和处理的。扣缴税款不仅适用于从事贸易和商业的雇主，也同样使用于宗教和慈善组织、教育机构、社会组织、美国政府、州政府、地区和他们的部门、机构和政治分支机构。工资支付的特定类型从扣缴税款中免除，尽管这些仍然需要缴纳所得税。

雇主必须满足税法中扣缴税款的要求，即使只有一个雇员的工资需要扣缴。雇主扣留的金额由税法提供的公式或者政府提供的税收扣缴表得出。扣缴数额基于工资期间的长度、收入数额、雇员扣缴免除权利的数目。FICA 要求下的税收（雇员和雇主部分）和雇主扣缴的所得税需要同时支付给联邦政府。

补充

不是所有的国家和地区都要求雇主扣缴雇员的税款。例如，在中国香港地区，员工需要在年末积累充足的基金来支付 15% 的所得税。财务机构乐于安排"税收贷款"给那些忘记安排资金付税的人。

这些合并的税款被存入经授权的银行，按季度、月度或者每月几次，这取决于负债的金额。提供了所有雇主支付工资摘要的季报和年报必须归档。

工资税会计 为了说明工资税的会计程序，假设一家有 15 个雇员的零售店 1 月份的工资是 16 000 美元。州失业补偿法提供的税率是 5.4%。该月扣缴所得税税款是 1 600 美元。假设 FICA 税率是 7.65%。工资和雇主的工资税分录如下：

记录工资支付和相关雇员的税款扣缴

借：工资费用	16 000
贷：应付 FICA 税	1 224
应付雇员所得税	1 600
现金	13 176

记录雇主的工资税负债

借：工资税费用	2 216

贷:应付 FICA 税	1 224
应付州失业税	864
应付联邦失业税	128

*计算：

FICA 税(0.0765 × $16 000)	$1 224
州失业保险法税(0.054 × $16 000)	864
FUTA 税[0.008(0.062 – 0.054) × $16 000]	128
工资税费用总和	$2 216

当把税款支付给适当的部门时,借记税收负债账户,贷记现金账户。

和雇员扣缴税款一样,雇主工资税基于当期支付给雇员的金额,而与报告的收入无关。当财务报告基于权责发生制编制时,雇主将必须确认应计的工资和与会计期末调整相关的雇主工资税。

> **注意**
> 不要忘记,如果工资薪金已发生,为了保证财务报表的合理列报,需要在会计期末编制调整分录。

例如,假设 12 月 31 日应计工资是 9 500 美元。这个金额中,2 000 美元应缴纳失业税,6 000 美元应缴纳 FICA 税。尽管工资直到次年的 1 月才支付,但配比原则需要这些成本在发生的期间分配。分配用一个调整分录完成。雇主工资税的调整分录如下：

应计雇主的工资税负债

借:工资税费用	583*
贷:应付 FICA 税	459
应付州失业税	108
应付联邦失业税	16

*计算：

FICA 税(0.0765 × $6 000)	$459
州失业保险法税(0.054 × $2 000)	108
FUTA 税(0.008 × $2 000)	16
工资税费用总和	$583

与雇员的协议可能涉及工资抵扣和雇主对其他项目的投资,例如集体保险计划、养老金计划、储蓄债券的购买或工会经费。这些协议要求的会计程序和工资税描述的相似。

带薪缺勤

带薪缺勤包括雇主为休假、节日、生病及其他个人行为的支付。雇员经常根据被雇佣的时间获得带薪休假。通常来讲,雇员为公司工作的时间越长,允许的休假时间越长或者允许休病假的时间更宽松。在给定的会计期末,公司有义务使员工得到但可以不使用带薪缺勤。配比原则要求估计获取的金额与当期的利润和形成的负债一同记在账上。① 会计处理的难点在

---

① *Statement of Financial Accounting Standards No. 43*, "Accounting for Compensated Absences" (Stamford, CT: Financial Accounting Standards Board, 1980), par. 6.

于估计应计的额度。在第43号公告中，FASB要求带薪缺勤应该确认为一项负债，因为：(1)通过提供服务已经获取；(2)归属或可以转到后续年度；(3)可预计的和有可能的。

例如，假设企业对于所有员工都有带薪休假的政策。如果所有雇员有相同的服务年限，那么计算将不会太复杂。但是多数计划提供了灵活的入职时间。为了计算负债，必须编制详细的员工清单，包括服务的年限、支付率、顺延的以前年度未使用的休假、员工流动率和休假的可能性。

为了说明带薪缺勤的会计处理，假设S&N公司有20名雇员，每星期平均获得700美元。2010年所有雇员共获得40周假期，但只用了30周假期。他们把剩下的10周假期移到2011年，2011年每周平均薪水是800美元。2010年12月31日应计带薪假会计分录如下：

记录应计的休假工资（$700×10周）

借：工资费用	7 000
贷：应付休假工资	7 000

这个分录假设2010年已经用掉的30周休假的工资费用已经记录。因此利润表将会反映出当期获取的整个40周休假。2010年12月31日的资产负债表中，S&N公司将报告7 000美元的流动负债，由所欠的10周带薪假期形成。2011年额外的假期被用完，工资被支付时，应该编制如下的分录：

用当期的支付率计算先前获取的休假时间（$800×10周）

借：工资费用	1 000
应付带薪假	7 000
贷：现金	8 000

因为休假已经用完了，所以这个分录消除了负债。因为负债是以获取补偿时的支付率记录的，所以需要调整工资费用。但是现金是用当期比率支付的，需要调整工资费用。如果2011年用掉的10周休假所用的比率与2010年记录的比率一致，则不需要调整工资费用。2010年记录支付的分录时借记应付账款，贷记现金7 000美元。

带薪缺勤（如休假）应计的一个例外情况是为病假给出的。FASB要求病假只有在雇员实际发生时才能确认，也就是说，雇员有特定天数病假的补偿权利，不论雇员是否在那段时间真的缺勤。一旦离开企业，雇员将根据未使用的病假时间获得补偿。如果病假不存在，只有当实际支付时才能记录为一项费用。①

尽管带薪缺勤只有在休假、节假日、病假发生和支付时才能在所得税税前抵扣，但GAAP要求在财务报表中确认为一项负债。

非常规雇员福利

2 学习计算绩效奖金，确认与雇佣后福利有关的事项。

WHY 员工服务的所有成本包括与奖金和股票期权相关的报酬或承诺的报酬，还有辞退福利。

HOW 与奖金相关的福利费用在获取的期间确认。与股票期权相关的福利费用要求用预计期权的公允价值来计算；第13章详细介绍了股权激励会计核算。雇员的总应付辞退福利在与雇员沟通辞退事项时确认。

---

① *Statement of Financial Accounting Standards No. 43*, "Accounting for Compensated Absences" (Stamford, CT: Financial Accounting Standards Board, 1980), par. 7.

除了有规律的常规福利之外,期末经常会出现几项其他的福利事项。本节将讨论这些以绩效为基础的股权或者奖金形式的激励计划。我们讨论的是雇佣之后退休之前的福利问题。

股权基础的福利和奖金

如第 13 章提到的,股票期权经常是员工福利的一部分。当股票期权(特别是以业绩为基础的)在管理层和主管中很普遍的时候,许多公司也为员工准备了股票期权计划。股权基础的福利费用金额是期权被授予日的公允价值和股权福利计划的类型的函数。在一个简单的股权福利计划中,福利费用合计数等于授予期权的数目乘以授予日每股期权的公允价值。这些费用在雇员为了获取期权而为公司提供服务的期间摊销。对于以绩效为基础的股权激励计划,福利费用合计数等于授予日每股期权的公允价值乘以可能被授予期权的数目。这个数额每年年末都会重新评估。部分股权福利计划要求用现金支付,例如现金股票增值权(SARs)。这些负债账户每年年末被重新计量,福利费用做实时调整。回顾第 13 章关于股权基础福利的细节讨论。

> **补充**
> 以盈利为基础的奖金计划的存在,主要是为了鼓励管理者能够努力和巧妙地工作以提高公司的业绩。但是这样的计划也会促使管理层操纵报告利润。事实上,审计师在评估企业财务报表欺诈风险的时候,企业是否采用以盈利为基础的管理层奖金计划是关注因素之一。

除了股票期权之外,在给定的期间内,雇员经常基于公司的业绩获得奖金。额外的福利应该在获得时予以确认。奖金经常是以雇主收入的一些标准为基础。例如,假如 Photo 图像公司在各店收入的基础上给店面管理层 10% 的奖金。奖金是以扣除奖金之后、所得税之前的收入为基础的。进一步假设一家商店支付奖金和所得税之前的收入是 100 000 美元。奖金计算如下:

$$B = 0.10(\$100\,000 - B)$$
$$B = \$10\,000 - 0.1B$$
$$B + 0.1B = \$10\,000$$
$$1.1B = \$10\,000$$
$$B = \$9\,091 \text{(四舍五入)}$$

奖金将作为经营费用列报在利润表中,除非立即用现金支付奖金,应付奖金应作为流动负债列示在资产负债表上。以奖金计划为例,埃克森美孚公司在 2008 年向 SEC 提交的报告中披露了面向高级管理层的管理层奖金计划。计划向管理层授予一定数额的"盈利奖金份额";管理层有资格收到的现金等于公司累计报告的后续三年的每股净收益,最高不超过 2007 年授予的每股奖励 5 美元的限额。埃克森美孚公司首席执行官 Rex W. Tillerson,2007 年收到基于盈利的奖金 3 360 000 美元,而他当年的工资是 1 750 000 美元。

雇佣后福利

商界中,企业精减裁员是很普通的现象,一个员工不能保证他的职业生涯中只有一个雇主。此外,员工出于促进职业提升和提高家庭生活质量的原因会更换工作。因为这些和

> **思考**
>
> 以下哪一项不是用来识别雇佣后福利负债的标准?
> a) 雇主的义务与支付给雇员的工资数额成正比。
> b) 雇主的义务与存在的认股权证有关。
> c) 负债有可能被支付,且数额能被合理估计。
> d) 雇主未来的义务与雇员已经提供的服务有关。

其他的原因,雇佣后但是退休前的福利问题变得更加重要。FASB 发布第 112 号"雇主的雇佣后福利会计"公告强调雇佣后福利的问题。① 该公告修改了第 43 号公告涉及的前一节讨论的带薪缺勤。第 43 号公告要求确认雇员与时间相关的福利,例如病假、休假,但第 112 号公告扩展确认了之前或闲置的雇员雇佣后退休前的福利。第 112 号公告涵盖的福利类型包括补充的失业福利、辞退福利、残疾人福利、工作培训和建议、附加福利如医疗保险和人寿保险。② 这些类型的福利经常作为重组的一部分授予员工。因此雇佣后福利负债通常包含部分重组费用。在重组过程中,雇佣后福利通常当管理层决定终止时确认。终止的细节确定后,需要向雇员发布公告。③

雇佣后福利使用与带薪缺勤会计同样的标准。这些标准是:(1) 与雇员已提供服务相关的雇主未来的义务;(2) 存在与权利相对应的雇主义务;(3) 负债有可能被支付,且金额能够合理地估计。④ 如果这些标准达到了,那么编制与之前带薪缺勤相似的分录。为了说明雇佣后福利的重要性,考虑如表 17-1 所示,NVR 公司在 2007 年第一季度季报附注中的披露。

表 17-1　附注中雇佣后福利的披露——NCR

员工辞退成本
2007 年第一季度,公司开始了 ATM 产品的制造重组,包括原本某些美洲地区制造环节的外包,把其他制造环节从高成本地区移向那些如欧洲、中东、非洲和亚太等低成本地区。重组的结果之一是在 2007 年第一季度经营的合并报表中记录了 4 600 万美元员工辞退和其他辞退福利的产品成本。重组导致的 4 600 万美元中,根据 SFAS No.112(雇员的雇佣后福利会计)有 3 700 万美元确认为离散的成本,剩余的部分根据 SFAS No.146(退出和处置行为成本会计)来记录。

养老金会计

3 理解雇员养老金计划的实质和特征,包括固定收益计划的细节。

WHY　企业养老金计划中对员工的允诺可以形成一笔巨大的经济负债。负债规模的大小是由计划的具体情况决定的。股东和债权人需要知道企业未来需要多少现金流用于履行养老金承诺。

HOW　在定额缴纳养老金计划中,养老金费用等于每年要求缴存的金额。在固定收益计划中,每年的养老金费用由许多因素确定,最重要的是养老金福利精算现值所用的内含报酬率,当年获取的新的养老金福利的现值,以及当年养老基金的返还程度。

---

① *Statement of Financial Accounting Standards No.112*, "Employers' Accounting for Postemployment Benefits" (Norwalk, CT: Financial Accounting Standards Board, 1992).
② Ibid., par.1.
③ *Statement of Financial Accounting Standards No.146*, "Accounting for Costs Associated with Exit or Disposal Activities" (Norwalk, CT: Financial Accounting Standards Board, 2002).
④ *Statement of Financial Accounting Standards No.112*, par.6.

可以通过设立一些养老金计划为退休后融资,在雇员服务期间设立一些基金,退休后这些基金和投资基金的收益可以返还给雇员以代替工资收益。在美国,养老金主要分为三类:

1. 政府计划,主要是社保;
2. 个人计划,例如个人退休账户(IRAs);
3. 雇主计划。

第三种分类,雇主养老金计划,涉及一些困难的和有争议的会计和报告事宜。1985年,FASB 发布了两个养老金会计标准,第 87 号公告"雇主的养老金会计"和第 88 号公告"固定收益养老金计划的设立和削减会计以及离职福利会计"。这些标准,尤其是第 87 号公告,改变了养老金成本由雇主决定和报告的方式。2006 年,FASB 发布了第 158 号公告"固定收益养老金和其他退休后计划的雇主会计:FASB 第 87、88、106 和 132(R)公告的修改",实质性地简化(和发展)了养老金会计。

与雇主养老金计划相关的是雇主的非养老金退休后福利会计。这些福利扩展了雇佣的实际年限,包括健康保险、人寿保险、法定服务、雇主生产或销售项目的特殊折扣、指导帮助。历史上,大多数公司采用收付实现制或现金基础来确认这些福利的成本。FASB 认为这些退休后福利是单独的一类,1990 年发布了第 106 号公告"雇主的除了养老金之外的退休后福利会计"。通常,这个准则要求企业将退休后福利的成本应计为递延补偿并且披露企业退休后福利的未来义务的性质。

雇主养老金计划的性质和特征

雇主的养老金会计的主题是非常复杂的,部分因为计划中许多变动因素一直在发展。大多数养老金计划是专为一个雇主设计的,被称为单一雇主养老金计划。如果几家企业共享同一个计划,被称为多雇主养老金计划。本章会计准则关注单一雇主养老金计划。

雇主养老金计划基金　所有雇主养老金计划的根本目的是一致的:给雇员提供退休后福利。养老金计划的一个原则是如何提供足够的资金来满足退休人员的需要。联邦政府的社会保障系统经常受到批判,因为它不是一个"提供资金"的计划。雇主和雇员当期支付的 FICA 税作为福利支付给当期已经退休的个人。这意味着当期的雇员必须拥有一种信念即下一代也能这样对待他们。这样的系统产生了很多疑惑和不确定性。

私人计划不允许用这样的方式操作。联邦法律如 1974 年的《退休员工权益保护法》(ERISA),要求企业按顺序方式投资他们的养老金计划使得退休的员工受到保护。部分养老金计划全部由雇主投资,被称为不需职工缴纳的养老金计划。在其他情况下,雇员也需要负担养老金的成本,被称为共同提取养老金计划。① 负担的时间和金额取决于具体的情况和计划的条款。养老金计划条款是非常宽泛的,并且在很多情况下非常复杂,养老金计划有两种基本的分类:(1) 定额缴纳养老金计划;(2) 固定收益养老金计划。

定额缴纳养老金计划　定额缴纳养老金计划在构建过程中相对简单,且较少涉及雇主会计问题。在这种计划下,雇主定期向由独立第三方托管人管理的信托基金交付提存金额。每期的提存额或许被设定为一个固定的金额,或者是按雇主收入的比例、员工收入的

---

① 因为本章主要讨论雇主养老金会计的问题,所以后续的讨论不涉及雇员的贡献和其例子。

比例,或者这些和其他因素的综合。基金管理人取得缴款以后,进行对外投资。当员工退休时,支付给员工的养老金将由基金累计价值决定。因此员工的退休收入取决于基金是如何被管理的。如果做出的投资是英明的,那么员工将比差劲的投资更加受益。事实上,员工是投资风险的承担者。雇主的义务仅是定期缴纳固定金额的资金。缴纳的金额是养老金费用,不需要再做进一步的会计处理。作为这一类型计划的例子,许多大学教授被包含在一个叫 TIAA/CREF 的固定养老金计划中。学院或者大学作为教师的代表缴款,这些教师退休后的收益就依赖于 TIAA/CREF 基金的管理者的判断。到 2007 年 12 月为止,TIAA/CREF 是世界上最大的私人养老金计划,由 340 万工作和退休的员工积累的资产已经超过了 4 350 亿美元。

> **补充**
>
> 在某种意义上说,所有的养老金计划都是由员工融资的。当考虑可接受的报酬水平时,企业和员工都应该考虑总体的报酬:当期的工资、附加福利和递延报酬。较高的雇主养老金提存可能意味着较低的当期报酬。

固定收益养老金计划 固定收益养老金计划比定额缴纳计划更复杂。在固定收益养老金计划下,员工特定的退休收入与其被雇佣的年限和特定年限的平均工资相关。雇主定期缴纳的金额基于支付给员工的预期利益并受到多种因素的影响。因为是固定收益,提存资金必须随着环境的变化而变化。图 17-2 解释了固定收益的基本性质。定额缴纳养老金计划除了缴款而不是收益被确定外也可以用相同的方式解释。但是这个区别对于解释固定收益养老金计划的复杂性是重要的。

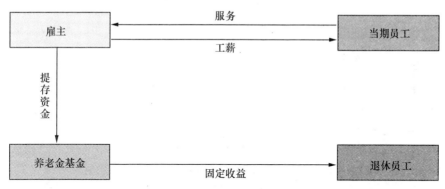

图 17-2　固定收益养老金计划

> **补充**
>
> 风险事项由谁来承担是非常重要的。在固定收益养老金计划中,雇员也不是完全没有风险的;如果受雇的公司破产了,福利的收益就很危险。为了缓减这样的风险,美国国会成立了养老金福利保险公司(PBGC),作为负有连带责任的养老金计划承保人。PBGC 从成员公司收取保险费用,在公司破产的时候享有对资产优先受偿的权利。

在固定收益计划下,投资的风险实质上是由雇主承担的。当为了提存和投资的需要维持独立的信托基金,雇主需要对最终确保雇员收到计划下的设定收益承担责任。养老金基金从本质上可以看作为了实现雇主未来养老金义务而设立的基金,就像为了其他目的而设立的基金一样,例如为了赎回到期的债券。但主要的区别是赎回债券的未来义务是固定的金额,而雇主对于退休福利的未来义务基于很多预期和假设。此外,鉴于债务人和债券持有人之间私下协商的偿债基金要求,美国联邦法律规定了养老金计划基金的最低限额。

> **思考**
>
> 许多公司把它们的养老金计划从固定收益变更为定额缴纳。雇主为什么这么做?
> a) 定额缴纳计划的总成本相对较低。
> b) 美国政府已经强制逐渐把固定收益计划转换为定额缴纳计划。
> c) 定额缴纳养老金计划是一种受欢迎的表外融资形式。
> d) 从固定收益计划转换为定额缴纳计划,把投资风险从公司转移到了员工。

固定收益。固定收益养老金计划作为雇员提供额外服务的回报,增加了未来的退休福利。实际上,雇员一段时期总的福利包括当前的工资,加上收到未来固定金额福利的权利所代表的递延补偿。雇员特定期间获取的未来福利的金额是由精算师决定的,而不是会计师。但是要理解与养老金相关的会计事务,用一个可理解的基本概念来计量未来退休福利是很必要的。

一定时期获取的未来福利的金额是基于计划的福利公式,指出了如何把福利分摊到雇员服务的各年中。一部分计划的分摊等于服务各年回报的福利,例如,雇员每服务一年将获得每月100美元的养老金福利。因此,一名工作了30年后退休的员工每月将获得3 000美元的福利($100×30)。每年服务回报的福利100美元乘以退休后预计剩余的月份数。一部分计划把部分福利分摊到不同的服务年限,例如,每服务一年将获得每月100美元的福利,大于20年时每增加一年将获得每月120美元。大多数计划包括基于当前或未来员工收入的福利公式。例如,计划可能会提供员工退休前5年平均年收入的2%作为每月的福利。

未来福利的计量是极其主观的。雇员一定期间获取的福利金额基于很多变量,包括雇员的平均年龄、工作年限、预计的营业额、授予条款和寿命。因此,必须估计当前的员工有多少会退休以及他们什么时候退休时,在退休前离开公司的员工数目、员工退休后的寿命和其他相关的因素。

养老金福利的授予。所有养老金计划的一个关键因素是授予条款。当雇员满足特定要求,符合收取退休养老金福利条件的时候发生福利的授予,而不管是否继续为雇主服务。在早期的养老金计划中,很多年内不会发生授予。在极端的情况中,当且仅当雇员退休的时候发生授予。联邦规定的主要结果是给予雇员被提前授予的特权。大多数养老金计划在雇用10年后提供全部的授予。学院或大学特别规定为了授予养老金,教授需要多待在学校3到5年时间。教授从一所大学转移到另一所而丢失养老金授予权的现象不是很罕见。

固定收益计划的缴存。雇主定期缴纳的固定收益养老金计划的金额,与支付给当前雇员未来预计的福利有直接联系。养老金计划的缴存方法非常多。绝大多数固定收益养老金计划要求定期缴纳,累计的余额将用于支付对员工承诺的退休福利。部分计划明确了在员工服务期内每年缴纳相等的数额。有的计划要求在员工服务的早期少交,后续的年限里采用加速模式。也存在计划起初要求提供较高的数额,之后逐步减少的缴纳方式。缴纳方式由现行的公式决定,且必须根据环境变化导致估计和假设条件的修改而做出调整。

所有缴存的方法是基于现值的。员工每年获取的额外的未来福利应使用设定的养老金基金投资返还率折现为现值,叫做精算现值。在大多数情况下,员工缴纳的金额等于未来福利的现值。需要注意的是,缴存模式多样化,特定期间缴存的金额可能会大于或小于在此期间获取的额外福利的现值。例如,假设使用折现率10%,当期获取未来福利的现值是30 000美元。如果缴存方法只要求交纳25 000美元,那么雇主有5 000美元的未缴存义务。次年年末受10%利息成本的影响,义务增长为5 500美元。当缴纳额超过未来福利的现值,作为过度缴存金额的结果,后续年度会要求较低的缴纳额。

养老金福利保险公司(PBGC)有权监控美国固定收益养老金计划的缴存状况。2007年12月31日,PBGC保护着30 460个固定收益养老金计划的4 400万美国劳动者的退休收入。如同FDIC为银行存款提供保险,PBGC同时为美国养老金计划提供了联邦保险。PBGC不是通过一般的税收利润来融资,而是通过收取雇主的保险金、收取投资者的收入、接管养老金计划的基金来融资。2007年,PBGC对130万养老金计划失效、但仍然工作和已经退休的员工直接负责。

固定收益养老金计划的会计处理

尽管设定养老金计划的规定极其复杂,针对特定计划运用会计标准是极具技术性的,然而会计处理本身是很容易的。以下罗列的是需要雇主会计核算和列报的事项:

1. 利润表上确认的净定期养老金费用金额。
2. 资产负债表上列报的养老金资产或养老金负债的金额。
3. 养老金结算、削减、终止的会计处理。
4. 财务报表上列报金额的补充披露。

养老金计划缴存事项有意从列表中删除。缴存决议受到税法、政府规定、实务计算和概念术语的影响,但不受会计标准的影响。在权责发生制概念下,它们不会直接影响到净定期养老金费用金额。

本节接下来的部分将以一个简单的养老金案例来说明基本的框架和会计处理。之后是一个较为复杂的介绍养老金会计错综复杂关系的案例。

养老金会计的简单案例

Thakkar公司设立了固定收益养老金计划。2011年1月1日,只有Lorien Bach一个员工加入了该计划。2011年1月1日该计划的部分特征如下:

- Bach年龄35岁,已经在Thakkar公司工作了10年。
- 2010年Bach的工资收入是40 000美元。
- Thakkar公司养老金计划以员工的最高工资支付福利。员工达到65岁以后开始支付养老金,并且于每年年末支付。每年的支付额等于最高工资额的2%乘以为公司服务的年限。
- Bach假定是一个可以被预测的人;基本可以肯定确定她在65岁之前不会辞职、被开除或去世。同时基本确定她可以活到75岁,因此可以确定在退休后可以收取10年的养老金。Bach的福利已经全部被授予。
- 在估计养老金基金负债时,Thakkar公司使用了10%的折现率。
- 2011年1月1日,Thakkar公司拥有养老金基金10 000美元。2011年Thakkar公司额外缴纳了共 1 500 美元基金。当年该基金收益为 1 200 美元。长期来看,Thakkar 公司预计养老金基金资产的平均回报率为 12%。

预计养老金负债　预计 Thakkar 公司养老金负债的第一步是计算当 Bach 退休时,每年支付的养老金金额。支付的金额取决于 Bach 服务的年限和最高的工资。到 2011 年 1 月 1 日,Bach 已经工作了 10 年,假设她最近的工资 40 000 美元是目前最高的工资,每年支付的养老金预计值计算如下:

$$(2\% \times 10 \text{ 年}) \times \$40\,000 = \$8\,000$$

已知 Bach 65 岁退休之后能够收取 10 年的养老金;因此,Thakkar 公司预计支付给 Bach 的养老金总额是 80 000 美元(10 年 × $8 000)。但是,80 000 美元高估了 Thakkar 公司的养老金义务,因为接下来的 30 年不会开始支付。为了正确计算支付给 Bach 的现值,针对 66 岁才进行支付的事实必须编制准备账户(回忆养老金支付在每年年末进行)。支付将延续 10 年,Thakkar 公司折现率是 10%。折现率可以看作公司通过高品质的固定收入投资获取的利率(例如较高利率的公司债券)。① 在 IAS 19 中,IASB 认为不是所有的国家都有高品质公司债券的活跃市场。在这种市场情况下,IASB 要求采用政府债券的利率。与本章相关的网页资料(www.cengage.com/accounting/stice),如上所示,使用 10% 的折现率,预计支付给 Bach 的养老金的现值等于 2 817 美元。

可以如下思考 2 817 美元:如果 Thakkar 公司 2011 年 1 月 1 日以银行账户 10% 的利息储蓄了 2 817 美元,当 Bach 30 年后退休的时候,2 817 美元可以积累成一个足够大的金额,足以在接下来的 10 年每年支付给 Bach 8 000 美元。Thakkar 公司养老金负债精确的现值是 2 817 美元。这个现值考虑了货币的时间价值和精确性假设(例如 Bach 离退休还有多长时间,退休以后还能活多久)。实践中,这些计算由专业的精算师进行。会计师不需要知道如何计算精确的现值,但是需要了解计算涉及的一般概念。

> **补充**
>
> 在过去的 10 年中,工作鉴定表基于收入、展望、物质需要、压力和安全,已经把精算师作为顶尖工作之一。精算师可以挣多少钱呢? 起薪在 54 000 美元,顶薪超过 130 000 美元。成为一名成功的精算师需要进行数学、计算机、沟通和商业的培训。

刚才计算得出的 2 817 美元养老金义务被称为累计福利负债(ABO)。使用当前的工资作为预测支付养老金福利金额的基础,ABO 是预期支付养老金的精确现值。ABO 方法忽略了未来工资增长对福利支付金额的影响。

一种可选的考虑了未来工资增长的养老金义务的计算方法叫做预计福利负债(PBO)。

为了说明 PBO 和 ABO 的区别,假设 Thakkar 公司预期 Bach 2010 年工资是 40 000 美元,退休之前每年增长 5%。结果是,到 2041 年,即 Bach 工作的最后一年,预计工资会增长到 172 877 美元。② 该工资水平下支付的养老金福利如下:

$$(2\% \times 10 \text{ 年}) \times \$172\,887 = \$34\,575 \text{(四舍五入)}$$

2011 年 1 月 1 日的 PBO 是 12 176 美元。这是 Bach 预期能收到未来 10 年每年支付 34 575 美元的现值。图 17-3 解释了未来支付额和 PBO 的关系。

---

①　*Statement of Financial Accounting Standards No. 87*, "Employers' Accounting for Pensions" (Stamford, CT: Financial Accounting Standards Board, 1985), par.44 (在第 158 号公告中进行了修改)。

②　$PV = \$40\,000$, $N = 30$, $I = 5\%$, $FV = \$172\,877$。

在 Bach 为 Thakkar 公司提供服务的 10 年里，PBO 和 ABO 的计算都是基于已经获取的养老金福利的金额。PBO 和 ABO 的区别在于如何估计 Bach 的最高工资。ABO 计算忽略了未来工资增长的可能性；而 PBO 计算则估计了这些增长的可能性。这两种方法之间的差异很大，对于 Thakkar，ABO 计算的 2 817 美元远远小于 PBO 计算的 12 176 美元。

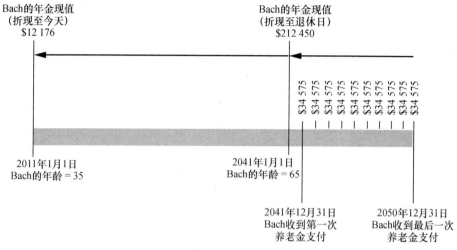

图 17-3　Thakkar 公司——PBO（2011 年 1 月 1 日）

ABO 和 PBO 之间的数字关系列示如下：

ABO（2011 年 1 月 1 日）	$ 2 817
与预计工资增加有关的附加金额	9 359
PBO（2011 年 1 月 1 日）	$12 176

PBO 与 ABO，哪一种计量公司养老金义务的方法较合理？FASB 第 87 号公告认为 PBO 是计量方法中使用最多的。ABO 不涉及任何与养老金认定有关的条款，但它在财务报表的附注中披露。公司养老金义务首选 PBO 方法是没有任何争议的。① 有一种争论认为使用 PBO 是不合适的，因为它包括了未来工资的增加，历史成本会计模型不包括未来事项的确认。这种争论遭到反击，因为折现率包括了预期未来通货膨胀的溢价，所以折现率的使用也确认了未来事项。允许确认预期未来通货膨胀的影响而不允许考虑预期工资的增长会导致一些案例中低估养老金义务的总额。因此，PBO 是公司养老金义务的首选计量方法。

到 2011 年 1 月 1 日，用 PBO 方法计量的 Thakkar 公司的养老金义务是 12 176 美元，从解释之初给出的信息，养老金基金的公允价值是 10 000 美元。一种在资产负债表中列示的可能方法是把养老金基金列示在非流动资产项下，养老金义务列示在非流动负债项下。但是 FASB 第 158 号公告规定这两个科目必须互相抵销，要求把净额列示在净养老金资产或者净养老金负债项下。② Thakkar 公司用以下的方式计算资产负债表余额：

---

① FASB 七名成员中的三名反对第 87 号公告的采用。反对意见包含在公告前述章节的结束部分（接着第 77 段）。
② FASB 第 158 号公告，第 4a 段。更多复杂的例子中，附加的养老金项目将会包含在资产负债表中；这些项目列示在权益中的累计其他综合收益部分。本章后面将讨论这些项目。

PBO（2011 年 1 月 1 日）	$12 176
养老金基金的公允价值（2011 年 1 月 1 日）	10 000
养老金相关负债（2011 年 1 月 1 日）	$ 2 176

如果养老金基金的公允价值超过了 PBO，产生的净资产被称为养老金相关资产。

为什么第 158 号公告（和之前的 87 号公告）要求把养老金负债和养老金基金抵销，而不是单独确认？答案简而言之是传统。在第 87 号公告之前实行养老金负债和养老金基金的抵销，为了避免过大的变化，FASB 决定维持这种方法。第 87 号公告被看作先前准则的进步，但没有违反设置会计准则"平缓、渐进"的实质。① 第 158 号公告维持列报的传统方法。养老金负债或养老金资产作为独立部分以近似于之前所示表格的方式在财务报告的附注中披露。

2011 年养老金费用的计算 在 Thakkar 公司的简明例子中，养老金费用的计量②需要考虑三方面的因素：

1. 使用期初养老金义务的利率（增加 PBO）。
2. 员工当年通过服务获取的新养老金福利（增加 PBO）。
3. 养老金基金的投资回报（增加养老金基金的公允价值）。

这三个因素需要按顺序考虑。

利息成本。2011 年 1 月 1 日的 PBO 是 12 176 美元，这代表着公司欠雇员 Bach 的金额。PBO 计算中使用的 10% 的折现率叫做负债折现率，可以看作这个债务的内含利率。从某种意义上，雇员同意贷款给公司（通过递延他们收到的部分补偿）当退休的时候重新支付。对于所有贷款的例子，要在贷款期间收取利息。因此，每年养老金费用的一个方面是由养老金负债内含利率导致 PBO 的增长，计算如下：

PBO 期初额	×	折现率	=	利率成本
$12 176	×	0.10	=	$1 218（四舍五入）

服务成本。因为目前计算的支付额基于 11 年而不是 10 年，Bach 当年在公司的服务导致每年预计养老金福利支付额的增加。与 Bach 全年都在度假相比，额外工作一年的影响是增加 2011 年 12 月 31 日的 PBO 1 339 美元。因此，当年养老金费用的服务成本因素是 1 339 美元。实务中，服务成本的计算相当复杂，并由精算师完成。

养老金基金回报。养老金费用因为当年返还的养老金基金而减少。如同负债和资产相互抵销，得出应计的养老金负债或预付的养老金成本的净额，养老金基金的回报与利息和服务成本抵销之后计算出一个养老金费用净额。第 158 号公告（紧接着第 87 号公告）指出应使用预计长期返还而不是实际的回报；更多地讨论为什么使用这个数值。该回报由期初养老金基金的公允价值乘以预计的长期养老金基金的平均回报率计算。对于 Thakkar 公司，预计的长期回报率是 12%，在本例中我们假设预计的回报率和实际的回报率相等。因此 2011 养老金费用净值减少了 1 200 美元（$10 000×0.12）。

此外对于 PBO 和养老金基金的变化，通常有两个与处理养老金计划有关的事件：计

---

① *Statement of Financial Accounting Standards No. 87*, par. 107.
② 为了避免混乱，课本中讨论使用了养老金费用而不是养老金成本。周期性的养老金成本可能被立即费用化或者被资本化成为资产的一部分（例如存货）。我们所举的例子中，假设养老金成本被立刻费用化。

划出资和从计划中获益。出资增加了养老金基金的金额;本例中当年出资 1 500 美元,计划中的获益包括两方面的影响:减少了养老金基金的金额,并减少了 PBO。PBO 减少的原因是如果收益被支付将不再包括在支付的计划中。在这个简化的例子中,当年没有支付收益。

回顾 PBO 是基于劳动到期日,预期支付给雇员的未来收益的现值,但是如果可行的话需要考虑影响到退休福利的工资增长。计算基于精确估计的如下因素:期望寿命、职工营业额和利率。每年增长的计划福利义务作为雇员通过其他服务年限(服务成本)和离获取收益更近一年的时间段(利息成本)获取的额外收益。PBO 因为每年支付给退休人员养老金而减少。此外,义务会因为之前枚举的任何精算假设的变化而发生增减。这些变化概括如下:

期初预计福利义务 + 服务成本和利息成本
- 支付的退休福利 ± 精算假设的变化 = 期末预计福利义务

养老金公允价值是给定计量日的市场价值。养老金公允价值因为雇主每年缴纳基金而增长,因为支付退休福利而减少。公允价值也因为获取的养老金基金的数额而变化,包括基金市值的变化。这些变化概括如下:

期初养老金基金的公允价值 + 雇主出资
- 支付的退休福利 ± 养老金基金的实际返还 = 期末养老金基金的公允价值

表 17-2 解释了服务成本、利息成本和养老金基金返还如何改变 PBO 和养老金基金的公允价值(FVPF)以及这些变化如何合并起来反映到利润表中。

2011 年养老金费用净值计算如下:

利息成本	$ 1 218
服务成本	1 339
减:养老金基金的预期返还	(1 200)
养老金费用净值	$ 1 357

注意,支付的福利对养老金负债的净值没有影响,因为同时以相等的金额减少了 FVPF 和 PBO。同时注意养老金基金的缴纳额不会反映在利润表中。这个金额会在现金流量表中以现金流出的方式披露。

表 17-2　养老金成分的分析

养老金成分	养老金公允价值	计划福利义务	资产负债表:与养老金有关的负债	利润表:养老金费用
1 月 1 日余额	$10 000 +	$(12 176) =	$(2 176)	
服务成本		(1 339)		
利息成本		(1 218)		$1 357
预期返还*	1 200			
出资	1 500			
支付福利	0	0		
12 月 31 日余额	$12 700 +	(14 733) =	$(2 033)	

*该例中,预期返还和实际返还相等。

Thakkar 公司的例子中仅包含了养老金会计的基本元素。在更加复杂的例子中,养老金费用会受到递延收益或递延损失摊销、养老金计划变化摊销,以及精算假设变化摊销的影响。以下的例子将用来说明养老金费用的会计处理。

养老金相关负债的计算 2011 年 12 月 31 日,Thakkar 公司的 PBO 是 14 733 美元,总的 FVPF 是 12 700 美元($10 000 + 返还 $1 200 + 新出资 $1 500)。如之前所述,PBO 和 FVPF 相互抵销达成一个独立的资产负债表科目。2011 年 12 月 31 日,Thakkar 公司将进行如下计算:

PBO(2011 年 12 月 31 日)	$ 14 733
养老金基金公允价值(2011 年 12 月 31 日)	(12 700)
养老金相关的负债(2011 年 12 月 31 日)	$ 2 033

应计养老金负债的净值 2 033 美元将会列示在资产负债表上的非流动负债部分。① 财务报表附注中将会包含前述的表格。

基本的养老金日记账 基本的养老金日记账分录是简单明确的。编制一个分录来计提养老金费用,另一个分录用来记录养老金基金的出资。方便起见,单独的账户——养老金有关资产/负债账户被用来反映养老金资产或养老金负债净值的变化。因为 Thakkar 公司初始年度该账户的贷方余额是 2 176 美元,在本例中是负债类账户。Thakkar 公司 2011 年将编制如下分录:

记录 2011 年的养老金费用	
借:养老金费用:	1 357
贷:养老金相关的资产/负债	1 357
记录 2011 年养老金计划的出资	
借:养老金相关的资产/负债	1 500
贷:现金	1 500

这些分录的结果是,1 357 美元养老金费用将作为一项费用列示在利润表中。两个分录合并的影响是减少了养老金相关的负债账户 143 美元($1 500 – $1 357);养老金相关的负债余额是 2 033 美元($2 176 – $143)。在更为复杂的例子中,简易的日记账分录在确认养老金费用时会涉及其他综合收益的借方或者贷方。这将在以下的例子中说明。

Thakkar 公司例子的关键点 在考虑较复杂例子之前,抽点时间回顾一些在 Thakkar 公司例子中解释的要点。

• 精算是复杂的,即便是在最简单的例子中也是这样。关于本章的网上资料会证明这一点。好消息是现实生活中这些计算性的工作是由精算师完成的。

• 与养老金相关的资产负债表和利润表金额对于所作的精算假设是敏感的。

• 资产负债表账户金额是计划福利义务和养老金基金公允价值两个项目的结合。计算的相关细节将在财务报表附注中披露。

• 养老金费用净值也是多个项目的聚合物,其中最主要的三个项目是利息成本、服务成本和养老金基金的预期回报。

---

① *Statement of Financial Accounting Standards No. 158*,"Employers' Accounting for Defined Benefit Pension and Other Postretirement Plans:An Amendment of FASB Statements No. 87, 88, 106, and 132(R)"(Norwalk, CT:Financial Accounting Standards Board, 2006),par. 4b. 养老金负债部分作为流动部分的延伸进行报告,代表着在 12 个月内需要支付的超出计划资产公允价值的收益现值。

在下一节将通过更复杂的例子讨论养老金会计。例子中涵盖了递延项目的处理,解释了养老金会计对所有者权益中累计其他综合收益部分的影响。介绍一种可以简化处理养老金复杂情形的方法——试算表法。

综合性养老金介绍

4 使用养老金资产和养老金负债的组成部分,以及这些组成部分的变动来计算养老金的期间费用和对其他综合收益的影响。

WHY 一家公司的养老金义务和养老金基金是长期项目。养老金会计寻求短期内利率和投资回报波动带来的暂时性影响最小化。但是这样的目标实质上使养老金会计复杂化。这些暂时性项目的递延影响作为累计其他综合收益的一部分在权益中列示。

HOW 养老金相关的资产/负债金额反映了未来预期支付金额的现值(PBO)和养老金基金的公允价值之间的差异。养老金费用是服务成本和利息成本的和,减去养老金基金的预期回报。养老金费用的计算也受到前期服务成本和任意超过走廊金额的递延收益和递延损失的摊销额影响。递延收益和递延损失作为其他综合收益在当期列报。前期服务成本和递延收益/损失的未摊销余额作为累计其他综合收益的一部分列报。

Thakkar 公司案例在养老金费用计算过程中仅包括三方面因素。在更普遍的案例中,企业可以确认周期养老金费用多达五种不同的成分。五种成分包括如下:

1. 服务成本;
2. 利息费用;
3. 养老基金的实际回报(如果有);
4. 前期服务成本的摊销(如果有);
5. 递延当期周期收益或损失和递延净收益或损失的摊销。

PBO 和 FVPF 被广泛地用来计算养老金成本。因为 FASB 第 158 号公告要求养老金基金(FVPF)和负债(PBO)相互抵销,不能单独在雇主的资产负债表中单独列报。但这些和其他与养老有关的余额必须详细记录以备计算养老金的成本。这些详细记录包括以下三个项目的账户:

1. PBO
2. 养老金基金公允价值
3. 累计其他综合收益
 (a) 递延养老金收益或损失;
 (b) 前期服务成本。

表 17-3 包含了对养老金相关的资产负债表项目有影响的重要成分。这些不同的成分将在接下来的例子中讨论。假设一家公司——Thornton 电子公司,被用来讨论养老金费用的组成部分。

表 17-3 回顾试算表格式

12月1日 资产负债表	养老金相关资产/负债		累计其他综合收益	
	PBO （-）	养老金基金现值 （+）	递延收益/损失 （+/-）	前期服务成本 （+）
利润表	-服务成本	+养老金基金实际返还	+/-精算估计与实际支付之间的差异	-前期服务成本的摊销
	-利息成本		+/-收益/损失的摊销	
现金流量表		+支付福利 +出资	-支付福利	
12月31日 资产负债表	PBO （-）	养老金基金现值 （+）	递延收益/损失 （+/-）	前期服务成本 （+）

注：正值为借方，负值为贷方。

Thornton 电子公司——2011 年

Thornton 公司 2011 年 1 月 1 日与养老金相关的余额如下：

项目	什么地方列报	金额
PBO	附注	$1 500 000
养老金基金公允价值	附注	1 385 000
养老金相关的负债	资产负债表	115 000
前期服务成本（累计其他综合收益，从权益中减去）	资产负债表	75 000

之前已经解释过 PBO、FVPF 和养老金负债净值。接下来将讨论前期服务成本。

> **思考**
>
> 前期服务成本和 PBO 计量的关系是什么？
> a) 前期服务成本和 PBO 之间没有关系。
> b) PBO 包含了与前期服务成本相关的部分金额。
> c) 前期服务成本包含了与 PBO 相关的部分金额。
> d) PBO 与前期服务成本通常是相等的。

前期服务成本 当养老金计划被初始设立或者为了增长的福利修改时，雇员因为计划设立或修改之前的服务年限被授予额外的福利。这些额外的成本对于雇主来说叫前期服务成本。前期服务成本的金额是由精算师和增加的 PBO 确定的，而 PBO 的增加是由于计划的设立和修改造成的。尽管前期服务成本是由当期计划设立或修改形成的，会计业界一致认为不应该在计划设立或修改的时候确认为费用的一部分，应该在未来期间摊销。这种处理方式假设设立和修改不是常态部分，不是养老金计划长期经营的成本，所以不应该全额包含在当期养老金费用净值的计算当中。设立或修改计划的成本应该在当期作为其他综合收益的抵扣项。前期服务成本在后续年度进行摊销，以此增加各年的养老金费用净值。计划设立的分录如下：

借：其他综合收益　　　　　　　　　　　　　　　　　　　　　　　　　75 000
　　贷：预计福利负债　　　　　　　　　　　　　　　　　　　　　　　　　　75 000

如表17-3所示，前期服务成本是所有者权益中累计其他综合收益的一个成分。之前分录确认的75 000美元其他综合收益与累计其他综合收益中的前期服务成本部分相近。PBO金额用于计算与养老金有关资产或负债的净值，这个净值会在资产负债表中列报。

在IAS 19下，对"雇主福利"、前期服务成本做出的解释与上面的解释不一样。根据IAS 19第96段，过去服务成本（与前期服务成本等价）当授予可追溯福利的时候被确认为一项期间费用。如果可追溯福利在未来每个期间授予，那么会计处理方式与之前所述很相似。如果可追溯福利立即授予，IAS 19要求过去服务成本的整体金额都立即费用化。

2011年1月1日，如表17-4所示，Thornton电子公司的养老金信息将在养老金试算表中列示：

表17-4　Thornton电子公司——养老金试算表（2011年1月1日）

	财务报表科目			详细科目			
				养老金资产/负债			AOCI
养老金费用净值	现金	养老金相关资产（负债）	累计其他综合收益	定期养老金费用项目	预计福利负债	养老金基金公允价值	前期服务成本
2011年1月1日余额		(115 000)	75 000		(1 500 000)	1 385 000	75 000

注：正值为借方，负值为贷方。

试算表分为两个部分：财务报表科目部分，在资产负债表和利润表中列示了与养老金相关项目的净影响；另一部分是详细科目部分，罗列了需要在资产负债表附注中披露的养老金的详细信息。资产负债表的正式科目，养老金有关的资产/负债，是PBO和详细记录中包含的养老金基金信息的公允价值合成的数。累计其他综合收益的权益账户包括与养老金项目有关的递延收益和损失，例如之前提到的养老金计划的采用。在试算表中，贷方科目用括号表示，无括号的数字是借方。

Thornton电子公司2011年养老金活动信息摘录如下：

精算师报告的服务成本　　　　　　　　　　　　　　　　　　　　　　$ 75 000
养老金计划出资　　　　　　　　　　　　　　　　　　　　　　　　　$ 115 000
支付给退休员工的福利　　　　　　　　　　　　　　　　　　　　　　$ 125 000
2011年12月31日养老金基金的公允价值　　　　　　　　　　　　　　　$1 513 500
债务折现率　　　　　　　　　　　　　　　　　　　　　　　　　　　11.0%
养老金基金长期期望报酬率　　　　　　　　　　　　　　　　　　　　10.0%

2011年养老金信息已经进入如表17-5所示的养老金试算表中，接下来介绍每个分录。

表 17-5　Thornton 电子公司——养老金试算表(2011 年)

	财务报表科目				详细科目		AOCI
					养老金资产/负债		
	养老金费用净值	现金	养老金相关资产(负债)	累计其他综合收益	预计福利负债	养老金基金公允价值	前期服务成本
2011 年 1 月 1 日余额			(115 000)	75 000	(1 500 000)	1 385 000	75 000
(a) 服务成本	75 000				(75 000)		
(b) 利息成本	165 000				(165 000)		
(c) 实际回报	(138 500)					138 500	
(d) 支付福利					125 000	(125 000)	
(e) PSC 摊销	13 636						(13 636)
(f) 养老金出资		(115 000)				115 000	
2011 年 12 月 31 日余额	115 136	(115 000)	(101 500)	61 364	(1 615 000)	1 513 500	61 364

注:正值为借方,负值为贷方。

补充

会计标准中使用了很多不同的利率。负债折现率能随着时间变化;因此利率的变化的结果使得收益负债的计算一年和一年不一样。利率的增加降低负债的现值;利率的降低则增加了现值。FASB 第 7 号概念公告系统地阐述了会计师运用利率的不同方式。

服务成本　回顾服务成本是雇员在当期获取额外福利的现值。如前所述,服务成本是由精算师根据养老金计划福利公式计算求得。Thornton 电子公司精算师 2011 年报告的服务成本是 75 000 美元。记录在试算表分录(a),75 000 美元作为定期养老金费用净值的增加(当费用接近留存收益的时候,借方会最终减少权益中的留存收益部分),同时增加 PBO(贷方)。

记录 2011 年服务成本
(a) 借:养老金费用　　　　　　　　　　　　　　　　　　　　　　　75 000
　　贷:预计福利负债　　　　　　　　　　　　　　　　　　　　　　　　　75 000

利息成本　利息成本代表着因期初 PBO 利息 Thornton 养老金义务的现值增加的事实。负债折现率用于 PBO 的折现和计算利息成本。

2011 年利息成本是 165 000 美元($1 500 000×0.11)。利息成本在分录(b)中列示,借方是定期养老金费用净值,贷方是 PBO。

记录 2011 年利息成本
(b) 借:养老金费用　　　　　　　　　　　　　　　　　　　　　　　165 000
　　贷:预计福利负债　　　　　　　　　　　　　　　　　　　　　　　　165 000

养老金基金实际回报　雇主为养老金计划出资形成的资产获得的回报,减少了每年养老金费用的金额。回报包含的成分有利息收入、分红、租金和资产市值的变化。如果养老金市价的跌幅超过了资产的收益,那么实际的回报是负数,将会增加养老金费用而不是减少。真实回报可以通过比较养老金基金期初和期末的公允价值计算得出。调整过当年出资和支付给退休人员福利后,任何变动都属于养老金基金的实际回报。Thornton 电子公司 2011 年养老金基金的实际回报是 138 500 美元,计算如下:

养老金基金的公允价值(2011 年 12 月 31 日)　　　　　　　　　　　$1 513 500

养老金基金的公允价值(2011年1月1日)	1 385 000
公允价值增加	$ 128 500
加支付的福利	125 000
抵扣出资	(115 000)
养老金基金的实际回报	$ 138 500

养老金基金资产的实际回报被用来计算定期养老金费用的净值。但后面会讲到当两个科目有差异时,实际回报需要调整至预期的回报。在此情况下,实际回报138 500美元等于预期的回报。

实际回报138 500美元在分录(c)中列示,贷方是定期养老金费用的净值(代表费用的减少,最终留存收益会增加),借方是养老金资产的公允价值(代表资产的增加)。

记录2011年养老金基金的实际回报

（c）借:养老金基金　　　　　　　　　　　　　　　　138 500
　　　贷:养老金费用　　　　　　　　　　　　　　　　　　　　　138 500

注意,从养老金基金中支付的福利不会减少现金科目;支付福利在(d)中列示,养老金基金和剩余的PBO同时减少。养老金计划托管人支付给退休员工福利,这些福利来源于养老金基金形成的资产,因此公司本身不需要做任何直接的现金支付。后面会讲因为公司缴纳养老金基金而减少现金的分录。

记录2011年支付的福利

（d）借:预计福利负债　　　　　　　　　　　　　　　　125 000
　　　贷:养老金基金　　　　　　　　　　　　　　　　　　　　　125 000

前期服务成本的摊销　　前期服务成本是当养老金计划设立或修改时,员工因为过去的服务被授予的福利成本。如表17-4所述,前期服务成本金额贷记PBO,借计累计其他综合收益。其他综合收益减少最终接近累计其他综合收益,减少权益账户。递延损失会延续或者在未来期间摊销到养老金费用中。

FASB第87号公告(第158号公告未发生变化)要求前期服务成本应该通过"计划修改日每个提供服务的员工预计能在计划中收到福利的金额"摊销。[①] 提到的服务未来期间被称为预期服务期间。因为员工拥有不同的剩余年限,摊销方法可能会导致摊销费用的减少。

当一家公司有许多员工以系统性的模式退休和被解雇,那么可以使用类似于年数总和折旧法的方法。FASB第87号公告附注B[②]中包括了如何进行计算。假设Thornton电子公司有150名员工在2010年年末计划修改时可以因为前期服务获得福利。预计接下来的10年每年有10%的员工离开(退休或者有辞退福利)。计划修改日之后的员工不影响摊销。《中级会计学:基础篇》第11章讲述的年数总和法的公式可以进行小幅修改来反映各期员工的减少。因此Thornton电子公司总的服务年限可以用以下的公式计算:

$$\frac{N(N+1)}{2} \times D = 未来服务年限总和$$

其中,N = 剩余服务年限;D = 员工每年减少数。

因此

---

① *Statement of Financial Accounting Standards No. 87*, par. 25.
② Ibid., Appendix B, illustration 3.

$$\frac{10 \times (11)}{2} \times 15 = 825$$

分子以计划修改时总的员工数开始计算,根据各期的 D 减少。在这些假设之下,受影响的员工共有 825 年需要给予补偿。分子每年都要减少 15,分母是服务年限的总和,即 825。如果 PBO 增加或者由计划修改导致的前期服务成本是 75 000 美元,2011 年摊销额是 150/825 × 75 000 = 13 636 美元。接下来的两年各是 12 273 美元(135/825 × \$75 000)和 10 909 美元(120/825 × \$75 000)。

尽管 FASB 倾向于年数总和法的摊销方法,同时指出持续使用快速减少前期服务成本的摊销方法也是可以接受的。① 作为替代选择的例子之一,FASB 第 87 号公告附注 B 中提到了直线摊销法在平均剩余服务期间摊销前期服务成本。② 用 Thornton 电子公司的例子来说明直线法,平均剩余服务年限是 5.5 年(825/150 名员工),每一整年应摊销 13 636 美元(\$75 000/5.5)。

一个独立的摊销计划表对于每次计划修改是很有必要的。没有必要在员工新加入后修改计划表因为他们不会因为前期服务而收到福利。如果没有发生计划的辞退或退休模式,之后完全摊销前期服务成本的调整是很必要的。

在 Thornton 电子公司例子中,摊销金额基于剩余服务年限。2011 年是 13 636 美元。在表 17-5 的分录(e)中,定期养老金费用净值(借方)增加 13 636 美元,其他综合收益(贷方)增加。

记录 2011 年前期服务成本的摊销

(e) 借:养老金费用　　　　　　　　　　　　　　　　　　　　　　　　13 636
　　　贷:其他综合收益　　　　　　　　　　　　　　　　　　　　　　　　　　13 636

前期服务成本是累计其他综合收益项下的子分类项,是一个权益性账户。因此接近前期服务成本权益成本账户的其他综合收益的贷方减少了前期服务成本的未摊销金额,但这意味着从权益中减去的数是较小的;从而增加了权益。前期服务成本系统性的摊销直到总体权益的减少已经从累计其他综合性账户中通过养老金费用和净利润转出,转入留存收益中。摊销过程增加了每年的养老金费用,但不存在对于权益的年度净值影响(或者对于年度综合收益)。取而代之的是权益的年度净值影响是权益减少的部分从累计其他综合收益中转出到各年的留存收益中。如同之前的示例,当最初编制采用福利计划的日记账分录时,采用计划产生的可追溯收益造成的权益与综合收益的全部减少额应立即被确认。

计划出资　　联邦政府养老金基金条例要求拥有固定收益养老金计划的美国公司每年都要向其养老金基金缴纳最低额度。在 2006 年养老金保护法下,公司被要求支付的金额等于每年的服务成本和利息成本加上为了应付 7 年之内剩余差额的额外出资。这些差额可能增加,例如如果过去养老金基金投资业绩比预期的差。当然如果过去优秀的表现带来了养老金基金盈余,后续的出资可以在一段时间内减少甚至于免除。

在 Thornton 例子中,养老金基金的现金出资额是 115 000 美元。必要的分录如表 17-5 试算表中的(f):

记录 2011 年养老金计划的出资

(f) 借:养老金基金　　　　　　　　　　　　　　　　　　　　　　　　　115 000

---

① *Statement of Financial Accounting Standards No. 87*, par. 26.
② Ibid., Appendix B, illustration 3, case 2.

贷：现金 115 000

注意试算表左侧的阴影区域，即财务报表账户边上。阴影区域反映了一个事实，影响养老金有关的资产/负债和累计其他综合收益中与养老金有关的部分不会直接记录在这些账户中，而是记录在试算表中右侧的详细账户中。试算表中的年末资产负债表余额（养老金有关负债 $101 500，累计其他综合收益 $61 364）反映了详细账户的总额。养老金相关负债的余额是年末 PBO 和养老金基金公允价值的合并值（负债 $1 615 000 和资产 $1 513 500）。该例中累计其他综合收益仅包括未摊销的前期服务成本。

简要的会计分录 上面描述的六个详细的会计分录和养老金试算表中所讲的可以概括为两类简要的会计分录，如下所示：

确认 2011 年养老金费用

借：养老金费用	115 136
贷：养老金有关的资产/负债	101 500
累计其他综合收益	13 636

记录 2011 年养老金基金出资

借：养老金相关的资产/负债	115 000
贷：现金	115 000

在第一个分录中，计算养老金有关的资产/负债贷方金额需要涉及养老金费用的三个主要组成部分：服务成本、利息成本和养老基金的实际回报。该例中总额是 101 500 美元（$75 000 + $165 000 − $138 500）。养老金费用剩余金额前期服务成本的摊销额是 13 636 美元，代表了从累计其他综合收益到养老金费用的重新分类（之后结转到留存收益）。养老金费用的其他组成部分和对简要会计分录的影响将在后续案例中讨论。

财务报表列报 试算表中的财务报表边上的四个数字在 Thornton 公司财务报表中列报如下：

- 养老金费用净值。Thornton 公司利润表中补贴费用是 115 136 美元。
- 现金。Thornton 公司固定收益养老金计划负 115 000 美元现金作为养老金现金流量表中经营活动的现金流出额。
- 养老金相关负债。资产负债表中列报的养老金相关负债是 101 500 美元。
- 累计其他综合收益。贷方余额 61 364 美元在资产负债上作为权益账户的减项。

注意，试算表中左侧是 Thornton 公司财务报表列报的项目，试算表右侧是组成财务报表附注披露必需的细节。

Thornton 电子公司——2012 年

Thornton 电子公司 2012 年信息如下：

精算师报告的服务成本	$ 87 000
养老金计划出资	$ 75 000
支付给退休人员的福利	$132 000
养老金基金的实际回报	$ 26 350
精算变动引起的 PBO 增加	$ 80 000
债务折现率	11%
养老金基金长期期望报酬率	10%

记录2012年养老金信息的养老金试算表如表17-6所示。分录(a)到(e)和2011年的相似。注意,因为计划修改的时候员工的剩余服务年限已经减少了,所以前期服务成本的摊销额也在减少。回到之前所讨论的,计算所得金额是12 273美元(135/825 × $75 000)。接下来讨论涉及递延收益和损失的分录(f)到(g)。

表17-6　Thornton电子公司——养老金试算表(2012)

| | 财务报表科目 | | | | 详细科目 | | | |
| | | | | | 养老金资产/负债 | | AOCI | |
	养老金费用净值	现金	养老金相关资产(负债)	累计其他综合收益	预计福利负债	养老金基金公允价值	前期服务成本	递延养老金收益/损失
2012年1月1日余额			(101 500)	61 364	(1 615 000)	1 513 500	61 364	
(a) 服务成本	87 000				(87 000)			
(b) 利息成本	177 650				(177 650)			
(c) 实际回报	(26 350)					26 350		
(d) 支付福利					132 000	(132 000)		
(e) PSC摊销	12 273						(12 273)	
(f) 递延损失	(125 000)							125 000
(g) PBO变化					(80 000)			80 000
(h) 养老金出资		(75 000)				75 000		
2012年12月31日余额	125 573	(75 000)	(344 800)	254 091	(1 827 650)	1 482 850	49 091	205 000

注:正值为借方,负值为贷方。

递延收益和递延损失　因为养老金成本包括很多假设和估计,为了确定以前年度的定期养老金费用净值,必须经常性地对实际结果和预期之间的差异做出调整。例如,养老金基金的市场价值增长率可以比预期的比率高或者低,员工离职率可能与之前预期的不同,或者利率与预期的不同。这些预期和实际的差异会形成养老金递延收益或递延损失。

如何处理养老金收益和损失是FASB长期研究养老金会计中争议颇多的问题。多数会计师因为关注养老金费用的变动性,反对将其立即确认为年度养老金费用的一部分。但是这些养老金收益和损失因为代表着经济事件又应该在财务报表中反映。FASB最后决定允许递延一些收益和损失在未来期间摊销,而不是在发生的当期确认,以此来最小化定期养老金费用净值的变动性。① 这些养老金收益和损失被确认为其他综合收益而不是直接计入养老金费用净值。这些递延收益和递延损失的累计金额被包含在资产负债表内权益项下的累计其他综合收益中。

尽管精算师所作的估计会因为一些原因发生变化,本例中只考虑两个因素:(1) 当期养老金实际和预期回报的差异;(2) 确定PBO时的精算变动。

当年养老金实际和预期回报的差异递延　在估计养老金基金回报时,FASB第87号公告指出应使用资产预期长期报酬率,而不能用波动的短期报酬率。因此短期的养老金基金实际回报通常与预计值不一致。通过使用预期长期报酬率而不是波动的短期报酬率来递延预期回报和实际回报的差异,养老金费用将会减少。如果养老金基金的实际回报超过了预期回报,差异作为递延收益。如果预期回报超过了实际回报,差异为递延损失。递延收

---

① 另一种选择是,公司可能立刻确认所有的利得或损失。如果选择这种方式,公司必须:(1) 始终坚持使用立即确认法;(2) 将所有的利得或损失立即确认;(3) 披露公司遵循立即确认法的事实。*Statement of Financial Accounting Standards No. 87*, Appendix E, par. E33. 本章中,所有的阐述与章后的材料均假设使用递延确认法。

益和递延损失在当期被确认为其他综合收益的一部分;累计金额在资产负债表中权益项下的累计其他综合收益中列报。养老金递延收益和递延损失对财务报表的影响可以概括如下:

	利润表	资产负债表
递延收益 　借记养老金费用净值 　贷记累计其他综合收益	增加养老金费用	增加 AOCI
递延损失 　贷记养老金费用净值 　借记累计其他综合收益	减少养老金费用	减少 AOCI

养老金基金的预期回报的计算是用养老金基金的市值乘以预期的长期报酬率。FASB对于养老金基金市值给出的定义包括(1)养老金基金年初的公允价值;(2)养老金基金市值不超过5年的加权平均值。① 如果资产升值了,加权平均值将会低于期初的公允价值,从而形成较低的预期报酬率。

当养老金的实际回报超过了预期回报,超出部分叫做递延收益。这个金额会加到养老金费用的计算中。递延收益之所以会增加养老金费用,是因为该"收益"(养老金基金实际业绩要好于预期)不允许在当期减少养老金费用。结果是增加了养老金费用,把递延收益作为其他综合收益的增加项。当实际回报小于预期回报时,把该差异叫做递延损失。该金额需要从养老金费用的计算中剔除,是因为该"损失"(养老金基金实际业绩要劣于预期)不允许在当期增加养老金费用。递延损失作为其他综合收益的减少项。因为在计算养老金费用时已经剔除了养老金基金的实际回报,所以递延养老金收益和损失调整的最终影响是用预期回报来减少养老金费用,而不是实际回报,以此来实现平滑养老金费用的效果。

为了说明养老金递延收益和递延损失的计算是由实际回报和预期回报的差异形成的,假设Thornton公司使用养老金基金年初公允价值计算得出了其预期回报。2012年养老金基金预期回报是151 350美元($1 513 500×0.10)。因为当年的实际回报是26 350美元,存在125 000美元的差异将作为递延损失处理,结果减少了养老金费用。

> **补充**
> 使用养老金基金的预期回报而不是实际回报的最终结果使得列报的是实际业绩和预期业绩一致的养老金费用,任何重大的差异,如本章后面所讲的,将在未来期间摊销为费用。

把实际回报和递延损失的影响合并起来造成养老金费用的净值减少和预期回报151 350美元相等(实际回报 $26 350 + 递延损失 $125 000)。在2012年养老金试算表的分录(f)中,递延损失贷记(减)养老金费用,借记其他综合收益。累计金额被称为养老金递延收益/损失净值,是资产负债表中权益项下累计其他综合收益的一部分。

记录2012年养老金实际收益低于预期而造成的递延损失。

(f) 借:其他综合收益　　　　　　　　　　　　　　　　　　　　　　125 000
　　贷:养老金费用　　　　　　　　　　　　　　　　　　　　　　　　　　　125 000

---

① 不同类型的资产应使用不同的市场价值计量法。但是同一家公司只能一贯使用同一种方法。

PBO 精算估计的差异 PBO 的精算中包括很多估计,例如未来利率、寿命期望率和未来工资率。这些估计变化的影响是可以递延的,累计起来在未来期间摊销为养老金费用。2012 年 Thornton 公司精算师考虑到员工的实际情况重新评估了精算假设,计算出的 PBO 增长了 80 000 美元。该金额被确认为递延损失在未来期间予以摊销。由 PBO 调整形成的递延损失由于未来可能的摊销变成了养老金递延收益或递延损失净值的一部分。2012 年试算表中分录(g)如下:

记录 2012 年与 PBO 相关的精算估计修正的影响

(g) 借:其他综合收益　　　　　　　　　　　　　　　　　　80 000
　　　贷:预计福利负债　　　　　　　　　　　　　　　　　　　　80 000

精算师估计变化在试算表分录(g)中,贷记 PBO,借记其他综合收益。注意该变化没有影响 2012 年的养老金费用;权益的减少最终归入了累计其他综合收益,而越过了费用、净利润和留存收益。但这种变化会以两种方式对未来期间产生影响。首先因为 PBO 的增加,未来年限的利息成本会更高。其次取决于未来的发展,递延损失会在未来期间摊销为养老金费用。递延损失和递延收益被摊销的环境将在本章后面介绍。

从表 17-6 的试算表中可以看到 75 000 美元养老金基金出资被记录在分录(h)中。

简要会计分录 表 17-6 的养老金试算表解释的 8 个详细会计分录可以概括为如下三类分录:

确认 2012 年养老金费用

借:养老金费用　　　　　　　　　　　　　　　　　　　　　125 573
　　其他综合收益　　　　　　　　　　　　　　　　　　　　125 000
　贷:与养老金有关的资产/负债　　　　　　　　　　　　　　　238 300
　　　累计其他综合收益　　　　　　　　　　　　　　　　　　12 273

确认 2012 年养老金基金出资

借:与养老金有关的资产/负债　　　　　　　　　　　　　　　115 000
　贷:现金　　　　　　　　　　　　　　　　　　　　　　　　115 000

记录 2012 年与 PBO 相关的精算修正的影响

借:其他综合收益　　　　　　　　　　　　　　　　　　　　80 000
　贷:与养老金有关的资产/负债　　　　　　　　　　　　　　　80 000

在第一个分录中,计算贷记与养老金有关的资产/负债的金额涉及了养老金费用的三个主要部分:服务成本、利息成本和养老金基金的实际回报。该例中总值是 238 000 美元($87 000 + $177 650 - $26 350)。此外,前期服务成本的摊销额 12 273 美元代表着从累计其他综合收益到养老金费用的重新分类。最后,由养老金基金的不良业绩引起的递延损失减少了当期的养老金费用,确认为当年的其他综合收益,最后作为账户常规结转的一部分结转到累计其他综合收益。

养老金基金出资会计分录已经在之前讨论过。当年需要一个附加的分录来反映由于精算假设变化导致的 PBO 增加 80 000 美元。该变化不会影响当期的养老金费用,却会减少 80 000 美元的综合收益。

财务报表列报 试算表中的财务报表边上的四个数字在 Thornton 公司财务报表中列报如下:

● 养老金费用净值。Thornton 公司利润表中补贴费用是 125 573 美元。注意 26 350 美元的实际回报加上 125 000 美元的递延损失意味着从养老金费用计算中减去的总值为

151 350 美元（$26 350 + $125 000），也就是当年养老金基金的预期回报。
- 现金。Thornton 公司固定收益养老金计划负的现金 75 000 美元作为养老金现金流量表中来自经营活动的现金流出额。
- 养老金相关负债。资产负债表中列报的养老金相关负债是 344 800 美元。
- 累计其他综合收益。累计其他综合收益贷方余额 254 091 美元在资产负债上作为权益账户的减项。

注意，试算表中左侧是 Thornton 公司财务报表列报的项目，试算表右侧是组成财务报表附注披露必需的细节。

在 SFAS No. 87 规定下，递延收益和递延损失的累计部分在资产负债表上应合并为与养老金有关的资产或负债净值。结果是列报的资产负债表养老金项目是资产、负债和权益项目的混合体，糅合成了一个数。这样的结果容易造成误解，是采用 SFAS No. 158 的主要推动力。这也是 IAS 19 要求执行的会计制度。该方法下 Thornton 公司 2012 年年末资产负债表上确认的数值是净负债 90 709 美元（$344 800 - $254 091）。在资产负债表上单独确认为累计其他综合收益的负的权益项目（负债）将被看做资产——用于抵销与养老金有关的负债。这种方法受到了美国会计师和会计专业学生长期的批判，当 SFAS No. 158 取消该方法时引起了轰动。IASB 可能很快效仿 SFAS No. 158 给定的方法修改养老金会计制度。

Thornton 电子公司——2013 年

Thornton 电子公司 2013 年信息如下：

精算师报告的服务成本	$115 000
养老金计划出资	$ 80 000
支付给退休人员的福利	$140 000
养老金基金的实际回报	$175 500
负债折现率	11%
养老金基金预计的长期报酬率	10%
ABO（2013 年 12 月 31 日）	$1 795 150

记录 2013 年养老金信息的养老金试算表如表 17-7 所示。分录（a）到（f）和 2012 年的相似。注意，因为计划修改的时候员工的剩余服务年限持续减少，所以前期服务成本的摊销额比之前期间的更少。回到之前所讨论的，计算所得金额是 10 909 美元（120/825 × $75 000）。分录（f）反映了当年养老金基金实际回报 175 500 美元超过了预期回报 148 285 美元（$1 482 850 × 0.10）。超出的 27 215 美元被看做非预期收益，贷记其他综合收益。同时以相同金额借记定期养老金费用净值。

表 17-7　Thornton 电子公司——养老金试算表(2013)

	财务报表科目			详细科目			
				养老金资产/负债		AOCI	
	养老金费用净值	现金	养老金相关资产(负债)	累计其他综合收益	预计福利负债	养老金基金公允价值	前期服务成本	递延养老金收益/损失
2013年1月1日余额			(344 800)	254 091	(1 827 650)	1 482 850	49 091	205 000
(a) 服务成本	115 000				(115 000)			
(b) 利息成本	201 042				(201 042)			
(c) 实际回报	(175 500)					175 500		
(d) 支付福利					140 000	(140 000)		
(e) PSC 摊销	10 909						(10 909)	
(f) 递延收益	27 215							(27 215)
(g) 递延损失摊销	4 447							(4 447)
(h) 养老金出资		(80 000)				80 000		
2013年12月31日余额	183 113	(80 000)	(405 342)	211 520	(2 003 692)	1 598 350	38 182	173 338

注:正值为借方,负值为贷方。

下面解释分录(g)涉及的养老金递延收益和递延损失的摊销。

以前年度养老金递延净收益和净损失的摊销　在特定的条件下,雇主养老金费用的净值可以包含在养老金递延收益或递延损失净值的摊销中。如果累计值超过 FASB 规定的"走廊"金额,则之前年度的养老金递延收益或递延损失可以在未来期间进行摊销。只有在递延收益或损失净值超过了 PBO 或者年初养老金基金市值的 10% 才允许进行摊销。该方法的合理性在于只要递延收益或递延损失数值较小时不予处理,这意味着预计接近实际。使用 10% 来定义"走廊"金额只是定义"小额"的一种任意尝试。如果估计没有出现系统性差错的话,递延收益或递延资产净值总额应该在 0 上下随机波动。

> **思考**
>
> 公司什么时候可以断定已经超过了"走廊"金额?
> a) 只有当公司拥有的养老金基金资产超过了总的所有者权益。
> b) 只有当公司取消养老金估计通过重大金额或者较长的一段时间内出现的较小的常规金额。
> c) 只有当公司拥有的养老金资产超过总资产的 10%。
> d) 只有当公司拥有的 PBO 超过总负债的 10%。

如果递延收益或者递延损失净值超过了"走廊"金额,这意味着估计有系统性错误,累计递延金额应开始被确认。FASB 指出任何摊销递延收益或递延损失净值的系统方法在员工的剩余服务年限内等于或大于直线法摊销额,只要对于收益和损失一致使用该方法就可以接受。递延收益的摊销额减少了定期养老金费用净值,递延损失的摊销额增加了定期养老金费用净值。记住只有之前年度的递延收益和递延损失可以摊销。因此,"走廊"比较只能用于 PBO 的期初余额、养老金基金的公允价值和养老金递延收益和递延损失的净额账户。

"走廊"式摊销是鉴于立即确认收益与损失(容易引发收益过多的变动)和永久性递延之间的折中。只要收益和损失有取消的趋向,则永久性递延是有意义的,但是当巨额的递延收益和损失累计时这种方法就变得不合理了。"走廊"金额只是一种任意定义的、关于递延收益和递延损失的"大额"。

为了解释"走廊"金额的计算,Thornton 公司在期初的 PBO 的基础上设置了 10% 的"走廊"金额,因为 PBO 超过了期初养老金基金的公允价值。① 因此走廊金额是 182 765 美元（$1 827 650 × 0.1）。因为 2013 年 1 月 1 日的递延损失是 205 000 美元,只有 22 235 美元（$205 000 − $182 765）的超过部分需要摊销。2013 年 1 月 1 日员工平均剩余工作年限是 5 年,因此 2013 年的摊销额是 4 447 美元（$22 235/5）。该金额代表了递延损失的摊销额,在计算养老金费用时加到其他部分。2013 年养老金试算表中的分录(g)记录的损失摊销,借记定期养老金费用的净值,贷记其他综合收益。注意损失摊销金额（$4 447）的大小与递延损失自身大小（$205 000）的关系。很明显递延收益、递延损失和后续走廊式摊销实现了降低年度养老金费用变动性的目标。

确认 2013 年递延净损失的摊销额超过走廊的金额

借:养老金费用   4 447

 贷:其他综合收益   4 447

简要会计分录 养老金试算表 17-7 解释的 8 个详细会计分录可以概括为如下两类总结分录:

确认 2013 年养老金费用的总结分录

借:养老金费用   183 113

 贷:其他综合收益   27 215

  与养老金有关的资产/负债   140 542

  累计其他综合收益   15 356

确认 2013 年养老金基金出资的总结分录

借:与养老金有关的资产/负债   80 000

 贷:现金   80 000

在第一个分录中,计算贷记与养老金有关的资产/负债的金额涉及了养老金费用的三个主要部分:服务成本、利息成本和养老金基金的实际回报。该例中总值是 140 542 美元（$115 000 + $201 042 − $175 500）。此外,当年存在两类摊销——前期服务成本的摊销 10 909 美元和递延损失摊销 4 447 美元。两类摊销额的总和 15 356 美元代表着从累计其他综合收益到养老金费用的重新分类。最后,由养老金基金的超额业绩引起的递延收益 27 215 美元增加了当期的养老金费用（并且减少了净收益）,确认为当年的其他综合收益收益增加项。从简要会计分录最后的内容可以看出最终的净利润受到养老金预期收益的影响,但综合收益受到实际回报的影响。

财务报表列报 试算表中的财务报表边上的 4 个数字在 Thornton 公司财务报表中列报如下:

 ● 养老金费用净值。Thornton 公司利润表中报酬费用是 183 113 美元。注意 175 500 美元实际回报减去 27 215 美元递延收益意味着从养老金费用计算中减去的净值 148 285 美元（$175 500 − $27 215）,也就是当年养老金基金的预期回报。

 ● 现金。Thornton 公司固定收益养老金计划负的现金 80 000 美元作为养老金现金流量表中经营活动现金的流出额。

 ● 养老金相关的负债。资产负债表中列报的养老金相关负债是 405 342 美元。这代表

---

 ① 为了简化计算,把养老金资产的公允价值作为市场价值,回顾之前采用的可选方法是前几年养老金资产公允价值的加权平均数。

着 Thornton 公司养老金计划提供的资金明显不足。如果是实体公司的话，联邦养老金管理部门为了解决资金不足的问题会要求公司提高养老金出资。

- 累计其他综合收益。累计其他综合收益借方余额 211 520 美元在资产负债表上作为权益账户的减项。

养老金计划的披露

5 编制与养老金相关的披露，理解养老金结算和削减的会计处理。

WHY 对于一些公司来说，养老金计划对公司的未来现金流和暴露投资风险有实质性的影响。此外，养老金会计把许多信息凝聚成资产负债表上的一个数（养老金净资产或净负债）和利润表中的一个数（养老金净费用）。为了理解公司的养老金计划，详细披露是很必要的。

HOW 拥有固定收益养老金计划的公司必须披露 PBO 和养老金基金在年内是如何变化的。此外，公司必须披露养老金费用计算的细节，包括非养老金退休后福利。公司还必须披露一些预计的数据，财务报表使用者可以以此来进行敏感性分析。最后，公司必须披露投资战略和影响退休后对现金流影响的信息。

FASB 第 132 号公告讨论了养老金有关的要求"雇主关于养老金和其他退休后收益的披露（2003 年修订）"。养老金的披露要求期初在第 87 号公告中详细介绍。但委员会为了确保提供给财务报表使用者养老金和其他退休后福利信息的有用性、一致性，修订了披露要求（第一次于 1998 年，第二次于 2003 年）。

第 132 号公告（2003 年修订）要求用类似于本章试算表中的信息来计算养老金的成本。特别地，对于绝大多数上市公司来说，主要的披露要求如下：

1. PBO 期初余额和期末余额的调节表。
2. 养老金基金公允价值期初余额和期末余额的调节表。
3. ABO 的披露。
4. 计划的基金状况和资产负债表中确认的金额。
5. 当期养老金费用的组成部分。
6. 当期其他综合收益的影响和累计其他综合收益的现存余额的细节。
7. 如下项目用到的假设：(a) 折现率；(b) 增加的报酬率；(c) 养老金基金的预期长期报酬率。
8. 简述投资战略，披露用养老金基金进行多种投资的百分比。
9. 对于每一个五年，披露预计用于支付福利的现金金额（来源于养老金基金资产）和公司对养老金基金的出资。
10. 关于退休后福利（本章后面部分将会讨论）：假设保健成本变动率，以及如果保健成本变动率增加 1% 对服务、利息成本和 ABO 产生的影响。

如你所见，本章用到的试算表提供了需要披露的大多数信息。此外对于固定收益养老金计划的明确要求，第 132 号公告（2003 年修订）也补充了定额缴纳养老金计划的披露要求。特别地，雇主必须独立于固定收益养老金计划费用金额之外，披露定额缴纳养老金计划确认的养老金费用的金额。此外，当期发生的任何重要变化的实质和影响都应该予以披露。

对于 Thornton 电子公司，年度养老金费用计算和养老金计划基金状况的调节等细节披露所需的绝大多数信息可以从表 17-7 的 2013 年养老金试算表中获得。此外披露的累计福利义务是 1 795 150 美元。

拥有不止一个养老金计划的公司可以把所有养老金计划合并起来。但是,当 ABO 超过 FVPF 时,必须在附注中单独披露这些信息。此外,公司可以合并披露美国和非美国的养老金计划,除非与非美国计划相关的义务是重要的,或者非美国计划的概念与那些美国的计划有实质性的区别。第 132 号公告(2003 年修订)要求公司单独披露养老金和非养老金退休后福利(这些福利在下一节讨论)。该类披露将在表 17-8 引用的 2007 年通用汽车财务报表附注中解释。

分别关注通用汽车关于美国的和非美国计划的报告信息。同样注意美国 2007 年养老金基金的实际回报 100.73 亿美元高于预期金额 79.83 亿美元。差异(一项递延收入)金额部分减少了当年的实际递延损失。

表 17-8 美国养老金计划和非美国养老金计划的附注披露——通用汽车

单位:百万美元

附注 15 养老金和其他退休后福利								
	美国养老金福利计划		非美国养老金福利计划		美国其他福利计划*		非美国其他福利计划*	
	2007	2006	2007	2006	2007	2006	2007	2006
福利负债变化								
年初福利负债	$85 422	$89 133	$22 538	$20 850	$64 584	$81 467	$3 744	$3 797
SFAS 158 计量日调整	—	—	(539)	—	238	—	—	—
服务成本	627	727	486	484	370	551	45	53
利息成本	4 931	4 965	1 143	967	3 609	3 929	199	190
计划参与者出资	—	19	29	30	354	129	—	—
计划修改	3 635	(1 960)	75	(669)	(1 338)	(15 091)	(66)	—
实际(收益)损失	(2 452)	3 682	1 486	524	(3 225)	(6 468)	(133)	(145)
支付福利	(7 574)	(7 013)	(1 287)	(1 049)	(4 753)	(4 188)	(147)	(133)
医疗保险 D 收款	—	—	—	—	215	243	—	—
汇率变动	—	—	2 736	1 250	—	—	666	4
缩减、处置及其他	688	3 233	58	151	(351)	4 012	2	(22)
年末福利负债	85 277	85 422	23 753	22 538	59 703	64 584	4 310	3 744
计划资产变化								
年初计划资产公允价值	101 392	95 250	11 506	10 063	16 939	20 828	—	—
SFAS 158 计量日调整	—	—	277	—	110	—	—	—
计划资产实际回报	10 073	13 384	492	1280	1 183	1 834	—	—
雇主出资	89	80	848	810	2 470	(1 118)	147	133
计划参与者出资	—	19	29	30	354	129	—	—
支付福利	(7 574)	(7 013)	(1 287)	(1 049)	(4 753)	(4 188)	(147)	(133)
汇率变动	—	—	1 507	435	—	—	—	—
缩减、处置及其他	90	(328)	(64)	(63)	—	—	—	—

(续表)

附注 15 养老金和其他退休后福利

	美国养老金福利计划		非美国养老金福利计划		美国其他福利计划*		非美国其他福利计划*	
	2007	2006	2007	2006	2007	2006	2007	2006
年末计划资产的公允价值	104 070	101 392	13 308	11 506	16 303	16 939	—	—
基金状况	18 793	15 970	(10 445)	(11 032)	(43 400)	(47 645)	(4 310)	(3 744)
第四季度雇主出资	—	—	—	142	—	(60)	—	—
第四季度支付福利	—	—	—	—	—	765	—	—
第四季度缩减、处置	—	—	—	17	—	—	—	—
确认净值	$18 793	$15 970	$(10 445)	$(10 873)	$(43 400)	$(46 940)	$(4 310)	$(3 744)
非流动资产	$19 984	$17 150	$ 191	216	$ —	$ —	$ —	$ —
流动负债	(85)	(85)	(361)	(250)	(168)	(134)	(167)	(141)
非流动负债	(1 106)	(1 095)	(10 275)	(10 839)	(43 232)	(46 806)	(4 143)	(3 603)
	$18 793	$15 970	$(10 445)	$(10 873)	$(43 400)	$(46 940)	$(4 310)	$(3 744)
记录的累计其他综合性损失金额								
实际净损失	$10 180	$15 483	$4 981	$6 478	$16 425	$21 957	$1 418	$1 406
前期服务成本净值（贷方）	2 617	1 165	81	13	(11 277)	12 450	(563)	(501)
过渡义务	—	—	17	25	—	—	—	—
	$12 797	$16 648	$ 5 079	$ 6 516	$ 5 148	$ 9 507	$ 855	$ 905

* 养老金和 OPEB 费用的组成部分与计算福利负债的假设如下所示：

	美国养老金福利计划			非美国养老金福利计划			美国其他福利计划			非美国其他福利计划		
	2007	2006	2005	2007	2006	2005	2007	2006	2005	2007	2006	2005
费用组成部分												
服务成本	$627	$727	$1 117	$486	$484	$345	$370	$551	$702	$45	$53	$50
利息成本	4 931	4 965	4 883	1 143	967	965	3 609	3 929	4 107	199	190	218
计划资产的预期回报	(7 983)	(8 167)	(7 898)	(984)	(842)	(740)	(1 400)	(1 593)	(1 684)	—	—	—
前期服务成本的摊销（贷方）	2 167	785	1 164	32	78	102	(1 830)	(1 071)	(70)	(86)	(82)	8
以前过渡义务的摊销	—	—	—	8	7	6	—	—	—	—	—	—
确认实际净损失	764	1 126	2 065	407	399	281	1 352	1 986	2 250	122	133	88
缩减、处置及其他	75	4 260	115	156	139	114	(213)	(505)	—	(17)	(9)	2
Allison 剥夺	(30)	(17)	(24)	—	—	—	(211)	(15)	(21)	—	—	—
净费用	$551	$3 679	$1 422	$1 248	$1 232	$1 073	$2 099	$3 282	$5 284	$263	$285	$366

养老金处置和缩减

如果养老金计划被处置或福利被缩减,雇主应如何处理由此导致的收益和损失？当雇主采取不可逆的举措解除全部或部分主要的义务时,就发生了养老金计划的处置。处置交易的例子包括雇主从保险公司处购买能覆盖雇员福利的年金,或者向雇员支付一次性现金以换取雇员获得的权利。养老金计划的缩减由提供给当前员工未来服务的福利的重大减少引起。缩减包括：提前终止雇员的服务，例如关闭生产线或者商业部门停业；终止或延缓养老金计划以至于雇员不能因为未来的服务而获取额外的福利。①

如同本章讨论的一样，FASB 第 87 号公告指出要推迟确认养老金计划经常性运营引起的收益或损失。此外还指出要推迟确认前期服务成本。因此，在给定的时间里递延收益、损失和前期服务成本通常是存在的。

FASB 指出如果明确养老金计划完全终止，所有养老金义务被处置和养老金基金被支付，应该确认前期递延养老金额。不明确指的是部分处置或者缩减发生的时候。FASB 在第 88 号公告的备忘录中提到。公告还强调了辞退福利——与终止员工雇佣关系有关的福利。

处置　养老金计划偶尔因为股价升高使得养老金价值超过养老金义务，从而被高估。为了有效利用这种优势，公司有时通过以低于养老金基金的金额从保险公司购买年金合同的方式来处置养老金计划。受 ERISA 规定的影响，超出的资金可以用于公司其他用途。

与处置有关的会计问题集中于收益是否需要立即确认或者在未来期间递延确认。在第 88 号公告之前，通过养老金基金的资产扣留而获得的处置收益，称为"资产逆转交易"，被递延并与未来养老金费用抵销。委员会决定，如果处置是不可逆的，解除了雇主担负养老金福利义务的主要责任，或者消除了影响处置的义务和资产相关的重大风险，之前的递延净收益或净损失应该在当期确认。如果仅有部分的 PBO 被处置了，收益的应纳税额部分应该在当期确认。②

缩减　如同之前所述，养老金计划的缩减显著减少了当前员工的预期未来服务年限或者削减了应计固定收益的员工数目。例子包括提前辞退员工，比如当商业部门停业，计划终止和暂停以至于不能因为未来的服务而获取进一步的福利。

任何前期服务成本因为缩减的结果得不到补偿从而确认为一项损失。此外，养老金计划的 PBO 可能会因为缩减而发生变化，增加额外的收益或损失。FASB 指出前期养老金递延收益和损失与 PBO 变化形成的收益和损失相抵销，把差异叫作缩减收益或损失。如果所有与缩减有关的收益和损失之和是一种损失，包括前期服务成本的冲销，当缩减很可能会发生和可以预期影响的时候进行确认。如果所有与缩减有关的收益和损失之和是一种收益，当相关的雇员被辞退或者当计划被暂停和修改生效时进行确认。③

非养老金退休后福利

6　解释养老金会计和非养老金退休后福利会计的区别。

WHY　对于许多公司而言，其他退休后福利，例如退休员工的医保福利，目前代表着一种比养老金义务更大的经济义务。

HOW　其他退休后福利的会计处理与固定收益养老金计划的会计处理十分相似。一种实际的区别是其他退休后福利通常不是工资水平的函数。此外，其他退休后福利计划不能用来融资。

---

①　Statement of Financial Accounting Standards No. 88，"Employers' Accounting for Settlements and Curtailments of Defined Benefit Pension Plans and for Termination Benefits"（Stamford, CT: Financial Accounting Standards Board, 1985），par. 6.
②　Ibid. , par. 9.
③　Ibid. , pars. 12—14.

1990年12月,FASB发布养老金标准的五年后,在退休福利领域又发布了第三个主要标准,FASB第106号公告"雇主的非养老金退休后福利会计"。尽管该标准主要关注的是医疗保险福利,但是仍然涉及其他退休后福利,如寿险合同的成本、法定援助福利、监护费用。本章结束部分将讨论与除养老金之外的其他退休后福利的问题。

FASB第106号公告仅涉及单一员工固定收益退休后福利计划。设定的福利可能是以货币金额的形式,如寿命保险的指定金额,或者以福利涵盖条款,如住院或医护的具体条款。委员会花了几年时间来研究退休后福利和之后广泛的推广、听证、讨论模糊不清的,大体上说,福利的成本应使用同员工养老金一样的方式来看待,也就是使用权责发生制的基础。但值得注意的是养老金和其他退休后福利之间存在很多重要的差异。

退休后医疗保险计划的性质

FASB花了很多时间考虑退休后医疗保险与养老金福利相比具有的独特特征。因为第106号公告的细节受到这些特征的影响,这将作为讨论养老金会计和其他退休后福利之间差异首先要考虑的因素。

非正式的计划而不是正式计划　许多公司的退休后福利计划不是以正式合同的形式存在的。公司通常把支付退休后医疗保险福利作为在岗员工医疗福利保险的延续。在一些情况下,实践变成了工会合同讨价还价的一部分,非正式计划变成了正式计划——工会协商合同计划。即使计划可能是非正式的、没有法律约束力的,法院有时也会把非正式的计划看作一项合同,要求公司遵守计划。通用汽车公司拥有美国最大的退休后福利计划,2007年12月31日其非养老金退休福利总额为597.03亿美元(见表17-8)。有趣的是;在过去通用汽车公司的财务报表附注中已经明确地把退休后福利列报为一项负债,但公司不把这些福利确认为一项法定义务。在1998年的财务报表附注中,通用汽车公司管理层做出了如下陈述:

通用汽车公司已经在合并财务报表中披露了除养老金之外的特定金额的预期退休福利,并把这个金额界定为"累计退休后福利义务"、"负债"或者"义务"。虽然记录了相关金额和使用了相关术语,但通用汽车公司不承认或以其他形式认可这些金额或者现存的退休后福利计划(养老金之外)代表着通用汽车的法定强制性的义务。

这个附注是很有趣的,它反映了2005年和2006年通用汽车和全美汽车工人联合会(UAW)之间的关系。因为持续巨大的经营损失,通用汽车从UAM寻求特许权以减少福利成本。在协议于2005年生效和2006年被法院批准的背景下,通用汽车首次要求退休员工开始支付扣除额、保险费和联合支付。据估计这一举措可以为通用汽车每年节省10亿美元,同时使通用汽车为退休人员医疗保险确认的负债减少174亿美元。

非融资的计划而不是融资的计划　多数公司的退休后福利计划都不是融资进行的。因此公司只能依靠当前的利润来满足计划当前的成本。和养老金出资不同,退休后福利出资不能在所得税前扣除。如同之前讨论的ERISA联邦法要求公司在员工服务期限内对养老金义务缴存资金。但是,不存在相似的联邦法规鼓励为了退休后福利成本而缴存资金。在某些例子中,要求独立的保险人承担风险。大多数情况下,尤其是大型公司,自我担保的形式已经渐趋成熟。

现金收付制而不是权责发生制　因为退休后福利计划通常是不能融资的,几乎所有的公司都在产生福利成本的期间用利润支付成本,而不是在支付员工服务报酬的期间。这个政策导致了用利润支付的不均匀,非融资的退休后福利不确认为一项负债。在采用 SFAS No. 106 之前,所有公司未融资退休后福利的总额预计超过 1 万亿美元。①

未来福利的不确定性而不是清晰的固定收益福利 固定收益养老金计划的提出使得未来养老金义务的计量金额具有较高的可信性和合理性。工资趋势、死亡率表、折现率是较为合理客观的,并已经在 FASB 第 87 号、88 号公告的实施中得到应用。医疗保险成本涉及许多变量使得执行权责发生制有困难。在一段时间内,诸如较长的生命期望、较先进的医疗治疗设施和较早的退休已经造成退休员工的医疗成本出现巨大的增长。政府医疗项目吸收成本的金额随着时间的变化而变化,随着美国国会工作的变化会带来可控的政府财政。当医疗计划涵盖较少成本的时候,要求雇主和个人吸收更高的成本。

编制退休后福利分录之前必须考虑的其他变量包括退休员工的年龄、退休地点、健康成本的地理差异、受赡养者的范围、退休者的性别、新医疗技术的成本、新疾病的出现、退休日期,等等。公司考虑这些变量的预期成本要付出高额的成本和大量的时间。记录保存的成本加上财务报表应计概念的影响导致许多企业集团在标准开始公布的时候持有对立和抵触的情绪。尽管委员会同意在披露法案和最终的标准之间做出一些让步,但是在 FASB 第 87 号公告中保留了养老金会计最根本的理论。

非付现福利而不是付现福利 当员工具备一定的工作年限或者达到提前退休的一定年龄时,大多数退休后福利才能被授予。收到福利的金额通常与报酬的等级无关。一个员工有资格获取福利的日期叫做完全适任日。除非雇员满足服务期限和年龄的要求才能被授予退休后福利。当达到这个日期之后,雇员有资格获取 100% 的退休后福利,而不用考虑未来服务或支付标准的问题。因此获取退休后福利的时间段包括从雇用日到完全适任日。

相比之下,因为大多数养老金随着每一年服务年限增加、工资调高而增加员工的福利,持续获取养老金福利直到退休。因此获取退休后福利的时间段和养老金福利的时间不一致。当然,养老金和退休后福利的说明中存在很多例外条款。部分养老金计划是非付现的,部分医疗退休福利计划是付现的。

回顾 FASB 第 106 号公告

大多数公司从 1993 年财务报表开始对退休后福利采用权责发生制会计。定期退休后福利费用净值要求如前文所列示,和定期养老金费用净值一样有五个组成部分。服务成本和前期服务成本归属的年份是从雇用日到完全适任日,而不是和养老金费用一样的从雇用日到退休日。② 如果资产是明确用于支付退休福利的,那么任何退休福利基金资产可以和退休福利负债相互抵销。

退休后医疗福利没有最低限制。退休后福利计划的披露要求包括养老金计划加上医疗成本趋势假设,以及医疗成本趋势每增加 1% 退休后费用和退休后义务如何变化的敏感性分析。这个要求在表 17-8 中以通用汽车公司为例列示。本章的网上资料包含更多的除了养老金之外的退休后福利的会计处理的细节。

---

① Lee Berton,"FASB Plan Would Make Firms Deduct Billions for Potential Retiree Benefits," *The Wall Street Journal*, August 17, 1988, p. 3.
② 如果获取退休后福利需要的服务期限不包括之前的年限,那么归属期将从之后的日期开始,会涉及贷方服务期的开始。FASB 第 106 号公告,第 44 段。

开放式场景问题的答案

1. "国债"代表了美国联邦政府以国库券、票据、债券之类的形式借来的总额,到 2006 年 9 月 30 日为止总额是 4.9 万亿美元。与此同时,联邦政府对于员工的养老金负债总额是 4.7 万亿美元。注意,4.7 万亿美元不是社保负债,而是欠联邦雇员的养老金福利的金额。

2. 到 2030 年,估计 20% 的美国人口将超过 65 岁。伴随着人口的老龄化,每个工作的人将被要求支付社保工资税来满足更多退休人员的社保福利。1950 年,每个退休的人被 16 名在岗的员工支持。2004 年,这一比率变为 3.3。2025 年,这一比率会接近 2,并且在可预期的未来维持下去。社保改革是一个政治足球,没有哪个主要的政党愿意触及。

3. 通用汽车不得不负担退休员工的养老金和医疗成本。事实上,近年来通用汽车负担的退休员工的医疗成本已经超过了养老金成本。

思考题答案

1.(第 279 页)正确答案是 a。注意雇佣后福利的会计处理中使用的标准类似于负债的定义。这可能是由过去交易导致的未来经济利益的减少。概念框架提供的定义经常被 FASB 广泛用来定义复杂的会计事务。

2.(第 282 页)正确答案是 d。在固定收益养老金计划中,雇主承担着主要的投资风险。在定额缴纳养老金计划中,风险转移给了雇员。如果有可能的话,企业更加愿意让雇员承担投资风险。

3.(第 290 页)正确答案是 b。之前的服务成本是已存在员工在计划设立之日被授予的养老金福利的现值。结果这些金额被包含在 PBO 的计算中。但是 FASB 允许这些金额通过一个可以摊销的称为"前期服务成本"的资产负债表表外资产账户相互抵销。最终 PBO 中所有的前期服务成本部分只会逐步反映在报告的净养老金负债中。

4.(第 300 页)正确答案是 b。当一家公司长期偏离预期的重要金额时可能会超出"走廊"金额。因为"走廊"金额是较大数额(计划资产或 PBO)的 10%,公司将不得不做出一系列较坏的估计。例如,公司会监控未实现收益或损失的金额,调整补偿的估计。

本章小结

1. 了解工资和工资所得税的会计处理,理解确认与带薪缺勤有关的负债的标准。

工资和工资税的会计核算是发生在每个支付期期末的常规事务。除了从雇员处扣留的税金会计处理之外,还必须确保考虑了雇主的工资税。雇主担负着 FICA 税和州、联邦失业税。当雇员工作的时候,他们有申请病假和事假的权利。这些时间叫做带薪缺勤,在雇员获取这些权利的期间必须费用化。

2. 学习计算绩效奖金,确认雇佣后福利的事项。

除了日常的工资,雇员在达到绩效目标后可能有机会收到其他的福利,这些额外的福利经常采用奖金和股票期权的形式。股票期权的会计处理要求估计其未来的价值,这可能变得更加复杂。在一些情况下,员工将要自愿或非自愿离职,对这些员工雇佣后但退休前允诺的福利,必须要用与带薪缺勤会计处理方式一样的方式处理。

3. 理解雇员养老金计划的实质和特征,包括固定收益计划的细节。

养老金计划可以分为定额缴纳养老金计划和固定收益养老金计划。在定额缴纳养老金计划下,雇员退休后收到积累多年的基金。定额缴纳养老金计划的会计处理是简单明了的。固定收益养老金计划因为福利的价值难于计量所以很有挑战性。这些福利通常是关于服务年限、未来工资水平、期望寿命的函数。预计养老金负债通常需要聘请精算师来进行估计。

4. 使用养老金资产和养老金负债的组成部分,以及这些组成部分的变动来计算养老金的期间费用和对其他综合收益的影响。

预付/应计养老金账户反映了一种差异,其是由未来预期支付金额的现值和为了满足义务设立的养老金基金的公允价值形成的。其他的因素也能影响养老金账户。这些额外的因素包括前期服务成本,养老金基金预期和实际回报之间差异形成的递延收益或损失。

每年需要对另外一个年份服务形成的额外福利、对支付福利最近一年的影响、为了满足未来义务设立基金收到的回报做出评估。在之前章节提到的因素也会影响利润表中列报的金额,需要适时地做出调整。

5. 编制与养老金相关的披露,理解养老金结算和缩减的会计处理。

与养老金相关的详细披露是必要的。精算师做出的与资产预期回报有关的假设、贴现率、工资的计划提高也被要求披露。此外,企业被要求披露在资产负债表中与养老金相关的资产或负债的组成部分,和利润表中披露的定期养老金费用一样。绝大多数要求的披露可以通过试算表的列示提供,如同本章所述的例子。

与养老金计划有关的福利被缩减的事件中,任何缩减的前期服务成本被确认为一项损失,与 PBO 要求的调整相抵销。养老金结算通常会提高收益或损失。FASB 认为由公司不可挽回行为造成的收益或损失,由此减少的公司未来义务应该立即被确认。

6. 解释养老金会计和非养老金退休后福利会计的区别。

尽管养老金会计中使用的许多概念与非养老金退休后福利会计相似,但还是存在许多重大的差异。常见的(与会计处理无关的)是公司不能用其他退休后福利融资。其他差异还包括其他退休后福利通常不是工资水平的函数,而且难于计量这些福利。

IASB 概述

主题	美国 GAAP	IASB 准则
前期服务成本	SFAS No. 158 初始确认为其他综合收益,之后在后续年度摊销到养老金费用中。	IAS 19 在授予的期间摊销到养老金费用中。如果解禁的福利立即被授予,则整个金额迅速费用化。
在资产负债表中确认的养老金相关项目净值	SFAS No. 158 资产负债表中确认的与养老金相关的资产或负债是一种差异,是由 PBO 款和养老金基金余额形成的。	IAS 19 与养老金相关的资产或负债与递延项目合并(在美国 GAAP 下单独确认为累计其他综合收益),在资产负债表中整个合并值确认为一项养老金净资产或养老金净负债。

关键术语

累计福利负债	负债折现率
递延养老金收益或损失	单一雇主养老金计划
养老金基金的市值	"走廊"金额
前期服务成本	预计服务年限
养老金基金实际回报	养老金基金
固定收益养老金计划	养老金计划
养老金费用净额	已取得完全拥有权的福利
预计福利负债	缩减养老金计划
精算现值	养老金基金的公允价值
定额缴纳养老金计划	与养老金相关的资产/负债
不需职工缴纳的养老金计划	递延养老金净收益或损失
养老金计划结算	全部合格日期
共同提取养老金计划	非养老金退休后福利
养老基金预期报酬	

问题

1. 联邦政府和州政府都要对工资总额进行征税。识别这些税种,并说明雇主和雇员中谁承担税收的成本。

2. 应该如何处理带薪缺勤?

3. 路边商店的销售主管被授予利润的12%作为奖金,这一利润分成协议的解释难点是什么?

4. 区分(a)固定收益养老金计划和定额缴纳养老金计划;(b)分担养老金计划和非分担养老金计划;(c)多雇主计划和单一雇主计划。

5. 词汇"授予"意味着什么?

6. 精算师在确定固定收益养老金计划中未来福利金额的时候需要考虑哪些因素?

7. FASB提到与固定收益养老金计划相关的四个会计事项是什么?

8. 区分在固定收益养老金计划中,确定雇员获取未来福利金额时采用的累计福利法和固定收益法。

9. 列出和简单描述定期养老金费用净值的五个基本组成部分。

10. 解释养老金计划初设时或计划修改时,前期服务成本如何提高。

11. 根据FASB第87号公告,如何计量定期养老金费用净值的服务成本部分?

12. 养老金费用包括计划资产的实际回报或者预期回报吗?请解释。

13. 前期服务成本在初始设立的时候需要确认为一项费用吗?

14. FASB允许在一些养老金计算中使用计划资产的平均市值。其他情况下,必须使用具体计量日的公允市值。什么情况下允许使用平均市值?

15. 在FASB第158号公告下,哪一个与养老金有关的项目影响报告的累计其他综合收益的金额?

16. 为什么需要从养老金计划确认的收益或损失中识别"走廊"金额?
17. 养老金准则中包含的养老金披露要求的作用是什么?
18. 区分养老金处置和养老金缩减。
19. 退休后福利指什么?计量它们成本的首要事项是什么?
20. 描述养老金计划和其他退休后福利计划的差异。
21. 什么叫完全合格日?为什么它是计量退休后福利的一个重要日期?
22. 描述养老金计划和其他退休后福利计划会计处理方法主要的差异。

练习

[练习 17-1] 基础收入的奖金

LO2 某店面经理被授予店面收入5%的奖金,难点在于计算扣去奖金后的店面收入。奖金之前的收入总和是200 000美元。计算店面经理的奖金收入。

[练习 17-2] 雇佣后福利

LO2 公司决定对一个店面重组。作为重组的一部分,公司认为店面设备已经受损。店面初始成本是3 000 000美元,计提累计折旧1 300 000美元,确定公允价值是800 000美元。此外需要解雇32名员工。作为解雇的一部分,每个员工将获得就业培训福利(每人500美元)、6个月的补充医疗和人寿保险(每人3 300美元)与2个月的工资(平均每人5 000美元)。编制记录重组的必要分录。

[练习 17-3] 计算 ABO

LO3 Wu公司为单个员工Ronald Dalton设立了固定收益养老金计划,每年支付的养老金计划金额等于Ronald工资的最高水平乘以(2% ×在公司的服务年限)。到2011年年初,Ronald已经为公司服务满10年。2010年的工资是50 000美元。Ronald预期25年后退休,他的工资以每年3%的比率增加。预计Ronald可以在退休之后活15年,退休后的第一年便可以收到养老金。计算Wu公司2011年1月1日的ABO,假设:(1) 折现率是8%;(2) 折现率是12%。

[练习 17-4] 计算预计福利负债

LO3 参考练习17-3。计算Wu公司2011年1月1日的PBO,假设:(1) 折现率是8%;(2) 折现率是12%。

[练习 17-5] 养老金净资产和净负债的简单计算

LO3 第一年1月1日,公司PBO是10 000美元,养老金基金公允价值是9 200美元。不存在前期服务成本和递延养老金收益或损失。养老金计划的相关信息如下:

服务成本	$1 200
养老金基金的实际回报	$ 250
支付给退休员工的福利	$ 100
交纳养老金基金	$1 050
PBO折现率	9%
养老金基金期望报酬率	10%

计算:(1) 第一年1月1日在公司资产负债表中列报的与养老金相关的金额;(2) 12月31日的PBO;(3) 12月31日养老金基金的公允价值。

[练习 17-6] 精算估计变化的影响

LO4 参考练习17-3和17-4。假设Wu公司于1月1日改变了用来计算PBO的折现率,即从8%变到12%。假设变化之前,Wu公司的养老金相关余额如下:

PBO	$(26 169)
养老金基金公允价值	23 000
递延养老金净损失	1 100
前期服务成本	2 000

计算:(1) 利率是 8% 时,在资产负债表中列报的养老金相关资产/负债的余额和累计其他综合收益的余额;(2) 利率是 12% 时,PBO 的余额;(3) 2011 年的利息成本;(4) 利率是 12% 时,在资产负债表中列报的养老金相关资产/负债的余额和累计其他综合收益的余额(在受 2011 年其他交易影响之前)。

[练习 17-7] "走廊"金额

LO4 公司 1 月 1 日的养老金相关余额如下:

预计养老金负债	$(20 000)
养老金基金公允价值	23 000
递延养老金净损失	3 100
前期服务成本	1 000

从 1 月 1 日开始,员工平均剩余工作年限是 6 年。计算当年应摊销的递延养老金净损失金额。

[练习 17-8] 调节 PBO 期初余额和期末余额

LO4 第一年 1 月 1 日,公司预计养老金负债是 10 000 美元,养老金基金公允价值是 9 200 美元。前期服务成本是 2 000 美元,在接下来的 5 年内用直线法进行摊销。递延养老金收益的余额是 700 美元。当年与养老金有关的信息如下:

服务成本	$ 1 200
养老金基金的实际回报	$ 1 550
支付给退休员工的福利	$ 300
交纳养老金基金	$ 1 050
PBO 折现率	8%
养老金基金期望报酬率	11%

编写必要的调节 PBO 期初余额和期末余额的披露附注。

习题

[习题 17-9] 记录工资和工资税

LO1 Express 公司将现金 21 200 美元支付给员工,作为一周工资(去掉扣留和抵扣之后的净额)。扣留的所得税金额是工资总额的 17%,此外其他抵扣仅包括 7.65% 的 FICA 税和 160 美元的工会费用。编制雇主在公司账簿上确认工资和应交税费的分录,假设公司需要承担的州失业税税率是 5.4% 和联邦失业税税率是 0.8%。假设该星期所有的工资已经缴纳过 FICA 税和失业税。

[习题 17-10] 月度工资分录

LO1 Aggie 公司出售农产品。公司以工资加佣金的报酬形式支付给销售人员。每位销售人员每月工资均是 1 000 美元。佣金则取决于服务年限和公司销售总额的完成比例。销售人员佣金的起点是 1%,每多服务一年增加 0.5%,上限是 5%。1 月销售总额是 120 000 美元。

Aggie 公司拥有 6 名销售人员,每人的服务年限如下:

	服务年限
Frank	10
Sally	9
Tina	8
Barry	6
Mark	3
Lisa	0.75

假设 FICA 税税率是 7.65%，FUTA 税税率是 6.2%，州失业税税率是 5.4%。联邦政府所得税税率是 30%。计算 1 月工资和佣金费用，编制包括现金支付和所有应付税金在内的工资交易的分录。

[习题 17-11] 计算奖金

LO2 Illinois Wholesale 公司与销售经理达成协议，把公司收入的 7% 作为个人奖金。公司当年支付奖金和所得税前的收入是 350 000 美元。扣除奖金后的所得税税率是 30%。

1. 计算扣除奖金和所得税前的奖金金额。
2. 计算扣除奖金后、扣除所得税前的奖金金额。

[习题 17-12] 计算固定收益养老金计划支付额

LO3 Francisco 公司为单身员工 Derrald Ryan 设立了固定收益养老金计划。每年养老金计划的支付额等于工资的最高水平 3% 乘以服务年限。Derrald 2010 年的工资是 75 000 美元。他预计 20 年后退休，在此期间工资每年平均增长 4%。到 2011 年年初，Derrald 已经为公司服务满 12 年。

1. 计算 2011 年 1 月 1 日 ABO 时使用的年养老金支付额是多少？
2. 计算 2011 年 1 月 1 日 PBO 时使用的年养老金支付额是多少？

[习题 17-13] 计算养老金服务成本

LO3 Naperville Window 公司的养老金计划信息如下：

2011 年 1 月 1 日	PBO	$4 780 000
	ABO	$3 950 000
2011 年	支付给退休员工的养老金福利	$ 315 000
2011 年 12 月 31 日	PBO	$5 425 000
	ABO	$4 245 000
负债折现率		10%

如果精算假设没有变化，2011 年养老金服务成本是多少？

[习题 17-14] 递延收益和递延损失的计算

LO4 养老金费用的计算包括（1）养老金基金实际回报和预期回报的递延差异；（2）养老金递延收益和递延损失的摊销。在以下相互独立的情况下，确定与递延收益和递延损失有关的养老金费用加（减）项以及它们的摊销额。

	A	B	C	D
（1）养老金基金的实际回报	$200 000	$200 000	$ 500 000	$500 000
（2）养老金基金的预期回报	$180 000	$230 000	$ 400 000	$550 000
（3）年初递延损失（收益）	$200 000	$275 000	$(100 000)	$(75 000)
（4）每位员工用于摊销的平均服务年限	10 年	5 年	8 年	12 年
（5）"走廊"金额	$100 000	$150 000	$ 50 000	$175 000

[习题 17-15]　养老金费用的计算和简要的会计分录

LO4　以下是 Eden 财务服务公司的会计师提供了 2011 年 12 月 31 日的详细信息。基于这些数据，编制 2011 年与确认养老金费用和养老金出资相关的分录。

服务成本	$ 52 000
养老金计划资产的实际回报	81 000
利息成本	59 000
养老金计划资产的预期回报超过实际回报的部分	15 000
之前年度养老金递延损失的摊销	24 000
前期服务成本的摊销	36 000
养老金基金的出资	100 000

难题

[难题 17-16]　应计工资和工资税

LO1　Joey Department Store 的员工每个月 6 日和 22 日分别收到上个月最后一天和当月 15 日的工资。一份 2011 年 10 月 6 日星期一的工资分析表提供如下的信息：

	工资总额	FICA 税	联邦所得税	州所得税	保险净值	支付额
行政人员工资	$15 450	$ 810	$ 2 400	$ 450	$ 410	$11 380
管理人员工资	31 000	286	6 300	1 000	500	22 914
销售人员工资	20 000	834	4 200	690	480	13 796
总和	$66 450	$1 930	$12 900	$2 140	$1 390	$48 090

在 9 月 30 日的支付期间，没有员工超过 FICA 目的的工资基础。管理人员工资的全部、行政人员工资的 75%、销售人员工资的 40% 支付给超过工资基础的雇员，作为失业税。假设强制执行的失业税税率如下：联邦失业税税率是 0.8%，州失业税税率是 5.4%。

要求：编制 Joey 财务年度末（9 月 30 日）要求的调整分录，反映应计工资和任何相关的工资税。把工资和工资税费用账户按三种员工类型分开：行政人员、管理人员和销售人员。

[难题 17-17]　工资的会计处理

LO1　Bags 公司是一家箱包制造商，雇佣的 10 名员工中有 5 人以工资为基础支付，另有 5 人是小时工。员工和他们的报酬如下：

年度工资	
Ken Scott（主席）	$91 500
Tatia Furgins	57 000
Jennifer Poulns	48 750
Robyn Meek	23 800
Kyle Roberts	13 900
小时工资	
Richard Dean（每周 50 个小时）	$14.00
Denise Ray（每周 40 个小时）	11.50
Dale Frank（每周 40 个小时）	9.75
Bryan Leslie（每周 30 个小时）	4.50
Albert Lamb（每周 20 个小时）	3.65

领取工资的员工拥有综合医疗和牙医计划,每名员工计划的成本是 45 美元,从工资中扣除。小时工只有医疗计划,成本以工资总和的 3.5% 计算,从工资中扣除。FICA 税税率是 7.65%,FUTA 税税率是 6.2%(州失业法允许的最大限度),州失业税税率是 5.4%。没有员工达到 FICA、FUTA 和 SUTA 工资的限制。此外除 Albert 之外,其他小时工都是美国工会的箱包生产者。工会会费是每月 5.65 美元。年度收入在 29 500 美元以上的员工所得税扣除率是 28%,收入低于 29 500 美元的扣除率是 15%。

小时工每周五收到工资,1 月收到工资的日期是 6 日、13 日、20 日、27 日。工资员工每月收到工资两次,1 月是 13 日和 27 日。假设工资税和所有扣除在每月 15 日和最后一天进行。

要求:编制 Bags 公司 1 月 6 日、13 日、15 日所有与工资有关的分录。

[难题 17-18] 带薪缺勤

LO1 Ludwig 电子公司制订一项计划对员工的特定缺勤给予补偿。每位员工每年可以获得 5 天的病假和 10 天的事假。在先进先出的基础上,这样的福利可以在三年内执行,因此累计最大值是 45 天。在一些情况下,公司允许员工提前休假。支付额取决于当期报酬水平,而不是获取休假时间的实际水平。

员工	累计天数 2011年1月1日	日工资 2011年1月1日	新增天数 2011年	使用天数 2011年	累计天数 2011年12月31日	日工资 2011年12月31日
A	20	$68	15	13	22	$70
B	15	74	15	15	15	76
C	25	62	7	32	0	64(6月5日离职)
D	-5	56	15	20	-10	58
E	40	78	15	5	50	82
F	7月1日入职	60	8	2	6	60

要求:

1. 2011 年 12 月 31 日带薪缺勤负债的金额是多少?

2. 编制记录当年支付带薪缺勤和年末累计带薪缺勤的分录。假设工资负债账户用于支付当年所有病假和事假。当年的平均报酬率可以用于估计员工 C 之外的使用时间的价值,C 在离职时修完了所有的假期。年末的负债应该用年末的工资率来计算。

[难题 17-19] 前期服务成本出资和摊销的计算

LO4 Staybrite 电子公司 2011 年 1 月 1 日修改执行中的养老金计划。修改计划导致 PBO 增长 6 290 000 美元。公司为了缴纳前期服务成本,决定用接下来 15 年 10% 的利息出资。首次支付将在 2011 年 12 月 31 日进行。公司决定在员工剩余服务期限内,用直线法摊销前期服务成本。该公司 2011 年 1 月 1 日雇用了 225 名修改计划时被授予福利的员工。据估计平均每年将会有 15 名员工退休。

要求:

1. 计算 Staybrite 电子公司由于修改计划每年将支付的前期服务成本。

2. 计算 Staybrite 电子公司在员工剩余服务年限中前期服务成本的年摊销额。

[难题 17-20] 养老金成本组成部分的综合计算

LO4 如下是精算师提供的 Interconnect Cable 公司关于养老金计划的信息(单位:千美元):

2010 年 12 月 31 日:

  计划修改导致 PBO 的增加 $684

2011 年 1 月 1 日:

PBO	$2 700
养老金基金公允价值	$1 860
养老金基金的市值(5年加权平均)	$1 600
负债折现率	10%
递延收益和前期服务成本摊销的平均服务年限	14年
养老金递延收益(之前年度)	$70
期望报酬率	9%
2011年	
支付给退休员工的福利	$173
养老金计划出资	290
2011年12月31日	
PBO	$2 917
养老金计划资产的公允价值	2 137

要求:在给定数据的基础上,编制 Interconnect Cable 公司的2011年养老金试算表。计算预期回报时使用计划资产5年加权平均价值。

[难题 17-21] 养老金成本组成部分和基金状况的调节表

LO4 关于 Leffingwell 公司 2011年1月1日固定收益养老金计划的信息如下:

PBO	$1 615 000
养老金资产公允价值	1 513 500
前期服务成本	105 000
养老金递延收益或递延损失净值	0

2011年和2012年养老金数据如下:

2011年养老金计划信息:

精算师报告的服务成本	$ 87 000
养老金计划出资	$120 000
支付给退休人员的福利	$132 000
养老金计划资产的实际回报	$ 26 350
前期服务成本摊销	$ 21 000
精算变动引起的 PBO 增加	$ 80 000
负债折现率	11%
养老金计划资产的长期回报率	10%

2012年养老金计划信息:

精算师报告的服务成本	$115 000
养老金计划出资	$125 000
支付给退休人员的福利	$140 000
养老金计划资产的实际回报	$180 000
前期服务成本摊销	$ 18 667
负债折现率	11%
养老金计划资产的长期回报率	10%

2012年1月1日,员工预期剩余服务年限是5年。Leffingwell 公司年初使用养老金计划资产的公允市场价值作为养老金计划资产的市场相关价值。

要求：

1. 编制 2011 年和 2012 年的养老金附注，披露养老金费用的组成部分和在资产负债表上合并产生净值的项目。

2. 编制 2011 年和 2012 年记录养老金费用净值和养老金基金的分录。

案例

[案例 17-22]　确认或披露？

有一种对 FASB 第 87 号公告的批判认为该公告没有要求公司在资产负债表上列报固定收益养老金计划的基金状况（如果计划资产超出预期福利负债时则高估，如果计划资产小于 PBO 时则低估）。部分财务报表的编制者和使用者认为，由于 FASB 第 132（R）号公告要求财务报表附注披露，这一缺陷已经被克服了。其他编制者和使用者则赞成 FASB 准则第 158 号公告的确认规定，养老金资产和负债的净值应等于固定收益养老金计划的基金状态。附注披露的信息对于财务报表使用者来说是充足的吗？或者在财务报表中真实确认的信息是重要的吗？

[案例 17-23]　养老金标准的理论支持是什么？

会计理论课上曾长时间地讨论关于养老金和其他退休后福利的话题。讨论主要围绕以下术语展开：

（a）如实反映　　（b）实质大于形式　　（c）可验证性

（d）有用性　　　（e）现值　　　　　（f）谨慎性

（g）适当的披露

这些术语有助于判断雇主账簿上养老金和其他退休后福利计划的会计处理吗？基于你对这些术语的理解，评价 FASB 在第 87 号、第 88 号、第 106 号、第 158 号公告中关于养老金和其他退休后福利计划的处理方式。

[案例 17-24]　你需要为退休储蓄多少钱？

你计划 65 岁退休。预计退休后每月需要 5 000 美元（每年 60 000 美元）。你预计退休后会再活 20 年。你需要从 25 岁到 65 岁工作 40 年。工作各年的平均工资是 100 000 美元。预计每年可以获得平均 8% 的投资回报。考虑到通货膨胀，使用真实利率（名义利率 11% 减去预期通货膨胀率 3%）。假设所有现金流发生在年末且忽略所得税。在做计算之前，请估计为了退休后每年有 60 000 美元，你需要从每年的收入中储蓄多少。在做出估计之后，计算为了在退休后 20 年中每年收回 60 000 美元，你需要在工作的 40 年间从每年的收入中投入多少。如果你从 30 岁时开始储蓄的话，需要投入多少？35？40？你起初的猜测是过高还是过低？

[案例 17-25]　会计有政治影响吗？

C. B. Seabright 是一名国会议员，他刚刚收到一份关于 FASB 第 106 号公告"雇主的非养老金退休后福利会计"的分析报告。Seabright 在税收法律制定和雇主提供的医疗计划规定方面很有影响力。FASB 第 106 号公告会如何影响 Seabright 的立法倾向？

[案例 17-26]　解析财务报表（Northrop Grumman）

Northrop Grumman 是一家航空/防御领域的龙头企业。公司研发了 F16 战斗机、阿帕奇直升机、AWACS 空中侦察机、B-2 隐形轰炸机。Grumman 是 Northrop Grumman 公司的核心公司，是 1969 年 Neil Armstrong 和 Buzz Aldrin 登上月球的月球行走计划的主要合同方。Northrop Grumman 公司有关养老金和其他退休后福利计划的信息如下：

单位：百万美元

	养老金福利		医疗人寿保险	
	2007 年	2006 年	2007 年	2006 年
福利负债变化				
年初福利负债	21 484	20 692	2 867	3 341
服务成本	786	755	52	69
利息成本	1 250	1 159	164	183
计划参与者出资	24	29	84	88
计划修改	18	40	(2)	(464)
实际收益	(357)	(119)	(103)	(64)
支付福利	(1 157)	(1 152)	(250)	(281)
合并、剥离、转移及其他	21	40		(5)
年末福利负债	22 069	21 484	2 812	2 867
计划资产变化				
年初计划资产公允价值	21 407	18 867	880	780
计划资产收益	2 275	2 444	46	95
雇主出资	342	1 157	191	198
计划参与者出资	24	29	84	88
支付福利	(1 157)	(1 112)	(250)	(281)
合并、剥离、转移及其他		22		
年末计划资产公允价值	22 891	21 407	951	880
基金状况	822	(77)	(1 861)	(1 987)
财务合并报表上确认的金额				
非流动资产	2 033	1 303	47	46
流动负债	(43)	(41)	(68)	(70)
非流动负债	(1 168)	(1 339)	(1 840)	(1 963)
记录的累计其他综合损失金额				
实际净损失	(975)	(1 877)	(429)	(545)
前期服务成本和过渡净负债	(254)	(277)	452	515
与以上项目有关的所得税福利	479	890	(9)	10
未摊销福利计划成本	(750)	(1 264)	14	(20)

单位：百万美元

	养老金福利			医疗人寿保险		
	2007 年	2006 年	2005 年	2007 年	2006 年	2005 年
定期福利成本净值组成部分						
服务成本	786	755	675	52	69	66
利息成本	1 250	1 159	1 091	164	183	183
计划资产的预期回报	(1 774)	(1 572)	(1 468)	(58)	(52)	(49)
前期服务成本的摊销	40	35	53	(65)	(16)	(1)
以前年度净损失的摊销	48	91	59	25	31	27
其他	2					(13)
定期福利成本净值	352	468	410	118	215	213

基于以上信息，回答如下问题：

1. Northrop Grumman 的养老金计划存在高估还是低估？你是如何辨别的？

2. Northrop Grumman 的医疗人寿保险存在高估还是低估？请解释。

3. 2007 年年末, Northrop Grumman 与养老金有关的累计其他综合收益增加还是降低了公司的股东权益？

4. 2007 年 Northrop Grumman 的养老金基金实际回报大于还是小于预期回报？请解释。

[案例 17-27] 写作训练（国外养老金）

在美国, 养老金会计已经获得了极大的关注, 其他国家的养老金会计则很少有人关注。用一页纸分析原因, 解释与美国相比, 为什么大多数国家的养老金会计不受重视。

该作业不要求你去图书馆或评估国际会计准则。如果你花点时间思考事件本身, 答案将会变得很明显。

[案例 17-28] 研究会计准则

为了帮助你熟悉会计准则, 本案例带你进入 FASB 的网站, 并接触各种刊物。进入 FASB 网站（http://www.fasb.org）, 点击"Pronouncements & EITF Abstracts"。

本章我们讨论了包括养老金和其他退休后福利在内的福利会计处理。在本案例中我们会用到 *SFAS No.158* "养老金会计", 打开 FASB 第 158 号公告。

1. 第 4 段讲公司必须确认"福利计划的基金状况"。其含义是什么？

2. 第 B37—B41 段讨论了前期服务成本会计处理的两种方式。一种方式是通过其他综合收益来确认前期服务成本。另一种方式是什么？

3. 第 B114—B117 段讨论了固定收益养老金计划的"确认基金状况的潜在经济推论"。FASB 在该概念框架中提到术语"中立"。"中立"是隐含了财务会计制度中不应该包含经济推论吗？

[案例 17-29] 累进式电子工作表分析

该作业是天行者公司养老金相关项目的详细检验。2011 年 12 月 31 日, 天行者公司报告了 253 美元的其他长期负债（见第 13 章）, 其中包括养老金负债净值。除此之外, 456 美元的其他运营费用中包括了养老金费用净值。

天行者公司 2011 年 12 月 31 日养老金计划的相关信息如下：

养老金基金资产的公允价值	$200
评估 PBO 时使用的折现率	7%
养老金基金资产的长期期望报酬率	9%
员工目前获取的每年养老金支付额	$ 50
员工退休后预期能收到养老金的年限	30 年
距离第一次收到养老金的期限	11 年

构造电子工作表要进行如下的计算：

1. 根据给定的信息, 计算天行者公司 2011 年 12 月 31 日列报的养老金负债净值。（注意：计算 PBO 的时候要仔细；要记得标准的年金公式生成的年金现值要比第一次收到的支付早一年。）

2. 使用如下信息计算 2012 年 12 月 31 日的养老金负债净值和 2012 年的养老金费用净值。
- 2012 年又工作一年, 员工获取的年度养老金支付额预计从 50 美元增长为 55 美元。
- 员工离获得第一次养老金的支付更近了一年。
- 2012 年没有支付给员工养老金福利。
- 天行者公司预计 2012 年为养老金基金出资 50 美元。
- 天行者公司 2012 年养老金基金资产的最佳估计是获得的回报等于长期期望报酬率。

3. 根据如下信息重复(1)和(2)：
(a) 折现率是 8%, 养老金基金资产的长期期望报酬率是 12%。
(b) 折现率是 5%, 养老金基金资产的长期期望报酬率是 11%。

第四部分

财务报表的其他视角

第 18 章　每股收益

第 19 章　衍生工具、或有事项、企业分部与中期报告

第 20 章　会计变更与差错更正

第 21 章　重温现金流量表

第 22 章　国际会计

第 23 章　财务报表分析

第18章 每股收益

学习目标

1. 了解简单和复杂的资本结构有何不同,理解稀释性证券如何影响每股收益的计算。
2. 计算基本每股收益时,除考虑该期间出售和回购的股票外,还应考虑股票分割和配股的影响。
3. 当一家公司存在未兑现的股票期权、担保和认股权证时,运用库存股法计算稀释每股收益。
4. 当一家公司存在未兑现的可转换优先股或可转换债券时,运用假设转换法计算稀释每股收益。
5. 在计算稀释每股收益时把转换可转换债券或行使期权、担保或认股权证的效果考虑进去,当一家公司报告了持续经营损失时理解潜在普通股票的反稀释效应。
6. 计算稀释每股收益时,应考虑多样的潜在稀释性证券并确定其顺序。
7. 理解基本每股收益和稀释每股收益计算的有关信息披露要求。

扩展资料

8. 会做牵涉多种潜在稀释性证券的每股收益的复杂计算。

像《中级会计学:基础篇》第1章指出的那样,财务报告的一个主要目的是对信贷和投资决策提供有用的信息。投资者感兴趣的是从一家公司和其他公司以及自身历史运营状况的比较中做出估量。评价一家公司时,仅仅知道净利润增加还是减少是远远不够的,投资者们关心的是收入变化与他们的投资以及现行股票市价的相关性。

为了尽量以相同方法反映收入和投资信息,引入了每股收益(EPS)的计算。虽然1969年起GAAP规定应当在利润表上列示每股收益,但这种计算存在一定缺陷,这一点我们将在后面的章节进行讨论。表18-1以五家公司每股收益的数据作为示例。注意,一家公司的净利润和每股收益并不一定是正相关的。例如,亨氏公司(H. J. Heinz)报告了集团的最低净利润,然而甲骨文(Oracle)和微软报告了较低的每股收益。微软、亨氏、甲骨文和沃尔玛报告了不同的基本每股收益和稀释每股收益(本章后面将讲述什么是稀释每股收益)。伯克希尔·哈撒韦公司没有微软公司报告的净利润高,但它的每股收益比微软要高很多。当考虑发行在外的流通股数量(以及在稀释每股收益情况下未执行的优先认股权证发行数目)时,一家公司的盈利能力将呈现出更多的含义。

表 18-1　所选公司的每股收益数据（2007 年）

公司	基本每股收益	稀释每股收益	净收入（百万）
伯克希尔·哈撒韦	$8 548.00	$8 548.00	$13 213
亨氏	2.67	2.63	845
甲骨文	1.08	1.06	5 521
微软	1.90	1.87	17 681
沃尔玛	3.17	3.16	12 884

潜在投资者可能会根据每股收益的数据在众多不同的投资机会中进行选择。举例说明，如果 A 公司普通股市价 21 美元，收益 3 美元，B 公司普通股市价 54 美元，收益 6 美元，投资者会得出结论 A 公司和 B 公司的股票分别以 7 倍和 9 倍于收入的价格出售。因此，投资者们总体来说会认为 B 公司股票比 A 公司股票蕴藏了更大的潜在增值空间。也许，A 公司股票可能是一个更好的购买选择，因为相对于收入来说它有着更低的市场价格。

投资者们对股利也同样感兴趣，可能会用每股收益数据计算股利分配率。这个比率是由每股利除以每股收益计算得出。因此，前例中的 A 公司如果每股支付 2 美元的股利，则其股利分配率是 67%，B 公司如果每股支付 3 美元的股利，则其股利分配率为 50%。

无论是在传媒报道还是在财务报告的出版刊物中，公司年报公布的每股收益数据均受到了广泛的重视。像之前讨论中提到的市盈率一样，每股收益经常被认为是普通股市场价格的决定因素。

思考题：
1. 一家公司的市盈率通常反映了什么？
2. 一家公司计算哪两种每股收益数据？

问题的答案可以在第 345 页找到。

简单资本结构和复杂资本结构

1 了解简单和复杂的资本结构有何不同，理解稀释性证券如何影响每股收益的计算。

WHY 从普通股股东的立场来看，衡量一家公司经营状况最基本和易于理解的方法是看其流通在外普通股的每股收益。潜在股东的存在，例如期权持有者或者可转换债券的持有者，使普通股每股收益的计算变得更为复杂。

HOW 存在股票期权或可转换债券（债券或者优先股）的资本结构叫做复杂资本结构。当存在复杂资本结构的时候，每股收益的计算必须考虑期权和可转换债券对普通股股东可实现收入和对发行在外的普通股数量的潜在影响。

补充

虽然每股收益作为一个评价公司盈利性的普遍衡量标准，但是 FASB 专门规定无论在何种情况下都必须报告每股现金流量。FASB 不希望财务报表使用者将每股现金流量看作每股收益的一个备选指标。

每股收益数据主要是由财务分析师计算并使用的。有时伴随着公司总裁的信息，未经审计的年报部分会披露每股收益的计算。然而，由于这项度量并非由第三方进行评估，用来计算每股收益的数据往往和审计者证实的数据不同。当一些公司和分析师们不仅在实际发行在外的普通股基础上,且在如果转换了一定量的可转换证券或者执行了一定量的股票期权得出发行在外的股票数量基础上对每股收益进行计算时,情况变得更为复杂。通常情况下,转换和执行的条款是有利于证券持有者的,当股票在可转换或执行条件下发行时其每股收益可能会降低。这种每股收益降低的情况被称为收益的稀释。不过在一些案例中也有执行期权和可转换证券导致每股收益增加的情况,这种结果被称为收益的反稀释。导致稀释效果的证券称为稀释性证券,导致反稀释效果的证券称为反稀释性证券。理性的投资者不会进行转换或执行反稀释性证券,因为他们可以通过在市场中购买普通股获得更多收益。

假定存在转换和执行权利时,每股收益的预测性计算将会尝试提供每股收益是多少的信息。因为这些情况是建立在"可能"的假设基础上的,有多种计算方法。APB 意识到报告实务的多样性后,开始为每股收益数据的计算和披露建立规则,继而于 1969 年发布了 APB 第 15 号意见"每股收益",其中包括:

> 委员会相信,投资者和其他人认为每股收益数据和评估财务报表数据同样具有重要性,由此而要求这样的数据突出列示在财务报表上。委员会因此得出的结论是:每股收益或净亏损的数据都应该列示为利润表的首要项目。所列示数据的范围和说明将与公司资本结构的复杂程度密切相关。[①]

在规定每股收益的计算时,APB 感到有必要使关于如何计算前瞻性的"可能"数据更为具体化。1971 年,APB 第 15 号意见发布了第 102 号会计指南,便于区分不同有价证券在不同环境下的计算。在一些地区,规则具有任意性和复杂性,从而导致每股收益的计算因缺乏实用性而受到批评。

为了减少其成员国披露不同报告的数量,国际会计准则委员会(IASC,IASB 的前身)在 1993 年委任指导委员会考虑每股收益的问题。委员会得出的结论是,加拿大计算基本每股收益和稀释每股收益的方法优于美国。这个决定使得 FASB 重新考虑其地位。

1993 年 6 月,FASB 发布的一份说明书中建议添加一个项目到它的议程上,即考虑 IASC 在每股收益方面的地位和确定修改 APB 第 15 号意见是否明智。说明书从接纳 IASC 的地位到重新开放每股收益的整个课题提出了一个广泛的选择,以期客观地发布新准则替代旧的意见。最终,1997 年 2 月,FASB 和 IASC 一起发布了 FASB 第 128 号公告"每股收益"。这个新标准消除了每股收益计算的大部分任意性和复杂性,取而代之的是传统的基本每股收益。具有复杂资本结构的公司也要求计算稀释每股收益。与之相应的 *IAS 33* 于 1997 年发布。GAAP 和 IFRS 在每股收益方面规定极为相似。技术领域的不同不在本章讨论范围之列。

一家公司的资本结构可以分为简单和复杂两种。如果一家公司只有普通股,或发行在外的只有普通股和不可转换优先股,没有可转换债券、股票期权、担保或认股权证,则其具**有简单资本结构**。每股收益是以净利润除以当期发行在外的普通股加权平均数计算得出的,不需要考虑有前瞻性的"可能"条件。如果净利润包括非正常损益或其他线下收支项目,像《中级会计学:基础篇》第 4 章中讨论的那样,每一项单独的每股收益数据都构成收入

---

① *Opinions of the Accounting Principles Board*, *No. 15*, "Earnings per share" (New York: American Institute of Certified Public Accountants, 1969), par. 12.

的主要组成部分,就如同净利润一样。这些传统的每股收益金额都被称为**基本每股收益**。

即使存在可转换债券、股票期权、担保或认股权证时,只要在执行和履行以上权利时不会对每股收益进行潜在稀释,资本结构仍可能被分类为简单资本结构。如果在财务报表编报日转换了证券或执行了优先股、担保或认股权证,导致每股收益的减少或每股亏损的增加,则认定存在潜在稀释每股收益。要考虑潜在稀释每股收益的公司即具有**复杂资本结构**。

对具有复杂资本结构的公司,应同时向财务报表使用者提供基本每股收益和稀释每股收益。基本每股收益的计算利用实际交易的结果确定分子和分母。计算稀释每股收益需要假设存在相关稀释交易。为什么要考虑还没有发生的交易?我们举例来回答这个问题。假设某人的股票期权合同约定可以 10 美元购买某公司股票,该公司现行市价为每股 15 美元,那这个人为什么不执行股票期权?最可能的原因是,在特定时间前,个人行权受合同所限(这是员工股票期权的基本特征),或者也许是这个人现在还不确定该股的未来走势,想要观察它的价格是下跌还是上升。因此,即使交易(行使期权)并没有实际发生,在目前的价格水平下也有可能已经发生了,或有可能在将来发生。FASB 要求在计算稀释每股收益时,对这类事件的交易影响向财务报表使用者披露,因为即使它还没有发生,将来也存在发生的可能性。

总的来说,基本每股收益通过实际交易和事项的结果计算每股收益的数据。稀释每股收益和如下假设相关:基于可利用信息推断的公司股票相关交易,将来有可能发生。换句话说,基于所有现存的期权或有价证券可能在未来发生行权或转换等事项,但实际上已经发生了的假设,稀释每股收益提供给财务报表使用者每股收益"最坏的"估计。

基本每股收益

❷ 计算基本每股收益时,除考虑该期间出售和回购的股票外,还应考虑股票分割和配股的影响。

WHY 虽然计算稀释每股收益是复杂而又刺激的(正如下一节中将要说明的那样),按发行在外普通股的年加权平均数对每股收益进行简单计算是非常有益的。

HOW 基本每股收益是以普通股股东收益除以发行在外普通股的加权平均数得出。如果一家公司分割股票或宣告发放股票股利,必须追溯调整发行在外总股数的加权平均数。

当只发行了普通股并且整个期间发行在外的总股数都不变时,基本每股收益的计算就不存在任何问题。分子是该期间的净利润(损失),分母是整个期间发行在外的总股数。然而由于下面将要叙述的问题,通常分子和分母中有一个或两个需要经过调整。

普通股的发行和回购

当公司普通股票在一定时期内已经发行或回购,公司的可利用资源发生了变化,这一变化将影响收入。为了解释这点,假设一家公司通过销售更多的股票使其发行在外的总股数量翻一倍。随着销售的进行,可以预计该公司能够投入额外的生产性资产,从而提高净利润。因此,公司有更多的资源供其使用,所以收入更高。股票的销售必须纳入计算以衡量基于可用资源的每股盈利。在这种情况下,需要计算发行在外总股数的加权平均数。

股票的加权平均数可通过确定月流通股数之和除以 12 计算得出年加权平均数。例如,一家公司年初有普通股 10 000 股,5 月 1 日又发行了 5 000 股,11 月 1 日回购 2 000 股,股票加权平均数计算如下。注意,每次股票被售出或购回时,需按单独的期间计算股票数。

		按月计算的股份数
1 月 1 日—5 月 1 日	10 000 × 4 个月	40 000
5 月 1 日—11 月 1 日　（10 000 + 5 000）	15 000 × 6 个月	90 000
11 月 1 日—12 月 31 日　（15 000 - 2 000）	13 000 × 2 个月	26 000
月股票数加总:		156 000
股票加权平均数: 156 000/12		13 000

相同的答案可以通过运用各个时期的权重等价于发行在外的股票最终变动后一年的数目,如下:

1 月 1 日—5 月 1 日	10 000 × 4/12 年	3 333
5 月 1 日—11 月 1 日	15 000 × 6/12 年	7 500
11 月 1 日—12 月 31 日	13 000 × 2/12 年	2 167
股票加权平均数		13 000

如果股票交易发生在月中,加权平均数可按天计算或按最近的一整个月计算。在案例和章末材料中,除非另有说明,按照最近的一整个月进行计算。

股票股利和股票分割

当股票股利、股票分割或反分割改变了发行在外的普通股数量,必须追溯这种变化以确定发行在外总股数的加权平均数。不进行这种追溯,直接将期初和期末的股份数(股票分割或发放股票股利后)进行比较就像比较苹果和橘子一样,更准确的说法是,像拿一整个圆饼和其中的一部分比较一样。为了说明这一点,假定某公司 1 月有普通股 2 600 股,全年影响普通股的事件如下:

日期	经济事项	发行在外的股数变化
2 月 1 日	执行股票期权	+ 400
5 月 1 日	10% 股票股利(3 000 × 10%)	+ 300
9 月 1 日	出售股票收回现金	+1 200
11 月 1 日	购买库存股股票	- 400
12 月 1 日	一拆三股票分割	+8 200

全年股票加权平均数计算如下:

日期	流通股		股票股利		股份分割		年比例		平均数
1 月 1 日—2 月 1 日	2 600	×	1.10	×	3.0	×	1/12	=	715
2 月 1 日—行权	400								
2 月 1 日—5 月 1 日	3 000	×	1.10	×	3.0	×	3/12	=	2 475
5 月 1 日—股票股利	300								
5 月 1 日—9 月 1 日	3 300			×	3.0	×	4/12	=	3 300

(续表)

日期	流通股	股票股利	股份分割	年比例	平均数
9月1日—出售股票	1 200				
9月1日—11月1日	4 500	×	3.0	× 2/12 =	2 250
11月1日—库存股股票	(400)				
11月1日—12月1日	4 100		× 3.0	× 1/12 =	1 025
12月1日—股票分割	8 200				
11月1日—12月31日	12 300			× 1/12 =	1 025
股票加权平均数					10 790

在之前的说明中,1月1日至5月1日期间的普通股乘以1.10反映了10%的股票股利,1月1日至12月1日的普通股乘以3反映了1股拆3股的股票分割。当列示比较财务报表的时候,各个时期普通股必须调整以反映现行时期的所有股票股利和股票分割。

只有对股份变动进行追溯,前期所报告的每股收益才能与现期报告的每股收益进行比较。类似的追溯必须做出调整,即使股票股利和股票分割发生在该时期之后,及编制财务报表之前。这类情况应在财务报表附注中披露。以耐克提供的与其每股收益有关的披露事项为例:截至2006年5月31日的会计年度里,公司报告了5.37美元的基本每股收益。在它的2007年年报中,该公司报告截至2006年5月31日的会计年度中其基本每股收益只有2.69美元。在2007年财务报表附注中(如表18-2),耐克解释了重述2006年每股收益的原因:该公司在2007年按1:2的比例进行了股票分割。

表18-2 耐克与每股收益相关的附注披露

附注1 股票分割 2007年的2月15日,董事会宣布1:2分割公司的A级股和B级股,2007年4月2日以100%普通股股利分配的方式生效。所有关于股票和每股股票的数据在合并财务报表及相应的附注中被追溯性的重述以反映1:2的股票分割。

> **注意**
>
> 正如例子表明,必须将股票分割和股票股利纳入发行在外股票的加权平均数的计算中。本程序必须应用于所有期间,并包括在财务报告中。因此,如果进行股票分割或发放股票股利,在接下来的几年,当期的每股收益数据也许必须进行调整。

> **思考**
>
> 为什么过去期间报告的基本每股收益要根据本期的股票分割和股票股利进行调整?
>
> a) 若不进行清算,则股票分割和股票股利对现金流量的影响将无法由每股收益数据进行反映
>
> b) 若不进行清算,则本期净收入将被高估
>
> c) 若不进行清算,股票分割和股票股利将不能恰当地在资产负债表的权益部分中被反映
>
> d) 若不进行清算,以前年度每股收益数据间的比较将产生误导

资本结构中的优先股

基本每股收益只能反映普通股股东的收入所得,并不包括优先股。鉴于优先股的限制性股利权利,报告优先股的每股收益是不合适的。当资本结构包括优先股,应先于非正常项目和其他专门项目从收入中扣除优先股的股利,且先从来年净利润与普通股票收益中扣除。如果优先股的股利不累积,则只扣除宣布的当期优先股股利。如果是累积性优先股股利,无论宣告与否,都要将从与普通股相关的盈利额或损失额中全部扣除。如果当期亏损,该期优先股股

利,包括累积性优先股的未宣告股利,也应加回,以得出归属于普通股的全部亏损。

为了说明2011年12月31日每股收益的计算,假设一个具有简单资本结构、具有两年期可比数据的公司,其数据如下:

资本余额变化概要

	8%累积优先股 票面价值$100		普通股 票面价值$0.1		未分配利润
	份数	总额	份数	总额	
2009年12月31日余额	10 000	$1 000 000	200 000	$1 000 000	$4 000 000
2010年6月30日发行100 000股普通股			100 000	600 000	
2010年6月30日优先股股利(8%)					(80 000)
2010年6月30日普通股股利(0.30)					(90 000)
2010年12月31日净利润,包括非正常损益$75 000					380 000
2010年12月31日余额	10 000	$1 000 000	300 000	$1 600 000	$4 210 000
2011年5月1日50%普通股股票股利			150 000	15 000	(15 000)
2011年12月31日当年净亏损					(55 000)
2011年12月31日余额	10 000	$1 000 000	450 000	$1 615 000	$4 140 000

根据比较财务报表列示,由于2011年50%股票股利的发放,2010年发行在外股票的加权平均数(分母)需要做如下调整:

2010年

1月1日—6月30日	200 000×1.5(2011年50%股票股利)×6/12年	150 000
7月1日—12月31日	[200 000+100 000(2010年6月30日发行股票)]× 1.5(2011年50%股票股利)×6/12年	225 000
		375 000

2011年

1月1日—5月1日	300 000×1.5(2011年50%股票股利)×4/12年	150 000
5月1日—12月31日	450 000(300 000+150 000)×8/12年	300 000
		450 000

承接上例,2010年每股收益区别于持续经营利润、非正常损益和净利润,单独列示。优先股股利需要在计算每股收益的时候从持续经营利润和净利润中扣除。2011年,即使没有宣告股利,报告的净亏损一定会增加优先股股利的全额。如果是非累积性的优先股,则2011年未宣告的优先股股利没必要进行调整。用于计算基本每股收益的调整后收入(损失)数据确定如下:

2010年

持续经营利润(净利润$380 000－非正常损益$75 000)	$305 000
减:优先股股利	80 000
根据普通股确定的持续经营利润	$225 000
净利润	$380 000
减:优先股股利	80 000
根据普通股确定的净利润	$300 000

2011年

净损失	$(55 000)
减:优先股股利	(80 000)
根据普通股确定的净损失	$(135 000)

基本每股收益的数额计算如下:

2010 年

普通股每股基本盈余:

持续经营($225 000/375 000)	$0.60
非正常利得($75 000/375 000)	0.20
每股净利润($300 000/375 000)	$0.80

2011 年

基本每股亏损($135 000/450 000)	$(0.30)

参与证券与两分法

有时一家公司发行的不止是与所有者权益相关的某一级股票。例如,像第 13 章中讨论的那样,谷歌同时发行 A 级和 B 级普通股。在谷歌的案例中,每种普通股都有同样的分红权利,所以这两级股东能够认领的收入是相同的。因此,谷歌各级普通股股票每股收益的计算和报告数额是一样的。然而,不同级股票并不一直宣告相同的股利政策。在这种情况下,不同级股票每股收益分配不同,并且每股收益用两分法进行计算。

除不同级普通股外,一家公司还可能有具备普通股类似特征的优先股。特别是,像第 13 章中描述的那样,一家公司可能发行参与优先股。只要普通股股东收到一定比例的分红,优先股股东就通过参与优先股获得额外股利,而超过其基本数额。本质上,参与优先股股东和普通股股东以同样的方式分享了公司的成功。这种对公司利润上的分享要在每股收益的计算中反映出来。

当存在两级股票分享利润时,为了说明每股收益的计算,考虑以下来自 Lily Kay 公司的数据。

- 发行在外的普通股:全年 100 000 股。
- 外部参与优先股:全年 50 000 股。
- 净利润:500 000 美元。
- 参与优先股股利:每股 2.00 美元,普通股每股股利多于每股 1 美元的部分乘以 50%,两者相加。也就是说,如果普通股股利是 1.2 美元/股,参与优先股股利是 2.1 美元/股 [$2.00+0.50($1.20-$1.00)]。
  - 支付全年普通股股利:1.80 美元/股,总价 180 000 美元($1.80/股×100 000 股)。
  - 支付全年参与优先股股利:2.40 美元/股,总价 120 000 美元($2.40/股×50 000 股)。

要计算基本每股收益,必须把未分配的收入分配到两级股票上去。在本例中,未分配收入共 200 000 美元($500 000 净利润 - $180 000 普通股股利 - $120 000 参与优先股股利)。这 200 000 美元未分配收入的分配应假定这些未分配收入作为股利发放,按确定的比例属于普通股和优先股股东,支付普通股 80 000 美元超额股利(总计 180 000 美元的普通股股利扣除 100 000 美元($1.00/股×100 000 股)基准普通股股利),支付参与优先股 20 000 美元(总计 120 000 美元优先股股利扣除 100 000 美元($2.00/股×50 000 股)基准优先股股利)。因此,80%的超额股利[$80 000÷($80 000+$20 000)]分配给普通股股东,而20%分配给参与优先股股东。200 000美元未分配收入的分配如下:

	优先股	普通股
总未分配收入	$200 000	$200 000
分配比例	×0.20	×0.80
未分配收入分配	$ 40 000	$160 000
股票股数	÷50 000	÷10 000
每股未分配收入	$ 0.80	$ 1.60

基本每股收益的计算和报告如下:

	参与优先股	普通股
分配收入	$2.40	$1.80
未分配收入	0.80	1.60
基本每股收益	$3.20	$3.40

如果存在不同股利权利的两级普通股,计算过程相似。

稀释每股收益——期权、担保和认股权证

3 当一家公司存在未兑现股票期权、担保、认股权证时,运用库存股法计算稀释每股收益。

WHY 股票期权(和担保、认股权证)意味着无论现有普通股股东是否准许,存在可转化为新份额普通股的潜在可能。因为期权的执行会潜在影响流向现有普通股股东的收入部分,这些股东应当意识到潜在稀释的数量。

HOW 如果期权的执行价格低于当期期末市场价格,应当认为期权、担保和认股权证具有稀释性并在计算每股收益的时候考虑。这与期权最有可能执行的经济环境也是一致的。在假定期权、担保、认股权证会执行及以当期期末市场价格从市场中回购库存股的两个条件下,库存股法涉及决定增加股份份额的数目。

> **注意**
> 必须不断地提醒自己:在处理稀释每股收益时,正在分析的事件根本没有发生;没有转换债券,没有执行期权,等等。稀释每股收益只是为如果这些事件发生提供信息。

当一家公司具有复杂资本结构时,财务报表可能会提供给使用者额外信息,以反映由假定执行期权或兑换可转换证券增加普通股引起的所有潜在稀释效应。FASB第128号公告确认每股收益数据的稀释,意味着最大程度的稀释是可能发生的。如果一种证券包含潜在稀释性,降低了基本每股收益或增加了基本每股损失,则稀释作用产生了。如果出现相反的结果,该证券被分类为具有反稀释性的证券。如果某公司报告了一个线下项目(例如,非连续性经营活动或一个非经常项目),用于确定一种证券是否具有稀释性的"控制数"是"持续经营收入"。① 总之,分类

---

① *Statement of Financial Accounting Standards No. 128*, "*Earning per Share*"(Financial Accounting Standards Board, February 1997), par. 15.

为具有反稀释的证券不被包括在稀释每股收益的计算中。

通过调整基本每股收益的分子和(或)分母计算稀释每股收益取决于证券性质及其条款。这个调整过程由"假设分析"情境构成。如果年初的时候期权被执行、可转换债券被兑换,那么评估分子分母时会发生什么？潜在稀释性证券的两种主要类型是:(1) 普通股期权、担保、认股权证;(2) 可转换债券和可转换优先股。因为稀释每股收益数据的一个目的就是披露一项执行或转换将会如何影响未来的每股收益,假如在公司的会计年度之初执行或转换日、股票期权或可转换证券的发行日二者之中较迟的那一天,所有执行和兑换发生。因此,如果一只可转换证券全年流通,稀释每股收益将会按照在年初转换债券进行计算。然而,如果可转换债券是 5 月 1 日发行的,并且会计年度就是日历年度,所有的转换会按照 8 个月时间,或一年的三分之二时间计算。

股票期权、担保和认股权证

如第 13 章中解释的那样,虽然股票期权、担保、认股权证没有给投资者提供现金收益率,但它们是有价值的,因为它们允许投资者在一定时间内以规定的价格购买普通股。前面解释过,期权、担保、认股权证只有在特定期间具有稀释性才被包含入稀释每股收益的计算。如果某只股票的可得价格(执行价格)比市场当期价格要低,则期权、担保、认股权证将会被执行并且效果是稀释性的;如果执行价格高于市场价格,则执行不会发生。而后,这些证券不会产生任何潜在的稀释效果。

假设期权、担保或认股权证在年初或其发行日,或是任何一天行权,增加的现金资源将会用作公司用途。当这些类型的证券存在的时候,计算稀释每股收益,净收入必须被考虑为盈利(如会产生增加的资源)增加或现金应当被假定用于一些非营利性生产目的。FASB 选择了第二种方法,并假设产生于执行期权、担保或认股权证的现金,将用于以期末市场价格购买普通股(库存股)。进一步假设发行库存股份额是用以执行期权、担保、认股权证,并且按要求发行的剩余份额将作为发行在外的总股数的增值份额用以计算稀释每股收益。这种在计算每股收益时包含担保、期权、认股权证的方法,被称为库存股法。

为了解释这个问题,假设年初员工被授予以每股 40 美元的价格购买 5 000 股普通股的期权。该股票年末市场价格是 50 美元,所以期权会被执行并且效果是稀释性的。① 公司签发股票给员工得到实收款项 200 000 美元(5 000 股 × $40 的执行价格)。因为该股的期末市场价格是 50 美元,这些实收款项能够购买 4 000 股库存股($200 000/$50)。如果假定这 4 000 股在市场中被回购,发行在外的股份净增加额将只有 1 000 股,即签发给员工且被执行的 5 000 股减去利用执行期权产生收益回购的 4 000 股。相应的,计算稀释每股收益的股份数额将增加 1 000 股。②

---

① SFAS No. 128 要求应用库存股法时,采用当年股票的平均市场价格,具体见第 47 段。然而,在 2008 年 8 月 7 日发布的征求意见稿中,FASB 指出其意图在于改变使用期末市场价格的需求,见征求意见稿第 9 段。预期征求意见稿的条款临近调整,本章的案例和执行采用期末市场价格。

② 在本例中,假设员工以 40 美元每股的价格执行期权产生实收款项。根据 SFAS No. 128 第 21 段,对员工股票期权来说假设收益会产生于未来补偿费用,该费用与期权有关且在实际执行前预期可辨识。同样,假设收益也可能由任何超额税务优惠的估值增加,该超额税务优惠由于未来执行期权产生。换句话说,假设执行数量是通过员工实际执行期权总量为公司增加的总值——执行价格乘以未来员工服务的价值乘以超额税收优惠的价格。简单起见,本章的例子忽略了不可辨识的补偿费用和预期超额税收优惠。

通过股票期权说明稀释每股收益

用下列 Rasband 公司的数据说明如何运用库存股法计算稀释每股收益。

相关信息摘要：

本年净利润	$92 800
发行在外的普通股(全年未变动)	100 000
流通的购买普通股期权	20 000
期权的每股执行价格	$6
普通股当期期末市场价格	$10

基本每股收益：

本年净利润	$92 800
实际流通股股数	÷100 000
基本每股收益（$92 800/100 000）	$0.93

使用执行发行期权的所得购买库存股：

执行发行期权所得(20 000 × $6)		$120 000
实际流通股股数（$120 000 ÷ $10）		12 000
用于计算稀释每股收益的股份数目：		
股份增加额		100 000
假设执行发行期权	20 000	
减：执行发行期权所得购买库存股	12 000	8 000
合计		108 000
稀释每股收益（$92 800/108 000）		$0.86

如果股票期权是当年 4 月 1 日向公司雇员发放的，增加的股份数将是 8 000 股的 3/4，即 6 000 股，则稀释每股收益是 0.88 美元（$92 800/106 000）。

如果公司股票的市场价格低于期权执行价格，加入库存股计算将会导致每股收益高于基本每股收益，因为增加股份数将会产生消极而非积极效果。为了解释这一点，假定 Rasband 公司的期末市价是 5 美元而非 10 美元。在本例中，120 000 美元的执行期权所得将用于购买 24 000 股。由于只有 20 000 股将用于发放执行期权，计算稀释每股收益的股份数将达到 96 000，稀释每股收益将会是 0.97 美元。当基本每股收益为 0.93 美元时，结果是反稀释。

> **补充**
>
> 如果股票期权、担保、认股权证被确定为稀释性的，则在计算稀释每股收益的时候只有分母被影响到。

从上例可以看出，计算总股数时，包括期权将降低每股收益，反之剔除期权则会增加每股收益，但不要将此例错认为是对会计稳健性的应用。实际上，上例表现了会计准则能够很好地反映经济实质。期权如果是沽赢价（现行股票价格比执行价格要高），则将来很可能会被执行。因此，将期权包括进稀释每股收益的计算是有意义的。从另一方面说，期权如果是沽亏价（现行股票价格低于执行价格）则将不太可能在将来被执行。所以，期权有多大可能性被执行和期权的稀释性和反稀释性直接相关。

所以，股票期权、担保、认股权证的反稀释测试只需简单比较期末市价和执行价格。如果市场价格超过执行价格,期权是稀释性的,并将被假设全部包含入稀释每股收益的计算过程。如果期末市场价格低于执行价格,期权是反稀释性的,并将不会被用于计算稀释每股收益计算。

稀释每股收益——可转换证券

4 当一家公司存在未兑现的可转换优先股或可转换债券时,运用假设转换法计算稀释每股收益。

WHY 可转换证券意味着无论现有普通股股东是否准许,都存在可转化为现实新份额普通股的潜在可能。因为证券的转换会潜在影响将流向现有普通股股东的收入部分,这些股东应当意识到潜在稀释的重要性。

HOW 对于可转换债券,利息费用(税后)必须加入分子,而转换发行的股票数应被包含入分母。对于可转换优先股,优先股股利必须加回普通股股东的可得收益,分母由于转换发行的股票数而增加。

为计算可转换证券存在时的稀释每股收益,应同时调整净利润和发行在外的普通股股数。这些调整必须反映如果转换在当年年初和转换债券的发行日之中较晚一天发生的转换量。这种在每股收益的计算中包含可转换债券的算法称为假设转换算法。如果这种证券是债券,净利润通过对(原)净利润加回利息费用来进行调整;根据转换发行的股票量增加发行在外的普通股数量。① 最初溢价或贴现的任何摊销包含在加回利息费用增加中。如果转换证券是优先股,和计算基本每股收益一样,优先股股利并没有从净利润中减去;发行在外的普通股股数根据转换发行的股票量而增加。因为优先股股利作为一种避税的费用是不可减免的,所以不需要对税收效应进行调整。如果可转换债券在当年发行,那么自发行日起应该仅对当年的部分进行调整。

> **补充**
> 如果可转换证券被确认为稀释性的,那么稀释每股收益的分子、分母均受影响。

为了对稀释性进行测试,就必须对每一种潜在的稀释性可转换证券独立评价。如果只有一种这样的证券,应比较在考虑可转换证券之前的每股收益和考虑可转换证券之后的每股收益。如前所述,如果每股收益减少或每股亏损增加时,可转换证券可定义为稀释的。反稀释性证券在稀释每股收益的计算中被排除。我们将看关于稀释性证券的两种最普通形式的一个案例:可转换债券和可转换优先股。

通过可转换证券说明稀释每股收益

下面用 Reid 公司的例子来说明当可转换证券存在时怎样计算稀释每股收益。
相关信息概要:

8%的可转换债券发行票面价值	$500 000
全年净利润	$ 83 000
发行在外的普通股(年内无变化)	100 000

---

① 除了利息调整之外,在很多情况下还要调整非自由支配或间接项目的净收益。这些项目包括共享利益红利和其他净收益提到的支出项目。为简单起见,本章不提及非直接的影响因子。

可转换债券的转换条件——每 $1 000 债券 80 股

假定税率		30%
基本每股收益:		
净利润		$ 83 000
实际流通股股数		÷100 000
基本每股收益($83 000/100 000)		$ 0.83
稀释每股收益:		
净利润		$83 000
可转换证券(所得税税后)的增加利息:		
利息($500 000×8%)	$40 000	
减少:所得税节省($400 000×30%)	12 000	28 000
调整后的净利润		$111 000
实际流通股股数		100 000
假设债券转换发行的额外股(500×80)		40 000
调整后股数		140 000
稀释每股收益($111 000/140 000)		$ 0.79

年中发行债券的稀释每股收益的计算

如果 Reid 公司的可转换证券在当年 6 月 30 日发行,那么相应的调整应该只反映发行日随后一段时期或者半年时间。

稀释每股收益:		
净利润		$83 000
可转换证券所得税税后的增加利息:		
利息($500 000×8%×1/2 年)	$20 000	
减少:所得税节省($20 000×30%)	6 000	$14 000
调整后净利润		$97 000
实际流通股股数		100 000
假定债券转换发行的额外股(500×80×1/2)		20 000
调整后股数		120 000
稀释每股收益($97 000/120 000)		$ 0.81

> **注意**
>
> 切记对于可转换优先股,优先股股利最初是从收益中减去从而得出普通股东的可得收益。假设我们转换了证券,那么这些股利必须加回。同样要记住优先股股利中没有税费影响。

可转换优先股的处理类似于可转换证券(债券)。为说明优先股的假设转换算法的应用,假设之前给出的 Reid 公司,除了把 8% 的可转换债券替换为 8% 的优先股,票面价值为 500 000 美元,可转换为 40 000 股普通股外,其他情况相同。注意在假设的变化下,Reid 公司没有债券利息,报告的净利润应该是 111 000 美元($83 000 + 除去税收节省的债券利息净值 $28 000)。假设发行在外的优先股在全年没有变化。

基本每股收益:
　净收益(未扣除债券利息) 　　　　　　　　　　　　　　　　　　　　$111 000

减：优先股股利	40 000
和普通股一致的净利润	$ 71 000
实际流通股股数	÷100 000
基本每股收益（$71 000/100 000）	$ 0.71
稀释每股收益：	
假设无转换优先股股利下的净利润	$111 000
实际流通股股数	100 000
假设转换优先股后的股票增量	40 000
调整后的股票数额	140 000
稀释每股收益（$111 000/140 000）	$ 0.79

本例中，稀释每股收益（$0.79）多于基本每股收益（$0.71）。可转换优先股是反稀释性的，将不被包含入每股收益的计算中。假定公司没有其他潜在稀释性外部证券，只有基本每股收益将被列示在利润表上。

反稀释性的简便测试

确定可转换证券是否具有稀释性，可能通过假设转换股票后的稀释每股收益，从而不经过实际计算就能直接确定。如果一家公司实现净收益而非损失，测试反稀释性通过计算转换对每股收益的改变进行。例如，如果8%的债券被转换，普通股股东的净利润增加28 000美元，且发行在外的普通股数目增加40 000股。这次转换分配给每股收益0.7美元（$28 000/40 000）。因为这个数值小于转换前的基本每股收益0.83美元，该债券是稀释性的。另外，如果优先股被转换，优先股红利40 000美元将不再从计算每股收益的净利润中扣除，发行在外的普通股数目也将增长40 000股。转换分配给每股收益1.00美元（$40 000/40 000）。由于优先股转换，每股收益比转换前基本每股收益0.71美元分配到更多收益，该优先股是反稀释性的。

实际执行或转换的效应

5 在计算稀释每股收益时把转换可转换债券或行使期权、担保、或认股权证的效果考虑进去，当一家公司报告了持续经营损失时理解潜在普通股票的反稀释效应。

WHY 稀释每股收益的计算目的在于向普通股股东揭示最糟糕的情况。当然，最糟糕的情况并不会一直发生。然而，为了公司间的相互比较，稀释每股收益需要一直反映可能发生的最坏状况，无论当期实际发生与否。

HOW 如果转换或执行在某时期内实际发生，稀释每股收益的计算必须进行调整以反映转换或执行在期初或当期发行日发生时对每股收益的影响。当公司报告亏损时，不需要计算稀释每股收益，因为将股票期权或可转换证券包含进来会减少每股亏损，从而总是反稀释的。

如果发行额外股份是证券被转换的结果，这些新发行的股份将被包含进当期发行在外股票的加权数中。此外，必须调整每股收益以反映存在期初或随后发行日的转换或执行。无论是否具有稀释性，在计算稀释每股收益时这种调整要针对所有当期实际转换或执行的证券。

当期权或担保被执行时，在使用执行日市价计算稀释每股收益前要调整期限。为了说

明股票期权在年内执行时稀释每股收益的计算,假设 Weatherby 有限公司数据如下:

相关信息摘要:

本年净利润	$2 300 000
年初发行在外的普通股	400 000
购入普通股的年初未行使期权	100 000
期权每股执行价格	$9.00
当年 12 月 1 日实际执行期权收入	$900 000
执行日普通股市场价格(10 月 1 日)	$15.00

计算基本每股收益采用的股票份额:

全年发行在外的股票实际数目	400 000
10 月 1 日发行额加权股份数(100 000 × 3/12)	25 000
基本每股收益加权股份数额	425 000
基本每股收益($2 300 000/425 000)	$5.45

计算稀释每股收益采用的股票份额:

基本每股收益加权股份数额		425 000
1 月 1 日执行期权新增股份额		
(无论是否具有稀释性):		
假设执行期权的发行额	100 000	
减:假设执行回购股票($900 000/$15)	60 000	
增发股份额	40 000	
新增发行加权股份数(40 000 × 9/12)		30 000
稀释每股收益加权平均股份数		455 000
稀释每股收益($2 300 000/455 000)		$5.05

> **思考**
>
> 在年内实际发生证券转换的案例中,为什么计算稀释每股收益时一定要假设转换在期初发生,即使我们知道并不一定如此?
>
> a)若无该项假设,分母上的股份数额将无法与以前年度比较。
>
> b)若无该项假设,无法正确计算期末留存收益余额。
>
> c)稀释每股收益的计算目的在于向普通股股东揭示最坏的状况。
>
> d)稀释每股收益的计算目的在于向普通股股东反映最可能发生的情形。

委托可转换证券 特别地,可转换优先股和可转换债券是由证券持有者决定的。然而,在某些案例中可转换工具的转换必须以特定事件发生或特定时间段为条件。在 2008 征求意见稿中①,FASB 为委托可转换债券和优先股提出了新的每股收益工具。该建议为计算稀释每股收益时,假设这些工具满足委托转换条件,在期初即被转换。这意味着从那个时期开始,稀释每股收益的计算假设完全转换这些工具。在本书写作时,这条准则的最终采纳与否未定,不过极有可能被采纳。

---

① Exposure Draft. *Proposed Statement of Financial Accounting Standards*, "Earnings per Share: An Amendment of FASB *Statement No. 128*"(Norwalk, CT: Financial Accounting Standards Board, August 7, 2008).

每股收益的持续经营损失效应

如果一家公司报告了持续经营损失（称为控制数），这时就不需要每股收益的双重计算，因为可转换证券的包含会使每股亏损减少从而证券是反稀释的。由于类似非持续经营的线下项目，即使公司报告了净利润也会出现这种情况。为解释这种情况，假设 Boggs 公司有如下的情况：

相关信息摘要：

持续经营损失	$(50 000)
非正常利得	75 000
净利润	$25 000
全年发行在外的总股数	100 000
可转换优先股股数	10 000
转换条件——2 股普通股兑 1 股优先股	
优先股股利	$8 000

基本每股收益和稀释每股收益的计算如下：

基本每股收益：

持续经营损失	$(50 000)
优先股股利	(8 000)
普通股东总亏损	$(58 000)
实际流通股股数	100 000
基本每股亏损——持续经营（$58 000/100 000）	$(0.58)
基本每股收益——非正常利得（$75 000/100 000）	0.75
基本每股收益——普通股东的可得净收益（$17 000/100 000）	$0.17

稀释每股收益：

持续经营损失	$(50 000)
实际流通股股数	100 000
优先股假设转换后的增加股	20 000
调整后股数	120 000
稀释每股亏损（$50 000/120 000）	$(0.42)

补充

当一家公司报告了持续经营损失时，期权同样被忽略。这样做是因为这些被行使的期权将会扩大更多股票的损失和增加每股亏损。由于这种违反直觉的效果，当一家公司报告了持续经营损失时，所有潜在稀释性证券都将被忽略。

因为持续经营的稀释每股亏损少于持续经营的基本每股亏损，所以只有和基本每股收益计算相关的信息才报告在利润表中。这就是即使净利润是正的情况。用控制数、持续经营收益（或亏损）来决定稀释的对比，而不是净利润。

多种的潜在稀释性证券

6 计算稀释每股收益时，应考虑多样的潜在稀释性证券并确定其顺序。

WHY 当一家公司拥有几种不同的潜在稀释性证券时,从所有可能的稀释性证券组合中分辨出最低的稀释每股收益数将会非常困难。如果有一个系统化的潜在稀释性证券的顺序将会大大简化这个处理过程。

HOW 对于一家公司有多种潜在稀释性证券的情况,每种证券的独立影响被单独计算,而且这些证券从对基本每股收益有利影响最小的证券开始轮流被考虑。重复这种方法直到稀释每股收益低于下一个证券的每股收益增加效果。

本章到现在主要说明的是处理一次只有一种潜在稀释性证券的情况。对于一家公司有多种不同的转换证券和(或)股票期权、认股权证的情况,FASB要求选择产生最低可能每股收益数值的证券组合。为避免必须通过测试大量不同证券的组合找出最低每股收益这种情况,公司可计算每种潜在稀释性证券的增加每股收益。因为增加的计算越小,对基本每股收益的影响越大,所以证券要按照增加的每股收益从小到大的顺序进行排序。① 每种证券(从每股收益增加量最小的证券开始到最大的)按顺序进行重复计算直到每股收益小于下一种证券的增加量。到那时,所有列表中剩余的证券将会是反稀释的。任何一种稀释性股票期权和认股权证将会在可转换证券被加进计算之前被首先考虑。

为举例说明,假定公司没有任何股票期权,但是有四种对稀释性每股收益有下列影响且每种需要分别考虑的可转换证券。

	假设转换影响		
	净利润增加量	增加股票数	每股收益增加量
可转换证券 A	$ 75 000	50 000	$1.50
可转换证券 B	150 000	60 000	2.50
可转换证券 C	110 000	20 000	5.50
可转换证券 D	600 000	100 000	6.00

进一步假设基本每股收益是6.50美元($2 275 000收益/350 000股发行在外的股票)。四种证券的单独考虑导致增加的每股收益价值小于基本每股收益从而被潜在稀释。但是,当四种证券被集中考虑时,只有前两种(A和B)会被稀释而被包含进稀释性每股收益。计算基本每股收益时通过一次增加一种证券的情况来决定,如下表所示:

	净利润(调整后)	股票数(调整后)	稀释每股收益
稀释每股收益的简单资本结构	$2 275 000	350 000	$6.50
可转换证券 A	75 000	50 000	
	$2 350 000	400 000	5.88
可转换证券 B	150 000	60 000	
	$2 500 000	460 000	5.43
可转换证券 C	110 000	20 000	
	$2 610 000	480 000	5.44
可转换证券 D	600 000	100 000	
	$3 210 000	580 000	5.53

---

① *Statement of Financial Accounting Standards No. 128*, par. 14.

证券 B 的后续计算是没有必要的，因为这时的每股收益($5.43)小于证券 C 增加的每股收益价值($5.50)。计算显示包含证券 C 和证券 D 将会是反稀释的。

当一家公司有多种潜在的稀释性可转换证券时，采用一种有序的路径来计算每股收益是必要的。表 18-3 将会帮助我们理解以上所述和解决复杂的每股收益问题。该表总结了计算基本每股收益和稀释每股收益的步骤。

表 18-3　每股收益计算步骤

1. 用发行在外的普通股的加权平均股数来计算当年基本每股收益。
2. 对于有复杂资本结构的公司，要决定股票期权、担保、认股权证和可转换证券是否有潜在稀释性。
   (a) 股票期权、担保和认股权证：如果普通股的执行价格低于期末市场价格则可稀释。
   (b) 可转换证券：独立计算每种证券的每股收益增加。这些增加价值远大于考虑任何股票期权、担保或认股权证后的基本每股收益的证券是反稀释的，会被排除。
3. 计算稀释每股收益：
   (a) 首先包含所有稀释性股票期权、担保和认股权证。在期末普通股市场价格上应用库存股法来计算增加股数。
   (b) 一次只包含一种潜在稀释性可转换证券，且从具有最小每股收益增加的证券开始。接着计算一个新的每股收益值。继续选择和计算下一种可转换证券，直到下一种证券的每股收益增加值大于上一种计算的每股收益。这时结束整个计算过程。表中没被计算的其他证券对于计算最低可能稀释每股收益的过程就是反稀释的。
4. 在利润表中报告基本和稀释每股收益。

为说明表 18-3 计算基本的和稀释的每股收益的步骤，假定 Wildwood 公司有如下相关信息。

相关信息摘要：

全年净利润	$136 000
发行在外的普通股(全年无变化)	125 000
购买普通股的未行使期权	30 000
期权每股执行价格	$10
普通股期末市场价格	$15
9% 可转换债券(以票面价值发行)	$600 000
债券转换条件——每 $1 000 债券 100 股	
税率	30%

步骤一——计算基本每股收益：

全年净利润	$136 000
发行在外的股票实际数	÷125 000
基本每股收益($136 000/125 000)	$ 1.09

步骤二——决定股票期权和可转换证券是否是稀释的：

(a) 股票期权：因为期权的执行价格低于期末市场价格，所以期权是稀释的。
(b) 可转换债券：债券是潜在稀释的，因为每股收益影响是 0.63 美元(在下面的列表中计算)，小于基本每股收益 1.09 美元。如第三步中所示，可转换债券不仅是潜在稀释的，而且还是实际稀释的。因为增加的每股收益影响 0.63 美元，同样少于调整后的每股收益 1.01 美元。

	净利润影响	股数	每股收益影响
	$600 000 × 0.09 × (1 − 0.30) = $37 800	60 000	$0.63

步骤三——计算稀释每股收益：

	净利润	股数	每股收益
基本每股收益	$136 000	125 000	$1.09
假设年初执行的期权：			
假设发行的股数	30 000		
减少：假设库存股股数			
回购［(30 000 × $10)/$15］	(20 000)		
增加的股数	10 000	10 000	
	$136 000	135 000	$1.01
9%可转换证券	37 800	60 000	
稀释每股收益	$173 800	195 000	$0.89

财务报表说明

7 理解基本每股收益和稀释每股收益计算的有关信息披露要求。

WHY 因为财务报表使用者对每股收益数据有着很大的兴趣，所以基本每股收益和稀释每股收益都要在利润表中直接列示出来。

HOW 那些有复杂资本结构的公司要在利润表中报告基本每股收益和稀释每股收益。对于只有简单资本结构的公司，只需要报告基本每股收益。在利润表中报告了线下项目的公司可能不是在利润表就是在注释中报告这些项目对每股数据的影响。

有简单资本结构的公司需要在利润表中报告基本每股收益。对于有复杂资本结构的公司，持续经营和净利润的基本每股收益和稀释每股收益都需要在利润表中披露。当一个时期的收入包括持续经营或特殊项目的收益或亏损时，这些线上项目的每股收益数目应该在利润表或在财务报表的注释中说明。

公司同样需要在财务报表的注释中提供以下披露项目①：

1. 持续经营收益的基本每股收益和稀释每股收益的分子和分母都要保持一致性。上节中步骤三 Wildwood 公司的例子说明了这种一致性。

2. 在每股收益计算中优先股股利的影响。

3. 能在未来潜在稀释基本每股收益却没有包括在稀释每股收益计算中的证券，因为这些证券在现阶段是反稀释的。

4. 披露发生在期末后但在财务报表发布以前的事务，这些事务本质上影响发行在外的或者潜在的普通股数量，例如股票期权的发行。

每股收益数据应该在利润表中覆盖所有时期报告。如果潜在稀释存在于报告的任何

---

① *Statement of Financial Accounting Standards No. 128*, par. 40.

一个时期,就应该对报告的所有时期的基本每股收益和稀释每股收益进行双重计算。① 如果基本每股收益和稀释每股收益是相同的,那么利润表中可以只出现一项。只要由于前期调整引起前期净利润的再次声明,那些前期的每股收益也应该再次声明,同时再次声明的效果也应该在当年披露。② 表 18-4 给出了亨氏公司 2007 年年度报告的信息来说明报告每股收益时需要披露的事项。

注意,亨氏公司在基本每股收益的计算中扣除了优先股利,但包括了与稀释性证券有关的增加股数,同时由于一些期权是反稀释的,同样没被包含进基本每股收益的计算中。

不管这些数据的开发是如何精细,在解释每股收益数据中小心是很重要的。这些每股收益数值是会计处理过程中概念和实践的成果,同时也是建立在利润表中报告净利润测量的限制科目。

表 18-4　亨氏公司与每股收益相关的信息披露

单位:千美元(每股数除外)

14. 普通股每股收益　以下对收益和股票数量的调整用于计算基本每股收益,以及稀释每股收益。

财务年度结束日	2007年5月2日	2006年5月3日	2005年4月27日
	(52周)	(53周)	(52周)
持续经营收益	791 602	442 761	688 004
优先股股利	13	14	15
适用于普通股的持续经营收益	791 589	442 747	687 989
发行在外的平均普通股——基本	328 625	339 102	350 042
稀释性证券影响:			
可转换优先股	123	125	127
股票期权、限制股和全球股购买计划	3 720	2 894	3 271
发行在外的平均普通股——稀释	332 468	342 121	353 450
普通股每股收益(或亏损)			
稀释			
持续经营	2.38	1.29	1.95
非持续经营	(0.02)	0.59	0.18
净利润	2.36	1.89	2.13
基本			
持续经营	2.41	1.31	1.97
非持续经营	(0.02)	0.60	0.18
净利润	2.39	1.90	2.15

稀释每股收益的计算是基于报告期发行在外的普通股和等价稀释性普通股的加权平均数。稀释性股票期权和限制性普通股是用库存股法来折算为普通股的。

分别购买于 2007 年 5 月 2 日、2006 年 5 月 3 日和 2005 年 4 月 27 日的期权总计 910 万美元、1 820 万美元和 1 590 万美元,并没有包含在稀释每股收益的计算中,这是因为期权的执行价格分别高于对应时期的普通股平均市场价格。这些期权将于 2013 年分别到期。对 SFAS 123R 带来的意外税收盈余,公司决定采用长表法处理。

---

① *Statement of Financial Accounting Standards No. 128*, par. 38.
② Ibid., par. 18.

扩展材料

在扩展材料中,我们有机会将与每股收益计算相关的大部分复杂情况融入一个例子当中。这个例子回顾了基本每股收益和稀释每股收益的计算,并且考虑了股票期权、可转换优先股和可转换债券。你将会看到,在决定一个证券是否稀释时必须小心执行。

采用多种潜在稀释性证券的全面说明

8 会做牵涉多样潜在稀释性证券的每股收益的复杂计算。

WHY 如果一家公司拥有几种潜在稀释性证券却没有按照正确的顺序进行稀释每股收益的计算,那么稀释每股收益的计算将会毫无希望地复杂。

HOW 如果稀释每股收益的计算按照如下的正确顺序进行:先考虑最低每股收益增加值的证券,接着是次低的,以此类推,那么稀释每股收益的计算将会大大简化。

表18-3所示的步骤在接下来宽泛的问题中得以应用。Circle West 运输公司在2011年1月1日发行在外的股票和债券如下所示。所有的证券都以票面价值或同等价值卖出。

发行日	证券类型	票面价值	股数或总票面价值	转换条件
2000—2010 年	普通股	$0.25	200 000	无
2005 年 5 月 1 日	12% 债券	1 000	$750 000	无
2009 年 1 月 1 日	6% 累积优先股	100	40 000	每股优先股换 4 股普通股
2010 年 1 月 1 日	6% 债券	1 000	$1 000 000	每 $1 000 债券换 15 股普通股
2010 年 6 月 30 日	10% 债券	1 000	$600 000	每 $1 000 债券换 30 股优先股
2010 年 12 月 31 日	8% 累积优先股	50	12 500	无

2011年1月1日,Circle West 拥有未行使的股票期权,可以购买20 000 股普通股。2011年期间,期权额外增加到40 000 股。这些股票期权项目如下所示:

发行日	可执行日期	执行价格	期权数
2008 年 1 月 1 日	2011 年 10 月 1 日	$30	20 000
2011 年 10 月 1 日	2013 年 6 月 30 日	60	40 000

2011 年普通股市场价格如下:
10 月 1 日价格 $62
12 月 3 日价格   61

2011 年间,Circle West 发行了如下普通股:
4 月 1 日   以每股 $56 价格卖出 30 000 股
10 月 1 日   从 2008 年 1 月 1 日执行的期权中发行了 20 000 股

2011 年 12 与 1 日,Circle West 用全年的股利购买了 6% 的优先股和 8% 的优先股。假定公司 2011 年的净利润是 1 026 000 美元,且所有的收益全来自于持续经营,所得税税率是 30%。

Circle West 运输公司采用自身的数据,应用计算每股收益的步骤,计算得到该公司的各种每股收益。

步骤一——计算基本每股收益:

净利润			$1 026 000
减少:优先股股利			
6% 优先股(40 000 × $100 × 0.06)		$240 000	
8% 优先股(12 500 × $50 × 0.08)		50 000	290 000
与普通股一致的净利润			$736 000
加权平均股数:			
1月1日到4月1日	200 000 × 3/12	50 000	
4月1日到10月1日 (200 000 + 30 000)	230 000 × 6/12	115 000	
10月1日到12月31日 (230 000 + 20 000)	250 000 × 3/12	62 500	
总计加权平均股数		227 500	
基本每股收益($736 000/227 500)			$3.24

步骤二——决定期权和可转换证券是否是稀释的:

(a)股票期权:因为股票期权的执行价格($30 和 $60)小于可应用市场价格(10月1日执行的期权是 $62,未执行期权年末的市场价格是 $61),所以所有股票期权都是稀释的。

(b)可转换证券

	净利润影响	股数	每股收益增加量
6% 优先股	$240 000	160 000	$1.50
10% 债券	42 000 *	18 000	2.33
6% 债券	42 000 †	15 000	2.80

* $600 000 × 0.10 × (1 − 0.30)
† $1 000 000 × 0.06 × (1 − 0.30)

三种可转换证券都有被稀释的可能,因为它们对于每股收益的影响小于 3.24 美元的基本每股收益。根据每股收益的重新计算与之前对比决定这些证券是否被实际稀释,决定情况如步骤 3 所示:

步骤 3——稀释每股收益计算:

	净利润	股数	时间	加权平均股数	每股收益
基本每股收益	$736 000			227 500	$3.24
2008年1月1日期权——10月1日执行					
假如 2011 年 1 月 1 日执行:					
假设发行股数		20 000			
减少:假设购回的库存股数 (20 000 × $30)/$62		(9 677)			
增加股数		10 323	9/12	7 742	
2011 年 10 月 1 日期权:					
假设发行股数		40 000			

(续表)

	净利润	股数	时间	加权平均股数	每股收益
假设购回的库存股股数 (40 000 × $60)／$61		(39 344)			
增加股数		656	3/12	164	
	736 000			235 406	$3.13
6%优先股	240 000	160 000	12/12	160 000	
	976 000			395 406	$2.47
10%债券	42 000		12/12	10 000	
稀释每股收益	$1 018 000			413 406	$2.46

6%债券：因为每股收益增加值为2.48美元，超过了最近的每股收益2.46美元，所以这种债券是反稀释的而没有包括进稀释每股收益的计算中。

在FASB第128号公告下，Circle West运输将报告基本每股收益3.24美元和稀释每股收益值2.46美元。另外，Circle West运输将提供类似于步骤3的注释信息。

开放式场景问题的答案

1. 一家公司的市盈率反映了公司当前收益和当前股票价格的关系。一般来说，公司市盈率越高表示公司具有越高的增长期望。相反，越低的市盈率代表公司具有越低的增长期望。

2. 公司需要计算基本每股收益和稀释每股收益，这两种每股收益都在本章中进行了讨论。

思考题答案

1. （第328页）正确答案是d。如果前期利润表没有根据本期的股票分割和股票股利进行调整，那么各个时期之间的每股信息的对比对于趋势信息将是没有意义的。每股信息给财务报表使用者一种通过公司拥有的股票数目来衡量盈利能力的方法。如果股数随着时间更改（没有任何新的投资，例如股票分割和股票股利），那么新的信息将在当期的财务报表中反映出来。

2. （第337页）正确答案是c。稀释每股收益计算的目的是为普通股股东提供一种最坏的情况。当然，最坏的情况不一定总是实际发生。但对于公司间的可对比性，稀释每股收益应该总是反映可能发生的最坏情况，不管这个时期是不是实际发生。记住，稀释每股收益是假定转换在时期的开始和发行日之中较晚一日发生的转换量。基本每股收益的计算已经包含实际转换发生的时期。对于稀释每股收益，我们必须就包含可转换证券（或期权）在该期间未兑现的时间段而进行额外的调整。

本章小结

1. 了解简单和复杂的资本结构有何不同，理解稀释性证券如何影响每股收益的计算。

FASB第128号公告规定了两种每股收益的计算：基本每股收益和稀释每股收益。与可转换证券、股票期权(假定执行)相关的稀释会引起每股收益的减少。当一家公司没有可转换证券、股票期权、担保或者其他未兑现股权,那么该公司拥有一个简单资本结构。如果一家公司拥有导致每股收益稀释的可转换证券或者股票期权(假定执行),那么该公司拥有一个复杂资产结构。

2. 计算基本每股收益时,除考虑该期间出售和回购的股票外,还应考虑股票分割和配股的影响。

通过用发行在外的普通股的加权平均数除以普通股股东的可得收益来计算基本每股收益。如果一家公司分割股票或者声明配股,那么就必须根据这种变化追溯调整以衡量发行在外的普通股的加权平均数。当提供比较财务报表时,所有发行在外的普通股应该进行调整,以反映当前时期的配股或股票分割。

3. 当一家公司存在未兑现的股票期权,担保和认股权证时,运用库存股法计算稀释每股收益。

如果一家公司有股票期权、担保和认股权证时,就必须判断它们对每股收益潜在的影响。如果期权、担保和认股权证的执行价格低于该时期市场结束价格,那么这些期权、担保和认股权证被认为是稀释的,而被包含进稀释每股收益的计算中。库存股法下确定增加股数时,应假定期权、担保和认股权证被执行,且其收入被用于购买市场上的库存股。

4. 当一家公司存在未兑现的可转换优先股或可转换债券时,运用假设转换法计算稀释每股收益。

一家持有可转换证券的公司,如果这些可转换证券存在潜在稀释的可能性,那么在计算稀释每股收益时需要同时调整分子和分母。如果是可转换债券,利息费用(税收净值)必须加回分子,而转换发行的股数必须包括进分母中。对于可转换优先股,优先股股利必须加回普通股股东的可得收益中去,而分母中则需要增加转换发行的股数。

5. 在计算稀释每股收益时把转换可转换债券或行使期权、担保或认股权证的效果考虑进去,当一家公司报告了持续经营损失时理解潜在普通股票的反稀释效应。

如果一个时期中发生了转换或者执行,那么就根据转换或者执行发生在期初与发行日之中较晚一日时每股收益将会发生的变化进行调整。在公司报告持续经营损失的情况下,不需要对每股收益进行双重计算,这是因为包含股票期权或者可转换证券将会减少每股亏损,从而会一直是反稀释的。

6. 计算稀释每股收益时,应当考虑多样的潜在稀释性证券并确定其顺序。

在公司有着多种潜在稀释性证券的情况下,FASB 需要一份系统的步骤来决定多种证券的顺序。每种证券的单独影响会被计算,同时这些证券会从对基本每股收益影响最小的证券开始被依次考虑,重复进行直到稀释每股收益的值小于下个证券的增量影响。

7. 理解基本每股收益和稀释每股收益计算的有关信息披露要求。

对于拥有复杂资本结构的公司需要在利润表中披露基本每股收益和稀释每股收益。在利润表中报告线下项目的公司可能要在利润表或者注释中报告这些项目对每股收益的影响。另外,一个关于基本每股收益和稀释每股收益分子和分母的调整的一览表也必须在财务报表的注释中报告。

扩展资料

8. 会做牵涉多种潜在稀释性证券的每股收益的复杂计算。

对于拥有股票期权、担保、认股权证、可转换优先股和（或）可转换债券的公司，这时关于稀释每股收益的计算将会非常复杂。对于那些稀释或潜在稀释的项目，把它们按照一个正确的顺序进行考虑将会保证稀释每股收益的计算正确。

IASB 概述

主题	美国 GAAP	IASB 准则
每股收益	SFAS No. 128 与 IAS 33 非常相似。每股收益是 FASB 和 IASB 第一次在标准设定领域共同工作的一个成果。	IAS 33 与 SFAS No. 128 非常相似。

关键术语

收益反稀释
复杂资产结构
股利支付率
库存股法
反稀释性证券
收益稀释

假设转换法
分类法
基本每股收益
稀释性证券
简单资本结构

问题

1. 在利润表中，每股收益的计算越来越重要。投资者怎样利用这一信息来做出投资决策？
2. 在利用每股收益数据时应注意哪些局限？
3. 为什么每股收益的计算建立在普通股转换之前的基础上而不是在严格历史普通股数据的基础上？
4. 简单资本结构与复杂资产结构有什么区别？
5. 一家企业在 7 月 1 日把 1 份普通股分割成 3 份，会计年度末为 12 月 1 日。在股票分割之前有 10 000 股流通在外的普通股，那么用于计算当年和以前年度每股收益的加权平均股数是多少？
6. 为什么每股收益值要因为股利、股票分割和反股票分割而进行追溯性清算？
7. 什么是分类法？
8. 每股收益的稀释是什么意思？
9. 什么是反稀释性证券？为什么这些证券一般要从每股收益的计算中剔除？
10. 什么是在包含未兑现股票期权、担保和认股权证时计算稀释每股收益的库存股法？
11. 稀释的可转换债券需要对收入进行调节，这种调节的本质是什么？

12. 计算每股收益的"假设转换法"是什么意思？
13. 如果当年执行股票期权，如何影响稀释每股收益？
14. 为什么当公司存在持续经营损失时，所有的可转换证券和期权都会反稀释？

扩展材料

15. 如果公司有多种潜在稀释性证券，怎样进行计算才能得到最小的每股收益值？

练习

[练习18-1] 优先股对基本每股收益的影响

LO2 在1月1日，公司有100 000股流通在外的普通股。全年流通在外的普通股数量一致。全年公司同样有30 000股5%、票面价值为100美元的流通在外优先股。公司全年没有宣告任何普通股股利或优先股股利。这一年公司净利润为220 000美元。在分别假定优先股没有累积或优先股累积的条件下，计算基本每股收益。

[练习18-2] 分类法

LO2 两家公司全年有如下流通股、股利特权和净利润的数据：
- 流通在外的普通股股数：全年320 000股
- 参与流通在外的优先股：全年100 000股
- 净利润：1 000 000美元
- 参与优先股股利：每股1.00美元加上每股增加80%，和普通股利每股0.50美元以上的增加相当
- 当年普通股股利：每股1.00美元

计算普通股和参与优先股的基本每股收益。

[练习18-3] 稀释每股收益和股票期权

LO3 公司全年有流通在外普通股200 000股。1月1日，公司额外发行了员工股票期权50 000股，可购买50 000股普通股。期权执行价是每股10美元，公司没有其他潜在稀释性证券，全年净收益是400 000美元。在分别假定(1)今年股票期末价格是16美元；(2)今年股票期末价格是8美元的情况下，计算稀释每股收益。

[练习18-4] 年中发行的股票期权

LO3 参考练习18-3。假设期权是在9月1日发行的，而不是全年一直未执行。假定(1)全年和9月1日到12月31日时期的股票期末价格都是5美元；(2)全年和9月1日到12月31日时期的股票期末价格都是14美元，计算稀释每股收益。

[练习18-5] 稀释每股收益和可转换优先股

LO4 公司全年有流通在外普通股100 000股。另外，1月1日公司发行了可转换优先股10 000股(累积的,5%，票面价值是100美元)。公司没有其他稀释性证券。当年净利润是200 000美元。假定(1)每股优先股可转换成4股普通股；(2)每股优先股可转换成1股普通股，计算稀释每股收益。

[练习18-6] 年中发行可转换优先股

LO4 参考练习18-5。假定可转换优先股发行日是2月1日。即使股票发行于2月1日，股东们依然有权分享全年优先股股利。假定(1)每股优先股可转换成5股普通股；(2)每股优先股可转换成1股普通股，计算稀释每股收益。

[练习 18-7] 稀释每股收益和可转换债券

LO4 公司全年有流通在外普通股 50 000 股。1 月 1 日,公司额外发行了 100 份可转换债券(面值是 1 000 美元,10%)。公司没有其他潜在稀释性证券。全年净利润是 100 000 美元,所得税税率是 30%。假定(1)每份债券可转换成 50 股普通股;(2)每份债券可转换成 20 股普通股,计算稀释每股收益。

[练习 18-8] 年中发行的可转换债券

LO4 参考练习 18-7。假设可转换债券发行于 10 月 1 日。假定(1)每份债券可转换成 100 股普通股;(2)每份债券可转换成 15 股普通股,计算稀释每股收益。

[练习 18-9] 快速反稀释测试

LO4 公司年净利润是 300 000 美元,流通在外普通股 100 000 股,所得税税率是 30%。对于下面每种潜在稀释性证券,进行快速反稀释测试来判定证券是否稀释。假定每种证券在 1 月 1 日之前发行。每种证券是互不影响的;或者说,当测试一种证券时假定其他证券不存在。

1. 10 000 股可转换优先股(累积的,5%,面值是 100 美元),每股优先股可转换成 3 股普通股。
2. 500 份可转换债券(10%,面值是 1 000 美元),每份债券可转换成 25 股普通股。
3. 20 000 股可转换优先股(累积的,10%,面值是 10 美元),每股优先股可转换成 2 股普通股。
4. 2 000 份可转换债券(8%,面值是 1 000 美元),每份债券可转换成 15 股普通股。

[练习 18-10] 每股收益和财务报表陈述

LO7 公司的利润表如下:

营业收入	$1 000 000
营业成本	600 000
营业利润	$400 000
利息费用	80 000
税前收入	$320 000
所得税(40%)	128 000
持续经营收益	$192 000
非经常损失(税后)	(50 000)
非持续经营损失(税后)	(35 000)
净利润	$107 000

公司全年有流通在外普通股 100 000 股。另外,公司拥有允许员工购买普通股的股票期权 50 000 股。期权行权价是每股 10 美元,当年股票期末价格是 14 美元。计算并列出公司需要报告的所有每股收益。

习题

[习题 18-11] 加权平均股数

LO2 如下列示了 Higrade 天然气公司 2011—2012 年涉及普通股的交易。

2011 年

1 月 1 日:有 200 000 股价格为 10 美元的普通股。

4 月 1 日:将 2 500 000 美元可转换债券转换成 50 股股票,每份债券价格是 1 000 美元。

7 月 1 日:宣告 10% 的股票股利。

10 月 1 日:员工执行期权,以每股 20 美元的价格购买 7 000 股股票。

2012年

4月1日：宣告1:2的股票分割。

10月1日：以每股30美元的价格卖出170 000股股票。

从给出的信息，计算2011年和2012年的流通在外的加权平均股数，从而计算2012年年底的基本每股收益。

[习题18-12] 股数——股票期权

LO3 Barone公司向员工发行股票期权，员工可以以每股14美元的价格购买普通股40 000股，行权期间为一整年。公司当年普通股期末价格是20美元。计算增加到稀释每股收益上的股数。Barone公司在期权授权日有流通股80 000股。

[习题18-13] 稀释每股收益——可转换债券

LO4 Delgado制造公司报告2011年12月31日长期负债和股东权益如下所示：

5%可转换债券（面值）	$800 000
流通在外普通股（100 000股，面值是25美元）	2 500 000
其他有用的信息如下：	
债券的转换条件——每1 000美元债券转换成50股普通股	
非经常性项目前的收益——2011	$199 800
非经常性收益（税后）	43 520
净利润——2011	$243 320

假定所得税税率是30%，2011年公司债务和资产余额都没有变化。计算公司2011年基本每股收益和稀释每股收益。

[习题18-14] 每股收益和每股亏损——可转换优先股、经营亏损

LO4,LO5 在2011全年，Cougar有限公司有流通在外普通股180 000股和优先股16 000股，每股优先股是5美元，每股优先股可转换成5股普通股。2011年，Cougar有限公司发生了175 000美元的经营亏损，没有支付或宣告股利。

假定（1）优先股是非累积的；（2）优先股是累积的，计算Cougar有限公司的基本每股收益和稀释每股收益（或亏损）。

[习题18-15] 每股收益

LO1,LO2,LO4,LO7 2011年12月31日，Yorke公司的账目中包括以下资产：

长期负债：

2010年11月3日发行的应付债券（利率是8%，以面值出售，每1 000美元债券可转换成50股普通股）	$500 000
股东权益：	
不可转换累积优先股10 000股（利率是7%，面值是50美元）	500 000
实收资本（优先股）	300 000
普通股（面值是10美元，授权300 000股，其中199 500股流通在外）	1 995 000
超过面值的实收资本（普通股）	450 000
留存收益	519 000

Yorke公司的报告还披露了以下额外信息：

(a) 2011年1月1日有流通在外普通股150 000股。

(b) 2011年4月30日售出40 000股普通股。

(c) 2011年7月1日宣告5%的股票股利。

（d）非经常性项目前收益（税后）是 715 000 美元。
（e）非经常性损失（税后）是 16 000 美元。
（f）所得税税率是 30%。
（g）因为在债券发行日以后宣告股票股利,债券合同在转换时并不导致股数的增加。

1. 这是一个简单资本结构还是复杂资本结构？
2. 根据 FASB 第 128 号公告的要求计算所有每股收益。在报表中如何表述每股收益？

难题

[难题 18-16] 基本每股收益——简单资本结构

LO2 Great Northern 有限公司在 2012 年资产负债表中的股东权益部分报告了如下对比性信息。

	12 月 31 日		
	2012 年	2011 年	2010 年
优先股（12%,面值是 50 美元）	$82 500	$67 500	$50 000
超过面值的实收资本——优先股	13 400	9 200	5 000
普通股（面值是 5 美元*）	410 600	399 600	325 000
超过面值的实收资本——普通股	64 300	58 800	35 000
库存股实收资本	1 800	800	800
留存收益	471 200	396 460	180 200
股东权益	$1 043 800	$932 360	$596 000

＊2012 年 6 月 1 日股票分割后的面值。

另外,公司还报告了如下涉及 2011 年和 2012 年股东权益报告的交易：

2011 年

5 月 1 日：以每股 12 美元的价格卖出 4 500 股普通股,股票面值是 10 美元。

6 月 30 日：以每股 62 美元的价格卖出 350 股优先股,股票面值是 50 美元。

8 月 1 日：发行 8% 的普通股股票股利,股票市场价格是 15 美元。

9 月 1 日：宣告 12% 的优先股现金红利和 1.50 美元的普通股现金红利。

12 月 31 日：非经常性项目前的全年总收益为 316 200 美元。另外,Great Northern 有限公司取得非经常性收益 12 500 美元（税后）。

2012 年

1 月 31 日：以每股 15 美元的价格卖出 1 100 股普通股。

5 月 1 日：以每股 64 美元的价格卖出 300 股优先股。

6 月 1 日：宣告 1:2 的股票分割,面值减到每股 5 美元。

9 月 1 日：以每股 9 美元的价格买入 500 股普通股作为库存股。

10 月 1 日：宣告 12% 的优先股现金红利和每股 2 美元的流通股现金红利。

11 月 1 日：以每股 11 美元的价格售出 500 股库存股。

12 月 31 日：包含非经常性损失的全年净利润（扣除所得税）是 19 000 美元。

要求：计算用于 2012 年利润表报告的 2011 年和 2012 年基本每股收益和稀释每股收益。

[难题 18-17] 伴随股票期权行权的稀释每股收益

LO3,LO5 2011 年 1 月 1 日,Anvil 公司有面值 10 美元的流通在外普通股 25 000 股。公司向它的管理人员发行了允许他们以每股 12 美元购买普通股的股票期权 4 000 份。在期权发行时期,普通股的售价是 12 美元,2011 年 9 月 1 日普通股市场价是 25 美元,2011 年 12 月 31 日普通股的期末市价是 27 美元。2011 年非经常性项目前收益是 142 400 美元。公司同样有非经常性收益 21 000 美元（税后）。该期权当前可行权。2011 年，1 500 份期权被行权。剩余 2 500 份到 2011 年 12 月 31 日一直未行权。

要求：计算 2011 年 12 月 31 日的基本每股收益和稀释每股收益。

[难题 18-18] 稀释每股收益——债券转换

LO5 Chiapucci 有限公司 2010 年 12 月 31 日的资产负债表有关信息如下：

以面值发行的 10 年期 6% 可转换债券	$1 000 000
普通股（发行 110 000 股流通股，面值是 12 美元）	$1 320 000
留存收益	842 000
股东权益总计	$2 162 000

可转换债券条款包含每 1 000 美元债券可转换成 30 股普通股的规定。

2011 年年中有如下事件发生：

（a）2011 年 8 月 31 日，发行的可转换债券完全转换成普通股。

（b）Chiapucci 公司报告 2011 年净利润是 540 000 美元，公司所得税税率是 30%。

（c）公司全年除债券转换外没有发生其他普通股交易。

要求：

1. 计算 2011 年 12 月 31 日基本每股收益和稀释每股收益。

2. 假定 Chiapucci 公司有净亏损 220 000 美元，解释在亏损条件下可转换债券为什么是反稀释的。

[难题 18-19] 每股收益——复杂资产结构

LO2，LO3，LO4，LO5，LO6 Alta 公司 2011 年 12 月 31 日资产负债表中的股东权益包含如下内容：

2 美元累积可转换优先股（面值是 25 美元，1 600 000 股授权，1 400 000 股发行，750 000 股转换成普通股，650 000 股流通在外）	$16 250 000
流通在外普通股（面值是 0.25 美元，15 000 000 股授权，8 800 000 股发行并流通）	2 200 000
资本溢价	32 750 000
留存收益	40 595 000
股东权益总计	$91 795 000

Alta 公司的负债包括在 2010 年发行的、9% 附付款承诺的可转换债券，债券面值是 20 000 000 美元。这些债券于 2019 年到期，在此之前可转换成 Alta 公司的普通股，转换比率是每 1 000 美元债券可转换成 60 股普通股。截止到现在，没有任何债券转换。

2011 年 4 月 2 日，Alta 公司发行了 1 400 000 股、每股 40 美元的可转换优先股。到 2011 年 12 月 31 日，股利已经按季度进行了支付。这些优先股可以按照每股优先股兑 2 股普通股的比率转换成普通股。在 2011 年 10 月 1 日和 2011 年 11 月 1 日分别有 150 000 股和 600 000 股优先股转换成普通股。

2010 年 7 月期间，Alta 公司发行允许其管理者和关键职员以每股 20 美元的价格购买 500 000 股公司普通股的期权，在 2011 年没有任何期权行权。

2011 年，Alta 公司的普通股股利支付情况如下所示：

	每股股利
第一季度	$0.10
第二季度	0.15
第三季度	0.10
第四季度	0.15

公司当年普通股期末市场价格是每股25美元。截至2011年12月31日，Alta公司全年净利润为12 750 000美元，所得税税率为30%。

要求：计算2011年12月31日的基本每股收益和稀释每股收益。

扩展资料

[难题18-20] 每股收益——多种可转换证券

LO2,LO3,LO4,LO5,LO6,LO8 Kishkumen公司在2011年和2012年的12月31日有如下资产结构：

	2012年	2011年
流通在外的总股数：		
普通股	776 490	550 000
可转换优先股（7美元）	11 000	24 000
流通在外债券：		
可转换债券（7.25%，10年期）	$1 650 000	$2 200 000

同时还可得到如下额外信息：

(a) 2012年1月1日，优先股和债券的转换条件如下：每股优先股兑5股普通股；每1 000美元债券兑38股普通股。如果有任何股利或股票分割宣告，这些条件将会进行调整。

(b) 2012年5月1日，Kishkumen卖出了另外的70 000股普通股；2012年8月1日，宣告10%的普通股股票股利。

(c) 2012年10月1日，13 000股优先股转换成71 500股普通股（每股优先股兑5.5股普通股）。优先股发行于2008年，面值是100美元。

(d) 2012年12月1日，25%的可转换债券转换成普通股（每份可转换债券兑41.8股普通股）。债券是在2011年以面值发行的。

(e) 2012年12月31日，Kishkumen宣告并支付给流通在外的优先股每股7美元的股利。全年收入为2 300 000美元。

(f) 2012年年初发行以每股30美元购买70 000股普通股的股票期权（已发行，未行权）。2012年年末市场价是46.36美元。由于10%的股利，股数调整到77 000股，同时行权价调整到27.27美元。

(g) 以每股45美元购买50 000股普通股的认股权证最初附属于优先股。由于10%的股利，调整到以每股40.91美元调整为55 000股。认股权证于2012年12月31日发行，于2016年12月31日到期。

(h) 这两年的实际税率都是30%。

(i) 2013年2月1日，在Kishkumen公司2012年财务报表发布以前，Kishkumen进行了1:2的股票分割。

要求：计算2012年12月31日的基本每股收益和稀释每股收益。

案例

[案例18-21] 如果收益一样为什么每股收益不同？

Fredrica Brown有200 000美元，她打算去投资成长型股票。她把选择范围缩小到一个行业中的两家公司：White有限公司和Adam有限公司。每家公司都有着在行业中增值和稳定、强势地位的历史。去年，每家公司都报告了净利润10 000 000美元，且返还投资者投资的17%。而White公司报告每股收益1.32美元，Adam公司报告每股收益2.75美元。

Fredrica需要你解释为什么当其他行为和盈利相似，但每股收益会不同？什么因素导致并限制了这种数据的对比性？

[案例 18-22]　让我们保持每股收益

2009 年 1 月 1 日，Farnsworth 公司有 1 000 000 股流通在外的普通股和 100 000 股 8 美元的累积优先股。Farnsworth 公司管理层的基本目标是保持或增加每股收益。

2010 年 1 月 1 日，Farnsworth 公司用子公司提供的超额现金和额外资金回购了 50 000 股优先股。

2011 年年初，公司以 10% 的利率借了 5 000 000 美元，并用这笔钱回购了 200 000 股普通股。息税前利润如下（所得税税率是 30%）：

	2011 年	2010 年	2009 年
营业收入	$6 500 000	$7 000 000	$7 500 000

Farnsworth 公司在收益减少的情况下能否保持每股收益？优先股和普通股交易对每股收益有什么影响？

[案例 18-23]　一个复杂资产结构如何影响每股收益？

Big Horn 建筑公司从 1919 年成立开始就逐步扩大规模。现在管理公司的 Jensen 家族第三代考虑卖出大量股票来购买器材和推动几个大项目的融资，以此来提高公司资产。Jensen 关心如何在利润表中表述每股收益信息和在每股收益的信息中应该关心哪些问题。

1. 如果 Big Horn 建筑公司有（1）简单资本结构；（2）复杂资本结构时，那么计算每股收益需要什么？什么因素决定资产结构是简单的还是复杂的？

2. 假定 Big Horn 公司有复杂资本结构。讨论以下每个交易发生（或者任何一个）会对每股收益产生什么样的影响。

（a）公司有一部分流通普通股作为库存股。

（b）公司向普通股支付每股 0.50 美元的股利。

（c）公司宣告累积优先股每股 0.75 美元的股利。

（d）年中进行了 1:3 的股票分割。

（e）由于可能引起诉讼的争议性建设合同，留存收益减少。

[案例 18-24]　什么是稀释？

你刚刚向董事会进行了全年财务结果的报告。你的报告中包含了一份同时包括基本每股收益和稀释每股收益的利润表。一个董事会成员说他理解基本每股收益但不了解稀释每股收益。他实际上想明确知道稀释每股收益计算是否是某种"会计师的完整工作"项目的一部分。他想让你解释一下稀释的概念和稀释每股收益到底衡量的是什么。

[案例 18-25]　写作任务（美国和国际会计准则）

FASB 第 128 号公告是 FASB 和 IASC（IASB 前身）第一次直接合作并发布的重大会计准则。FASB 与 IASB 的合作提高了国际会计标准的协调性。

用两页纸或更少的纸回答下面的问题：FASB 考虑其会计准则在国际社会的影响是否重要？如果重要，为什么？如果不重要，为什么？回答这些问题的同时，考虑 FASB 的公告怎样影响美国以外的商业运营？

[案例 18-26]　研究会计标准

为了帮助你熟悉会计准则，本案例带你进入 FASB 的网站，并接触各种刊物。进入 FASB 网站（http://www.fasb.org），点击"Pronouncements & EITF Abstracts"。

在这一章，我们讨论了每股收益。对于这个例子，我们将用 SFAS No. 128 中的"每股收益"部分。打开 FASB 第 128 号公告。

1. 第 15 段讨论了"控制数"的概念，控制数的用途是什么？

2. 第 27 段讨论了判断可转换优先股是稀释还是反稀释的一个快速测试，简要描述这个快速测试。

[案例 18-27]　道德困境(有其他选择吗?)

在计算了当期的基本每股收益与稀释每股收益以后,你会发现当基本每股收益存在上升趋势的时候,稀释每股收益会轻微地下降。在与经理讨论稀释每股收益下降的原因时,你发现在计算稀释每股收益时需要考虑大量的潜在稀释性证券。由于公司有多种多样的稀释性证券,我们可以从可转换证券开始对这些证券依次考虑,因为它对每股收益的影响最小。当按这个顺序依次考虑潜在稀释性证券以后,我们发现可转换债券没有包含在潜在稀释每股收益的计算中,因为在考虑其他可转换证券的影响后,该债券变成反稀释的了。

你的经理认为,当一个证券与基本每股收益相比是稀释的时候,那它就应该纳入稀释每股收益的计算。他主张每一种稀释性证券都应该单独考虑。由于把这些可转换债券纳入了稀释每股收益的计算,导致稀释每股收益出现了上升的趋势。

要求:

1. 你的经理有什么功劳吗?也就是说,他所提供的方法有效果吗?
2. 你认为会计准则考虑到其解释上的弹性了吗?
3. 假设你的经理坚持用他的方法来计算稀释每股收益,而你要反驳他。那么,你将会说什么以使他明白他的计算方法是不可接受的?

[案例 18-28]　累进式电子工作表分析

这部分是一个计算稀释每股收益的练习。在上一年度,天行者公司采用了一个简单资本结构。这一结构在 2012 年可能会发生变化;该公司正考虑在 2012 年年初的时候采用以下行动:

- 发行期权,准许高级经理人以每股 25 美元的价格购买总数为 2 000 000 股的普通股股票。
- 将现有的价值 600 000 000 美元的长期债券(利率是 8%)转换为价值 600 000 000 美元的可转换债券(600 000 份,面值是 1 000 美元)。

如果不采取这些行动,预计天行者公司在 2012 年将会有 15 890 000 美元的净利润;根据该预测,天行者公司在 2012 年要按 33% 的税率缴纳所得税。(注意:15 890 000 美元的利润数据依据的是第 13 章提供的假设;第 13 章所有的数据单位均为百万美元。)截至 2011 年年底,天行者公司已经发行普通股 10 000 000 股。

使用这些数据,回答下面问题并完成电子工作表。

1. 预计天行者公司在 2012 年的基本每股收益是多少?
2. 如果公司在 2012 年 1 月 1 日采取了前面所提的两个行动,2012 年期末股价预计为 20 美元且每份债券可转换成 40 股普通股股票,那么 2012 年天行者公司的稀释每股收益是多少?
3. 如果公司在 2012 年 1 月 1 日采取了前面所提的两个行动,2012 年平均股价为 40 美元,并且每份债券可以转换成 35 股普通股股票,那么 2012 年天行者公司的稀释每股收益是多少?
4. 假设天行者公司在 2012 年 1 月 1 日发行了期权并将 600 000 000 美元的长期债券转换成价值 600 000 000 美元的可转换债券,完成下表。

2012 年稀释每股收益

		预计期末市场价格	
	$20	$30	$40
每份债券转换的普通股股数　20			
35			
40			

第 19 章 衍生工具、或有事项、企业分部与中期报告

学习目标

1. 理解关于衍生工具和套期活动的交易与会计概念。
2. 区分交易中面对的不同种类的风险。
3. 描述以下衍生工具的特征：互换、远期、期货与期权。
4. 定义套期，并概括说明公允价值套期与现金流量套期的差别。
5. 多种不同的衍生工具和套期关系的会计处理。
6. 在诉讼领域和环境负债领域应用或有事项的会计规则。
7. 按生产线和地理区域准备必要的追加财务信息披露。
8. 认识中期报告的重要性，并概括说明准备这些报告时遇到的困难。

    本章的内容与其他章节有些不太一样。本章由四个模块组成：衍生工具、或有事项、分部报告和中期报告。每一个模块都是独立的一个部分。因此，本章的学习比较灵活，可以由教师自行决定应重点掌握的内容。

补充

    正如在《中级会计学：基础篇》第 1 章开篇讨论过的，在破产前，安然经营的主要项目就是衍生工具合同的交易。当围绕在安然上的丑闻导致其失去客户信任的时候，其衍生工具交易活动一夜之间骤然跌落。

衍生工具

    宝洁公司是一个复杂的市场参与者，它的产品有很多，比如汰渍、帮宝适、佳洁士等。显然，其产品的复杂性并不会妨碍宝洁公司对衍生金融工具的理解。1993 年 11 月，宝洁公司同意购买一种复杂的衍生工具，该衍生工具可以为公司提供更低的当期利息支付，以换取未来的更高支付，这一支付取决于未来的利率水平。[①] 当宝洁公司购买了这种衍生工具以后，利率的上升给该公司在关于投机衍生工具的风险方面上了难忘的一

---

① Kelly Holland, Linda Himelstein, and Zachary Schiller, "The Bankers Trust Tapes," *Business Week*, October 16, 1995, p. 106.

第 19 章 衍生工具、或有事项、企业分部与中期报告

课。当硝烟散尽,增长的利率水平导致宝洁公司付出了 1.955 亿美元的代价。在这次惨败以后,宝洁公司前任主席 Edwin Artzt 说,购买衍生工具的管理人员就像是"国家狂欢节上的农场男孩"。①

宝洁公司是众多在衍生工具交易中损失惨重的公司中的一个,有过类似经历的组织还有 Gibson 贺卡公司、Barings 银行、戴尔电脑、橘子镇、房利美等。衍生工具的复杂性甚至连集团的财务主管和组合投资的经理人都经常理解错误,加上衍生工具缺乏披露,导致了一种非常危险的局面,那就是通过财务报表根本无法完全发现公司面临的巨大风险。引导这一情形走向规范化是美国 SEC 的职责。所以,最近几年,FASB 在美国 SEC 的保护和促使下,已经显著地改善了衍生金融工具的会计处理和披露。然而,不要认为改善的会计披露方法可以让人完全理解衍生工具。即使采用改善了的会计方法,衍生工具的过度使用仍然导致了 2008 年下半年的全球性金融危机。

本章的第一个模块解释了衍生工具的基本特性、公司遇到的风险类型和如何使用不同种类的衍生工具来规避风险,以及衍生工具适用的会计准则。

衍生工具的简单例子

1 理解关于衍生工具和套期活动的交易与会计概念。

WHY 让我们诚实一点——我们中间的大多数甚至不知道衍生工具是什么。在我们对衍生工具进行解释之前,我们需要知道它们是什么,以及它们创造出来的交易目的是什么。

HOW 衍生工具是一种金融工具或者其他契约,它的价值源于与基础项目有关的价格、利率或者汇率的活动。比如说,是否购买一处土地的选择权是一种衍生工具。这一选择权本身的价值随着土地价值的增长而增长。资产和负债未来的公允价值具有的不确定性,或者是未来的现金流的不确定性会导致公司遇到风险。管理与公允价值和现金流量波动相关的风险的办法之一就是使用衍生工具。

假设你是 Nauvoo 软件公司的一名员工。2011 年 10 月 1 日,你以 50 美元一股的市场价格买进了该公司的 100 股股票,总共成本是 5 000 美元。如果你要准备一张个人的资产负债表,你会怎么记录这些股票?显然,这 100 股 Nauvoo 软件公司的股票你会写成价值 5 000 美元的资产。

现在假设你对股票市场上可能的价格波动感到忧虑。在 2012 年 1 月 1 日,你需要为你女儿支付 5 000 美元的大学学费,并且你必须保证在那一天你手上会有 5 000 美元。你不能现在就将 Nauvoo 软件公司的股票卖掉并把那 5 000 美元拿到手,因为你的雇佣契约上写明,你在公司购买的任何股票,必须持有 3 个月以上你才能将它们卖掉。这让你左右为难:在接下去的 3 个月内你必须持有 Nauvoo 软件公司的股票,但是从 2011 年 10 月 1 日到 2012 年 1 月 1 日这段时间里,如果股票价格下跌,那结果对你来说是灾难性的。

解决这一问题的办法是下面这个协议:如果在 2012 年 1 月 1 日,Nauvoo 软件公司的股票价格高于 50 美元的话,你同意把增加的那部分股票价格(乘以 100 股)交给当地的股票

---

① Carol J. loomis, "Like Farm Boys at a Country Carnival," *Fortune*, November 27, 1995, p. 34.

投机商 Bennett。如果 Nauvoo 软件公司的股价低于 50 美元的话，Bennett 同意支付你损失的那部分股价（乘以 100 股）。我们在本章后面将讲到，这种类型的协议我们称之为衍生工具。衍生工具是一种金融工具或者其他契约，它的价值源于价格的波动、外汇汇率的波动或者其他基础资产或者金融工具的利率波动。

那么，这个衍生工具协议是如何解决你的左右为难的困境的？请看下表：

	2012 年 1 月 1 日股价		
	$45	$50	$55
股票价值	$4 500	$5 000	$5 500
从 Bennett 收到的价值（或支付的价值）	500	0	(500)
净数值	$5 000	$5 000	$5 000

由于该协议的结构，你最终都将在 2012 年 1 月 1 日获得 5 000 美元，无论这段时间里 Nauvoo 软件公司的股票价格发生了什么样的变化。隐藏在这一事实后面的是，这一衍生工具契约有时候是一个好的协议，但有时候又会是一个坏的协议。如果股票价格实际上升到了 55 美元，那么，没有签订这个协议对你来说会是一个更好的选择。然而，由于你必须在 2012 年 1 月 1 日获取 5 000 美元，你愿意将你可能获取的股票收益交换成股票下跌时对你瞬时的权利的补偿。①

> **补充**
> 在过去，我们说这样的衍生工具具有"表外风险"，因为它的价值在最初签署协议的日子以后会发生波动，但是这些波动不会反映在资产负债表上。正如后面将要讨论的，会计准则的变化使这些波动可以反映在资产负债表上。

在 2011 年 10 月 1 日，当你签订这个衍生工具契约的时候，有多少钱将会在你和 Bennett 之间转手呢？换句话说，你得预先支付多少钱使 Bennett 和你签这个协议，或者是 Bennett 必须预先支付多少钱给你？衍生工具的估价已经超出了本书的范围，但是有两个因素需要考虑到：一是 3 月期 Nauvoo 软件公司股票的预期报酬（股票价格平均每季上涨 3%—4%）；二是你和 Bennett 看待风险方式的差别。如果你对风险非常忧虑而 Bennett 不感到忧虑，那么他在讨价还价的时候就占据了优势，并且可能从你那里获得预先支付的报酬。为了方便讨论，这里仅做一些基本的估价假设；如果想要进行深入分析，你还需要和你的财务教授讨论。最简单的假设就是，你和 Bennett 具有一样的风险偏好，并且 2011 年 10 月 1 日的股价（50 美元）和 2012 年 1 月 1 日的预期股价相等。在这个假设条件下，2011 年 10 月 1 日签署协议时你们要交换的金额就为 0，因为在 2012 年 1 月 1 日到来时，你被要求支付金额的可能性和 Bennett 向你支付金额的可能性是一样的。

下面是描述你和 Bennett 之间的协议的另一种方法：你提前 3 个月同意以每股 50 美元的价格向 Bennett 出售 100 股 Nauvoo 软件公司的股票。有一种与此类似的远期出售的方法，金融界人士称之为短线交易。为了证明这种远期出售的方法与你和 Bennett 原来达成的现金交换支付的方法是等价的，我们这么考虑：

---
① 另一个问题是，为什么投机商 Bennett 愿意加入这个协议。如果价格或者利率按他们预想的方式变化，那么，这样一种协议是股票投机商赚钱的一种方式。在这个案例里，Bennett 通过估价分析，认为 Nauvoo 软件公司的股票价格在将来的 3 个月会上涨，如果他的分析正确的话，这个衍生工具协议将是 Bennett 挣钱的一种方式。

假设这些股票在2012年1月1日价值5 500美元,Bennett将给你5 000美元,然后他可能立即出手这些股票,获得5 500美元,这样他就净挣了500美元。同时,你将会收到5 000美元,比你简单地将这些股票在市场上出售获得的收入少了500美元。如果不执行这个出售,你简单地给Bennett 500美元也可以达到同样的现金流效果。

采用同样的分析方法,我们可以证明,当这些股票的价值只有4 500美元的时候,让Bennett用5 000美元购买这些股票发生的现金流动,与你简单地从Bennett那里取得500美元发生的现金流动是等价的。衍生工具契约的一个基本特性是,虽然它们是采用一些基础项目的交换(如股票收益、利息支付)叙述的,但是它们通常都根植于简单的现金流交换。

现在,我们来讨论账务处理。你需要做什么分录来承认你在2011年10月1日签的协议是有效的?答案是你什么都不需要做。没有现金转手,你和Bennett仅仅是对未来的交易达成了承诺。这种类型的合同称为待执行合同,在交易中非常普遍。待执行合同的另一个例子是经营租赁,它是用未来支付租金的承诺,交换了未来获得资产使用权的承诺。与经营租赁类似,衍生工具合同在签署的时候也是一个"非资产负债表"项目。

在2011年12月31日,Nauvoo软件公司的股票价格为47美元,则你投资在Nauvoo软件公司股票上的价值为4 700美元($47×100)。第二天,你和Bennett的交换就要执行了。由于股价为47美元,你将会从Bennett那里拿到300美元[($50 – $47)×100]。这个信息要如何反映在你的2011年12月31日的资产负债表中的资产部分呢?下表列出了4种可能。

	选择1	选择2	选择3	选择4
Nauvoo软件公司股票	$5 000	$4 700	$5 000	$4 700
衍生工具收支	$0	$0	$300	$300
股票估价	亏	平	亏	平
是否有衍生工具收支	否	否	是	是

第4种方法给出了最好的信息,因为它体现了股票投资和衍生工具收支的公允价值。在美国历史上,最被认可的方式是第2种方法,另外再附加一些衍生协议的披露。① FASB现在采用第4种方法,在财务报表中计量衍生工具的公允价值。②

本模块剩余的部分将详细介绍如何用衍生工具来规避风险,以及衍生工具的信息应当如何在财务报表中表示。

风险类型

2 区分交易中面对的不同种类的风险。

WHY 由于衍生工具的作用是帮助公司进行风险管理,所以理解衍生工具非常重要的一个方面就是理解它们所管理的风险。

---

① *Statement of Financial Accounting Standards No. 119*,"Disclosure about Derivative Financial Instruments and Fair Value of Financial Instruments"(Norwalk, CT: Financial Accounting Standards Board, 1994).

② *Statement of Financial Accounting Standards No. 133*,"Accounting for Derivative Instruments and for Hedging Activities"(Norwalk, CT: Financial Accounting Standards Board, 1998).

HOW 交易中遇到的四种重要的风险类型是：价格风险（对资产的未来价格不确定）、信贷风险（对别的人或公司是否执行他们以前达成的协议不确定）、利率风险（对未来的利率不确定）、汇率风险（对未来的国际汇率不确定）。

很多公司将衍生工具当成一种风险管理的工具。因此，在讨论不同类型的衍生工具的差别时，我们先简要地介绍一下不同类型的风险。

价格风险

价格风险是指对资产未来的价格不确定。在前面提到的例子里，就是由于对 Nauvoo 软件公司未来的股票价格不确定，才促成了那个衍生工具合同。公司可能暴露在现有资产的价格风险中，如财务安全、存货、未来要使用的资产（如下个月将要购买的设备）等。

信贷风险

信贷风险是指不确定协议的另一方是否会遵守协议，直到协议到期。信贷风险最常见的例子是不确定信用卡的用户是否会最终支付他们的账单。银行一直在做的工作就是评估信贷风险，一家银行的成败很大程度上取决于其信用分析是否能识别出谁会偿还借款、谁不会偿还借款。信贷风险分析是一项专门的技巧，并且由于信用卡支付的普及，很多零售商已经将它们的信贷风险缩小到了 VISA、MasterCard、Discover 或者 American Express 上。在 Nauvoo 软件股票与衍生工具合同的例子里，信贷风险就是协议的另一方 Bennett 将不执行协议里的支付条款的可能性。

利率风险

利率风险是指未来的利率水平不确定，以及其对现有的资产、负债的公允价值及现金流的影响不确定。变动利率抵押贷款是一个利率风险的好例子。变动利率抵押贷款的定期利息支付会发生波动，它取决于未来的利率水平。固定利率抵押贷款是另一种利率风险的好例子。如果利率上升，那固定利率抵押贷款未来的固定利息支付的当前价值就会上升。这样，抵押资产的公允价值就会就会上升。这也是在未来利率有可能下降的情况下把你抵押给固定系列利率支付的缺陷所在。总体而言，利率风险反映的是公司对未来现金流的不确定，以及对与利率水平有关的资产负债的公允价值的不确定。

汇率风险

汇率风险是指当资产和负债使用某种国外货币计价时，对未来本国货币现金流是否上升不确定。比如说，为在国外工作的美国公民发放有很多补偿金，包括如果雇员在整个合同期内，在国外坚守岗位时发放的合同到期奖金。如果这个奖金是以国外货币计价的话，雇员可以确定的是他未来获得的外国货币奖金金额，该奖金兑换成美元以后的数量则取决于收到奖金时的汇率。美国的跨国公司以国外货币进行销售、购买、贷款和投资时面临同样的风险。

进行交易人们不希望看到风险，但一定的风险是普遍存在的。比如说，对较大的航空公司来说，在航空燃料上的开销的变化是一件令人讨厌和担忧的事情。类似的，美元与日

第 19 章 衍生工具、或有事项、企业分部与中期报告

> **补充**
> 其他类型的风险包括流动性风险、盗窃风险、竞争风险和交易周期风险。详情参看 Johnson 和 Swieringa 的文章"Derivatives, Hedging and Comprehensive Income",*Accounting Horizons*,December 1996, p.109。

元之间汇率的波动给美国与日本的汽车制造商之间的竞争计划带来极大的破坏。另一方面,风险管理是一些交易存在的充分理由。很多由银行创造的收益都上升了,这是因为银行在评估与管理信用、利率和汇率风险方面已经变得专业了。下面的部分将站在制造业、零售业或者服务业的立场上来讨论衍生工具与套期交易,它们正努力地采用这些技术来降低商业中必然存在的风险。银行与金融机构使用的更为复杂的风险管理策略不在本文的讨论范围之内。

衍生工具类型

3 描述以下四种衍生工具的特征:互换、远期、期货与期权。

WHY 理解衍生工具的使用与衍生工具会计处理要求理解的普遍的衍生工具类型:互换、远期、期货与期权。

HOW 互换是指在未来进行交换支付的协议,通常是用一个固定支付换取变动支付,反之亦然。远期是指指定一个未来的日期进行交换的协议,交换价格则现在设定。期货与远期非常类似,只是期货合同标准化了,并且这些合同在市场中进行交易。期权是指未来以一个精确的价格购买或者出售资产的权利而非义务。

我们前面说过,衍生工具是一种金融工具或者其他合同,它的价值源于与一些其他基础资产或金融工具有关的价格、汇率或者利率的波动。此外,衍生工具不要求公司对基础资产和金融工具进行收货或者发货;即使在要求采用实际交割的情形下,这些基础项目也可以很容易地转换成现金。① 比如说,你可能听说过出售和购买猪肚期货。幸运的是,这些期货的持有者并不需要接收或者发送整车的猪肚,所以这些合同(期货合同将会在后面解释)被划归为衍生工具。这些合同是以现金支付解决,就像 Nauvoo 软件股票衍生合同不是采用股票交易,而是采用现金支付一样。

最为普遍的衍生工具类型有以下四种:互换、远期、期货和期权。下面分别介绍。

互换

互换是这样一种合同,双方同意在未来基于一些协议价格或者协议利率进行支付交换。一种典型的互换合同是利率互换。在利率互换中,协议双方同意在一个给定的借款数额下交换未来的利率支付;通常其中一方的利率支付基于固定利率,而另一方则基于变动利率。为了便于说明,假设 Pratt 公司和一个只发放变动利率贷款的银行有着良好的工作关系。利用这一关系,2011 年 1 月 1 日,Pratt 公司在该银行贷款 100 000 美元,贷款期限为两年,并在每年年末支付利率款项。第一年的利率为现行的市场利率(10%),第二年的利率

---
① *Statement of Financial Accounting Standards No. 133*, "Accounting for Derivative Instruments and for Hedging Activities" (Norwalk, CT: Financial Accounting Standards Board, 1998), par. 6c.

与该年1月1日的市场利率相等。Pratt公司不愿意忍受由于第二年的不确定的利率支付带来的风险,所以与另一方(不是银行)达成了一个利率互换的协议,在协议里,Pratt公司同意对100 000美元的贷款以固定利率10%向对方支付利息,以此换取对方对这100 000美元贷款以当年的市场利率向Pratt公司支付利息。这样的协议称为固定支付—变动接收互换。

双方并不一定按互换合同的要求交换所有的利息支付,Pratt公司签订的很可能是一个交换小部分现金支付的协议,这取决于利率发生的变化。因此,2012年1月1日的利率超过10%时Pratt公司收到的金额[(2012年1月1日利率 − 10%) × $100 000],与利率低于10%时Pratt公司支付的金额是相等的。利率互换支付将发生在2012年。从下表我们可以看出利率互换的影响:

	2012年1月1日利率		
	7%	10%	13%
2012年变动利率支付	$(7 000)	$(10 000)	$(13 000)
利率互换收支	(3 000)	0	3 000
2012年净利率支付	$(10 000)	$(10 000)	$(10 000)

利率互换协议改变了Pratt公司未来利率支付的不确定性,现在,无论2012年的市场利率是多少,它都只需要支付10 000美元的利息。那么,为什么Pratt公司不在一开始就直接寻找一个固定利率贷款呢?这是因为,有时候获得一种类型的贷款或者投资证券比另一种要容易。在本案例中是由于Pratt公司与那家银行的特殊关系。一个衍生工具可以有效地将你的贷款转换成你想要的那种。

远期

> **注意**
>
> 不管衍生工具是与日元、小麦、猪肚还是与股票指数水平相关,不要忘记衍生工具的一个特性,即它最终是使用现金支付而不是使用实际基础资产交割。

远期合同是这样一种协议,协议双方指定一个未来的日期进行特定数量的货物、证券或者外国货币的交换,并在协议签订的时候设定交换的价格或者汇率。为了便于说明,我们假定在2011年11月1日,Clayton公司以30 000 000日元的价格将机械分部出售给Maruta公司,并将于2012年1月1日交货。当前的汇率是120日元兑换1美元。为了确保能够收到确定数量的美元,Clayton公司与一个大型银行签署了一项协议,同意在2012年1月1日将30 000 000日元交付给银行,银行则按120日元兑1美元的汇率支付给Clayton公司美元,即250 000美元(30 000 000/120)。这个远期合同确保了Clayton公司可以收到确定数量的美元。

在实践中,这个远期合同通常会这么安排:如果按2012年1月1日的汇率,30 000 000日元的价值小于250 000美元,那么银行将会用美元将那部分差价支付给Clayton公司。如果30 000 000日元的价值超过了250 000美元,则Clayton公司将那部分差价以美元的形式支付给银行。因此,日元交换不会成为该协议的一部分,这个契约安排的是美元支付。

下表给出了这个远期合同的影响:

	2012年1月1日的汇率		
	118日元 =1美元	120日元 =1美元	122日元 =1美元
30 000 000日元的价值	$254 237	$250 000	$245 902
Clayton公司在远期合同中的收支	(4 237)	0	4 098
Clayton公司美元净收入	$250 000	$250 000	$250 000

如果Clayton公司对于汇率变化非常忧虑,那它为什么一开始会同意采用日元计价来执行这项交易呢？答案是一些交易或者产品习惯上采用这种货币进行谈判。比如说,几乎所有的原油出售都使用美元计价,而不管进行这些交易的公司是哪个国家的。而且,如果采用某种货币计价会让顾客感觉更舒服,公司也很可能奉行"顾客永远是对的"这一信条。

> **思考**
>
> 以下哪一种信贷风险与远期合同有关？
> a) 合同中要求支付款项的一方拒绝付款的风险
> b) 价格、利率或者汇率上涨的风险
> c) 价格、利率或者汇率下降的风险
> d) 从现在到合同结算日期这段时间里,公司总体净收入下降的风险

在这个简单的例子里,120日元兑1美元的远期汇率与远期合同签署日的现行汇率,称之为即期汇率,相等。通常,为了对银行给Clayton公司提供风险规避服务有所补偿,远期汇率与即期汇率是不一样的。比如说,121美元兑1美元的远期汇率意味着如果30 000 000日元的价值超过了247 934美元(30 000 000/121),那么银行就将从Clayton公司收到超出的部分。如果采用这一更低的阈值(而非原来的250 000美元),签订这个远期合同后,银行从Clayton公司收到支付款项的可能性就增大了。在这一章,为了简便起见,我们假定远期汇率与即期汇率是相等的。

期货

期货是这样一种合同,它在交易所交易,允许公司在未来的一个指定日期以指定的价格购买或者出售指定数量的货物或者金融工具。期货合同与远期合同非常相似,它们的差别在于,远期合同是一个双方谈判确定的私人合同,而期货合同是一个标准化的合同,它由交易所发起,并且一天之内可以被不同的主体交易很多次。所以,在一个远期合同里,你知道你将会和谁交换资金;而在一个期货合同里,所有资金的结算都是通过交易所实现的,所以你永远不会知道,也不会在意合同的另一方是谁。

下面是一个利用期货合同的例子。假设Hyrum每月使用1 000蒲式耳的小麦。在2011年12月1日,因为长期春季天气预报通常在12月发布,会导致小麦价格的大幅波动,所以Hyrum决定保护自己不受2012年1月1日小麦价格波动的影响。为此,Hyrum在2011年12月1日购买了一份期货合同,按合同要求,Hyrum在2012年1月1日有义务以每蒲式耳小麦4美元的价格(这也是2011年12月1日小麦的市场价格)购买1 000蒲式耳的小麦。

> **补充**
>
> 远期合同与期货合同之间的差别与以股东身份投资某公司和购买该公司股票的差别类似。当你以股东身份进行投资时，你要亲自谈判确定你的投资额以及你的持股比例，而且你知道谁出售了投资额给你。而当你买股票时，你购买了一堆该公司的标准股票，并且由于股票是通过交换进行购买的，你不知道这些股票在你购买之前是属于谁的。

> **补充**
>
> 衍生工具可以用于支付套期交易，但有时候被滥用了。公司财务部门的人一开始认为他们可以预报小麦价格的变化，所以他们购买了远远超出用来避免未来小麦支付所需要的远期合同。这些超出的合同是他们利用小麦价格波动进行的投机生意，他们使公司陷入了巨大的投机风险之中。

这是一个标准的交换贸易期货合同，所以 Hyrum 不知道谁是合同的另一方；也就是说，Hyrum 不知道是谁承诺给他提供小麦。

和其他衍生工具一样，小麦的期货合同通常也是在合同结束时使用现金支付的，而不是进行实际的小麦交割。Hyrum 的期货合同一般会这么安排：如果 2012 年 1 月 1 日的小麦价格低于 4 美元每蒲式耳，Hyrum 将要支付差价，并乘以 1 000 蒲式耳。如果 2012 年 1 月 1 日的小麦价格高于 4 美元每蒲式耳，Hyrum 将会收到的金额为这一差价乘以 1 000 蒲式耳。① 期货合同的影响说明见下表。

	2012 年 1 月 1 日的小麦价格		
	$3.80	$4.00	$4.20
1 000 蒲式耳小麦的成本	$(3 800)	$(4 000)	$(4 200)
Hyrum 期货收支	(200)	0	200
1 月小麦净成本	$(4 000)	$(4 000)	$(4 000)

期权

期权是一个给予期权的买方在未来某个指定时期的任意时点以指定价格购买或者出售资产的权利而非义务的合同。期权大致可以分为两种：看涨期权和看跌期权。看涨期权给予期权买方按指定价格购买资产的权利，看跌期权给予期权买方按指定价格出售资产的权利。为了交换合同中的固有权利，期权买方预先支付一定数量的金额给交易的另一方，即期权的卖方。和期货交易一样，很多期权也是标准化的合同，可以在交易所进行交易。

和前面讨论的衍生工具不一样，价格或利率按期权买方不喜欢的趋势变化时，期权可以保护他们不受影响；当价格或利率按期权买方喜欢的趋势变化时，期权又允许他们获利。前面讨论的互换、远期和期货保护持有者不受他们不喜欢的变化的影响，代价是献出持有者从他们喜欢的变化中获益的权利。而期权保护持有者的代价仅是在购买期权时的预先付款。

由于期权的非对称性，期权买方和期权卖方的立场非常不一样。比如说，对看涨期权来说，不管指明的资产的市场价格涨到多高，期权买方都可以按指定价格购买该资产。如

---

① 为了便于期货合同贸易交换，现金结算不会拖延到合同期末，而是根据每日的价格波动，在当天快结束的时候结算。

果该资产的市场价格下跌,由于按更低的市场价格购买该资产更为便宜,期权买方可以直接将期权扔掉。所以,期权买方会损失的最大金额为期权的购买价格。而交易的另一方,即期权的卖方则没有这样的下跌保护。无论市场价格涨到多高,期权卖方必须以期权的固定价格出售该资产。所以,看涨期权的卖方的损失是没有上限的。① 由于我们讨论的焦点是利用衍生工具管理和降低风险,所以我们只考虑期权的买方。

为了说明期权在风险管理方面的作用,我们假设在 2011 年 10 月 1 日,Woodruff 公司决定他们将要购买 1 000 盎司黄金用于 2012 年 1 月的电脑芯片制作加工。2011 年 10 月 1 日的黄金价格是每盎司 300 美元,由于资金流的原因,Woodruff 公司计划延迟到 2012 年 1 月 1 日购买黄金,此外,他们对 2011 年 10 月 1 日到 2012 年 1 月 1 日间市场金价的上涨的潜在可能性感到忧虑。

为了降低金价上涨带来的风险,Woodruff 公司在 2011 年 10 月 1 日签署了一个看涨期权合同。该合同给予了 Woodruff 公司以每盎司 300 美元的价格购买 1 000 盎司黄金的权利而非义务。该期权的期限延伸到 2012 年 1 月 1 日,此外,Woodruff 公司必须支付 8 000 美元以购买该期权。② 支付这 8 000 美元换来的是,金价按 Woodruff 公司不希望的趋势变化时,他们可以不受影响;而当金价按 Woodruff 公司希望的趋势变化时,他们则可以受益。这一点我们可以从下表中看出来。

	2012 年 1 月 1 日的黄金价格(每盎司)		
	$280	$300	$320
以 2012 年 1 月 1 日的金价购买 1 000 盎司黄金的成本	$280 000	$300 000	$320 000
使用期权购买 1 000 盎司黄金的成本	$300 000	$300 000	$300 000
是否使用期权	否	均可	是
黄金的购买成本	$280 000	$300 000	$300 000

> **注意**
>
> 记住,期权是一种权利,而不是义务。期权买方总是可以将期权扔掉并忘记整件事情。

期权合同的存在意味着 Woodruff 公司购买黄金的成本不会超过 300 000 美元。由于期权是一种权利,而不是义务,在前面的案例里,如果 2012 年 1 月 1 日的金价为每盎司 280 美元,Woodruff 公司可以忽略期权而以 2012 年 1 月 1 日的现行市场价格购买黄金。记住,这种使你免受价格不利变化的影响,而又在价格有利变化时获益的能力不是免费的;它在期权开始阶段花费了 Woodruff 公司 8 000 美元。和别的衍生工具一样,该期权也是在 2012 年 1 月 1 日的时候由期权卖方向 Woodruff 公司直接采用现金结算,而不是运送黄金来结算。如果在 2012 年 1 月 1 日,1 000 盎司黄金的价格超过了 300 000 美元,期权卖方将向 Woodruff 公司支付差价。

---

① 看跌期权卖方的损失数额受期权总价格的限制。即使资产变得一文不值,看跌期权卖方也必须以期权价格购买该资产。

② 期权价值估算在本书第 13 章进行了简要说明,但是详细的处理超出了本书讨论的范围。简单来说,当期权使用价格越低、期权期限越长、基础资产(如案例里的黄金)价格波动越激烈时,购买看涨期权时必须支付的价格就越高。

套期行为类型

4 定义套期,并概括说明公允价值套期与现金流量套期的差别。

WHY 套期是降低风险的交易策略。由于衍生工具常用来做套期,所以理解衍生工具会计要求理解套期行为。

HOW 商店可以小心地安排它的交易以避免或者部分抵销它的许多风险。衍生工具可以用做公允价值套期(衍生工具公允价值的变化补偿资产负债公允价值的变化)和现金流量套期(衍生工具带来的现金流量补偿预测的交易现金流量的可变性)。

前面在介绍互换、远期、期货和期权四种类型的衍生工具时,也说明了这些衍生工具如何用在套期活动中。套期的基本定义是降低风险的交易策略。套期作为很多交易行为的一部分自然地发生,以下是一些例子。

- 在汽油零售业,汽油零售商的一种风险在于国际油价的波动会导致他们购买汽油的成本发生变化。汽油零售价会随着油价的上涨而上涨,部分抵销了"销售成本"的风险,即上升的成本由上升的零售价格抵销了。
- 银行对利率上升是敏感的,因为这使其为使用储户的钱而支付的利息上升了。然而,因为利率上升的时候也允许银行提高贷款利率,这一风险被抵销了。
- 跨国公司会受汇率变化的影响。如果一家美国的跨国公司在法国有一个子公司,欧元下跌会导致该子公司以欧元计价的资产的美元价值下跌。然而,这一风险也被部分抵销了,因为该子公司以欧元计价的负债的美元价值也下跌了。

> **补充**
>
> 历史上对现金流量套期有过争议。当实际上假定的套期活动的美元价值远远超过任何可能的未来交易的美元价值的时候,公司仍然要求使用衍生工具来套期预测性交易。这样使用衍生工具将衍生工具从一种套期工具转变成了一种投机性投资。

衍生工具可以用于套期活动,因为衍生工具有一个特征,当衍生工具的价值发生变化时,预计会补偿套期项目价值的变化。让我们回顾一下前面介绍每种衍生工具时给出的例子,看看这些衍生工具是如何被用于套期的。

- Pratt 公司的互换。利率互换被用来补偿可变利率支付的变化。
- Clayton 公司的远期。远期货币合同被用来补偿收到的以日元计价的物品的美元价值的改变。
- Hyrum 的期货。小麦期货合同被用来补偿下个月供应小麦的预期购买价格的波动。
- Woodruff 公司的期权。花钱购买黄金看涨期权是为了补偿由于市场金价变化对生产用黄金开支带来的负面影响。

FASB 定义了以下两种广义的套期类型:[①]

- 公允价值套期。公允价值套期是这样一种衍生工具,它的作用是至少部分补偿资产或负债的公允价值的变化。衍生工具也可以用作公司承诺事项的公允价值套期,即便和公

---

① *Statement of Financial Accounting Standards No. 133*, par. 18.

司承诺相关的资产或负债在实际的交易日之前是不被承认的。

- 现金流量套期。现金流量套期是这样一种衍生工具,它的作用是至少部分补偿由可能的预测性交易带来的现金流的变化。

FASB 还支持第三种套期活动,这种套期与外国的货币风险有关。这类套期有一些属于公允价值套期,另一些属于现金流量套期。此外,这类套期与一些和境外子公司净投资相联系的国外货币风险有关。这类套期在高级会计课程中有更详细的介绍。

下一部分说明衍生工具,尤其是那些用作套期的衍生工具的恰当的会计处理。

衍生工具与套期活动的会计处理

5 多种不同的衍生工具和套期关系的会计处理。

WHY 在操作上,衍生工具会计非常复杂。然而,在这一部分你将看到,准确理解衍生工具会计的基本原理并不困难。

HOW 如果一种衍生工具不是套期,衍生工具的公允价值的变化在利润表中以利得或损失来表述。如果一种衍生工具是公允价值套期,衍生工具公允价值的变化在利润表中以利得或者损失来表述,并且通过利得或损失来抵销被套期工具的公允价值变化。如果一种衍生工具是现金流量套期,衍生工具公允价值的变化作为其他综合收益的一部分来递延表述。这些递延利得或损失在被套期现金流量的预测日被确认为利润。

在 1993 年和 1994 年,几个因素叠加在一起促使衍生工具的会计处理成为 FASB 的首要议程:一是美国交易实践中衍生工具的使用急剧增加。二是如宝洁公司等经历的与衍生工具相关的灾难。三是 SEC 对改善衍生工具会计处理的大力敦促。1994 年 10 月,FASB 发布第 119 号公告,主要聚焦于改善 1994 财年的披露(而非识别)。第 119 号公告被视为临时性的标准。

1996 年 6 月,FASB 发布了一个征求意见稿,给出了衍生工具的更为综合性的识别标准。最终标准是 1998 年 6 月采纳的 FASB 第 133 号公告,它的生效期随后延迟到以 2000 年 6 月 15 日作为开始的财务年度。这一延迟是由两个原因造成的:一是公司想要获得更多的时间来弄明白如何贯彻新标准;二是它们不想在 2000 年 1 月 1 日前执行该标准,这是因为它们的电脑系统涉及"千年虫"问题。① FASB 第 133 号公告的采用并不是寻求更好的衍生工具会计方法的终点。截至 2008 年 10 月 14 日,第 133 号公告已经修改了 96 次,并且建立了一个特别的衍生工具执行小组,该小组由 FASB 建立,专门负责处理衍生工具会计项目。截至 2008 年 10 月 14 日,衍生工具执行小组评论了与衍生工具会计有关的 189 个不同的项目。所以,请记住,本章对衍生工具会计的简要介绍仅仅是一个概述。但是,这个概述覆盖了衍生工具会计的关键要素。

衍生工具与套期活动的会计处理概要

由衍生工具引起的会计困难性可以由下表说明:

---

① 参见 Statement of Financial Accounting Standards No. 137, "Accounting for Derivative Instruments and for Hedging Activities—Deferral of the Effective Date of FASB Statement No. 133" (Norwalk, CT: Financial Accounting Standards Board, 1999)。

	历史成本	价值随后发生的改变
传统资产与负债	焦点	通常忽略
衍生工具	很少或者为零	每件事情

由上表可以看出,传统会计方法聚焦于历史成本,但是采用这种方法会不知道该衍生工具放在哪个位置,因为衍生工具通常只有很小的或者是没有先期历史成本。对衍生工具而言,价格或者利率随后发生的变化才是衍生工具价值的决定因素,但是这些变化在传统会计中常常是被忽略的。

由于传统会计模型不能很好地表示衍生工具,FASB推荐了另一种方法,该方法基于两个简单的概念:

• 资产负债表。衍生工具应当在资产负债表日以它们的公允价值在资产负债表中表示出来。没有其他的价值测量标准与衍生工具有关。

• 利润表。当衍生工具用于规避风险时,其利得或损失应当在利润表中表示出来,这一利润表同时也报告了对套期项目的利润影响。这有时候要求将未实现的利得或损失临时推迟到累计其他综合收益会计账户中,并作为普通股的一部分表示出来。

这种方法的一个重要问题是,衍生工具公允价值的变化的恰当处理依赖于该衍生工具是否被当成套期在使用;如果是,又是被当成哪种套期在使用。列举如下:

• 非套期。未当成套期使用的衍生工具公允价值的所有变化在价值改变期间在利润表中确认为利得或损失。从某种程度上来说,未当成套期使用的衍生工具可以认为是对一些价格或利率的变化趋势的投机交易。

• 公允价值套期。被当成公允价值套期使用的衍生工具公允价值的变化在价值变化期间确认为利得或损失。这些衍生工具利得或损失由被套期项目的公允价值的变化带来的利得或损失来抵销(全部或是部分)。影响净值是被当作公允价值套期使用的衍生工具的利得或损失超过被套期项目利得或损失的部分,这些超出的部分会影响报告净利润。

• 现金流量套期。被当成现金流量套期使用的衍生工具公允价值的变化被确认为其他累计综合收益账户的一部分。实际上,这种处理方法推迟了利得和损失的披露,并划分为资产调整的递延项目。这些递延的衍生工具利得和损失在套期现金流量交易预期发生的时期确认为净利润。

这种方法的一个重要方面是,必须在套期关系开始阶段就将该衍生工具确定为特别的套期项目。公司不能等到它们看见这一时期的结果以后再决定是否将该衍生工具视为套期。将衍生工具当成套期使用需要有正式的证据支持。

补充

当套期项目与用于套期的衍生工具的关键要素不一致时,评估套期的效力涉及统计程序,并且会变得非常复杂。详细的讨论参见 John D. Finnerty 和 Dwight Grant 的文章 "Alternative Approaches to Testing Hedge Effectiveness under SFAS No. 133," *Accounting Horizons*, June 2002, p.95。

为了对当成套期使用的衍生工具进行核算,公司必须提前说明,它要如何决定是否将该衍生工具当作套期来使用。在本章给出的简单例子里,套期的影响很容易评估,因为构造的衍生工具形式与基础套期项目在数量与时间上都是精确匹配的。部分套期可能会失效,比如说,如果衍生工具到期日与预计购买日期不匹配。类似的,当衍生工具协议的数量(如外国货币单位数量或商品重量)超过或少于基础套期项目的数量时,套期也会失效。与套期失效有关的衍生工具盈利或亏损在它们发生的时期会立即在利润上表示出来。

披露 公司被要求提供它们风险管理策略的细节,以及衍生工具是如何符合该策略的。对于公允价值套期和现金流量套期,公司还必须披露由于套期失效引起的包含在利润中的衍生工具的利得或损失数额。最后,对于现金流量套期,公司必须描述需要在净利润中表示出来的将会引起递延利得或损失的交易,并披露递延利得或损失的数额,该利得或损失预计要在接下来的 12 个月的净利润中确认。①

> **补充**
>
> 金融记者最喜欢使用的策略就是报导衍生工具的面额来夸大它们的重要性。

在商业期刊中经常提及的另一个项目是衍生工具的面额。面额是指构成衍生工具合同的资产或负债的总面值。比如说,在一个远期合同中,面额是指交换的商品或货币的美元价值。衍生工具的面额经常被报道,并且常常误导民众。比如说,在本章前面描述的 Clayton 公司的远期合同的面额是 250 000 美元(30 000 000/120),但是在远期协议签订那天,该合同的公允价值为 0,并且由衍生工具造成的全部现金支付不会超过 4 237 美元。总的来说,面额夸大了衍生工具的公允价值和潜在的现金流量。

下面将用前面提到的四种衍生工具案例来说明衍生工具的会计处理。

对衍生工具与套期活动会计处理的说明

Pratt 的互换 2011 年 1 月 1 日,Pratt 公司收到了两年期的变动利率贷款 100 000 美元,并加入了一个利率互换协议。记录这一信息的分录如下:

2011 年
1 月 1 日　　　借:现金　　　　　　　　　　　　　　　　　　　　　　100 000
　　　　　　　　贷:应付贷款　　　　　　　　　　　　　　　　　　　　　　　100 000

没有记录互换协议的分录,这是因为在 2011 年 1 月 1 日的时候,互换协议的公允价值为 0。其价值为 0 是因为 2011 年 1 月 1 日的利率为 10%。此外,如果最佳预测远期利率也为当前的 10%,那么我们预期,平均起来,在该互换协议下将不会发生支付的交换。②

现在假设 2011 年 12 月 31 日的实际市场利率为 11%。按照互换协议,在该利率下,Pratt 公司将在 2012 年年末收到 1 000 美元[$100 000 × (0.11 − 0.10)]。因此,按照该协议,在 2011 年 12 月 31 日,Pratt 公司有 1 000 美元的收入,并且该收入的现值为 901 美元 ($FV = \$1\,000, N = 1, I = 11\%, PV = \$901$)。利率变化对利率互换协议的影响以及对报告利息费用的影响可以这样描述:

---

① *Statement of Financial Accounting Standards No. 133*, par. 45.
② 正如前面提及的,对衍生工具进行估计的详细处理超出了本文的讨论范围。记住,这里采用的估算假设是一个简单的事例。

	2011年资产负债表	2011年利润表
基础项目	报告的负债余额没有变化	2011年的利息费用没有影响；影响将在2012年的利息费用中显示出来
衍生工具	利率互换协议创造901美元收入	利率互换协议的901美元为延迟利得；利得在2012年生效，以补偿增加的利息费用

该利率交换资产在2011年12月31日的资产负债表中以901美元的现值表示。然而，互换协议价值增长带来的利得并没有纳入2011年的利润表。该互换的目的为补偿2012年利息支付的变化。因此，互换利得被延迟了，这样，它就可以补偿2012年增长的利息支付。递延的利得仅仅意味着它暂时在累计其他综合收益中按权益增长表示。递延利得还将纳入2011年的综合利润表中(不是普通利润表)，作为附加项表示出来。

记录Pratt公司利息支付的分录如下，没有表示互换公允价值变化的调整分录。

2011年
12月31日   借：利息费用   10 000
            贷：现金($100 000×0.10)   10 000
            借：利率交换(资产)   901
            贷：其他综合收益   901

Pratt公司2012年年末的账面上的分录如下所示。

2012年
12月31日   借：利息费用   11 000
            贷：现金($100 000×0.11)   11 000
            借：现金(由互换协议获取)   1 000
            贷：利率交换(资产)   901
                其他综合收益($901×0.11)   99
            借：累计其他综合收益   1 000
            贷：利息支付   1 000
            借：支付贷款   100 000
            贷：现金   100 000

属于其他综合收益的99美元信贷反映了随着时间推移互换支付收入价值的增长。此外，记住其他综合利润与年末剩余财产累计其他综合收益密切相关。属于累计其他综合收益的1 000美元负债将这99美元从权益中的累计其他综合收益部分移除，并在会计结束时转移到留存收益。

注意，这些分录中的要点是，由于互换套期效应引起的净利息收入是10 000美元。同样需要注意的是，作为现金流量套期使用的衍生工具价值的改变在综合收益中递延，并在套期现金流量发生时反映在收入上。

Clayton的远期 2011年11月1日，Clayton公司将机械分部作价30 000 000日元出售给Maruta公司，并将于2012年1月1日收到现金。在同一天，Clayton公司还加入了一个日元远期合同。记录这一信息的分录如下：

2011年11月1日   借：收到的日元(30 000 000/120)   250 000
                贷：售价   250 000

没有记录该远期合同的分录，因为在2011年11月1日时，该远期合同的公允价值为

0。其价值为 0 的原因是，按照合同，安排的现金支付只在 2012 年 1 月 1 日的汇率与当前汇率（￥120 = $1）不一样时才会发生。假设当前汇率（￥120 = $1）是最佳的预测远期汇率，那么我们可以预期，平均起来，在该远期合同下是不会发生支付交换的。

现在假设 2011 年 12 月 31 日的实际汇率为 ￥119 = $1。在该汇率下，Clayton 公司将会由于该远期合同在 2012 年 1 月 1 日损失 2 101 美元[（30 000 000/119）- 250 000]。因此，在 2011 年 12 月 31 日，Clayton 公司会由于该远期合同损失 2 101 美元。然而，由于日元的美元价格发生变化，日元应收款会增长，货币交换也会有相应的利得。日元汇率变化对日元应收款与远期合同价值的影响如下所示：

	2011 年资产负债表	2011 年利润表
基础项目	日元应收款的价值增长了 2 101 美元	汇兑损益 2 101 美元
衍生工具	产生 2 101 美元负债	由于远期合同损失 2 101 美元

补充

在这些事实背后，这些分录说明，套期并不总是一个好主意。在 Clayton 公司的例子中，远期合同套期抹掉了日元价值上涨带来的利润。套期的好处在于它降低了风险，但这有时也意味着它抵销了利润。

在 2011 年 12 月 31 日的资产负债表中，远期合同负债以 2 101 美元的价值表示出来。此外，由远期合同造成的 2 101 美元的亏损将纳入 2011 年利润表，这样就抵销了所收日元的美元价值的增长。这样的会计处理精确地反映了远期合同套期的目的，那就是，远期合同价值改变导致的未能实现的利得或损失意味着抵销了所忧虑项目价值的类似变化，即日元应收款的价值变化。

为表示远期合同的公允价值的变化，以及日元应收款的美元价值的变化，所做分录调整如下：

2011 年
12 月 31 日　　　　借：远期合同损失　　　　　　　　　　　　　2 101
　　　　　　　　　　贷：远期合同（负债）　　　　　　　　　　　　　　　2 101
　　　　　　　　　　借：日元应收款　　　　　　　　　　　　　　2 101
　　　　　　　　　　贷：国外货币利得　　　　　　　　　　　　　　　　2 101

在汇率变为 ￥119 = $1 后，日元应收款的价值增长了 2 101 美元。该利得被远期合同价值变化带来的损失抵销了。该远期合同是日元应收款的公允价值套期，所以远期合同公允价值的变化以及日元应收款的美元价值的变化均在收入中表示出来。

为记录日元支付收入和日元远期合同结算，在 2012 年 1 月 1 日的 Clayton 公司账面分录中需要如下描述：

2012 年
1 月 1 日　　　　　借：现金（30 000 000/119）　　　　　　　　252 101
　　　　　　　　　　贷：日元应收款　　　　　　　　　　　　　　　　252 101
　　　　　　　　　　借：远期合同（负债）　　　　　　　　　　　　2 101
　　　　　　　　　　贷：现金（远期合同结算）　　　　　　　　　　　　2 101

需要注意的是，Clayton 公司的远期合同并不符合第 133 号公告中套期会计的条件。

FASB明确将外国货币计价的资产负债从可以当作基础套期的项目组中排除了出去。① 这样,作为国外资产负债的经济套期使用的衍生工具在会计处理时按投机买卖处理,所有的利得和损失都将作为利润的一部分立即表示出来。然而,由于会计准则(见第52号公告)已经要求在每期期末按当前汇率对外国货币的资产负债重新计算,汇率变化的利得和损失将在利润中表示出来,因而与将外币衍生工具作为公允价值套期进行核算是完全一样的。这一事实可以通过回顾Clayton公司远期合同的例子看出来:收到外币与日元远期合同的利得和损失立即确认为利润,并且彼此有效地抵销了。②

通过在第133号公告中将与外国货币相关的资产负债从套期会计规则中剔除,FASB减少了公司使用该衍生工具作为套期使用时的披露负担。FASB所做的另一项努力是,通过第159号公告中的公允价值期权(在第12章详细讨论过),允许公司报告套期行为的经济影响而不用详细记录,而这在第133号公告中是要求的。截至2008年10月,FASB一直从事进一步简化套期会计的项目,并削减了经济套期衍生工具的记录要求。

Hyrum的期货 2011年12月1日,Hyrum决定对小麦价格潜在的波动进行套期,并购买2012年的期货合同,该合同使Hyrum在2012年1月1日有按每蒲式耳4美元的价格来购买1 000蒲式耳小麦的权利和义务。没有记录该期货合同的分录,因为在2011年12月1日,期货的公允价值为0。其价值为0是因为,依照合同安排,只当2012年1月1日的小麦价格偏离每蒲式耳4美元时才会发生支付。假设当前每蒲式耳4美元的价格是最佳预期远期价格,平均起来,我们可以预期该期货合同不会发生支付。

假设2011年12月31日的实际小麦价格为每蒲式耳4.40美元。按期货合同的安排,在该价格下,Hyrum将在2012年1月1日获得400美元[1 000蒲式耳×($4.40 − $4.00)]。因此,依照合同,在2011年12月31日,Hyrum将收到400美元。2012年1月,小麦价格变化对小麦期货合同以及对小麦采购成本的影响如下:

	2011年资产负债表	2011年利润表
基础项目	无影响; 高价小麦直到2012年1月才会购买	对2011年已销售货物成本无影响;影响将在2012年的已销售货物成本上显现
衍生工具	小麦期货合同创造400美元收入	小麦期货合同有400美元递延利得;递延利得将在2012年确认,并补偿增长的已销售货物成本

> **注意**
>
> 并非衍生工具损失立即报告而衍生工具利得要被延迟。如果小麦价格下降,Hyrum将会因该小麦期货合同遭受损失,且该损失将递延到2012年。

在2011年12月31日的资产负债表中,小麦期货资产将以其400美元的公允价值报告。然而,由期货合同价值上升带来的这400美元利得并未纳入2011年的利润表。期货合同用来抵销2012年1月购买小麦的成本变化。因此,期货合同的利得被递延了,这样,它就可以抵销

---

① *Statement of Financial Accounting Standards No. 133*, par. 21c.

② 正如前面提到的,本章我们采用简单的假设,即现汇汇率与远期汇率相等。而当该假设不成立时,外国货币和衍生工具的利得与损失将不能精确地抵销,因为外国货币资产和负债是按现汇汇率计价的,而衍生工具是按远期汇率计价的。

2012年增长的已销售货物的成本。与前面讨论的利率互换合同一样，该利得的延迟意味着它将在累计其他综合收益中以增长的权益报告。

记录期货合同公允价值变化的分录如下：

2011年
12月31日 借：小麦期货合同（资产） 400
　　　　　　贷：其他综合收益 400

由Hyrum期货合同价值增长带来的利得作为其他综合收益的一部分被延迟了。小麦期货合同是一个现金流量套期，在2012年1月1日，该期货合同支付用来抵销购买1 000蒲式耳小麦预期支付增加的数量。

2012年1月1日，为记录在公开市场购买1 000蒲式耳小麦的成本和小麦期货合同的现金结算，分录记录如下：

2012年
1月1日 借：小麦存货 4 400
　　　　　　贷：现金（1 000蒲式耳×$4.40） 4 400
　　　　借：现金（期货合同结算） 400
　　　　　　贷：小麦期货合同（资产） 400
　　　　借：累计其他综合收益 400
　　　　　　贷：期货合同利得 400

期货合同的利得在预测交易日，即2012年1月1日，以套期收入表示。在某种程度上，小麦存货用来制作面包，面包于2012年销售，远期合同盈利将抵销因小麦价格涨到4.40美元引起的已销售货物增加的成本。

Woodruff公司的期权　2011年10月1日，Woodruff公司支付8 000美元购买了一个以每盎司黄金300美元的价格购买1 000盎司黄金的看涨期权，该期权允许Woodruff公司在2012年1月1日前的某个时间，以每盎司黄金300美元的价格购买1 000盎司黄金。该期权用于保护Woodruff公司不受2012年其所需黄金价格增长的影响。由于Woodruff公司花现金购买了黄金看涨期权，2011年10月1日的分录如下：

2011年
10月1日 借：黄金看涨期权（资产） 8 000
　　　　　　贷：现金 8 000

假设2011年12月31日的实际金价为每盎司328美元。按看涨期权的安排，在该黄金价格下，Woodruff公司在2012年1月1日将收到28 000美元［（$328×1 000）-（$300×1 000）］。因此，在2011年12月31日，该期权价值28 000美元。金价变化对黄金看涨期权的影响以及对2012年1月购买黄金预期成本的影响如下：

	2011年资产负债表	2011年利润表
基础项目	无影响；高价黄金直到2012年1月才会购买	对2011年已销售货物成本无影响；影响将在2012年的已销售货物成本上显现
衍生工具	黄金看涨期权的入账价值由8 000美元涨至28 000美元	黄金看涨期权带来20 000美元递延利得；延迟利润于2012年确认，并将补偿增长的已销售货物成本

在2011年12月31日的资产负债表中，黄金看涨期权以28 000美元的公允价值报告。

这表明，与购买期权的初始成本相比，该期权增长了 20 000 美元(28 000 - 8 000)。然而，由看涨期权价值增长带来的这 20 000 美元的利得并未纳入 2011 年的利润表。该看涨期权用于抵销 2012 年 1 月黄金购买价格的变化。因此，看涨期权的利得被递延了，这样，它就可以用来抵销在 2012 年报告的产品成本的增长。

记录期权公允价值变化的分录如下：

2011 年
12 月 31 日　　　　借：黄金看涨期权（$28 000 - $8 000）　　　　　　　20 000
　　　　　　　　　　贷：其他综合收益　　　　　　　　　　　　　　　　　　20 000

为记录购买 1 000 盎司黄金的成本和期权合同的现金结算，2012 年 1 月 1 日，Woodruff 公司账面的分录如下：

2012 年
1 月 1 日　　　　　借：黄金存货　　　　　　　　　　　　　　　　　　328 000
　　　　　　　　　　贷：现金（1 000 盎司 × $328）　　　　　　　　　　　　328 000
　　　　　　　　　　借：现金（黄金看涨期权结算）　　　　　　　　　　28 000
　　　　　　　　　　贷：黄金看涨期权（资产）　　　　　　　　　　　　　　28 000
　　　　　　　　　　借：累计其他综合收益　　　　　　　　　　　　　　20 000
　　　　　　　　　　贷：黄金看涨期权利得　　　　　　　　　　　　　　　　20 000

正如前面所提及的，由黄金看涨期权价值上升带来的利得将用来抵销由金价上涨引起的 2012 年 1 月产品成本的增长。因为开始时 Woodruff 公司付了 8 000 美元购买黄金看涨期权，所以这 20 000 美元的利得不能完全抵销增长的 28 000 美元的产品成本。

小结

衍生工具和套期活动会计处理的核心是，衍生工具作为资产和负债表示，并在资产负债表中以它们的公允价值进行报告。对于一个用于公允价值套期的衍生工具，其公允价值的改变包含在收入当中，并且抵销套期项目公允价值的变化。对于一个现金流量套期来说，其利得和损失将递延到累计其他综合收益中，并在套期交易的预测日以收入的形式表示出来。第 133 号公告的规定规范了衍生工具和套期活动的识别标准。第 133 号公告将衍生工具纳入财务报表，改善了以往仅在附注中披露的标准。为了构想出一个衍生工具的国际会计准则，IASB 强烈推荐美国 FASB 采用的方法。第 39 号国际会计准则的主要条款与第 133 号公告非常相似。

或有事项

1983 年，Pennzoil 公司开始协商收购 Getty 石油公司。在 Pennz 公司与 Getty 石油公司谈妥之前，Texaco 公司突然加入，在 Pennz 公司的眼皮底下支付 102 亿美元购买了 Getty 石油公司的股权。Pennz 公司立刻控告 Texaco 公司，对 Texaco 公司干涉 Pennz 公司收购 Getty 石油公司事务造成的损失索赔 140 亿美元。1985 年 12 月，休斯敦陪审团判给 Pennz 公司 105 亿美元。Texaco 公司在 1986 年和 1987 年两次上诉，均被驳回。对于盘绕在其头上的涉及数十亿美元的判决的不确定性，Texaco 公司发现要抚平其供应商和债权人的不安越发困难。Texaco 公司在 1987 年 4 月打出了它的王牌并且宣布破产。这一行动迫使 Pennz 公司回到谈判桌,并在 1987 年 12 月,两家公司达成了 30 亿美元赔偿以了解此案的共识。1988 年 4 月 7 日,Texaco 公司支付了赔款。①

除了说明破产策略的使用外,该案例还是一个关于或有事项会计处理困难的经典例子。这里涉及了一些有趣的会计问题:

- 在长达四年半的诉讼中,Texaco 公司应该在什么时候承认一笔负债?其数量又是多少?
- 同时,Pennz 公司应该在什么时候确认一笔从 Texaco 公司收到的资产?

Texaco-Pennz 公司案例使人想起,未来的不确定性有时会使区分公司的资产和负债很困难。在《中级会计学:基础篇》第 1 章讨论概念框架时,我们定义资产负债使用的词语是"很有可能的":资产是很有可能的未来经济收益,负债是很有可能的未来经济支出。在这个模块,我们将讨论管理或有事项会计的特殊会计规则。我们将说明的这些规则包括了诉讼和环境负债的核算。

或有事项核算:很可能的、可能的和轻微可能

6 在诉讼领域和环境负债领域应用或有事项的会计规则。

WHY 从广义上来说,理解或有事项的会计非常重要,因为很多会计事务都盘旋于很可能和不确定之间。如果一个或有负债是很可能的并且可以适当估计,那它应该纳入财务报表。

HOW 如果一个或有负债仅仅是可能的,那它应该在财务报表附注中披露说明。大体说来,不太可能的或有负债不应该披露。总体而言,或有资产需要在任何存在的不确定性都非常小了以后才予以报告。

FASB 第 5 号公告中对或有事项的定义如下:

> 存在不确定性的一种存在的状况、形势或者环境集,可能给公司带来盈利或损失,当一个或多个未来事件发生或未能发生时,该盈利或损失将会最终确定。②

正如定义所述,或有事项可能与资产或负债有关,也可能与盈利或亏损有关。本模块讨论的焦点主要是可能导致负债上升的或有损失,但是或有利得的会计也将进行简单的讨论。

在历史上,当一个义务的存在与否取决于未来事件的发生时,负债的确认将被延迟,直到事件发生。这种方法不能反映非常可能成为现实的显著的义务的存在,也不能反映由过去的交易或事件而存在的显著义务。比如说,Texaco 公司对 Pennz 公司的突发责任是由于在 Pennz 公司试图收购 Getty 石油公司时,Texaco 公司横插一手激发的,是一个过去事件。决定 Texaco 公司是否必须向 Pennz 公司支付赔偿款的决定事件是法院的裁决。如果在 30 亿美元赔款实际支付以前,Texaco 公司不记录这笔负债,那对财务报表的使用者会有非常大的误导。

FASB 第 5 号公告以未来事件发生的可能性为基础,详细说明了不同或有事项的会计处理。事件发生的可能性和推荐的会计处理如表 19-1 所示。

---

① Edward B. Deakin, "Accounting for Contingencies: The Pennzoil-Texaco Case," *Accounting Horizons*, March 1989, p.21.
② *Statement of Financial Accounting Standards No.5*, "Accounting for Contingencies" (Stamford, CT: Financial Accounting Standards Board, 1975), par.1.

表 19-1　或有事项会计

或有损失	会计处理
很可能	如果其数额可以适当地估算,则以很可能的负债表示;如果不能估算,则在附注中披露事实
适度可能	在附注中以可能的负债披露
不太可能	除非或有事项表示一个担保,否则不予报告或披露;然后需要在附注中披露
或有利得	
很可能	如果发生的可能性非常高并且其数额可以恰当估算,则以或有事项资产表示;否则,在附注中披露事实
适度可能	在附注中披露可能的资产,但要小心避免引起误解的暗示;实际上,可能的或有利得经常不予披露
不太可能	不说明或不披露

资料来源:*Statement of Financial Standards No.5*, pars.3 and 17。

如果一个产生负债的事件很可能发生,并且责任的数额可以恰当地估算,则该或有事项应当作为负债表示。事实上,很多预计负债很可能是或有负债,因为该义务的存在与否取决于一些未来事件是否发生。比如说,预计保单负债数额就是一个很可能的或有负债,因为保单取决于提供未来维修和服务的需求。此外,养老金义务取决于雇员是否在该公司工作足够长的时间以挣得全额养老保险金,常客旅行计划取决于顾客是否为免费旅行积累了足够的英里数以及他们是否实际上索取免费旅行。

或有资产的会计规则有点混乱。比如说,在 FASB 第 5 号公告第 17 段提及 ARB 第 50 号公告,该声明起初在 1958 年采用。ARB 第 50 号公告认为或有利得(并可扩展至或有资产)在其"实现"以前不需要说明。这与第 6 号概念声明中关于资产的定义相矛盾,第 6 号概念声明把资产定义为"很可能发生的未来经济利益的流入"。国际规则给出了另一种看法。在 IAS 第 37 号文件第 33 段,我们看到或有资产在"基本确定"时需要确认。从这里我们唯一可以得出的结论是,识别或有资产很可能发生的阈值要高于或有负债。这反映了多年来会计领域根深蒂固的保守主义。

如果一项或有负债是适度可能的,即可能性要高于轻微可能而低于非常可能,那它应当在财务报表的附注中予以披露。可能的盈利经常不予披露,以避免对最终实现利润产生误导性暗示。如果一个或有项目是轻微可能的,即发生的可能性很低,那么,除非这是一个担保性质的或有负债,如担保人,或者联名签署、借款的另一方,否则不予披露。在 IAS 第 37 号文件中不存在这种轻微发生可能性的或有事项的披露要求。

Texaco-Pennz 公司案例中的披露时机说明了处理或有损失和或有利得的差别。正如图 19-1 中所示,最初的诉讼早在 1984 年就归档了,并且 Texaco 公司在 1984 年和 1985 年的财务报表中谨慎地提及了可能的损失。而 Pennz 公司没有在 1984 年和 1985 年的财务报表中提及或有收益。在 1986 年年度报告的主体部分,Texaco 公司在管理层用了两页来讨论与 Pennz 公司的官司。此外,在财务报表的附注部分另有一页讨论此案。Texaco 公司管理层通过宣称与 Pennz 公司的官司会对 Texaco 公司产生重大影响,结束了这一讨论。同时,Texaco 公司未来的不确定性——盘旋在头顶的大案子,使 Texaco 公司的审计师给了他们有保留的审计意见。当 Texaco 公司的财务报表受到或有损失的巨大影响时,Pennz 公司的财务报表只有一个或有利得的简短说明。1987 年,Texaco 公司正式披露了 30 亿美元的负债并

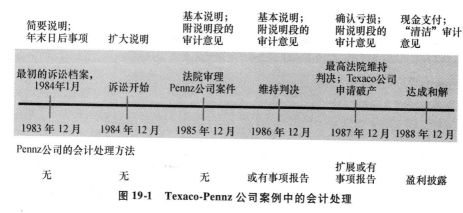

图 19-1 Texaco-Pennz 公司案例中的会计处理

提请破产。Pennz 公司直到 1988 年收到赔偿以后才披露了该收益。该案例很好地说明了或有损失和或有利得处理的不对称性。

FASB 第 5 号公告没有提供明确的指导意见来说明很可能、可能和轻微可能的概率具体是多少。比如说,60% 的可能性算"很可能"呢,还是算"可能"? 对报表的编制者和使用者的调查显示,对第 5 号公告中的概率数值有许多不同解释。因此,表 19-1 中列出的简单准则,看似应用起来相当简单,实际使用时却往往非常困难。这就是下面要通过诉讼和环境负债会计的讨论来说明的问题。

> **补充**
>
> 在递延税收领域,FASB 提供了一个四分位的可能方法,把"很可能(more likely than not)"定义为 50% 以上的可能性水平。"很可能"的使用标准在第 16 章进行了讨论。

诉讼会计

美国是一个诉讼的国度。消费者起诉公司,声称有缺陷的产品损害了他们的利益;股票持有者起诉审计师,声称有缺陷的财务报表损害了他们的利益;孩子起诉父母,声称有缺陷的养育损害了他们。相当有特色的是,一场诉讼经常旷日持久。即使在低等法院正式宣判以后,还有很多的上诉机会可供选择。这样一来,诉讼成本的时间和金钱损失都具有了高度的不确定性。一些公司购买保险来保护自己远离这些损失,所以这一损失的影响在财务报表中被削弱了。然而,对于未投保的风险,必须认定在什么时候诉讼引起的负债会变为很可能,这样,就要有一个亏损的记录。FASB 第 5 号公告给出了做决定时需要考虑的一些关键因素,以下是其中的一些:[①]

1. 诉讼的性质;
2. 案件进程,包括财务报表日和发布日期间的进程;
3. 按损失可能性考虑法律建议;
4. 以前类似案件的经验;
5. 管理层打算如何应对诉讼。

---

① *Statement of Financial Accounting Standards No. 5*, "Accounting for Contingencies" (Stamford, CT: Financial Accounting Standards Board, 1975), par. 36.

如果分析完这些因素以及类似的因素以后，认为很可能会有亏损并且亏损的数额是可以适当估算的，那么就应当记录该负债。在资产负债表日之后、报表发布之前，需要证实损失在年末是很可能发生的，这会导致需要在当前财务报表中报告该损失。

或有负债的另一领域涉及尚未发生的索赔，也就是说，行为的原因已经发生，但尚未有人要求索赔。比如说，一个人可能因为公司资产而受伤，但是直到财务报表发布日还尚未采取法律行动。又比如说，违反管理条例的行为可能已经发生，但是联邦政府尚未采取行动。如果一个事实的索赔将会提交并坚持，并且索赔的数额可以恰当地估计，则应当记录应计负债。如果索赔数额不能恰当估计，则要求有说明性披露。如果判断索赔主张至少不是适度可能的，则不需要披露或者记入应计项目。

作为一项实际事务，我们需要注意的是公司将会非常不愿意记录尚未发生的索赔和诉讼期间的损失，除非谈判安排基本完成。而到那时候，损失就不再是或有损失，而是预计损失。

一旦公司判定事实和情况要求记录负债，公司接下来就必须合理估算负债数额。即使公司不知道未来支付的精确数额，它也应该指定支付数额可能的区间。在美国的公认会计原则下，公司应当从该区间内选取一个数值作为最优估计。如果区间里没有一个最优估计，公司应当承认区间的最低数额有效，然后披露潜在附加损失。①

在国际财务报告准则下，确认与很可能的未来支付相关的数额的估算流程与美国公认会计原则下的流程完全不同。IAS第37号公告的焦点是确认义务的公允价值。相应的，公司需要估算马上需要支付的数额以了结义务，或者将义务转嫁至第三方。该估算需要考虑到可能的支付和每个支付发生的概率，如果支付需要延续很长一段时间，还需要考虑金钱的时间价值。我们可以看到，在美国公认会计准则下，确认负债数额的办法是选择一个单一的最可能的结果或者在等可能性的结果区间中选择最低值，与此相比，采用国际会计准则估算的负债数额拥有更多的经济内涵。

披露　有些公司不披露与诉讼相关的或有负债的任何信息。有的公司则提供诉讼期间的一个简单的、大体的描述。有时公司提供悬而未决的诉讼和相当详尽的索赔信息。然而，公司必须谨慎，不能盲目高估自己在诉讼中失败的可能，并且公司一般不披露或有损失的数额，因为该数额可能被解释成是承认有罪，并且自愿支付这一数额的赔款。为了说明，我们将埃克森美孚公司（ExxonMobil）在1991年及1997年年度报告中与诉讼相关的部分写在表19-2中，该诉讼是由瓦尔迪兹泄油事件引起的。注意，在1991年，埃克森听起来相当乐观，它认为已经解决了大多数与泄油事件有关的索赔，并认为任何进一步的索赔要求对公司"将不会有重大的有害的影响"。根据1997年披露中讨论的50亿美元的有害判决，以及直到2008年埃克森美孚公司仍然在美国高等法院对该案上诉的事实，这一乐观的披露显得特别有趣。

---

① *FASB Interpretation No.14*, "Reasonable Estimation of the Amount of a Loss: An interpretation of FASB Statement No.5" (Stamford, CT: Financial Accounting Standards Board, 1976), par.3.

表 19-2　埃克森——1991 年、1997 年和 2007 年与埃克森瓦尔迪兹泄油事件有关的披露

1991 年的披露(部分)
　　1989 年 3 月 24 日,埃克森的一家子公司,埃克森船舶公司的一艘油轮——埃克森瓦尔迪兹在阿拉斯加瓦尔迪兹港口外面的威廉王子海峡的卜莱触礁,并泄漏了大约 260 000 桶原油。包括共同起诉在内,共有超过 315 起针对埃克森及其子公司的诉讼在各级法院上演。
　　1991 年 10 月 8 日,美国阿拉斯加地方法院通过了一个民事协议并同意判决……由于负罪感签下的这些协议推脱了某些轻的罪名,免除了美国政府控告的所有重罪和残留的轻罪控告,并解决了所有美国政府和阿拉斯加州政府的针对埃克森的民事权利请求……该协议还解决了所有与埃克森泄油事件有关的索赔……
　　在该请愿协议下,埃克森共需支付 125 000 000 美元,其中 25 000 000 美元为罚款,另为阿拉斯加的重建工程向美国政府和阿拉斯加州政府支付 100 000 000 美元。协议和判决书规定的支付总额在 10 年里要达到 900 000 000 美元。该民事协议还提供了可能性支付,即在 2002 年 9 月 1 日至 2006 年 9 月 1 日为受泄油影响区域的人口、居住地和物种的损失或下降(该影响在 1991 年 9 月 25 日尚不能合理预期)支付至多 100 000 000 美元。
　　公司因瓦尔迪兹事件还需负担的成本目前很难预测并且无法判定。我们确信,最后的结果,除去已经提供的净储备,将不会对公司的运行和最终状况造成重大的有害的影响。

1997 年的披露(部分)
　　1996 年 9 月 24 日,美国阿拉斯加地方法院对始于 1994 年 5 月的埃克森瓦尔迪兹民事案件作出判决,要求埃克森赔偿 5 058 000 000 美元。该地方法院判给渔民约 19 600 000 美元以补偿他们的损失,38 000 000 美元作为补偿损失的预支利息,另有 5 000 000 000 美元的罚款,该罚款是由于一系列所有人和实体合在一起坚持要求,针对埃克森瓦尔迪兹泄油事件,对埃克森处以的罚款。该法院还判决,自判决之日起,埃克森还需要为罚款支付利息。该法院停止执行该案,等待基于公司提交的 6 750 000 000 美元信用证的上诉。埃克森已经提起上诉。公司仍然认为该案的罚款是没有根据的,该判决应当被撤销或由上诉法院大量削减罚金。由于无法估计该案对收入的最终影响,在 1996 年或 1997 年没有记录与判决相关的费用。

2007 年的披露(部分)
　　由于 1989 年埃克森瓦尔迪兹的油轮原油泄漏事故,针对埃克森美孚公司及其子公司的多起诉讼,其中包含共同起诉,在各级法院上演。所有的补偿索赔已经支付和解决。所有的处罚性索赔统一为 1994 年起的民事审判。美国阿拉斯加地方法院进行了第一次判决,判处了 5 000 000 000 美元罚金。该判决已被美国第九巡回上诉法院以在宪法下过度反应为由撤销。第二次判决判处了 4 000 000 000 美元罚金,该判决被第九巡回上诉法院以缺乏证据为由撤销,并发回地方法院按照最近美国高等法院在坎贝尔国家农场案中的判决重新考虑。地方法院的最新判决是 4 500 000 000 美元的罚金另加利息,并于 2004 年 1 月生效。公司支付了 5 400 000 000 美元的信用证。埃克森美孚公司和原告对该判决向第九巡回上诉法院提起上诉,2006 年 12 月 22 日,该法院将罚金削减至 2 500 000 000 美元。2007 年 1 月 12 日,埃克森联名上书第九巡回上诉法院要求复审此案。2007 年 5 月 23 日,由于两个不同意见,第九巡回上诉法院决定不在合议庭前复审埃克森美孚公司的上诉。2007 年 8 月 20 日,埃克森美孚公司联名请愿,特别提出将诉讼文件提交高等法院。2007 年 10 月 29 日,高等法院准许了埃克森美孚公司的诉讼移交请愿。2008 年 2 月 27 日进行了口头辩诉。由于埃克森瓦尔迪兹搁浅的罚金引起的负债是适度可能的,但是无法预期估计支出或者恰当估计任何这一类的或有负债。

　　另一个与或有负债相关的披露的例子可以从万宝路(Marlboro)香烟制造商奥驰亚(Altria)的财务报表中找到。该公司 2007 年的财务报表中包含了超过 12 页的与数千件诉讼相关的披露。这些针对公司的诉讼处于不同的阶段,涉及的损害赔偿金高达数十亿美元。在详细说明以后,该公司总结如下:

　　[奥驰亚]在合并财务报表中记录了罚金义务,因为他们认为令人不快的支出将很可能发生,并且损失的数额可以恰当地估计。除了在第 19 条说明中讨论过的以外,或

有支出还包括:(i) 管理层尚未判定任何与烟草有关的案子的损失已经发生的可能性；(ii) 管理层不可能估计出任何与烟草有关的案子的令人不快的支出带来的可能的损失数额或损失区间；(iii) 因此，管理层尚未为合并财务报表提供令人不快的支出的任何数额。可能某项令人不快的支出或者这些诉讼的安排将严重影响某财务季度或财年的经营、现金流量或财务状况的合并结果。

2008年6月，FASB发布了披露草案，以寻求更好的披露或有损失的相关办法。此外，FASB还建议公司提供更多的细节性的、系统性的或有损失披露，包括一份总结公司或有损失上升或下降的任何理由的表格。该要求有一个有趣的例外，FASB的建议免除了公司披露任何可能伤害公司在未定诉讼中法律状况的信息。FASB期待在2009年发行最终标准以改善或有损失的披露。

环境负债会计

环境在社会上正引起越来越多的注意，无论在政策观点上还是在会计观点上。多数市民认识到了保护环境的必要性，并且有很多从过去环境滥用中恢复过来的实例。不那么明显的是与环境负债有关的令人震惊的花销。仅举一例，当前美国法律正式下令清除现有的有毒垃圾中转站。美国环保署被授权清除垃圾站，然后它可以向那些它认为应负责的机构收取清理费用。这要花费公司2 500万至1亿美元甚至更多来清理一个被污染站点。美国的全部清洁成本预计至少达7 500亿美元，甚至可能超出1万亿美元。①

即使环境成本是当今经营面对的关键问题之一，很多(如果不是大多数的话)公司并没有完全在财务报表中反映这些成本。其首要原因是，这些或有损失经常很难恰当地估计。如果一笔负债不能恰当地估计，那就不能用数值表示出来。

此外，作为广义或有标准的FASB第5号公告对这类或有损失无法估计时的披露要求并未给出明确的指导。因此，财务报表中的附注部分的披露通常是不完全的。比如说，从埃克森美孚公司2007年的财务报表中，我们知道的仅仅是2007年造成的环境破坏的清理费用预计为4.32亿美元。这4.32亿美元是截至2007年12月31日埃克森美孚公司全部环境清理负债9.16亿美元中的一部分。2007年的财务报表还告诉我们，这一年在继续进行的预防性和补救性的环境成本为18.4亿美元。

近些年来，会计准则机构已经发行了好几个声明和披露草案，打算改善财务报表和附注中的环境负债信息的披露。SEC的工作人员发行了 *SAB 92*，阐明了SEC对公认会计准则或有负债的解释，这特别适用于有环境负债的公司。1996年，AICPA发行 *Statement of Position (SOP) 96-1*——"环境补救性负债(含审计指导)"。SOP 96-1列出了判定一个环境负债是否是很可能的关键事件。比如说，如果公司承认对环境破坏负有一定责任，并且最初的清理可能性研究已经完成，就有理由假定或有负债是很可能的，公司应该公布所有成本中它承担的部分。此外，清理环境站点的很大一部分涉及法律重获，即如果其他公司最初拒绝支付它们应当承担的那部分清理费用，而它们很可能最后支付的话，则允许该公司将这些潜在的重获资金记录为资产。

FASB还做了一些改善环境补救成本会计的初步工作。FASB开始考虑在核能设备

---

① American Society of Civil Engineers, http://www.asce.org/pressroom/publicpolicy/vgwaste.cfm, July 8, 2002.

净化成本的会计这一特殊背景下改善环境会计。该项目最终在 SFAS 第 143 号报告——"资产弃置责任会计"中完结。FASB 决定,与资产弃置相关的责任(如进行环境清理的责任)应当在它发生(有时是资产的最初购买)时进行确认,并且采用当前估价技术估价,补偿收款应当作为相关资产成本的添加项。资产弃置责任会计已在《中级会计学:基础篇》第 10 章和第 11 章讨论过了。

由于环境负债的重要性日益增长,在财务报表中对它们会计的需求也日益增长,有几个趋势应当注意。第一,越来越多的公司建立环境符合监督委员会,且通常是董事会级别的。第二,更多的公司有了环境会计政策,该政策在财务报表中的会计政策说明中披露。第三,改善环境负债会计的需求意识增强了。由于当前对环境的监管和这些趋势,未来会计很可能会有更进一步的发展,也很可能会增加环境负债的财务披露。

分 部 报 告

谁卖出了更多的软饮料,可口可乐还是百事可乐?在美国,可口可乐卖出了更多的软饮料,2007 年,其市场份额为 42.8%,与之相比,百事可乐的市场份额仅为 31.1%。① 那么,为什么百事可乐的雇员有 185 000 人,而可口可乐的雇员仅有 90 500?答案是百事可乐所做的比销售软饮料多得多。百事可乐的收益可以分成两部分:食物(菲多利和桂格麦片)占 60%,软饮料占 40%。哪种经营策略更为成功,是可口可乐的集中经营策略还是百事可乐的多元化经营策略?近些年来,可口可乐的集中经营方法获得了胜利,2007 年 6 月,可口可乐的市值为 1 148.2 亿美元,高于百事可乐的 1 081.4 亿美元。在这一事件背后的是,百事可乐曾尝试提高经营集中度。1997 年 10 月,百事可乐尝试改变指导策略,将其餐馆生意(必胜客、塔可钟和肯德基)的股份转移出去,以此来将更多的精力集中在软饮料和点心上。②

像百事可乐一样,现在很多公司是大型的、复杂的组织,它从事多种几乎没有任何关系的活动。比如说,一家公司可能从事飞机发动机制造、房地产经营,同时还管理着一个专业的曲棍球队。这样的公司被称为多元化经营公司或大企业集团,它经营着多种多样的工业并且不能被归入任何一种工业种类。多元化经营公司的不同分部经常经营着截然不同的、各自分开的市场,涉及不同的管理团队,经历不同的成长模式、潜在的利润和不同程度的风险。实际上,这类公司的不同分部的行为就像是(在一些情况下就是)一个总体公司架构下的不同公司。然而,对于高度多元化经营的公司来说,如果仅仅提供总计的公司信息,那么不同程度的风险、收益率以及公司主要分部的成长潜力就无法分析并进行比较。

业务分部

7 按生产线和地理区域准备必要的追加财务信息披露。

WHY 如果一家公司有几类不一样的经营范围,那么它的总计财务报表用处就有限。为了进行预测和工业比较分析,财务报表的使用者需要按业务分部和地理区域划分的详细信息。

---

① "Top-10 CSD[Carbonated Soft-Drinks]for 2007," *Beverage Digest*, March 12, 2008.
② Lori Bongiorno, "Fiddling with the Formula at Pepsi?" *Business Week*, October 14, 1996, p. 42; and Nikhil Deogun, "Pepsi Has Had Its Fill of Pizza, Tacos, Chicken," *The Wall Street Journal*, January 24, 1997, p. B1.

HOW 我们要求公司披露每个业务分部的以下信息：收入，经营利润，资产，资本支出，以及诸如贬值、利率收益与成本等利润表项目。公司使用同样的内部使用惯例来定义它们的报告业务分部。

历史上，美国在数量和质量上领导了全球关于业务分部的财务信息的披露。1939 年，由于"国外混乱的情况"——第二次世界大战的委婉说法，美国鼓励公司对涉及国外业务分部的运行进行单独披露。① 20 世纪 60 年代，越来越多的具有多种多样的经验范围的公司的创建导致 APB 发布了一个无约束力的声明，该声明鼓励多元化经营公司向财务报表使用者提供业务分部的概要信息。分部披露原则经过精炼以后，在 1976 年，由 FASB 发布了第 14 号公告，并赋予该声明强制执行力。②

按照 FASB 第 14 号公告的规定，在财务报表中需要披露的信息包括收入、经营利润和公司每个重要行业分部的可确认资产。第 14 号公告的其他条款规定，公司需要披露来自主要顾客的收入和国外经营与出口商品信息。

尽管按第 14 号公告的要求，美国公司披露的分部信息比其他任何国家的会计准则要求披露的分部信息都更为广泛，财务报表的使用者还是一直要求公司披露更多的信息。投资管理与研究协会（AIMR）在过去 20 年的年度法人评估报告中都提出了增加分部披露的要求。1994 年，AICPA 的财务报告特别委员会（通常称之为 Jenkins 委员会）改进了分部报告，并将其作为首项推荐。作为对更好的分部报告的推动力的回应，1997 年 6 月，FASB 发布了第 131 号公告。③ 为了该声明，FASB 和加拿大的会计准则委员会、国际会计准则委员会紧密合作。结果，美国标准和加拿大标准中涉及分部报告的部分几乎一模一样，和国际标准也非常相似。

根据 FASB 第 131 号公告的规定，公司需要披露的涉及业务分部的信息如下：

1. 分部营业利润或亏损总体情况。
2. 诸如营业收入、资产折旧、利息收入、利息成本、税收成本和重要的非现金成本等利润表项目的数额。
3. 分部总资产。
4. 总体资本支出。
5. 核算以下项目，确保各分部总体数额的和与公司总体数额一致：
   - 收入
   - 营业利润
   - 资产

补充
这是 FASB 首次为设立一项准则直接与另一个国际会计准则制定机构合作。

除了以上五项，公司还必须披露是如何识别这些业务分部的。以前，FASB 的第 14 号公告要求公司标识"行业分部"。在 FASB 第 131 号公告的规定下，公

---

① 该历史回顾信息由以下信息源改编：*Research Report*（prepared by Paul Pacter），"Reporting Disaggregated Information"（Norwalk, CT: Financial Accounting Standards Board, February 1993）。

② *Statement of Financial Accounting Standards No. 14*, "Financial Reporting for Segments of a Business Enterprise"（Stamford, CT: Financial Accounting Standards Board, 1976）。

③ *Statement of Financial Accounting Standards No. 131*, "Disclosures about Segments of an Enterprise and Related Information"（Norwalk, CT: Financial Accounting Standards Board, 1997）。

司应采用与管理层内部报告时相同的标准来识别这些分部,无论它们是什么。采用该规定的目的是向外部使用者提供与内部使用者一样类型的关于业务分部的信息。一些公司担忧可报告业务分部的定义,因为它们拥有数十甚至数百个内部可报告分部。为了回应这一担忧,FASB保留了第14号公告中的标准,该标准指定了一个分部在多大的时候需要进行独立披露。具体来说,如果一个业务分部满足以下三个标准中的任何一个,就需要进行单独披露:

- 收入测试。如果一个分部的总收入(包括出售给外部顾客和出售给内部其他分部的收入)大于或等于公司总收入(外部和内部)的10%,那么该分部应当单独报告。
- 利润测试。如果一个分部的营业利润(或亏损)的绝对值大于或等于所有报告了营业利润的分部的利润总额(或所有报告了营业亏损的分部的亏损总额)的10%,那么该分部应当单独报告。
- 资产测试。如果一个经营分部的资产大于或等于所有经营分部总资产的10%,那么该分部应当单独报告。

FASB还规定,如果一些分部拥有相似的产品或服务、相似的工序、相似的顾客、相似的分配方式并服从相似的规则,那么即使它们在内部被看成独立的分部,为了报告的目的,也可以将它们组合在一起。

公司按生产线或地理区域划分分部是相当有代表性的。对于那些按生产线划分分部的公司,按照第131号公告的规定,这些公司还需要额外披露它们在国内和所有国外的经营的合并收入与长期资产。如果一个外国分部包括了经营的重要部分,那么就应当独立地披露它的收入和长期资产。公司可以考虑按国家区域"小计"的方式,如欧洲或亚洲,来表示收入和长期资产。

> **补充**
>
> 对于1996年6月发布的第131号公告的征求意见稿,FASB收到了超过200封意见信。企业担心的关键是,按征求意见稿的要求,它们需要披露那些可能被竞争对手利用的信息。作为对这些担忧的回应,FASB放弃了它们本来建议的按分部披露研发费用和负债的条款。

那些按地理区域划分分部的公司,则必须按生产线披露收入信息。然而,该生产线的信息以公司范围的基础来提供的,而不是按地理区域分部。

公司还需要披露关于主要顾客的附加信息。如果从一个顾客身上获得的收入超过了总收入的10%,这一事实必须披露(尽管不披露顾客的名字),一起披露的还有收入的数额和报告该收入的经营分部的名字。

第131号公告和第14号公告的主要区别在于公司区分可报告分部的方式——按照公司内部使用的名称分类取代了按照一些独断专行的工业分类。此外,第131号公告首次要求将选择的分部披露纳入中期报告。

为了说明FASB第131号公告中业务分部披露的种类,我们给出了百事可乐2007年年度报告中的分部信息。百事可乐披露的四个可报告分部如下:

- 百事可乐北美(PepsiCo Beverages North America)(百事可乐定义的North America是美国和加拿大)
- 百事可乐国际(PepsiCo International)
- 菲多利北美(Frito-Lay North America)
- 桂格麦片北美(Quaker Foods North America)

表 19-3 包含了按分部报告的百事可乐销售和营业利润信息。

表 19-3 百事可乐按分部报告的净销售额、营业利润和总资产 单位:百万美元

业务分部			
净收入	2007 年	2006 年	2005 年
菲多利北美	11 586	10 844	10 322
百事可乐北美	10 230	9 565	9 146
百事可乐国际	15 798	12 959	11 376
桂格麦片北美	1 860	1 769	1 718
总计	39 474	35 137	32 562
营业利润	2007 年	2006 年	2005 年
菲多利北美	2 845	2 615	2 529
百事可乐北美	2 188	2 055	2 037
百事可乐国际	2 322	2 016	1 661
桂格麦片北美	568	554	537
总计	7 923	7 240	6 764
总资产	2007 年	2006 年	2005 年
菲多利北美	6 270	5 969	5 948
百事可乐北美	7 130	6 567	6 316
百事可乐国际	14 747	11 571	10 229
桂格麦片北美	1 002	1 003	989
总计	29 149	25 110	23 482

注意,百事可乐的主要销量在北美(60%),并且超过 70% 的营业利润是由北美创造的。除了表中给出的销售额、营业利润和总资产的披露,百事可乐还按分部给出了无形资产摊销、折旧和资本支出的信息。

会计准则应用到个别分部交易时出现了一些问题。比如说,如果公司使用后进先出法,并且所有的存货在财务报告中作为后入先出组的一部分,那么,怎么样使用后入先出法来估计个别分部的已销售商品的成本呢?又比如说,当所得税申报表是将公司作为一个整体准备好的,那么该如何将所得税成本分摊到不同的分部呢?因为诸如此类的困难,FASB 第 131 号公告规定,出于分部报告的目的,公司向外部使用者和内部使用者提供的报告采用相同的会计方法。这意味着分部披露中报告的财务数据并不总是符合公认会计原则的。FASB 将这看作为削减公司提供分部信息所引起的增加的记账成本而付出的代价的一部分。在 2006 年 11 月发布的 IFRS 8 中,IASB 采用了相同的办法来识别可报告分部。

 思考

可口可乐公司怎样使用百事可乐公司报告的分部信息来帮助自己规划竞争策略?
a) 估算公司的总销售额
b) 估算公司的总净资产收益率
c) 估算分部利润差额
d) 决定分部宣传策略

总的说来,我们考虑的问题是多少分部信息是足够的。当然,当你问财务报表使用者是否想要更多的信息时,他们总是会回答你他们需要更多的信息。归根结底,每一个财务报表使用者都希望能够无限地获得所有公司的会计信息。我们也可以理解,

公司不愿意将每一件事都披露给所有人。FASB 必须设定一个分部报告的标准,以平衡使用者要求的有关数据和公司披露私有信息的合理担忧。

中 期 报 告

"企业圆桌组织"(Business Roundtable)是一个由大约 160 位美国顶级公司 CEO 组成的组织。1990 年 8 月 20 日,"企业圆桌组织"给 SEC 的一位委员写了一封信。① 信中批评 FASB 的工作并暗示 FASB 的规则"制定了一个昂贵的、用数据加重使用者负担但仅提供一点点经济状况或企业业绩的基本报告结构",增加了美国企业的负担。"企业圆桌组织"还抱怨 FASB 的规定导致美国企业在海外竞争时处于不利地位,因为外国会计准则制定者对企业的顾虑更具有同情心。

"企业圆桌组织"指出,一个特别的问题是季度报告。"企业圆桌组织"认为准备季度报告的代价非常高昂,而且季度报告不利于企业的生产,因为它导致管理层将精力集中在短期收入而不是企业长期的成长上。"企业圆桌组织"指出,很多外国公司(如英国的公司)只需要每半年报告一次。

季度报告不利于企业生产的担忧得到了以加利福尼亚州奥克兰为基地的大型超市连锁店 Safeway 的原 CEO Peter A. Magowan 的支持。1986 年 11 月,Safeway 接受了 53 亿美元的杠杆收购。在回顾收购之后的成功重组时,Magowan 宣称 Safeway 享受到的一个关键优势是,作为一个私有企业,它不再受不停地准备季度收益报告的束缚。按照 Magowan 的说法,不需要报告渐增的季度利润的自由,使得 Safeway 有可能制定侵略性价格、进行店铺扩张并增加培训和技术支出,而这些行为都会减少短期报告利润,但有益于公司的长期发展。②

尽管担心季度报告会导致管理层将注意力集中在短期利润上,美国依然要求披露季度报告。大型公开贸易企业必须在季度末 40 天以内,小型公开贸易企业必须在季度末 45 天以内,向 SEC 提交季度财务报表。本模块简要给出了与准备中期报告有关的特别问题。

中期报告

8 认识中期报告的重要性,并概括说明准备这些报告时遇到的困难。

WHY 在这个信息时代,期待财务报表使用者等公司的财务报表一整年是不合理的。SEC 要求公开贸易公司每季度发布财务报表。准备这些中期财务报表时会涉及估算和分配的难题。

HOW 我们按照"一年的主要组成部分"的观念来准备中期财务报表。按照这一观念,我们并不把每一季度当作独立的时期来看待,而是把它当作这一年的主要组成部分,并通过估算恰当地将年度业绩分配到每一季度。季度报告一般是不需审计的,但我们依然按照公认会计原则来准备季度报告。

---

① 这是"企业圆桌组织"主席、会计原则特别工作组成员 John S. Reed 写给 SEC 委员 Philip R. Lochner 的信,写信的日期为 1990 年 8 月 20 日。

② Peter A. Magoman, "The Case for LBOs: The Safeway Experience," *California Management Review*, Fall 1989, p.9. In April 1990, Safeway again issued shares to the public.

反映财务状况和经营成果的期限少于一年的报表被称为中期财务报表。在向投资人和其他人提供企业状况与发展的及时信息时,中期报告被认为是必不可少的。然而,一些重要的困难也与它们有关。其中一个问题是交易的季节因素引起的。比如说,在一些公司,收入在不同时期之间剧烈地波动;在另一些公司,显著的固定成本支出出现在某一个单个的时期,但是它对几个时期都是有益的。不但成本必须分配到合适的受益时期,而且要使中期报告与已实现收益匹配,以决定合理的收入量度。

在准备中期报告时,一般来说只需要在年末对应计项目进行的调整,变得必须在每季度末期考虑。由于增加的时间和额外的成本牵涉到开发的完整信息,因此,准备中期报告时需要进行许多的费用估计。这些增长的估计导致这些报告的主观性增强了。另一个问题是,额外安排的项目或业务分部的处理对中期报告的收入的影响,比全年营运业绩对中期报告的收入的影响更大。在分析中期财务报表时,应该对这些项目和相似的项目给予特别关注。

有两个著名的观点与中期报告有关。一个观点是,任何一个时间间隔的报告都被认为是一个独立的会计时期。这样,任何一个中期报告的结果的确定方式和年度会计报告结果的确定方式在本质上是一样的。依照这种观点,在每个中期报告末期需要和年度报告时期一样,使用一样的判断、估计、应计和递延。这是 LAS 第 34 号公告规定采用的方法。

另外一种观点,也就是 APB 在第 28 号公告中接受的观点,认为中期报告是年度报告的重要组成部分。① 从本质上说,全年的收入和成本可以分配到各个中期报告中,是基于一些合理的基础的,比如说时间、销售量或者生产活动。在年度财务报告编制的一体观下,中期财务报表中采用的基本的会计原则和报告惯例与年度报告一样,但是可能需要进行一定的修改,以使中期报告更好地契合年度报告的总体营运业绩。为了说明需要的修改的类型,假设公司采用后进先出法估算存货并遇到这么一种情况,即基本周期存货的结算发生于中期报告期间,但预计到年度报告期末该存货会被更换。在这样的情形下,中期报告中的数据应当不反映存货的后进先出结算,并且中期报告中的已销售商品成本应当包括替换基于后进先出法结算的预计成本。

需要进行修改的另一个例子是处理中期报告期间会计原则的变化。这些改变应当遵循 FASB 第 154 号公告的条款(见第 20 章)。这些条款规定,采用的改变的会计原则应当追溯所有的报告数据。②

思考

公开交易的公司发布每日财务报表的最大障碍是什么?
a) 提供每日股价数据
b) 提供每日会计估算
c) 提供每日销售数据
d) 提供每日已销售商品成本数据

为了说明中期报告信息能够提供更多的内在信息,我们将 Toys "R" Us 公司 2007 年年度报告中的季节信息列在表 19-4 中。玩具零售业的季节性非常强,这一信息反映在了 Toys "R" Us 公司的季度数据中。报告的收入在第四季度(在 2 月 2 日结束的季度)达到最大值,它包括了圣诞销售季。如果只看 Toys "R" Us 公司的年度净收入数据,我们将丢失潜在的有用信息,即净收入随着季节变化发生的大范围波动。

---

① Opinions of the Accounting Principles Board No. 28, "Interim Financial Reporting" (New York: American Institute of Certified Public Accounting, 1973), par. 9.

② *Statement of Financial Accounting Standards No. 154*, "Accounting Changes and Error Corrections: A Replacement of APB Opinion No. 20 and FASB Statement No. 3" (Norwalk, CT: Financial Accounting Standards Board, May 2005), pars. 15—16.

注意,Toys"R"Us 公司的季度业绩贴上了"未审计"的标签。显然,每季度提供的少量信息并没有"公平地显示"Toys"R"Us 公司在该季度的营运业绩。因此,季度报告几乎总是贴上"未审计"的标签,因为它们不像审计了的年度报告那样,公平地显示了公司的营运、现金流和财务状况。提交给 SEC 的季度报告不需要审计,尽管它们是按照公认会计准则来准备的。

表 19-4　Toys"R"Us 公司概要性季节数据　　　　　　　　　　　单位:百万美元

下表列出了未审计的四季度的财务信息:

	第一季度	第二季度	第三季度	第四季度
2007 年				
净销售额	2 581	2 605	2 781	5 827
销货毛利	910	936	977	1984
净利润/(亏损)	(41)	(42)	(76)	312
2006 年				
净销售额	2 405	2 432	2 534	5 679
销货毛利	849	848	861	1 854
净利润/(亏损)	(45)	(111)	41	224

思考题答案

1.（第 363 页）正确答案是 a。信贷风险是指不确定协议的另一方是否会遵守协议的风险。远期合同是两个组织谈判达成的私人协议。所以总是存在这样一种可能性,即按协议在远期合同结束时需要支付款项的一方拒绝付款。因此,远期合同存在信贷风险。

2.（第 384 页）正确答案是 c。百事可乐的分部信息可以告诉可口可乐百事可乐在哪里获得了最大的软饮料的成功,百事可乐的弱点是什么,以及百事可乐的利润率。对可口可乐来说,利润率信息很可能是最有用的信息。如果百事可乐不予披露,那么可口可乐可以通过市场调查寻找到百事可乐销售的优势和缺点。但是,在这种情况下,可口可乐很难找到百事可乐的费用和利润信息。

3.（第 386 页）正确答案是 b。从技术角度说,目前大多数大型公司都有准备每日财务报表的能力。实际上,很多公司都编制了每日销售报告和每日销售毛利报告。然而,我们并不清楚进行估计以提供完整的财务报表是否能够提供有用的信息。正如在本章讨论过的,即使准备季度报告也需要比准备年度报告进行更多的估算和近似。准备每日报告所花费的时间成本很可能超过了它所带来的任何好处。

本章小结

1. 理解关于衍生工具和套期活动的交易与会计概念。

资产和负债未来的公允价值以及未来现金流的不确定性导致公司暴露在风险之中。对这一风险进行管理的方法之一是使用衍生工具。衍生工具是一种金融工具或其他协议,其价值来源于与基础项目相关的价格、利率或汇率的波动。很多衍生工具是执行合同,也就是说,这不是一笔交易,而是互相交换了以后采取行动的承诺。

2. 区分交易中面对的不同种类的风险。

在公司面对的诸多风险之中,最重要的四种风险如下:

- 价格风险。资产未来价格的不确定性。
- 信贷风险。不确定交易的另一方是否会遵守协议。
- 利率风险。未来利率的不确定性,以及该不确定性对金融工具的现金流和公允价值的影响。
- 汇率风险。以外国货币计价的资产负债的未来美元现金流的不确定性。

3. 描述以下衍生工具的特征:互换、远期、期货与期权。

- 互换。互换是这样一种合同,合同双方同意基于一定的价格或利率在未来交换支付。一个典型的例子是用可变利率支付交换固定利率支付。互换可以将你拥有的未来的现金流转换成你想要的现金流。
- 远期。远期合同是这样一种协议,协议的双方同意以现在设定的价格或利率,在指定的日期交换一定数量的商品、证券或外国货币。远期合同通常都是采用现金支付,而不是使用基础资产进行实际交割。
- 期货。期货合同和远期合同非常相似,其差别在于,期货合同是一个由有组织的交易市场发行并在该市场交易的标准化证券。
- 期权。期权合同赋予使用者按指定价格购买或出售资产的权利,而不负有义务。看涨期权赋予使用者购买资产的权利;看跌期权赋予使用者出售资产的权利。期权的购买者必须为该期权提前支付现金;换来的是,期权购买者不受价格或利率的有害波动的影响,但是却仍旧可以享受价格或利率的有益波动带来的好处。

4. 定义套期,并概括说明公允价值套期与现金流量套期的差别。

套期是一种降低风险的经营策略。很多套期在交易中自然地发生了,如用收入或资产价值的增长来补偿成本和负债价值的增长。衍生工具也能用于套期。FASB定义了可以使用衍生工具的两大类套期:

- 公允价值套期。衍生工具的公允价值的变化抵销资产负债公允价值的变化。
- 现金流量套期。衍生工具的现金流量抵销预期交易的现金流量的改变。

5. 多种不同的衍生工具和套期关系的会计处理。

所有衍生工具的公允价值都需要在资产负债表中报告出来。公允价值的变化这样报告:

- 不用于套期的衍生工具。公允价值的变化在利润表中确认为利得或损失。
- 用作公允价值套期的衍生工具。公允价值的变化在利润表中确认为利得或损失,并且用被套期的资产或负债的公允价值的变化带来的利得或损失抵销掉。
- 用作现金流量套期的衍生工具。公允价值的变化被递延,并在综合利润(一种权益调整)中表示出来。这些延迟的利得或损失在被套期现金流量的预测日的利润中确认。

6. 在诉讼领域和环境负债领域应用或有事项的会计规则。

如果或有负债是很可能发生的,并且可以合理地估算,那么它就应该在财务报表中表示出来。如果或有负债只是有可能发生的,那么它应当在财务报表附注信息中披露出来。如果或有负债的发生可能性是轻微的,一般说来,就不用披露了。或有资产一般只在存在的不确定性非常小的时候才予以披露。

在诉讼会计中,公司通常不愿意披露明确的数额或过高估计诉讼失败的可能性,因为它们不想增加诉讼失败或是支付一大笔赔偿款的几率。

环境补偿性负债的会计非常复杂,因为非常难估算未来的清理费用。此外,在政府代理和负有责任的企业之间,在这些负有责任的企业自己之间,每一个清理工程都充满了诉讼和反诉讼。SEC 要求公司重点披露其环境清理工程的详细信息。

7. 按生产线和地理区域准备必要的追加财务信息披露。

历史上,美国的分部报告内容比其他任何国家都更为广泛。FASB 与加拿大的会计准则委员会和 IASB 合作改善了世界范围的分部报告。

按照 FASB 第 131 号公告的条款,公司的每个业务分部需要披露的信息有:收入,营业利润,资产,资本支出以及诸如折旧、利息收入和利息费用之类的利润表项目。

公司采用和内部惯例一样的标准来定义它们的可报告业务分部。这样做的目的是向报表的外部使用者提供与内部使用者一样的分部信息。

8. 认识中期报告的重要性,并概括说明准备这些报告时遇到的困难。

在美国,公开交易公司需要向美国 SEC 提交季度简要财务报表。这些中期财务报表是按"年度报告的重要组成部分"的观念准备的。按照该观念,每一个季度的财务报表并不是被当作单独的财务报表,而是被当作年度报告的重要组成部分,并通过估算将年度业绩恰当地分配给每一季度。季度报告一般是不需审计的,但它们依然按照公认会计原则进行准备。

IASB 概述

主题	美国 GAAP	IASB 准则
衍生工具	*SFAS No. 133* 与 *IAS 39* 非常相似。IASB 在建立标准时严重依赖 FASB 前面所做的工作。	*IAS 39* 与 *SFAS No. 133* 非常相似。
或有资产	*SFAS No. 5* 直到或有资产实现才予以承认。	*IAS 37* 当"事实上确定"的时候予以承认。
未来或有负债	*SFAS No. 5* 除非它是一项确认的事项时才披露。	*IAS 37* 不予披露。
或有负债估计	*FIN 14* 一系列数值中可能性最大的数据。如果所有数据的可能性一样大,则取最小值,可能的话同时披露附加报告。	*IAS 37* 估计债务的公允价值。估算时要考虑到可能的支付、每次支付发生的概率以及货币的时间价值。
分部报告	*SFAS No. 131* 与 *IFRS 8* 非常相似。	*IFRS 8* 与 *SFAS No. 131* 非常相似。*IFRS 8* 于 2006 年 11 月采用,目的是使国际标准与存在的美国标准相符合。
中期报告	*APB 28* 运用组成部分的年度周期概念。所有时期的收入和费用是在一定的合理性基础上归属到各个周期中的,必要时对人们普遍接受的会计处理程序进行一些修正。	*IAS 34* 中期报告和年度报告一样进行判断、估算、应计和递延项目的确认。

关键术语

看涨期权 期货合同
现金流量套期 套期
企业集团 年度财务报告编制的一体观
或有利得 利率风险
或有损失 利率互换
信贷风险 中期财务报表
衍生工具 面额
待执行合同 期权
汇率风险 价格风险
公允价值套期 看跌期权
远期合同 互换

问题

衍 生 工 具

1．衍生工具与其他金融工具和合同的差别是什么？

2．为什么衍生工具通常是待执行合同？给出待执行合同的另一个例子。

3．简要描述本章讨论的四种风险。

4．为什么公司会签署利率互换协议？

5．远期合同与期货合同的差别是什么？

6．期权与本章讨论的其他衍生工具的差别是什么？

7．描述现金流量套期的作用并试举一例。

8．为什么传统的历史成本会计法不适用于衍生合同会计？

9．在什么时候有一部分套期是无效的？

10．在资产负债表日，衍生工具在资产负债表中以公允价值表示出来。未实现的衍生工具的盈利和亏损如何在财务报表中表示出来？

11．衍生工具的名义金额是什么？名义金额是如何误导大家的？

12．按照第 133 号公告的规定，如果一个衍生工具作为国外货币风险的套期，该风险与国外货币计价的资产或负债相关，那么该衍生工具在会计处理时不能按套期表示。那么，应该如何核算这些衍生工具？

13．投机衍生工具投资核算与套期衍生工具核算有什么不同？

14．规范衍生工具会计的国际会计准则是什么？该准则与第 133 号公告有什么不同？

或 有 事 项

15．具有合理可能性的或有负债在怎样的情况下应该在财务报表中以负债表示出来？

16．描述或有收益的恰当处理方法。

17．决定一个尚未判决的诉讼是否应当在资产负债表中确认为负债的重要因素有哪些？

18. 在估计非常可能的或有负债的数额时,公司必须考虑的因素有哪些?
19. 在什么样的情形下,存在的环境负债应当被认为是"很可能的"?

分 部 报 告

20. 分部信息是如何帮助我们分析公司财务报表的?
21. 按照 FASB 第 131 号公告的规定,应如何确定一个业务分部?
22. 内部定义的需要在财务报表中单独披露的分部必须有多大?
23. 分部信息是按照公认会计原则准备的么?解释为什么。

中 期 报 告

24. 区分在准备中期财务报表时的两个基本观点。
25. 为什么投资者要谨慎解释中期报告?

练习

[练习 19-1] 理解利率互换

LO3 第一年 1 月 1 日,某公司贷了价值 100 000 美元的 2 年期的变动利率贷款。贷款第一年的利率是 10%。第二年的利率等于第二年 1 月 1 日的基础利率。公司不想承担由第二年的利率不确定性导致的风险。因此,在第一年 1 月 1 日,该公司与某投机商签署了一个固定支付—变动收益的利率互换协议。按照该互换协议,公司有义务在第二年 12 月 31 日向投机商支付固定数额 10 000 美元(100 000×0.10)。相应的,在第二年 12 月 31 日,公司将从投机商那儿收到变动数额的资金,该资金等于 100 000 美元乘以第二年 1 月 1 日的基础利率。从投机商那儿收到的资金恰好够支付变动利率贷款第二年的利息。通常,这种利率互换协议采用简单的净资金支付,而不是真的由公司支付固定的 10 000 美元并收到变动数额的资金。如果第二年 1 月 1 日的基础利率分别是 7%、15%、10%,公司在第二年 12 月 31 日收到或支付的数额分别是多少?

[练习 19-2] 理解远期合同

LO3 某公司是一个高尔夫球场开发商,每年大约修建 15 个球场。在接下来的一年,该公司将购买 5 000 棵树种植在其所修建的球场上。近些年来,树苗的价格大幅波动。为了消除这个不确定性,公司找到了一个声誉好的金融机构,并将与该机构签订一个 5 000 棵树苗的远期合同。在第一年 1 月 1 日,公司同意在第二年的 1 月 1 日从该金融机构购买 5 000 棵树苗,价格设定为每棵 400 美元。当然,该金融机构没有任何树苗。和大多数衍生工具一样,该协议在第二年 1 月 1 日采用资金交换来结算,结算的数额取决于那天的树苗价格。在该远期合同的安排下,如果第二年 1 月 1 日每棵树苗的价格分别为 250 美元、600 美元、400 美元,该高尔夫球场开发商收入或支付的净额分别是多少?记住,该远期合同涉及 10 000 棵树苗。

[练习 19-3] 理解期货合同

LO3 某采矿公司通过其采区的运转每月生产 25 000 磅铜。为了消除与铜的销售相关的价格风险,第一年的 12 月 1 日,采矿公司签订了一个在第二年 1 月出售 25 000 磅铜的期货合同。该期货合同约定的价格为每磅 0.77 美元。因为期货合同通过交易所管理,所以采矿公司并不知道该合同的另一方是谁。和大多数衍生工具一样,该协议在第二年 1 月 1 日采用资金交换来结算,结算的数额取决于那天的铜的价格。在该期货合同下,如果第二年 1 月 1 日的铜的价格分别为 0.62 美元、0.88 美元和 0.77 美元,该采矿公司收入或支付的净额分别是多少?记住,该期货合同涉及该采矿公司出售的 25 000 磅铜。

[练习 19-4]　理解期权合同

LO3　某公司生产在高级业务主管中非常流行的色彩艳丽的 100% 纯棉衬衫。在生产过程中，该公司每月消耗 100 000 磅的棉花。在第一年 12 月 1 日，该公司购买了一个期权合同，该合同使它有权在第二年 1 月 1 日以每磅 0.39 美元的价格购买 100 000 磅棉花。购买该期权花费了公司 2 500 美元。和大多数衍生工具一样，该协议在第二年 1 月 1 日采用资金交换来结算，结算的数额取决于那天的棉花价格。在该期权合同下，如果第二年 1 月 1 日的棉花价格分别为 0.52 美元、0.30 美元、0.39 美元，该公司收入或支付的净额分别是多少？记住该期权合同涉及 100 000 磅棉花，而且该公司拥有是否购买棉花的选择权。

[练习 19-5]　衍生工具会计概述：公允价值套期

LO5　在第一年 12 月 1 日，某公司将 100 000 美元投资在高风险的互联网股票上。这笔投资属于交易性证券。投资协议的部分条款阻止了该公司在第二年 1 月 1 日前出售这笔投资。为了消除这笔投资的价值波动导致的不确定性，该公司与一个投机商签订了一个远期合同。在该远期合同下，该公司将于第二年 1 月 1 日以 100 000 美元的价格将该笔投资出售给投机商（注意：为简单起见，忽略现实的一致性，即该证券属于交易性证券，然而远期合同确保该公司在出售该证券时将不会获得任何收益）。假设该投资证券在 12 月 31 日的价值分别为 130 000 美元、75 000 美元、100 000 美元，写出第一年 12 月 31 日的与投资证券和远期合同有关的所有必需的分录。

[练习 19-6]　衍生工具会计概述：现金流量套期

LO5　一个农民想要在第二年 1 月 1 日出售 5 000 蒲式耳玉米。在第一年的 12 月 1 日，该农民加入了一个在第二年 1 月 1 日以每蒲式耳玉米 2.30 美元的价格出售玉米的期货合同。12 月 1 日，玉米的市场价格也是每蒲式耳 2.30 美元。假设 12 月 31 日时，玉米的市场价格分别为每蒲式耳 2.50 美元、2.15 美元、2.30 美元，写出第一年 12 月 31 日的与期货合同有关的所有必需的分录。

[练习 19-7]　外国货币期货合同会计处理

LO5　在第一年 12 月 1 日，洛利安公司和一家泰国公司达成了一个信贷出售协议，按照协议，出售的价格为 100 000 泰铢，洛利安公司将于第二年的 1 月 1 日收到这笔钱。12 月 1 日的汇率为 40 泰铢兑 1 美元。在 12 月 1 日，洛利安公司加入了一个期货合同，按照该合同，洛利安公司将于第二年 1 月 1 日，以 40 泰铢兑换 1 美元的汇率出售 100 000 泰铢。假设 12 月 31 日的汇率分别为 50 泰铢兑换 1 美元、37 泰铢兑换 1 美元、40 泰铢兑换 1 美元，写出该日记账簿上的与收入数额和期货合同有关的所有必需的分录。

[练习 19-8]　或有损失和或有收益会计处理

LO6　下面的这些案例，如果必须写出分录，则写出分录；如果没有必须要写出分录，则描述该项目如何在财务报表中报告出来。

1. 某公司控告另一家公司专利侵权并赢得初审，获赔 800 000 美元。那家公司不服判决，提起上诉。该公司的律师认为赢得这场诉讼是可能的（而不是很可能）。

2. 某公司长期拥有一个生产点，现在发现该生产点排出有毒废物污染了环境。该公司承认了它在污染中需要承担的责任。初步的清理可行性研究表明，该公司将至少拿出 450 000 美元来清理有毒废物。

3. 某公司因为专利侵权被起诉并输掉了官司。初审判决该公司赔偿 290 000 美元，该公司不服，提起上诉。公司的律师认为输掉这场官司是可能的（而不是很可能）。

[练习 19-9]　分部报告

LO7　彩虹公司在内部将自己划分为以下 7 个业务分部：

	总收入	营业利润	总资产
分部 1	$1 000	$150	$600
分部 2	600	30	100
分部 3	500	80	200
分部 4	700	100	300
分部 5	200	20	800
分部 6	100	10	110
分部 7	80	15	100
合计	$3 180	$405	$2 210

分部 3 和分部 4 具有相似的产品,使用相似的工序,并通过相似的渠道来分配产品。

彩虹公司目前正为每个分部的分部报告信息而忧虑。按照 SFAS 第 131 号公告,哪些分部需要单独报告。

[练习 19-10] 中期报告

LO8 某公司历史上每季度报告 1% 的销售呆账费用。今年该公司前三季度采用了同样的办法。然而,在第四季度,在和审计员磋商以后,该公司决定该年的呆账成本应为 140 美元。每季度的销售额为:第一季度 1 000 美元;第二季度 800 美元;第三季度 1 100 美元;第四季度 1 500 美元。写出必需的记录第四季度呆账成本的调整分录。

习题

[习题 19-11] 衍生工具:互换协议的会计处理

LO5 2011 年 1 月 1 日,Slidell 公司收到了一个两年期、价值 500 000 美元的贷款,在每年年底支付利息,且于 2012 年 12 月 31 日偿还本金。第一年的利率为市场利率 7%,2012 年的利率等于 2012 年 1 月 1 日的市场利率。贷款的同时,Slidell 公司加入了一个利率互换协议,即如果 2012 年的利率高于 7%,公司将收到互换支付(基于 500 000 美元的贷款);如果利率低于 7%,公司将支出互换支付。利率互换支付将于 2012 年 12 月 31 日完成。

写出 Slidell 公司 2011 年和 2012 年账簿上的,记录该笔贷款和互换协议的必需的分录。2012 年 1 月 1 日的利率为 6%。

[习题 19-12] 衍生工具:远期合同的会计处理

LO5 2011 年 9 月 1 日,Ramus 公司从 Ho Man Tin 公司购买了机械分部,并将于 2012 年 1 月 1 日支付 6 000 000 港币。9 月 1 日的汇率为 7.7 港币兑换 1 美元。同一天,Ramus 公司加入了一个远期合同,并同意在 2012 年 1 月 1 日,以 7.7 港币兑换 1 美元的汇率购买 6 000 000 港币。

写出 Ramus 公司账簿上 2011 年 9 月 1 日、2011 年 12 月 31 日和 2012 年 1 月 1 日这三天记录这笔交易和远期合同的所有分录。2011 年 12 月 31 日和 2012 年 1 月 1 日的汇率为 8 港币兑换 1 美元。Ramus 公司采用的是永续盘存制。

[习题 19-13] 衍生工具:期货合同的会计处理

LO5 Shelby 公司生产瓶装橘子汁。橘子汁浓缩液一般是以磅为单位购买来的,且 Shelby 公司每月使用 50 000 磅橘子汁浓缩液。2011 年 12 月 1 日,Shelby 公司加入了一个在 1 月 1 日以每磅 0.95 美元的价格购买 50 000 磅橘子汁浓缩液的期货合同。每磅 0.95 美元的价格也是橘子汁浓缩液在 12 月

1日的市场价格。Shelby 公司将该期货合同当成套期来使用,以保证 1 月购买橘子汁浓缩液的成本不发生波动。

写出 Shelby 公司账簿上在 2011 年 12 月 1 日、2011 年 12 月 31 日和 2012 年 1 月 1 日这三天记录这个期货合同和 1 月 1 日记录购买 50 000 磅橘子汁浓缩液的分录。2011 年 12 月 31 日和 2012 年 1 月 1 日橘子汁浓缩液的市场价格为每磅 0.85 美元。

[习题 19-14] 衍生工具:期权合同的会计处理

LO5 Far West Clothing Mills 公司每月大约使用 250 000 磅棉花制作棉布。该棉布用在公司专营的无皱褶长袖白衬衫上。2011 年 12 月 1 日,Far West Clothing Mills 公司购买了一个期权,该期权赋予公司在 2012 年 1 月 1 日以每磅 0.50 美元的价格购买 250 000 磅棉花的权利。12 月 1 日棉花的市场价格为每磅 0.50 美元。Far West Clothing Mills 公司不得不花费 2 000 美元购买该棉花期权。Far West Clothing Mills 公司将该期权当作套期来使用,以保护自己不受 1 月棉花价格波动的影响。

写出 Far West Clothing Mills 公司账簿上在 2011 年 12 月 1 日、2011 年 12 月 31 日和 2012 年 1 月 1 日这三天记录这个期权合同和 1 月 1 日记录购买 250 000 磅棉花的分录。2011 年 12 月 31 日和 2012 年 1 月 1 日棉花的市场价格为每磅 0.42 美元。

[习题 19-15] 衍生工具:面额

LO5 回顾习题 19-12 和习题 19-13。

1. 习题 19-12 中描述的港币远期合同的面额是多少?该远期合同在 2011 年 12 月 31 日的公允价值是多少?

2. 习题 19-13 中描述的橘子汁浓缩液期货合同的面额是多少?该期货合同在 2011 年 12 月 31 日的公允价值是多少?

[习题 19-16] 衍生工具:投机交易的会计处理

LO5 Warsaw Signal 公司专门从事预测黄豆市场的价格变化。2011 年 11 月 1 日,它预测黄豆的价格被低估了。因此,Warsaw Signal 公司加入了一个在 2012 年 1 月 1 日以每蒲式耳 5.00 美元的价格购买 50 000 蒲式耳黄豆的期货合同。2011 年 11 月 1 日的黄豆市场价格为每蒲式耳 5.00 美元。

1. 如果在 2011 年 12 月 31 日,黄豆的市场价格为每蒲式耳 4.75 美元,写出该日必需的调整分录。

2. 如果在 2011 年 12 月 31 日,黄豆的市场价格为每蒲式耳 5.20 美元,写出该日必需的调整分录。

[习题 19-17] 中期报告:期中利润表

LO8 Heifer 技术有限公司至 2011 年 12 月 31 日的 2011 年利润表如下。用此年度利润表和追加信息,重建 Heifer 技术有限公司的第三季度的中期报表。

追加信息:

(a) 假定 35% 的税率。

(b) 第三季度销售额为总销售额的 30%。

(c) 为了中期报告,41% 的毛收益率将会被调整。

(d) 可变的经营费用按销售额的比例进行分配。固定的经营费用基于时间期满而分配。在总的经营费用中,有 70 000 美元的可变经营费用。

(e) 设备在 2011 年 6 月 1 日售出。

(f) 在 2011 年 9 月 1 日发生异常损失。

第19章 衍生工具、或有事项、企业分部与中期报告

至2011年12月31日的2011年
Heifer技术有限公司利润表

销售额	$1 200 000
货物销售成本	710 000
销售总收益	$490 000
经营费用	104 000
经营收益	$386 000
设备销售收入	22 000
税前持续经营收益	$408 000
所得税	142 800
持续经营收益	$265 200
异常损失（净所得税节约45 000美元）	(80 000)
净利润	$185 200

难题

[难题19-18]　衍生工具：识别套期

LO4　Kanesville公司在使用衍生工具对商业风险进行套期保值时一直是新手。Kanesville公司在尝试套期5个特殊项目时签署5个衍生协议。衍生工具及相关项目简要描述如下：

（a）欧洲期货合同。如果在7月31日500 000欧元的价值大于300 000美元，Kanesville公司必须支付差价；如果其价值小于300 000美元，Kanesville公司将收获差价。这个期货合同是应于7月31日到期支付的500 000欧元的应付账款的套期。

（b）铜远期合同。如果铜的价格在8月31日以前高于每磅1.10美元，Kanesville公司必须支付差价（总计100 000磅）；如果铜的价格在8月31日以前低于每磅1.10美元，Kanesville公司将收获差价。这个远期合同对Kanesville公司预期在8月购买铜进行套期保值。

（c）日元期货合同。如果在7月15日1 000万日元的美元价值大于90 000美元，Kanesville公司将收获差价；如果其美元价值小于90 000美元，Kanesville公司必须支付差价。这个期货合同是Kanesville公司对预期于7月15日从日本公司以500万日元购买某种器材进行的套期保值。

（d）利率互换协议。如果在下年3月31日利率大于12%，Kanesville公司将收获差价（本金为2 000 000美元）；如果在下年3月31日利率小于12%，Kanesville公司必须支付差价。这个利率互换是对2 000 000美元的可变利率贷款进行的套期保值。这个贷款将在今年5月10日全部偿还。

（e）Williams公司股票的看涨期权。如果Williams公司的股票每股价格在9月24日大于60美元，Kanesville公司将收获差价（总计25 000股）；如果Williams公司的股票每股价格在9月24日小于60美元，期权将毫无价值并被允许期满。这个看涨期权打算对25 000股Williams公司股票的投资进行套期保值。

要求：对于上面5种情况（衍生工具及相关项目），说明衍生工具是否是一个有效的套期。解释你的回答。

[难题19-19]　衍生工具：互换合约的会计处理

LO5　在2011年1月1日，Nathan公司获得了5年期5 000 000美元的贷款，贷款利息在每年年末支付，贷款本金在2015年12月31日偿还。第一年的利息是8%的现行市场利率。随后每年的利率和当年1月1日的市场利率相等。同时，Nathan公司签署了一项利率互换合约，从2012年开始，如果每年1月1日的市场利息大于8%，Nathan公司将收获互换支付（基于5 000 000美元）；如果每年1月1日的市场利息小于8%，Nathan公司将支付互换差价。这个利率互换在每年年末支付。

2012 年 1 月 1 日的利率是 11%,而 2012 年 12 月 31 日的利率是 7%。

要求:在 2011 年和 2012 年 Nathan 公司的报表中做所有必要分录来记录这项贷款和利率互换合约。为估计长期互换支付情况,假定当前利率是长期利率的最佳预见。

[难题 19-20]　衍生工具:期权合同的会计处理

LO5 2011 年 1 月 1 日,Jessica Marie 公司以 20 000 000 韩元的价格向 Gwang Ju 公司出售设备,支付将于两年后的 2013 年 1 月 1 日收到。2011 年 1 月 1 日的兑换率是 800 韩元 = 1 美元。与此同时,Jessica Marie 公司签订了一个期权合同,约定在 2013 年 1 月 1 日以 800 韩元 = 1 美元的兑换率售出 20 000 000 韩元。

2011 年 12 月 31 日的兑换率是 790 韩元 = 1 美元,2012 年 12 月 31 日的兑换率是 830 韩元 = 1 美元。整个合同期合适的折现率是 10%。

要求:在 2011 年、2012 年和 2013 年 Jessica Marie 公司的报表中做所有必要的分录来记录这笔销售、期权合同和可获得的收益。为估计这个期权合同下未来的结算支付,假定当前的兑换率是未来兑换率的最佳预期(注意:不要忘记记录应收账款的现值)。

[难题 19-21]　衍生工具:期权的会计处理

LO5 Pratt 公司每月大约售出 600 000 蒲耳式的谷物。在 2011 年 1 月 1 日,Pratt 公司购买了一个在 2013 年 1 月 1 日以每蒲耳式 1.25 美元的价格出售 600 000 蒲耳式谷物的期权。2011 年 1 月 1 日谷物的市场价格是每蒲耳式 1.25 美元。Pratt 公司必须花费 90 000 美元购买这个谷物看跌期权,这个看跌期权可视为 Pratt 公司对 2013 年 1 月售出谷物价格跌落的套期。

2011 年 12 月 31 日的谷物价格为每蒲耳式 1.75 美元。因为在期权期满以前谷物价格还有跌落于每蒲耳式 1.25 美元的潜在可能(这样有利于执行看跌期权),期权在 2011 年 12 月 31 日有 23 000 美元的价值(注意:这个 2011 年 12 月 31 日的看跌期权已经考虑到了对金钱的时间价值进行合适调整)。2012 年 12 月 31 日的谷物价格是每蒲耳式 1.35 美元。

要求:在 Pratt 公司 2011 年、2012 年和 2013 年的报表中做所有必要的分录来记录这个期权和在 2013 年 1 月售出 600 000 蒲耳式谷物的交易。

[难题 19-22]　衍生工具:投机的会计处理

LO5 Martins Cove 公司雇佣 25 名分析师时刻关注家畜和农业产品的需求的最新情况。Martins Cove 公司用这些最新的信息来从事基于农业产品价格预测的期货合同。在 2010 年 12 月 1 日,Martins Cove 公司签订了如下 3 个合同:

合同类型	数量(磅)	每磅的远期价格(美元)	2011 年 12 月 1 日每磅的市场价格(美元)
购买育肥牛	250 000	1.65	1.65
出售猪肚	800 000	0.45	0.45
购买牛奶	500 000	0.70	0.70

所有这 3 个合同都将在 2012 年 1 月 1 日结算。

要求:

1. 假定在 2011 年 12 月 31 日有如下每磅的市场价格:育肥牛,1.53 美元;猪肚,0.55 美元;牛奶,0.67 美元。做 2011 年 12 月 31 日的必要的调整分录。

2. Martins Cove 公司有很多关于农产品的信息。那么它用这些信息交易衍生合同比直接买卖牛、猪和牛奶有什么样的优势?又有什么样的劣势?

[难题 19-23]　或有事项:或有负债

LO6 Southern Outpost 公司在 2011 年 12 月 31 日有几种或有负债。审计人员得到如下每种负债的简要信息：

（a）2010 年 5 月，Southern Outpost 公司陷入诉讼。2011 年 12 月，法庭下达了一个处罚 Southern Outpost 公司 600 000 美元的判决。Southern Outpost 公司对这个判决款项进行了上诉。其公司的辩护律师认为他们可以通过上诉削减罚款 50%。Southern Outpost 公司未完成上诉过程，这个上诉过程将持续 1 年。

（b）2011 年 7 月 1 日，Duval County 采取行动反对 Southern Outpost 公司用产品废料污染 St. Johns 河。有理由相信 Duval County 将会成功，但是 Southern Outpost 公司必须支付的赔偿应该不超过 280 000 美元。Southern Outpost 公司没有做分录反映可能的损失。

（c）Southern Outpost 公司作为担保人签订了 Guaranty 银行向 Northern Supply 有限公司贷款 70 000 美元的合同。在这次，只有一个长期可能性，那就是 Southern Outpost 公司将不得不为了 Northern Supply 有限公司而支付贷款。

要求：

1. 在 2011 年 12 月 31 日的资产负债表中，每个项目作为一项负债应该报告多少？
2. 作为资产负债表的一部分，每个项目在附注披露中应包含什么信息？
3. 为反映你对问题 1 和 2 的答案，做出为调整 Southern Outpost 公司报表必需的分录。

[难题 19-24] 分部报告：报告分部数据

LO7 ProCom 经营几种不同的行业。2011 年 ProCom 总的销售额为 14 000 000 美元，总销售成本为 6 500 000 美元。为内部报告需要，ProCom 把普通成本按照各分部销售额占总销售额的比例进行分配。不同分部相关的附加信息如下：

	分部 1	分部 2	分部 3	分部 4	其他分部
对总销售额的贡献	25%	12%	31%	23%	9%
分部的特殊成本	$1 100 000	$1 000 000	$1 300 000	$880 000	$400 000

要求：

1. 计算 4 个分部中每个分部内部报告的经营利润。
2. 讨论 ProCom 在外部财务报表中使用与内部报告相同的普通成本分配方法是否合适。

[难题 19-25] CPA 考试样题

LO6，LO8 1. Eagle 公司在其总裁的位置上签署了一份抵押合约，在总裁可能缺席的情况下保证其负债。Eagle 公司认为缺席的可能性是微小的。这个保证在其财务报表中应如何处理？

（a）只披露
（b）只计提
（c）计提并披露
（d）既不计提也不披露

2. 会计原则委员会意见第 28 号，"中期财务报告"，从其中推断出中期财务报告按下面哪种方式来看待？

（a）只有活动贯穿全年才有用
（b）把中期报告看作年度会计报告
（c）将其按照年度报告整体的一部分来报告
（d）在会计普遍的基础下而非 GAAP 来报告

案例

[案例 19-26] 衍生工具:衍生工具是投机的另外一种方式吗?

Laurie Seals 和 Julie Winn 是 Upland 州立大学的室友。Laurie 的专业是政治科学,而 Julie 的专业是会计学。现在,一个 Laurie 的政治科学课正在美国几个社会团体中讨论衍生工具交易损失给财务带来的影响,这些社会团体包括市政府和公立大学。政治科学课的同学最后认为衍生工具不过是投机的诡辩形式,其在美国的交易应该被禁止。

Julie 该怎样向 Laurie 解释衍生工具可以作为一种重要的商业手段?

[案例 19-27] 或有事项:法庭上的会计准则

法官 Daniel H. Wells 正在考虑一宗 3 个股东控告 Transcontinental 公司的诉讼。股东们称 Transcontinental 公司的年终资产负债表是有误导性的,因为其没有正确地反映公司的财务情况。股东们称,他们按照公司发布的财务报表对公司进行了投资,紧接着就产生了亏损。问题的关键点是 Transcontinental 没有披露任何有关于一个供应商的重大未决诉讼后来的结果是 Transcontinental 公司败诉了。这 3 个股东称这个信息是重要的且相关的,应该被披露。

明天,Transcontinental 公司的会计师将会上庭。在反对方的律师对会计师询问之前,Wells 打算向其问一些问题来决定 Transcontinental 公司是否在其会计工作上有疏忽。Wells 应该问什么问题?

[案例 19-28] 分部报告:按产品线还是按国家?

Eliza Snow 是 Lorenzo 制造的审计员。Lorenzo 有着 5 种不同的产品线,在 6 个不同的国家有大规模经营。Lorenzo 已建立起了内部组织架构,6 个国家中每个国家有一个管理者负责这个国家的所有 5 种产品的销售。其内部报告也按照相同的组织架构来准备。

Snow 听到 FASB 规则将要求 Lorenzo 通过产品线来向外部报告分部总结信息的传闻。因为这样做的话会使外部报告与 Lorenzo 内部报告完全不一致,所以 Snow 很烦恼。她估计如果通过产品线来报告分部信息的话将需要她以及她的整个团队最少一周的时间来完成。

Snow 是否对 FASB 第 131 号公告有一个正确的理解?请解释。

[案例 19-29] 中期报告:季度报告必须和年度报告一样精确!

J. M. Grant 已经被选为 Montrose 公司的董事会成员。现在其他董事会成员开始后悔这个决定。Grant 证明是一个固执己见的、非常顽固的并且特别保守的人。自从 Grant 参加董事会,董事会成员做出决定要比没有 Grant 参加董事会时多花 2 到 3 倍的时间,因为 Grant 好像对其他所有人说的所有事情都不同意。

最近一次的危机是准备季度报告。当听到季度报告没有像年度报告一样包含相同的细节和在准备季度报告的总结信息时广泛采用估计与假设时,Grant 震惊了。最后使 Grant 崩溃的是他听到季度报告没有经过审计。Grant 显然拒绝接受这个季度报告的不严谨的方法,并宣称将反对董事会的其他所有决定,直到董事会答应准备一个像年度报告一样包含相同细节、相同会计实务和相同类型的审计意见的季度报告。

你被董事会指定向 Grant 解释原因。你将告诉他什么?

[案例 19-30] 解析财务报表(衍生工具:IBM)

在 IBM 2007 年财务报表的附注 K 中,其披露了以下衍生工具:

下表总结了 2007 年 12 月 31 日衍生工具的净公允价值和作为净投资的套期的国外货币债务的现存价值(包含在财务状况汇总报表中)。

单位：百万美元

	套期名称			
	公允价值	现金流量	净投资	非套期/其他
衍生工具——净资产/(负债)：				
债务风险管理	167	291	—	50
国外子公司的长期投资("净投资")	—	—	(937)	—
预期专利和成本交易	—	(203)	—	—
预期商品购买交易	—	—	—	—
子公司现金和国外货币资产/负债管理	—	—	—	(56)
资产风险管理	—	—	—	30
其他衍生工具	—	—	—	6
衍生工具总计	167[a]	88[b]	(937)[c]	30[d]
债务				
国外子公司的长期投资("净投资")	—	—	(2 787)[e]	—
总计	167	88	(3 724)	30

[a] 包括1.81亿美元资产和1 400万美元负债。
[b] 包括5.26亿美元资产和4.38亿美元负债。
[c] 包括9.37亿美元负债。
[d] 包括9 000万美元资产和6 000万美元负债。
[e] 代表作为净投资的套期的国外货币债务。

累积衍生工具收益或亏损

在2007年12月31日，连同预期专利和成本交易的现金流量套期，在累积收益和(亏损)不影响留存收益的情况下公司共报告净亏损税后净额1.36亿美元。在这个账目中，1.74亿美元的亏损预期在下一年的净收益中再分配，以提供一个针对基本预期交易的抵销经济效果。在2007年12月31日，连同公司借款的现金流量套期，记录进不影响留存收益的累积收益和(亏损)下的亏损大约为9 100万美元除税净额。在这个账目中，6 700万美元的亏损预期在下一年的净收益中再分配，提供一个针对基本预期交易的抵销经济效果。

下表总结了与所有按现金流量套期分类衍生工具相关的股东权益汇总报表中的不影响留存收益的累计收益和(亏损)活动。

单位：百万美元，税后净额

	借/(贷)
2004年12月31日	653
2005年分配进资本收益的净亏损	(104)
2005年衍生工具公允价值的变化	(787)
2005年12月31日	(238)
2006年分配进资本收益的净亏损	205
2006年衍生工具公允价值的变化	138
2006年12月31日	104
2007年分配进资本收益的净亏损	(116)
2007年衍生工具公允价值的变化	239
2007年12月31日	227

对于结束于2007年、2006年和2005年12月31日的，在代表套期非有效或排除套期有效性的评

估(对公允价值套期和现金流量套期)收益中,没有已承认的重大收益或损失,也没有与未发生或期望发生的潜在有关的重大收益或损失;在一般商业过程中也没有任何预期。

1. IBM 报告指出在其债务风险管理方案中同时采用公允价值和现金流量套期。其大部分套期通过利率互换来完成。一些利率互换是固定支付、可变获得的互换,另一些是可变支付、固定获得的互换。这两种互换哪个是公允价值套期? 哪个是现金流量套期? 请解释。

2. IBM 用衍生工具套期以国外货币计价的预期长期专利支付额的浮动。用 IBM 预期专利现金流量套期的公允价值信息,联系专利计价的国外货币,说明从衍生工具被签订到 2007 年 12 月 31 日之间美元是加强还是疲软。

3. IBM 列出了 27.87 亿美元作为套期的债务。这个债务套期是什么? 这个债务怎样作为一个有效的套期?

4. 2007 年 12 月 31 日,IBM 承认与现金流量套期相关的 2.27 亿美元的未实现亏损。在这些亏损中,有多少与期望发生在一年中的现金流量交易相关?

5. 哪种披露方式能够给出 IBM 外汇和利率风险的最佳说明?

[案例 19-31] 写作训练(FASB 是经济流氓!)

你是 FASB 7 位成员中的一位。FASB 现在被一个主流报纸在封面内容中批评了。其主题是"解释环境负债"。文章的主要观点是潜在环境负债可以通过模糊的描述——"很可能的、可能的和轻微可能的"来管理。另外,文章还提出,公司可简单地通过讨论成本不能"被合理地估计"来避免承认长期环境保护成本的负债。

当然,新闻杂志封面上的批评也在网络电视新闻频道中重复。各会计专家在早上新闻中指责 FASB 在环境负债这一重大领域行动缓慢。环境组织也开始在 FASB 总部外派遣纠察者,宣称 FASB 与"大巨头"合谋来躲避企业的环境清理责任。

你被挑中来为 FASB 写一篇应对这一危机的回应。向这个每周新闻杂志的编辑写一份备忘录,限制在 1 页左右。

(注意:这个场景是假设的——你不是 FASB 的成员,FASB 的环境负债也没有成为《时代》或者《每周新闻》的封面,环境组织更没有向 FASB 派遣纠察员。)

[案例 19-32] 研究会计准则

为帮助你熟悉会计准则,本案例要求你登录 FASB 的网站以获得其各种出版物信息。进入 FASB 的网站http://www.fasb.org。点击"Prounoucement & EITF Abstracts"。

在这一章,我们讨论了衍生工具会计。在这个例子中,我们将用到 FASB 第 133 号公告,"衍生工具和套期活动会计"。打开 FASB 第 133 号公告。

1. 第 18 段略述了衍生工具收益和亏损的会计处理。公允价值套期的收益和亏损应怎样处理? 现金流量套期的收益和亏损应怎样处理?

2. 第 6 段介绍了"潜在"项目并叙述了衍生金融工具的一个特性是有一种或更多潜在性。参考 SFAS 第 133 号的附录 A,给出这个潜在性的例子。

[案例 19-33] 道德困境(一旦套期,永远套期)

你是一个小型进出口公司的财务管理员/出纳员。你做出所有的财务和会计决定。你的公司向德国、波兰和捷克共和国出售货物。历史上,波兰的销售额一直以兹罗提(波兰货币)计价。今年年初,你决定从事一些保护明年在波兰销售额的因美元/兹罗提兑换率的变换对现金流量的影响的兹罗提期货合同。依照正确的会计手续,你认为这些期货合同是现金流量套期。

在今年的 12 月,你在波兰的客户向你通报他们担心欧元的合并会影响兹罗提的效力,所以他们希望今后的销售合同以美元计价。好消息是这个行为排除了汇率对波兰销售额的影响。坏消息是你已经签订了期货合同,在今年年末期货合同将有 500 万美元的公允价值(负债)。

你的难题是:因为未来波兰的销售额将以美元计价,这个期货合同就不再是套期。但是如果把这个期货合同作为一个投机投资,你们必须承认在今年的收入中加入500万美元的亏损。这整个套期经营是你的主意,是你使公司的董事长确信你知道你在做什么且没有机会产生这一重大损失。如果承认这个亏损的话,今年的报告利润将会被抹除,公司将会在历史上第一次出现净亏损。

你应该怎么做?

[案例19-34] 累进式电子工作表分析

这个任务是一个简单衍生工具评估的练习。天行者公司正在考虑用2012年度的衍生工具合同来套期利率风险。但是在签订任何衍生工具合同之前,天行者公司的管理者想更好地了解衍生金融工具的价值是怎样波动的。

对于2012年,天行者公司考虑将其600美元的长期债务转换成3月期可更新债务;通过这样做,天行者公司将可以从它的贷款方获得各种优先权。但是,天行者公司不想承担相关利率风险。因为当贷款更新时,3个月的贷款利率也会随之变化,从而提高了利率风险。所以,天行者公司需要与另一个财务机构签订一个利率互换合约。互换的条款如下:贷款金额,600美元;互换利率,8%。

天行者公司将向这个财务机构每季度支付一个固定金额12美元($600×0.08×3/12)。作为交换,天行者公司将获得与当前3个月期的市场利率乘以600美元相等的可变金额。这就叫固定支付、可变获得的互换。天行者公司可以用这个获得的可变金额来支付3月期可更新贷款的可变利息。

在实践中,当市场利率低于8%时,通过天行者公司支付的数量等于[$600×(0.08-市场利率)×3/12],互换被结清;同样,当市场利率高于8%时,天行者公司将收获这个数量。

天行者公司的财务人员对以往的利率做了调查并准备了以下的表格。表格中的数据代表,例如,如果当前市场利率是8.0%,3个月后的市场利率仍然是8.0%的可能性是30%。另外,3个月后的市场利率将增加到8.3%的可能性是5%,3个月后的市场利率减小到7.6%的可能性是3%。

3月后的期望利率	可能性
当前利率 + 0.5%	2%
当前利率 + 0.4%	3
当前利率 + 0.3%	5
当前利率 + 0.2%	10
当前利率 + 0.1%	15
当前利率	30
当前利率 − 0.1%	15
当前利率 − 0.2%	10
当前利率 − 0.3%	5
当前利率 − 0.4%	3
当前利率 − 0.5%	2

利用这些信息,制作一个电子表格回答以下问题:

1. 如果合同还有3个月到期且当前市场利率是8%,这个固定支付、可变获得的互换合同对天行者公司有什么样的价值?确定这个互换合同对天行者公司是一个资产还是一个负债。

2. 用如下关于当前市场利率的假设重复(1):(a) 7.2%;(b) 8.1%;(c) 9.0%。

3. 讨论这个衍生工具合同的公允价值和合同面额的相关程度。

第20章 会计变更与差错更正

> **学习目标**
>
> 1. 理解已经被会计准则制定机构确认的两种不同的会计变更类型。
> 2. 认识会计估计的变更和会计原则的变更的不同,并且知道会计估计的变更在财务报表中是如何反映的。
> 3. 编制前期财务报表的追溯调整,以及任何必要的与会计原则变更相关的累计调整。
> 4. 报告企业合并前几年的预测表结果。
> 5. 识别在账务处理过程中可能发生的不同类型的差错,理解差错自动抵销的情况,并能在必要时更正差错。

1992年,SFAS No.106"关于养老金以外的退休后福利的雇主会计"发布(2008年9月,随着SFAS No.158的发布,该准则也被修改)。这一准则对企业利润的整体影响是构建了一种新的会计规则,并且预计会导致美国主要公司的利润高达1万亿美元的跌幅。[①] 一个受此影响的例子就是,准则要求通用汽车公司确认有关其他的退休后福利330亿美元的负债。到2007年,通用汽车公司的非养老金退休后福利负债已经上升到640亿美元。

令人惊奇的是,FASB在1992年做出这一会计变更——SFAS No.106之前,美国所有公司记录的作为非养老金退休后福利的负债总额恰好为零。说实话:这没有为这些义务的履行提供有用的会计信息。然而,在第106号公告通过之前,FASB收到了许多意见,这些意见提供了极其糟糕的灾难性预言,如果要求美国的公司开始在资产负债表上确认它们已向雇员承诺多年的非养老金退休后福利债务的话。

会计准则制定始终涉及权衡成本和收益。准则制定的一个困难是,与准则有关的成本和收益的性质使它们很难进行比较。一个新的准则的收益是难以量化的,这些收益在一个很大的群体中蔓延(例如,所有财务报表使用者)。另一方面,成本通常比较容易量化,并且集中在较小的群体里,即编制财务报表的企业。

成本和收益之间的不对称造成了不可避免的异议和争议。可以预见地,如此的异议和争议围绕着FASB关于非养老金退休后福利的计划。改善会计信息披露的收益和提供数据的增加成本是难以量化的,但是关于准则的最棘手的问题实际上并非会计方面的:该准则

---

① Lee Berton and Robert J. Brennan, "New Medical-Benefits Accounting Rule Seen Wounding Profits, Hurting Shares," *The Wall Street Journal*, April 22, 1992, p. Cl.

将如何影响公司提供的福利计划,以及准则将如何影响这些福利计划的政府管制?

准则的批评者们提供的证据表明,公司为了降低目前报告的费用已经减少了退休人员的医疗福利。如下发表的评论是典型的:"一些公司为了减轻 FASB 所做规定的影响,正在减少退休人员的健康保健费用。"① 另外,企业表示担心:明确确认一项非养老金的退休后福利负债将增加政府授权或管制这类计划的可能性。然而,其他人都对 FASB 强迫公司认真面对它们所提出的扩大关注退休人员的医疗保健和其他退休后福利的承诺而表示赞赏。

对于通用汽车公司来说,采用第 106 号公告使得税后利润减少了 210 亿美元,并使每股盈利减少 33.38 美元。对于其他一些公司的影响列示于表 20-1。

表 20-1 FASB 第 106 号公告的影响 单位:百万美元

公司	一次性费用
IBM	2 263
通用电气公司	1 799
贝尔大西洋公司	1 550
百事公司	357
可口可乐公司	7
蒂芙尼公司	6

在 FASB 第 106 号公告在 1992 年通过之前,非养老金的退休后福利已经使用很多年了,考虑 210 亿美元税后成本的估算是否应该由通用汽车公司在采用该准则的当年全部报告为费用,或者是否有更有效的方式来确认这个成本是有意义的。这一章将对这个问题进行讨论。

问题:

1. 在 FASB 第 106 号公告之前,公司通常不把非养老金的退休后福利计划确认为成本,也不确认为负债。列出企业为应对 FASB 要求它们确认成本和与这些计划有关的义务而减少了退休人员医疗福利的原因。

2. FASB 的第 106 号公告导致公司报告低利润和高负债。你预计公司的大型退休后福利计划会使股票价格下跌吗? 你预计这些公司获得贷款会更加困难吗?

3. 通用汽车公司被要求承认它采用 FASB 的第 106 号公告而一次性确认 210 亿美元的费用。这 210 亿美元代表了 1992 年之前所有年份的通用汽车公司的非养老金退休后福利计划累计税后成本。通用汽车公司还可能怎样记录这 210 亿美元?

问题的答案可以在第 424 页找到。

公司财务报表报告的结果每年都有很大的不同。这可能是由于经济环境的改变,但也可能是由于会计方法的变更或记录过去交易事项的差错更正。

会计方法变更会对公司的财务报表产生重大的影响。由于这种影响,人们可以认为,会计变更有损在《中级会计学:基础篇》第 1 章讨论的信息的可比性和一致性的特点。那么

---

① Lee Berton, "FASB Issues Rule Change on Benefits," *The Wall Street Journal*, December 20, 1990, p. A3.

为什么要做这些会计变更呢？做这些变更的主要原因可以归纳为如下几个方面：

1. 由于经验或者新信息，一个企业可能会改变它的收入或支出估计——例如，对无法收回的应收账款的估计或者对折旧资产的使用寿命的估计。

2. 由于经济条件的改变，公司可能需要改变会计方法，以更好地反映当前经济形势。

3. 会计准则制定机构可能要求使用新的会计方法或原理，如退休后福利的新的报告要求。

4. 管理层可能会迫于压力而报告盈利的业绩。合理的会计变更会导致更高的净利润，从而对管理层产生积极的影响。

无论是什么原因，会计师必须牢记基本质量特征的有用性。他们必须决定会计变更的原因是否恰当，以及如何更好地报告这些改变，以方便理解财务报表。

对过去交易事项的会计差错的更正存在一个类似的问题。差错必须被更正，并进行适当的披露，使财务报表的读者能清楚地明白发生了什么。本章的目的是讨论会计变更和差错更正的不同类型，以及应该使用的相关会计程序。

会计变更

1 理解已经被会计准则制定机构确认的两种不同的会计变更类型。

WHY 会计估计变更是常规的而且是来源于经验的改进信息的自然结果。会计原则变更相对较少，而且出现的结果要么是 FASB 通过的新的会计准则，要么是从一个可以接受的原则转移到另一个。

HOW 两种类型的会计变更——会计估计的变更和会计原则的变更——有很大的不同。据此，两种类型的会计变更的会计处理也有很大的不同，这些将在下一节中说明。

会计界已经确定了两种主要的会计变更①的类型：

1. 会计估计的变更；
2. 会计原则的变更。

正如第 1 章所指出的，对外公布的财务报表的主要目标是为用户提供信息，以帮他们预测、比较、估计报告实体的未来盈利能力和现金流量。当一个报告主体调整它过去所获得的收入的或发生支出的估计数，或从一种会计原则改变为另一种会计原则时，对使用者来说，通过过去的报告来预测未来将变得更加困难。基本的会计问题是，会计变更是否应当被报告为前期报表的调整（从而加强与当前和未来报表的可比性），还是只影响当前和今后年份。

在报告会计变更时，有如下的备选方案：

1. 对前期的财务报表进行重述，以反映变化的影响。调整最早期公布的期初留存收益余额以反映所有以前年度变更的累积影响。

2. 对提交的前几期的报表不做调整。报告本年度的变更的累积影响直接作为留存收益。

---

① *Statement of Financial Accounting Standards No. 154*, "Accounting Changes and Error Corrections: A Replacement of APB Opinion No. 20 and FASB Statement No. 3" (Norwalk, CT: Financial Accounting Standards Board, May 2005), par. 2. 第三类会计变更是报告主体的变化，它不是很常见，在本章不进行详细介绍。

3. 同(2)一样,除了报告变更的累积影响作为利润表中的特殊项目,而不是直接记入留存收益。

4. 同(3)一样报告本年度的累积影响,也报告包括在以前各期财务报表中的有限的预测表信息,如果变更发生在前几年也报告"可能是什么"。

5. 使变更仅对没有追溯调整的当期和今后时期有效。

上述每一种方法都已经被企业在过去使用过了,对每一种方法都可以产生争论。例如,一些会计师同意会计准则应当被应用在所有报告期间。因此,如果一个新的会计准则在当前被使用,前期财务报表应当被重述,以使所有报告期间所显示的结果都基于相同的会计准则。其他的会计师认为重述财务报表可能会稀释公众对这些报表的信任。应用于早期的准则在当时是适当的,在今后也应当被认为是适当的。另外,重述财务报表费用高,需要相当大的努力,有时由于缺乏数据,重述也是不可能的。

思考在这一章的开始我们讨论了通用汽车公司的例子。负债和对收入的影响应当如何被报告?特别地,什么是恰当的会计分录?显而易见地,通用汽车公司应当确认一项330亿美元的负债。因为直到这些费用被实际偿付之前,通用汽车公司不能因其他退休后福利而获得抵税,通用汽车公司也应当确认一项120亿美元的递延所得税资产。这项递延所得税资产应当被确认,因为通用汽车公司支出的福利成本是出于财务会计的目的,但是直到将来这些支出被偿付之前并不期望这些支出能获得抵税:回想第16章所述,这将导致应税收入比本期财政收入高,形成递延所得税资产。所以,会计分录将如下所示:

借:递延所得税资产   120亿
　　????   210亿
　贷:其他退休后福利   330亿

问号处应该写什么账户?应该是一个损益类账户、资产负债类账户,还是一些其他类型的账户?根据当时使用的会计规则,通用汽车公司借记了一项所谓的"会计变更的累积影响"的费用,并在利润表中报告了一个线下项目210亿美元的盈利减少。这项会计变更的处理与国际惯例是不同的。根据 IAS 8 的规定,公司留存收益账户的期初余额在借方,由此推理得到调整是与以前各期有关的,并且来源于这些期间的利润都记在留存收益账户中。另外,如果新准则被实施,前期的所有利润表将追溯重述;这是上面描述的(1)的另一类情况。

> **补充**
> 会计原则变更的累积影响曾经在利润表中显示为线下项目。

退休后福利的会计方法的变更仅仅是会计变更类型的一个例子。在美国,公司曾经在解释会计变更的影响的方法上有很多的选择。由于实践的多样性和给用户理解财务报表造成困难的结果,APB 发表了第 20 号意见。APB 的目标是带来更多具有一致性的报告。APB 试图既反映其增加财务报表可比性的意愿,又提高使用者对公布的财务报表的信心,妥协的证据存在于最后意见中。根据不同的会计变更类型,需要不同的会计处理方法。

作为其继续努力协调美国 GAAP 与 IAS 的一部分,FASB 于 2005 年 5 月通过了第 154

号公告。① 这项声明为与 IAS 8 一致,改变了美国解释会计变更和差错更正的方法。本章的内容是以这一新准则为基础的。

会计估计的变更

❷ 认识会计估计的变更和会计原则的变更的不同,并且知道会计估计的变更在财务报表中是如何反映的。

WHY 以权责发生制为基础的财务报表的编制要求做出估计。当这些出发点好的估计在后期被发现不准确时,并没有试图去修复以前报告的财务报表,因为这些报表反映的是当时可用的最佳的信息。

HOW 一个会计估计的变更并不涉及前期财务报表的重述。相反地,这种类型变更的影响在当前和以后期间反映出来。

> **补充**
>
> Jerry's Famous Deli 公司,是纽约熟食风味的餐厅,主要在南加州经营。1998 年 7 月 1 日,该公司将某些餐厅设备和家具及固定装置的预计使用年限从 5 年改为 8 年。这项改变降低了 420 000 美元的折旧费用,增加了 52.1% 的经营收入。(注意:在 2001 年 9 月 4 日,Jerry 宣布,他将从股东那里回购股份,走向私有化;这是首次公开招股或者公开发行。)

会计信息并不总是能够被准确地计量和报告,这与很多人的认知相悖。同时,会计数据虽然经常作为决策的依据,但它们往往以对将来发生的事件的估计为基础。财务报表包括这些以当时所提供的资料进行专业判断为基础所做的估计。然而在以后的日子里,额外的经验和新的事实有时会明确表明,为了更精确地反映业务情况,需要对会计估计进行修订。当发生这种情况时,会计估计的变更发生了。

该领域需要的会计估计变更的例子包括如下:

1. 无法收回的应收账款
2. 折旧或无形资产的使用年限
3. 折旧资产的剩余价值
4. 保修义务
5. 将被耗尽的矿产储备量
6. 养老金或其他雇佣后福利的精算假设
7. 递延成本收益的时期数

表 20-2 提供了两家公司 2007 年年度报告中有关估计的披露的例子:亨氏公司和麦当劳。尽管这些公司有不同的审计师(普华永道和安永),对附注的披露令人惊讶地相似。

---

① *FASB Statement No. 154*, pars. B31—B34.

表 20-2　与估计有关的披露——亨氏公司和麦当劳

合并财务报表附注 亨氏公司和其附属公司	
1. 主要会计政策	估计数的使用：与美国的一般公认会计原则一致，编制财务报表要求管理层做出估计和假设，这些估计和假设影响资产和负债的报告金额，在资产负债表日披露偶然发生的资产和负债，并且在报告期内要呈报收入和支出的金额。实际结果可能与这些估计不同。
麦当劳公司 主要会计政策	
财务报表中的估计	与美国的一般公认会计原则一致，编制财务报表要求管理层做出估计和假设，这些估计和假设影响财务报表及其附注的报告金额。实际结果可能与这些估计不同。

在《中级会计学：基础篇》第 4 章我们已经对会计估计变更进行了讨论，整本书这种估计的变更是常见的。通过审查，无论是在当期还是在当前和今后一段时期，所有的估计变更都应当被反映。会计估计的变更不用追溯调整或编制预测表。会计估计的变更被认为是正常账务处理过程的一部分，而不是纠错或过去时期的变更。然而，如达美航空和美国西部航空报告的披露，如表 20-3 所示，披露对于帮助财务报表使用者理解会计估计变更的影响是有用的。

表 20-3　会计估计变更的披露——达美航空和美国西部航空

达美航空
截至 1998 年 7 月 1 日，我们将某些类型飞机的折旧年限从 20 年增加到 25 年。会计估计的变更使 1999 年度折旧费用减少 9 200 万美元（影响基本每股收益 0.64 美元和稀释每股收益 0.6 美元）。
美国西部航空
1998 年 10 月 1 日，美国西部航空延长了某些自有的波音 737-200 飞机的预计可折旧的服务年限，它们为满足美国联邦航空管理局的第三阶段降低噪音的要求，已经被修改过。这个变更增加了平均约四年的折旧年限，并于 2000 年、1999 年和 1998 年分别减少了约 800 万美元、800 万美元和 200 万美元的折旧费用。

思考

为什么没有通过重述前期的财务报表来解释会计估计的变更？

a) 重述所需要的必要数据通常不能获得。

b) 重述前期的财务报表将迫使大多数公司支付很多罚款给 IRS。

c) 如同大多数重述一样，递延税务后果将导致留存收益大量减少。

d) 由于重述，前期的财务报表需要被不断地修改，减少了投资者和债权人对它们的信赖。

一些会计原则的变更实际上仅仅是另一种形式的会计估计的变更。例如，如果一家公司变更它的折旧方法，实际上是在做一个关于该资产的预期使用模式改变的声明。根据 FASB 第 154 号公告，折旧方法的变更作为会计估计变更核算，并且折旧方法的变更叫作"会计原则变更影响的会计估计的变更"。

为了对受会计原则变更影响的会计估计变更进行讨论，假设高倍望远镜的销售和制造企业 Telstar 公司在 2011 年为使财务报告与它的大多数竞争对手相一致，把折旧方法从双倍余额递减法改为直线法。Telstar 公司的折旧资产的成本为 500 000 美元，为简单起见，假设它们都在 2008 年 1 月 1 日取得，并且预计使用年限为 10 年，预计净残值为零。出于税收目的,假设 Telstar 公司已经选择使用直线法折旧,并且继续使用。进一步假设 Telstar 公司呈交了三年的比较利润表,账面和税收折旧的过去差异是影响 Telstar 公司财务收入和应纳税所得额的会计处理的唯一不同。

在大多数例子中,这些和其他假设是必要的,因为会计原则的变更包括账面利润和应纳税所得额之间的暂时性差异,创造了跨期分摊所得税的必要。任何递延所得税负债或潜在的递延所得税资产的确切数额取决于几个因素,如现行税法和当前及未来的税率。因此,在这一章,包括章节末的材料,所得税的影响要么是被忽视,要么是以提供的假设金额来计算以简化计算,并着重于会计变更和差错更正的影响。

对于 Telstar 公司,与采用的直线折旧法相比,前期的账面价值给予了更快的加速折旧,产生了以前记录的递延所得税资产。假设所得税税率为30%。这些和其他的相关信息如下所示。

年份	双倍余额递减法（账面价值）	直线折旧法（用于税收）	折旧差异	递延所得税影响	对利润的影响（税后）
2008 年	$100 000	$ 50 000	$50 000	$15 000	$35 000
2009 年	80 000	50 000	30 000	9 000	21 000
2010 年	64 000	50 000	14 000	4 200	9 800
2011 年以前的累积数	$244 000	$150 000	$94 000	$28 200	$65 800

数据表明如果采用直线法,2011 年之前的累计折旧费用将减少 94 000 美元。因此,收入将增加 94 000 美元,少计所得税 28 200 美元,产生了 65 800 美元的净利润差距。截至 2011 年 1 月 1 日,对 Telstar 公司资产负债表的整体影响如下所示:

资产	
不动产、厂房及设备总额	没影响
累计折旧	高于双倍余额递减法 $94 000
不动产、厂房及设备净额	低于双倍余额递减法 $94 000
递延所得税资产	高于双倍余额递减法 $28 200
总资产	低于双倍余额递减法 $65 800
负债	
没影响	
权益	
留存收益	低于双倍余额递减法 $65 800

因为折旧方法的改变按"受会计原则变更影响的会计估计变更"核算,所以没有试图追溯调整在 2008 年、2009 年和 2010 年被报告折旧和递延所得税的信息。相反地,在当前和今后一段时期,这种变更按在《中级会计学:基础篇》第 11 章说明的折旧年限的变更核算。截至 2011 年 1 月 1 日,剩余折旧的账面价值使用直线法计提折旧,剩余使用年限为 7 年。2011 年的折旧费用计算如下:

$$[(\$500\,000 - \$244\,000) - \$0 \text{ 残值}]/7 \text{ 年} = \$36\,571$$

下表显示了将在账面价值中报告的折旧金额和会计变更后的所得税目的。你可以看到,直线法下报告的较低的折旧费用导致了以前被确认的递延所得税资产逐步转回。到第七年(2017 年)年底,递延所得税的影响将完全转回。

年份	先双倍余额 递减法后 直线法折旧 （用于账面价值）	直线法折旧 （用于税收）	折旧的 差异	递延 所得税影响	对利润的影响 （扣除税）
2011 年以前的累计数	$244 000	$150 000	$94 000	$28 200	$65 800
2011 年	36 571	50 000	(13 429)	(4 029)	(9 400)
2012 年	36 571	50 000	(13 429)	(4 029)	(9 400)
⋮					
2017 年（调整后四舍五入）	36 574	50 000	(13 426)	(4 026)	(9 400)
到 2017 年的累计	$500 000	$500 000	$ 0	$ 0	$ 0

会计原则的变更

3 编制前期财务报表的追溯调整,以及任何必要的与会计原则变更相关的累计调整。

WHY 一个好的财务报告非常重要的特征是它们基于相同的会计原则,以使当年的经营成果和财务状况可以与前几年相比。

HOW 会计原则的变更是通过对前几年财务报表金额的重新计算实施的(至少把当前的比较财务报表包括在内)。这些重新计算的金额包含在今年报告的比较财务报表中。任何更早期的利润影响通过调整最早期报告的留存收益的期初余额列示。

会计原则的变更涉及从一种一般可接受的原则或方法到另一种的变更。① 如 FASB 第 154 号公告定义,会计原则的变更不包括在以前期间尚未发生的(或不重要的)交易或事项而首次采用的会计原则。从一种没有被普遍接受的原则变为一种被普遍接受的原则,被认为是一个差错更正而不是会计原则的变更。

正如前面章节所述,公司可以从可供选择的会计原则中选择进行商业交易的会计处理。例如,出于财务报告的目的,存货可能用先进先出法、后进先出法或其他可接受的方法来计量。这些可供选择的方法往往是平等地提供给特定的公司,但是在大多数情况下,甄选方法的准则是不够的。结果,公司发现对从一种会计原则或方法变为另一种做出解释是相当困难的。

从一种可接受的会计原则变为另一种会计原则的影响通过追溯调整各年报告的财务报表和报告中所有以前年度对利润的变更累积影响作为对最早期报告的留存收益的期初余额的调整来反应。例如,一组标准的财务报表包括 2 年的资产负债表及 3 年的利润表和现金流量表,所有的报表用新的会计原则重做。另外,通常包括在财务报表中的股东权益表将通过对 3 年中的第一年期初留存收益调整来反映前期对利润的累积影响。

为了说明会计原则变更的一般方法,假设截至 2011 年 1 月 1 日,Forester 公司从存货成本的后进先出法变为用于财务报告和所得税的先进先出法。这没有递延税项的影响,因为新的和旧的方法都适用于财务和税务报告。然而,作为出于税收目的使用的存货方法变更的结果,前几年的额外税收将被支付。所得税税率是 30%。下列资产负债表和利润表的数据是根据后进先出法得出的:

---

① 会计原则变更的分类包括用于核算交易的方式的改变。FASB 第 154 号公告没有试图去区分原则和方法。

资产负债表	如果继续使用后进先出法 2011年	原先报告的后进先出法 2010年	2009年
现金	$ 150	$ 120	$ 100
存货	3 800	3 000	2 500
总资产	$3 950	$3 120	$2 600
应交所得税	$ 165	$ 105	$ 90
实收资本	1 645	1 260	1 000
留存收益	2 140	1 755	1 510
总负债及所有者权益	$3 950	$3 120	$2 600
利润表	2011年	2010年	2009年
销售	$1 500	$1 200	$1 000
销货成本	950	850	700
毛利	$ 550	$ 350	$ 300
所得税费用	165	105	90
净利润	$ 385	$ 245	$ 210

2009 年和 2010 年的数据都是当年财务报表实际公布的。2011 年后进先出法的数据是基于 Forester 决定继续使用后进先出法数据的假设得出的。

下表列示了后进先出法和先进先出法库存估值数据:

	后进先出	先进先出	差异
2009 年 1 月 1 日库存	$2 100	$2 350	$250
2009 年 12 月 31 日库存	2 500	2 900	400
2010 年 12 月 31 日库存	3 000	3 600	600
2011 年 12 月 31 日库存	3 800	4 500	700

正如在《中级会计学:基础篇》第 9 章所讨论的,先进先出法库存估值超过后进先出法库存估值的部分称为后进先出储备,而且可以被认为是当使用先进先出法(降低产品销售成本)时确认的库存持有收益(在通货膨胀时期),但是在使用后进先出法时库存持有收益不被确认。后进先出法财务报表的数据和存货估计差异可以用来构造 2009—2011 年的先进先出法的财务报表,如下所示:

资产负债表	改为先进先出法后 2011年	如果最初使用先进先出法 2010年	2009年
现金	$ 150	$ 120	$ 100
存货	4 500	3 600	2 900
总资产	$4 650	$3 720	$3 000
应付所得税	$ 195	$ 105	$ 90
先进先出法下应交税金	180	180	120
实收资本	1 645	1 260	1 000
留存收益	2 630	2 175	1 790
总负债及所有者权益	$4 650	$3 720	$3 000

	改为先进先出法后	如果最初使用先进先出法	
利润表	2011 年	2010 年	2009 年
销售收入	$1 500	$1 200	$1 000
销货成本	850	650	550
毛利	$ 650	$ 550	$ 450
所得税费用	195	165	135
净利润	$ 455	$ 385	$ 315

（续表）

留存收益和先进先出法应交税金的详细数额的计算如下：

留存收益　截至 2009 年 1 月 1 日，追溯变为先进先出法意味着 2009 年以前的累计税前利润增加了 250 美元，与该日的后进先出法准备金额对应。累计税后利润增加了 175 美元[$250 × (1 − 0.30)]。相应的，截至 2009 年 1 月 1 日，留存收益增加了 175 美元。对 2009 年留存收益的期末余额的计算将在如下的 2011 年 Forester 的三年股东权益比较报表中显示。

2009 年 1 月 1 日的留存收益（原先报告的）	$1 300
加前期调整的累积影响（追溯时应用先进先出法）	175
调整 2009 年 1 月 1 日的留存收益	$1 475
2009 年新增净利润（先进先出法下）	315
2009 年 12 月 31 日的留存收益	$1 790

先进先出应交税费　因为做出这样的转变是出于账面价值和税收的目的，250 美元的应税利润增长创造了 75 美元（ $250 × 0.30 ）的先进先出应交税费，与之相对应的是 2009 年之前的先进先出法下的超额利润的税收。另外，截至 2009 年年底，增长的 2009 年的 45 美元（ $135 先进先出法 − $90 的后进先出法）税收费用代表了额外的先进先出法应交税费。共有 120 美元（ $75 + $45 ）在修订的 2009 年 12 月 31 日的资产负债表中被报告。这一金额增加了 60 美元（2010 年的先进先出税 $165 − 2010 年的后进先出税 $105 ），到 2010 年年底，达到 180 美元，以反映在 2010 年创造的额外的先进先出应交税费。

2011 年报告的主要财务报表是三年的追溯性的以先进先出法为基础的财务报表。这种追溯方法的缺点是，包含在 2011 年的财务报表里的 2010 年的比较资产负债表和利润表不同于前一年公布的 2010 年的资产负债表和利润表。例如，Forester 2010 年的已经被追溯报告的 245 美元的净利润在 2011 年公布的财务报表中变成了 385 美元，这可能使得一些报表使用者很迷惑。这个缺点可以通过以下事实改变：在 2011 年公布的比较财务报表全都反映先进先出法的存货计价，所以这些财务报表可以一年一年地进行有意义的比较。

除了追溯调整主要财务报表的编制，从后进先出法到先进先出法的会计原则的变更也有必要进行附注披露，展示变更对每年报告的财务报表每个项目的影响。以下将在 2011 年的财务报表附注中标注，即发生变化的一年。请注意，因为资产负债表数据通常只报告两年，所以 2009 年资产负债表比较资料的披露是没有必要的。

2011 年	采用后进先出法计算	采用先进先出法报告	变更的影响
资产负债表			
现金	$ 150	$ 150	$ 0
存货	3 800	4 500	700
总资产	$3 950	$4 650	$700
应交所得税	$ 165	$ 195	$ 30
先进先出法下的应交税费	0	180	180
实收资本	1 645	1 645	0
留存收益	2 140	2 630	490
总负债和所有者权益	$3 950	$4 650	$700
利润表			
销售收入	$1 500	$1 500	$ 0
销售成本	950	850	(100)
毛利	$ 550	$ 650	$100
所得税费用	165	195	30
净利润	$ 385	$ 455	$ 70

2010 年	如先前报告的	使用先进先出法	变更的影响
资产负债表			
现金	$ 120	$ 120	$ 0
存货	3 000	3 600	600
总资产	$3 120	$3 720	$600
应交所得税	$ 105	$ 105	$ 0
先进先出法下的应交税费	0	180	180
实收资本	1 260	1 260	0
留存收益	1 755	2 175	420
总负债和所有者权益	$3 120	$3 720	$600
利润表			
销售收入	$1 200	$1 200	$ 0
销售成本	850	650	(200)
毛利	$ 350	$ 550	$200
所得税费用	105	165	60
净利润	$ 245	$ 385	$140

2009 年	如先前报告的	使用先进先出法	变更的影响
利润表			
销售收入	$1 000	$1 000	$ 0
销售成本	700	550	(150)
毛利	$ 300	$ 450	$150
所得税费用	90	135	45
净利润	$ 210	$ 315	$105

确定特定时期的影响的不切实际性 有时我们可以确定会计原则变更的累积影响,但

是当过去的差异发生时,确定准确的出现时期是不切实际的。例如,像刚才给的Forester例子一样,当做出会计变更时公司也许能够确定2011年1月1日的后进先出法和先进先出法的存货价值,但是不能确定往年的差异。在这种情况下,资产负债表的期初余额,包括期初留存收益,都应进行追溯调整,追溯至可获得数据的最早年份。如果Forester公司仅能够决定2011年1月1日后进先出法($3 000)和先进先出法($3 600)下的存货余额,下面留存收益的计算将在2011年报告:

2011年1月1日的留存收益(如原先报告的)	$1 755
加前期累计影响的调整(追溯时应用存货计价的先进先出法)	420
调整2011年1月1日的留存收益	$2 175
加2011年的净利润(先进先出法下)	455
2011年12月31日的留存收益	$2 630

应用前景 在其他情况下,确定会计变更的过去的影响是不可能的。例如,由于确定前一年后进先出法层或者美元价值池的困难,存货计价的后进先出法的变更通常影响变更当年的期初存货而不是以前几年的。因此,今年年初存货的余额变得和使用另一种成本计算方法的以前存货计价一样了,例如先进先出法,并且这将成为划分后进先出层次的基础。对后进先出法的假设采用未来适用法,这意味着它从该时间向前使用。

会计准则的变化引起的会计变更 大多数会计原则的变更被认为与公司所采用的新会计原则有关系。例如,本章开头描述了当公司采用SFAS No.106并且被要求确认一项它们以前没有确认的关于退休人员医疗健康责任的大额负债时对公司的巨大影响。几乎所有的准则都包括有关会计原则必要变更时如何核算的具体说明。随着关于会计变更的FASB第154号公告的采用,经授权的会计变更报告将遵循上述追溯报告。

企业合并后预测表的披露

4 报告企业合并前几年的预测表结果。

WHY 企业合并可以显著地改变一个会计主体的大小和经济特征。为了给财务报表使用者一些对这个新实体进行时间序列分析的依据,补充会计资料是必要的。

HOW 企业合并以后,如同合并发生在合并当年年初和以前年度年初一样,必须补充披露其收入和净利润。

企业合并可以大大地改变在个别财务报表中报告的业务规模和结构。例如,2001年1月11日,美国在线与时代华纳公司合并,形成美国在线时代华纳。这次合并按美国在线购买时代华纳核算。美国在线此次收购前后的财务报表比较是非常令人吃惊的。例如,2000年美国在线的收入为68.86亿美元。在2001年,也就是合并年之后,收入是382.34亿美元。2000年资产是106.730亿美元;2001年资产是2 085.59亿美元。显然,如果没有大量的补充披露,投资者无法破译被粉饰了的经济体的巨变。

SFAS No.141(R)解释了企业合并需要的补充披露。① 如同合并在今年年初发生一样,合并后的公司必须披露合并年度的预测表结果。另外,前期需要披露同样的预测表,如同

---

① *SFAS No.141* (revised 2007), "Business Combinations," par. 68r.

企业合并发生在那年年初一样。在预测表披露中,公司必须至少包括各期间的收入和净利润。① 编制这些预测表披露不只是将合并之前独立的公司编制的财务报表中的销售收入和净利润数额简单相加。例如,当购买被记录时,被收购公司资产的折旧费用必须采用折旧资产公允价值数额重新计算。

为了说明编制预测表披露所做出的调整,假设 2011 年 12 月 31 日,Sump Pump 公司以 50 万美元收购了 Rock Wall 公司。在购买日,这个数额超过 Rock Wall 公司净资产 10 万美元。多出来的部分主要归因于 Rock Wall 公司的一件设备,从购买日起该设备有五年的剩余使用寿命。报告中两个公司 2010 年和 2011 年的信息如下:

	2011 年	2010 年
Sump Pump 公司		
收入	$3 500 000	$3 000 000
净利润	250 000	200 000
Rock Wall 公司		
收入	$ 250 000	$ 400 000
净利润	40 000	75 000

包含在 Sump Pump 公司 2011 年的财务报表附注中的必要的预测表信息如下所示:

	2011 年报告的结果	合并后公司 2011 年的结果	2010 年报告的结果	合并后公司 2010 年的结果
收入	$3 500 000	$3 750 000	$3 000 000	$3 400 000
净利润	250 000	270 000	200 000	255 000

2011 年合并利润计算:

$250 000 + $40 000 – 额外的折旧($100 000/5 年) = $270 000

2010 年合并利润计算:

$20 000 + $75 000 – 额外的折旧($100 000/5 年) = $255 000

差错更正

5 识别在账务处理过程中可能发生的不同类型的差错,理解差错自动抵销的情况,并能在必要时更正差错。

WHY 当发生差错的年份用于比较时,财务报表中的差错可能会影响到差错当年和以后几年的财务报表解释。

HOW 出于财务报告的目的,当一个差错被发现,为了报表的可比性,所有财务报表都应该被更正和重述。出于记账的目的,大多数的未被发现的差错在两年时间内抵销;那些影响利润的差错和那些没有抵销的差错通过直接调整留存收益来更正。

---

① 公司有时会以财务报表实际上是不同的报告实体的方式改变它们的结构或报告它们的业务。特别地,报告主体的变化包括:(1) 提出代替个别公司报表的吸收或合并报表,(2) 改变为组成公司集团提供合并报表的特定的子公司,(3) 更改列入合并财务报表的公司。在这些情况下,财务报表必须追溯调整,以披露报表将是什么样子的,如同当前实体已经存在于往年。因此,与本年度(变更年)比较的前几年的财务报表必须被重述,以反映如目前的报告实体已存在时前几年的经营业绩、财务状况和现金流量。

更正差错不属于会计变更，但FASB第154号公告对它们的处理方法有明确规定。前期会计差错从报告的角度通过重述所有年份的财务报表被更正，并且如果有必要，报告以前年度的期初留存收益的调整。基本上，财务报表中的差错被固定在随后一年，通过发布更正了的财务报表并在附注中披露差错的逐项影响。这个报告基本上与会计原则变更所要求的报告是一样的，如上一节所讨论的。

从记账的角度来看，那些尚未抵销或冲销的差错被报告为前期调整，扣除或直接计入本年度留存收益。差错的例子包括数字差错，会计原则应用不当，遗漏重要事实，或者欺诈性财务报告。这些记账更正将在本节说明。你很快就会看到，会计差错更正的记账是对你是否了解借方和贷方的很好的测试。

差错的类型

在实践中有许多不同类型的差错。一些差错在发生的当期被发现，很容易被更正。其他的可能在当期不会被发现，直到被发现已经反映在财务报表上。一些差错永远不会被发现；但是，这些差错的影响可能在随后时期被抵销，而且在此情况下，账户余额再次被准确陈述。差错可分为如下几类：

1. 在正常的会计程序中当期发现的差错。这种类型的差错的例子是笔误，如一个加总的差错、计入错误的账户、虚报的账户，或者忽略试算表的账户。这些类型的差错通常在常规会计循环的结账中被发现，并且随时被更正。

2. 差错仅限于资产负债表账户。例子包括借记应收账款而不是应收票据，贷记应付利息而不是应付票据，或者贷记应付利息而不是应付工资。另一个例子是未记录可转换债券转换为股票的交易。这样的差错经常被发现，并且在发生当期被更正。当这些差错在随后时期被发现时，出于比较报告的目的，必须在当时进行更正并且随后要重新编制资产负债表。

3. 差错仅限于利润表账户。这种类型差错的例子和更正程序类似于（2）中所示。例如，应借记办公室薪金而不是销售人员薪金。这种类型的差错一旦被发现，就应该被更正。即使该差错不影响净利润，出于比较报告分析的目的，错报账目应重新编列。

4. 差错影响利润表账户和资产负债表账户。某些差错，若没能当期发现，会导致净利润错报，从而影响利润表账户和资产负债表账户。资产负债表账户传递至随后时期，因此当期产生的并且没被检测到的差错，将影响未来的盈利。这样的差错可以分为两类：

（a）利润表中的差错，若没有被发现，会自动在下一会计期间抵销。对两个连续期间的净利润金额列示不准确；资产负债表的某些账户期末余额首次列示不准确，但账户余额在随后期末将被准确地列示在资产负债表中。如存货的错报和在期末遗漏的预付及应付项目调整属于这类差错。

（b）利润表中的差错，若没有被发现，不会自动在下一会计期间被抵销。在连续的资产负债表中账户余额未被准确列示，直到这一项目做出补偿或更正差错。如费用确认为资本开支、折旧及摊销费用的遗漏等都是这种类型的差错。

当影响利润的差错被发现，为决定更正该账户余额而确定所采取的措施，认真分析是必要的。如前所述，大部分差错都将被发现并于结账前被更正。少数重大差错直到以后期间才被发现，并且那些未被抵销的必须视为前期调整。

以下我们主要描述和说明差错更正需要前期调整时所采用的程序。这里假定每个差错都是重大的。发现的差错通常影响前期的所得税负债。修订纳税申报通常要么要求退款，要么要求支付额外的纳税评估。为简单起见，在以下几页和本章最后的习题和难题中，忽略差错的所得税影响。

差错更正的例子

假设 Supply Master 公司在 2009 年年初开始营业。审计事务所于 2011 年首次对其进行审计。在 2011 年结账前，审计师审阅了账户和相关账簿，发现下面归纳的差错。在采取任何更正之前，这些差错对于财务报表的影响如下：加号（+）表示高估，减号（-）表示低估。每个差错更正在以下各段讨论。

（1）低估库存商品 截至 2009 年 12 月 31 日，发现库存商品被低估 1 000 美元。错估的影响如下所示：

年份	利润表	资产负债表
2009	高估销售成本（期末库存过低） 净利润被低估	低估资产（库存过低） 低估留存收益
2010	低估销售成本（期初存货过低） 高估净利润	没有受影响的资产负债表项目，通过 2010 年的净利润高估，2009 年低估的留存收益被更正

因为这种类型的差错两年后被抵销，所以在 2011 年不需要更正分录。

> **注意**
> 差错（1）到（6）提供了在两年内可以抵销的差错的例子。然而，这些差错仍会在这两年的每一年的财务报表中错报。投资者和债权人可能基于这些错报的财务报表做出不明智的决定。

如果差错在 2010 年被发现而不是在 2011 年被发现，将做出分录更正账户余额以使 2010 年的经营状况被准确地报告。2010 年的期初存货将增加 1 000 美元（资产低估数额），留存收益账户将贷记该数额，这代表了 2009 年低估的利润。2010 年的更正分录将如下所示：

借：库存商品 1 000
 贷：留存收益 1 000

> **注意**
> 这个分录只有在差错于 2010 年年底被发现时才做。

无论公司是用定期盘存制还是永续盘存制，纠错分录都是一样的。如差错（2）一样，纠错分录有时候是不同的，这主要取决于公司使用的存货制度。

（2）没有记录商品的采购 发现 2009 年 12 月 28 日的发票中有 850 美元直到 2010 年都没有记录。商品已经包括在 2009 年年末的存货中。错误记录商品采购的影响如下所示：

显示差错对于财务报表影响的分析表

差错	2009年年末 利润表 项目	2009年年末 利润表 净利润	2009年年末 资产负债表 项目	2009年年末 资产负债表 留存收益	2010年年末 利润表 项目	2010年年末 利润表 净利润	2010年年末 资产负债表 项目	2010年年末 资产负债表 留存收益	2011年年末 利润表 项目	2011年年末 利润表 净利润	2011年年末 资产负债表 项目	2011年年末 资产负债表 留存收益
(1) 2009年12月31日低估库存商品1 000美元	销售成本	+	流动资产	−	销售成本	−						
(2) 2009年没有记录购买商品850美元;2010年记录了	销售成本	−	流动负债	+	销售成本	+						
(3) 2010年没有记录销售商品1 800美元(假设2010年的销售额在2011年确认为收入)					销售收入	−	应收账款	−	销售收入	+		+
(4) 2009年12月31日没有记录应计销售薪金450美元;付款后确认为费用	销售费用	−	流动负债	+	销售费用	+						
(5) 2009年12月31日没有记录应付税款;金额已纳入日常费用	管理费用	+	流动资产	−	管理费用	−						
(6) 2009年12月31日没有记录应收票据的应计利息150美元,2010年收现后确认为收入	其他收入	−	流动资产	−	其他收入	+						
(7) 2010年12月31日没有记录预收服务费225美元其他收入					其他收入	+	流动负债	−	其他收入	−		+
(8) 2009年12月31日错记折旧1 200美元	销售费用	−	非流动资产	+			非流动资产	+			非流动资产	+
(9) 2009年1月1日错误地资本化经营费用的开支;400美元的折旧费用在2009年和2010年被错误地确认	营业费用	−	非流动资产	+	销售费用	−	非流动资产	+			非流动资产	+

年份	利润表	资产负债表
2009	低估销售成本（购买过低） 高估净利润	低估负债（应付账款过低） 高估留存收益
2010	高估销售成本（购买过高） 低估净利润	资产负债表项目没受影响，2009年高估的留存收益通过2010年的净利润低估被更正

因为这是一个抵销的差错，2011年不需要作纠错分录。

如果差错是在2010年而不是2011年被发现，则纠错分录是必需的。在2010年，借记购买，并且采购产生的850美元已贷记应付账款，包含在2009年的期末存货中。留存收益将借记850美元，表明2009年净利润高估，购买将贷记相同的金额以保持2009年的平衡。假设公司使用定期盘存制，2010年的纠错分录将如下所示：

  借：留存收益   850
    贷：购买   850

如果公司采用永续盘存制，错误的购买直接记入存货。因而，2010年做的纠错分录为：

  借：留存收益   850
    贷：存货   850

（3）没有记录商品的销售 发现2010年12月最后一周的1 800美元的销售直到2011年才被记录。卖出的商品不包含在2010年年末的存货中。2010年错误报告收入的影响如下：

年份	利润表	资产负债表
2010	低估收入（销售过低） 低估净利润	低估资产（应收账款过低） 低估留存收益

当差错在2011年被发现，销售收入借记1 800美元，留存收益贷记相同金额，表明2010年的净利润低估了。分录如下所示：

  借：销售收入   1 800
    贷：留存收益   1 800

（4）没有记录应计费用 截至2009年12月31日，450美元的应计销售薪金在调整账户中被忽略不计。销售薪金借记薪金。截至2009年12月31日，错误记录450美元应计费用的影响如下所示：

年份	利润表	资产负债表
2009	低估费用（销售薪金过低） 高估净利润	低估负债（应计薪金没有报告） 高估留存收益
2010	高估费用（销售薪金过高） 低估净利润	资产负债表项目没受影响，2009年高估的留存收益通过2010年低估的净利润被更正

在2011年不需要做分录更正2009年年底没有记录应计费用的账目，2009年的错报被2010年的错报抵销了。然而，如果在2011年公布比较利润表，那么2009年和2010年的销售薪金所公布的金额将更正。如果在2010年发现差错，在2010年的净利润没有被错估的情况下将需要一个分录更正2009年年底没有记录应计费用的账目。如果在2010年年底

应计费用被正确记录,留存收益将借记450美元,表明2009年的净利润高估,销售薪金将贷记相同的金额,表明金额从2010年的薪酬费用中扣除。2010年所做的更正分录如下:

借:留存收益　　　　　　　　　　　　　　　　　　　　　　　　　450
　贷:销售薪金　　　　　　　　　　　　　　　　　　　　　　　　　　450

(5)没有记录预付费用　发现日常管理费用包括应该在2009年12月31日的调整账户中递延的275美元税费。错误记录预付费用的影响如下:

年份	利润表	资产负债表
2009	高估费用(管理费用过高) 低估净利润	低估资产(预付费用没有记录) 低估留存收益
2010	低估费用(管理费用过低) 高估净利润	资产负债表项目不受影响,2009年低估的留存收益通过2010年净利润高估被更正

由于这是一个自动抵销的差错,因此在2011年不需要做分录更正账户。

如果差错在2010年而不是在2011年被发现,将需要一个纠错分录。如果在2010年年末预付税款被正确记录,管理费用将借记275美元,费用与2010年的营业有关,留存收益将贷记相同的金额,表明2009年的净利润被低估。2010年的纠错分录将如下所示:

借:管理费用　　　　　　　　　　　　　　　　　　　　　　　　　275
　贷:留存收益　　　　　　　　　　　　　　　　　　　　　　　　　　275

(6)没有记录应计收入　应收票据的150美元应收利息在2009年12月31日调整账户时被忽略。在2010年利息收现时,收入才被确认。没有记录应计收入的影响如下:

年份	利润表	资产负债表
2009	低估收入(利息收入过低) 低估净利润	低估资产(应收利息没有报告) 低估留存收益
2010	高估收入(利息收入过高) 高估净利润	资产负债表项目不受影响,2009年低估的留存收益通过2010年净利润高估被更正

由于2010年年末的资产负债表项目被正确地陈述,所以2011年不需要分录以更正账户。

如果差错在2010年而不是在2011年被发现,将需要一个分录更正账户余额。如果应收票据的应收利息在2010年年底被正确记录,利息收入将借记150美元,金额从2010年的收益中扣除,留存收益将贷记相同的金额,表明2009年的净利润被低估。2010年的纠错分录如下:

借:利息收入　　　　　　　　　　　　　　　　　　　　　　　　　150
　贷:留存收益　　　　　　　　　　　　　　　　　　　　　　　　　　150

(7)错误地记录预收收入　截至2010年12月31日提前确认预收的225美元杂项服务费为收入,但在调整账户时被忽略。当收到服务费时,杂项收入已经被贷记了。错误确认2010年年底225美元的预收收入的影响如下:

年份	利润表	资产负债表
2010	高估收入(杂项收入过高) 高估净利润	低估资产(预收服务费没有报告) 高估留存收益

若保证2011年的净利润没有被错报,就需要对2010年年底错误记录预收收入的账户

进行更正。如果预收收入在2011年年底被正确地记录,留存收益将借记225美元,表明2010年的净利润被高估,杂项收入将贷记相同的金额,表明2011年确认的收入。纠错分录如下:

  借:留存收益 225
   贷:杂项收入 225

(8) 没有记录折旧 运输设备于2009年年初以6 000美元的成本被收购。设备估计有5年的使用寿命。1 200美元的折旧在2009年年底和2010年年底被忽略了。2009年没有记录折旧的影响如下:

年份	利润表	资产负债表
2009	低估费用(运输设备的折旧过低) 高估净利润	高估资产(运输设备的累计折旧过低) 高估留存收益
2010	费用没受影响 净利润没受影响	高估资产(运输设备的累计折旧过低) 高估留存收益

应该指出,由于没有记录折旧产生的错报在随后的一年不会被抵销。

2010年没有记录折旧的影响如下:

年份	利润表	资产负债表
2010	低估费用(运输设备的折旧过低) 高估净利润	高估资产(运输设备的累计折旧过低) 高估留存收益

> **注意**
>
> 差错(8)在随后一年并没有被抵销。因此,财务报表在几年内都有错报的可能。在这个例子中,直到运输设备从账面中去除,这个差错将一直存在。

当确认遗漏时,留存收益必须按前期多报的净利润减少,累计折旧必须按应当记录的折旧增加。2011年,应当在2009年和2010年确认的折旧的纠错分录如下:

  借:留存收益 2 400
   贷:累计折旧——运输设备 2 400

(9) 资本化支出不正确 2 000美元的营业费用在2009年年初以现金支付。然而,付款被误记为购置设备。假设"设备"有5年的寿命和残值为0美元,在2009年年底和2010年年底确认400美元的折旧。资本化支出不正确的影响如下:

年份	利润表	资产负债表
2009	低估费用(经营费用过低,部分抵销了折旧费用) 高估净利润	高估资产(扣除累计折旧,当不应该有任何资产时,资产被记录) 高估留存收益
2010	高估费用(折旧过高) 低估净利润	高估资产(资产仍被错误记录,虽然净值很少) 高估留存收益

当差错被发现,留存收益必须按2009年多报的净利润减少(部分由2010年低估的净利润抵销),关于"设备"(设备和累计折旧)的账户必须被清除。2011年的纠错分录如下:

借:留存收益	1 200	
累计折旧——设备	800	
贷:设备		2 000

差错重述的必要披露

如果后来发现了一个影响了前期的差错(意外的或者是有意的),差错的性质、它对以前公布的财务报表的影响,以及对当期净利润和每股收益的更正的影响应当在差错被更正的时期披露。① 另外,提供的任何比较财务报表必须被更正。

当差错更正通过前期调整时提供的披露的例子在表 20-4 中给出。2000 年,施乐公司进行了差错更正(该例中为有意的)。施乐公司提供了关于差错对每个年度的利润表和资产负债表影响的广泛的信息披露。回想在《中级会计学:基础篇》第 6 章讨论的施乐公司的会计困惑。当你阅读施乐公司发现的会计差错的描述时,记住谎言的背后隐藏着许多会计师和管理人员的职业生涯的毁灭,这些会计师和施乐公司的管理人员,他们从盈余管理进入了盈利误报(参看《中级会计学:基础篇》第 6 章)。人们也可以从这一描述中感受到施乐的股东、客户、供应商和监管机构的信心破灭。

表 20-4　施乐公司——差错更正的披露

2. 重述

作为由董事会和审计委员会进行的两次独立调查结果,我们已经重述了截至 1999 年 12 月 31 日和 1998 年 12 月 31 日财务年度的合并财务报表。这些调查包括以前我们在墨西哥业务的披露问题和我们的会计政策、程序及应用程序的评论。作为调查结果,某些会计惯例和会计准则的误用及某些会计差错和违规行为被确定。公司已经在合并财务报表中更正了会计差错和违规行为。合并财务报表调整如下:

在 2000 财务年度,该公司已经最初记录了 1.7 亿美元的费用,这些来源于公司在墨西哥轻率的和不正当的经营手法,导致出现了某些会计差错和违规行为。在几年内,在墨西哥的一些高级管理人员勾结以规避施乐公司的某些会计政策和行政程序。问题包括:无法收回的长期应收款应计提的费用,与特许权相关的负债记录,以及不符合合同要求而被记录为经营租赁的负债等。在墨西哥发现的会计问题的调查已经完成。公司已经重述了前期的合并财务报表以反映在 1999 年和 1998 年的税前收入分别减少 5 300 万美元和 1 300 万美元。难以确定在调整后的 2000 年营运结果中墨西哥的 1.01 亿美元收费中有多少与前期相关,如果仍有的话。

与 1997 年我们从 Rank 集团收购施乐公司余下的 20% 股份相关,在收购日由于应急责任我们记录了 1 亿美元的负债。1998 年,我们确定不再需要负债。在 1998 年和 1999 年,作为我们欧洲后台业务整合的一部分,我们对负债收取了一定的费用。这种逆转作为商誉及递延所得税资产的减少已经被记录。因此,我们重述以前报告的合并财务报表以反映商誉降低 6 700 万美元及递延所得税资产降低 3 300 万美元,1999 年 7 600 万美元的销售、行政和一般开支增加和 1998 年 2 400 万美元的销售、行政和一般开支增加。

除了以上项目,我们做了与在 SFAS No. 13 "租赁会计"下的会计准则误用有关的调整。这些调整主要和租赁会计契约的修改及剩余价值和某些其他项目有关。下表列出了税前利润(亏损)调整的所有影响。

---

① FASB Statement No. 154, par. 26.

（续表）

（单位：百万）	截至12月31日		
	2000	1999	1998
税前收入(亏损)的增加(减少):			
墨西哥	$ 69	$ (53)	$ 13
Rank 集团收购	6	(76)	(24)
租赁问题(净值)	87	83	(165)
其他(净值)	10	(82)	18
总计	$ 172	$ (128)	$ (184)

截至2000年12月31日,这些调整导致了普通股股东权益及综合有形资产净值的累计净减少(我们所界定的70亿美元循环信贷协议)分别为1.37亿美元和7600万美元。

作为上述调整对1998年之前的影响的结果,1997年12月31日的留存收益从39.6亿美元重述为38.52亿美元。

下表呈现了简单基础上的调整和重述的影响。

	以前报告的金额	调整后
（单位：百万，每股数除外）		
截至2000年12月31日: *		
利润表:		
收入	$18 632	$18 701
成本和费用	19 188	19 085
持续经营的利润（损失）	(384)	(257)
每股基本亏损	$ (0.63)	$ (0.44)
每股稀释亏损	$ (0.63)	$ (0.44)
资产负债表:		
目前融资应收款(净值)	$ 5 141	$ 5 097
存货(净值)	1 930	1 932
设备及经营租赁(净值)	717	724
递延税款及其他流动资产	1 284	1 247
一年后到期融资应收款(净值)	8 035	7 957
无形资产及其他资产(净值)	3 062	3 061
商誉(净值)	$ 1 639	$ 1 578
其他流动负债	1 648	1 630
递延税款及其他负债	1 933	1 876
普通股股东权益	3 630	3 493

	以前报告的金额	调整后
（单位：百万，每股数除外）		
截至1999年12月31日: **		
利润表:		
收入	$19 548	$19 567
成本和费用	17 512	17 659
持续经营的利润（损失）	1 424	1 339
每股基本亏损	$ 2.09	$ 1.96
每股稀释亏损	$ 1.96	$ 1.85

（续表）

	以前报告的金额	调整后
资产负债表：		
应收账款（净值）	$ 2 622	$ 2 633
目前融资应收款（净值）	5 115	4 961
存货（净值）	2 285	2 290
设备及经营租赁（净值）	676	695
一年后到期的融资应收款（净值）	8 203	8 058
无形资产及其他资产	2 831	2 810
商誉（净值）	1 724	1 657
其他流动负债	2 163	2 176
递延税款及其他负债	2 623	2 521
普通股股东权益	4 911	4 648
截至1998年12月31日：**		
利润表：		
收入	$19 747	$19 593
成本和费用	18 984	19 014
持续经营的利润（损失）	585	463
每股基本亏损	$ 0.82	$ 0.63
每股稀释亏损	$ 0.80	$ 0.62

* 据报道，在2001年4月19日Form 8-K中包含本公司未经审核的财务报表。
** 收入、成本和费用已经被重新分类以反映如注释1讨论的运输和装卸费用归类的变更。

会计变更及差错更正的总结

下面列出的摘要介绍了适当的会计程序，适用于四个主要的包含在FASB第154号公告中的类别。当然，会计师必须应用这些判断准则并且应设法提供最相关和最可靠的信息。

会计变更和差错更正的报告程序的摘要

分类	会计程序
I. 估计的变更	1. 调整当期结果或者当期和未来期间的结果 2. 没有单独的累计调整或重述财务报表
II. 会计原则的变更	1. 直接累计调整财务报表中列报的最早一年的期初留存收益余额。 2. 重述财务报表出于比较目的，以反映新原则
III. 企业合并后预测表的披露	1. 合并年和前一年收入及净利润的补充披露，如同合并发生在合并年及前一年的期初
IV. 差错更正	1. 如果差错在发生期间检测出来，通过正常的会计循环调整会计账目 2. 如果在随后的时期内检测出来，通过直接调整受这些差错影响的前期留存收益余额来调整重大差错的影响。如果差错与没有在财务报表出现的那年有关，调整最早期报告的留存收益余额。同时更正在比较财务报表中呈现的每个项目 3. 如果在以前公布的财务报表中发现差错，差错的性质、对财务报表的影响，对当期利润和每股盈利的影响应当被披露

中级会计学

开放式场景问题的答案

1. 根据 FASB 第 106 号公告,降低退休人员的医疗福利将会产生减少盈利的影响和负债的大小。如果不进行变更,企业害怕不利财务报表的影响将降低其股票价格,减少其维持管理奖金的能力,或者使其获得贷款更加困难。在某种意义上说,这种后果的存在是违反直觉的,因为 FASB 第 106 号公告只规定了退休人员福利计划会计的变更——这个计划已经存在很多年了。然而,公司愿意修改其退休计划以应对会计变更,这一事实证明了会计政策存在经济后果。

为应对 FASB 第 106 号公告的通过,公司削减退休福利计划的另外一个原因是,在没有会计要求的情况下,公司以前从来没有量化它向其员工做出承诺的成本。FASB 第 106 号迫使一些公司面对经济现实并承认其不再向其员工做这些高成本的承诺。

2. 在一个完美的世界里,人们预期对股票价格或者取得贷款的能力没有影响。这是因为退休后福利计划对公司财务状况的影响已经被成熟投资者和银行家考虑到了,当他们在做财务分析时他们知道使用在财务报表中找不到的各种资料。然而,世界是不完美的,退休后福利计划的财务影响或者没有完全转化为投资的决定因素,或者这些影响的估计存在系统的差错。有一些证据表明公司发现其已经低估了退休后福利计划的成本。如果这是真的,FASB 第 106 号公告会影响有大型退休后福利计划的公司的股票价格和信誉。

3. 通用汽车公司已经确认 210 亿美元的税后成本作为对过去利润表的重述,以反映差错发生年的成本的更正。如本章所解释的,这种重述的方法是 FASB 现在要求的。

思考题答案

(第 407 页)正确答案是 d。估计的变更发生在持续经营的基础之上,并且是例行会计程序的一部分。每年,关于无法收回的应收账款的比例、保修索赔的金额、长期合同所产生的成本比例等估计必须重估。

如果以前发布的财务报表在估计变更的任何情况下都必须重述,那么前期报表将不断公布。投资者和债权人将不能依赖公司提供的信息,因为他们知道信息将会改变。会计准则不要求因为估计的每一个变更而进行财务报表重述,这是一件好事情。

本章小结

1. 理解已经被会计准则制定机构确认的两种不同的会计变更类型。

会计界已经确认了两种不同类型的会计变更:会计估计的变更和会计原则的变更。区分这两种变更是重要的,因为每种会计变更需要不同的会计处理方法和披露方式。

2. 认识会计估计的变更和会计原则的变更的不同,并且知道会计估计的变更在财务报表中是如何反映的。

会计估计的变更不包括前期财务报表的重述。相反的,这些类型变更的影响在当期和未来期间反映。前面的章节讨论了涉及会计估计变更的一般领域,包括坏账(《中级会计学:基础篇》第 7 章)、折旧(《中级会计学:基础篇》第 10 章),以及精算假设(第 17 章)。折旧方法的变更被解释为估计的变更,并且称为"会计原则变更影响的会计估计变更"。

3. 编制前期财务报表的追溯调整,以及任何必要的与会计原则变更相关的累计调整。

会计原则的变更通过重新计算前几年的财务报表金额来实施(至少这些包括在当期比较财务报表中)。这些重新计算的金额包含在今年公布的比较财务报表中。前期对利润的累积影响数作为最早期报告的期初留存收益余额的调整。附注披露给出对调整的财务报表和以前报告的财务报表(使用以前的会计原则)逐项的比较。

4. 报告企业合并前几年的预测表结果。

企业合并之后,需要在合并年和前一年做补充披露。必须披露收入和净利润的试算报表,如同合并发生于合并年及前一年初期。

5. 识别在账务处理过程中可能发生的不同类型的差错,理解差错自动抵销的情况,并能在必要时更正差错。

大多数差错可能发生在会计处理过程中。其中许多差错将在日常的业务处理过程中被发现并被更正。一些差错将在一个会计期间的财务报告报出后被发现,从而需要对留存收益余额进行调整。另外,多数的差错在两个会计年度内未被发现却可以自动抵销,但是有些差错一旦被发现也不需要进行累计调整。当一个差错被发现,出于比较目的,所有的财务报表需要更正和重述。

IASB 概述

主题	美国 GAAP	IASB 准则
会计原则的变更	*SFAS No. 154* 与 *IAS 8* 类似。	*IAS 8* 与 *SFAS No. 154* 类似。
会计估计的变更	*SFAS No. 154* 与 *IAS 8* 类似。	*IAS 8* 与 *SFAS No. 154* 类似。
差错的更正	*SFAS No. 154* 与 *IAS 8* 类似。	*IAS 8* 与 *SFAS No. 154* 类似。

关键术语

会计变更　　　　　　　　　　　　　会计估计的变更
会计差错　　　　　　　　　　　　　会计原则的变更

问题

1. 如 FASB 第 2 号概念公告中描述的,会计变更如何偏离了信息的可比性和一致性的特点?

2. 两个类别的会计变更是什么?简要介绍为什么要做这样的变更。

3. 什么替代程序被建议作为报告会计变更的解决方案?

4. (a)列出几个经常用的会计估计变更的例子。(b)简要解释适当的估计变更的会计处理方法。(c)为什么记录会计估计变更的这个程序被认为是适当的?

5. 核算折旧方法变更的适当方法是什么?

6. (a)列出一些公司可能会用到的会计原则变更的例子。(b)简要解释适当确认会计原则当期变更的会计处理方法。

7. 为什么变更会计原则需要理由？

8. （a）会计原则变更的影响什么时候应当仅仅报告为当年留存收益余额的直接调整？（b）什么时候会计原则变更的影响应当仅是前瞻性地报告？

9. Dallas 公司在 2008 年购买了一辆送货车。购买时，估计货车的使用寿命为 7 年，有 500 美元的残值。公司一直使用直线折旧法。2011 年，由于过度使用，公司估计货车的使用寿命仅为 5 年，没有残值。同时，公司决定把折旧方法从直线折旧法变为年数总和法。这些变更该如何处理？

10. 描述伴随企业合并所需要的披露。

11. 描述如下每项变更的影响：

（a）折旧从直线折旧法变为加速折旧法。

（b）折旧从加速折旧法变为直线折旧法。

（c）以完工合同法为基础报告建筑合同的收入变为以完工百分比法为基础报告。

（d）存货的价值核算方法从先进先出法变为后进先出法。

（e）估计往年保修费用是销售的 5% 而不是 4%。

（f）存货的价值核算方法从后进先出法变为先进先出法。

（g）你的应收账款人员了解到大客户已经宣布破产。

（h）你的专利律师通知你，你的对手成功地申请了一项新发明的专利，使你的产品会被淘汰。

12. （a）如何处理会计差错？（b）什么是自动抵销差错？

13. Mendez 制造公司没有记录 2008 年的应计利息 800 美元，2009 年 700 美元，2010 年 950 美元。2011 年 12 月 31 日留存收益账户高估或低估的金额是多少？

14. 2011 年 12 月 31 日，购进寄发地交货的货物被运到 Merkley 有限公司。购买在 2011 年记录，但是货物不包含在期末存货中。（a）如果没有被发现，这个差错将对 2011 年报告的利润有什么影响？（b）应该做怎样的分录更正这个差错，假设 2011 年度的财务报告尚未批准报出。

练习

[练习 20-1]　折旧年限的变化

LO2　2007 年 1 月 1 日，某公司购买设备支付 100 000 美元。最初，设备预计使用年限是 12 年，残值是 4 000 美元，公司采用直线折旧法。2011 年 1 月 1 日，公司发现设备总的使用年限是 15 年而不是 12 年，残值是 15 000 美元而不是 4 000 美元，计算 2011 年的折旧费用。（注：如果需要提示来做这道题，请看《中级会计学：基础篇》第 11 章。）

[练习 20-2]　直线折旧法变为双倍余额递减法

LO2　2008 年 1 月 1 日，某公司购买设备支付 400 000 美元。设备预计使用年限是 8 年，无残值。公司最初使用直线折旧法。2011 年 1 月 1 日，公司改用双倍余额递减法。计算 2011 年的折旧费用（不计所得税）。

[练习 20-3]　后进先出法变为先进先出法：第一年的留存收益

LO3　到 2011 年 1 月 1 日止，公司决定存货价值的计价方法由后进先出法变为先进先出法，这个变化是出于账面和纳税的目的。过去 4 年（含 2011 年）的数据如下：

	2011 年	2010 年	2009 年	2008 年
销售额	$2 000	$1 500	$1 200	$1 000
销售成本——后进先出法	1 200	900	720	600
期末存货——后进先出法	200	150	120	100
期末应交所得税——后进先出法	n/a	240	192	160
期末留存收益——后进先出法	1 668	1 188	828	540
销售成本——先进先出法	1 170	880	710	595
期末存货——先进先出法	300	220	170	140

2011 年，在后进先出法下期末应交所得税的金额没有给出，因为应交所得税将采用先进先出法来计算。前几年给出了应交所得税金额，是由于公司有在下一年支付所得税的习惯。

公司的所得税税率为 40%，并且除了销售成本和所得税费用外，公司没有其他费用。到 2009 年 1 月 1 日止，公司使用先进先出法之后，计算追溯调整后的留存收益余额。

[练习 20-4]　披露企业合并

LO4　2011 年 12 月 31 日，Big 公司以 150 000 美元收购 Tiny 公司，这个金额已经超过购买日 Tiny 公司的账面价值 30 000 美元，全部超出的金额都是因为 Tiny 公司的一个在建项目，截至购买日，它还有 15 年的剩余使用年限。2010 年、2011 年两家公司的信息如下：

	2010 年	2011 年
Big 公司：		
收入	$500 000	$400 000
净利润	60 000	50 000
Tiny 公司：		
收入	$ 75 000	$ 90 000
净利润	12 000	20 000

请准备包含于 Big 公司 2011 年财务报表附注中的必要预测信息。为了简便，不计所得税。

[练习 20-5]　存货的错估

LO5　在年末，公司错估了它的存货。存货正确的金额为 100 000 美元。这个差错直到第二年 5 月上一年度的账目终止后才被发现。在 5 月，编制纠错分录，假设上一年年末存货的错报金额为（1）75 000 美元；（2）110 000 美元（不计所得税）。

[练习 20-6]　没有记录存货采购

LO5　12 月 28 日，公司购买存货花费 10 000 美元。这次购买直到第二年 1 月 5 日才记录。然而，存货并没有适当地包含在 12 月 31 日的库存数量里。这个差错直到第二年 5 月上一年度的账目终止后才被发现。在第二年 5 月需要做一个纠错分录，假设公司采用（1）定期盘存法；（2）永续盘存法（不计所得税）。

[练习 20-7]　错报销售

LO5　公司错报了今年过去两周的总赊销额。这个时期的正确赊销金额为 300 000 美元。直到第二年上一年度的账目终止后，差错才被发现。在第二年需要做一个纠错分录，假设情况如下（不计所得税），并且假设（可能不合理）没有错误发生在与销售有关的费用记录中：

（a）错报的赊销金额为 260 000 美元，当收到现金时差错被发现。

（b）错报的赊销金额为 260 000 美元，到差错被发现时这些赊销都没有收到现金。

（c）错报的赊销金额为 325 000 美元，当收到现金时差错被发现。

（d）错报的赊销金额为 325 000 美元，到差错被发现时这些赊销都没有收到现金。

[练习 20-8] 没有记录折旧

LO5 2009 年 1 月，公司花 10 000 美元购买了一台设备。设备预计使用 10 年，没有残值。公司采用直线折旧法。公司没有记录这台设备的折旧费用。需要做一个纠错分录，假设（1）在 2011 年 5 月发现差错，2010 年度的账目已经终止；（2）在 2012 年 5 月发现差错，2011 年的账目已经终止（不计所得税）。

[练习 20-9] 立即费用化后被出售的设备

LO5 2008 年 1 月 1 日，公司花 10 000 美元购买了一台设备。全部的购买价格立即被费用化。设备预计使用 10 年，没有残值。公司采用直线折旧法。2011 年 1 月 1 日，设备以 5 500 美元出售。错误费用化的购买价格，连同随后没有记录的折旧，在 2011 年 5 月被发现，2010 年度的账目已经终止。要求：（1）做 2011 年的纠错分录；（2）描述对 2011 年比较利润表（包括 2009 年和 2010 年）的必要更正。

[练习 20-10] 不正确的资本化

LO5 2009 年 1 月，公司支出 24 000 美元。这些支出应当立即费用化。然而，公司把这 24 000 美元记录成购买了一台使用 12 年并且无残值的设备。公司采用直线折旧法。该公司对这台设备进行了直线法折旧。做一个纠错分录，假设（1）在 2011 年 5 月发现差错，2010 年度的账目已经终止；（2）在 2012 年 5 月发现差错，2011 年度的账目已经终止（不计所得税）。

[练习 20-11] 一个前期调整的披露

LO5 参考练习 20-10。假设差错在 2011 年 5 月被发现。2011 年的净利润（正确的）是 50 000 美元。2011 年的股利是 15 000 美元。最初报告的 2010 年年末留存收益余额是 130 000 美元。编制一个 2011 年的留存收益附注。

习题

[习题 20-12] 会计估计的变更

LO2 Albrecht 有限公司在 2008 年开始营业。公司的坏账准备如下：

	估计的坏账	实际的坏账
2008 年	$11 000	$4 500
2009 年	13 000	6 800
2010 年	16 500	8 950
2011 年	没有调整	9 500

以前，公司估计有 3% 的赊销将不能收回。Albrecht 有限公司的会计师认为过去使用的估计坏账的比率是不恰当的。她将比率下调至 1.5%。公司总裁已经声明，如果公司以前估计的坏账费用不正确，公司将使用更准确的估计重述财务报表。

1. 假设 2011 年的赊销是 650 000 美元，给出该年记录坏账费用的调整分录。
2. 如果有的话，将做怎样的补充分录以更正前几年的不准确的估计。
3. 你将对总裁要求重述以前财务报表做何种反应？

[习题 20-13]　自然资源估计的变更

LO2　Hollow 开采公司购买了一块估计有 1 500 000 吨铜矿的土地。土地的购买价格是 480 万美元。在营业的第一年和第二年,Hollow 开采公司分别开采并销售了 160 000 吨和 210 000 吨的矿石。在第三年年初,新的地质工程估计仍有 790 000 吨的矿石。在第三年,245 000 吨的矿石被开采和销售。

1. 在第一年和第二年里,Hollow 开采公司最初使用的耗损率是多少?
2. 为 Hollow 开采公司做第一年和第二年年末耗损费用的会计分录。
3. 第三年的耗损率是多少?做会计分录以反映第三年会计估计的变更。

[习题 20-14]　会计原则的变更

LO3　2011 年 1 月 1 日,Keairnes 用品公司决定从后进先出法改为先进先出法。该变更出于账面和纳税的原因。

年份	用后进先出法计算的净利润	后进先出法的销售成本超过先进先出法的销售成本	对利润的影响（税后）
2009 年以前		$14 000	$9 000
2009 年	$68 000	7 200	4 800
2010 年	61 500	8 750	5 250
2011 年	86 000	10 500	7 500
		$40 450	$26 550

1. 使用后进先出法,2009 年 1 月 1 日的期初留存收益是 182 000 美元。计算 2009 年 1 月 1 日使用先进先出法调整的期初留存收益。
2. 2011 年的三年比较利润表包含 2009 年、2010 年和 2011 年的净利润。在比较利润表中,采用先进先出法后,每年应报告多少金额的净利润?

[习题 20-15]　没有详细前期信息的会计原则的变更

LO3　参考习题 20-14。假设 2009 年和 2010 年的详细信息是不可获得的。2011 年,支付了 20 000 美元的股利(与 2009 年和 2010 年 16 500 美元的股利比较)。依据这个信息,编制 2011 年的留存收益附注。(注:不用编制 2009 年和 2010 年的比较留存收益附注。2010 年 12 月 31 日,如使用后进先出法报告,留存收益余额是 290 000 美元。)

[习题 20-16]　会计差错

LO5　2011 年 1 月 10 日,Chipp & Simon 合伙公司的会计差错被发现。

发生差错的年份	期末高估的存货	低估的折旧	没有记录的累计租金收入	没有记录的应计利息费用
2008 年	$42 000		$11 000	
2009 年		$18 000	31 000	
2010 年	34 000			$7 000

合伙人分享的净利润和损失如下:Chipp 为 65%;Simon 为 35%。

1. 2011 年 1 月 10 日,编制一个更正分录,假设 2010 年度财务报告已经报出。
2. 2011 年 1 月 10 日,编制一个更正分录,假设 2010 年度的财务报告尚未批准报出,并且合伙公司使用永续盘存制。

[习题 20-17] 分析差错

LO5 陈述下面 2010 年的每一个差错对 2010 年和 2011 年资产负债表和利润表的影响。

（a）由于统计商品数量的差错，期末存货被低估了。

（b）由于委托代售商品被确认为存货，期末存货被高估了。账面上并没有记录相关的采购。

（c）在 2010 年年末购买的商品直到 2011 年付款时才被记录；购买的商品包括在 2010 年年末的存货中。

（d）2010 年年末销售的商品直到 2011 年收到现金时才被记录；销售的商品未包含在 2010 年年末的存货中。

（e）2010 年，货物运至收货人时被报告为销售；2010 年年末，出于多记期末存货的目的，在收货人手中的货物没被确认为销售；在 2011 年，这样的货物销售和此类销售的现金收入被记录为以收货人为基础的赊销类应收账款。

（f）2010 年某周的销售总额贷计为出售设备利得。

（g）2010 年没有计提 2010 年 4 月出售的设备的折旧。公司以日历年度为基础报告，计算最近月份的折旧。

（h）2010 年没有计提 2010 年 10 月购买的设备的折旧。公司以日历年度为基础报告，计算最近月份的折旧。

（i）应收票据被借记应收账款账户。

[习题 20-18] 披露差错

LO5 Bodie 公司的比较财务报表如下：

Bodie 公司的利润表和留存收益表

	2010 年 12 月 31 日	2009 年 12 月 31 日
销售收入	$4 600 000	$4 350 000
销售成本	2 346 000	2 305 500
毛利润	$2 254 000	$2 044 500
费用	1 598 000	1 533 000
净利润	$ 656 000	$ 511 500
期初留存收益	$1 441 000	$1 077 500
净利润	656 000	511 500
股利	(157 000)	(148 000)
期末留存收益	$1 940 000	$1 441 000

2010 年，Bodie 公司发现 2009 年的期末存货低估了 11 000 美元。

编制 2009 年和 2010 年的比较利润表和留存收益表。不计所得税影响，假设 2010 年度的报告尚未批准报出。

[习题 20-19] 更正账户的分录

LO5 2011 年 12 月 31 日，第一次对 Ringer 公司进行了审计。在审计报告中，审计师发现在 2010 年年末和 2011 年年末某些调整被忽略了，并且一些项目记录得不恰当。每年的忽略和其他的差错被归纳如下：

	2010 年	2011 年
应付销售人员工资	$1 800	$1 400
应收利息	700	550
预付保险费	450	250
预收账款	1 900	2 200
（从客户处收到的包含在销售中，但是应该被确认为预收账款，因为货物直到下一年才发货。）		
设备	1 600	1 300
（支出已被确认为维修费用，但是应当被确认为设备成本；一年的支出折旧为5%。）		

编制分录更正2011年的收入和费用账户，记录需要在2011年2月31日资产负债表中确认的资产和负债。假设2011年的名义账户没有归结到利润汇总账户。

难题

[难题20-20]　差错更正

LO5　Hiatt纺织公司正准备扩大现有厂房设施，并将获得城市银行的贷款。银行要求审计财务报表。Hiatt以前从未审计过。它已经准备了2011年12月31日和2010年12月31日的比较财务报表，具体如下。

Hiatt纺织公司的比较资产负债表

	2011年12月31日	2010年12月31日
资产		
流动资产：		
现金	$ 602 500	$ 400 000
应收账款	980 000	740 000
坏账准备	(92 500)	(45 000)
存货	517 500	505 000
流动资产总额	$2 007 500	$1 600 000
固定资产：		
不动产、厂房和设备	$ 417 500	$ 423 750
累计折旧	(304 000)	(266 000)
固定资产总额	$ 113 500	$ 157 750
总资产	$2 121 000	$1 757 750
负债和所有者权益		
负债：		
应付账款	$ 303 500	$ 490 250
所有者权益		
普通股（面值是25美元，已授权，30 000股；已发行并流通26 000股）	$ 650 000	$ 650 000
留存收益	1 167 500	617 500
所有者权益总额	$1 817 500	$1 267 500
负债和所有者权益总额	$2 121 000	$1 757 750

Hiatt 纺织公司的比较利润表

	2011 年 12 月 31 日	2010 年 12 月 31 日
销售收入	$2 500 000	$2 250 000
销售成本	1 075 000	987 500
毛利润	$1 425 000	$1 262 500
营业费用	$ 575 000	$ 512 500
管理费用	300 000	262 500
	$ 875 000	$ 775 000
净利润	$ 550 000	$ 487 500

下面事实在审计中未涉及：

(a) 2010 年 1 月 20 日, Hiatt 纺织公司已经支付了 5 年的火灾保险费, 总的保险费为 15 500 美元。

(b) 在过去的两年, 坏账的损失金额已经减少。Hiatt 纺织公司已经决定从 2011 年开始, 把坏账准备金额从销售额的 2% 减少到 1.5% (2011 年已经计提了 2% 的坏账准备)。

(c) 存货账户(以定期盘存制为基础)已经在过去的两年中存在差错。差错如下: 2010 年, 高估期末存货 37 750 美元; 2011 年, 高估期末存货 49 500 美元。

(d) 于 2010 年 1 月 4 日购买、耗资 75 000 美元的机器被错误地计入营业费用。机器使用寿命为 10 年, 残值是 12 500 美元。Hiatt 纺织公司使用直线折旧法。

说明：

1. 编制分录以更正 2011 年 12 月 31 日的账面价值, 2011 年度的财务报告尚未批准报出(不计所得税)。

2. 编制 2010 年 12 月 31 日和 2011 年 12 月 31 日更正净利润的列表, 假设任何调整都在这两年的比较报表中报告。以每年净利润开始你的列表(不计所得税)。

[难题 20-21] CPA 考试样题

LO2, LO3, LO5 1. 2009 年 1 月 1 日, Frank 公司花 200 000 美元购买设备。该设备有 8 年的预计使用寿命和 10 000 美元的残值。最初, Frank 公司采用双倍余额递减法折旧。2011 年 1 月 1 日, Frank 公司变更为直线法折旧。预计使用寿命和残值没有改变。计算 2011 年的折旧费用。

(a) 28 125 美元

(b) 17 083 美元

(c) 12 813 美元

(d) 23 750 美元

2. 2011 年 1 月 1 日, Jean 公司决定从后进先出法变更为先进先出法。该变更出于账面价值和税收目的。2011 年和以前年度的先进先出法和后进先出法的数据如下：

年份	用后进先出法计算的净利润	后进先出法下商品销售成本超过先进先出法下商品销售成本的金额	对净利润的影响(税后)
2009 年以前		$12 500	$ 7 500
2009 年	$62 500	6 250	3 750
2010 年	54 500	7 500	4 500
2011 年	78 000	111 250	6 750
		$37 500	$22 500

依据 SFAS No.154, 计算 Jean 公司 2011 年的净利润。记住 Jean 公司在 2011 年 1 月 1 日转为使用

先进先出法。

(a) 84 750 美元

(b) 100 500 美元

(c) 85 500 美元

(d) 93 750 美元

3. 售出商品由 Brook 公司(卖方)在 2011 年 12 月 31 日运往目的地交货。销售在 2011 年记录,商品没有包括在 2011 年的期末存货中。商品在 2012 年 1 月 4 日到达。商品成本为 3 000 美元,售价为 4 400 美元。由于这项交易,净利润被高估或低估的金额是多少？不计所得税。

(a) 报告的更正的净利润是正确的

(b) 2011 年的净利润被高估了 4 400 美元

(c) 2011 年的净利润被低估了 3 000 美元

(d) 2011 年的净利润被高估了 1 400 美元

案例

[案例 20-22] 为什么他们做出变更？

当公司面临没有满足他们的预计盈余目标的危险时,有趣的现象有时会发生。管理者突然意识到他们以前对于坏账、设备预计使用年限和残值等的估计过于保守。由于这些新的发现,管理者着手修改这些估计以"更好地反映经济现实",正如人们经常所说的。

财务报表披露中会计估计变更和会计原则变更的主要不同是什么？为什么你认为面临没有实现目标危险的管理者更愿意修改会计估计的变更,而不是会计原则的变更？

[案例 20-23] 解读财务报表(博士伦公司)

眼部护理产品制造商博士伦公司(Bausch & Lomb Inc.)发现它上新闻了,由于被外界公认的会计和商业惯例的特定程序。下面是由 1995 年的年度报告提供的有关信息。

前期调整

博士伦公司财务报表附注

注释 2. 财务信息的重述

公司已经重述了 1994 年 12 月 31 日和 1993 年 12 月 25 日的财务报表。这一行动是正在进行的调查的结果,其确认的不确定性围绕 1993 年第四季度隐形眼镜销售计划的执行情况和 1993 年东南亚太阳镜的不当销售记录。1993 年第四季度,一项营销计划开始实施,以转移美国传统隐形眼镜光学分销业务部分的销售和分销责任。随后,这个战略证明是成功的,并在 1994 年第三季度导致对传统隐形眼镜实施新的价格政策和在一次性基础上接受这些经销商的回报的决定。本销售计划的调查表明了实际情况与原计划的方案有出入,由此产生的关于本次营销计划执行的不确定性导致 1993 年财务报表的重述,以说明在此计划下的出货量、确认存货,记录由分销商卖产品给顾客产生的收入,并反映在 1994 年确认这种营销计划执行时产品的退货和价格调整对收入的影响。东南亚太阳镜销售的调查披露在某些情况下,经销商在 1993 年作为收入的交易记录实际上并不是出自向这些客户的销售,因此是不正确的记录。重述 1993 年的财务报表以扭转不正确的销售记录,同时重述 1994 年财务报表以扭转先前在该期间已确认的销售返回的影响。根据管理者的意见,所有更正财务报表的必要调整已记录。这些调整对原先报告的公司业绩的影响摘要如下:

(续表)

单位:千美元 （每股数除外）	1994 年 报告的	1994 年 重述的	1993 年 报告的	1993 年 重述的
净销售收入				
医疗保健	1 227 648	1 249 923	1 191 467	1 169 192
光学	622 904	642 763	680 717	660 858
总额	1 850 552	1 892 686	1 872 184	1 830 050
业务分部收入：				
医疗保健	73 466	91 541	210 393	192 318
光学	64 148	72 075	87 456	79 529
总额	137 614	163 616	297 849	271 847
净利润	13 478	31 123	156 547	138 902
每股净利	0.23	0.52	2.60	2.31
年末留存收益	846 245	846 245	889 325	871 680

回顾这些信息回答以下问题。

1. 究竟该公司哪些行为是错的？
2. 比较"报告的"和"重述的"，确定哪一项收入在这两年间均包括在这两类中。该公司获得了什么？
3. 如果这个差错在 1994 年、1993 年财务报告报出后被发现，应做什么分录来更正这个差错？
4. 如果这个差错在 1995 年、1994 年财务报告报出后被发现，应做什么分录来更正这个差错？

[案例 20-24]　写作任务（自动抵销差错）

正如在本章所陈述的，大多数会计方面的差错被发现并在当期被更正。对那些没发现的，一些会在两个期间内自动修正，然而其他未被发现的差错仍会存在。

这个写作任务的目标是让你思考那些自动抵销的差错和那些存在于一期又一期的差错的不同。值得注意的是，识别这些差异是否涉及资产负债表和/或利润表，是否是流动和/或非流动账户，是否涉及收入或费用等问题。最后，提供一个分析差错的系统方法，以确定它是否自动抵销或是否需要一个分录更正账面价值。

[案例 20-25]　研究会计准则

为了帮助你熟悉会计准则，本案例带你进入 FASB 的网站，并接触各种刊物。进入 FASB 网站（http://www.fasb.org），点击"Pronouncements & EITF Abstracts"。

在本章，我们讨论了会计变更的问题。对于这个例子，我们将使用 FASB 第 154 号公告，"会计变更和差错更正"。打开 FASB 第 154 号公告。

1. 第 10 段涉及一个会计原则变更的"间接影响"。附录 A 的图 1 包含了一个间接影响的例子。这个间接影响是什么？
2. 第 B31 段确认了 FASB 第 154 号公告与 IAS 8 三个方面的不同。这些方面的不同是什么？

[案例 20-26]　辩论（重述前期财务报表）

本章首先说明了 FASB 第 106 号公告对几家公司盈利的影响，回顾通用汽车公司在 1992 年报告利润下降了 330 亿美元。像这样的一次性打击可以使财务报表和比率比较随着时间推移更加困难。

这个辩论涉及处理会计原则变更的不同方法，如通过进行一个累计调整或者通过重述财务报表。

把你的组分成两队。

1. 一队认为当一个新的准则发布时，披露本年度信息的所有前期的财务报表应当被重述以符合新准则。这是 FASB 第 154 号公告现在要求的方法。

2. 另一队认为总结新准则对前期影响的累计调整是有效的。这是 APB 第 20 号意见要求的方法。

[**案例 20-27**]　**道德困境（会计原则的变更）**

你的公司最近决定变更它的长期资产的折旧方法，以与竞争对手保持一致。你的公司以前使用直线折旧法，而在这个行业里其他公司大部分使用余额递减法。初步计算表明会计原则的变更将使当期每股收益降低 10%。自然的，你向之报告的那些人想知道是否有方法减少这个变更的影响。

你知道计算折旧费用的其他因素是使用和残值的估计。你推断，如果对所有长期资产的预计使用寿命稍作修改后做出重估，那么转变折旧方法将不会降低当期的净利润。

1. 重估长期资产预计寿命的计划能实现允许公司变更折旧方法到余额递减法而不降低当期的净利润的理想结果吗？

2. 由于会计原则的变更或者会计估计的变更，公司将有一个高的现金流量吗？

3. 公司的利润水平应当决定它使用的会计方法和它做的会计估计吗？为什么应该或者为什么不应该呢？

[**案例 20-28**]　**累进式电子工作表分析**

此电子表作业是第 13 章案例 13-40 第（1）部分给出的电子表任务的延伸。回顾第 13 章给出的介绍。这个电子表可以形成这项任务的基础。

1. 除了编制 2012 年的预测财务报表，天行者公司也希望编制 2013 年的预测财务报表。所有适用于 2012 年的假设也假设适用于 2013 年。2013 年的销售收入预期比 2012 年的高 40%。（清晰地陈述你所做的任何附加假设。）

2. 假设天行者公司希望 2012 年和 2013 年存货周转天数是 60 天而不是 107.6 天。这个变更将使 2012 年和 2013 年的预期应付短期借款水平为负。

（a）解释为什么这种变化使得应付短期借款为负数。

（b）因为应付短期借款的负数金额是不确定的，调整你的电子表以使应付短期借款的价值不低于零。你做出这些调整后，2012 年和 2013 年的预期流动比率是多少？

第 21 章　重温现金流量表

> **学习目标**
> 1. 编制一张完整的现金流量表并按照要求补充披露。
> 2. 根据美国 GAAP 和 IASB 的准则，理解现金流量表编制的不同。
> 3. 结合本章提供的资料，编制现金流量表。
> 4. 用现金流量数据，对公司的经营业绩进行详细的案例分析。

1968 年，Robert Noyce 和 Gordon Moore 辞去 Fairchild 半导体公司工程师的工作，开始创办他们自己的公司。他们看到了一个商机，用半导体技术建造一个更好、更便宜的替代磁芯存储器，这是当时占主导地位的计算机内存技术。他们的问题是半导体存储器的成本是磁芯存储器成本的 100 倍。

补充

当时，英特尔的名称是从一家连锁酒店购买的。

依靠从风险资本家那获得 2.5 亿美元的资金，Noyce 和 Moore 成立了英特尔（Intel）公司，Intel 是 Integrated Electronics（集成电子学）的简称。Andy Grove 不久后加入英特尔，三人一起解决计算机内存问题。1970 年，推出动态随机存取存储器 1103，迅速成为世界上销量最大的半导体设备。

但是便宜的计算机内存并没成为使英特尔享誉业界的一项创新发明。1971 年，一家日本的计算机公司要求英特尔公司设计计算机芯片的定制设置。作为回应，英特尔创造了第一代微处理器 4004。然而，设计合同规定已完成的微处理器归属于 Busicom 计算机公司。英特尔后来又花费 60 000 美元买回了微处理器的所有权。

4004 芯片比一个拇指指甲还要小，成本为 200 美元，但是它提供了和第一代电子计算机一样强的计算能力。建造于 1946 年的第一代电子计算机需要 18 000 电子管，并占据 3 000 立方英尺的空间。

英特尔继续发展它的微处理器技术。在 20 世纪 70 年代中期，把处理器、键盘和显示器连接起来作为家庭使用的个人电脑的主意被呈交给英特尔董事长 Gordon Moore。他问："它有什么好处？唯一的答案是家庭主妇能在上面保存她的食谱。我个人没有看到它任何有用的地方，所以我们从来不给它另外的想法。"

1981 年，英特尔与 IBM 合作用 8088 处理器发展第一代个人电脑。从那以后，微处理技

> **补充**
>
> 英特尔定义微处理器如下:"微处理器是微小硅片构建的集成电路。它包含成千上万或数百万的晶体管,通过超细微元铝互联。晶体管共同努力来存储和处理数据,以便微处理器能执行各种有用的功能。一个微处理器执行特定功能是由软件决定的。"

术飞速发展。微处理器在时间和容量上变更的速率产生了摩尔定律(Gordon Moore 发明的词)——每两年计算能力将翻倍。

虽然芯片的容量已经提高了,但是它们的成本却降低了。1991 年,486 每秒处理百万指令的成本为 225 美元。奔腾 2 处理器成本大约为每秒处理百万指令的成本为 2 美元。Moore 做了如下比较,"如果汽车工业和半导体工业一样快速地进步,一辆劳斯莱斯将用每加仑汽油获得 50 万英里的路程,并且扔掉它比停放它更便宜。"

> **补充**
>
> 微软 2008 年 4 月 2 530 亿美元的市场价值比英特尔和 IBM 的市场价值总和仅低 210 亿美元,当微软被 IBM 选择为 IBM 第一代个人电脑提供操作系统时,它是一个只有 30 人的小公司。

到 2008 年 4 月,英特尔的总市场价值已经增长到 1 160 亿美元,与英特尔合作生产出第一个人电脑的计算机巨头 IBM 的市场价值增长至接近 1 580 亿美元。

英特尔是一家非常成功的公司,这一事实可以通过公司的现金流量表轻易地看出。表 21-1 包含英特尔截止到 2007 年 12 月 29 日三个年度的现金流量表。当看现金流量表时,首先发现的是公司的经营活动现金流。对于英特尔来说,2007 年的经营活动现金流是 126 亿美元,比 2006 年的 106 亿美元上涨了 19%。

表 21-1 英特尔 2007 年的现金流量表 单位:百万美元

英特尔集团合并现金流量表			
截至 2007 年 12 月 29 日的三个年度	2007 年	2006 年	2005 年
现金和现金等价物年初余额	**6 598**	**7 324**	**8 407**
经营活动产生的(使用的)现金流:			
净利润	6 976	5 044	8 664
将净利润调整为经营活动产生的净现金流:			
折旧	4 546	4 654	4 345
以股份为基础的薪酬	952	1 375	
重组,资产减值和资产报废的净损失	564	635	74
来源于股份支付安排的超额税收优惠	(118)	(123)	—
无形资产的摊销和其他与收购有关的成本	252	258	250
权益投资的(利得)损失(净额)	(157)	(214)	45
剥离的(利得)	(21)	(612)	—
递延税款	(443)	(325)	(413)
从员工股权激励计划获得的税收优惠	—	—	351
资产和负债的变更:			
交易资产	(1 429)	324	1 606
应收账款	316	1 229	(912)

（续表）

英特尔集团合并现金流量表			
截至2007年12月29日的三个年度	2007年	2006年	2005年
存货	700	(1 116)	(500)
应付账款	102	7	303
应收及应付所得税	(248)	(60)	797
其他资产和负债	633	(444)	241
总调整	5 649	5 588	6 187
经营活动产生的净现金	**12 625**	**10 632**	**14 851**
投资活动产生的(使用的)现金流：			
添置不动产、厂房和设备	(5 000)	(5 860)	(5 871)
并购获得的净现金	(76)	—	(191)
购买可供出售投资	(11 728)	(5 272)	(8 475)
可供出售投资的到期日及销售	8 011	7 147	8 433
投资于非上市权益工具	(1 459)	(1 722)	(193)
剥离所获得的净收入	32	752	—
其他投资活动	294	(33)	(118)
投资活动使用的净现金	**(9 926)**	**(4 988)**	**(6 415)**
筹资活动产生的(使用的)现金流：			
增加(减少)短期负债(净额)	(39)	(114)	126
政府补助收入	160	69	25
从股份支付安排获得的超额税收优惠	118	123	—
增加长期债务	125	—	1 742
债务清偿	—	—	(19)
应付票据偿还	—	(581)	—
通过员工股权激励计划从股票销售所得收入	3 052	1 046	1 202
普通股回购及清偿	(2 788)	(4 593)	(10 637)
向股东支付股利	(2 618)	(2 320)	(1 958)
筹资活动使用的净现金	**(1 990)**	**(6 370)**	**(9 519)**
现金及现金等价物的净增加(减少)	**709**	**(726)**	**(1 083)**
现金及现金等价物年末余额	**$7 307**	**$6 598**	**$7 324**
现金流量信息的补充披露：			
年内支付的现金：			
利息(资本化净额在2007年为5 700万美元，2006年为6 000万美元)	15	25	27
所得税退税净额	2 762	2 432	3 218

接下来你应当看的是公司与经营相关的投资现金需求量。2007年，与英特尔公司经营相关的投资现金流总数为51亿美元，并且是用现金支付购买新不动产、厂房和设备及业务收购的现金的总数。这些项目有时候称为业务的资本化费用(或资本支出)。经营现金流与资本支出的比较得出了公司的自由现金流。2007年，英特尔公司的自由现金流为75亿美元(126亿美元的经营现金流入减去51亿美元资本支出现金流)。英特尔公司的大量的自由现金流意味着公司是一个现金牛。该公司的经营产生如此多的现金，以至于公司扩张

计划所需要的费用可以全部用余下的现金支付。

最后,用我们简单的分析看看英特尔公司用它的剩余现金流在做什么。在融资活动中,我们看到在 2007 年英特尔公司花了 28 亿美元回购它自己的股票并且花 26 亿美元支付剩余股东的现金股利。英特尔公司还将如何处理 75 亿美元的自由现金流呢?它想怎样处理都可以。自由现金流的金额是一家公司所具有的灵活性的指标。如果英特尔公司想发展的更快,它可以使用剩余现金流。如果公司想增加现金股利,它也可以这样做。如果公司想尽快偿还贷款,它也可以那样做。简而言之,由于有实质上的自由现金流,英特尔公司可以做任何事情。

思考题:
1. 什么是摩尔定律?
2. "资本支出"是什么意思?
3. 什么是自由现金流?
4. 英特尔公司 2007 年应支付多少所得税?提示:看公司现金流量表底部的补充披露。

问题的答案可以在第 473 页找到。

本章的题目是"重温现金流量表"。希望你能回想起我们在《中级会计学:基础篇》第 5 章介绍的现金流量表。因为这基本覆盖了我们所学到的许多会计知识。我们现在知道租赁、商誉减值、坏账准备及其他主要会计科目。本章的目的是重温现金流量表,并加入我们在前面讨论时所省略的会计复杂性。如果你需要复习一下现金流量表的基础知识,请看《中级会计学:基础篇》第 5 章。

编制一张完整的现金流量表

1 编制一张完整的现金流量表并按照要求补充披露。
WHY 一张完整的现金流量表提供了一家公司在一个时期内所从事的所有活动(经营、投资和筹资)的完美的概括。
HOW 编制现金流量表三个部分的大部分信息来自于资产负债表和利润表的如下部分:
- 经营——利润表、流动资产和流动负债;
- 投资——长期资产;
- 筹资——长期负债和所有者权益。

编制一张完整的现金流量表直到每一个利润表项目都被考虑到,资产负债表项目的所有变更已经被解释并且现金的净变化已经被准确地调整才能结束。

在这一部分,我们将克服一个复杂的问题以编制一张完整的现金流量表。在《中级会计学:基础篇》第 5 章用一个基本的例子完成了同样的过程。对这个更复杂的例子,我们将使用我们假设的一家公司——西部资源公司(Western Resources)的 2011 年度财务报表和交易信息。2011 年,西部资源公司完成了以下交易(以简要形式):

(1) 销售账户 688 800 美元。
(2) 现金账户 692 300 美元。
(3) 收到未来提供服务的预收账款(亦称未实现的销售收入,72 000 美元)。

(4) 执行关于以前年度未实现销售收入的服务 65 000 美元。
(5) 所售商品的成本 524 100 美元。
(6) 购买存货的账户 522 600 美元。
(7) 支付的应付账款(都与存货有关) 529 300 美元。
(8) 用现金 117 000 美元购买建筑物和设备。
(9) 购买土地 108 500 美元,卖方接受 40 000 美元的普通股和 68 500 美元的现金。
(10) 12 月 31 日,购买可供出售证券支付现金 2 000 美元。剩下的可供出售证券(记录为 10 000 美元)的价值在当年不发生变化。
(11) 出售建筑物得到现金 10 000 美元(初始成本 40 000 美元;累计折旧 26 000 美元)。
(12) 1 月 1 日,出售记录为 96 000 美元的长期投资 102 500 美元。
(13) 借入短期债券 7 500 美元。
(14) 借入长期债券 20 000 美元。
(15) 发行普通股 10 000 美元。
(16) 回购普通股 3 200 美元。
(17) 记录不动产、厂房和设备的折旧费及专利的摊销费分别为 20 900 美元和 5 000 美元。
(18) 支付负债的利息 3 600 美元。
(19) 支付经营和行政费用 150 900 美元。简单起见,假设所有的金额提前支付。
(20) 记录重组费用 11 700 美元。关于雇员遣散福利费的负债的全部金额直到年底也没有支付。
(21) 发生的经营和行政费用为 146 400 美元。
(22) 计算今年发生的应税交易而必须支付的所得税金额 21 300 美元。
(23) 计算今年的所得税总金额为 24 000 美元。(注意:这个数比(22)中的金额高,因为所得税税法允许今年赚得的收入的税收递延到将来。)
(24) 支付所得税 23 500 美元。
(25) 宣告股利 25 100 美元。年内,支付 20 700 美元的股利。

总结 2011 年西部资源公司的资产负债表账户的期初余额,记录 25 项交易的分录及期末账户余额的工作表在表 21-2 中给出。

表 21-2　分析西部资源公司 2011 年交易的工作表　　　　单位:百万美元

西部资源公司工作表
2011 年 12 月 31 日

会计科目	期初余额		年内交易				期末余额	
	借	贷	借		贷		借	贷
现金	55 000		(2)	692 300	(7)	529 300	50 600	
			(3)	72 000	(8)	117 000		
			(11)	10 000	(9)	68 500		
			(12)	102 500	(10)	2 000		
			(13)	7 500	(16)	3 200		
			(14)	20 000	(18)	3 600		
			(15)	10 000	(19)	150 900		
					(24)	23 500		
					(25)	20 700		
可供出售证券	10 000		(10)	2 000			120 000	
应收账款	70 500		(1)	688 800	(2)	692 300	67 000	

（续表）

西部资源公司工作表
2011年12月31日

会计科目	期初余额 借	期初余额 贷	年内交易 借		年内交易 贷		期末余额 借	期末余额 贷
存货	76 500		(6)	522 600	(5)	524 100	75 000	
预付经营费用	12 000		(19)	150 900	(21)	146 400	16 500	
长期投资	106 000				(12)	96 000	10 000	
土地	75 000		(9)	108 500			183 500	
建筑物及设备	345 000		(8)	117 000	(11)	40 000	422 000	
累计折旧		198 500	(11)	26 000	(17)	20 900		193 400
专利	40 000				(17)	5 000	35 000	
应付账款		97 700	(7)	529 300	(6)	522 600		91 000
短期负债		17 000			(13)	7 500		24 500
应付所得税		9 500	(24)	23 500	(22)	21 300		7 300
未实现的销售收入		25 000	(4)	65 000	(3)	72 000		32 000
雇员遣散的负债		0			(20)	11 700		11 700
应付股利		0			(25)	4 400		4 400
长期负债		0			(14)	20 000		20 000
递延所得税负债		14 500			(23)	2 700		17 200
普通股		250 000			(9)	40 000		300 000
					(15)	10 000		
留存收益		234 300						229 800
库存股	56 500		(16)	3 200			59 700	
销售					(1)	688 800		
					(4)	65 000		
销售成本			(5)	524 100				
经营和行政费用			(21)	146 400				
折旧费用			(17)	20 900				
摊销费用			(17)	5 000				
利息费用			(18)	3 600				
出售建筑物的损失			(11)	4 000				
重组费用			(20)	11 700				
出售长期投资的利得					(12)	6 500		
所得税费用			(22)	21 300				
			(23)	2 700				
股利			(25)	25 100				
总额	846 500	846 500	3 915 900		3 915 900		931 300	931 300

从表21-2可以看出，影响现金账户的交易信息可以被单独确认。这需要构建西部资源公司的现金流量表信息。所有影响现金的交易摘要和类型在表21-3中给出。

如你所能看到的，如果一个人有详细的现金账户交易数据，编制现金流量表是很容易的。实际上，当它们首次输入会计系统时，如果交易被准确地分为经营、投资和筹资，现金流量表的编制不会比处理一次简单的三方交易更复杂。

表 21-3 2011 年度西部资源公司现金交易概况

交易编号	相关的现金流量	活动	现金流入金额	现金流出金额
(2)	现金账户	经营	$692 300	
(3)	预收现金	经营	72 000	
(7)	购买存货	经营		$529 300
(8)	购买建筑物和设备	投资		117 000
(9)	购买土地（部分以现金支付）	投资		68 500
(10)	购买可供出售证券	投资		2 000
(11)	出售建筑物	投资	10 000	
(12)	出售长期投资	投资	102 500	
(13)	借入短期负债	筹资	7 500	
(14)	借入长期负债	筹资	20 000	
(15)	发行普通股	筹资	10 000	
(16)	回购普通股（库存股）	筹资		3 200
(18)	支付利息	经营		3 600
(19)	支付经营和行政费用	经营		150 900
(24)	支付所得税	经营		23 500
(25)	向股东支付股利	筹资		20 700

缺乏详细的交易数据时如何编制现金流量表

在这一部分，我们讨论如果我们没有详细的现金流入和流出信息，或者如果现金交易没有被分为经营、投资和筹资，现金流量表该怎样编制。深入了解构建一个现金流量报表的过程是重要的，有如下几个原因：第一，大多数的现金流量表用间接法编制。不能详细了解这种类型的报表怎样编制，你理解和解释数据的能力就会严重受限；第二，了解错综复杂的现金流量表，可以让你看到个别交易是怎样影响整个财务报表的。因此，当我们分析现金流量表时，我们也要讨论利润表和资产负债表。最后，未上市的小公司经常只编制资产负债表和利润表，所以财务报表的使用者，如银行和潜在投资者，要根据部分信息来构建现金流量表。

如果我们没有详细的现金流量的信息，现金流量表的编制包括分析利润表和比较资产负债表，以决定一项业务如何产生和使用现金。一家公司的现金流入和流出可以通过仔细分析包含在这些报表中的每个账户来确定。与每个资产负债表和利润表账户有关的知识和这两个报表之间关系的知识使我们推断出在一个时期一项业务的各种交易对现金流量产生的影响。

例如，以应收账款账户为例，我们知道应收账款的增加与赊销有关。同样的，我们知道应收账款的减少通常意味着收到现金。因而，如果你知道应收账款账户（见比较资产负债表）的期初和期末余额，并且你知道当期的销售（见利润表），你可以推断出当期从消费者那里取得的现金金额。

为了说明以上情况，考虑下面的来源于西部资源公司 2011 年的资产负债表和利润表的期初和期末余额。记住我们假设详细的交易信息我们不能获得，我们只有在生成的财务报表中可获得概括的信息。

期初应收账款（最初欠西部资源公司的金额）	$ 70 500
+ 当期销售额（$688 800 + $65 000）	753 800
= 消费者所欠西部资源公司的总金额	$824 300
– 期末应收账款（没有收回的金额）	67 000
= 收到已经提供商品和服务的现金	$757 300

除了从已获得服务的消费者那里收到现金，西部资源公司也从消费者那里收到提前支付的另外 7 000 美元；这是未实现销售收入会计科目的增加（$32 000 – $25 000）。这 7 000 美元必须添加到以前的数字以得出当期总收款金额。

收到已经提供商品和服务的现金	$757 300
+ 当期未实现销售收入增加	7 000
当期总现金收入	$764 300

因为我们知道西部资源公司期初被欠多少金额，期末被欠多少金额，当期发生的未实现销售收入及在这期间内的销售，我们可以推断出当期应该收到的现金。如你从这个分析中可以看到的，为了编制现金流量表，我们没有必要知道详细的现金账户信息。我们可以用我们的业务和会计方面的知识来推断出这些详细的信息。

对每个资产负债表账户我们可以进行类似的分析。我们应用我们关于资产负债表和利润表关系的知识，连同与经营、投资和筹资活动有关的知识。考虑另一个例子，普通股。第一，我们知道普通股账户的变更被认为是筹资活动。第二，我们知道普通股增加与股票的发行有关。第三，我们知道普通股账户的减少与以前发行股票的回购有关。使用西部资源公司 2011 年度普通股账户的比较资产负债表信息，我们可以推断出该期间发生的与股票有关的活动。

	期初余额	期末余额	变化
普通股	$250 000	$300 000	$50 000 增加

从这个信息，可以推断出该年内西部资源公司发行股票获得 50 000 美元是合理的。当然，这些股票中有些没有被发行换取现金是可能的。例如，从交易（9）中我们知道普通股增加的 40 000 美元作为非现金土地交换的一部分。如将要在后面说明的，重要的非现金交易的信息必须在财务报表附注中披露，并且将被用于修正分析。顺便说一下，注意我们不使用来自于利润表的信息来分析影响普通股账户的交易，因为公司内部的股票交易没有在利润表中反映。

如另外一个例子，考虑西部资源公司的建筑和设备账户。这个账户与投资活动有关：增加与新建筑和设备的购买有关，减少与旧建筑和设备的出售有关。西部资源公司的财务报表附注揭示一幢建筑初始成本为 40 000 美元和累计折旧为 26 000 美元，并在 2011 年度以 10 000 美元出售。

基于这些信息，并且使用来自比较资产负债表的信息，我们能推断出下列在本期内采购的建筑和设备。

期初建筑和设备余额	$345 000
+ 本期内采购	?
– 本期内出售	(40 000)
= 期末建筑和设备余额	$422 000

计算表明不知道的金额是 117 000 美元,这是在 2011 年度采购建筑和设备的金额。我们再次看到即使不需要详细的现金账户也能推断出公司的现金流入和流出。我们的会计知识允许我们做一点侦探工作,并且推断出影响西部资源公司的现金账户的交易。

编制现金流量表的六个步骤

下面的六个步骤概括了在编制现金流量表时能用来分析利润表和比较财务报表的一种系统的方法。

1. 计算现金余额年内变化了多少。来自经营、投资和筹资活动的现金的金额与年内现金余额的总变化完全相符时现金流量表才能完成。

2. 将利润表从权责发生制转换到收付实现制。这由三步完成。
(a) 消除不涉及现金流出的费用,例如折旧费用。
(b) 消除与投资和筹资活动有关的利得和损失,以避免这些项目被重复计算。
(c) 调整经营性流动资产和经营性负债的余额变化(通常是,但不总是流动的),因为这些变更表明这些情况——与一个项目有关的经营性现金流与报告的这个项目的收入或费用不匹配。

这些调整的最后结果是净利润被转换为经营活动的现金流。

3. 分析长期资产以确认投资活动的现金流影响。变更不动产、厂房和设备及长期投资表明现金或是被花费或是被收到。也要检查某个投资证券账户,因为一些投资证券的购买和销售被划分为投资活动。

4. 分析长期负债和所有者权益账户以确定筹资交易的现金流影响。这些交易包括借入或偿还负债,发行或回购股票,以及支付股利。也要检查短期贷款账户的变更;短期安排下的借入和偿还也被划分为筹资活动。

5. 确信来自于经营、投资和筹资活动的总的净现金流与第一步计算的现金的净增加或净减少是相等的。然后根据经营、投资和筹资活动,划分所有的现金流入和流出,来编制一个正式的现金流量表。应当强调来自于三个主要活动的净现金流。

6. 编制补充披露信息,包括不涉及现金的任何重要的投资或筹资交易的披露。这些披露必须在现金流量表外。用这种方法披露的交易类型包括通过发行股票进行的土地购买和通过发行股票进行的证券回购。另外,支付利息和税收的现金的补充披露也是必要的。

关于六个步骤的一个说明

我们将用以前陈述的来自于西部资源公司的例子来说明这六个步骤。记住我们将编制不涉及详细现金流信息的现金流量表。因此,我们将不得不通过检查资产负债表和利润表来对现金流进行推理。

第一步,计算现金余额年内变化了多少 回顾西部资源公司年初现金余额为 55 000 美元,年末为 50 600 美元。因此,我们编制现金流量表的目标是解释为什么现金账户一年下降了 4 400 美元。

第二步,将利润表从权责发生制转换为收付实现制 回顾累计净利润从包括消除非现金费用、利得和损失的影响,以及对当期经营性资产和负债变化所影响的调整业务转换成现金。这些调整在表 21-5 中展示,并在下面进行了解释。

折旧和摊销（调整 A1 和 A2）。前两项调整涉及加回折旧和摊销费用的金额。因为这些费用不涉及现金流出，并且因为折旧和摊销最初被减去以得到净利润，这些调整有效地消除了来自经营业务的折旧和摊销计算。在表 21-4 的最右侧一列，调整 A1 导致来自折旧的现金流影响 0 美元（-$20 900 + $20 900 = $0）；5 000 美元的摊销费用同样是真实的。这些调整经常是所做的最大调整。例如，2007 年，时代华纳报告了 44 亿美元的净利润和来自经营活动的 85 亿美元的现金流；它对折旧和摊销的调整涉及增加 105 亿美元。

表 21-4　转换西部资源公司的累计净利润以调整成经营活动的现金——工作表

	利润表		调整		经营活动现金流
销售收入	$753 800	C1	3 500	应收账款的减少	$764 300
		C2	7 000	未实现销售收入的增加	
销售成本	(524 100)	C3	1 500	存货的减少	(529 300)
		C4	(6 700)	应付账款的减少	
经营和行政费用	(146 400)	C5	(4 500)	预付费用的增加	(150 900)
折旧费用	(20 900)	A1	20 900	非现金流项目	0
摊销费用	(5 000)	A2	5 000	非现金流项目	0
利息费用	(3 600)		0	不调整	(3 600)
建筑销售的损失	(4 000)	B1	4 000	避免重复计算	0
重组费用	(11 700)	C6	11 700	负债增加	0
出售长期投资利得	6 500	B2	(6 500)	避免重复计算	0
所得税费用	(24 000)	C7	(2 200)	应付所得税的减少	(23 500)
		C8	2 700	递延所得税负债的增加	
净利润	$ 20 600		36 400		$ 57 000

利得和损失（调整 B1 和 B2）。包含在净利润计算中的任何利得和损失必须做调整。为了说明这种类型的调整的必要性，考虑一家公司销售一些设备和记录销售利得的情况。设备销售的现金流的影响在现金流量表投资活动部分展示。为了避免重复计算，利得应该被排除在经营活动之外。然而，利得已经添加在净利润的计算中。为了从经营活动部分排除利得，它必须从净利润中减去。如果设备销售有损失，损失必须加回经营活动部分的净利润中，以使它不影响经营活动现金流。

2011 年西部资源公司报告销售建筑物产生 4 000 美元的损失。从这个销售中取得的总额为 10 000 美元的现金被报告为投资活动部分的现金流入。为了消除这个损失对经营现金流计算的影响，它在表 21-4 中被添加（调整 B1）。2011 年西部资源公司报告了来自销售一项长期投资的 6 500 美元的利得；这个利得在经营活动部分被减去（调整 B2）。出售这项投资的总的 102 500 美元现金流影响在投资活动部分报告。

流动资产和负债的变更。剩下的调整（表 21-4 的 C1—C8）是需要的，因为应计净利润的计算包含当经济事件发生时报告的收入和费用，而不是收到或支付现金时。收取或支付现金和赚取收入或发生开支之间的时间性差异反映在当前经营性资产和负债的余额变动。这个通过对西部资源公司每个当前经营性资产和负债账户的讨论来说明。

应收账款（调整 C1）。回想我们在这一章开始的分析，2011 年西部资源公司从消费者处获得的现金的金额与当期的销售额不同。事实上，得到的金额超过销售额 3 500 美元，这解释了为什么应收账款的账户减少了 3 500 美元。对经营活动现金的计算，必须做一个调整以增加权责发生制基础上的销售的金额，3 500 美元应收账款的减少被加上，如表 21-4

所示。

未实现的销售收入（调整 C2）。将权责发生制的销售转换到从消费者处获得的现金，我们必须对从消费者处收到的提前所赚的收入现金做一个调整。未实现的销售收入账户增加了 7 000 美元（从 $25 000 到 $32 000），代表 2011 年应从消费者处收到的这部分现金不反映在销售中，直到次年才包含在净利润的计算中。7 000 美元的增加反映了一个不包含在 2011 年净利润计算中的额外的现金数额，这笔现金应包括在经营活动现金的计算中，如表 21-4 所示的。在微软的现金流量表中，这个对未实现收入的调整是一个非常重要的项目，因为一个软件的销售价格部分被认为是对技术和支持服务的提前支付。2007 年，由于未实现收入的增长，微软的经营现金流增加了 16.5 亿美元。

存货（调整 C3）。现金流量表应该反映年内支付存货的现金金额，这没必要与销售存货的成本一样。西部资源公司的存货在 2011 年减少了 1 500 美元（从 $76 500 到 $75 000），表明 2011 年购买存货的数量比销售存货的数量少。因此，对于经营活动现金的计算，我们必须减少销售成本数以反映本期部分销售存货实际是在上期购买的事实。为了降低销售商品的成本（在净利润的计算中减去），调整包含增加 1 500 美元，如表 21-4 所示。如本章开始提到的，经历快速增长的公司存货的增加导致经营现金的减少，因为现金以存货的形式存在。在 2008 年 2 月的现金流量表中，家得宝（Home Depot）报告了一个由于存货的增加导致经营性现金 4.91 亿美元的减少项。

应付账户（调整 C4）。西部资源公司的应付账户余额在 2011 年减少了 6 700 美元。这个减少是由于西部资源公司在年内支付了比它从供应商那里购买的更多的金额。反映这个额外的现金流出的必要调整是从经营性现金的计算中减去了 6 700 美元，如在表 21-4 中调整 C4 显示的。另一方面，应付账款账户的增加导致了更多的经营现金流，因为将被用来支付账单的现金被用于业务活动中。安然公司在其 2000 年报告中提供了一个现金资源重要性的例子。在计算经营活动提供的现金时，安然公司加入了 71.67 亿美元以反映它的应付账户余额增加的影响。也许暗示了今后面临的麻烦，在 2001 年，如果没有这项应付账款的额外增加，安然公司 2000 年的经营性现金流将是负的（大约 –30 亿美元！）。

预付经营费用（调整 C5）。2011 年预付经营费用增加了 4 500 美元（从 $12 000 到 $16 500）。当一家公司为以后使用的服务提前支付现金时会增加预付费用。因此，预付费用的增加表明西部资源公司支付的 4 500 美元高于它本年度使用的服务所应支付的经营费用。所以，增加的预付费用应从经营性现金的计算中减去，如调整 C5 所示。

重组费用（调整 C6）。回想《中级会计学：基础篇》第 4 章，重组费用是部分资产的价值减少以及作为重组部分业务决定的结果所创造的未来会计估计。要注意的重点是这项费用是会计估计，不需要立即的现金支付。从西部资源公司的资产负债表中，我们可以看到 11 700 美元的确认的雇员遣散福利连同重组费用的负债到年末仍没有支付。在计算经营活动现金时，与重组费用有关的未支付部分的负债应当被转回到净利润。在表 21-4 中，这项调整（C6）被显示为额外的 11 700 美元，导致了今年 0 美元的重组费用的净现金流量影响。重组费用也包含资产减值，并且这些不需要立即的现金流出。

利息费用。因为不存在利息支付账户，所以我们可以放心地假设所有的利息费用以现金支付。因此，就没有必要调整。如果存在利息支付账户，可以采用与应付账款账户同样的方式进行分析。

所得税费用（调整 C7 和 C8）。计算支付所得税的现金需要做两项调整。第一，如在第

16章解释的,在财务报表中报告的所得税费用金额与本年度欠税务机关的所得税的金额是不同的。权责发生制要求对所有由于交易产生的税收影响立即进行确认,不论这些影响在今年还是随后一年发生。因此,对于公司来说,确认一项本年度赚得的但根据税收规则要求随后一年才能纳税的收入的所得税负债是一件很平常的事,这种类型的负债被称为递延所得税负债。在2011年西部资源公司的递延所得税负债增加了2 700美元,表明报告的24 000美元所得税费用的一部分直到未来年份才能付给税务机关。这意味着属于2011年经营的所得税费用仅仅为21 300美元。

报告的所得税费用	$24 000
减:增加的递延所得税负债	2 700
当期经营应纳税款	$21 300

增加的递延所得税负债的影响减少了今年应支付的所得税金额;这在调整C8中显示。另外,西部资源公司的资产负债表表明应付所得税在本年内减少了2 200美元,这项应付所得税是现在应付给税务机关的关于所得税的负债。经营应计项目,如应付所得税,是通过支付额外的现金来减少的;这在调整C7中反映。

> **补充**
>
> 用来说明与经营活动有关的分析矩阵只是一个分析办法。T账户的方法在本章稍后说明。

直接法和间接法。报告来自于经营活动的现金流的最后的任务,是关于编制现金流量表的经营活动部分。两种可供选择的方法是:直接法和间接法。

间接法从利润表中报告的净利润开始,然后详细调整需要达到经营活动的现金流。继续以西部资源公司为例,间接法涉及在表21-5中显示的阴影部分的信息。使用间接法的现金流量表的经营活动部分的实际格式在表21-6中展示。

表21-5 间接法下报告的经营现金流项目——工作表

	利润表		调整		经营活动现金流
销售收入	$753 800	C1	3 500	应收账款的减少	$764 300
		C2	7 000	未实现销售收入的增加	
销售成本	(524 100)	C3	1 500	存货的减少	(529 300)
		C4	(6 700)	应付账款的减少	
经营和行政费用	(146 400)	C5	(4 500)	预付费用的增加	(150 900)
折旧费用	(20 900)	A1	20 900	非现金流项目	0
摊销费用	(5 000)	A2	5 000	非现金流项目	0
利息费用	(3 600)		0	不调整	(3 600)
建筑物销售损失	(4 000)	B1	4 000	避免重复计算	0
重组费用	(11 700)	C6	11 700	负债的增加	0
出售长期投资利得	6 500	B2	(6 500)	避免重复计算	0
所得税费用	(24 000)	C7	(2 200)	应交所得税的减少	(23 500)
		C8	2 700	递延所得税负债的增加	
净利润	$ 20 600		36 400		$ 57 000

表 21-6　经营活动现金：间接法

经营活动现金流：		
净利润		$20 600
调整：		
加折旧费用	$20 900	
加摊销费用	5 000	
加建筑物销售损失	4 000	
减出售长期投资利得	(6 500)	
加应收账款的减少	3 500	
加未实现销售收入的增加	7 000	
加存货的减少	1 500	
减应付账款的减少	(6 700)	
减预付费用的增加	(4 500)	
加重组费用的增加	11 700	
减应交所得税的减少	(2 200)	
加递延所得税负债的增加	2 700	36 400
经营活动产生的净现金		$57 000

因为理解在间接法下所做的调整需要一些练习，回顾表 21-6 报告的每一个加项和减项的理由，这一点是很有用的。

- 加折旧和摊销费用的金额。这些金额被加回利润表是因为当期没有现金流与这些费用相关。
- 减利得的金额和加损失的金额是因为这些项目全部的现金影响在投资活动部分被报告。因为利得和损失包含在净利润的计算中，在这儿不调整它们将导致它们被重复计算。
- 加应收账款的减少。当客户今年支付的比他们购买的多时，应收账款减少。因此，西部资源公司比客户没有支付他们的账户之前有更多的现金。
- 加未实现销售收入的增加。当消费者提前支付商品和服务时，未实现销售收入增加。因此，未实现销售收入的增加表明收到的现金多于销售金额。
- 加存货的减少。通过允许存货金额减少，西部资源公司已经节约现金，这些现金将被用来购买存货。
- 减应付账款的减少。西部资源公司支付额外的现金以减少应付账款的余额。
- 减预付营业费用的增加。西部资源公司通过预付将来期间才使用的服务，支付额外的现金。
- 加重组费用的增加。重组费用不涉及立即的现金费用。这项负债的增加表明西部资源公司还没有支付任何与重组有关的现金，所以增加的金额被加回以计算经营活动现金流。
- 减应付所得税的减少。西部资源公司支付额外的现金以降低应交所得税的余额。
- 加递延所得税负债的增加。部分所得税费用涉及将来才被支付的所得税。因此，这部分所得税费用不涉及当前的现金费用，并且被加回计算经营活动现金流。

直接法涉及简单的报告信息，这些信息包含在调整工作表中的最后一栏，在表 21-7 中的阴影部分展示。经营活动部分的结果在表 21-8 中给出。

表 21-7　直接法下报告的经营性现金流项目

	利润表		调整		经营活动现金流
销售收入	$753 800	C1	3 500	应收账款的减少	$764 300
		C2	7 000	未实现销售收入的增加	
销售成本	(524 100)	C3	1 500	存货的减少	(529 300)
		C4	(6 700)	应付账款的减少	
经营和行政费用	(146 400)	C5	(4 500)	预付费用的增加	(150 900)
折旧费用	(20 900)	A1	20 900	非现金流项目	0
摊销费用	(5 000)	A2	5 000	非现金流项目	0
利息费用	(3 600)		0	不调整	(3 600)
建筑物销售损失	(4 000)	B1	4 000	避免重复计算	0
重组费用	(11 700)	C6	11 700	负债的增加	0
出售长期投资利得	6 500	B2	(6 500)	避免重复计算	0
所得税费用	(24 000)	C7	(2 200)	应交所得税的减少	(23 500)
		C8	2 700	递延所得税负债的增加	
净利润	$ 20 600		36 400		$57 000

表 21-8　经营活动现金:直接法

经营活动现金流:	
从客户处获得的	$764 300
支付存货	(529 300)
支付经营和行政费用	(150 900)
支付利息	(3 600)
支付所得税	(23 500)
经营活动产生的净现金	$ 57 000

间接法的一些经验法则。因为间接法是两种方法中更为普遍使用的方法,并且因为间接法下需要的调整有时候很难理解,我们概述了一些简单的规则,以帮助你理解。

项目	变更的方向	必要的调整
经营性流动资产	增加	减去增加的部分
经营性流动资产	减少	加上减少的部分
经营性流动或非流动负债	增加	加上增加的部分
经营性流动或非流动负债	减少	减去减少的部分

非流动的经营性负债在经营活动现金计算时必要的调整例子是递延所得税负债和重组费用,如所用的西部资源公司的例子。

比记住增加是加上还是减去更重要的是理解这样做的经营理念。当一项当期的经营性资产增加,本可用于购买设备或支付股利的现金以经营性流动资产的形式固化了。因此,经营性流动资产增加意味着经营活动产生的现金的减少。例如年内应收账款增加意味着用于其他目的的现金还没有从顾客那获得。另一方面,应收账款的减少意味着除了从当期销售中获得所有的现金外,业务活动获得了足够多的额外现金以降低应收账款的未偿还余额。简单来说,经营性流动资产代表以非现金的形式固化的现金;经营性流动资产的增加意味着更多的现金固化了,减少意味着现金可自由用于其他目的。

经营性负债(流动的和非流动的)增加的情况下意味着更多的现金对业务是可获得的,因为现金不被用于支付负债。例如,应付账款的增加意味着用于支付供应商的现金的金额比期间内所发生的购买的金额少。这导致了经营性现金的增加,因为在业务范围内有更多的现金可以获得用于其他目的。应付账款的减少意味着支付了额外的现金来减少负债的余额;因此在本业务中,这些额外的现金不可以用于其他目的,代表经营活动产生现金的减少。

第三步,分析长期资产以确认投资活动的现金流影响 西部资源公司报告了四个长期资产账户。

- 长期投资;
- 土地;
- 建筑物和设备;
- 专利。

我们将分析每一个账户,依次决定2011年与每一个账户相关的现金流是多少。

长期投资。长期投资账户年内减少了96 000美元($106 000 – $10 000)。这是购买新的投资和出售旧的投资的结果。我们必须依靠资产负债表外的补充信息来确定是否在年内购买了新的长期投资。在这种情况下,没有证据表明整个账户余额96 000美元的减少代表年内出售的长期投资的账面价值。为了计算从这项销售中获得的现金金额,我们必须使用利润表中的信息来确定是否存在销售的利得或损失。现金收益的计算如下:

出售的长期投资的账面价值	$ 96 000
加:出售利得	6 500
现金收益	$102 500

土地。土地账户年内增加了108 500美元($183 500 – $75 000)。同样,这是土地出售和购买的结果。因为在年内没有土地出售的证据,所以我们推断108 500美元代表了年内购买新土地的价格。在这种情况下一种额外的因素产生了;整个购买价格不是用现金支付的。补充信息告诉我们应支付土地费是68 500美元的现金和40 000美元的普通股。只有68 500美元的土地的现金支出在现金流量表中展现;用普通股交换土地的40 000美元将在资产负债表的附注中单独披露,如后面所示。

建筑物和设备。建筑物和设备账户年内增加了77 000美元($422 000 – $345 000)。在没有其他任何信息的情况下,这个增加表明西部资源公司购买建筑物和设备的成本是77 000美元。不过,在这种情况下,如果信息可获得,表明初始成本为40 000美元的建筑物和设备年内以10 000美元出售。从出售中获得的10 000美元现金收益是投资活动的现金流入。当我们把这个信息和固定资产的期初余额345 000美元这个事实结合起来看,我们能做下面的计算:

建筑物和设备的期初余额	$345 000
– 年内出售的建筑物和设备初始成本	(40 000)
= 无须额外购买的建筑物和设备的期末余额	$305 000

西部资源公司实际的期末余额表反映了建筑物和设备的余额是422 000美元。因此我们可以推断出西部资源公司购买建筑物和设备117 000美元($422 000 – $305 000)账户的区别。购买建筑物和设备的这117 000美元代表投资活动使用的现金。

概括建筑物和设备所有的购买和销售信息的一个有用的方法是重建建筑物和设备账户及相关的累计折旧账户的T账户。这些T账户如下:

建筑物和设备				累计折旧	
期初	345 000		出售项目的	198 500	期初
购买	117 000	40 000	历史成本		
			出售项目		
期末	422 000		累计折旧 26 000	20 900	折旧费用
				193 400	期末

表中的金额（与出售项目有关的购买金额和累计折旧金额）是那些可以根据其他信息推断出的金额。用这些信息，我们可以计算出建筑物和设备的出售是否导致了利得或损失，如下：

现金利得（根据早期的资料）	$10 000
出售项目的账面价值（$40 000 - $26 000）	14 000
建筑物和设备的出售损失	$(4 000)

存在的 4 000 美元损失通过核查西部资源公司的利润表信息得以确认。注意，利用利润表信息和这些 T 账户推断出的金额，我们可以追溯和计算出售建筑物和设备的现金收益。T 账户对于构建我们已有的信息是非常有用的工具，我们可以推断出完成现金流量表需要的被遗漏价值。

专利。最后，专利账户期初余额为 40 000 美元，期末余额是 35 000 美元。产生的减少如下所示：

期初专利	$40 000
-年内确认的专利摊销	(5 000)
+年内购买的新专利	???
=期末专利	$35 000

数字表明年内没有购买新专利。因此，专利余额的变化没有对投资现金流产生影响，因为专利余额的整个变化通过年内专利摊销费用来解释。

在我们计算投资活动部分的现金流量前，额外的一个项目必须要考虑到。虽然证券投资不总是长期资产，它们的购买和出售活动有时候被报告为投资活动。特别地，购买和出售可供出售证券和持有至到期证券被报告为投资活动的一部分，而交易证券的购买和销售通常作为经营活动的一部分。① 对西部资源公司来说，可供出售证券账户的余额增加了 2 000 美元（$12 000 - $10 000）。如第 14 章所解释的，这项增加是因为现有的可供出售证券的市场价值增加。如果存在这种情况，没有现金流影响报告。在这种情况下，我们不得不依靠其他的信息来确认这部分增加来源于用现金购买新证券。购买可供出售证券导致的 2 000 美元现金流出被报告为投资活动的一部分。

西部资源公司的现金流量表投资活动部分如下：

投资活动现金流：	
出售建筑物	$ 10 000
出售长期投资	102 500

---

① *Statement of Financial Accounting Standards No. 115*, "Accounting for Certain Investments in Debt and Equity Securities" (Norwalk, CT: Financial Accounting Standards Board, May 1993), par. 18. *Statement of Financial Accounting Standards No. 159*, "The Fair Value Option for Financial Assets and Financial Liabilities—Including an amendment of FASB Statement No. 115" (Norwalk, CT: Financial Accounting Standards Board, February 2007), par. A42.

购买可供出售证券	(2 000)
购买土地	(68 500)
购买建筑物和设备	(117 000)
投资活动使用的净现金	$ (75 000)

我们用资产负债表、利润表和财务报表附注信息构建的这部分投资活动与用详细的现金交易数据编制的那部分相同。在深入理解会计基础上，在没有涉及所有细节的情况下，我们可以推断交易的现金流影响。

第四步，分析长期负债和所有者权益账户，确定筹资交易的现金流影响 当一家公司借入额外的钱时（现金流入），长期负债账户增加；当一家公司偿还债务时（现金流出），长期负债账户减少。在西部资源公司的情况下，我们观察到年内公司长期债务的余额增加了 20 000 美元（$20 000 – $0）。同样的，我们可以推断西部资源公司在 2011 年借入另外的 20 000 美元。新借入的这 20 000 美元代表筹资活动提供的现金。对短期债务应用相同的分析；年内 7 500 美元（$24 500 – $17 000）的增加代表来自新的短期借款筹资活动的现金流入。

年内西部资源公司的普通股账户 50 000 美元（$300 000 – $250 000）的增加代表新股发行产生的现金流入。然而，如以前提到的，额外的信息表明 40 000 美元的增加产生于土地与普通股交换。同样的，年内发行新股票产生的实际现金仅仅有 10 000 美元（$50 000 – $40 000）。这个现金流入被报告为筹资活动现金的一部分。

当公司在年内回购部分它们的普通股时，支付的回购股票的价格列示为股东权益的减少，通常称作库存股。因此，库存股账户的增加反映公司自己股票回购的现金。年内西部资源公司的库存股账户余额增加了 3 200 美元（$59 700 – $56 500）。因此，西部资源公司应当在筹资活动部分，报告股票回购产生 3 200 美元的现金流出。

净利润（经营活动）的确认使留存收益账户增加，净损失（也是经营活动）导致留存收益账户减少，并且支付股利（筹资活动）也导致留存收益账户减少。在没有详细信息的情况下，通过确认留存收益账户余额未解释的变更推断出宣布的股利金额是可能的。这样做的一个有效方法是重建留存收益的 T 账户，如下所示：

	留存收益		
		234 300	期初
宣布的股利	25 100	20 600	净利润
		229 800	期末

年内西部资源公司的应付股利账户的增加表明宣布的 25 100 美元股利并不是全都以现金支付。年内支付股利的现金的金额计算如下：

宣布的股利	$25 100
减：应付股利的增加	4 400
现金支付的股利	$20 700

当然，通常情况是支付的股利金额在财务报表中披露。然而，你永远不知道你所要使用的信息的详细程度。毕竟，这只是相对简单的分析练习。

下面的信息归纳了西部资源公司 2011 年筹资活动的现金流影响：

筹资活动的现金流：

发行普通股	$10 000
借入短期债务	7 500

借入长期债务	20 000	
支付股利	(20 700)	
回购库存股	(3 200)	
筹资活动提供的净现金		$13 600

再一次,这也不令人惊奇,西部资源公司的现金流量表这部分与使用详细的现金信息编制的相同。我们希望你相信,如果你对会计足够了解,你可以利用非常有限的信息进行一些有力的分析。

第五步,编制一张正式的现金流量表 根据我们对利润表和资产负债表账户的分析,我们已经确认了西部资源公司 2011 年所有的现金流入和流出,并且我们已经根据活动类型对这些现金流分类。现金流量表的结果(使用直接法编制,这是迄今为止最普遍的方法)在表 21-9 中列示。

表 21-9　西部资源公司 2011 年度的现金流量表

西部资源公司现金流量表 2011 年 12 月 31 日			
经营活动现金流:			
净利润			$ 20 600
调整:			
加折旧费用	$ 20 900		
加摊销费用	5 000		
加出售建筑物的损失	4 000		
减出售长期投资的利得	(6 500)		
加应收账款的减少	3 500		
加未实现销售收入的增加	7 000		
加存货的减少	1 500		
减应付账款的减少	(6 700)		
减预付费用的增加	(4 500)		
加重组费用的增加	11 700		
减应付所得税的减少	(2 200)		
加递延所得税负债的增加	2 700	36 400	
经营活动产生的净现金			$ 57 000
投资活动现金流:			
出售建筑物	$ 10 000		
出售长期投资	102 500		
购买可供出售证券	(2 000)		
购买土地	(68 500)		
购买建筑物和设备	(117 000)		
投资活动使用的净现金			(75 000)
筹资活动现金流:			
发行普通股	$ 10 000		
借入短期债务	7 500		
借入长期债务	20 000		
支付股利	(20 700)		
回购库存股	(3 200)		
筹资活动产生的净现金			13 600
现金的净减少			$ (4 400)
期初现金余额			55 000
期末现金余额			$ 50 600

FASB 决定把支付利息作为经营活动的一部分是有争议的。事实上，许多使用者不把现金支付利息或者所得税作为经营性现金流的一部分。作为一种妥协，FASB 要求公司分别披露年内支付利息和所得税的金额。这就允许使用者重铸和重分类报告的现金流数字以变成他们认为更有用的形式。当使用直接法时，支付利息和所得税的现金金额是经营活动的一部分，所以不需要额外的披露。当使用间接法时，如表 21-9 所示，这些金额必须分别列示在现金流量表的底部或者在附注中。如你在表 21-1 所看到的，英特尔使用直接法，并在现金流量表的底部披露在 2007 年有 1 500 万美元和 27.62 亿美元分别支付利息和所得税。

记住，如果你有详细的现金账户，那么现金流量表很容易编制。同样的，如果经营性现金流使用直接法报告，现金流量表也很容易理解。然而，可能有时候你需要使用资产负债表摘要和利润表数据创建一个现金流量表。另外，你所遇到的大多数现金流量表都是使用间接法。如果你不理解为什么调整，需要计算现金流数目的调整是令人迷惑的。这部分涵盖了编制现金流量表的"血淋淋"的细节，以帮你理解为什么做出这样的调整。

第六步，编制补充披露信息　与现金流量表有关的补充披露有三类。如下：

- 支付利息和所得税的现金；
- 核对附表；
- 非现金投资和筹资活动。

支付利息和所得税的现金。如以前提到的，FASB 第 95 号公告要求分别披露年内支付利息和所得税的现金。当使用直接法时，支付利息和所得税的现金金额是经营活动的一部分，所以不需要额外的披露。当使用间接法时，这些金额必须在现金流量表的底部或者在附注里分别列示。在西部资源公司情况下，补充信息可能列示如下：

补充披露：

支付利息的现金	$ 3 600
支付所得税的现金	23 500

核对附表。间接法最重要的一方面是它强调净利润和经营性现金的不同。当使用直接法时这种比较是不存在的。FASB 断定当使用直接法时，这种比较对财务报表使用者是有价值的，附表应当包括核对经营性现金净利润。幸运的是，你不用学习任何新东西，因为附表与用间接法（工作表中间栏）编制经营活动部分相同。所以，当一家公司使用直接法时，实质上，它同时提供经营性现金流的计算：现金流量表主表使用直接法，补充附表使用间接法。当使用间接法时，不需要额外核对附表。

非现金投资和筹资活动。当公司有非常多的非现金交易时，例如通过发行债券或股票交换购买不动产、厂房和设备，这些交易必须在财务报表附注中披露。2011 年，西部资源公司有一项这样的交易：以普通股换取价值 40 000 美元的土地。本次交易的存在将在财务报表中报告，或者作为现金流量表底部的一个附注，或者在单独的财务报表附注中。作为这种类型的非现金交易的另外一个例子，沃尔玛在它的 2008 年 1 月的现金流量表底部披露年内它使用融资租赁安排获得价值 4.47 亿美元的不动产、厂房和设备。融资租赁是长期的、不可撤销的租赁，作为获得资产的有效的抵押融资服务。融资租赁取得资产不要求立即的租赁全额的现金支出，所以融资租赁构成了一项重要的非现金交易。融资租赁在第 15 章进行了详细的介绍。

国际现金流量表

2 根据美国 GAAP 和 IASB 的准则,理解现金流量表编制的不同。

WHY 现金流报告在世界各地的不同主要涉及所选择现金交易的不同分类,如支付利息和所得税。

HOW 相对于美国 GAAP,IAS 7 允许现金交易分类更灵活,如支付利息、股利和收到所得税。在英国,FRS 1 指定了现金流交易分类的八种不同的类型。

随着 SFAS No. 95 在 1987 年通过,FASB 设定了在世界各地现金流报告的指标。在此之前,现金流报表或者是被忽视,或者是使用过时的"资金流"方法。直到 1992 年 IASB 才采用可比的现金流标准,IAS 7。在本节,IAS 7 的规定与 SFAS No. 95 的规定进行比较。另外,在英国,现金流报告的标准也被检查。如前所述,世界各地现金流报表的主要不同涉及所选择现金交易的不同分类。

IAS 7

IAS 7 很符合美国现金流报告标准的规定,其最主要的区别是在将现金交易划为经营性、投资性还是筹资性方面具有更大的灵活性。IASB 选择允许更多的公司可酌情决定如何划分项目,如支付或收到利息和股利。在 FASB 内,关于这些项目该如何划分存在很大的争议,但是 SFAS No. 95 最后的版本要求这些项目被划分为经营性活动。接下来讨论 IASB 更灵活的标准。

收到利息和股利 1987 年,当 FASB 采用 SFAS No. 95 时,七名委员会成员中三名反对将收到的利息和股利划分为经营活动。这三名成员认为收到的利息和股利是投资活动,因为它们代表债券和股票投资的回报。最后,FASB 的多数成员决定它们应当被划分为经营活动,因为收到的利息和股利包含在净利润的计算中。在 IAS 7 中,IASB 承认双方关于收到利息和股利的分类的优点,如先前讨论的,并且允许公司把它们划分为经营活动或者投资活动。

利息支付 FASB 的相同三名成员也反对将支付利息划分为经营活动。他们认为支付利息是获得筹资的成本,应当划分为筹资活动。同样的,FASB 的多数投票决定划分支付利息为经营活动,因为它包含在净利润的计算中。IAS 7 的规定允许支付利息划分为经营活动或者筹资活动;无论哪种分类被选择,它应该在一致的基础上应用。

股利支付 IAS 7 允许股利支付或者划分为筹资活动(如美国)或者为经营活动。允许股利支付划分为经营活动的理由是这样划分有助于投资者决定业务经营是否能产生足够多的现金支持持续的股利支付。这样的理由看起来有点可疑,并且导致一些人批评 IAS 7 不是有效的会计准则,因为它允许很大的分类灵活性。

所得税 根据 IAS 7,支付所得税的金额应当报告为经营活动,除非所得税能被明确地确认为筹资活动或投资活动。例如,如果支付处置设备产生收入的所得税,这些所得税应被划分为投资活动现金的流出。FASB 考虑了这种方法,并驳斥它太复杂、太随意,可能提供给财务报表使用者的好处是无价值的。无论所得税怎样被划分,IAS 7 要求分别披露期间内所得税支付的总金额。

英国现金流标准,FRS 1

1991年,英国会计准则的制定者首先采用现金流标准。除了主要的财务报表外,现金流量表变得日益重要已经成为现实,英国会计准则委员会(ASB)在1996年修改了它的标准。FRS 1修改的版本指定了划分现金流交易的八种不同的类型,代表了目前世界上存在的现金流报告中最具有创造性,可能也最有用的标准。由于IAS 7目前版本的灵活性,美国在 SFAS No.95 中的做法和英国在 FRS 1 中的做法都符合国际标准。

八种现金流类型   在 FRS 1 中指定的八种现金流类型如下:

1. 经营活动
2. 投资和筹资服务的回报
3. 税收
4. 资本支出和金融投资
5. 收购和处置
6. 股利支付
7. 流动资产管理
8. 筹资

英国报告中经营活动现金的金额不包括诸如利息和所得税的项目,这些项目包含在美国的经营性现金流测量中,但是这些项目被视为非经营性活动。结果,英国经营性现金流的测量比美国的更准确。例如,在讨论第95号公告时所描述的,明智的人不会同意收到的利息和股利以及支付的利息的划分。认识到这个现实,FRS 1 规定这些项目以一个单独的类别报告。支付所得税和支付股利也以单独的类别报告。最后,FRS 1 要求英国公司报告一项所谓的流动资产管理的金额,它概括了用于购买和出售短期投资证券的现金的净金额;在美国,不报告单独的类别,因为这些项目通常被认为是现金等价物。

例子:Tesco   Tesco是英国最大的连锁超市之一,该公司还不断扩大其国际业务、非食品业务和服务业务。Tesco 2008年的现金流量表被转载于表21-10。在财务报表附注中,Tesco 披露了它在编制2008年财务报表时所使用的准则,如下所示:

> "按照国际财务报告准则和欧盟赞同的国际财务报告解释(IFRIC)编制合并财务报表。"

表 21-10   Tesco 2008 年度的现金流量表   单位:百万英镑

Tesco 集团现金流量表 2008年2月23日		
	2008年	2007年
经营活动现金流		
经营产生的现金	4 099	3 532
支付利息	(410)	(376)
支付公司税	(346)	(545)
经营活动的净现金	3 343	2 611
投资活动现金流		

（续表）

Tesco 集团现金流量表
2008 年 2 月 23 日

	2008 年	2007 年
收购附属公司需要的净现金	(169)	(325)
出售附属公司收益净现金	—	22
出售合营和联营企业的收益	—	41
购买不动产、厂房和设备及投资财产	(3 442)	(2 852)
出售不动产、厂房和设备的收益	1 056	809
购买无形资产	(158)	(174)
合营企业贷款的增加	(36)	(21)
对合营和联营企业的投资	(61)	(49)
投资短期投资	(360)	—
收到股利	88	124
收到利息	128	82
投资活动的净现金流	(2 954)	(2 343)
筹资活动现金流		
发行普通股的收益	138	156
出售普通股给少数股东的收益	16	—
借款的增加	9 333	4 743
偿还借款	(7 593)	(4 559)
新的融资租赁	119	99
融资租赁下的债务偿还	(32)	(15)
支付股利	(792)	(467)
向少数股东支付股利	(2)	—
回购股票	(775)	(490)
筹资活动的净现金流	412	(533)
现金及现金等价物的净增加/(减少)	801	(265)
年初的现金及现金等价物	1 042	1 325
外汇汇率变动	(55)	(18)
年末现金及现金等价物	1 788	1 042

然而，如上所述，包含在 IAS 7 的国际标准是相当灵活的。Tesco 的现金流量表一方面是遵守国际财务报告准则的完美组合，另一方面也提供了英国 FRS 1 所规定需要的所有信息。例如，注释如下：

• Tesco 报告了两个经营现金流数字——"经营产生的现金"和"经营活动的净现金"，并且这个数字满足 IAS 7 的总体要求，但是"经营产生的现金"数字与 FRS 1 要求的类型相符合。

• 允许财务报表使用者再现 FRS 1 要求的其他类型，Tesco 分别列示了支付利息的现金，支付税收的现金，收到股利的现金和收到利息的现金。这个单独的披露允许按照 FRS 1 计算"投融资服务的回报"和"税收"。

• 投资活动的现金流部分报告的线上项目允许财务报表使用者计算与获得和处置及净资本支出有关的现金流。同样，这也满足 IAS 7 和 FRS 1 的要求。

FRS 1 的概述 如在 Tesco 的现金流量表中看到的，FRS 1 的规定导致英国公司对产生现金流入和流出的活动种类提供比美国 GAAP 或 IFRS 要求的更详细。从财务报表使用者的角度来看，似乎着重于 FRS 1 要求的现金流报告使英国标准成为世界上首屈一指的现金流量标准。

现金流量表的扩展说明

 结合本章提供的资料，编制现金流量表。

WHY 根据许多账户和各种复杂的交易编制一家公司完整的现金流量表需要一个系统的方法，以确保你不漏掉任何东西。

HOW 对每个资产负债表账户的 T 账户的分析能极大地帮助编制一个复杂的现金流量表。

编制现金流量表的基本技术首先在《中级会计学：基础篇》第 5 章解释，然后在本章第一部分回顾。随着在随后的章节中继续提出，更复杂的情况已经被解决。在这里，我们提出一个扩大的问题来说明在文中处理的许多现金流问题。例子也证明了编制现金流量表的 T 账户方法。

下面是 Willard 公司 2011 年 12 月 31 日和 2010 年 12 月 31 日的比较资产负债表。

Willard 公司比较资产负债表 2011 年和 2010 年的 12 月 31 日		
	2011 年	2010 年
资产		
现金和现金等价物	$ 42 400	$ 180 000
证券投资（净额）	47 000	0
应收账款	400 000	345 000
坏账准备	(20 000)	(31 000)
存货	680 000	643 000
不动产、厂房和设备	810 500	743 400
累计折旧	(229 000)	(228 000)
总资产	$1 730 900	$1 652 400
负债和所有者权益		
应付账款	$ 46 000	$ 103 000
短期应付票据	100 000	120 000
应计负债	76 500	48 000
应付债券	250 000	278 000
应付债券折价	(19 600)	(20 800)
递延所得税负债	108 000	97 000
总负债	$ 560 900	$ 625 200
普通股（面值 10 美元）	$ 840 000	$ 790 000
股本溢价	52 000	20 000
留存收益	301 000	217 200
其他权益	(23 000)	0
总所有者权益	$1 170 000	$1 027 200
总负债和所有者权益	$1 730 900	$1 652 400

额外的信息包括：

1. 2011年12月31日的净利润是175 300美元。没有非经常性项目。
2. 在2011年，减记未收到的43 000美元应收账款。本年坏账费用是32 000美元。
3. 在2011年，购买机器和土地的总成本是115 100美元。
4. 成本为48 000美元、账面价值为4 200美元的机器以3 600美元出售。
5. 应付债券以每年28 000美元的速度到期。
6. 2011年1月，公司以每股14美元发行额外的1 000股普通股。
7. 2011年5月，公司对其流通股宣布并发行5%的股票股利；当时有80 000股流通股，发行股票股利后每股的市场价值是17美元。
8. 年内，支付给普通股股东20 000美元的现金股利。
9. 2011年11月，以每股20美元的价钱购买了1 000股库存股。Willard使用成本法记录。
10. 应付票据与经营活动有关。
11. 在2011年，做一前期的调整以纠正低估的设备折旧。调整的金额是税后3 500美元。
12. 年内，购买证券投资50 000美元。截至2011年12月31日，证券的市场价值是47 000美元。证券被划分为可供出售证券。
13. 本年的折旧费总共是41 300美元。

现金流量表的编制将使用确定经营性现金流的间接法来说明。用T账户来分析，这些账户在下文显示。对个别调整及记录在T账户中的相关分录的解释在随后展示。这些分录及T账户的展示只是帮助编制现金流量表，分录并没有直接表示在T账户中；T账户也并不代表实际的分类账。前面每个字母的解释对应在T账户中所使用的字母。

现金流——经营性					现金流——投资		
(a)	175 300	(o)	66 000	(g)	3 600	(f)	115 100
(g)	600	(p)	37 000			(i)	50 000
(h)	41 300	(q)	57 000				
(i)	1 200	(r)	20 000				
(m)	11 000						
(s)	28 500						
	77 900						161 500

现金流——筹资					现金流——小计		
(n)	14 000	(b)	20 000		77 900		经营
		(e)	20 000		161 500		投资
		(k)	28 000		54 000		筹资
				(t)	137 600		现金净减少
			54 000		215 500		215 500

现金及现金等价物				投资证券（净额）			
期初余额	180 000	(t)	137 600	期初余额	0	(j)	3 000
期末余额	42 400			(i)	50 000		
				期末余额	47 000		

应收账款(净额)				存货			
期初余额	314 000			期初余额	643 000		
(o)	66 000			(p)	37 000		
期末余额	380 000			期末余额	680 000		

不动产、厂房和设备				累计折旧			
期初余额	743 400	(g)	48 000	(g)	43 800	期初余额	228 000
(f)	115 100					(d)	3 500
						(h)	41 300
期末余额	810 500					期末余额	229 000

应付账款				短期应付票据			
(q)	57 000	期初余额	103 000	(r)	20 000	期初余额	120 000
		期末余额	46 000			期末余额	100 000

应计负债				应付债券			
		期初余额	48 000	(k)	20 000	期初余额	278 000
		(s)	28 500				
		期末余额	76 500			期末余额	250 000

应付债券折价				递延所得税负债			
期初余额	20 800	(l)	1 200			期初余额	97 000
						(m)	11 000
期末余额	19 600					期末余额	108 000

普通股(面值10美元)				资本溢价			
		期初余额	790 000			期初余额	20 000
		(c)	40 000			(c)	28 000
		(n)	10 000			(n)	4 000
		期末余额	840 000			期末余额	52 000

留存收益				其他权益			
(b)	20 000	期初余额	217 200			期初余额	0
(c)	68 000	(a)	175 300			(e)	20 000
(d)	3 500					(j)	3 000
		期末余额	301 000			期末余额	23 000

(a) 净利润记录如下：

借：现金流——经营性　　　　　　　　　　　　　　　　　　　　　175 300
　贷：留存收益　　　　　　　　　　　　　　　　　　　　　　　　　　175 300

(b) 现金股利支付记录如下：

借：留存收益　　　　　　　　　　　　　　　　　　　　　　　　　　20 000
　贷：现金流——筹资　　　　　　　　　　　　　　　　　　　　　　　　20 000

(c) 5%的股票股利导致留存收益转换成实收股本和资本公积。然而,股票股利对现金没有影响。转换的金额是由新股的市场价值($17)乘以新股的数目(80 000×0.05 =

4 000):

　　借:留存收益　　　　　　　　　　　　　　　　　　　　　　　　　　68 000
　　　贷:普通股(面值 10 美元)　　　　　　　　　　　　　　　　　　　　40 000
　　　　资本溢价　　　　　　　　　　　　　　　　　　　　　　　　　28 000

（d）通过借记留存收益和贷记累计折旧记录折旧在前期被低估的确认。这种对前期盈余的修正并没有对现金产生影响:

　　借:留存收益　　　　　　　　　　　　　　　　　　　　　　　　　　3 500
　　　贷:累计折旧　　　　　　　　　　　　　　　　　　　　　　　　　3 500

（e）购买库存股是融资活动,因为使用成本法,记录如下:

　　借:其他权益　　　　　　　　　　　　　　　　　　　　　　　　　　20 000
　　　贷:现金流——筹资　　　　　　　　　　　　　　　　　　　　　　20 000

（f）机器和土地的购买记录如下:

　　借:不动产、厂房和设备　　　　　　　　　　　　　　　　　　　　　115 100
　　　贷:现金流——投资　　　　　　　　　　　　　　　　　　　　　　115 100

（g）出售机器应收现金金额为 3 600 美元,这显示为投资活动提供的现金。销售包括 600 美元的损失。因为这个损失减少了净利润,但是除了收到的 3 600 美元不涉及现金,所以 600 美元必须加到经营活动产生的现金流上,以避免低估交易的现金影响。

　　借:现金流——投资　　　　　　　　　　　　　　　　　　　　　　　3 600
　　　累计折旧　　　　　　　　　　　　　　　　　　　　　　　　　　43 800
　　　现金流——经营　　　　　　　　　　　　　　　　　　　　　　　600
　　　贷:不动产、厂房和设备　　　　　　　　　　　　　　　　　　　　48 000

（h）折旧减少了净利润,但是不涉及现金,所以下面对现金流的调整是必要的:

　　借:现金流——经营　　　　　　　　　　　　　　　　　　　　　　　41 300
　　　贷:累计折旧　　　　　　　　　　　　　　　　　　　　　　　　　41 300

（i）购买可供出售或持有至到期的投资证券是投资活动;购买交易性证券通常是经营活动。必要的分录如下:

　　借:投资证券——可供出售证券　　　　　　　　　　　　　　　　　　50 000
　　　贷:现金流——投资　　　　　　　　　　　　　　　　　　　　　　50 000

（j）投资证券市场价值的减少导致它们被减记。因为证券被划分为可供出售证券,减少 3 000 美元权益,但不影响净利润,不涉及现金:

　　借:其他权益　　　　　　　　　　　　　　　　　　　　　　　　　　3 000
　　　贷:投资证券——可供出售证券　　　　　　　　　　　　　　　　　3 000

（k）年内 28 000 美元的债券清偿导致融资活动现金的流出:

　　借:应付债券　　　　　　　　　　　　　　　　　　　　　　　　　　28 000
　　　贷:现金流——筹资　　　　　　　　　　　　　　　　　　　　　　28 000

（l）折价债券的摊销降低利润但不涉及现金流的其他项目。对现金流的必要调整如下:

　　借:现金流——经营　　　　　　　　　　　　　　　　　　　　　　　1 200
　　　贷:应付债券折价　　　　　　　　　　　　　　　　　　　　　　　1 200

（m）递延所得税负债 11 000 美元的增加被加到经营活动提供的现金流,因为它代表确认为当期费用的所得税,这项所得税没有支付现金:

借:现金流——经营	11 000	
贷:递延所得税负债		11 000

(n) 新普通股的发行被表示为筹资活动现金的增加:

借:现金流——筹资	14 000	
贷:普通股(每股10美元)		10 000
资本溢价		4 000

因为流动资产和流动负债水平的变动,经营活动现金流必须调整。这些调整如下:

处理坏账费用和注销账户的最简单的方法是用净应收账款余额调整。如果这样做,并且使用间接法,不需要特殊的调整:

(o) 借:应收账款	66 000	
贷:现金流——经营		66 000
(p) 借:存货	37 000	
贷:现金流——经营		37 000
(q) 借:应付账款	57 000	
贷:现金流——经营		57 000
(r) 借:短期应付票据	20 000	
贷:现金流——经营		20 000
(s) 借:现金流——经营	28 500	
贷:应计负债		28 500

当年所有账户余额的变动被调节,这三个现金流T账户余额转换成摘要账户。摘要账户中超出贷记金额的137 600美元代表年内现金的净减少。最后的分录记录了现金账户这一减少并完成分析:

(t) 借:现金净减少	137 600	
贷:现金及现金等价物		137 600

正式的现金流量表是用三个现金流T账户的数据编制的。

Willard公司现金流量表
2011年12月31日

经营活动现金流:		
净利润	$ 175 300	
调整:		
出售机器的损失	600	
折旧费用	41 300	
债券折价摊销	1 200	
递延所得税负债的增加	11 000	
净应收账款的增加	(66 000)	
存货的增加	(37 000)	
应付账款的减少	(57 000)	
应付短期票据的减少	(20 000)	
应计负债的增加	28 500	
经营活动提供的净现金		$ 77 900

（续表）

Willard 公司现金流量表 2011 年 12 月 31 日		
投资活动现金流：		
购买机器和土地	$(115 100)	
出售机器	3 600	
购买投资证券	(50 000)	
投资活动使用的净现金		(161 500)
筹资活动现金流：		
支付现金股利	$ (20 000)	
购买库存股	(20 000)	
应付债券清偿	(28 000)	
发行普通股	14 000	
筹资活动使用的净现金		(54 000)
现金净减少		$(137 600)
年初现金及现金等价物		180 000
年末现金及现金等价物		$ 42 400

编制现金流量表的一个基本要素是系统考虑每个列示在资产负债表和利润表中的项目。Willard 公司的例子证明了 T 账户方法的优点是：这种方法迫使你解释每个资产负债表账户年内余额的变更。使用这样系统的方法能使你在编制现金流量表时不忽略任何潜在的现金流入或流出。

现金流分析

4 用现金流量数据，对公司的经营业绩进行详细的案例分析。

WHY 分析现金流数据能对一家公司的业绩有新的见解，从中学到的东西远远超过分析资产负债表和利润表。

HOW 美国的许多非上市公司，内部只编制资产负债表和利润表。使用本章阐明的技术和接下来的相关内容，这些资产负债表和利润表数据可以用来产生现金流数据。

在这一节，我们将使用我们已经形成的用来编制现金流量表的工具来对一家公司的经营业绩进行详细的案例分析。这个分析将使用 Kamila 软件公司的现金数据，这个公司是虚构的。

这一节的结构如下。首先，关于 Kamila 软件公司的背景资料，财务报表和更详细的细节将给出。然后将解释一个决策内容，我们将扮演顾问的角色。在我们的咨询作用中，我们将被要求考虑 Kamila 软件公司业绩的几个具体方面，并且给出 Kamila 软件公司作为一个合作伙伴财务上的可行性及吸引力的建议。案例资料如下，伴随着详细的解决方案和解释。

Kamila 软件公司：背景资料、财务报表和额外的细节

Kamila 软件公司研发、生产和销售软件。公司总部设在内华达州的 Panaca 市。除了研发、生产和销售软件外，Kamila 也设有一个顾问团队，这些顾问从事各种各样的系统的咨询项目，有的已有数年之久。5 年前，Kamila 在哈萨克斯坦设立了一个办事处；开发团队的在

线编程人员在公司总部 Panaca 工作。

  Kamila 的总部由两幢建筑物组成。公司办公室建筑为公司管理人员、行政人员及所有的编程人员和顾问提供处所。公司位于隔壁的工厂包含了大量刻录光盘和包装软件的机器。工厂建筑包括储存和运输仓库。

  Kamila 软件公司的资产负债表（从 2008 年到 2011 年）和利润表（从 2009 年到 2011 年）分别包含在表 21-11 和表 21-12 中。

表 21-11   Kamila 软件公司的资产负债表（2008—2011 年）

资产负债表	2011 年	2010 年	2009 年	2008 年
现金	$ 23	$ 10	$ 15	$ 10
应收账款	600	60	100	80
存货	5	50	30	20
资本化软件研发费用（净额）	192	255	165	67
固定资产总额	360	500	500	440
累计折旧	(116)	(129)	(82)	(35)
总资产	$1 064	$ 746	$728	$582
账户、薪金及其他经营性应付项目	$ 100	$ 75	$ 30	$ 20
应付租金	100	0	0	0
未实现咨询收入	20	80	100	150
保证金	38	118	113	50
应收股利	50	0	0	0
长期负债	264	270	275	280
环境负债	58	153	52	17
实收资本	397	171	127	100
留存收益	37	(121)	31	(35)
总负债和所有者权益	$1 064	$ 746	$728	$582

表 21-12   Kamila 软件公司的利润表（2009—2011 年）

利润表	2011 年	2010 年	2009 年
软件销售收入	$ 1 050	$ 700	$ 1 000
咨询收入	350	200	300
总收入	$ 1 400	$ 900	$ 1 300
软件销售成本	$ (220)	$(150)	$ (210)
薪金和行政费用	(600)	(150)	(450)
租赁费用	(100)	(100)	(100)
软件研发费用	(20)	(200)	(150)
保证金	(40)	(70)	(100)
环境费用	(25)	(150)	(50)
外汇利得（损失）	15	0	0
固定资产清理损益	10	0	0
软件研发成本摊销	(143)	(110)	(52)
折旧费用	(45)	(47)	(47)
利息费用	(24)	(25)	(25)
总费用	(1 192)	(1 002)	(1 184)
净利润	$ 208	$(102)	$ 116

关于 2009 年到 2011 年 Kamila 软件公司经营的额外信息如下。

1. 2011 年，Kamila 的应收账款余额包含涉及常规软件销售和咨询项目的金额。在前几年，应收账款余额仅包含常规软件销售应收额。每年的详细情况如下：

	2011 年	2010 年	2009 年	2008 年
常规软件销售	$400	$60	$100	$80
咨询项目	200	0	0	0
总应收账款	$600	$60	$100	$80

2. 在过去三年（2009 年到 2011 年），Kamila 的系统顾问从事九个不同的项目（记为 A 到 I）。总合同价格和每个年度确认的这些项目收入的金额列示于下表：

	总合同价格	每年确认的收入		
		2011 年	2010 年	2009 年
A	$200	$ 0.0	$ 0.0	$200.0
B	150	7.5	45.0	45.0
C	100	5.0	55.0	5.0
D	500	100.0	100.0	50.0
E	300	75.0	0.0	0.0
F	250	62.5	0.0	0.0
G	100	25.0	0.0	0.0
H	200	50.0	0.0	0.0
I	100	25.0	0.0	0.0
总数		$350.0	$200.0	$300

3. Kamila 的建筑物都是租赁的。双方在 2008 年 1 月 1 日签订了租赁合同。工厂是根据融资租赁进行租赁的；办公楼是根据经营租赁进行租赁的。办公楼租金为每年 100 美元。根据办公楼租赁合同，Kamila 可以选择推迟一年一度的支付，代价为 20% 的附加费。工厂租金为每年 30 美元。所需租金披露如下：

根据 2011 年 12 月 31 日持有的融资租赁和不可撤销的经营租赁协议，对未来最低租赁费的摘要如下：

	融资租赁	经营租赁
2012 年	$ 30	$ 220
2013 年	30	100
2014 年	30	100
2015 年	30	100
2016 年	30	100
2016 年以后	330	$1 100
	$480	$1 720

截至 2011 年 12 月 31 日，融资租赁债务未来最低租赁费的现值是 264 美元。

4. 2011 年 12 月 31 日，Kamila 出售了一些自从公司成立以来一直拥有的土地。土地在内华达州附近的城镇 Pioche，并有时说成是未来的扩张点。土地的历史成本为 50 美元，并估计在出售前将为 80 美元。在同一交易中，Kamila 也出售了一些机器设备。2011 年没有购买不动产、工厂或设备。

5. Kamila 业务的一个重要方面是开发新软件。根据 FASB 第 86 号公告所要求的，直到建立了技术的可行性，Kamila 才支付了所有注册的软件研发成本。获得技术可行性后软件开发成本予以资本化并在三年内摊销。

6. 为了增加其客户对软件的满意度，Kamila 对其出售的每个软件提供了广泛的保证。这个保证已经变成了 Kamila 的商标。在这个保证下，Kamila 不仅同意更换有缺陷的软件，对仍在保修期内由于公司的软件失误发生的成本，公司也同意补偿消费者合理的费用。例如，当 Kamila 没有库存软件时，Kamila 已经支付给消费者与存货中断有关的直接和间接的成本。Kamila 也支付使用了有缺陷的 Kamila 软件的额外补偿。

7. 关于 Kamila 的软件生产过程的一个不幸的事实是各种有毒物质作为副产品被产出。这些有毒物质包括苯、二恶英和毒粉。其中一些有毒物质已经被泄露到 Kamila 工厂的地下。Kamila 的管理者意识到 Kamila 的厂址将最终必须彻底清理。事实上，Kamila 支付给外部清理公司，每年做一些环境治理工作。清理的总费用估计是在每年年底用来计算该年度环境清理费用。

8. 2011 年 12 月 31 日，在"账户、薪金和其他经营性应付项目"100 美元的余额中，共有 25 美元涉及 Kamila 的 Kazakhstan 办公室。Kamila 在 2010 年与它在哈萨克斯坦的员工有一些合同纠纷，所以隐瞒 25 美元（现在约 18 个月）的工资待遇以解决争议。实际上，隐瞒的最初金额是 40 美元（这包含在 2010 年 12 月 31 日的应付薪酬金额中）的等价物；然而，因为应付薪金以哈萨克斯坦坚戈（tenge）计价，并且在过去的 18 个月坚戈的价值急剧下降，负债记录的金额现在仅有 25 美元。

决策背景：Kamila 是一个财务上可行的软件合作伙伴？

2012 年 5 月 15 日，你已经雇佣了一个大型制造商 ManuFab 公司，它正在考虑与 Kamila 软件公司达成长期战略联盟。特别是 ManuFab 正计划在它的生产设施上采用机器人技术，并且需要在可预见的将来需要持续的技术软件设计、编程和支持。对 ManuFab 来说有一个财务上可行的软件合作伙伴是非常重要的。Kamila 软件公司是这一伙伴关系的主要人选。

ManuFab 的内部分析团队对基于传统财务报表分析的 Kamila 软件是非常积极的。你感觉到你已经被雇佣并提供一个"独立的"意见，以加强公司的管理团队对董事会的建议。记住 ManuFab 的内部分析表明这个与 Kamila 的联盟是一个赢家。如果你认为有必要，你的相反的证据必须明确和有说服力。

当你为 ManuFab 的董事会准备关于与 Kamila 软件公司达成长期战略联盟的可行性建议时考虑以下问题。

1. 什么传统的财务比率表明 Kamila 软件公司财务状况很好？
2. 使用财务报表数据和你所拥有的额外信息，为 Kamila 软件公司编制 2009 年、2010 年和 2011 年的完整的现金流量表（经营、投资和筹资）。
3. 比较以下各项利润表金额的实际的现金流入。特别地，观察从 2009 年到 2011 年这 3 年的趋势。

(a) 软件销售；

(b) 咨询项目收入；

(c) 软件研发成本；

(d) 保证金；

(e) 环境清理。

4. Kamila 软件是一家私人公司，并且从来没有被外部审计师审计过。在公司报告的财务报表中有没有任何具体的证据显示公司的会计行为具有激进性或欺诈性？

5. 你的整体的建议是什么——ManuFab 是否应加入与 Kamila 软件公司的长期战略联盟？解释你的建议。

Kamila 软件公司：解决方案

Kamila 软件公司案例的讨论和分析遵循上述问题所给出的顺序。

传统的财务比率 用传统财务比率测量一家公司业绩的快速指标来源于计算公司 2009 年、2010 年和 2011 年这三年的净资产收益率。在这些计算中，平均总净资产用在分母上。

	2011 年	2010 年	2009 年
净资产收益率	86.0%	(98.1%)	104.0%

这是相当不稳定的一组数据，但是 2009 年和 2011 年的非常强劲的数字表明 2010 年仅是昙花一现。这三年的平均年净资产收益率是 30.6%。这是非常强劲的数字。

在考虑是否决定加入与 Kamila 软件公司合作伙伴关系的另一个因素是公司的财务结构。Kamila 过去四年的负债率如下：

	2011 年	2010 年	2009 年	2008 年
负债率	59.2%	93.3%	78.3%	88.8%

这些数字无疑表明，2011 年的情况相较前一年有所好转。一个解释是这些数据表明该公司从 2011 年开始，在未来几年财务状况向好的方向发展。

在利润的衡量方面，当然在 2010 年的净亏损是有些令人担忧。然而，2011 年的巨额利润表明 Kamila 已经摆脱 2010 年的问题影响。软件销售的毛利润非常稳定，如下所示。

	2011 年	2010 年	2009 年
软件的毛利率	79.0%	78.6%	79.0%

总之，Kamila 有极高的净资产收益率，已经在降低它的财务杠杆水平，并且已经证明了软件销售的非常稳定的利润率。在 2010 年差的表现也许只是一个意外。

现金流量表 资产负债表和利润表数据，给予的额外数据及前面一章所涵盖的现金流量表编制技能，产生了 Kamila 软件公司 2009 年、2010 年和 2011 年的现金流量表，如表 21-13 所示。在编制这些现金流量表方面，大多数的项目是直接的，你应当能通过观察资产负债表和利润表看出所有的东西。几个项目的额外解释如下。

表21-13　Kamila软件公司的现金流量表（2009—2011年）

	2011年	2010年	2009年
经营活动			
净利润	$ 208	$(102)	$ 116
加折旧	45	47	47
加软件开发费用的摊销	143	110	52
减（加）固定资产处理的利得（损失）	(10)	0	0
应收账款的（增加）减少	(540)	40	(20)
存货的（增加）减少	45	(20)	(10)
应付账款的增加（减少）	25	45	10
应付租金的增加（减少）	100	0	0
未实现收入的增加（减少）	(60)	(20)	(50)
保证金的增加（减少）	(80)	5	63
环境义务的增加（减少）	(95)	101	35
来自经营活动的净现金流	$(219)	$ 206	$ 243
投资活动			
销售固定资产收到的现金	$ 92	$ 0	$ 0
购买固定资产支付的现金	0	0	(60)
资本化软件开发费用支付的现金	(80)	(200)	(150)
来自投资活动的净现金流	$ 12	$(200)	$(210)
筹资活动			
发行（偿还）长期债务	$ (6)	$ (5)	$ (5)
发行股票的现金	226	44	27
支付股利的现金	0	(50)	(50)
来自筹资活动的净现金流	$ 220	$ (11)	$ (28)
现金净变更额	13	(5)	5
期初现金余额	10	15	10
期末现金余额	$ 23	$ 10	$ 15

2011年的外汇利得。注意外汇利得不从经营性现金流量扣除来进行计算。外汇利得不涉及任何现金流（只是减少了应付工资的报告价值），所以这部分作为非现金项目消除它的一种诱惑。然而，消除利得但是继续保留的应付工资（经营性应付款的一个部分）15美元的减少给人现金流出的印象；用间接法计算，减少的应付工资导致经营性现金流的减少。所以，我们可以减去利得，并调整应付工资的变更以反映这项非现金的减少，或者我们可以简单地包括应付工资的整体变化，并留下经营性现金流计算的净所得收益。基本上，应付工资的减少看起来像是现金的流出，但是不是；利得看起来像是现金的流入，其实也不是。在计算经营性现金流时，保留这两个项目可以让它们相互抵销。这个处理类似于交易性证券中计算经营性现金流时对实现的和未实现的利得和损失做了些什么，如在第14章所解释的。

2011年销售固定资产所得现金。从前文给出的额外信息4，似乎是土地成本是50美元，以80美元出售。这部分销售的利得是30美元。这个销售连同出售生产设备一同发生。出售设备的账面价值可以用下面的T账户计算。

不动产、厂房和设备			累计折旧		
期初	500			129	期初
		50 土地的成本 ?? 设备的成本	设备累计折旧 出售??	45	折旧费用
期末	360			116	期末

从这个 T 账户中，我们可以计算出售设备的成本是 90 美元，累计折旧费用是 58 美元，账面价值是 32 美元（$90 - $58）。从利润表中，我们可以看到出售土地和设备存在一个 10 美元的总利得。因为土地单独有 30 美元（$80 的评估价值 - $50 的成本）的利得，那么销售设备一定有 20 美元的损失。从出售所得的现金总额可以计算如下：

	土地	设备
账面价值	$50	$ 32
加利得/减损失	30	(20)
现金收入	$80	$ 12

总的现金收入是 92 美元（土地 $80 + 设备 $12），这在 Kamila 2011 年现金流量表的投资活动部分被报告。

资本化软件开发成本支付的现金。资本化软件开发成本支付的现金金额用软件开发资本化资产账户期初和期末余额及年度摊销的成本金额来计算，具体如下：

资本化软件开发成本	2011 年	2010 年	2009 年
期初余额	$255	$165	$ 67
减年度摊销额	143	110	52
不需要任何增补的年份的余额	$112	$ 55	$ 15
年内资本化软件开发成本支付的现金	80	200	150
期末余额	$192	$255	$165

在这些计算中，所有的信息都来自于资产负债表和现金流量表，软件开发成本资本化支付的现金除外，这是每一年度计算得到的数字。

支付股利的现金。如前面的例子所示，股利的金额可以用期间内留存收益的变化来计算。2011 年的计算如下：

留存收益			
期初——2011	121		
股利——2011	**50**	208	净利润——2011
		37	期末——2011

T 账户中黑体数字是 2011 年宣布发放的股利 50 美元。然而，注意在资产负债表中年内应付股利账户金额从 0 美元增加到 50 美元。据此，2011 年度支付股利现金的金额是 0 美元，因为年内宣告发放的整个 50 美元的股利直到年末也没有支付。总之，Kamila 的现金流量表显示了非常坏的信息。经营性现金流从 2009 年正的 243 美元和 2010 年正的 206 美元下降到 2011 年负的 219 美元。根据这些数字，2010 年报告的净损失看起来不再像是 Kamila 已经从中恢复过来的一次性困难。相反地，2010 年的损失仅仅是 2011 年大量的负的经营性现金流的前兆。实际上，我们现在正对 Kamila 在 2011 年报告的 208 美元的净利润持怀疑态度。2011 年负的经营性现金流让我们想知道是否 Kamila 通过积极的权责发生制的会计假设而不是通过改善经营业绩实现了报告的正收入。为了确定我们的怀疑是否公正，我们需要对个别项目做进一步的分析。

比较现金流和应计金额　当一家公司有很强的动机去扭曲它的权责发生制假设以使其对首次公开募股集资或一个大的贷款申请看起来很好时，现金流数据可以对公司的基本性能提供一个真实性核查。Kamila 软件几个重要项目的现金流和应计金额的比较在下面给出。

软件销售。在表 21-13 中展示的现金流量表经营活动部分是用间接法编制的。在这种情况下，我们可以通过做一些直接法的计算对 Kamila 软件的经营获得额外的认识。软件销售得到的年度现金计算如下：

软件销售	2011 年	2010 年	2009 年
报告的软件销售	$1 050	$700	$1 000
加期初软件销售应收账款	60	100	80
减期末软件销售应收账款	(400)	(60)	(100)
软件销售收回现金	$ 710	$740	$ 980

这不是好消息。利润表中所报告的软件销售收入在 2011 年得到恢复。然而，现金流数据表明 Kamila 的财富自 2009 年以来一直在稳步下降。这些数字给了我们一些担忧的原因，让我们想知道是否利润表中的应计金额通过有利的收入确认假设被提高了。

咨询收入。客户咨询得到的年度现金计算如下：

咨询收入	2011 年	2010 年	2009 年
报告的咨询收入	$350	$200	$300
加期初咨询应收账款	0	0	0
减期末咨询应收账款	(200)	0	0
减期初未实现咨询收入	(80)	(100)	(150)
加期末未实现咨询收入	20	80	100
客户咨询收回现金	$ 90	$180	$250

随着从软件客户收回现金，咨询的现金流数目自从 2009 年以来一直稳步下降。利润表给人的印象是 2011 年是恢复的一年。相反地，现金流数目表明 2011 年显示持续的消极趋势。

软件开发成本。支付资本化软件开发现金金额的计算前面已经说明过了。软件研究费用实报实销。所以，软件研究和开发每年支付的现金总额计算如下：

软件开发总成本	2011 年	2010 年	2009 年
资本化软件开发成本支付的现金	$ 80	$200	$150
立即费用化的软件研究成本支付的现金	20	200	150
软件研发支付的总现金	$100	$400	$300

解释这种趋势的一种合理的、乐观的方式是 Kamila 正越来越善于做软件研究与开发，并因此在 2011 年削减开支。然而，一种更可能的解释是在 2011 年，上面现金流入计算表明的业务持续低迷导致 Kamila 大幅削减软件研究与开发。对 Kamila 在将来保持竞争力和创造力的能力来说，这是一个不祥的征兆。

保修。Kamila 软件的利润表中所报告的估计保修费用表明自 2009 年以来费用每年稳步下降。下面计算的现金流出数显示完全相反。

保修	2011 年	2010 年	2009 年
期初保修义务	$118	$113	$50
加保修费用	40	70	100
减期末保修义务	(38)	(118)	(113)
支付的保修金	$120	$65	$37

人们可以赞同支付保证金的增加仅仅是担保性质延迟的自然结果——先发生销售，然后担保相关的费用随后发生。为探索这种可能性，随后部分包含以报告的保修费用为依据的应计假设的简析。

环境清理。环境治理费用每年的现金流计算如下：

环境清理	2011 年	2010 年	2009 年
期初环境义务	$153	$52	$17
加环境费用	25	150	50
减期末环境义务	(58)	(153)	(52)
环境治理支付现金	$120	$49	$15

由于保修费用、环境治理支付的现金逐年增加，并在 2011 年大幅增加。这只是表明 2011 年是 Kamila 软件灾难性一年的现金流证据中的一个。

会计实务评估 如开始提到的，当存在应计假设发生战略性扭曲的可能性时，现金流数据可以提供一个真实的检查。在 Kamila 软件公司的情况下，现金流数据无疑表明 2011 年是糟糕的一年，而不是利润表所表明的迅速恢复的一年。因为现金流数据已经让我们产生怀疑，本节包含更详细的分析 Kamila 的应计假设。

咨询收入。合同总数和公司的九个咨询合同（A 到 I）年收入数可以用来计算每个合同每年的完工百分比，如下：

完工百分比	2011 年	2010 年	2009 年
A	0%	0%	100%
B	5	30	30
C	5	55	5
D	20	20	10
E	25	0	0
F	25	0	0
G	25	0	0
H	25	0	0
I	25	0	0

由于我们已经产生了对 Kamila 的应计假设的怀疑,鉴于 2011 年差的经营性现金流表现,我们用怀疑的眼光看一下这些完工百分比。首先,我们注意到 Kamila 在 2011 年并没有完成任何合同。合同 B 和合同 C 估计的金额让我们想知道是否这些合同真的活跃。但是最令人不安的证据是在 2011 年的 1/5 的合同(从合同 E 到 I)的 25% 的假设完工百分比。这些合同每一个都被完成 1/4 是极不可能的。Kamila 很可能匆匆签完这些合同,然后任意估计完成百分比以提高报告的收入。这一假设被 2011 年客户咨询所获得的现金为 90 美元(历史最低点)所支持。

经营租赁付款。在利润表中,我们看到 Kamila 2011 年报告与其经营租赁有关的租金费用为 100 美元。因为 2011 年年末的应付租金金额为 100 美元,所以我们能推断出 Kamila 在 2011 年实际上没有支付任何的经营租赁。租赁的附注披露支持这个推断,披露显示 Kamila 在 2011 年必须支付 220 美元。这 220 美元包含 2011 年的逾期付款 100 美元,2012 年 100 美元的定期付款,以及在租赁合同中提及的逾期费 20 美元。2011 年没有支付的事实与表明公司拼命地削减年内现金支出的其他证据相一致。从权责发生制的角度看,年内的费用很可能是 120 美元(有一个相应的应付租金 120 美元)以反映定期付款额和 20 美元的逾期费。

软件研发支出资本化与费用化比例。在上一节,我们计算了每年支付软件研究与开发的总现金,并且我们不安地看到 2011 年研发支出大幅度下降。用这些相同的数,每年被资本化的软件研发费用的比例计算如下:

	2011 年	2010 年	2009 年
软件研发资本化比例	80%	50%	50%

假设建立了技术可行性后 2011 年 80% 的研发被完成,Kamila 能够资本化 80 美元($100×0.80$)的研发成本,而不是 50 美元($100×0.50$),如果 2011 年使用在 2009 年和 2010 年使用过的相同比例,这 50 美元将被资本化。Kamila 可能使用这种较高的 80% 的假设以减少报告的软件研发费用,从而提高 2011 年报告的利润。

保修费用作为软件销售的百分比。Kamila 报告作为销售百分比的保修费用如下:

	2011 年	2010 年	2009 年
保修费用作为软件销售的百分比	3.8%	10.0%	10.0%

现金流数字表明 Kamila 在 2011 年花费的与保修有关的费用从 2010 年的 65 美元上升到 120 美元,同时担保成本上涨,作为软件销售百分比的 Kamila 估计的保修费用从 10.0% 大幅下降到 3.8%。这看起来再次像是一个有利的应计假设,以增加 2011 年报告的收入。

环境费用。Kamila 报告作为销售百分比的环境费用如下:

	2011 年	2010 年	2009 年
环境费用作为软件销售的百分比	2.4%	21.4%	5.0%

由于担保,与 2010 年相比 2011 年支付的环境治理成本实际上从 49 美元上涨到 120 美元。同时,作为软件销售百分比的环境费用下降到 2.4%。这些计算使 2010 年看起来是"洗大澡"的一年,在 2010 年确认巨额费用以便在随后几年里确认较少的费用。

总体建议 证据是压倒性的——ManuFab 不应当与 Kamila 软件公司达成战略性联盟。

经营性现金流证据表明对 Kamila 来说 2011 年是非常糟糕的一年。这些现金流数据引起我们密切关注 Kamila 2011 年的应计假设,我们发现这些假设被扭曲了以使 2011 年看起来像是破纪录的盈利的一年。我们对 ManuFab 有何建议?远离 Kamila 软件公司。

Kamila 软件公司案例分析的要点是向你展示现金流分析技能是多么的有用。许多人擅长计算和解释基于资产负债表和利润表的传统的财务比率。如果你加入了现金流分析的技能,你可以成为财务报表的真正掌握者。

开放式场景问题的答案

1. 摩尔定律是由英特尔的创始人 Gordon Moore 做的一个预测:计算能力将每两年翻一番。摩尔定律被应用于变化密度晶体管、内存容量主机,等等。有时倍增时间是 18 个月,而不是两年。

2. 资本支出的简写"capex"是公司支付以购买新的不动产、厂房和设备及企业收购的现金金额。

3. "自由现金流"与经营产生的现金流和用于资本支出的现金流是不同的。自由现金流代表公司产生的可自由支配的现金流,多于定期业务和长期资产收购所需要的现金。

4. 如在表 21-1 英特尔的现金流量表的底部所看到的,2007 年支付的所得税现金是 27.62 亿美元。

本章小结

1. 编制一张完整的现金流量表并按照要求补充披露。

编制现金流量表的三部分的基本信息来源于资产负债表和利润表的下面部分:

经营——利润表和流动资产、流动负债
投资——长期资产
筹资——长期负债和所有者权益

直到利润表的每个项目被考虑到,资产负债表项目的所有变动已经被解释,以及现金的净变动被准确地调整,才能编制一张完整的现金流量表。

编制现金流量表的六个步骤如下:

- 确定现金的变动(包括现金等价物)。这是目标数。
- 经营活动——分析利润表的每个项目和所有的经营性流动资产与经营性负债(流动和非流动)的变化。
- 投资活动——分析所有的非流动性资产变化及所有的非经营性流动资产变化。
- 筹资活动——分析所有的非流动负债、所有者权益和非经营性流动负债的变化。
- 编制一个正式的现金流量表,核对期初和期末现金余额。如果经营、投资和筹资活动的总和与资产负债表中现金的总的变化不相等,说明现金流量表中的某个部分是错误的,应该修改它。
- 编制补充披露,包含任何重大投资或不涉及现金的融资交易的披露。

2. 根据美国 GAAP 和 IASB 的准则,理解现金流量表编制的不同。

世界各地报告的现金流的主要不同涉及现金交易的替代选择分类。*IAS 7* 最接近美国现金流报告标准的规定,不同的是现金交易分类具有更大的灵活性,如利息和股利的支付和接收以及缴纳所得税等。在英国,*FRS 1* 指定了划分现金流交易的八个不同类型,代表了当前世界存在的最具有创新性,可能也最实用的现金流报告标准。

3. 结合本章提供的资料,编制现金流量表。

一个复杂的现金流量表的编制极大地借助于资产负债表每个 T 形账户的分析。一旦每个资产负债表账户变化的现金流影响被归类,就可以根据经营、投资和筹资活动 T 形账户摘要编制正式的现金流量表。

4. 用现金流量数据,对公司的经营业绩进行详细的案例分析。

现金流数据的分析可以对公司的业绩做进一步的观察,除此之外的信息通过分析资产负债表和利润表可以获得。当公司有特殊的诱因(如即将上市或贷款申请)扭曲应计假设时,现金流量分析显得尤为重要。

IASB 概述

主题	美国 GAAP	IASB 准则
直接法 vs. 间接法	*SFAS No. 95* 经营活动现金流可能用直接或间接的方法呈现。	*IAS 7* 与 *SFAS No. 95* 相同。
支付利息的现金	*SFAS No. 95* 支付利息是经营活动。	*IAS 7* 支付利息被划分为经营活动或筹资活动。
支付所得税的现金	*SFAS No. 95* 支付所得税是经营活动。	*IAS 7* 支付所得税通常是经营活动。然而,当联系支付所得税与具体交易可行时,支付所得税被划分为经营、投资还是筹资现金流取决于具体交易的类型。
利息和股利收到的现金	*SFAS No. 95* 收到利息和股利是经营活动。	*IAS 7* 收到利息和股利被划分为经营活动或投资活动。
支付股利的现金	*SFAS No. 95* 支付股利是筹资活动。	*IAS 7* 支付股利被划分为经营活动或筹资活动。

问题

1. 当编制现金流量表时,经营活动产生的现金流、投资活动产生的现金流和筹资活动产生的现金流总额应当等于什么数字?
2. 导致应收账款账户增加或减少的最常见事件是什么?
3. 导致存货账户增加或减少的最常见事件是什么?
4. 导致应付账款账户增加或减少的最常见事件是什么?
5. 导致设备账户增加或减少的最常见事件是什么?
6. 导致累计折旧账户增加或减少的最常见事件是什么?
7. 导致长期负债账户增加或减少的最常见事件是什么?
8. 导致股本账户增加或减少的最常见事件是什么?
9. 导致留存收益账户增加或减少的最常见事件是什么?

10. 当使用间接法计算经营活动产生的现金流时,为什么净利润数字要加回折旧?

11. 当使用间接法计算经营活动产生的现金流时,为什么利得要从净利润中减去,而损失要加到净利润中?

12. 当计算经营活动产生的现金流时,为什么应收账款账户的增加显示为现金的减少?

13. 当计算经营活动产生的现金流时,为什么存货的减少显示为现金的增加?

14. 当计算经营活动产生的现金流时,为什么应付账款账户的减少显示为现金的减少?

15. 当采用间接法报告经营活动产生的现金流时,哪两个经营性现金流项目必须在现金流量表或是附注中披露?

16. 关于现金流量表,调节表是什么?什么时候需要它?

17. IAS 7 中几个项目不同于美国现金流标准。确认这些项目,并讨论它们是如何区别对待的。

18. 根据英国标准(FRS 1),编制现金流量表的八个类别是什么?

练习

用下面的信息做练习 21-1 到练习 21-3。

公司提供了以下信息:

	12 月 31 日	1 月 1 日
应付账款	$68 600	$72 300
存货	47 800	43 100
应收账款	95 000	99 700

(a) 所有购买的存货都已入账。
(b) 年销售额是 989 400 美元。
(c) 年销售成本是 449 200 美元。

[练习 21-1] 从客户处收到的现金
LO1 计算年内有多少现金从客户处收到。

[练习 21-2] 购买存货的数额
LO1 计算年内购买了多少存货。(注:记住所有购买的存货已入账。)

[练习 21-3] 支付存货的现金
LO1 使用你做的练习 21-2 的答案,计算年内支付存货的现金是多少。

[练习 21-4] 支付费用的现金
LO1 年内,公司在其他经营支出上花费 140 600 美元。预付费用账户的期初和期末余额分别是 14 100 美元和 12 500 美元。计算年内其他经营支出支付的现金金额。

[练习 21-5] 支付设备的现金
LO1 公司年初设备账户余额为 925 000 美元。年内,最初成本 106 000 美元的设备被出售。设备账户的期末余额是 880 000 美元。年内购买了多少设备?

[练习 21-6] 出售设备所得款项
LO1 年内,公司出售最初成本为 61 000 美元的设备。设备的累计折旧为 17 500 美元。确认了出售设备 8 500 美元的利得。出售设备收到了多少现金?

476 中级会计学

[练习 21-7] 贷款偿还

LO1 公司年初长期负债账户余额为 233 000 美元。年内,发生了额外 172 000 美元的债务。长期负债账户的期末余额是 365 000 美元。年内偿还了多少金额的长期负债?

[练习 21-8] 支付股利的现金

LO1 公司年初留存收益账户余额为 955 500 美元。年末,留存收益账户转入 176 000 美元的净利润。留存收益账户的期末余额是 1 070 500 美元。年内支付了多少金额的股利?(注:所有宣告发放的股利都已经被支付。)

[练习 21-9] 英国的现金流量表

LO2 使用下面的信息,在(1)美国方法,(2)在英国方法下,计算经营活动现金流。

(a) 购买存货支付的现金	$7 800
(b) 出售建筑物收到的现金	5 600
(c) 支付利息的现金	450
(d) 偿还贷款的现金	1 000
(e) 从客户处得到的现金	10 000
(f) 普通股股票发行获得的现金	1 200
(g) 支付股利的现金	780
(h) 支付所得税的现金	1 320
(i) 购买设备支付的现金	1 950

习题

[习题 21-10] 编制一张完整的现金流量表

LO2 下面是 Germaine 公司的财务报表:

单位:千美元

Germaine 公司比较资产负债报表		
	2011 年 12 月 31 日	2010 年 12 月 31 日
资产		
现金	22	16
应收账款	225	245
存货	105	125
预付管理费用	21	12
厂房资产	1 025	1 000
累计折旧——厂房资产	(530)	(585)
总资产	868	813
负债与所有者权益		
应付账款	70	45
应付利息	15	12
应付所得税	80	77
应付债券	105	97
普通股股票	362	354
留存收益	236	228
总负债与所有者权益	868	813

	Germaine 公司简明利润表（2011 年）	
销售收入		1 450
销售成本		990
毛利润		460
经营费用：		
折旧费用	55	
管理费用	340	
利息费用	12	
所得税费用	15	422
净利润		38

2011 年，下面的信息也是可以获得的：

（a）年内按厂房资产的账面价值 180 美元将其出售，资产的初始成本是 290 美元。

（b）年内支付的现金股利总额为 30 美元。

（c）所有应付账款账户涉及购买存货。

（d）所有厂房资产的购买都是现金交易。

用间接法编制 2011 年的现金流量表。

[习题 21-11]　现金流量表——直接法

LO1　用习题 21-10 给出的信息，使用直接法编制 Germaine 公司 2011 年的现金流量表。

难题

[难题 21-12]　用资产负债表和现金流数据编制利润表

LO1　下面的财务报表是 Troi 公司的，考虑下面额外的信息：

（a）所有的应付账款账户都涉及购买存货。

（b）出售的不动产、厂房和设备的初始成本是 75 000 美元，账面价值是 22 000 美元。

Trois 公司比较资产负债表		
	2011 年 12 月 31 日	2010 年 12 月 31 日
资产		
现金	$ 4 000	$ 3 400
应收账款	25 000	18 000
存货	30 000	34 000
预付一般费用	5 700	5 000
不动产、厂房和设备	305 000	320 000
累计折旧	(103 500)	(128 900)
专利	36 000	40 000
总资产	$302 200	$291 500

(续表)

	2011年12月31日	2010年12月31日
负债与所有者权益		
应付账款	$ 25 000	$ 22 000
应付工资	12 000	10 300
应付利息	2 800	4 000
应付股利	14 000	—
应付所得税	1 600	1 200
应付债券	100 000	120 000
普通股股票	50 000	50 000
留存收益	96 800	84 000
总负债与所有者权益	$302 200	$291 500

Troi公司现金流量表（2011年）

经营活动产生的现金流：		
从客户处获得的现金		$685 300
支付现金：		
购买存货	$300 000	
一般费用	102 000	
工资费用	150 000	
利息费用	11 000	
所得税费用	23 900	586 900
经营活动提供的净现金		$ 98 400
投资活动产生的现金流：		
销售不动产、厂房和设备	$ 27 200	
购买不动产、厂房和设备	(60 000)	
投资活动使用的净现金		(32 800)
筹资活动产生的现金流：		
出售应付债券	$(23 000)	
偿还股利	(42 000)	
筹资活动使用的净现金		(65 000)
现金的净增加		$ 600
年初现金		3 400
年末现金		$ 4 000

要求：编制Troi公司2011年12月31日的利润表。

[难题21-13]　完成现金流量表

　　LO1，LO3　下面是Supersonic公司的资产负债表和利润表数据。（注意：对于资产负债表数据，年末信息在左侧。）

资产负债表		
	2011年12月31日	2010年12月31日
现金	$ 4 443	$ 3 130
应收账款	804	728
坏账准备	110	92
投资证券(交易性)	80	105
存货	1 587	2 134
预付销售和管理费用	26	43
投资证券(可供出售)	245	200
不动产、厂房和设备	9 400	8 250
累计折旧	3 300	2 780
对Micro公司的投资	280	0
资本化软件研发费用	106	0
递延所得税资产	116	90
无形资产	682	740
应付账款	360	490
应付利息	75	110
应付所得税	54	36
预收销售收入	1 820	1 480
应付股利	270	125
长期负债	2 085	3 277
净退休金负债	910	830
可转换优先股	0	600
普通股(无面值)	5 335	3 450
留存收益	3 450	2 200

利润表(2011年)		
销售收入		$38 730
来自Micro公司的收入		60
出售不动产、厂房和设备的利得		250
销售成本	$23 200	
销售和行政费用	7 840	
养老金费用	210	
利息费用	370	
折旧费用	940	
摊销费用	112	
未实现的持有投资证券的损失	35	
所得税费用	2 800	
总费用和损失		35 507
净利润		$ 3 533

Supersonic 公司额外的信息如下所示:

(a) 185 美元的坏账费用包含在销售和管理费用中。

(b) 不动产、厂房和设备在 2011 年以 900 美元出售。

(c) 所有的应付账款都涉及购买存货。

(d) 2011 年,Supersonic 公司资本化与建筑物建设有关的 75 美元的利息。应付利息不涉及这项资本化利息。

(e) 2011 年 7 月 15 日,Supersonic 公司以 130 美元回购它拥有的股票。2011 年 12 月 19 日,Supersonic 公司又以 90 美元出售这些股票。Supersonic 公司用成本法记录库存股。

(f) 2011 年 11 月 17 日,Supersonic 公司宣告并发放 10% 的股票股利。流通在外的普通股数量从 200 股增加到 220 股。股票股利发放后,普通股每股市价为 60 美元。

(g) 年内,Supersonic 公司资本化 160 美元的软件支出。资本化成本在研发成本的预计使用寿命内摊销。

(h) 2011 年 1 月 1 日,Supersonic 公司签订了一项租赁设备的协议。租赁作为融资租赁核算。年租赁费用是 50 美元。最低租赁付款额的现值是 257 美元。租赁的资产包括在不动产、厂房和设备中,租赁负债包括在长期负债中。租赁期是 9 年,隐含利率是 13%。

(i) Supersonic 公司使用后进先出法计量存货价值。年内,Supersonic 公司继续使用后进先出法。结果,出售商品的成本比应该的成本低 128 美元。

(j) 2011 年 1 月 1 日,Supersonic 公司花费 240 美元购买了 Micro 公司的 30% 股份。当时,Micro 的净资产账面价值是 800 美元。Micro 公司在 2011 年的净利润是 200 美元。

(k) 年内,所有的可转换优先股被转换成 Supersonic 公司的普通股股票。

要求:编制 2011 年 Supersonic 公司的一张完整现金流量表,使用直接法报告经营活动现金流。

第 22 章 国际会计

学习目标

1. 理解建立一套全球通用的会计准则的重要性及其潜在的影响力。
2. 概述 IASB 的历史。
3. 阐述美国 GAAP 与 IFRS 之间的关键区别。
4. 用外币折算方法将外币财务报表折算成美元报表。

亨利·福特的 Model T 通常被误认为是人类制造的第一辆汽车。尽管 Model T 以 260 美元的标价在 1908 年第一次进行公开出售,但它也许只是被人们生产出的众多汽车中的一辆罢了,真正的第一辆汽车事实上是 22 年前在德国生产的。1886 年,卡尔·奔驰申请了世界上第一辆三轮电动机车的专利。这辆机动化的三轮车被很多人认为是第一辆汽车。同年,在卡尔·奔驰之后,德国的戈特利布·戴姆勒在一辆马拉动的四轮马车上安装了一个快速运转的发动机,成功地制造出了他的第一辆四轮汽车。其实,戴姆勒在前些年就已经申请了世界上第一辆摩托车的专利。

1894 年,卡尔·奔驰制造了第一辆量产汽车,即快速机动货车。1896 年,戴姆勒生产出了世界上第一辆卡车。戴姆勒和奔驰在顾客和发展的路线上相互竞争了很多年。汽车制造竞赛是他们认为宣传他们产品的最好方式。正是通过汽车比赛,戈特利布·戴姆勒遇到了埃米尔·杰林克。杰林克在法国用戴姆勒的汽车进行了比赛并在 1900 年完全确定了在摩纳哥销售戴姆勒汽车的代理关系。他取得了在奥匈帝国、法国、比利时和美国独家销售戴姆勒汽车的权利。由于戴姆勒已经出售了在法国销售戴姆勒汽车的权利,所以戴姆勒汽车的名称就被改为梅赛德斯,这是以杰克林十岁女儿的名字命名的。

奔驰和戴姆勒的竞争一直持续到第一次世界大战时期,那时候德国的大部分工厂都被转变成了军用工厂。在第一次世界大战结束后,德国进入了恶性通货膨胀时期,这段时期中,由于人们对于德国马克的信心特别低,戴姆勒公司的现金流因此出现了问题。1926 年,戴姆勒和奔驰合并组建了戴姆勒-奔驰公司(Daimler-Benz AG)并将总部设在了柏林。

> **补充**
>
> AG 代表 Aktiengesellschaft,是德语中表示股份公司或企业。

当以上这一切在欧洲发生的时候,美国又是怎样的情况呢?钢琴制造商威廉·斯坦韦在 1888 年获得了戴姆勒在美国的专利授权,并且于同年在美国纽约成立了戴姆勒汽车公司。但是直到 1906 年一款符合美国人习惯的名为美国式梅塞德斯的汽车才被生产出来。1912 年,一个叫沃尔特·克莱斯勒的年轻人成为了别克汽车公司的生产主管,这家公司是美国通用汽车公司的一个子公司。短短的五年,克莱斯勒已经成为了别克公司的董事长和总经理。1920 年,由于与通用汽车公司总裁威廉·杜兰特的分歧,克莱斯勒离开了通用公司并接管了一家经营困难的汽车公司,那家公司于 1925 年更名为克莱斯勒汽车公司。

在随后的 65 年中,戴姆勒-奔驰和克莱斯勒在全球汽车市场上竞争市场份额,并且这两家公司都遇到了自己相应的财务困难。戴姆勒-奔驰遭遇了又一次世界大战的困扰,克莱斯勒则是因为美国当地政府为其债务做担保才使得公司免遭破产。

1993 年的秋天,戴姆勒-奔驰成为了第一家在纽约证券交易所(NYSE)挂牌上市的德国公司。在那时,非美国公司在纽约证券交易所上市必须要根据美国 GAAP 提供财务信息。1993 年,戴姆勒-奔驰公布了其根据德国 GAAP 计算的利润额 61 500 万德国马克。① 同一会计年度,戴姆勒-奔驰公司根据美国 GAAP 计算出净亏损额为 183 900 万德国马克。因此我们可以发现,在那时候,采用美国 GAAP 和采用德国的 GAAP 所计算出的报告结果相差甚大。后来,美国 SEC 要求在美国进行股票交易的外国公司报告并调整它们报表中的净收入和采用美国 GAAP 时的净收入的差异。有关戴姆勒-奔驰公司 1993 年按照 SEC Form 20-F 中规定进行调整的例子可以参看表 22-1。

表 22-1 1993 年戴姆勒-奔驰公司按 Form 20-F 调整的情况

单位:百万德国马克

按照德国 HGB(商务条例)整理后的合并净收入:	615
——少数股东权益	(13)
在德国 GAAP 基础上调整后的净利润	602
—留存收益的变动:准备金、储备和估值差异	(4 262)
	(3 660)
额外调整:	
长期合同	78
商誉和企业合并	(287)
养老金和其他退休后津贴	(624)
外币折算	(40)
金融工具	(225)
其他的估值差异	292
递延税款	2 627
与运用美国 GAAP 的总差异	(1 839)

当我们仔细分析表 22-1 时,可以发现戴姆勒-奔驰公司为什么不愿遵照美国 GAAP 来披露其收入。当由采用德国 GAAP 的报告转化成采用美国 GAAP 时,产生的 24.54 亿德国马克减少主要是由于从已分配留存收益中扣除 42.62 亿德国马克所导致的。这看似无所谓的调整实际上是去除了在德国 GAAP 下允许的部分严重的收入操纵。在经营较好的年份,德国公司通常会高估它们的成本支出,它们通常通过以下这些手段达到这一目的:设立

---

① 德国市场中使用的德国马克是在 1999 年德国加入欧元区之前的法定货币。

准备账户（像"未来环境清理费用准备"等负债账户）、设立准备金（像第13章中所说的独立类股票），或者是减记资产价值。这些在经营较好年份所创造的所谓的"秘密储备"能够在经营较差的年份被转回，从而提高了收入。1993年，戴姆勒−奔驰公司利用了德国GAAP，从秘密储备中转回42.62亿德国马克，这样就提高了报告的净收入且掩盖了经营损失。当时在更加严格的美国GAAP的规定中，这样大规模的转回秘密储备是不允许的，这迫使戴姆勒−奔驰公司做出表22-1中所反映的大规模的调整。

1998年，戴姆勒−奔驰和沃尔特·克莱斯勒联合成立新公司戴姆勒·克莱斯勒公司，按1998年营业收入计算，该公司成为世界第四大公司。合并从一开始就受到攻击。克莱斯勒的支持者哭诉戴姆勒给克莱斯勒支付的价格太低，而戴姆勒的支持者却担心这价格太高了。另外，在并购之后，这两个公司的生产线之间所产生的协同效应并没有人们开始期望的那么明显。2007年，随着戴姆勒将克莱斯勒出售给了美国的一家私人股份公司Cerberus资产管理公司，这两家公司在保持了9年坚实的合并之后宣布分离。

在人们普遍接受IASB前，像前述戴姆勒−奔驰公司在1993年把按德国GAAP所计算的净收入转换成美国GAAP的净收入这一现象的原因，是由于在世界上不同国家的会计操作方法对财务报表有极其显著的影响。像戴姆勒−奔驰和克莱斯勒之间那样的跨国并购显示了全球经济的加速融合。其他跨国并购的例子是一家名叫InBev的比利时公司收购美国核心企业——Anheuser-Busch公司（百威啤酒的制造商），还有被德国电信购买的美国无线电公司音流公司。伴随这些商业整合的出现，核算方法的差异已经不可忽视。本章回顾了FASB和IASB在加速世界各国会计准则趋同上所做的努力。

本章还包含对美国的跨国企业通过世界各地的子公司来进行运作时遇到的一个重要问题的讨论。为了把各子公司的国外经营成果合并到集团整体中，美国那些拥有国外子公司的跨国公司必须将其子公司的财务报表转化成以美元表示的报表。这个过程就是我们将要在本章中讲到的外币折算。

- **思考题：**
  1. 美国SEC制定Form 20-F条款的目的是什么？
  2. 美国公司能够创造"秘密储备"吗？请解释。

问题的答案可以在第499页找到。

建立世界性财务会计准则的必要性

1 理解建立一套全球通用的会计准则的重要性及其潜在的影响力。

WHY 财务报表最基本的用途就是用于交流。企业经营及资本市场的全球化，使得人们很有必要使用同样的财务会计语言来与世界各地的投资者及利益相关者进行交流。

HOW 一个受过培训的报表编制者或者使用者必须知道不同的会计准则对报表数据的影响。

不同规模和类型的企业都在国际环境中运营。良好的全球财务战略是成功国际经营中的重要部分。对于美国企业来说，这些战略也许包括在国外的证券交易所上市，像东京或伦敦的证券交易所；在美国以外的国家出售债券或者其他的债务型的有价证券；还可以向美国以外的金融机构借款。比如迪士尼公司,它拥有大量的与欧元、英镑、日元和加元有关的套期工具以规避货币风险。

类似的,为了增加债务或权益资本,许多像索尼、吉百利和丰田这样的非美国公司在美国证券交易所上市和向美国的金融机构借款。例如,戴姆勒公司将它的股份在世界三个不同的证券交易市场上市——纽约、法兰克福和斯图加特。大量的非美国企业已经在纽约证券交易所上市。在表22-2中,截至2008年4月30日,已有414家外国企业在纽约证券交易所上市交易,其中包括77家来自加拿大的企业和41家来自中国的企业。

表 22-2　按原属国家统计的在纽约证券交易所挂牌上市的外国公司的家数

原属国家	上市的家数
阿根廷	11
澳大利亚	5
巴哈马群岛	4
百慕大群岛	30
巴西	32
加拿大	77
智利	14
中国	41
法国	8
德国	9
希腊	10
中国香港	5
印度	12
爱尔兰	6
意大利	4
日本	19
韩国	8
墨西哥	17
荷兰	9
波多黎各	6
俄罗斯	5
南非	6
西班牙	5
瑞士	8
中国台湾	5
英国	29
其他(代表21个国家)	29
合计	414

资料来源:http://www.nyse.com。列表取自2008年4月30日。

国际财务战略要求这些跨国企业遵守一系列的财务报告准则。像戴姆勒和迪士尼这样的公司,不仅要向它们自己国家的使用者而且要向其他国家的使用者提供财务报表。世界各地会计准则各不相同,这使得财务报表的编制和人们对于财务报表的理解都变得十分复杂。

国家间会计准则差异的危害

本书的第 23 章总结了本书中提到的财务报表数据的分析技术。第 23 章的学习目标 2 列举了一个拓展案例,这个案例反映了对于一份财务报表进行对比分析时,运用不同的会计方法会有什么影响。案例中假设两个公司是 Sai Kung 公司和 Tuen Mun 有限公司。在学习第 23 章时,经过对 Sai Kung 公司和 Tuen Mun 公司的财务报表仔细对比后你会发现,这两家公司在经济上完全相同。然而,当你看到它们在表 22-3 中的财务比率时,你会发现两个公司迥然不同。

这两份财务报表之间的不同主要是由于采用不同的会计处理方法所导致的。其实,像第 23 章里所示,这些比率的不同仅仅是由于四项会计核算不同所导致的:投资证券的分类、存货估价方法、折旧年限的估计和租金的分类。在这个例子中,这四个会计处理的不同导致了原本在其他方面一样的公司在财务数据上迥然不同。会计处理方法上的不同使 Tuen Mun 有限公司在各方面看上去都是一个优秀的公司,Tuen Mun 公司拥有更好的净资产收益率、更高的盈利能力和更高的总效率。另外,Tuen Mun 公司表现出更小的风险,因为它的杠杆率更低,此外它在流动比率中所反映出来的流动性也很高。

表 22-3 Sai Kung 公司和 Tuen Mun 有限公司的财务比率比较

	Sai Kung	Tuen Mun
净资产收益率	9.1%	35.2%
销售利润率	2.5%	12.9%
资产周转率	1.18	1.28
资产权益比	3.09	2.14
存货可供销售天数	63.9	98.6
固定资产周转率	1.67	2.07
负债比率	67.6%	53.2%
负债权益比	2.09	1.14
利息保障倍数	1.90	6.17
资产报酬率	2.9%	16.5%
流动比率	1.5	1.8

比率的值是运用第 23 章学习目标 2 中的详细的财务报表中的数据计算出来的。

这个例子(当你看到第 23 章时候不要忘了看完那些细节)的关键点是,如果我们所采用的比率是来自不同的会计处理方法下的公司,这些比率的比较会产生误导的作用。从历史来看,这正是目前世界上不同国家之间存在的现状。例如,人们认为日本的财务报告准则存在很大的争议,所以日本公司的净收入常常看上去比在美国或者英国和它们相似公司的净收入来得低,即使那些公司也许在经济特征上和它相同。本章开篇中讲的戴姆勒-奔驰的例子证明了报告的净收入的巨大差异可能来自于对秘密储备的提取策略的不同,而这些准备金是基于当时德国 GAAP 下财务会计准则所产生的。

会计准则的一个关键作用就是制定一套能应用于所有公司的规则,以使得那些不能掌握或了解详细的财务记录的外部使用者能够得到他们要分析的公司的财务报告,这些报告能和其他所有不同公司进行对比。丧失了这种可比性,财务报告实际上将毫无价值。由于贸易的全球化已经促使投资者、债权人和其他利益相关者需要获取大量跨国公司的财务报告比较数据,这就使得对于一套相同的全球准则的需求更加明显。多年以来,FASB 和 IASB 一直为获得全球准则制定者的荣誉而竞争。最后 IASB 赢了。下节将简要介绍 IASB 的发展历程。

IASB 的发展简史和其准则(IFRS)

2 概述 IASB 的历史。

WHY 未来五年内在美国上市的所有公司很可能将要提供根据 IASB 制定的 IFRS 编制的财务报告。

HOW 在过去的 20 年中,IASB 在提高财务报告准则的质量和提高准则制定程序的透明度上向前迈进了很多。IASB 的准则,人们称为 IFRS,现在正在全球范围内逐渐被接受。

FASB 和 IASC(IASB 的前身)都是在 1973 年创立的。多年来,对于选择 FASB 制定的美国 GAAP 还是来自于伦敦的 IASB 制定的 IFRS① 作为世界通用的准则,一直都是一个现实的问题。直到 20 世纪 90 年代中期,FASB 已经明显占据了世界上会计准则制定者的统治地位。FASB 从美国商界获取的广泛的代表权为它成为独立的委员会提供了优势。与此相反,IASC 是一个国际注册会计师组织的联合体,会员们需要与他们的公司和客户保持联系,因此只能兼职为组织服务。另外,FASB 的标准,总体上来说,与概念框架的支撑点是基本一致的。早期的 IASC 准则确实像是通过表达他们推崇的选择将世界不同地方的会计处理方法编辑在一起,而实际上他们的选择并没有明确的理论根基。最终,IASC 的一套准则被认为是不完整的,因为其中存在着一个最明显的缺陷就是没有针对于金融工具的准则。②

尽管处于领先地位,FASB 已经开始和 IASC 密切接触以得到国际社会的普遍接受。这其中也有部分原因是由于国际社会并不愿意美国成为世界准则的制定者。比如,法国的会计准则制定机构就表示,法国人永远不会接受美国 GAAP 作为世界通用的准则,主要的原因是:无论准则本身多么合理,他们都不会屈服于美国的统治。③ 但是比国际上人们厌恶美国主宰更加重要的是,IASC 准则自身的改进。在整个 20 世纪 90 年代,IASC 致力于减少大量的在 IAS 下能够允许选择的会计处理方法并且同时全面改进准则的质量。IASC 的直接目标是使它这一套准则能够被国际证券委员会组织(IOSCO)这样一个组织所接受,该组织的成员之一是美国证券与交易委员会。虽然 IASC 从来没有收到过其一直想从 IOSCO 获得的无条件支持,但是它迎合 IOSCO 的努力大大地增强了人们对于 IASC 的准则和其组织自身质量的认知度。

2001 年,IASC 通过一次实质性组织重组成为了国际会计准则的制定者。为了表示这一变化,这个组织更名为 IASB。这样,其与 FASB 的名字相似并非偶然。通过这次重组,IASB 成为了 FASB 的机械的克隆品。其委员会的成员像 FASB 委员会过去那样成为了全职的工作人员。④ 不像 IASC 以及一些 IASC 重组建议所想象的那样,委员会的这些成员不是代

---

① IASC 原来的准则叫做国际会计准则(IAS)。尽管它们中大多数已经被 IASB 在后期修改过,这些准则还保留这些标题。IASC/IASB 制定的准则中的内容现在已经在"IFRS"中涉及,不管实际的准则的标志是 IAS 还是 IFRS。

② Kees Camfferman and Stephen A. Zeff, *Financial Reporting and Global Capital Markets: A History of the International Accounting Standards Committee*, 1973—2000 (Oxford University Press, 2007), p. 10. 这本书是介绍 IASC 历史的一本完整和权威的书。

③ Summer Research Symposium, Hong Kong University of Science and Technology, Hong Kong, 1998.

④ IASB 委员会中 14 个委员中的两个成员是兼职的。

表某一特殊国家组织的。类似于FASB,IASB委员会成员的背景要比CPA委员会的广得多（这自IASC之后逐渐成为了一种趋势）。IASB委员会中的14个成员来自于许多国家,代表了一系列的专业背景。自2008年4月以来,这14个委员会成员中有来自美国、英国、法国、瑞典、中国、澳大利亚、南非和日本的专家。委员会成员中很多是有审计经验的注册会计师,但是在2008年4月,IASB成员中也包括了一位证券分析师,一些拥有会计实务经验的人员,还有一位会计学教授（来自斯坦福大学的Mary Barth）。IASB的审议程序基本沿袭了FASB的操作程序——公开会议、公开辩论,程序中高度的公众参与、透明的决策程序,等等。

2002年,IASB和FASB达成了一个称为Norwalk协议的联合协议,协议内容主要是它们承诺一起努力,尽快共同制定一套"完全兼容"的会计准则而且持续合作来确保那些准则能保持其兼容性。这次合作必须遵循两个前提。第一,IASB和FASB已经对一些较容易实现兼容的会计准则事项达成了一致约定。这些事项包括一些存货成本的会计处理,非货币性资产交换的会计处理,会计变更的披露,这些都已经完成。对于每股收益的估算还在进行中。第二,IASB和FASB正共同致力于完成涉及像收入的确认、企业合并的会计处理以及一个联合概念框架的制定等基本事项的更大的工程。

尽管表面看来IASB与FASB的合作过程很和谐,但IASB在推动其准则成为世界通用准则时一直都是很霸道的。有一段时间,IASB的网站几乎成为了它自豪地宣布目前已经将IASB准则作为国家会计准则的国家数目的计分板。一个很明显的事实是,IASB将最终成为全球会计准则的来源,而FASB在影响力上就要逊色些了,FASB欣然接受了这一切,而且它在许多联合项目中与IASB紧密合作。

从FASB转向IASB而使得其成为了全球高质量会计准则的来源,这一事实在2007年SEC的一次历史性公告中充分体现了,这一公告允许在美国证券交易所交易的非美国公司使用IASB的准则来提供其财务报告。这一转变在2008年开始发挥作用。尤其是在2008年3月4日,CFR(美国联邦法规)的第17部分的第2章被SEC修改,修改后的条款允许非美国公司为了使其财务报表符合SEC的要求而采用IFRS来代替美国GAAP。在这之前,非美国公司想要其股票在美国交易的话,必须要向美国的股东提供有关其报告中关键财务数据在采用美国GAAP下的情况的简要说明。对于这样披露的一个例子,就是戴姆勒-奔驰公司在表22-1中所列出的那样,被称为Form 20-F。

更加令世界震惊的一次发展发生在2008年8月27日。下面是第二天刊登于《华尔街日报》的一篇文章的第一段：

> 在周三,美国证券与交易委员会发出了将停止使用美国会计准则的信号,开始倾向于最终要求所有公开上市的公司用一套国际的准则来代替它。①

下面是有关这个有里程碑意义的SEC声明的其他细节：
- 从2010年起110家美国大型跨国企业将开始只使用IASB准则,而停止使用FASB准则。
- 到2014年所有在美国公开上市的公司将必须使用IASB准则。

尽管这个时间框架中的细节可能会调整,但目前在你的职业生涯中所有公开上市的美

---

① Kara Scannell and Joanna Slater, "SEC Moves to Pull Plug on US Accounting Standards," *The Wall Street Journal*, August 28, 2008, p. AL.

国公司很有可能很快将使用IFRS。当然,一些持怀疑态度的人声称美国的投资者和会计师将会发现新的国际财务报告难以理解。但是你不会不假思索地相信他们的理论。在本章的下个学习目标中,你将会看到对美国GAAP和IFRS进行比较的总结,本书将会让你更加细致地了解IFRS。

美国GAAP和IFRS的差异概要

3 阐述美国GAAP与IFRS之间的关键区别。

WHY 美国会计专业的学生必须像了解美国GAAP一样了解IFRS。

HOW 通过本章,你将会在学习了解美国的会计制度的同时,了解美国GAAP和IFRS之间的关键不同点。当一个人了解了美国GAAP的某一领域时,其学习IFRS时也不需要在任何显著的差异上花过多的精力。

在本书的几乎所有章节中,你都看到了有关美国GAAP和IFRS之间的重要不同点的比较。下面几页是有关这些不同点的总结。在你没有被这些不同点的图表所淹没前,你应该停下来想一想有关美国GAAP和IFRS之间的相同点的图表,这个图表也许会更长。在这篇很长的文章中所讨论的绝大多数会计准则和处理方法与它们各自准则中的说法是一样的。当你看下面的列表时,我们需要给你一些提醒:一旦你了解了美国GAAP,IFRS的不同点在于它是在一般公认会计原则的概念庇护伞下的合理的替代条款。

主题	美国GAAP	IASB准则
第1章:财务报告		
会计准则的制定者	财务会计准则委员会(FASB)	国际会计准则委员会(IASB)
财务会计准则	• FASB财务会计准则公告(SFAS) • APB的意见 • 会计研究公报(ARB)	• 国际财务报告准则(IFRS) • 国际会计准则(IAS)
对于需要解释或目前没有正式的标准的问题进行处理的组织	新兴问题任务组(EITF)	• 国际财务报告解释委员会(IFRIC) • 2002年以前的准则解释委员会(SIC)
第3章:资产负债表与财务报表附注		
预期再融资的短期负债分类	SFAS No.6 资产负债表中的一项短期再融资负债如果在财务报表公布前实际发生,将作为长期负债处理。	IAS 1 如果要将一项短期再融资负债划分为长期负债,则必须要求其再融资行为至资产负债表日时已经发生了。
权益储备	美国资产负债表的权益中不包括权益储备。	股权储备会计处理在许多非美国国家(特别是那些受英国惯例影响的国家)是非常重要的,因为,支付现金股利的法定能力是和各种储备账户的余额密切相关的。

（续表）

主题	美国 GAAP	IASB 准则
资产负债表的格式	美国的资产负债表一般将流动资产和长期资产组合在一起，将流动负债、长期负债和权益组合在一起。	一些非美国的资产负债表（特别是被英国惯例影响的那些国家的）将长期资产和营运资金（流动资产减去流动负债）组合在一起披露，将长期负债和权益放在一起披露。
资产负债表日后事项	AICPA SAS No.1，第 560 条款 • 如果报表日后发生的事项为资产负债表中数据所反映的资产负债情况提供了附加的信息，则需要调整报告中的资产和负债规模。 • 对于重大的日后事项，即使其没有影响资产负债表中的数据计算，也需要将其披露出来。	IAS 10 和美国标准一样。
第 4 章：利润表		
会计准则变化	SFAS No.154 在这方面，美国 GAAP 现在已经调整的和国际准则一致了。	IAS 8 所有年度的利润表要进行重述。最早年度的报表中留存收益的期初余额就是以前年度净收入的会计变更对累计收入的影响。
售前收入的确认	SAB 101/104 在几乎所有情况下，所有收入要等到销售和交付已经发生时才确认的。这部分在第 8 章中有详细的讨论。	IAS 41 生物资产（如奶牛）和农产品（如已收获的小麦）的公允价值的上涨或下降所导致的损益在其发生时就确认，而不是等到其后期出售时才确认。
非持续经营成果的报告	SFAS No.144 在资产负债表日没有被完全披露的与非持续经营有关的资产和负债将被单独列出。与非持续经营有关的总收入必须在财务报告附注中披露。	IFRS 5 除了美国 GAAP 要求的披露项目外，必须披露非持续经营所产生的现金流量。
第 5 章：现金流量表和勾稽关系		
支付利息的现金（和利息费用相关联）	SFAS No.95 经营活动	IAS 7 经营和融资活动
所得税支付的现金（与所得税费用相关联）	SFAS No.95 经营活动	IAS 7 通常是经营活动，但也可以是根据产生税收支出的交易的性质而归于经营、投资、融资活动。
利息收入的现金（与利息收入相关联）	SFAS No.95 经营活动	IAS 7 经营或投资活动

（续表）

主题	美国 GAAP	IASB 准则
股利收入的现金（与股利收入相关联）	SFAS No. 95 经营活动	IAS 7 经营或投资活动
股利支出的现金（不是利润表项目）	SFAS No. 95 融资活动	IAS 7 融资或经营活动
第6章：盈余管理		
准则的一般描述	规则导向。美国 GAAP 中包括大概 25 000 页对其进行详细指导。	原则导向。IFRS 中仅仅包含了 2 500 页内容，而且其中很多细的会计处理需要会计师的职业判断。
第7章：收入/应收账款/现金循环		
应收账款的终止确认	SFAS No. 140 在金融资产的交易中，如果金融资产经济上的所有权已经从转让者转移给了接受者，则将其确认为销售。	IAS 39 在金融资产的交易中，如果来自于这项金融资产的与现金流量有关的风险和收益已经从转让者转移给了接受者，则将其确认为销售。
第8章：收入的确认		
收入确认	包括大量在近些年来改进的准则。目前有影响的两个准则是：SAB 101 / 104 和 EITF 00-21	IAS 18 和美国 GAAP 基本一致，尽管其中的指导并没有那么详细。实际上，当需要详细的收入确认指导时需要查阅美国 GAAP。
和收入确认有关的资产和负债	FASB 和 IASB 共同制定一套收入确认的标准，就是资产或负债的增加或减少源于和客户之间签订的合同的安排。	相同
销售前的收入确认	SAB 101/104 在几乎所有的情况下，所有一项收入的确认是在销售和交付已经发生后才进行的。	IAS 41 生物资产（如奶牛）或农产品（如已获的小麦）的公允价值的上升或下降所导致的损益在其发生时就确认，而不是等到其后期出售时才确认。
完成合同法	ABB No. 45 和 SOP 81-1 完成合同法在一些情况下是推荐使用的方法。	IAS 11 完成合同法是不允许使用的。
第9章：存货与销售成本		
后进先出法	在美国 GAAP 下可以使用 根据后进先出法一致性规则，一家公司如果在所得税计算上使用后进先出法，也要在其财务报告中使用这种方法。	IAS 2 IAS 2 在 2003 年 12 月修订后就不允许使用后进先出法了。

(续表)

主题	美国 GAAP	IASB 准则
成本与市价孰低法	ARB 43 存货按成本与市价孰低法记录。关于这点,"市场价值"被定义为存货的重置成本,受制于其上下限。如果市场价值比历史成本低,最终按市场价值记录存货的价值。	IAS 2 存货按成本和可变现净值孰低法记录。不像美国 GAAP 那样,已经记录的存货跌价可以在以后存货价值恢复时转回。
第 10 章:非流动性经营资产的投资——资产的取得		
固定资产的购置	各种标准 初始购置成本的记录,使用寿命期内的折旧记录。	IAS 16 基本和美国 GAAP 下相同,除了公司可以选择将其账面价值调整为公允价值。
利息资本化	SFAS No. 34 自建资产的融资利息应当资本化。	IAS 23 自 2008 年 1 月 1 日起,净"借款费用"必须资本化。净额为支付的总利息减去闲置资金投资获得的利息。
通过种植或开采取得的资产	无	IAS 41 生物资产的公允价值的上升或下降被确认为损益。
研究和开发	SFAS No. 2 SFAS No. 86 所有的常规研发费用化。	IAS 38 所有开发费用要资本化。
无形资产	SFAS No. 142 已经购买的可辨认的无形资产在购买日以其公允价值确认为资产。	IAS 38 相同
企业合并	SFAS No. 141R 合并取得的资产和负债以其取得日的公允价值入账,差额作为商誉报告,廉价收购部分确认为利得。	IFRS 3 相同
重估增值	无 在美国 GAAP 下,固定资产不允许通过重估实现增值。	IAS 16 IAS 40 公司有权选择将其固定资产的账面价值调增为公允价值;贷方以权益增加表示。对于投资性不动产,公司可以选择以其公允价值来报告,利得和损失包括在净收益中。
第 11 章:非流动性经营资产的投资——使用和处置		
折旧	一家公司可以将一项复合资产进行分解,如建筑物,可以对其主要部分单独计提折旧,但并不要求一定要这么做。	IAS 16 "一项不动产、厂房和设备的各部分,如果与其总成本有重要关系,应该单独进行折旧。"

（续表）

主题	美国 GAAP	IASB 准则
生物自然资源的损耗	折耗费用的计算是以已经使用的相关自然资源为基础来进行费用归集的操作。	IAS 41 生物自然资源的公允价值的升降应确认为损益。
有形资产的损耗	SFAS No. 144 两步法测试： 1. 比较账面价值和未折现现金流的总和。 2. 如果账面价值要小于未折现现金流的总和，则将此资产以公允价值报告。 减值损失在后期一般不能冲回。	IAS 36 单步法测试： 如果资产的账面价值比可回收金额小，则将此资产以可回收数额报告。 减值损失可以在后期以初始减值损失为限进行转回。
无形资产的减值	SFAS No. 142 1. 对于有限寿命的无形资产，其减值测试同样采用有形资产的两步法测试。 2. 对于无限寿命的无形资产，其账面价值在单步法测试下与其公允价值进行对比。 3. 对于商誉，在当报告中的账面净值数额低于其公允价值时，要根据减值测试重新计算商誉。 减值损失在后期一般不能转回。	IAS 36 将其账面价值和可回收金额进行比较，当账面价值小的时候要将其调整为可回收数额。 除了商誉外，无形资产减值损失可以在后期以其初始减值损失的数额为限进行转回。商誉的减值损失一般不能转回。
重估增值	无 在美国 GAAP 下，固定资产的重估增值是不允许的。	IAS 16 公司有权选择将其固定资产的账面价值调增为公允价值；贷方以权益增加表示。如果这项资产在后期被出售，则与账面价值提高有关的收入直接计入留存收益，而不是计入收入。
第 12 章：债务融资		
短期预计再融资债务	SFAS No. 6 到财务报告公告日止，如果短期债务再融资已经发生或签订了债务再融资协议，则将其归类为长期债务。	IAS 1 到资产负债表日止，如果其债务再融资已经发生，则将其归为长期债务。
将可转换债券收益分割成债权和股权收益	APB 14 到目前为止，只有来自于附有可拆分转换条款的可转换债券的收益才可以拆分为股权和债券部分。如果其是不可拆分的则没有必要将其收益拆分。	IAS 32 在所有情况下，来自于可转换债券的交易的收益都应拆分为债权收益部分和股权收益部分。

(续表)

主题	美国 GAAP	IASB 准则
可变利益实体和特殊目的实体的合并	*FIN 46R* 预期承担可变利益主体的大部分预期损失或取得其大部分预期收益的公司必须在其资产负债表中披露可变利益实体的资产和负债。在它们做这类决策时可以采用数值指标，比如说拥有10%的所有权。	*SIC 12* 如果一家公司与特殊目的实体关系的实质是特殊目的实体被公司所控制，则特殊目的实体应合并入该公司。这实际上是个原则导向型的标准。
第13章：股权融资		
由债权和股权组成的融资工具	*APB 14* 复合型金融工具如果其认股权证是可拆分的，则需要将其分为债权部分和股权部分。	*IAS 32* 所有复合型金融工具必须按单独的债权和股权部分来记录。
股票薪酬	*SFAS No. 123R* 认股权证的公允价值在雇员为获取这部分选择权所需要的服务期内被分摊掉。这样的选择性工具被归类为权益。	*IFRS 2* 和 *SFAS No. 132R* 一样。
权益储备	无	权益收回会计不是 IFRS 中的内容，但其在国家有关股利发放方面的相关法律中被提及。
少数股权	*SFAS No. 160* 非控制（少数）股权在资产负债表中被归类为权益。	*IAS 27* 和 *SFAS No. 160* 一样。
第14章：债务和权益类证券投资		
分类	*SFAS No. 115* 投资性证券可以分为：交易性的、可供出售的，或者持有至到期的。如果公司选择公允价值选择权，则将其作为交易性证券进行会计处理。	*IAS 39* 基本上和美国 GAAP 的规定相似，但 *IAS 39* 是一个更加宽泛的准则，其解决了有关衍生产品、贷款和应收账款，以及所有的金融资产和金融负债的会计处理问题。
终止确认	*SFAS No. 140* 如果金融资产在转移时，其资产的控制权已经从转让者转给了受让者，则将此项转移按出售资产记录。	*IAS 39* 如果与金融资产转移的现金流相关的收益和风险已经从转让者转给了受让者，则将项转移按资产出售记录。
权益法核算	*APB 18* 从权益投资公司获得的收益等于被投资公司的净利润乘以母公司持股比例。收到的股利冲减初始投资。	*IAS 28* 和美国 GAAP 的规定基本相同，只是在美国 GAAP 中的"权益法下的投资者"在 *IAS 28* 中称为"合伙人"。

（续表）

主题	美国 GAAP	IASB 准则
第1级、第2级和第3级的披露	*SFAS No. 157* 美国 GAAP 要求附注披露公允价值大小，用来决定第1级输入（对于可识别的证券用市场价格），第2级输入（对类似的或与重要估值输入相关的市场数据）以及第3级输入（在估值模型中不可观察的输入）。	征求意见稿（征集中） IASB 目前还没有与 *SFAS No. 157* 相应的披露准则。

第15章：租赁

主题	美国 GAAP	IASB 准则
租赁分类	*SFAS No. 13* 如果一项租赁业务满足下面四项条件中的任一项，则将其确认为融资租赁。否则，将其确认为经营性租赁。 1. 租赁最后转移了资产的归属权； 2. 最后有廉价购买租赁资产的选择权； 3. 租赁期限占租赁资产寿命的 75% 或以上； 4. 最低租赁付款额的现值占租赁资产公允价值的 90% 或以上。	*IAS 17* "如果一项租赁中实质上已将与资产有关的所有风险和收益转移给了所有者则将其确认为融资（也就是资产）租赁。"和美国 GAAP 的四项条件相似的描述被作一个"例子"，但是并没有给出相关精确的数值区间。
售后回租交易的利润	*SFAS No. 28* 如果一项售后回租业务是经营性租赁，初始销售的利润在以后的各租赁期进行递延和确认。	*IAS 17* 如果能明确初始销售是以公允价值进行的，所有利润不论后期的租回是否是经营性租赁，都在交易时就确认。

第16章：所得税

主题	美国 GAAP	IASB 准则
使用当前法定税率	*SFAS No. 109* 在计算递延所得税资产和递延所得税负债时，以后年度的用现行所得税税率计算。	*IAS 12* 用现行所得税税率，或"实质上已经颁布"的所得税税率。实质上已经颁布的所得税税率是已经被政府公布过了但没有被正式写进法律的未来税率。
递延所得税资产和递延所得税负债的分类	*SFAS No. 109* 递延所得税资产和负债可以根据导致递延所得税资产和负债增加的基础项目的分类分为流动和非流动的。	*IAS 1* 递延所得税资产和负债一般归属为非流动的。
递延所得税资产的确认	*SFAS No. 109* 如果未来应税收益很有可能（50%的可能性）充分实现递延所得税资产的收益，则确认递延所得税资产。如果多半不可能确认，则需要建立估计备抵。	*IAS 12* 只在应税收益与可抵扣暂时性差异很可能有效抵销的范围内确认递延所得税资产。

(续表)

主题	美国 GAAP	IASB 准则
第17章：雇员福利——工资、养老金和其他福利		
前期服务成本	SFAS No. 158 初始确认为其他综合收益，然后在以后年度按养老金费用摊销。	IAS 19 在授予的期间摊销到养老金费用中。如果解禁的福利立即被授予，则整个金额迅速费用化。
在资产负债表中确认的养老金相关净值	SFAS No. 158 与养老金相关的资产和负债在资产负债表中的确认仅仅是预计养老金应付款和养老金基金之间的抵销差额。	IAS 19 与养老金相关的资产或负债和递延项目（在美国 GAAP 下以累计其他综合收益来单独报告）结合在一起，在资产负债表中将两项加总确认为一项净养老金资产或负债。
第18章：每股收益		
每股收益	SFAS No. 128 和 IAS 33 非常相似。每股收益是 FASB 和 IASB 第一次在标准制定领域共同工作的一个成果。	IAS 33 和 SFAS No. 128 非常相似。
第19章：衍生工具、或有事项、业务分部和中期报告		
衍生工具	SFAS No. 133 和 IAS 39 非常相似，在确定这个准则时，IASB 在很大程度上依靠了 FASB 前期所做的工作。	IAS 39 和 SFAS No. 133 非常相似。
或有资产	SFAS No. 5 直到其实现时才确认。	IAS 37 当"它是几乎可以肯定"时确认。
未来或有负债	SFAS No. 5 除非它是一项确认的事项时才披露。	IAS 37 不披露。
或有负债估计	FIN 14 在一定范围内的最可能的数字。如果没有数字比其他数字更有可能，则以这个范围中的最低数字来确认，同时披露可能的额外情况。	IAS 37 估计债务的公允价值。估计时要考虑到可能的支出项目以及各自的发生概率和货币的时间价值。
分部报告	SFAS No. 131 和 IFRS 8 非常相似。	IFRS 8 和 SFAS No. 131 非常相似。IFRS 8 在 2006 年 11 月开始被采用，目的是使国际准则和存在的美国准则一致。
中期报告	APB 28 运用组成部分的年度周期概念。所有时期的收入和费用是在一定的合理性基础上归属到各个周期中的，必要时对人们普遍接受的会计处理程序进行一些修正。	IAS 34 同年度期间的一样，中期报告在每个中期的期末同样进行判断、估计、应计和递延项目的确认。

(续表)

主题	美国 GAAP	IASB 准则
第 20 章:会计变更与差错更正		
会计原则的变更	SFAS No. 154 与 IAS 8 相似。	IAS 8 与 SFAS No. 154 相似。
会计估计的变更	SFAS No. 154 与 IAS 8 相似。	IAS 8 与 SFAS No. 154 相似。
差错的更正	SFAS No. 154 与 IAS 8 相似。	IAS 8 与 SFAS No. 154 相似。
第 21 章:重温现金流量表		
直接法 vs. 间接法	SFAS No. 95 经营活动产生的现金流量可以用直接法或间接法来呈报。	IAS 7 和 SFAS No. 95 相同。
支付利息的现金	SFAS No. 95 利息支付是经营活动。	IAS 7 利息支付可以归类为经营活动或筹资活动。
支付所得税的现金	SFAS No. 95 所得税支付属于经营活动。	IAS 7 支付所得税一般是一项经营活动。然而,当它实质上是把所得税支付和特殊的交易联系在一起的话,所得税的支付会根据基础交易的种类归类为经营活动、投资活动或筹资活动现金流量。
利息和股利收到的现金	SFAS No. 95 收到利息和红利属于经营活动。	IAS 7 收到利息和红利可以归类为一项经营活动或投资活动。
支付股利的现金	SFAS No. 95 股利支付属筹资活动。	IAS 7 股利支付可以归类为一项经营活动或筹资活动。

外币财务报表

4 用外币折算方法将外币财务报表折算成美元报表。

WHY 基本上每个大型的美国公司都有国外子公司。任何一个与一家大型跨国公司的财务报告有关的人都需要理解国外子公司的财务报表数据是怎样被纳入到母公司的。

HOW 资产和负债采用资产负债表日的即期汇率折算。利润表的项目则采用整个会计年度的平均汇率折算。股利则采用股利宣告日的即期汇率来折算。股本是运用历史汇率折算的,也就是采用子公司取得日或股票发行日公布的汇率折算的。留存收益在第一年度采用历史汇率折算,但在以后的会计年度中,其计算时要将以前会计期间已经折算的报表中的数据进行调整,增加折算净收益,减去折算的股利。折算调整作为美国母公司股东权益的一个独立部分确认,归属于累计其他综合收益项目。

在《中级会计学:基础篇》第 9 章(存货购买)和第 19 章(衍生品)中,我们对外币汇率及其对于交易会计处理的影响等相关事项进行了介绍。在本部分中,与外币有关的概念扩大到包括所有外币财务报表。外币财务报表是指采用美元以外的货币编报的财务报表。例如,IBM 公司有很多欧洲的子公司,而且它们的内部财务报表是用欧元进行编报的。这些财务报表,在被递交到纽约阿蒙克的 IBM 总部时必须被转化成以美元计价的报表。在转换外币财务报表时有两种方法:折算法和调整法。折算法是当外国子公司是实质上独立运营的单元,也就是独立于母公司经营活动的时候使用的。调整法适合于子公司不是独立于母公司运营的情况。折算法仅仅是将外币报表转换成以美元表示的报表以使其与母公司的报表合并;调整法则是将财务报表按交易发生时原来就采用美元记录的情况进行调整。

为了确定正确的调整方法,首先必须确定国外子公司的功能货币。在大多数情况下,功能货币指子公司大部分交易所采用的计价货币。[1] 如果功能货币是当地货币,子公司可以被认为是独立运营的,则它的财务报表项目要折算成美元。如果功能货币是美元,子公司可以看作仅仅是母公司的一个分支机构,则财务报表项目按照美元进行调整。大多数的外国子公司都是独立运营的,采用当地货币作为功能货币;因此,它们的财务报表项目要用折算法调整为美元。因此,本章讨论折算的处理方法。对于调整法将在以后的高级会计课程中介绍。

折算法

折算法涉及利用即期汇率将子公司财务报表的信息从以其功能货币表示的形式转换成以母公司的报告货币来表示。细节如下:

- 资产和负债按照资产负债表日的即期汇率折算。
- 利润表的项目按照年度的平均汇率折算。
- 股利按照股利宣告日的即期汇率折算。
- 股本按照历史汇率折算,也就是采用取得子公司时或股票发行时的即期汇率。
- 留存收益在第一年度采用历史汇率折算,但在以后的会计年度中,其计算时要将以前会计期间已经折算的报表中的数据进行调整,增加折算净收益,减去折算的股利。

复式记账会计对于国外子公司和美国公司的作用是相同的:当要进行试算平衡时,借方和贷方要相等。因此,由于折算的处理,按美元折算过的试算平衡表的借方一般不等于贷方。其差额就叫做折算调整,一般被确认为母公司股东权益的一部分。

为了说明折算的过程,我们看下面这个例子。2011 年 1 月 1 日 USA 公司以 50 000 瑞士法郎收购了 Swiss 公司。在收购日,即期汇率为 1 瑞士法郎兑换 0.25 美元,所以购买价款等于 12 500 美元。2011 年 12 月 31 日,我们得到了 Swiss 公司下面的试算平衡表。即期汇率是 0.28 美元,整个会计年度的平均汇率是 0.27 美元。股利宣告和发放时的汇率是 0.275 美元。

---

[1] *Statement of Financial Accounting Standards No. 52*, "Foreign Currency Translation" (Stamford, CT: Financial Accounting Standards Board, 1981), Appendix A.

现金	10 000 francs	应付账款	50 000 francs
应收账款	35 000	长期负债	80 000
存货	65 000	股本	30 000
设备	90 000	留存收益	20 000
销售成本	60 000	销售额	120 000
费用	30 000		
股利	10 000		
贷方合计	300 000 francs	借方合计	300 000 francs

如果 Swiss 公司所采用的功能货币是瑞士法郎,我们就需要将财务报表折算成以美元反映的,这样才能与 USA 公司的财务报表保持一致。正如前面所说的,即期汇率用来折算资产和负债,平均汇率用来折算利润表的相关项目。折算的过程如下:

2011 年 12 月 31 日	试算表(瑞士法郎)	汇率	试算表(美元)
现金	10 000	$0.28	$2 800
应收账款	35 000	0.28	9 800
存货	65 000	0.28	18 200
设备	90 000	0.28	25 200
销售成本	60 000	0.27	16 200
费用	30 000	0.27	8 100
股利	10 000	0.275	2 750
	300 000		$83 050
应付账款	50 000	$0.28	$14 000
长期负债	80 000	0.28	22 400
股本	30 000	0.25	7 500
留存收益	20 000	0.25	5 000
销售额	120 000	0.27	32 400
折算调整			1 750
	300 000		$83 050

我们发现,在试算表中的留存收益的数值是年初的留存收益额。我们知道,这是因为我们把留存收益和具体的收入、费用和股利账户都列在了同一张试算表上了。一旦账户结转完毕,期末留存收益余额被记录在账户中,收入、费用和股利账户的余额都为零。

补充

比较来看,调整法在转换像设备和土地这样的资产时使用历史汇率。在转换相关折旧费用时也使用历史汇率。

在这个例子中,Swiss 公司需在贷方增加 1 750 美元来使美元试算表平衡。这样的折算调整可以视为递延收益。USA 公司投资 50 000 法郎给 Swiss 公司,这时 1 法郎换 0.25 美元。到年末,每法郎换 0.28 美元,也就意味着美国公司将出现大约 1 500 美元[50 000 francs × ($0.28 - $0.25)]的收益。递延收益不等于 1 500 美元的原因是在年度中投资并不是一成不变的,而是依靠已经发生的交易(销售、费用和股利分配)来影响 USA 公司法郎投资的净数额。

第 22 章 国际会计

> **补充**
>
> 在调整法下,国外子公司美元试算表的调整差额要确认为一项外汇利得或损失,并在美国母公司的利润表中呈报。

Swiss 公司的财务报表上各项目的美元数额作为合并处理中的一部分加到 USA 公司的数额上来。另外,折算调整要作为一个独立的项目,视为累计其他综合收益的一部分反映在 USA 公司的权益部分。折算调整在确认时作为一项递延收益(或损失)而不是作为利润表中的收入和费用处理,因为外币收益的确认只能通过子公司所有的资产和负债的清算来实现。如果外国子公司是自负盈亏的,当其功能货币就是当地货币而且我们运用了折算法进行报表折算时,折算利得(或损失)做递延处理就显得更有意义,因为真正要实现将国外子公司进行清算并将净资产转换成美元形式的情况基本不可能实现。

开放式场景问题的答案

1. SEC 的 Form 20-F 为非美国公司报告净利润和此净利润在运用美国 GAAP 时出现差额情况的公司提供了调整方法。另外,公司还需要提供股东权益调整的信息。

2. 是的,美国公司可以制造"秘密储备"。细想下那些秘密储备其实就是多报的费用,这些储备可以留在以后年度来支撑利润。美国公司利用"秘密储备"的一个最好例子就是一项过大的重组项目费用。同样的,过度计提的坏账准备也可以视为一项"秘密储备"。

本章小结

1. 理解建立一套全球通用的会计准则的重要性及其潜在的影响力。

如果两个不同的公司采用不同的会计处理方法时,其财务比率的比较会让我们曲解报表。一直以来,这是存在于世界上不同国家之间的真实状况。会计准则的一个关键作用就是创建一套能让所有公司使用的统一规则,这样外部的使用者就能获得他们想要分析的财务报告,而且不同公司的财务报告之间可以比较。商业的全球化已经促使投资者、债权人和其他的股东需要越来越多的跨国界的财务报告比较,这样就越需要建立一套全球统一的准则。

2. 概述 IASB 的历史。

IASC(IASB 的前身)是由来自世界各地的注册会计师组织的成员组建而成,委员会的成员在其有空余时间的基础上来完成他们的工作。IASC 早期的准则是将世界各地的会计处理方法进行汇编,也许会推荐一些他们推崇的处理方法。为了使其准则能得到来自 IOSCO(一个类似于美国 SEC 的国际证券监督委员会组织)的承认,IASC 改进了其准则并制定了一套综合性的准则。2001 年,IASC 改组成 IASB,其组织成员是代表广泛贸易区的全职人员。2002 年,IASB 和 FASB 签订了 Norwalk 协议,致力于共同建立一套能被世界各国使用的高质量的会计准则。2008 年,SEC 列出了关于所有公开交易的美国公司采用 IASB 准则的时间表。

3. 阐述美国 GAAP 与 IFRS 之间的关键区别。

本书中几乎每章都包含了有关美国 GAAP 和 IFRS 的重要差异的比较。这些差异点的归纳已包含在学习目标 3 中。

4. 用外币折算方法将外币财务报表折算成美元报表。

一家国外子公司的功能货币是子公司部门交易所采用的货币。如果其功能货币是其当地货币,则该公司一般可以认为是独立经营的公司,其财务报表要通过折算法的处理转换成美元的报表。大多数美国公司的国外子公司财务报表是通过以下方法转换的:

- 资产和负债是按照资产负债表日的即期汇率来折算的。
- 利润表的项目是按照年度的平均交易汇率来折算的。
- 股利是按照股利宣告日的即期汇率折算的。
- 股本是按照历史汇率折算的,也就是采用取得子公司时或股票发行时的即期汇率。
- 留存收益在第一年度采用历史汇率折算,但在以后的会计年度中,计算时要将以前会计期间已经折算的报表中的数据进行调整,增加折算净收益,减去折算的股利。

折算调整是一项平衡性项目,其可以被理解为一项递延收益或损失,其来自于汇率的变化所导致的美国母公司对于子公司投资价值的变化。折算调整要确认为一个独立的项目,视为累计其他综合收益的一部分反映在美国公司的权益部分。

关键术语

功能货币 折算法
国际证券监督委员会组织(IOSCO) 折算调整
调整法

问题

1. 建立一套国际通用的财务会计准则的必要性是什么?
2. 在 IASC 成立初期其成员构成是怎样的?
3. 简要地描述早期的 IASC 准则的性质。
4. 在 20 世纪 90 年代,什么组织推动了 IASC 改进其准则的质量?
5. 简要叙述伴随 IASC 改名为 IASB 所产生的结构改变。
6. 什么是 Norwalk 协议?
7. SEC 2007 年宣布的与 IFRS 有关的历史性公告是什么?
8. 2008 年 8 月 27 日 SEC 宣布了什么?
9. 会计处理的差异对于财务比率的比较有什么影响?
10. 一家国外子公司的功能货币决定了其财务报表是采用调整法还是折算法。阐述在确定一家子公司功能货币时的基本要素。还有什么其他因素可以影响管理层对于子公司功能货币的判断?
11. 在折算财务报表时,对于资产和负债应采用什么汇率折算?对于普通股应采用什么汇率折算?对于利润表项目应采用什么汇率折算?
12. 在折算财务报表时,借方和贷方的差异称作什么?这种差异在资产负债表中的什么位置披露?

练习

[练习 22-1] 外币折算

LO4 美国的 Multi 公司在 2011 年 1 月 1 日成立了一家外国子公司,名叫 ForSub 公司。当地货币是克朗;子公司成立当天的汇率是每 2 克朗换 1 美元。美国 Multi 公司初始投资 6 000 美元。另外,其取得一项 8 000 克朗即价值 4 000 美元的当地贷款。ForSub 拥有以下资产:

	单位:克朗
现金	2 000
应付账款	4 000
存货	6 000
土地	8 000
总资产	20 000

2011 年间,ForSub 公司没有购买以上所列资产以外的经营项目。为 ForSub 公司编制一张 2011 年 12 月 31 日的美元折算资产负债表,假设当天的汇率是:(1) 4 克朗换 1 美元(2) 1 克朗换 1 美元(注意:不要忘记资产负债表的负债和权益部分)。

[练习 22-2] 外币折算

LO4 参看练习 22-1。现在假设 ForSub 公司在 2011 年度进行了以下经营项目而不是没有任何经营项目:

(a) 销售收入为 100 000 克朗。
(b) 费用总额为 90 000 克朗。
(c) 支付的股利为 2 000 克朗。

2011 年 12 月 31 日,资产负债表项目与 1 月 1 日的资产负债表不同,报表如下:

	单位:克朗
现金	3 000
应付账款	6 000
存货	11 000
土地	8 000
总资产	28 000

为 ForSub 公司编制一张 2011 年 12 月 31 日的美元折算资产负债表。同时编制一张 2011 年的利润表。假设汇率如下:

年终汇率	4.0
年平均汇率	3.0
股利发放日汇率	3.5

案例

[案例 22-3] 国际间的比率具有可比性吗?

随着世界经济贸易变得越来越复杂,财务分析面临的一个问题就是不同国家之间的财务比率是否具有可比性。比如,在一段时间中,日本公司的平均 P/E 比率在 60 左右,而美国公司的平均比率却在 15 和 20 之间。(在美国,如果 P/E 比率值超过 30 就被认为是相当高的。)这种巨大的差异是由两个国家经济和会计处理方法之间的差异所导致的。一个会计处理不同的例子是日本公司一般对于固定资产的折旧年限要比美国公司短很多。

除了会计处理方法的差异之外,在将美国公司的财务比率和日本、德国或英国公司的财务比率进行比较财务分析时还会遇到哪些挑战呢?

[案例 22-4]　采用美国 GAAP 准则报告的恐惧

假设你是一家德国大型企业的董事会成员。假设在 2008 年以前,那时 SEC 要求所有在美国挂牌的公司必须提供美国 GAAP 准则下的财务报告。多年以来,董事们一直在讨论公司在纽约证券交易所挂牌上市的可能性。公司的 CEO 已经和 SEC 交涉了几次,请求它允许公司在不需要将其报告利润和美国 GAAP 准则规定保持一致的情况下在纽约挂牌上市。但是,SEC 拒绝了其请求。结果,CEO 不得不宣告公司股票将不在纽约挂牌上市。

其实 CEO 们极力反对遵照美国 GAAP 准则来报告其净利润主要是因为采用这种做法将暴露出公司过去年度所进行的利润操纵。如果在过去你的公司已经多记了费用,这样便会产生大量的"秘密储备"。在过去的两年中,这些秘密储备被留存下来,会增加报告收益同时掩盖大量的经营损失。

如果经营损失被前面的处理方法所掩盖的话,你将会担心公司的长期存续能力。明天将召开董事会,其中的一个议题是有关在纽约证券交易所上市的问题。你应该提出哪些观点和建议呢?

[案例 22-5]　解析财务报表(沃特·迪士尼公司)

从网上下载沃特·迪士尼公司的 2007 年财务报表。

当你下载了它的财务报表之后,考虑以下问题:根据迪士尼公司的外币折算调整,推断迪士尼子公司所在国家的货币(相对于美元来说)在 2007 年是坚挺的还是疲软的。

[案例 22-6]　研究会计准则

为了帮助你熟悉会计准则,本例将带你进入 FASB 的网站并让你接触到各种出版物。通过网址 http://www.fasb.org 进入 FASB 的网站。点击"Pronoucements & EITF Abstracts"。

在本节中,我们在各种事例中讨论了外币财务报表的折算问题。本例中,我们将使用 *SFAS No. 52*,"外币折算"。打开 *SFAS No. 52*。

1. 第 4 段和 15 段讨论了外币报表折算和外币处理的差异。请简要说明它们的差异。

2. 第 12 段指明了在进行外币财务报表折算时应采用的汇率。资产负债表项目应该使用什么汇率折算?利润表项目应使用什么汇率折算?

第23章 财务报表分析

> **学习目标**
> 1. 运用百分比财务报表和杜邦分析框架进行系统性的财务比率分析。
> 2. 确认不同的会计处理方法对实质上完全相同的公司财务比率的潜在影响。
> 3. 运用财务报表数据对一家公司进行简单的估值。

家得宝(Home Depot)是自助家居设计市场的领导零售商。截至2008年2月3日,家得宝在美国、加拿大、中国和墨西哥总共有2 193家分店。另外,这家公司有34个博览会设计中心。每家分店平均占地105 000平方英尺(并且在室外花园中心额外有23 000平方英尺),这样它们就有大量的货架空间来摆满油漆、木材、五金和卫浴设备。如果你对卫浴设备不感兴趣,你可以考虑这个:家得宝在美国大公司中排行第60名(按市值排名),其2008年的市场价值是448亿美元。① 还有,如果木材和五金在这个高科技的世界被认为是落后的,我们可以想想在过去的25年中,家得宝公司每年的平均营业收入增长率为29.6%,和飞速发展的微软同期年收入增长率32.8%很接近。在2007年度,家得宝的销售额达到了773亿美元。②

家得宝公司的前景并不是一直这么美好的。追溯到1985年,那时它的销售额仅有7亿美元,公司经历了严峻的盈利问题,而且这威胁到家得宝公司在初创期的继续经营。比如,家得宝公司的毛利率(毛利润/销售额)已经从27.3%降到25.9%。这1.4%的减少看上去也许不是很多,但是如果你计算一下:在7亿美元的销售额的情况下,会减少980万美元(7亿×0.014)的毛利润同时导致总经营利润下降34%。总的来说,家得宝公司1985年的净利润只有820万美元,比上年减少42%。

家得宝公司同时也经历了一次现金流量困境,其主要是由存货水平的快速上升所导致的。其中部分存货的增加是伴随着家得宝公司的扩张而产生的。但是,家得宝的商场从一开始就有大量的超额存货,这主要是由松懈的存货管理所导致的。1983年,家得宝商场的平均存货能维持大概75天的销售。到了1985年,其存货水平上升到能维持83天的销售,加上家得宝公司的高速增长,这样的存货无效率使1985年公司的总存货上升到6 900万美元,而且存货这样的增长导致了4 300万美元的负经营现金流。受利润下降和负现金流的影响,家得宝的股票价值在1985年急剧下降。到1986年年初,家得宝不得不考虑为其激进

---

① 2008年福布斯全球2000强排行榜。见福布斯网站,网址是:http://www.forbes.com。
② 2008年家得宝股份有限公司公开披露的10-K报告。

的扩张计划寻找投资者和债权人来融资。

然而,在1986年,家得宝经过了一次难以置信的翻身。毛利率回到了27.5%,经营收入几乎是1985年的3倍,净利润从820万美元上升到了2390万美元。公司配置了计算机存货管理系统,存货水平降到了能维持80天销售的水平。增加了的盈利能力和更有效的存货管理,使得1985年的-4300万美元的经营现金流量变成了1986年的6600万美元的经营现金流量。家得宝还使用一项聪明的售后租回安排来使得其资产负债表上的债务减少了3200万美元。①

问题:

1. A公司的销售额是1 000美元,毛利率是20%,如果要使其毛利率从20%增长到23%,则其毛利润需要增加多少?
2. 家得宝公司1985年的-4 300万美元经营现金流主要是由什么原因引起的?
3. 家得宝公司的经营现金流从1985年到1986年增加了多少?

问题的答案可以在第525页找到。

家得宝公司的例子说明了怎样利用财务报表的信息来评价一家公司的健康状况和鉴别出需要改进的地方。本书的最后一章将包括财务报表分析,并对保证所编制财务报表有用性的相关原则进行巩固。本章将总结在本书中出现的相关财务比率,并整理出一个清晰的框架用以系统地分析比率。本章还要说明不同的会计假设是怎样影响财务比率的价值的。最后,通过简要介绍如何运用财务报表数据对一家公司进行估值来总结全章。

财务报表分析框架

1 运用百分比财务报表和杜邦分析框架进行系统性的财务比率分析。

WHY 财务报告重在使用。通过一套结构性的方法比单纯计算一堆混乱的财务比率更能从财务报告中获得有效的信息。

HOW 百分比财务报表分析法是将财务报表中的总数作为100%并将各项目分别换算为百分比来进行估算的。杜邦分析框架将权益报酬率(ROE)分解为三个方面:盈利性、效率和杠杆。在和历史价值或同行业其他公司的价值相比较时,财务比率的信息含量被大大增加了。

财务报表分析是对财务报表中数据之间关系的分析,同时也是对这些数据在过去期间的趋势的分析。财务报表分析的一个目的是运用公司过去的运营情况预测其未来的盈利能力和现金流量。财务报表分析的另一个目的是通过对有问题的领域进行识别以评价公司的运营情况。例如,家得宝公司1985年的数据表明其有严重的存货管理问题从而大量减少了经营活动现金流量。家得宝公司的管理层运用这个信息改进存货管理制度,而其投资者和债权人就运用该信息预测公司以后年度的经营活动现金流量。综上所述,财务报表分析就是包括诊断、鉴别公司的问题和预测公司未来的运营表现。

很多信息只有在其能够与既定的标准进行比较的时候才有意义。例如,如果你问你的

---

① 家得宝公司1985年的困境被收录为哈佛商学院的一个著名案例:Krishna Palepu教授,"家得宝有限公司",哈佛商学院,9-188-148。

朋友感觉如何,而她回答"42",你将会很难理解她的意思。然而,如果你知道她昨天感觉48而你所知道的快乐的人是介于39和41之间,你就可以合理地推断你的朋友昨天并不快乐但是今天感觉比昨天好多了。同样的,财务比率的信息含量也只有在和历史数据或者和同行业中的其他公司进行比较时才会大大增加。

为了提高使用者按时间序列进行对比的能力,SEC 要求提供比较财务报表。例如,在年度报表中必须包括三年的利润表和现金流量表,资产负债表要提供两年的数据。这些只是最低标准。许多公司在其年度报告中提供了10年的比较数据。

补充

财务信息几乎经常和以前年度的报告信息进行比较。例如,家得宝公司在2008年5月20日公开宣告其第一季度的销售额为179亿美元,同时也表明该销售额与其前一年相比下降了3.4%。

行业比较可以通过与行业内代表性公司的财务报表进行比较或将一家公司的相关比率与行业平均值进行比较。本书很多表格中的数据都是从COMPUSTAT数据库中提取出来的,这个数据库可以作为行业数据的来源。其他可以作为行业比率标准的著名商业资源包括价值线指数和邓白氏(公司)。

APB 认为财务报表比较具有信息含量和有用性的条件如下:①

1. 财务报告应按标准格式陈述,也就是报表的布局应保持相同。
2. 报表的内容保持一致,也就是来自相同的会计记录的项目应该归在相同的项目下。
3. 会计政策不可以随意变更,如果变更了,变更导致的财务影响应该披露。
4. 对于环境的改变及潜在交易的实质要进行披露。

如果没有满足前面所说的几个关键点,财务报表的比较将会在某种程度上起误导作用。保持会计处理和程序的一贯性是很重要的,尤其是在我们对同一家公司进行财务比较分析的时候。会计处理的差异对于财务比率比较的潜在影响将会在这章的下一节中进行阐述。

注意

本章只是简单地介绍了财务报表分析。想了解更多相关知识可以参看 Palepu and Healy, *Business Analysis and Valuation: Using Financial Statements, Text and Cases*, South-Western, Mason, Ohio, 2008 Fourth Edition。

财务报表分析有时会被错误地认为仅仅是对一大堆财务比率的计算:用每一个财务报表数字除以其他的一些数字。这样的分析方法对于分析一套财务报表来说是无效率的而且并没有什么用处。而且这样的分析方法很难得出一些实质性的结论。本章的这一节将介绍杜邦分析的框架,这对于构建财务比率分析来说会是一种有用的方法。另外,本节解释了百分比财务报表法的应用,这种方法简单实用,是进行财务报表综合分析的第一步。

---

① Statement of the Accounting Principles Board No. 4, "Basic Concepts and Accounting Principles Underlying Financial Statements of Business Enterprises" (New York: American Institute of Certified Public Accountants, 1970), pars. 95—99.

百分比财务报表分析法

在对比较财务数据进行分析时,我们首先遇到的问题就是各数据的大小一般是不同的。如果一家公司的销售额今年比去年大,其现在是一个更大的公司,那么其今年费用和资产的数据和去年同期的水平比就没有意义。另外,如果一家公司在其行业中是中等规模的,那么其财务报表怎样能和行业的更大企业相比呢?解决这个可比性问题的最简单快捷的方法就是用一个特定年份的财务报表数据除以当年的销售额。最后得出的财务报表就叫做百分比财务报表,对于特定年份的所有数据都是通过当年销售额的一个百分比来反映的。

表 23-1 是一个假想的 Colesville 公司百分比利润表的案例。为了说明百分比利润表的有用性,请考虑下 Colesville 公司 2011 年的毛利润是不是太低了。相对于 2009 年 1 280 000 美元的销售毛利润来说,2011 年 1 700 000 美元的毛利润看上去很好。但是,2011 年的销售额要比 2009 年的高,所以这两年的毛利润的绝对数字是不具有可比性的。但如果我们看百分比报表上的数据,我们可以看出 2009 年的毛利润是销售额的 33.7%,2011 年只有 29.8%。百分比数据揭示了一些我们通过原始数据不能看到的信息:2009 年,1 美元的单位销售额平均能赚取 33.7 美分的毛利润;2011 年一美元的销售额平均只能赚取 29.8 美分的毛利润。这是好还是坏呢?2011 年 Colesville 公司从每一美元的销售额中赚到的毛利润要比 2009 年少,所以这并不是好消息。好消息是,2011 年的毛利率相对于 2010 年的 27.3% 来说有所提高。

表 23-1 百分比利润表

	Colesville 公司截至 每年 12 月 31 日的利润表比较					
	2011 年	百分比(%)	2010 年	百分比(%)	2009 年	百分比(%)
净销售额	$5 700 000	100.0	$6 600 000	100.0	$3 800 000	100.0
销售成本	4 000 000	70.2	4 800 000	72.7	2 520 000	66.3
销售毛利润	$1 700 000	29.8	$1 800 000	27.3	$1 280 000	33.7
销售费用	$1 120 000	19.6	$1 200 000	18.2	$ 960 000	25.3
日常开支	400 000	7.0	440 000	6.7	400 000	10.5
总营运费用	$1 520 000	26.6	$1 640 000	24.9	$1 360 000	35.8
经营利润(亏损)	$ 180 000	3.2	$ 160 000	2.4	$ (80 000)	(2.1)
其他收入(费用)	$ 80 000	1.4	130 000	2.0	160 000	4.2
税前收入	$ 260 000	4.6	$ 290 000	4.4	$ 80 000	2.1
所得税	80 000	1.4	85 000	1.3	20 000	0.5
净利润	$ 180 000	3.2	$ 205 000	3.1	$ 60 000	1.6

比率计算中的数值根据四舍五入进行了细微的调整。

对于利润表中的任何一个项目都可以像这样进行分析。2011 年,最底下的销售净利率是 3.2%,而 2009 年仅为 1.6%。为什么 2009 年的毛利率相对较好而其净利率却较差呢?答案就在对于剩下的利润表项目的分析中。2009 年总经营费用占总销售额的百分比是 35.8%,而 2011 年只有 26.6%。对于一个百分比利润表,表中的任何一个项目都可以通过这样的方法计算出来,从而能比单纯看利润表中的数据获得更多有价值的信息。

对于 Colesville 公司的百分比利润表的完整分析还需要将其与行业平均数进行对比。假设 Colesville 公司所在行业的平均毛利率为 31.5%，结合前面讨论的一些信息，我们可以看出 Colesville 公司 2009 年比行业整体情况好，而在 2010 年遇到了严重的毛利润问题，在 2011 年略有好转。

在这里，你应该要告诉自己：是的，但是对 Colesville 公司 2009 年以来的毛利率下降有何准确解释呢？Colesville 公司如何能减少营运成本呢？这些问题其实体现了财务报表分析的有用性和局限性。我们对于 Colesville 公司利润表的分析指出了两个方面的问题，也就是 Colesville 公司在过去两年中利润表数据发生了巨大的变化，但是找出为什么这些财务报表数据会变化的唯一方法就是结合来自财务报表以外的信息：询问管理者，查阅过去发布的信息，和关注这个公司的财务分析师交谈，或者读读行业新闻。总之，财务报表分析也许不能给你所有问题的最终答案，但是它可以指引你找出问题。

百分比资产负债表同样也是通过各项目占年销售额的百分比来列示。为了便于说明，表 23-2 列出了 Colesville 公司的百分比资产负债表，表中的每一项均通过数值和百分比来表述。

表 23-2　百分比资产负债表

Colesville 公司截至
每年 12 月 31 日的资产负债表比较

	2011 年	百分比（%）	2010 年	百分比（%）	2009 年	百分比（%）
资产						
流动资产	$ 855 000	15.0	$ 955 500	14.5	$ 673 500	17.7
土地、建筑物及设备（净额）	1 275 000	22.4	1 075 000	16.3	925 000	24.4
无形资产	100 000	1.8	100 000	1.5	100 000	2.6
其他资产	48 000	0.8	60 500	0.9	61 500	1.6
总资产	$2 278 000	40.0	$2 191 000	33.2	$1 760 000	46.3
负债和股东权益						
流动负债	$ 410 000	7.2	$ 501 000	7.6	$ 130 000	3.4
非流动负债	400 000	7.0	600 000	9.1	400 000	10.5
总负债	$ 810 000	14.2	$1 101 000	16.7	$ 530 000	13.9
实收资本	$1 100 000	19.3	$ 800 000	12.1	$1 000 000	26.3
留存收益	368 000	6.5	290 000	4.4	230 000	6.1
股东权益总额	$1 468 000	25.8	$1 090 000	16.5	$1 230 000	32.4
负债和股东权益总额	$2 278 000	40	$2 191 000	33.2	$1 760 000	46.3

比率计算中的数值根据四舍五入进行了细微的调整。

补充

百分比资产负债比也可以用总资产而非总销售额去标准化报表中每个项目的数据。如果这样做的话，资产百分比会是公司资产配置的一个指示器。

百分比资产负债表中最有信息含量的部分是资产部分，它可以用来判断一家公司资产的使用效率。例如，比较 Colesville 公司 2010 年和 2011 年的总资产，Colesville 公司 2011 年拥有总资产 2 278 000 美元，相对于 2010 年 2 191 000 美元的总资产来说，Colesville 公司的资产管理更有效么?比较原始数据不能得到清晰的答案,因为 Colesville 公司在这两年中的销售额是不一样的。从百分比资产负债表能看出 2010 年 1 美元的销售额需要 33.2 美分的资产,而 2011 年 1 美元的销售额需要 40 美分的资产。因此,Colesville 公司哪一年的资产带来销售的能力更强?在 2010 年每 1 美元的销售额需要更少的资产。如果对资产中的个别项目进行分析,我们可以发现 2011 年资产使用效率低的主要原因在土地、建筑和设备上:2010 年 1 美元的销售额仅需要 16.3 美分的土地、建筑和设备,而 2011 年却需要 22.4 美分。

杜邦分析框架

像在《中级会计学:基础篇》第 3 章中讨论的那样,权益报酬率(净利润/权益)是描述企业财务健康状况的单一指标。权益报酬率可以解释为投资者投入公司的 1 美元在一年中其能挣到的净利润值。权益报酬率(ROE)作为一种粗糙的评价方式,如果其持续高于 15% 则标志着公司运营情况良好,如果 ROE 持续低于 15% 则标志着公司运营有问题。Colesville 公司 2011 年和 2010 年的权益报酬率计算如下:

	2011 年	2010 年
净利润	$ 180 000	$ 205 000
股东权益	$1 468 000	$1 090 000
权益报酬率	12.3%	18.8%

因此,我们如何评价 Colesville 公司 2011 年的整体运营情况呢?如果相对于 15% 的 ROE 指标来说的话,其是很差的,相对 2010 年的 18.8% 来说也是差的。我们如何确定 2011 年经营差的准确原因呢?这便是我们这部分将要讲的。

杜邦分析框架(因是杜邦公司内部在 1920 年左右发展出来的系统性的比率分析而得名)提供了一套系统的方法来分析导致 ROE 偏离正常水平的一般因素。杜邦分析体系也提供了一个能更深层次分析公司强弱势领域的财务比率计算框架。杜邦分析框架认为 ROE 可以被分解为下面表 23-3 中列出的三个部分。

表 23-3　利用杜邦分析体系分析 ROE

权益报酬率	=	盈利能力	×	效率	×	杠杆
	=	销售利润率	×	资产周转率	×	权益乘数
	=	净利润/销售收入	×	销售收入/资产	×	资产/权益

对于 ROE 的每个组成部分——盈利能力、效率和杠杆——一个比率就概括了一家公司在某个方面的情况。这些比率如下:

- 销售利润率是通过净利润除以销售收入计算出来的,被认为是每 1 美元销售收入产生的利润数量。
- 资产周转率是通过销售收入除以资产总额计算出来的,被认为是每 1 美元资产产生的收入数量。
- 权益乘数是通过资产除以所有者权益计算出来的,被认为是每 1 美元股东投入所能获得的资产数量。

运用杜邦分析方法对 Colesville 公司 2011 年和 2010 年的 ROE 进行分析的过程如下:

权益报酬率	=	净利润/销售收入	×	销售收入/资产	×	资产/权益
2011 12.3%	=	$\dfrac{\$180\,000}{\$5\,700\,000}$	×	$\dfrac{\$5\,700\,000}{\$2\,278\,000}$	×	$\dfrac{\$2\,278\,000}{\$1\,468\,000}$
	=	3.16%	×	2.50	×	1.55
2010 18.8%	=	$\dfrac{\$205\,000}{\$6\,600\,000}$	×	$\dfrac{\$6\,600\,000}{\$2\,191\,000}$	×	$\dfrac{\$2\,191\,000}{\$1\,090\,000}$
	=	3.11%	×	3.01	×	2.01

杜邦分析的结果显示,Colesville公司2011年的ROE相对要低些,这并不是因为销售的盈利能力下降,而是因为:

1. 2011年,资产在产生销售额上的效率不高,2010年1美元的资产能带来3.01美元的销售额,而在2011年仅有2.5美元的销售额。

2. 2011年,Colesville公司在使用股权投资杠杆上并不是很有效。2010年,Colesville公司能通过借款使1美元的投资资金变为2.01美元的资产,要比2011年的1.55美元多很多。

这个简单的杜邦分析只是一套完整的比率分析的起点。如果杜邦分析提出了ROE三个组成部分中任何一个部分的问题,那么在该部分的进一步的比率分析能清楚地揭示问题的所在。接着将选取一些比率进行介绍。这些比率中很多已在前面章节中提及过。

盈利比率 如果杜邦分析的计算已经指出了Colesville公司在2011年有盈利方面的问题,我们可以运用百分比分析法来找出引起该问题的费用。我们回到前面表23-1的百分比利润表,2011年的销货成本比率要比2010年的低(70.2%和72.7%)。但这点优势却因2011年更高的销售费用(19.6%和18.2%)和更高的日常开支(7.0%和6.7%)而被抵销了一部分。概括来说,销售利润率能体现出一家公司每1美元的销售额的盈利能力是否有问题;百分比报表能够被用来准确地找出引起问题的费用项目。

效率比率 资产周转率表明了Colesville公司在2011年运用其资产创造销售额的效率要比2010年低。哪项资产引起了这个问题呢?我们探索这个问题答案的快捷方式就是回顾表23-2的百分比资产负债表。百分比资产负债表表明2011年Colesville公司比2010年土地、建筑和设备占销售额的百分比更大(2011年22.4%,2010年16.3%),也就说明了Colesville公司在2011年利用土地、建筑和设备的效率要低些。如果每一项流动资产都列示在资产负债表中的话(表23-2的资产负债表只列示了流动资产总额),我们就可以通过相同的方法对于每一项流动资产账户进行分析。

除了百分比资产负债表,人们还研究出一些特殊的财务比率来检测一个企业是否持有过多或过少的特定资产。下面我们将讨论这些比率中的一些最常见的比率。下文中很多计算运用到的具体资产项目在表23-2的Colesville公司资产负债简表中并没有列示。

应收账款周转率。应收账款的数额往往和一个企业的赊销数额紧密相关。我们可以通过计算应收账款周转率来计算较合适的应收账款水平。我们可以用销售额除以年度应收账款平均余额来计算。在这里我们运用销售额主要是因为企业一般不会单独披露赊销额是多少。Colesville公司2010年和2011年的应收账款周转率计算过程如下:

	2011 年	2010 年
销售额	$5 700 000	$6 600 000
净应收数：		
年初	$ 375 000	$ 333 500
年末	$ 420 000	$ 375 000
平均应收数		
[（年初数＋年末数）/2]	$ 397 500	$ 354 250
应收账款周转率	14.3 次	18.6 次

应收账款周转率反映了一个企业这一年中销售/收款循环的平均次数。周转率越高，企业应收账款的回收速度越快。上面的数据反映了 Colesville 公司应收账款的回收速度在 2010 年（18.6 次）要比 2011 年（14.3 次）快。

> **注意**
>
> 如果销售具有季节性，那么年末应收账款的数额通常偏大（如果许多销售发生在年末）或者偏小（如果年末正好处于销售淡季）。年末和年初的应收账款平均数并不能正确地反映出有季节性的销售情况，因为有淡季或旺季同时发生在年末和年初的情况。如果我们能取得季度数据的话，那季度销售额的平均值就能更好地反映季节性销售的情况。

我们在计算时通常要使用平均应收账款数额，因为我们需要将全年的销售额和全年未偿付的应收账款平均水平进行对比分析。年末的应收账款数额并不能很好地反映企业这一年的应收账款水平。例如，如果一个企业在这一年里发展得特别快，其应收账款期末的数额要比全年应收账款的平均余额要大很多。如果企业这一年里经营状况下滑则情况将会相反。运用应收账款平均余额是为了调整企业年度内规模变化所带来的影响。我们在使用其他运用年末资产负债表数据同销售额或年度内成本发生额进行比较的比率时也会进行类似的调整。

平均收账期。平均应收账款通常用平均收账期来反映，也就是收回账款平均所需要的时间。平均收账期等于未偿付的平均应收账款除以平均日销售额。下面我们用 Colesville 公司的计算过程来说明。

	2011 年	2010 年
平均应收账款	$ 397 500	$ 354 250
销售额	$5 700 000	$6 600 000
平均日销售额（销售额/365）	$ 15 616	$ 18 082
平均回收期（平均应收账款/平均日销售额）	25.5 天	19.6 天

我们同样可以运用一年的天数除以应收账款周转率来计算。

合理的平均收账期会因企业不同而有所不同。例如，如果给顾客的赊销期限是 60 天，那么平均收账期为 40 天还是比较合理的。但如果顾客应该在 30 天内付款，那么 40 天的平均收账期就会预示着应收账款回收很慢。

存货周转率。存货的规模和销售额的大小紧密相关。我们可以通过计算存货周转率来估计库存水平和合适的库存规模。存货周转率等于销售成本除以平均存货水平。Colesville 公司的存货周转率计算如下：

	2011 年	2010 年
销售成本	$4 000 000	$4 800 000
存货		
年初	$ 330 000	$ 125 000
年末	$ 225 000	$ 330 000
平均应收账款余额		
{(年初数+年末数)/2}	$ 277 500	$ 227 500
存货周转率	14.4 次	21.1 次

在计算存货周转率的时候通常用销售额替代销售成本。这样计算并不是完全准确，因为销售数额是一个零售数额，而销售成本和存货都是批发数额。然而，人们在计算比率的时候总是随意选取自己喜欢的方式去计算它。最关键的是应采用同样的计算方式然后和采用同样方式计算的数值进行比较。

> **注意**
>
> 慎重使用别人计算出来的或来自公开资源的一些比率数据。因为你必须要弄清楚这些比率是通过什么公式计算出来的。

存货周转天数。平均存货水平有时可以用存货周转天数来反映，也就是运用存货周转一次所需要的平均时间来反映。存货周转天数可以通过平均存货除以平均日销售成本来计算。当然我们也可以用一年的天数除以存货周转率来计算。下面用第二种方法计算 Colesville 公司的存货周转天数。

	2011 年	2010 年
年存货周转率	14.4 次	21.1 次
存货周转天数	25.3 天	17.3 天
（365/存货周转率）		

Colesville 公司 2011 年保持了 25 天的存货供给而 2010 年只有 17 天的存货供给。2011 年的存货水平过高么？其实一家公司持有存货、应收账款、现金和其他所有的资产的关键问题是其应保持合适的量而不能过多。例如，2010 年 17 天的存货供给水平也许太低了，容易使 Colesville 公司面临存货短缺风险。就像我们前面所提到的，要得出一个有意义的结论需要我们把这些数据和行业的标准进行对比，这样才能找出 Colesville 公司的正常存货水平。

> **思考**
>
> 也许你过去听说过 just-in-time（准时制）存货管理系统。那么 just-in-time 制度对存货周转天数有何影响呢？
> a）使之增加
> b）使之减少
> c）使之保持不变

固定资产周转率。除了分析单个流动资产的水平，比率分析还可以用来确定长期资产的持有水平是否合适。像我们前面所提到的，百分比资产负债表说明了 Colesville 公司在 2011 年比 2010 年拥有明显增多的土地、建筑和设备，其占销售额的 22.4%，而

2010 年仅为 16.3%。如果我们换一种方式来表达这个信息的话，我们可以用固定资产周转率。固定资产周转率是通过销售额除以平均长期资产，也就是每 1 美元的固定资产投资能带来的销售额。Colesville 公司的计算过程如下：

	2011 年	2010 年
销售额	$5 700 000	$6 600 000
土地、建筑和设备		
年初	$1 075 000	$ 925 000
年末	$1 275 000	$1 075 000
平均固定资产		
[（年初数 + 年末数）/2]	$1 175 000	$1 000 000
固定资产周转率	4.85 次	6.60 次

像百分比资产负债表里所说的，Colesville 公司在 2011 年运用固定资产挣得销售额的效率要比 2010 年低很多。

其他的经营活动衡量方法。前面所说的那些效率比率并不是衡量一个企业运用资源的效率的仅有比率。例如，在家得宝公司 2008 年的年度报告中，它每家店的平均周销售额是 658 000 美元，平均每平方英尺的存储空间产生的年销售额是 332 美元。学习这些比率的关键是要懂得对于能计算出来的比率并没有规定的限制，使用者和管理者能够自由地计算和使用任何一个他们觉得能增加其对公司了解的比率。

利润率和周转率。盈利能力和效率结合在一起就能决定一家公司的资产收益率。资产收益率是净利润除以总资产，也就是每 1 美元的资产所能带来的净利润的数额。资产收益率会受每 1 美元销售额中的利润数和资产带来利润的效率的影响。Colesville 公司的资产收益率计算过程如下：

	2011 年	2010 年
净利润	$ 180 000	$ 205 000
总资产		
年初	$2 191 000	$1 760 000
年末	$2 278 000	$2 191 000
平均总资产		
[（年初数 + 年末数）/2]	$2 234 500	$1 975 500
资产收益率	8.1%	10.4%

虽然 Colesville 公司用销售利润率表示的盈利能力在 2011 年和 2010 年基本差不多，但 2010 年的资产收益率要高很多，这主要是因为当年 Colesville 公司在利用资产方面的效率更高。

每 1 美元销售额的盈利能力通常被称作一家公司的利润率。

> **补充**
>
> Thomas Selling 和 Clyde Stickney 曾经探讨过上面所说的利润率和周转率之间的权衡。他们指出，那些高固定成本投入和高行业进入壁垒的产业，一般资产周转率较低而利润率比较高。而那些有着较低的固定成本和商品的产业，比如制造业，具有较高的资产周转率和较低的利润率。参看 *Financial Analysis Journal* (January – February 1989)，p.43。

资产能带来销售额的水平通常被称作周转率。有一些行业,像超市等,通常利润率较低但周转率很高。其他的一些像珠宝行业,其利润率很高但周转率很低。但我们要记住的重要一点是那些低利润率的企业如果其周转率较高的话,也能取得较为可观的资产收益率水平。表 23-4 中选取的美国一些公司的数据能很好地说明这点。我们可以发现它们的销售利润率相差很大,从 Safeway 公司的 2.1% 到微软公司的 27.5%。同样的,我们可以发现它们的资产收益率之间差异跨度并不大。如果你不考虑像微软公司那样 22.3% 的超常资产收益率,剩下的公司其资产收益率数值在 5.0% 到 9.9% 之间。那些销售利润率较高的公司(微软和麦当劳)资产周转率都比较低,而那些低销售利润率的公司(家得宝、Safeway 和沃尔玛)周转率较高。利润并不是一切,当然周转率也是如此,重要的是看把它们相互结合的资产收益率。

表 23-4 美国部分公司 2007 年销售利润率和资产周转率情况

公司	销售利润率	资产周转率	资产收益率
微软	27.5%	0.81	22.3%
家得宝	5.7%	1.75	9.9%
麦当劳	10.5%	0.78	8.1%
Safeway	2.1%	2.40	5.0%
沃尔玛	3.4%	2.29	7.8%

杠杆比率 杠杆比率主要反映一家公司运用他人的钱来购买资产的程度。杠杆就是借款使一家公司能够购买到比用投资者投入的那些钱所能购买到的更多资产。Colesville 公司 2010 年和 2011 年的资产权益比率表明了其 2010 年的杠杆更高。以下链条反映了用高杠杆来增加权益收益率的途径。

- 更多的借款意味着在不需要股东增加投资的情况下购买更多的资产。
- 更多的资产意味着能获得更多的销售收入。
- 更多的收入意味着净利润的增加。

现在很多投资者倾向于在不增加自己投资的情况下通过高杠杆来扩大公司的规模,而债权人希望较低的杠杆来增加其债务的安全性。目前公司财务领域正在处理调和这两种相反的利益倾向并试图为公司找出最佳的资本结构。一般地,美国大部分大公司一般在购买资产时会用一半借款。

下面介绍两个常见的杠杆比率,负债比率和权益负债率。

负债比率。负债比率通过负债总额除以资产总额计算,也可以看作一个企业中债务资金占总资金的比率。Colesville 公司 2010 年和 2011 年的负债比率计算如下:

	2011 年	2010 年
负债总额	$ 810 000	$1 101 000
资产总额	$2 278 000	$2 191 000
负债比率	35.6%	50.3%

权益负债率。衡量杠杆水平的另一个方法就是计算权益负债率,其是通过负债总额除以权益总额计算出来的。Colesville 公司的权益负债率计算如下:

	2011 年	2010 年
负债总额	$ 810 000	$1 101 000
股东权益	$1 468 000	$1 090 000
负债比率	0.55	1.01

权益乘数通常会在杜邦分析体系中使用,负债比率和权益负债率衡量着同样的东西,也就是公司融资形成的资金(借款和投资)中负债资金的规模水平。如上所述,在分析一家公司的时候我们最重要的还是要通过比较比率来分析。使用负债比率还是权益负债率都没有关系,关键是要确保不能把一家公司的负债比率和另一家公司的权益负债率进行比较。

> **思考**
>
> Z 公司的杠杆乘数是 2.5。那它的负债比率和权益负债率是多少呢?
> a) 负债比率 = 0.60;权益负债率 = 1.50
> b) 负债比率 = 0.40;权益负债率 = 0.60
> c) 负债比率 = 0.60;权益负债率 = 1.00
> d) 负债比率 = 1.50;权益负债率 = 0.60

为了说明财务杠杆对股东的影响,假设 A 公司的股东权益为 500 000 美元,没有负债。该公司估计其在没有负债资金的情况下其所得税前利润是 80 000 美元。所得税税率估计为利润的 30%;因此其净利润估计为 56 000 美元 [$80 000 - (0.30 × $80 000)]。这样其权益报酬率为 11.2% ($56 000/ $500 000)。

表 23-5 介绍了额外增加利率为 12% 的 100 万美元负债所产生的影响。假设 1:100 万美元资产的增加获得的税前资产收益率为 15%,比借来资金的成本要高很多;假设 2:增加的资产挣取的税前资产收益率为 5%,比借来资金的成本要低很多。在第一种情况下,由于公司能运用这增加的 100 万美元挣得比支付使用这笔钱的费用更高的回报,权益报酬率从 11.2% 增加到 15.4%。实际上,股东将其能从这笔资产上获得的收益和其必须支付给借款人的借款费用分离开了。另一方面,在第二种情况下我们就能看到财务杠杆的风险,其权益报酬率从 11.2% 降到了 1.4%。

表 23-5 财务杠杆的积极作用和消极作用

	假设 1:借入资金赚取 15%	假设 2:借入资金赚取 5%
息税前利润:		
无负债资金	$ 80 000	$ 80 000
负债 1 000 000 美元	150 000	50 000
	$230 000	$130 000
利息(12% × $1 000 000)	120 000	120 000
税前利润	$110 000	$ 10 000
所得税(30%)	33 000	3 000
净利润	$ 77 000	$ 7 000
股东权益	$500 000	$500 000
权益报酬率	15.4%	1.4%

利息保障倍数。结合盈利能力分析一个企业的债务状况的指标是利息保障倍数。利

息保障倍数的计算是息税前利润除以期间利息费用。计算结果能反映公司支付利息的能力和债权人的债务安全程度。Colesville 公司的利息保障倍数计算如下：

	2011 年	2010 年
所得税前利润	$260 000	$290 000
加利息：长期负债的 10%		
$400 000 × 0.10	40 000	
$600 000 × 0.10		60 000
息税前利润	$300 000	$350 000
利息保障倍数	7.5 倍	5.8 倍

这里我们在计算的时候使用税前利润，主要是因为所得税是在扣除利息之后再计算的，只有税前利润才能保障债权人的利益。利息保障倍数暗示了 Colesville 公司的债权人在 2011 年要更加高兴，因为息税前利润已经超过他们要求的利息 7.5 倍，这样其债权比 2010 年要安全多了。然而，这样高的利息保障倍数也许暗含着 Colesville 公司在 2011 年并没有很好地利用其投资资本的杠杆作用。此外，合理的利息保障倍数水平代表了投资者运用其投资进行杠杆活动和债权人考虑其债款收回的安全性两方面的权衡。

有一个和利息保障倍数相似的但有些笼统的估算指标——固定费用保障倍数。固定费用包括像债券和票据的利息支付义务、租赁费用和其他任何相关的债务承诺。固定费用保障倍数的计算通常是将固定费用和税前利润相加再除以固定费用。

其他常见的比率

并不是所有的常用比率都属于杜邦分析框架。像衡量流动性、现金流量、股利支付和股票价格表现等都不在其范围之内。

流动比率。任何一家公司都必须要考虑的重要事项就是其流动性，或者是其应对当前支付义务的能力。如果一家公司不能应对其短期支付义务，那其也将难以长久发展。人们衡量流动性的最常用指标就是流动比率。流动比率是通过流动资产总额除以流动负债总额来计算的。Colesville 公司 2010 年 12 月 31 日和 2011 年 12 月 31 日的流动比率计算过程如下：

	2011 年	2010 年
流动资产	$855 000	$955 500
流动负债	$410 000	$501 000
流动比率	2.09	1.91

过去人们普遍认为流动比率如果低于 2.0 则预示着公司可能有流动性风险。然而，随着信息技术的发展，公司能有效地减少对现金、存货和其他流动资产的持有量。结果，现今成功的公司其流动比率常常低于 1.0。像我们前面解释其他的比率所提到的那样，解释一家公司流动比率数值的最好方法就是将其与本公司以前年度的数值相比或与相同行业中的其他公司相比。下面表 23-6 列举了一些美国公司的流动比率。

表 23-6 部分美国公司的 2007 年流动比率

公司	流动比率
可口可乐	0.92
达美航空	0.79
家得宝	1.15
麦当劳	0.80
沃尔玛	0.81

现金充足率。流动比率是一种间接衡量企业应对即将到来的义务的能力。基于经营活动现金流量的比率更加直接地说明了一家公司在面对可预测的现金流量需求时所能获得的充足现金的能力。描述现金流量充足情况的一个大体指标就是现金充足率。① 这个比率通过经营活动现金流量除以现金需求总额,即股利支付、长期资产购置支出和长期负债偿付的总额来计算。下面是计算 Colesville 公司现金充足率所必需的一些信息。

	2011 年	2010 年
净利润	$180 000	$205 000
折旧费用	100 000	80 000
非流动资产的减少(增加)	60 000	(231 500)
流动负债的增加(减少)	(91 000)	371 000
经营活动现金流量	$249 000	$424 500
长期资产购置支出	$300 000	$230 000
长期负债偿付支出	200 000	0
股利支付	102 000	145 000
现金需求总额	$602 000	$375 000

我们发现 2011 年和 2010 年长期资产购置支出足以抵销当年的资产折旧费用同时增加了土地、建筑和设备的净值。

现金充足率的计算过程如下:

	2011 年	2010 年
经营活动现金流量	$249 000	$424 500
现金需求总额	$602 000	$375 000
现金充足率	0.41	1.13

由于 2011 年的现金充足率小于 1.0,Colesville 公司的来自经营活动的现金流量无法满足主要现金需求。我们看表 23-2 的 Colesville 公司的资产负债表可以发现,其中的差额已经被 2011 年额外发行的股票弥补了一部分。有一项针对于财富 500 强公司的研究显示,现金充足率平均在 0.88。②

每股收益。每股收益(EPS)是一项很基础的数据,以至于很多人忘记了其是一项财务比率。有关稀释性证券的相关调整已经在第 18 章中做了详细的介绍,这里就不再重复了。

---

① 参看《中级会计学:基础篇》第 5 章有关其他现金流量比率的总结。
② Don E. Giacomino and David E. Mielke, "Cash Flows: Another Approach to Ratio Analysis," *Journal of Accountancy*, March 1993, pp. 55—58.

对于 Colesville 公司,2011 年和 2010 年的 EPS 计算如下:

	2011 年	2010 年
净利润	$180 000	$205 000
流通股加权平均数	90 000	75 000
每股收益	$2.00	$2.73

股利支付率。所有的净利润归属于股东。现金股利是净利润中以现金形式支付给股东的一部分净利润。在分析公司股利分配政策时的一个重要比率就是股利支付率,它等于股利除以净利润。Colesville 公司 2011 年和 2010 年的股利支付率计算如下:

	2011 年	2010 年
股利	$102 000	$145 000
净利润	$180 000	$205 000
股利支付率	56.7%	70.7%

一般地,高增长速度的公司股利支付率比较低(微软公司直到 2003 年才开始给其普通股股东发放现金股利),低增长的较稳定的公司一般有较高的股利支付率。

市盈率。每股市价通常作为一项综合收益来反映市场上这只股票的投资吸引力。市盈率或者 P/E 比率,它等于每股市场价格除以 EPS。在美国,P/E 比率通常在 10.0 到 30.0 之间。假设 Colesville 公司 2011 年年末每股市场价值是 29 美元而 2010 年年末是 60 美元,其 P/E 的计算过程如下:

	2011 年	2010 年
每股市价	$29.00	$60.00
每股收益	$2.0	$2.73
市盈率	14.5	22.0

高 P/E 的公司一般被认为是预期发展很好的公司。

> **补充**
>
> 财务和会计教授通常喜欢计算 P/E 的倒数,叫做收益价格比率(EP)。有很多有趣的计量经济学上的理由能证明 EP 要比 P/E 好,但到目前为止,经济书刊和大部分商业人士一直热衷于P/E比率。

账面市价比率。账面价值与市场价值的比叫做账面市价比率,这一指标频繁地被用于投资分析。一家公司的账面市价比率反映了其资产负债表上的价值和公司真实的市场价值之间的差异。一般公司的账面市价比率通常小于 1.0。这主要是因为许多资产在报告时采用的是历史成本,而历史成本通常要比市价低些,而且还有一些表外资产并没有反映在资产负债表中。研究表明有较高账面市价比率的公司在未来趋向于有较高的股票收益。①这种结果可能是由于会计账面价值反映的是潜在价值,高的账面市价比率反映市场目前低估了公司的价值。Colesville 公司的账面市价比率计算过程如下:

---

① See Eugene F. Fama and Kenneth R. French, "The Cross-Section of Expected Stock Returns," *The Journal of Finance*, June 1992, p. 427.

	2011 年	2010 年
股东权益账面价值	$1 468 000	$1 090 000
年末流通股股数	100 000	70 000
每股市场价值	× $29	× $60
权益市价总额	$2 900 000	$4 200 000
账面市价比率	0.51	0.26

有关本节所讨论的财务比率将在表23-7中进行总结。我们在这里对财务比率进行回顾主要是为了强调会计人员编制出财务报表并不意味着财务工作的结束而是刚刚开始。这些财务报表后期被投资者、债权人和管理人用作分析，并试图找出企业运营中存在的不足之处和预测企业未来的运营情况。在本节我们反复强调了评价某一比率时，将其与历史数据、同行业数据对比分析才有意义。另外，会计处理的多样性或者非持续性将会影响比率之间的可比性。这一点将在下节中介绍。

表 23-7 部分财务比率概要

(1) 权益报酬率	净利润/股东权益	一年中每投资1美元赚取的利润	
杜邦分析框架			
(2) 销售利润率	净利润/销售额	一年中每1美元销售额能赚取的利润	
(3) 资产周转率	销售额/总资产	一年中每1美元资产所带来的销售额	
(4) 权益乘数	总资产/股东权益	股东每投资1美元所能获得的资产价值	
效率：			
(5) 应收账款周转率	销售额/应收账款平均余额	一年中销售/账款回收完成次数	
(6) 平均收账期	应收账款平均余额/日平均销售额	销售和现金回收之间的平均天数	
(7) 存货周转率	销售成本/平均存货	一年中购买/销售循环次数	
(8) 存货周转天数	平均存货/平均日销售成本	用现有的存货所能满足销售的天数	
(9) 固定资产周转率	销售额/平均固定资产	一年中每1美元固定资产所带来的销售额	
杠杆：			
(10) 负债比率	负债总额/资产总额	资产中通过借款资金购买的比率	
(11) 权益负债比率	负债总额/股东权益	每1美元权益投资中的债务资金数额	
(12) 利息保障倍数	息税前利润/利息费用	经营利润占利息支付的倍数	
其他的财务比率			
(13) 资产收益率	净利润/资产总额	每1美元资产所带来的利润	
(14) 流动比率	流动资产/流动负债	流动性衡量指标；流动资产占流动负债的倍数	
(15) 现金充足率	经营活动现金流量/(长期资产购置支出 + 长期债务偿付支出 + 现金股利支付)	经营活动现金流占可预测现金需求的倍数	
(16) 每股收益	净利润/流通股加权平均数	归属于每一普通股的净利润数	
(17) 股利支付率	现金股利/净利润	净利润中作为股利发放给股东的比例	
(18) 市盈率	每股市价/每股收益	投资者愿意为每1美元收益支付的价格，预示未来的成长潜力	
(19) 账面市价比率	股东权益/流通股市价	每1美元市价的账面权益数	

会计方法选择所产生的影响

2 确认不同的会计处理方法对于实质上完全相同的公司财务比率的潜在影响。

WHY 作为单纯的财务报表使用者,如果不知道财务报表的数据或者通过这些数据所计算出来的财务比率,会在很大程度上受会计假设的影响,这是可以被原谅的。但如果你已经学习了本节的内容,那你就没有借口了。

HOW 在计算前面所说的所有财务比率之前,一个细心的财务报表使用者会对其所分析公司的财务报表会计处理之间的差异进行调整。

本节介绍了会计处理方法的不同对财务报表数据及财务比率结果的影响。下面列出了西贡公司和屯门有限公司这两个假设的公司 2011 年的资产负债表和利润表,两家公司的经营起始时间均为 2011 年 1 月 1 日。为了简化问题,这个列子中假设不存在所得税。

下面是有关西贡和屯门公司的附加信息。

1. 西贡和屯门都购买了 275 美元的投资性债券,在两家公司,这份债券的公允价值都下降到了 200 美元。西贡公司将这份债券归属为交易性金融资产,屯门公司将其归为可供出售金融资产。

2. 西贡公司运用后进先出法,而屯门公司运用先进先出法。如果西贡公司已经使用了先进先出法,其期末存货为 1 000 美元。

3. 两个公司在年初都购置了价值 3 000 美元的相似的建筑物和设备。西贡公司假设其使用寿命为 10 年,屯门公司假定为 30 年。

4. 两个公司在年初都额外租赁了建筑物和设备,每年的租赁费用为 150 美元。租赁合约签订时租赁资产的现值是 1 000 美元。两个公司的租赁条款基本相同。西贡公司将其归为融资性租赁而屯门公司将其归为经营性租赁。

	西贡	屯门
现金	$ 100	$ 100
证券投资	200	200
应收账款	500	500
存货	700	1 000
流动资产总额	$1 500	$1 800
建筑和设备(净额)	2 700	2 900
融资租赁资产	900	0
资产总额	$5 100	$4 700
流动负债	$1 000	$1 000
长期借款	1 500	1 500
融资租赁义务	950	0
负债总额	$3 450	$2 500
实收资本	$1 500	$1 500
留存收益	150	775
其他权益	0	(75)
权益总额	$1 650	$2 200

(续表)

	西贡	屯门
负债和权益总额	$5 100	$4 700
销售收入	$6 000	$6 000
销售成本	4 000	3 700
毛利润	$2 000	$2 300
折旧费用	(400)	(100)
租赁费用	0	(150)
其他经营费用	(1 125)	(1 125)
营业利润	$ 475	$ 925
利息费用		
长期借款($1 500×0.10)	(150)	(150)
融资租赁费用($1 000×0.10)	(100)	0
投资性证券损失	(75)	0
净利润	$ 150	$ 775

通过对西贡和屯门公司的财务报表的仔细对比我们可以发现这两个公司在经济上基本相同。它们的财务报表差异主要来源于会计处理的差异。我们考虑以下几点：

1. 两个公司在投资性证券上都亏损75美元。西贡公司在其利润表中确认了这部分损失；屯门公司将其确认为权益调整。

2. 如果两个公司都运用先进先出法的话，它们的期末存货、销售成本和毛利润将相同。

3. 它们购买的建筑和设备相似，其差异主要在于西贡公司在2011年计提折旧300美元($3 000/10)，而屯门公司假设其使用寿命更长，从而计提折旧为100美元($3 000/30)。

4. 它们租赁的建筑物和设备是相同的，租赁条款也是相同的。由于西贡公司在会计上将其确认为融资性租赁，其计提的折旧费用是100美元($1 000/10年)，而利息费用为100美元($1 000×0.10)。屯门公司在会计上将其按经营性租赁处理，从而将租赁费用等同于年租金支出150美元。

在这个例子中，这四个会计处理上的差异导致了实质上基本相同的两家公司的财务报表产生巨大差异。为了说明这些会计处理差异的不同对于两个公司的财务比率差异的影响，表23-7中的比率(1)到(14)是对西贡公司和屯门公司的比率的计算和比较。计算中在必要之处用年末会计账面余额代替了平均余额。

	西贡	屯门
权益报酬率	9.1%	35.2%
销售利润率	2.5%	12.9%
资产周转率	1.18	1.28
权益乘数	3.09	2.14
应收账款周转率	12.0	12.0
平均收账期	30.4	30.4
存货周转期	5.71	3.7
库存周转天数	63.9	98.6
固定资产周转率	1.67	2.07

	西贡	屯门
负债比率	67.6%	53.2%
权益负债率	2.09	1.14
利息保障倍数	1.90	6.17
资产收益率	2.9%	16.5%
流动比率	1.5	1.8

会计处理上的差异使得屯门公司看起来在任何方面都比西贡公司强。屯门公司在权益报酬率、盈利性和所有的效率方面都要更好些。另外,屯门公司看上去风险更小,因为它的杠杆比率要低些,通过流动比率反映的流动性要高。

这个例子说明对不同会计处理下的财务数据进行比率比较将会产生误导。通常我们所比较的来自不同公司的财务比率基本都没有经过潜在的会计处理差异调整。这一点我们应注意。

权益估值的介绍

3 运用财务报表数据对一家公司进行简单的估值。

WHY 目前存在着很多对于权益性证券进行估价的模型。合理的权益估价是一门有挑战的艺术,将估计的价值和目前市场的实际价值相比较还能看出目前市场对于公司未来运营情况的期望。

HOW 通过运用像净利润、经营现金流量和股利等财务报表数据,你可以对一家公司的市场价值进行估计。人们常用的四个用于估计权益性证券价值的模型是固定未来股利模型、固定股利增长率模型、盈利乘数模型和自由现金流量折现模型。

在第12章我们讨论了债券的估值问题。你会发现,在估计债券的价值时,一旦给了适当的市场利息率,计算债券的现值就变得非常容易。这个计算会变得如此简单主要是因为和债券相关的未来现金流量是可以确定的,它们在债券合约上都有明确的规定。因此,债券交易的艺术可以归结为在给定所估价的债券的风险基础上能够确定真实的市场利率,当这些做完之后,债券价值的实际计算过程只是一道简单的算术题而已。

股票的估值难度要比债券的估值难度大很多。在进行股票估值时,我们不仅需要确定合适的利率,还要估计未来不确定的现金流量。由于在权益估价模型中频繁地使用会计数据,所以我们在这里就使用权益估值作为标题。但是这里只是简单地提及。有关权益估值的专家一般是财务学教授,因此有关这个问题的更多内容将在财务课程中介绍。

为了介绍一些简单的权益估值模型,我们使用麦当劳公司截至2007年年末的一些信息。

	2007年	2006年	2005年	2004年
稀释每股收益	$1.98	$2.83	$2.04	$1.79
每股股利	1.50	1.00	0.67	0.55

为了简单起见,我们假设权益资本的必要报酬率是15%。在这里我们假设报酬率是15%,看上去很随意,但在实际中千万不能被这看上去很随意的行为欺骗,在任何估值工作中,在给定一家公司风险的情况下,确定正确的必要报酬率对于合理的估值是十分关键的。

财务学课程中所有的课程内容都致力于研究如何在权益投资时合理地计算必要报酬率。

固定未来股利模型　在这个简单的模型中,在进行普通股估值时假定现在的现金股利数额是以后各年中每年都能获得的固定支付。这里的计算比较简单;未来的股利支付是永久性的(无限期的年金)。比较恰当的估值公式如下:

$$价格 = 股利/r$$

此处的 r 为权益资本的必要报酬率。

运用这个简单的模型,麦当劳公司的每股潜在价值计算如下:

$$价格 = \$1.50/0.15 = \$10.00$$

固定股利增长模型　在这个简单的模型中(通常叫作戈登股利增长模型),假设股利在未来所有年度中按固定的增长率增长。估值公式为:

$$价格 = 股利/(r-g)$$

此处的 g 指预期未来股利增长率。

对于麦当劳公司,2004 年到 2007 年的股利增长率平均每年为 40%,而在 2007 年其股利增长率达到了 50%。这 40% 的平均年增长率已经相当高了,因此其明显难以持续下去。例如,如果麦当劳公司的股利继续以这样的比率增长的话,50 年后其每股股利将达到 3 000万美元。在这里,我们研究麦当劳公司的长期股利增长率是很有意义的,除了最近两年有较大的股利增长外,麦当劳公司最近八年的股利年均增长率为 11.1%。运用这个价值,其每股潜在价值计算如下:

$$价格 = \$1.50/(0.150 - 0.111) = \$38.46$$

> **补充**
>
> 在计算麦当劳公司的平均股利增长率时,如果考虑 2007 年的 50% 增长率的话是不科学的,因为我们可以知道麦当劳(或者其他任何公司)的股利增长不可能每年都能达到 50% 的增长速度。另外,在这个简单模型中,长期股利增长率超过必要报酬率会产生一种违反直觉的负面价值。如果你看这个简单模型的计算过程,超过必要报酬率的长期增长率实际上意味着一个无限的股票价值,明显这样高的稳定增长率是不可能实现的。

盈利乘数模型　市场价格其实包含各种各样的信息。比如,对于一个给定公司的市场价格,其中包含了投资者对于这个行业未来盈利增长的平均期望值和对于本行业中该企业的要求投资报酬率。这些信息包含在市盈率(P/E)中,其计算公式为每股价格/每股收益。为了避免直接估计其增长率和要求报酬率,投资者可以通过下面方式运用 P/E 中的信息对一家公司的股票进行估值:

$$价格 = 利润 \times 市盈率$$

一些餐馆连锁店 2007 年年末的市盈率如下:

Brinker 国际公司	39.0
Darden 餐厅	11.1
Starbucks	32.5
Yum!Brands	19.0

这些公司其实都可以认为是麦当劳公司的竞争对手。Brinker 国际公司通过 Chili's、Macaroni Grill 和其他的一些名称在世界各地经营餐厅。Darden 餐厅也以 Red Lobster 和 Olive Garden 和其他的一些名字来经营。Starbucks 在全球超过 8 000 个地区经营咖啡。Yum!Brands 公司以肯德基、必胜客、塔可钟、爱的熊等名字在全球 30 000 多个地区经营快餐。

运用这些比率的平均值(25.4)，麦当劳公司的每股潜在价值计算如下：

$$价格 = \$1.98 \times 25.4 = \$50.29$$

自由现金流折现模型 理论上，一家公司的价值应该等于公司未来能取得的现金流的折现值。我们主要通过计算自由现金流量的折现值来讨论这个问题。在这里，自由现金流量的定义是：

$$经营活动现金流量 - 资本性支出产生的现金流量 = 自由现金流量$$

麦当劳公司2005年、2006年和2007年的自由现金流量计算过程如下：

单位：百万美元

	2007 年	2006 年	2005 年
经营活动现金流量	4 876.3	4 341.5	4 336.8
- 资本性支出	1 946.6	1 741.9	1 606.8
自由现金流量	2 929.7	2 599.6	2 730.0

为了使用这个折现现金流模型，我们需要预测以下一些项目：
- 自由现金流量的未来增长率；
- 预测范围；
- 停止经营年份的情况。

未来增长率 2006年到2007年自由现金流量增长12.7%，而2005年到2006年下降5%。在之前的五年，麦当劳公司的自由现金流量一直在以每年20%以上的增长率增长。在我们分析时，我们假设未来增长将会放缓，因此使用2006年到2007年的增长率12.7%。

预测范围 我们在预测自由现金流量增长率的时候必须增加我们能取得可靠数据的预测年数。当然，我们下一节会说到的，我们的预测年限只需要达到我们认为公司能够从新的投资中获得异常现金流为止。这里我们选择3年的预测数据只是为了简化说明，在这里选择是任意的。

停止经营年度 微软公司的比尔·盖茨也许是这个世界上最聪明的人——当然他也是最富有的。如果你要和比尔·盖茨合伙，给他10亿美元，他或许会在脑中形成一系列好的经营点子，他会用这笔钱进行一次经营改革，并带来现值远超过10亿的现金流。现在如果你再给他100亿那又会怎样呢？他还有那么多好主意能够利用这外加的100亿美元赚取更多的利润么？如果你再给他1 000亿的话又会怎样呢？问题的关键在于，即使是比尔·盖茨，其革新想法也有穷尽的时候。到那时，再给他更多的投资资金他都只能按一贯的方式去运用它，赚取平均回报，而且来自这部分投资的现金流的折现值将会等于现在的投资额。我们用财务领域常用的一句话，最后人们只能投资于"零净现值"项目——这些项目的报酬率等于要求报酬率的平均值。

我们关键要记住：跻身那些"零净现值"的项目是不会提高自己企业的价值的。这些项目的未来现金流折现值会全部被项目的内在成本所抵销。但是，我们可以通过把你的资金投在那些有创新的方面以获得非正常回报，

补充

我们要知道这个例子只是对于用折现现金流分析权益价值的一个简单介绍而已。在这个例子中，我们运用了较短的预测期间，粗略地选择了资本成本数额，另外我们还假设（没有披露）麦当劳公司没有负债。在你们的财务管理和财务报表分析课程中将会进一步学习有关这个模型的改进。

这样才能增加你的企业价值。当公司已经穷尽了创新的方式之后,通过增加新的项目将不能增加其价值,因为新项目的折现价值已经被项目的内在成本完全抵销了。所以,当到了停止经营年度时,也就是企业将不会有新的高于平均回报率的项目时,额外增长所导致的估值影响都可以忽略。为了说明,我们假设麦当劳公司在三年后(从 2007 年起)就没有了革新能力,也就是到 2010 年年末为止。在此之后,它们的现金流量可以认为是固定不变的。

在我们以上假设的基础上,表 23-8 中列出了麦当劳公司的自由现金流量的预测值。不过要记着,在这个例子中我们是假设自己站在 2007 年年末看待麦当劳公司的未来。表中还列出了这些预测现金流折现值的计算。

表 23-8　麦当劳公司的现金流预测　　　　　　　　　　　　单位:百万美元

麦当劳公司 2007 年的自由现金流折现值是 29.297 亿美元
之后 3 年自由现金流的固定增长率是 12.7%,要求报酬率是 15%

	2008 年	2009 年	2010 年	2011 年	2012 年
自由现金流	3 302	3 721	4 194	4 194	4 194
2007 年年末现值:					
回报率 15%	2 871	2 814	2 757	18 384*	
现值总额	26 826				

* 这里计算的是假设麦当劳公司已经穷尽(到 2010 年年末)了其新的发展策略的基础上的未来现金流发生额的现值。这里的永续现金流(无限期的年金)现值计算是从 2011 年开始直到以后各年的,可以通过下面两个步骤计算:

1. 到 2010 年年末,每年 4 194 美元的永续现金流的现值是 27 960 美元,计算过程是 4 194 美元/0.15。

2. 为了把这 27 960 美元的永续现金流现值加到其他的自由现金流现值上,我们必须将其再次折现三年,也就是到 2007 年年末,这样得出的就是上面写的 18 384 美元。

到 2007 年年末,麦当劳公司有 11.65 亿流通股。因此,每股价格的估计值为:

价格 = $26 826 000 000/1 165 000 000 = $23.03

几种估值模型的比较　　下面列出了分别运用四种模型计算出来的 2007 年年末麦当劳公司的股票价格。

	估计价格
模型 1(固定未来股利模型)	$10.00
模型 2(固定股利增长模型)	38.46
模型 3(盈利乘数模型)	50.29
模型 4(自由现金流折现模型)	23.03

麦当劳公司股票在 2007 年年末的每股真实市场价格为 58.91 美元。

也许你会觉得这个估值练习让你感到有些困惑,主要因为两个原因:第一,我们的估值结果差异太大,从每股 10 美元到每股 50.29 美元。第二,除了盈利乘数模型外,我们的估值结果和麦当劳公司 2007 年年末的真实价值 58.91 美元并不贴近。你要从这个简单的练习中吸取以下三个经验。

权益估值是困难的。盈利乘数模型的合理利用使我们要考虑到在计算平均市盈率时四个基准的公司哪一个和麦当劳公司最相似。同时,我们也许还要看看每个基准公司的会计处理以确定其净利润是否能像麦当劳公司那样,反映其潜在的经营表现。为了很好地利用自由现金流折现模型,我们还要收集一些麦当劳公司的扩张计划以更精确地估算其未来增长率。另外,我们还需要充分的信息做出决定,而不是像前面那样假定麦当劳公司将会在三年内失去革新力。同时,我们还要在计算其资本成本上花些功夫。

盈利乘数模型是简单且比较准确的,但是其忽略了潜在的价值决定因素等。我们会发现运用盈利乘数模型计算出来的价格并未较大偏离麦当劳公司的实际股票价格,其原因主要在于这个模型中我们最大程度利用了市场,做一系列的市场调研工作来预测行业增长率,设定一个较为合理的回报率,等等。这个模型通常在粗略估计一家公司股票价格时使用,特别是一家公司第一次发行股票的时候。然而,这个模型让人难以猜透的是其不需要考虑对于公司基本运营情况的预测。

权益估值最有用的地方就是其揭示了在确定一个股票的现时市场价格时投资者所应该相信的股票信息。我们从麦当劳公司的自由现金流折现估值中学到的一点就是投资者必须相信麦当劳公司的自由现金流量增长速度将超过12.7%,或者是麦当劳公司在三年内不会失去革新能力或者是两者兼有。实际上,如果要获得一个更加贴近麦当劳公司实际市场价值的估计价格的话,我们甚至需要下一个23年的像12.7%那样增长的假设。所以,这个估值分析能够使有关市场参与者对一家公司最新的看法产生一些有趣观点。

开放式场景问题的答案

1. 毛利润总额将增加30美元,从200美元($1 000 × 0.20)增加到230美元($1 000 × 0.23)。

2. 家得宝公司1985年的4 300万美元负的经营现金流量主要是由其当年增加6 900万美元的存货所引起的。

3. 家得宝公司的经营现金流量增加了1.09亿美元,从1985年负的4 300万美元增加到1986年正的6 600万美元。

思考题答案

1. (第511页)正确答案是b。运用准时制存货管理系统主要是为了尽可能降低存货水平。减少存货又意味着更少的存货周转天数。

2. (第514页)正确答案是a。假设Z公司的权益乘数是2.5,其简化的资产负债表如下:

资产　2.5

负债　1.5

权益　1.0

权益乘数:2.5/1.0 = 2.5

负债比率:1.5/2.5 = 0.60

权益负债比率:1.5/1.0 = 1.5

一般情况下负债权益比率等于权益乘数减去1。(你自己可以运用数学知识证明。)

本章小结

1. 运用百分比财务报表和杜邦分析框架进行系统性的财务比率分析。

财务报表分析主要通过公司过去的经营状况预测公司的未来盈利能力和现金流量,并通过查找公司运营有问题的地方来评价公司的经营状况。当我们将财务比率和公司历史数据及同业数据进行比较的时候会大大增加财务比率的信息含量。

百分比财务报表一般是通过将财务报表中所有项目的值除以当年的销售额来计算的。百分比利润表揭示了每1美元销售收入中成本费用的份额。百分比资产负债表中的资产部分反映了产生每1美元销售额所需要的资产数额。

杜邦分析框架将权益报酬率分解为以下三个方面:

- 盈利能力。销售利润率是通过净利润除以销售收入来计算的,它可以解释为每1美元销售额能挣取的利润数。
- 效率。资产周转率是通过销售收入除以资产总额来计算的,其可以认为是每1美元资产所能带来的收入量。
- 杠杆。权益乘数是通过资产除以所有者权益来计算的,其可以认为是一家公司每1美元股东投入所能获得的资产量。

如果一家公司的盈利能力有问题,我们可以利用百分比报表来找出引起该问题的费用项目。对于一家公司的效率和杠杆的进一步详细的比率分析总结如表23-7。

利润率是指每1美元销售额的盈利性,周转率反映资产带来销售额的水平。如果一家公司的周转率较高的话,即使利润率很低也能获得可观的资产收益率。

2. 确认不同的会计处理方法对实质上完全相同的公司财务比率的潜在影响。

我们在进行比率比较分析时,如果比率值是来自两个采用不同会计处理方法的公司,这时分析的结果将会对我们产生严重的误导。因此我们在进行财务比率比较之前,需要对会计处理的差异进行调整。

3. 运用财务报表数据对一家公司进行简单的估值。

估计权益证券价值一般会用到的四个模型如下:

- 固定未来股利
- 固定股利增长
- 盈利乘数
- 自由现金流折现

我们从一般权益估值中总结出以下几点困难:

- 权益估值是困难的。
- 盈利乘数估价是简单且比较准确的,但是其忽略了潜在的价值决定因素等问题。
- 权益估值的最有用的地方就是其揭示了在确定一个股票的现时市场价格时投资者所应该相信的股票信息。

关键术语

百分比财务报表	周转率
财务报表分析	永续年金
利润	杜邦分析框架

问题

1. 财务报表分析能够用来找出公司运营的薄弱之处,以此改进公司的运营管理。财务报表分析能用于其他目的吗?请解释。
2. 为什么人们认为比较财务报表要比单一期间的财务报表数据更有意义。在什么情况下会增加比较财务报表的用途?
3. 一家公司财务比率的分析能够揭示公司盈利能力和效率问题的具体原因。你同意这个观点吗?请解释。
4. 什么是百分比财务报表?它有什么优势?
5. 杜邦分析框架的用途是什么?
6. (a)怎样计算存货周转率?(b)在计算周转率时,使用存货数量时应注意什么?(c)你怎样解释存货周转率上升这个现象?
7. 说出下面这些衡量指标是怎样计算的,并评价其意义。
(a)利息保障倍数
(b)权益报酬率
(c)每股收益
(d)市盈率
(e)股利支付率
(f)账面市价比
8. 解释资产周转率如何影响资产收益率。
9. 在什么情况下资产收益率等于净资产收益率?
10. 会计核算的差异怎样影响财务比率比较的有效性?
11. 在用固定股利增长模型计算一只股票价值时会运用哪些变量?
12. 在使用自由现金流折现估价模型时停止经营年度的意义是什么?
13. 人们在学习基础的权益估价模型时得到的三个教训是什么?

练习

[练习23-1] 编制一张百分比利润表

LO1 A公司近三年的利润表数据如下:

	第三年	第二年	第一年
销售收入	$330 000	$260 000	$300 000
销售成本	(163 000)	(144 000)	(156 000)
营业成本:			
销售费用	(21 000)	(21 000)	(22 000)
研究开发费用	(27 000)	(6 000)	(14 000)
管理费用	(45 000)	(50 000)	(48 000)
营业利润	$ 74 000	$ 39 000	$ 60 000
利息费用	(6 000)	(11 000)	(7 000)
所得税前利润	$ 68 000	$ 28 000	$ 53 000
所得税费用	(25 000)	(8 000)	(20 000)
净利润	$ 43 000	$ 20 000	$ 33 000

编制每一年的百分比利润表。

[练习23-2] 解释百分比利润表

LO1 参看练习23-1。简要解释为什么公司在第二年盈利能力下降而在第三年开始回升。

[练习23-3] 编制一张百分比资产负债表

LO1 A公司近三年的资产负债表数据如下：

	第三年	第二年	第一年
现金	$ 8 000	$ 8 000	$ 6 000
应收账款	18 000	37 000	18 000
存货	36 000	47 000	36 000
流动资产	$ 62 000	$ 92 000	$ 60 000
不动产、厂房和设备（净值）	138 000	126 000	123 000
总资产	$200 000	$218 000	$183 000
应付账款	$ 28 000	$ 39 000	$ 21 000
短期借款	15 000	20 000	15 000
流动负债	$ 43 000	$ 59 000	$ 36 000
长期借款	52 000	65 000	58 000
总负债	$ 95 000	$124 000	$ 94 000
实收资本	19 000	19 000	19 000
留存收益	86 000	75 000	70 000
负债和权益总额	$200 000	$218 000	$183 000

编制每一年的百分比资产负债表中的资产部分。（注意：参看练习23-1的销售收入数据。）

[练习23-4] 解释百分比资产负债表

LO1 参看练习23-3。简要解释为什么公司总效率在第二年下降而在第三年开始回升。

[练习23-5] 计算杜邦分析的相关比率

LO1 参看练习23-1和23-3。计算A公司第一年、第二年和第三年的下列比率：

1. 权益报酬率
2. 销售利润率
3. 资产周转率
4. 权益乘数

[练习23-6] 解释杜邦分析的相关比率

LO1 参看练习23-5。解释杜邦分析框架中第一年到第二年和第二年到第三年的一些比率变化。

[练习23-7] 应收账款比率

LO1 参看练习23-1和23-3。计算A公司第二年和第三年的下列比率：

1. 应收账款周转率
2. 平均收账期

[练习23-8] 存货比率

LO1 参看练习23-1和23-3。计算A公司第二年和第三年的下列比率：

1. 存货周转率
2. 存货周转天数

[练习 23-9] 固定资产周转率

LO1 参看练习 23-1 和 23-3。计算 A 公司第二年和第三年的固定资产周转率。

[练习 23-10] 利润率和存货周转率

LO1 参看练习 23-5。B 公司和 C 公司第三年的杜邦分析比率如下：

	B 公司	C 公司
销售利润率	7.8%	24.7%
资产周转率	2.75	0.87
权益乘数	1.90	1.90

A、B、C 三个公司中，哪家公司在第三年的 ROE 最高？并解释。

[练习 23-11] 负债率和权益负债率

LO1 参看练习 23-1 和 23-3。计算 A 公司第一年、第二年和第三年的下列比率：
1. 负债比率
2. 权益负债率

[练习 23-12] 利息保障倍数

LO1 参看练习 23-1 和 23-3。计算 A 公司第一年、第二年和第三年的利息保障倍数。

[练习 23-13] 流动比率

LO1 参看练习 23-1 和 23-3。计算 A 公司第一年、第二年和第三年的流动比率。

[练习 23-14] 现金流充足率

LO1 一家公司的现金流量表的一些报告数据如下：

发行新股收到的现金	$1 000
库存减少	75
购买不动产、厂房和设备所支付的现金	400
净利润	780
支付长期债务的款项	600
应付账款的增加	100
折旧	300
支付现金股利	200
应收账款的增加	150

计算该公司的现金流充足率。

[练习 23-15] 每股收益和股利支付率

	S 公司	T 公司
净利润	$1 000	$15 000
股利	50	6 000
流通股平均数	200	10 000

LO1 计算 S 公司和 T 公司的：(1) 每股收益；(2) 股利支付率。判断两个公司中哪一个更像是处于低增长行业的老公司。

[练习 23-16] 市盈率和账面市价比

	M 公司	N 公司
净利润	$5 000	$75 000
每股股价	$64.00	$30.00
流通股平均数	625	125 000
股东权益合计	$56 000	$600 000

LO1　计算 M 公司和 N 公司的：(1) 市盈率；(2) 账面市价比。判断两个公司中哪一个更像是处于高增长的行业。

[练习 23-17] 运用股利和市盈率估算权益价值

LO3　John Scott 公司的一些信息如下：

最近几年每股现金股利	$0.65
过去五年的股利增长率	7%
最近的每股收益	$1.53
相似公司的平均市盈率（P/E）	18
权益资本要求报酬率	12%

运用下列的权益估值模型估算 John Scott 公司的每股价格：
1. 固定未来现金股利模型
2. 固定股利增长率模型
3. 盈利乘数模型

[练习 23-18] 运用自由现金流折现模型进行权益估值

LO3　Burton Dee 公司的相关信息如下：

自由现金流	$3 500
过去五年的年自由现金流增长率	25%
流通股股数	3 000
权益资本的要求回报率	12%
停止经营年度	4 年

运用自由现金流折现模型估算 Burton Dee 公司的每股价格。

[练习 23-19] 应收账款和固定资产的比例

LO1　Moonbeam 公司的财务报表数据如下：

	2011 年	2010 年	2009 年
销售收入	$265 000	$220 000	$180 000
应收账款（净值）	75 000	65 000	30 000
不动产、厂房和设备	190 000	155 000	160 000

计算 2010 年和 2011 年的：
（a）应收账款周转率
（b）平均收账期
（c）固定资产周转率
在计算比率时运用资产负债表期初和期末余额的平均数。

难题

[难题 23-20] 比较比率分析

LO1 下面是 Sunshine State 设备公司 2009—2011 年三年的比较数据。

利润表数据

	2011 年	2010 年	2009 年
净销售额	$1 400 000	$1 100 000	$1 220 000
销售成本	760 000	600 000	610 000
销售毛利润	$ 640 000	$ 500 000	$ 610 000
销售、日常和其他费用	340 000	280 000	250 000
税前利润	$ 300 000	$ 220 000	$ 360 000
所得税	120 000	890 000	152 000
净利润	$ 180 000	$ 131 000	$ 208 000
股利支付	155 000	150 000	208 000
留存收益净增加(减少)额	$ 25 000	$ (19 000)	$ 0

资产负债表数据

	2011 年	2010 年	2009 年
资产			
现金	$ 50 000	$ 40 000	$ 75 000
应收账款(净值)	300 000	320 000	250 000
存货	380 000	420 000	350 000
待摊费用	30 000	10 000	40 000
土地、建筑和设备(净值)	760 000	600 000	690 000
无形资产	110 000	100 000	125 000
其他资产	70 000	10 000	20 000
	$1 700 000	$1 500 000	$1 550 000
负债和股东权益			
应付账款	$ 120 000	$ 185 000	$ 220 000
应付工资、利息和股利	25 000	25 000	25 000
应交所得税	29 000	5 000	30 000
混合流动负债	10 000	4 000	10 000
8%应付债券	300 000	300 000	250 000
递延收益(长期)	10 000	10 000	25 000
无面值普通股($10 的公告价格)	500 000	400 000	400 000
资本溢价	510 000	400 000	400 000
留存收益	196 000	171 000	190 000
	$1 700 000	$1 500 000	$1 550 000

要求：

1. 通过前面的数据,计算 2009—2011 年三年的下列财务比率(所有比率的计算运用资产负债表的年末数据)：

(a) 权益报酬率

(b) 销售利润率

(c) 资产周转率

(d) 权益乘数

(e) 资产收益率

(f) 流动比率

(g) 股利支付率

2. 根据(1)中计算的比率,评价 Sunshine State 设备公司 2011 年相对于 2010 年的情况。

[难题 23-21] 比较比率分析

LO1 运用难题 23-20 中给出的 Sunshine State 设备公司的比较数据。另外,Sunshine State 设备公司 2009 年年末的每股股票价格为 50 美元,2010 年为 25 美元,2011 年为 35 美元。

要求:

1. 计算 2009—2011 年三年的下列财务比率(计算比率时通常使用财务报表中的平均值,假设 2008 年的金额和 2009 年的一样):

(a) 应收账款周转率

(b) 平均收账期

(c) 存货周转率

(d) 存货周转天数

(e) 固定资产周转率

(f) 负债比率

(g) 权益负债率

(h) 利息保障倍数(假设债券是唯一的付息债务)

(i) 每股收益

(j) 市盈率

(k) 账面市价比

2. 根据(1)中计算的比率,对比 2010 年的情况评价 Sunshine State 设备公司 2011 年的情况。

[难题 23-22] CPA 考试样题

LO1 1. 一家公司用 75 000 美元的现金来支付一项短期应付账款。这笔业务会使现在为 2∶1 的流动比率增加、减少还是没有影响?

(a) 增加

(b) 减少

(c) 没有影响

2. 一家公司购买一项设备时,由于要采用分月付款方式,公司先预付了一部分款项,其余部分向银行借了 4 年的债务。这笔交易会对公司的流动比率产生什么影响?现在的流动比率为 1.5∶1。

(a) 增加

(b) 减少

(c) 没有影响

3. 一家公司从银行借了 200 000 美元。这笔债务将在 18 个月后还本付息。这笔业务会增加、减少还是不影响现在的 36% 的负债比率(负债总额/资产总额)?

(a) 增加

(b) 减少

(c) 没有影响

案例

[案例 23-23] 解析财务报表（麦当劳公司）

后面我们列出了麦当劳公司 2005 年、2006 年和 2007 年的比较利润表。

1. 麦当劳的餐馆有两类：一类是麦当劳自己的餐馆，另一类是麦当劳的连锁加盟店。编制麦当劳公司这三年中每年的简要利润表，表中要包含下列项目：

    以公司方式运营的餐馆的销售收入

    减去：食物和包装费用

    减去：员工工资和福利

    减去：房租和其他营业费用

    ＝ 餐馆的营业利润

2. 运用上面的简要利润表编制麦当劳以公司方式运营的餐馆 2005—2007 年三年的百分比利润表。
3. 评价(2)中编制出的百分比利润表。
4. 麦当劳的总营运收入中主要来自哪一部分：自有的餐馆还是连锁店的运营？

麦当劳公司截至 12 月 31 日的合并利润表   单位：百万美元，每股数除外

	2007 年	2006 年	2005 年
收入			
以公司方式运营的餐馆销售收入	16 611.0	15 402.4	14 017.9
来自连锁和附属经营餐馆的收入	6 175.6	5 492.8	5 099.4
总收入	22 786.6	20 895.2	19 117.3
营业成本和费用			
以公司方式运营的餐馆费用			
食品和包装	5 487.4	5 111.8	4 760.2
员工工资及福利	4 331.6	3 991.1	3 662.9
房租和其他营业费用	3 922.7	3 802.2	3 495.5
连锁餐馆——租金	1 139.7	1 058.1	1 021.4
销售、日常开支和管理费用	2 367.0	2 295.7	2 118.4
减值和其他费用（贷项）（净值）	1 670.3	134.2	(28.4)
其他经营（收入）费用（净值）	(11.1)	69.1	103.3
总营业成本和费用	18 907.6	16 462.2	15 133.3
营业利润	3 879.0	4 433.0	3 984.0
利息费用（分别扣除 $6.9、$5.4 和 $4.9 的资本化利息）	410.1	401.9	356.2
非营业利润（净值）	(103.2)	(123.3)	(32.4)
计提所得税前的持续经营利润	3 572.1	4 154.4	3 660.2
备付所得税	1 237.1	1 288.3	1 082.6
持续经营利润	2 335.0	2 866.1	2 577.6
终止经营利润（分别扣除 $34.5、$101.9 和 $16.8 税费）	60.1	678.1	24.6
净利润	$2 395.1	$3 544.2	$2 602.2

[案例 23-24] 累进式电子工作表分析

这里的电子工作表部分是对第 20 章中工作表分析第(1)部分的一个延伸。你可以参看第 20 章中关于这部分的要求。如果你完成了第 20 章中的电子工作表,就会对这里的作业提供一个基础。

1. 在编制 2012 年和 2013 年的预测财务报表的基础上,天行者公司还希望能编制 2014 年、2015 年和 2016 年的预测财务报表。所有在 2012 年和 2013 年预测中使用的假设在后续年份中同样可以使用。回过头参看第 13 章第(1)部分有关每个假设的解释。每年的销售额预计比上一年增长 40%。(注意:在本次作业中,使用原来的 107.6 天的存货周转天数;忽略第 20 章相关案例第(2)部分的变化假定。)清楚地解释你增加的任何假设。

2. 当一家公司到了成熟期以后,其希望能从运营活动中获得足够的现金来满足其投资活动所需的大部分资金。讨论天行者公司在 2011 年到 2016 年间是否会进入这种情况。

3. 在(1)的基础上,下面是一些变动了的假设:

平均收账期	9.06 天
存货周转天数	66.23 天
固定资产周转率	3.989 次
毛利率	27.55%
其他营运费用/销售额	19.86%
应付账款支付天数	50.37 天

(注意:当以上这些比率改变后,你的表格中的短期应付借款余额可能为负的。这是不可能的,调整你的电子表格以使短期应付借款永远不会小于零。这将会放松流动比率至少为 2.0 的要求。)

4. 讨论为什么天行者公司在使用(3)中的比率时,预计流动比率在一些年度会低于 2.0?

5. 如果是你,你会愿意贷款给下列哪个公司:公司的预计财务报表是按(1)编制的还是按照(3)编制的?解释你的答案。

影印版教材可供书目

经济学精选教材 · 英文影印版/双语注释版

	书号	英文书名	中文书名	版次	编著者	定价
1	23793	Microeconomic Theory: Basic Principles and Extensions	微观经济理论：基本原理与扩展（双语版）	第11版	Walter Nicholson/著	75.00元
2	23654	Public Finance: A Contemporary Application of Theory to Policy	财政学：理论、政策与实践（双语版）	第10版	David N. Hyman/著	78.00元
3	24422	Economics: Principles and Policy	经济学：原理与政策	第11版	William J. Baumol 等/著	88.00元
4	12633	World Trade and Payments: An Introduction	国际贸易与国际收支	第10版	Richard E. Caves, Jeffrey A. Frankel 等/著	68.00元
5	09693	Macroeconomics: Theories and Policies	宏观经济学：理论与政策	第8版	Richard T. Froyen/著	48.00元
6	14529	Econometrics: A Modern Introduction	计量经济学：现代方法（上）	第1版	Michael P. Murray/著	54.00元
7	14530	Econometrics: A Modern Introduction	计量经济学：现代方法（下）	第1版	Michael P. Murray/著	41.00元

管理学精选教材 · 英文影印版/双语注释版

	书号	英文书名	中文书名	版次	编著者	定价
8	23303	Communicating at Work: Principles and Practices for Business and the Professions	商务沟通：原理与实践（双语版）	第10版	Ronald B. Adler 等/著	65.00元
9	22511	Management: Skills and Application	管理学：技能与应用（双语版）	第13版	Leslie W. Rue 等著	65.00元
10	12091	Operations Management: Goods, Services and Value Chains	运营管理：产品、服务和价值链	第2版	David A. Collier 等/著	86.00元
11	18239	Management Fundamentals: Concepts, Applications, Skill Development	管理学基础：概念、应用与技能提高	第4版	Robert N. Lussier/著	68.00元
12	06380	E-Commerce Management: Text and Cases	电子商务管理：课文和案例	第1版	Sandeep Krishnamurthy/著	47.00元

金融学精选教材 · 英文影印版/双语注释版

	书号	英文书名	中文书名	版次	编著者	定价
13	23025	International Corporate Finance	国际财务管理（双语版）	第11版	Jeff Madura/著	75.00元
14	23024	Financial Markets and Institutions	金融市场和金融机构	第10版	Jeff Madura/著	79.00元
15	21898	Money, Banking and Financial Markets	货币金融学（双语版）	第3版	Stephen G. Cecchetti/著	86.00元
16	20606	International Financial Management	国际金融管理（双语版）	第2版	Michael B. Connolly/著	49.00元
17	16314	Investments: Analysis and Behavior	投资学：分析与行为（双语版）	第1版	Mark Hirschey 等/著	68.00元
18	12306	Fundamentals of Futures and Options Markets	期货与期权市场导论	第5版	John C. Hull/著	55.00元
19	12040	Financial Theory and Corporate Policy	金融理论与公司决策	第4版	Thomas E. Copeland 等/著	79.00元
20	09657	Bond Markets: Analysis and Strategies	债券市场：分析和策略	第5版	Frank J. Fabozzi/著	62.00元
21	09767	Takeovers, Restructuring and Corporate Governance	接管、重组与公司治理	第4版	J. Fred Weston 等/著	69.00元
22	13206	Management of Banking	银行管理	第6版	S. Scott MacDonald 等/著	66.00元
23	05965	Principles of Finance	金融学原理（含CD-ROM）	第2版	Scott Besley 等/著	82.00元
24	10916	Risk Management and Insurance	风险管理和保险	第12版	James S. Trieschmann 等/著	65.00元

会计学精选教材 · 英文影印版

	书号	英文书名	中文书名	版次	编著者	定价
25	17348	Advanced Accounting	高级会计学	第10版	Paul M. Fischer 等/著	79.00元
26	14752	Advanced Accounting	高级会计学	第9版	Joe Ben Hoyle 等/著	56.00元
27	17344	Management Decisions and Financial Accounting Reports	中级会计:管理决策与财务会计报告	第2版	Stephen P. Baginski 等/著	56.00元
28	13200	Financial Accounting: Concepts & Applications	财务会计:概念与应用	第10版	W. Steve Albrecht 等/著	75.00元
29	13201	Management Accounting: Concepts & Applications	管理会计:概念与应用	第10版	W. Steve Albrecht 等/著	55.00元
30	13202	Financial Accounting: A Reporting and Analysis Perspective	财务会计:报告与分析	第7版	Earl K. Stice 等/著	85.00元
31	12309	Financial Statement Analysis and Security Valuation	财务报表分析与证券价值评估	第3版	Stephen H. Penman/著	69.00元
32	12310	Accounting for Decision Making and Control	决策与控制会计	第5版	Jerold L. Zimmerman/著	69.00元
33	05416	International Accounting	国际会计学	第4版	Frederick D. S. Choi 等/著	50.00元
34	14536	Managerial Accounting	管理会计	第8版	Don R. Hansen 等/著	79.00元

营销学精选教材 · 英文影印版/双语注释版

	书号	英文书名	中文书名	版次	编著者	定价
35	23015	Essentials of Marketing Management	营销管理精要(双语版)	第1版	Greg W. Marshall/著	56.00元
36	20285	Marketing for China's Managers: Current and Future	市场营销学	第2版	Noel Capon 等/著	56.00元
37	16713	Consumer Behavior	消费者行为学	第5版	Wayne D. Hoyer 等/著	64.00元
38	13205	Services Marketing: Concepts, Strategies, & Cases	服务营销精要:概念、战略与案例	第3版	K. Douglas Hoffman 等/著	63.00元
39	13203	Basic Marketing Research	营销调研基础	第6版	Gilbert A. Churchill, Jr. 等/著	66.00元
40	12305	Selling Today: Creating Customer Value	销售学:创造顾客价值	第10版	Gerald L. Manning, Barry L. Reece/著	52.00元
41	11213	Analysis for Marketing Planning	营销策划分析	第6版	Donald R. Lehmann 等/著	32.00元
42	09654	Market-based Management: Strategies for Growing Customer Value and Profitability	营销管理:提升顾客价值和利润增长的战略	第4版	Roger J. Best/著	48.00元
43	09655	Customer Equity Management	顾客资产管理	第1版	Roland T. Rust 等/著	55.00元
44	09662	Business Market Management: Understanding, Creating and Delivering Value	组织市场管理:理解、创造和传递价值	第2版	James C. Anderson 等/著	45.00元
45	24357	Marketing Strategy: A Decision Focused Approach	营销战略:以决策为导向的方法	第7版	Orville C. Walker, Jr., John W. Mullins/著	55.00元
46	10983	Principles of Marketing	市场营销学	第12版	Louis E. Boone 等/著	66.00元
47	11108	Advertising, Promotion, & Supplemental Aspects of Integrated Marketing Communication	整合营销传播:广告、促销与拓展	第7版	Terence A. Shimp/著	62.00元
48	11212	Marketing Research: Methodological Foundations	营销调研:方法论基础	第9版	Gilbert A. Churchill, Jr. 等/著	68.00元

人力资源管理精选教材 · 英文影印版

	书号	英文书名	中文书名	版次	编著者	定价
49	08536	Human Relations in Organizations: Applications and Skill Building	组织中的人际关系：技能与应用	第6版	Robert N. Lussier/著	58.00元
50	08131	Managerial Communication: Strategies and Applications	管理沟通：策略与应用	第3版	Geraldine E. Hynes/著	38.00元
51	07408	Human Resource Management	人力资源管理	第10版	Robert L. Mathis 等/著	60.00元
52	07407	Organizational Behavior	组织行为学	第10版	Don Hellriegel 等/著	48.00元

国际商务精选教材 · 英文影印版

	书号	英文书名	中文书名	版次	编著者	定价
53	14176	International Business	国际商务	第4版	John J. Wild 等/著	49.00元
54	12886	International Marketing	国际营销	第8版	Michael R. Czinkota 等/著	65.00元
55	06522	Fundamentals of International Business	国际商务基础	第1版	Michael R. Czinkota 等/著	45.00元
56	11674	International Economics: A Policy Approach	国际经济学：一种政策方法	第10版	Mordechai E. Kreinin/著	38.00元
57	06521	International Accounting: A User Perspective	国际会计：使用者视角	第2版	Shahrokh M. Saudagaran/著	26.00元

MBA精选教材 · 英文影印版

	书号	英文书名	中文书名	版次	编著者	定价
58	12838	Quantitative Analysis for Management	面向管理的数量分析	第9版	Barry Render 等/著	65.00元
59	18426	The Economics of Money, Banking, and Financial Markets	货币、银行和金融市场经济学	第8版	Frederic S. Mishkin/著	85.00元
60	11221	Analysis for Financial Management	财务管理分析	第8版	Robert C. Higgins/著	42.00元
61	21243	A Framework for Marketing Management	营销管理架构	第4版	Philip Kotler/著	49.00元
62	14216	Excellence in Business Communication	卓越的商务沟通	第7版	John V. Thill 等/著	73.00元
63	20916	Understanding Financial Statements	财务报表解析	第9版	Lyn M. Fraser 等/著	38.00元
64	10620	Principles of Operations Management	运作管理原理	第6版	Jay Heizer 等/著	72.00元
65	21546	Introduction to Financial Accounting	财务会计	第10版	Charles T. Horngren 等/著	79.00元
66	21781	Introduction to Management Accounting	管理会计	第15版	Charles T. Horngren 等/著	89.00元
67	11451	Management Communication: A Case-Analysis Approach	管理沟通：案例分析法	第2版	James S. O'Rourke/著	39.00元
68	10614	Management Information Systems	管理信息系统	第9版	Raymond McLeod 等/著	45.00元
69	10615	Fundamentals of Management	管理学基础：核心概念与应用	第4版	Stephen P. Robbins 等/著	49.00元
70	10874	Understanding and Managing Organizational Behavior	组织行为学	第4版	Jennifer M. George 等/著	65.00元
71	15177	Essentials of Entrepreneurship and Small Business Management	小企业管理与企业家精神精要	第5版	Thomas W. Zimmerer 等/著	68.00元
72	11224	Business	商务学	第7版	Ricky W. Griffin 等/著	68.00元
73	11452	Strategy and the Business Landscape: Core Concepts	战略管理	第2版	Pankaj Ghemawat/著	18.00元
74	13817	Managing Human Resources	人力资源管理	第5版	Luis R. Gomez-Mejia 等/著	60.00元
75	09663	Financial Statement Analysis	财务报表分析	第8版	John J. Wild 等/著	56.00元

经济学前沿影印丛书

	书号	英文书名	中文书名	版次	编著者	定价
76	09218	Analysis of Panel Data	面板数据分析	第2版	Cheng Hsiao/著	48.00元
77	09236	Economics, Value and Organization	经济学、价值和组织	第1版	Avner Ben-Ner 等/著	59.00元
78	09217	A Companion to Theoretical Econometrics	理论计量经济学精粹	第1版	Badi H. Baltagi/著	79.00元
79	09680	Financial Derivatives: Pricing, Applications, and Mathematics	金融衍生工具:定价、应用与数学	第1版	Jamil Baz 等/著	45.00元

翻译版教材可供书目

重点推荐

	书号	英文书名	中文书名	版次	编著者	定价
1	06693	The World Economy: A Millennial Perspective	世界经济千年史	第1版	安格斯·麦迪森（Angus Maddison）/著	58.00元
2	14751	The World Economy: Historical Statistics	世界经济千年统计	第1版	安格斯·麦迪森（Angus Maddison）/著	45.00元
3	14749	A Monetary History of The United States, 1867—1960	美国货币史(1867—1960)	第1版	米尔顿·弗里德曼（Milton Friedman）等/著	78.00元
4	18236	American Economic History	美国经济史	第7版	Jonathan Hughes 等/著	89.00元
5	10004	Fundamental Methods of Mathematical Economics	数理经济学的基本方法	第4版	蒋中一（Alpha C. Chiang）等/著	52.00元
6	23259	Essentials of Economics	经济学基础	第6版	曼昆(N. Gregory Mankiw)/著	68.00元
7	20828	Principles of Economics	经济学原理(微观经济学分册)	第6版	曼昆(N. Gregory Mankiw)/著	64.00元
8	20827	Principles of Economics	经济学原理(宏观经济学分册)	第6版	曼昆(N. Gregory Mankiw)/著	52.00元
9	20647	Study Guide for Principles of Economics	曼昆《经济学原理》学习指南	第6版	大卫·R.哈克斯(David R. Hakes)/著	58.00元

国际经典教材中国版系列

	书号	英文书名	中文书名	版次	编著者	定价
10	23120	Financial Statement Analysis and Security Valuation	财务报表分析与证券定价	第3版	Stephen H. Penman,林小驰,王立彦/著	85.00元
11	22803	Integrated Marketing Communication in Advertising and Promotion	整合营销传播:广告与促销	第8版	Terence A. Shimp,张红霞/著	82.00元
12	19263	Public Finance: A Contemporary Application of Theory to U.S. and Chinese Practice	财政学:理论在当代美国和中国的实践应用	第9版	David N. Hyman,张进昌/著	69.00元
13	14516	Investments: Analysis and Behavior	投资学:分析与行为	第1版	Mark Hirschey, John Nofsinger,林海/著	58.00元
14	11227	International Financial Management	国际金融管理	第1版	Michael B. Connolly,杨胜刚/著	38.00元

经济学精选教材译丛

	书号	英文书名	中文书名	版次	编著者	定价
15	23322	Introduction to Spatial Econometrics	空间计量经济导论	第1版	James Lesage 等/著	45.00元
16	15917	Microeconomics	微观经济学	第1版	B. Douglas Bernheim 等/著	89.00元
17	13812	Macroeconomics: Theories and Policies	宏观经济学:理论与政策	第8版	Richard T. Froyen/著	49.00元
18	13815	World Trade and Payments: An Introduction	国际贸易与国际收支	第10版	Richard E. Caves 等/著	69.00元
19	13814	Macroeconomics	宏观经济学	第2版	Roger E. A. Farmer/著	46.00元
20	12289	Microeconomic Theory: Basic Principles and Extensions	微观经济理论:基本原理与扩展	第9版	Walter Nicholson/著	75.00元

21	11222	Economics: Principles and Policy	经济学:原理与政策(上、下册)	第9版	William J. Baumol 等/著	96.00元
22	10992	The History of Economic Thought	经济思想史	第7版	Stanley L. Brue 等/著	59.00元
23	13800	Urban Economics	城市经济学	第6版	Arthur O'Sullivan/著	49.00元

管理学精选教材译丛

	书号	英文书名	中文书名	版次	编著者	定价
24	22968	Management: Skills and Application	管理学:技能与应用	第13版	Leslie W. Rue 等/著	69.00元
25	14519	Operations Management: Goods, Services and Value Chains	运营管理:产品、服务和价值链	第2版	David A. Collier 等/著	79.00元
26	11210	Strategic Management of E-business	电子商务战略管理	第2版	Stephen Chen/著	39.00元
27	10005	Management Fundamentals: Concepts, Applications, Skill Development	管理学基础:概念、应用与技能提高	第4版	Robert N. Lussier/著	82.00元
28	16772	Applied Multivariate Statistical Analysis	应用多元统计分析	第2版	Wolfgang Härdel 等/著	65.00元

会计学精选教材译丛

	书号	英文书名	中文书名	版次	编著者	定价
29	23288	Intermediate Accounting	中级会计学:基础篇	第17版	Earl Stice 等/著	79.00元
30	24454	Intermediate Accounting	中级会计学:应用篇	第17版	Earl Stice 等/著	78.00元
31	23159	Auditing Cases: An Interactive Learning Approach	审计案例:一种互动学习方法	第5版	Mark S. Beasley 等/著	54.00元
32	14531	Fundamentals of Financial Accounting	财务会计学原理	第2版	Fred Phillips 等/著	82.00元
33	14532	Managerial Accounting	管理会计	第8版	Don R. Hansen 等/著	99.00元
34	16780	Introduction to Management Accounting	管理会计	第14版	Charles T. Horngren 等/著	99.00元
35	20091	Advanced Accounting	高级会计学	第9版	Joe B. Hoyle 等/著	66.00元

金融学精选教材译丛

	书号	英文书名	中文书名	版次	编著者	定价
36	23074	Corporate Finance: A Focused Approach	公司金融:理论及实务精要	第4版	Michael C. Ehrhardt 等/著	89.00元
37	16298	International Corporate Finance	国际财务管理	第9版	Jeff Madura/著	82.00元
38	13806	Principles of Finance	金融学原理	第3版	Scott Besley 等/著	69.00元
39	12317	Management of Banking	银行管理	第6版	S. Scott MacDonald 等/著	78.00元
40	12316	Multinational Business Finance	跨国金融与财务	第11版	David K. Eiteman 等/著	78.00元
41	10007	Capital Budgeting and Long-Term Financing Decisions	资本预算与长期融资决策	第3版	Neil Seitz 等/著	79.00元
42	10609	Money, Banking, and Financial Markets	货币、银行与金融市场	第1版	Stephen G. Cecchetti/著	75.00元
43	11463	Bond Markets, Analysis and Strategies	债券市场:分析和策略	第5版	Frank J. Fabozzi/著	76.00元
44	10624	Fundamentals of Futures and Options Markets	期货与期权市场导论	第5版	John C. Hull/著	62.00元
45	09768	Takeovers, Restructuring and Corporate Governance	接管、重组与公司治理	第4版	J. Fred Weston 等/著	79.00元

营销学精选教材译丛

	书号	英文书名	中文书名	版次	编著者	定价
46	19303	Consumer Behavior	消费者行为	第5版	Wayne D. Hoyer 等/著	79.00元
47	13808	Basic Marketing Research	营销调研基础	第6版	Gilbert A. Churchill, Jr. 等/著	78.00元
48	12301	Principles of Marketing	市场营销学	第12版	Dave L. Kurtz 等/著	65.00元
49	15716	Selling Today: Creating Customer Value	销售学:创造顾客价值	第10版	Gerald L. Manning/著	62.00元
50	13795	Analysis for Marketing Planning	营销策划分析	第6版	Donald R. Lehmann/著	35.00元

51	13811	Services Marketing: Concepts, Strategies, & Cases	服务营销精要:概念、战略与案例	第2版	K. Douglas Hoffman 等/著	68.00元
52	12312	Customer Equity Management	顾客资产管理	第1版	Roland T. Rust 等/著	65.00元
53	16316	Marketing Research: Methodological Foundations	营销调研:方法论基础	第9版	Gilbert A. Churchill, Jr. 等/著	62.00元
54	11229	Market-based Management: Strategies for Growing Customer Value and Profitability	营销管理:提升顾客价值和利润增长的战略	第4版	Roger J. Best/著	58.00元
55	24405	Marketing Strategy: A Decision-Focused Approach	营销战略:以决策为导向的方法	第7版	Orville C. Walker, Jr., John W. Mullins/著	64.00元
56	11226	Business Market Management: Understanding, Creating and Delivering Value	组织市场管理:理解、创造和传递价值	第2版	James C. Anderson 等/著	52.00元

人力资源管理精选教材译丛

	书号	英文书名	中文书名	版次	编著者	定价
57	16619	Human Relations in Organizations: Applications and Skill Building	组织中的人际关系:技能与应用	第6版	Robert N. Lussier/著	75.00元
58	10276	Human Resource Management	人力资源管理	第10版	Robert L. Mathis/著	68.00元
59	15982	Fundamentals of Organizational Behavior	组织行为学	第11版	Don Hellriegel 等/著	56.00元
60	09274	Managerial Communication: Strategies and Applications	管理沟通:策略与应用	第3版	Geraldine E. Hynes/著	45.00元
61	10275	Supervision: Key Link to Productivity	员工监管:提高生产力的有效途径	第8版	Leslie W. Rue 等/著	59.00元

国际商务精选教材译丛

	书号	英文书名	中文书名	版次	编著者	定价
62	16334	International Economics: A Policy Approach	国际经济学:政策视角	第10版	Mordechai E. Kreinin/著	45.00元
63	14525	International Business	国际商务	第4版	John J. Wild 等/著	62.00元
64	10001	Fundamentals of International Business	国际商务基础	第1版	Michael R. Czinkota 等/著	58.00元

全美最新工商管理权威教材译丛

	书号	英文书名	中文书名	版次	编著者	定价
65	19036	Managing Human Resources	人力资源管理	第5版	Luis R. Gomez-Mejia 等/著	79.00元
66	18646	Contemporary Business Statistics with Microsoft Excel	基于Excel的商务与经济统计	第1版	Thomas A. Williams 等/著	76.00元
67	16318	Essentials of Managerial Finance	财务管理精要	第14版	John V. Thill 等/著	88.00元
68	16319	Understanding and Managing Organizational Behavior	组织行为学	第5版	Jennifer M. George 等/著	75.00元
69	13810	Crafting and Executing Strategy: Concepts and Cases	战略管理:概念与案例	第14版	Arthur A. Thompson 等/著	48.00元
70	14518	Management Communication: A Case-Analysis Approach	管理沟通:案例分析法	第3版	James S. O'Rourke/著	44.00元
71	16549	Quantitative Analysis for Management	面向管理的数量分析	第9版	Barry Render 等/著	85.00元
72	13790	Case Problems in Finance	财务案例	第12版	W. Carl Kester 等/著	88.00元
73	13807	Analysis for Financial Management	财务管理分析	第8版	Robert C. Higgins/著	42.00元
74	22456	Understanding Financial Statements	财务报表解析	第9版	Lyn M. Fraser 等/著	36.00元
75	13809	Strategy and the Business Landscape	战略管理	第2版	Pankaj Ghemawat/著	25.00元
76	16171	Principles of Operations Management	运作管理原理	第6版	Jay Heizer 等/著	86.00元
77	16011	Managerial Economics: A Problem Solving Approach	管理经济学:一种问题解决方式	第1版	Luke M. Froeb 等/著	35.00元
78	11609	Management: The New Competitive Landscape	管理学:新竞争格局	第6版	Thomas S. Bateman 等/著	76.00元

79	09690	Product Management	产品管理	第 4 版	Donald R. Lehmann 等/著	58.00 元
80	12885	Entrepreneurial Small Business	小企业创业管理	第 1 版	Jerome A. Katz 等/著	86.00 元
81	16780	Introduction to Management Accounting	管理会计	第 14 版	Charles T. Horngren 等/著	99.00 元

增长与发展经济学译丛

	书号	英文书名	中文书名	版次	编著者	定价
82	05742	Introduction to Economic Growth	经济增长导论	第 1 版	Charles I. Jones/著	28.00 元
83	05744	Development Microeconomics	发展微观经济学	第 1 版	Pranab Bardhan 等/著	35.00 元
84	05743	Development Economics	发展经济学	第 1 版	Debraj Rag/著	79.00 元
85	06905	Endogenous Growth Theory	内生增长理论	第 1 版	Philippe Aghion 等/著	75.00 元

其 他 教 材

	书号	英文书名	中文书名	版次	编著者	定价
86	21378	International and Comparative Employment Relations	国际与比较雇佣关系	第 5 版	Greg Bamber,赵曙明等/编	59.00 元

教学支持服务

圣智学习出版集团（Cengage Learning）作为为终身教育提供全方位信息服务的全球知名教育出版集团，为秉承其在全球对教材产品的一贯教学支持服务，将为采用其教材图书的每位老师提供教学辅助资料。任何一位通过Cengage Learning北京代表处注册的老师都可直接下载所有在线提供的、全球最为丰富的教学辅助资料，包括教师用书、PPT、习题库等。

鉴于部分资源仅适用于老师教学使用，烦请索取的老师配合填写如下情况说明表。

教学辅助资料索取证明

兹证明_____大学_____系/院_____学年(学期)开设的_____名学生□主修 □选修的_____课程，采用如下教材作为□主要教材 或 □参考教材：

书名：_____
作者：_____　　　　　　　　　　　□英文影印版　　□中文翻译版
出版社：_____
学生类型：□本科1/2年级　□本科3/4年级　□研究生　□MBA　□EMBA　□在职培训
任课教师姓名：_____
职称/职务：_____
电话：_____
E-mail：_____
通信地址：_____
邮编：_____
对本教材的建议：_____

　　　　　　　　　　　　　　　　　　　　　　　　系/院主任：_____（签字）
　　　　　　　　　　　　　　　　　　　　　　　　　　　　（系/院办公室章）
　　　　　　　　　　　　　　　　　　　　　　　　　　　_____年____月____日

---

*相关教辅资源事宜敬请联络圣智学习出版集团北京代表处。

PEKING UNIVERSITY PRESS

经济与管理图书事业部
北京市海淀区成府路205号 100871
联 系 人：徐 冰 张 燕
电　　话：010-62767312 / 62767348
传　　真：010-62556201
电子邮件：em@pup.cn　em_pup@126.com
Q　Q：552063295
新浪微博：@北京大学出版社经管图书
网　　址：http://www.pup.cn

Cengage Learning Beijing Office
圣智学习出版集团北京代表处
北京市海淀区科学院南路2号融科资讯中心C座南楼1201室
Tel: (8610) 8286 2095 / 96 / 97　Fax: (8610) 8286 2089
E-mail: asia.infochina@cengage.com
www.cengageasia.com